# 涉案财物价格认定与
# 鉴定案例选编

国家发展和改革委员会价格认证中心　编著

中国市场出版社
China Market Press

**图书在版编目（CIP）数据**

涉案财物价格认定与鉴定案例选编/国家发展和改革委员会价格认证中心编著．—北京：中国市场出版社，2014.6

ISBN 978-7-5092-1217-2

Ⅰ．①涉…　Ⅱ．①国…　Ⅲ．①物证—司法鉴定—案例—中国　Ⅳ．①D918.9

中国版本图书馆 CIP 数据核字（2014）第 045038 号

| 书　　　名 | 涉案财物价格认定与鉴定案例选编 |
| --- | --- |

作　　　者　国家发展和改革委员会价格认证中心
责任编辑　许　慧
邮　　箱　xu_hui 1985@126.com
出版发行　中国市场出版社
社　　址　北京市月坛北小街 2 号院 3 号楼　　邮政编码　100837
电　　话　编 辑 部（010）68012468　　读者服务部（010）68022950
　　　　　　发 行 部（010）68021338　68020340　68053489
　　　　　　　　　　　68024335　68033577　68033539
　　　　　　总 编 室（010）68020336
　　　　　　盗版举报（010）68020336
经　　销　新华书店
印　　刷　河北鑫宏源印刷包装有限责任公司
规　　格　185mm×260mm　16 开本　版　次　2014 年 6 月第 1 版
印　　张　48.25 印张　印　次　2014 年 6 月第 1 次印刷
字　　数　900 千字　定　价　120.00 元

# 《涉案财物价格认定与鉴定案例选编》
# 编委会

# 编辑说明

　　全国价格认证系统机构承担的涉纪、涉案、涉税财物价格认定与鉴定工作，是纪检监察、司法和行政执法机关办理相关案件的依据，具有很高的政治性、政策性、法律性要求。为了进一步提高全国价格认证系统工作人员的能力和水平，进一步依法、客观、公正地做好各项价格认定与鉴定工作，国家发展和改革委员会价格认证中心组织编写了《涉案财物价格认定与鉴定案例选编》一书。

　　《涉案财物价格认定与鉴定案例选编》包括115个案例，是在各省、自治区、直辖市上报的900多个案例中精心筛选、集体研讨、增删修改、分析提炼而成。案例涉及纪检监察案件、刑事案件、涉税及行政执法和民事案件等领域，标的类型有土地、建筑物、农产品、机器设备、艺术品等。每个案例的编写包括案件背景情况、结论书、测算说明和案例评析四个部分，力求让读者全面掌握该案例的办案程序、思路、方法、依据以及参数确定中的要点、难点和注意事项，供价格认证系统工作人员在实际工作中参考。

　　在编写过程中，编者对所有案例均进行了一定程度的编辑加工，请勿与实际情况予以对应。案例中采用的参数，在实际工作中不能直接使用，仅供参考。由于涉案财物价格认定与鉴定工作涉及范围广，有些案件内容又很复杂，书中介绍的理论和方法仍有可探讨之处，难免有疏漏失误，敬请读者指正。

国家发展和改革委员会价格认证中心

2014 年 4 月

# 目 录

## 第四部分　民事案件涉案财物价格鉴定

# 第一部分　纪检监察案件涉案财物价格认定

# 涉纪检监察案件中紫砂壶的价格认定

**案例背景情况**

　　2011 年 4 月 26 日，××市纪律检查委员会委托××市价格认证中心对一起违纪案件涉及的 4 件紫砂壶进行价格认定。认定基准日为 2006 年 6 月 1 日。

**价格认定结论书**

## 关于紫砂壶的价格认定结论书

中国共产党××市纪律检查委员会：

　　根据你单位出具的价格认定协助书，遵循依法、公正、科学、合理、保密的原则，按照规定的标准、程序和方法，我单位对紫砂壶进行了价格认定。现将有关情况综述如下：

### 一、价格认定标的

　　本次价格认定标的为紫砂壶 4 件，其中：1#紫砂壶 1 件，壶底落款为"马俊仙"；2#紫砂壶 1 件，壶底落款为"陶壶轩"；3#紫砂壶 1 件，壶底落款为"周春凤"；4#紫砂壶 1 件，壶底落款为"荆溪惠孟臣制"。

### 二、价格认定目的

为你单位调查案件提供认定标的的价格依据。

### 三、价格认定基准日

2006 年 6 月 1 日。

## 四、价格定义

价格认定结论所指价格是：认定标的在价格认定基准日，采用公开市场价值标准确定的公允市场价格。

## 五、价格认定依据

（一）法律法规及规范性文件

1.《中华人民共和国价格法》；

2.《纪检监察机关查办案件涉案财物价格认定工作暂行办法》；

3. 其他相关的法律法规。

（二）提出方提供的资料

1. 纪检机关提供的价格认定协助书；

2. 价格认定标的的有关材料。

（三）认定方收集的有关资料

1. 实物勘验资料；

2. 调查取得的有关资料。

## 六、价格认定方法

市场法。

## 七、价格认定过程

我中心受理价格认定后，成立了价格认定小组，制定了价格认定作业方案，派出价格认定人员于 2011 年 4 月 27 日对认定的涉案物品进行了勘验和市场调查，并根据价格认定实际情况，采用市场法对其价格认定基准日（2006 年 6 月 1 日）市场价格进行了认定。

（一）价格认定标的概况

1. 1#紫砂壶。壶底落款为"马俊仙"，壶盖略有不平。尺寸：壶身高 50 毫米，底径 87 毫米，壶身长 142 毫米，壶口径 55 毫米。色：红。泥料：紫砂红泥。2000年初制作，工艺水平一般，传统小壶型，壶身刻有"饮茶"字样和"竹叶"图纹。

2. 2#紫砂壶。壶底落款为"陶壶轩"，属工作室作品，属公道杯型。尺寸：壶身高 75 毫米，壶底径 85 毫米，壶身长 100 毫米，壶口径 77 毫米，内口径 43 毫米。色：红。泥料：紫砂紫泥，20 世纪 90 年代末制作，工艺水平一般。

3. 3#紫砂壶。壶底款识为"周春凤"，尺寸：壶身高 50 毫米，宽 130 毫米，壶底径 85 毫米，口径 50 毫米，内壶嘴多孔，有轻微的缺口。色：绿。泥料：紫砂绿泥。2000 年初制作，工艺水平一般。

4. 4#紫砂壶。壶底落款为"荆溪惠孟臣制"，壶型规整，水平壶，网状壶口。壶身高 43 毫米，壶身长 120 毫米，壶口径 45 毫米，壶身径 75 毫米。色：红。泥料：紫砂红泥。20 世纪 80 年代制作，工艺水平一般。

4 件紫砂壶均为涉案当事人 2006 年 6 月 1 日涉嫌受贿物品，受理当时均经过养壶，表面有茶垢。因实物勘验时已无法勘验到基准日的实物状态，结合 2011 年 4 月 27 日的实物勘验情况，经提出方确认，4 件紫砂壶按正常使用、保养确定其在基准日的实物状态。

（二）选择价格认定方法

市场法。

（三）价格认定计算过程

1. 1#紫砂壶。壶底落款为"马俊仙"，价格认定基准日每件市场价格为人民币 200 元，认定价格为人民币 200 元。

2. 2#紫砂壶。壶底落款为"陶壶轩"，价格认定基准日每件市场价格为人民币 100 元，认定价格为人民币 100 元。

3. 3#紫砂壶。壶底款识为"周春凤"，价格认定基准日每件市场价格为人民币 200 元，认定价格为人民币 200 元。

4. 4#紫砂壶。壶底落款为"荆溪惠孟臣制"，价格认定基准日每件市场价格为人民币 300 元，认定价格为人民币 300 元。

5. 以上 4 件物品，合计认定价格为人民币 800 元。

## 八、价格认定结论

本次价格认定标的在价格认定基准日的认定价格为人民币捌佰元整（￥800.00）。

## 九、价格认定限定条件

（一）提出方提供资料客观、真实；

（二）价格认定标的经××市文物鉴定委员会鉴定为非文物；

（三）本次价格认定是对标的在正常使用、保养情况下，经过正常养壶下的价格认定基准日的市场价格水平进行鉴定，该前提经提出方确认，并在价格认定协助书上载明。

## 十、声明

（一）价格认定结论受结论书中已说明的有关条件限制。

（二）提出方应为其提供的资料的真实性负责，价格认定人员仅对实物标的外观进行勘验，本中心及价格认定人员不承担标的的质量检测及资料审核责任。

（三）本价格认定结论仅对本次有效，不做其他用途。未经我中心同意，不得向提出方和有关当事人之外的任何单位和个人提供。结论书的部分或全部内容，不得发表于任何公开媒体上。

（四）价格认定机构和人员与价格认定标的没有利害关系，也与有关当事人没有利害关系。

（五）如对本结论有异议，可向本认定机构提出重新认定，或向省级政府价格主管部门设立的价格鉴定机构提出复核裁定。

## 十一、价格认定作业日期

（略）。

## 十二、价格认定人员

（略）。

## 十三、附件

1. 价格认定机构资质证复印件（略）
2. 价格认定人员资格证复印件（略）

（公章）

2011 年 5 月 26 日

## 测算说明

### 一、认定思路

本案例是对涉纪受贿财物的价格认定，具有以下主要特点：

1. 涉纪案件保密性要求高，因对案情的具体内容不便告之，仅提供实物供我方认定价格，故无法收集、分析出标的原始购买价格、时间、使用状况等具体情况，且价格认定价格为 5 年前（2006 年）的历史价格，对于本案例的采价有一定的难度。

2. 实物勘验时标的状况与认定基准日发生了变化，紫砂壶经过养壶后，市场价值存在变化。因此在基准日实物状态不清的情况下，结合 2011 年 4 月 27 日的实物勘验情况，经提出方确认，4 件紫砂壶按正常使用、保养确定其在基准日的实物状态。

3. 涉纪案件要求办理时效快，政策性强，程序严格，应做到把握政策，严保机密，积极及时地配合工作。

## 二、价格认定标的概况

认定标的分别为：1#紫砂壶，壶底落款为"马俊仙"；2#紫砂壶，壶底落款为"陶壶轩"；3#紫砂壶，壶底落款为"周春凤"；4#紫砂壶，壶底落款为"荆溪惠孟臣制"，均为涉案当事人2006年6月1日涉嫌受贿物品。

认定人员于2011年4月27日对标的实物进行勘验，描述如下：

（1）1#紫砂壶。壶底落款为"马俊仙"，壶盖略有不平。尺寸：壶身高50毫米，底径87毫米，壶身长142毫米，壶口径55毫米。壶身刻有"饮茶"字样和"竹叶"图纹。

（2）2#紫砂壶。壶底落款为"陶壶轩"。尺寸：壶身高75毫米，壶底径85毫米，壶身长100毫米，壶口径77毫米，内口径43毫米。

（3）3#紫砂壶。壶底款识为"周春凤"。尺寸：壶身高50毫米，宽130毫米，壶底径85毫米，口径50毫米。内壶嘴多孔，有轻微的缺口。

（4）4#紫砂壶。壶底落款为"荆溪惠孟臣制"，壶型规整，水平壶，网状壶口。壶身高43毫米，壶身长120毫米，壶口径45毫米，壶身径75毫米。

受理委托当时，勘验紫砂壶，4件均经过养壶，表面有茶垢。因价格认定价格为5年前的，实物勘验时标的状况与认定基准日发生了变化，经纪检机关认定后，确定按全新状态（未养壶）情况为准进行价格认定。

## 三、价格认定过程

我中心受理价格认定协助后，成立了价格认定小组，制定了价格认定方案，派出价格认定人员对认定的物品进行了勘验和市场调查，并根据标的物品实际情况，采用市场法对其价格认定基准日市场价格进行了认定。

因此案中紫砂壶属于工艺品类物品，且年代久远的具有收藏价值，故办案机关委托××市文物鉴定委员会对其进行了文物鉴定，结论为4件紫砂壶为非文物。我中心在当地分别聘请拍卖行专家、古玩城销售店主、茶叶学会紫砂壶收藏家等三位专家对其进行鉴别并出具参考价格，但由于对紫砂壶断代及真伪问题异议，导致三位专家所出参考价格差距较大，且当地并无权威专家对标的进行鉴别，无法作出正确价格认定结论。而对紫砂壶真伪判定及断代目前国家既无相关规定标准，也无专业检测机构，当地技术检测鉴定难度较大。因标的物属紫砂产品，江苏宜兴为其原产地，故价格认定人员及时与纪检机关办案人员一起前往宜兴原产地，聘请当地著名的国家级高级工艺师、紫砂壶艺人、工艺师等专家对紫砂壶进行鉴别、断代并出具参考价格。

经三位宜兴紫砂壶专家对标的进行鉴别，确定工艺水平及断代，并对标的在2006年经养壶状态下的市场价格提出参考意见，具体如下：

（1）1#紫砂壶。经鉴别，壶底落款为"马俊仙"；年代2000年初；泥料：红泥；工艺水准：一般；每件市场价格130~200元（作者为未评级普通艺人，且工艺水准一般，无收藏价值）。

（2）2#紫砂壶。经鉴别，落款为"陶壶轩"，属公道杯器型；年代：20世纪90年代末；泥料：紫泥；工艺水准：一般；每件市场价格70~130元（属工作室制品，非手工作品，灌浆形成）。

（3）3#紫砂壶。经鉴别，落款为"周春凤"，属水平壶形；泥料：绿泥；年代：2000年初；工艺水准：一般；每件市场价格130~200元（壶略不平整，作者为未评级普通艺人，且工艺水准一般，收藏价值不高）。

（4）4#紫砂壶。经鉴别，壶型规整，属标平壶型，年代约为20世纪80年代；泥料：红泥；工艺水准：一般；估价70~150元（虽壶底款识为孟臣制，但判定为仿制物品，故属无名人士制作，工艺水平一般）。

因宜兴专家所出具的参考价格为原产地市场价格，考虑到异地市场价格存在的变化、当地收藏爱好者喜好度等因素，在宜兴专家对标的工艺水平鉴定、断代明晰的情况下，价格认定人员再次对案件发生当地市场进行价格调查。鉴于断代明晰、泥料工艺水平确定，当地古玩城店主对标的在2006年经养壶状态下的当地市场价格提出参考意见，具体如下：

（1）1#紫砂壶：2006年当地市场价格为每件200~300元；

（2）2#紫砂壶：当地市场价格为每件100元左右。

（3）3#紫砂壶：当地市场价格为每件200~300元。

（4）4#紫砂壶：虽为仿制品，但年代较早，当地市场价格为每件500元左右。

同时，价格认定人员广泛收集了紫砂壶市场的相关资料，分析后取得如下信息：

1. 据2009年紫砂壶拍卖纪录，普通壶成交价格每件，上海拍卖有限公司100~500元，太平洋国际拍卖有公司第一季艺术品拍卖会100~500元。

2. 据2006年6月人民网经济频道相关紫砂壶行情新闻报道：明清年代的每件价格上万元，名人壶每件价格1万~10万元；20世纪初紫砂壶每件百元左右，现代潜力工艺师壶每件3000元左右，一般助理工艺师壶每件1000元左右，仿名家制品壶每件100~300元，日用商品壶每件50元左右。

根据以上调查取证情况，专家意见符合2006年当时紫砂壶市场行情，故以产地宜兴紫砂壶专家意见为主，综合当地市场价格水平进行调整，对各地专家所出具的参考价格按算术平均法进行计算，得出价格认定结论。

## 四、认定的价格

（1）1#紫砂壶1件：壶底落款为"马俊仙"，价格认定基准日市场价格每件人民币200元，认定价格为人民币200元。

（2）2#紫砂壶1件：壶底落款为"陶壶轩"，价格认定基准日市场价格每件人民币100元，认定价格为人民币100元。

（3）3#紫砂壶1件：3#紫砂壶：壶底落款为"周春夙"，价格认定基准日市场价格每件人民币200元，认定价格为人民币200元。

（4）4#紫砂壶1件：壶底落款为"荆溪惠孟臣制"，价格认定基准日市场价格每件人民币300元，认定价格为人民币300元。

（5）以上4件物品，合计认定价格为人民币800元。

### 案例评析

一、该案例是对涉纪财物进行的价格认定，程序合法，市场调查及询价较充分，方法恰当，价格认定过程审慎而翔实；能严格按照《纪检监察机关查办案件涉案财物价格认定工作暂行办法》的要求和程序，针对涉纪财物价格认定工作对案件的政治性、保密性要求高等特性，指派专人负责涉纪案件的价格认定工作，做到严格纪律，遵守保密制度，全力协助纪检监察机关办案，结合价格认定工作的原则，依法、公正、科学地开展涉纪案件价格认定工作，保证了查办案件工作顺利进行。

二、该案中紫砂壶属于工艺品类物品，价格认定基准日为5年前的历史价格，采价方面有一定的难度。紫砂壶市场鱼龙混杂，价格较为混乱，认定价格的高低直接关系案件当事人的合法权益，责任重大。而目前国家既无紫砂壶相关规定标准，也无专业检测机构，技术检测鉴定难度较大。在当地多位专家对涉纪紫砂壶断代及真伪意见不统一、所出参考价格差距较大的情况下，价格认定人员及时与办案部门的工作人员前往宜兴原产地，由办案部门聘请当地著名的国家级高级工艺师、紫砂壶艺人、工艺师等专家，对紫砂壶鉴别、断代等全方面进行鉴定，通过对产地市场价格行情调查以及收集网络、杂志、相关报道等价格认定基准日各渠道信息资料，在咨询有关专家意见的基础上，综合紫砂壶市场价格水平，公正、科学、合理地出具了价格认定结论。

三、鉴于紫砂壶经过养壶后对价格有一定影响，结合2011年4月27日的实物勘验情况，经提出方确认，4件紫砂壶按正常使用保养确定其在基准日的实物状态。

四、采用专家咨询法应注意，既要选择技术专家，也要选择了解市场价格的销售专家，避免选择与价格认定标的存在利害关系的专家。专家提出价格意见或建议后，价格认定人员应运用统计分析方法对专家意见进行分析处理，同时尽可能了解相关市场行情或拍卖市场情况，综合分析后从而形成价格认定人员自己的意见。

# 涉纪检监察案件中翡翠手镯和挂件的价格认定

 **案例背景情况**

2011 年 6 月 30 日，××市纪律检查委员会委托××市价格认证中心对 8 件翡翠饰品进行价格认定。

 **价格认定结论书**

## 关于翡翠手镯和挂件的价格认定结论书

××市纪律检查委员会：

根据你单位出具的价格认定协助书，遵循依法、公正、科学、合理、保密的原则，按照规定的标准、程序和方法，依法对委托书所列指的翡翠手镯和挂件进行了价格认定。现将价格认定情况综述如下：

### 一、价格认定标的

高翠色手镯、高糯化飘蓝花翠手镯、高翠色手镯、高色平安扣、全翠色平安扣和全紫色平安扣各 1 只（件）；椿带彩手镯共 2 只。

### 二、价格认定目的

为你单位调查案件提供认定标的的价格依据。

### 三、价格认定基准日

2011 年 6 月 30 日。

### 四、价格定义

价格认定结论所指价格是：认定标的在价格认定基准日，采用公开市场价值标准确定的市场价格。

### 五、价格认定依据

（一）法律法规及规范性文件

1. 《中华人民共和国价格法》；

2. 《纪检监察机关查办案件涉案财物价格认定工作暂行办法》；

3. 其他相关的法律法规。

（二）提出方提供的有关资料

1. 价格认定协助书；

2. ××宝石认定中心《检验报告》（××号）。

（三）认定方收集的有关资料

1. 实物勘验资料；

2. 市场调查资料。

### 六、价格认定方法

专家咨询法。

### 七、价格认定过程

我中心接受委托后，成立了价格认定工作小组，制定了价格认定作业方案，并指派 2 名价格认定人员于 2011 年 12 月 27 日对涉案的翡翠手镯和挂件进行了实物勘验，标的详细情况见附件 1。实物勘验后，价格认定人员根据国家有关规程和标准，严格按照价格认定程序和原则，通过认真分析研究和广泛的市场调查，确定对翡翠手镯和挂件采用专家咨询法进行价格认定。认定过程详见价格认定技术报告。

### 八、价格认定结论

认定标的翡翠手镯和挂件在基准日认定价格为人民币玖佰肆拾万元整（￥9400000.00）。

## 九、价格认定限定条件

（一）提出方提供资料客观真实；

（二）认定标的能按原有用途正常销售或使用；

（三）本结论书中的结论是在正常交易情况下得出的。

## 十、声明

（一）价格认定结论受结论书中已说明的限定条件限制。

（二）提出方提供资料的真实性由提出方负责。

（三）价格认定结论仅对本次委托有效，不做他用。未经我中心同意，不得向提出方和有关当事人之外的任何单位和个人提供。结论书的全部或部分内容，不得发表于任何公开媒体上。

（四）认定机构和认定人员与价格认定标的没有利害关系，也与有关当事人没有利害关系。

（五）如对本结论有异议，可向本认定机构提出重新认定，或委托省级政府价格主管部门设立的价格认定机构复核裁定。

## 十一、价格认定作业日期

（略）。

## 十二、价格认定人员

（略）。

## 十三、附件

1. 价格认定技术报告
2. 价格认定机构资质证复印件（略）
3. 价格认定人员资格证复印件（略）

（公章）

2012 年 1 月 17 日

**附件1**

# 价格认定技术报告

## 一、认定标的概况

根据提出方提供的资料,本次委托进行价格认定的物品包括高翠色手镯、高糯化飘蓝花翠手镯、高翠色手镯、高色平安扣、全翠色平安扣和全紫色平安扣各1只(件);椿带彩手镯共2只。详细情况如下:

1. 翡翠高翠色手镯1只。质量检验证书编号:WZ 11306232。外形:扁条状;内径:5.5厘米;外径:7.05厘米;重量:60.2克;颜色:白、绿;品质(等级):天然翡翠(俗称A货);成色:高翠色。此手镯为圆圈口,整只手镯上带翠色,其中有长度约39毫米颜色较为浓艳。该手镯无裂无痕。经对实物肉眼观察,该手镯加工雕刻及抛光工艺优良,色泽纯正,矿物颗粒细小,是翡翠中的佳品。

2. 翡翠椿带彩手镯1只。质量检验证书编号:WZ 11306230。外形:圆条状;内径:5.6厘米;外径:7.3厘米;重量:43.6克;颜色:白、绿、紫;品质(等级):天然翡翠(俗称A货);成色:椿带彩。此手镯为圆圈口,手镯上有浓艳的紫色和绿色两种颜色,水头较好,质地较为温润、细腻。该手镯无裂无痕。经现场肉眼观察,该手镯加工雕刻及抛光工艺优良,颜色分布均匀纯正,矿物颗粒细小,是翡翠中的佳品。

3. 翡翠高糯化飘蓝花手镯1只。质量检验证书编号:WZ 11306229。外形:扁条状;内径:5.4厘米;外径:7.0厘米;重量:65.8克;颜色:白、蓝;品质(等级):天然翡翠(俗称A货);成色:高糯化飘蓝花。此手镯为圆圈口,手镯种质细腻、温润,蓝花分布均匀,较为自然。该手镯无裂无痕。经现场肉眼观察,该手镯加工雕刻及抛光工艺优良,色泽纯正,矿物颗粒细小,是翡翠中的佳品。

4. 翡翠高翠色手镯1只。质量检验证书编号:WZ 11306233。外形:扁条状;内径:5.8厘米;外径:7.3厘米;重量:66.0克;颜色:白、绿;品质(等级):天然翡翠(俗称A货);成色:高翠色。此手镯为圆圈口,整只手镯上都有绿色且颜色较为浓艳。该手镯无裂无痕。经现场肉眼观察,该手镯加工雕刻及抛光工艺优良,色泽纯正,矿物颗粒细小,是翡翠中的佳品。

5. 翡翠椿带彩手镯1只。质量检验证书编号:WZ 11306231。外形:圆条状;内径:5.8厘米;外径:7.4厘米;重量:63.1克;颜色:绿、紫;品质(等级):天然翡翠(俗称A货);成色:椿带彩。此手镯为圆圈口,手镯上淡紫色和绿色两种颜色,水头较好,质地较为温润、细腻。该手镯无裂无痕。经现场肉眼观察,该手镯加工雕刻及抛光工艺优良，色泽纯正且分布均匀，矿物颗粒细小，但该手镯存在圈口偏大而条径偏细的劣势。

6. 高翠色平安扣 1 个。质量检验证书编号：WZ 11325429。外形：圆形；直径：3.9 厘米；重量：21.8 克；颜色：绿；品质（等级）：天然翡翠（俗称 A 货）；成色：高翠色；配件情况：黑色系绳。此平安扣上有浓艳的翠色，水头较好，质地较为温润、细腻。该平安扣无裂无痕。经现场肉眼观察，该平安扣加工雕刻及抛光工艺优良，色泽纯正稍深，呈不均匀带状分布，矿物颗粒细小，是翡翠中的佳品。

7. 全翠色平安扣 1 个。质量检验证书编号：WZ 11325430。外形：圆形；直径：4.95 厘米；重量：53.2 克；颜色：绿；品质（等级）：天然翡翠（俗称 A 货）；成色：全翠色；配件情况：黑色系绳。整个平安扣上都有绿色。该平安扣无裂无痕。经现场肉眼观察，该平安扣加工雕刻及抛光工艺优良，颜色分布均匀，矿物颗粒细小，但种不够老。

8. 全紫色平安扣 1 个。质量检验证书编号：WZ 11325431。外形：圆形；直径：5.3 厘米；重量：71.1 克；颜色：紫；品质（等级）：天然翡翠（俗称 A 货）；成色：全紫色；配件情况：黑色系绳。整个平安扣上都有淡淡的紫色，水头较好，质地较为温润、细腻。该平安扣无裂无痕。经现场肉眼观察，该平安扣加工雕刻及抛光工艺优良，色泽纯正均匀，矿物颗粒细小，是翡翠中的佳品，不足之处是种水不够老。

**二、价格认定过程**

本案例对翡翠手镯和挂件采用专家咨询法进行价格认定，公式为：

认定价格 = $(X1 \times F1 + X2 \times F2)/(F1 + F2)$

式中：X1 为根据第一次专家咨询结果测算出的模拟市场平均价格；X2 为根据第二次专家咨询结果测算出的模拟市场平均价格；F1 为第 1 次咨询专家人数；F2 为第二次咨询专家人数。

1. 第一次采用专家咨询法对认定标的 1~8 项进行价格认定情况。

在进行市场调查、分析的基础上，经与××县翡翠产业领导小组协商，对××县城范围与价格认定标的密切相关的翡翠经营行业，选取了 6 位有一定名望和代表性，且从事多年翡翠经营、加工的专业人员及市场销售人员作为本次价格认定的专家，对价格认定标的 1~8 项分别进行了价格认定。

在价格认定过程中，为避免专家之间形成统一意见，认定小组要求各位专家在认定过程中，按照"不议论、不商讨、独立认定"的原则进行，且避免所选专家与价格认定标的存在利害关系。根据 6 位专家分别出具的认定标的 1~8 项的最高价和最低价，采用简单算术平均法最终得出认定标的的价格，详见下表：

**第一次价格认定情况表**

金额单位：万元

| 标的编号 | 专家一 | | 专家二 | | 专家三 | | 专家四 | | 专家五 | | 专家六 | | 模拟市场 |
|---|---|---|---|---|---|---|---|---|---|---|---|---|---|
| | 最高价 | 最低价 | 最高价 | 最低价 | 最高价 | 最低价 | 最高价 | 最低价 | 最高价 | 最低价 | 最高价 | 最低价 | 认定价格 |
| 1 | 300 | 200 | 60 | 50 | 350 | 260 | 500 | 400 | 250 | 200 | 70 | 60 | 225 |
| 2 | 250 | 180 | 180 | 160 | 280 | 220 | 400 | 320 | 120 | 100 | 90 | 80 | 198 |
| 3 | 100 | 60 | 50 | 40 | 80 | 60 | 110 | 80 | 85 | 70 | 50 | 40 | 69 |
| 4 | 150 | 80 | 70 | 60 | 120 | 100 | 65 | 50 | 80 | 65 | 18 | 17 | 73 |
| 5 | 150 | 80 | 140 | 120 | 38 | 30 | 35 | 25 | 60 | 50 | 16 | 15 | 63 |
| 6 | 80 | 45 | 90 | 80 | 80 | 60 | 55 | 40 | 50 | 50 | 50 | 45 | 61 |
| 7 | 80 | 30 | 130 | 110 | 50 | 30 | 45 | 35 | 80 | 65 | 50 | 45 | 63 |
| 8 | 50 | 20 | 60 | 50 | 50 | 45 | 18 | 12 | 30 | 25 | 30 | 25 | 35 |
| 合计 | 1160 | 695 | 780 | 670 | 1048 | 805 | 1228 | 962 | 765 | 625 | 374 | 327 | 787 |

以价格认定标的 2 为例计算如下：

[（250＋180）/2＋（180＋160）/2＋（280＋220）/2＋（400＋320）/2＋（120＋100）/2＋（90＋80）/2]／6＝198.333（万元），尾数取整为 198 万元。

其余翡翠手镯和挂件的价格计算与认定标的 2 相同，认定价格合计为 787 万元。

2. 第二次采用专家咨询法对认定标的 1～8 项进行价格认定情况。

根据第一次 6 位专家价格认定结果差异较大的情况，本中心于 2012 年 1 月 13 日又聘请了 5 位专家，和二次对认定标的采用与第一次专家相同的价格测算方法进行价格认定，详见下表：

**第二次价格认定情况表**

金额单位：万元

| 标的编号 | 专家一 | | 专家二 | | 专家三 | | 专家四 | | 专家五 | | 模拟市场 |
|---|---|---|---|---|---|---|---|---|---|---|---|
| | 最高价 | 最低价 | 最高价 | 最低价 | 最高价 | 最低价 | 最高价 | 最低价 | 最高价 | 最低价 | 认定价格 |
| 1 | 200 | 180 | 180 | 150 | 300 | 250 | 260 | 190 | 180 | 150 | 204 |
| 2 | 300 | 260 | 300 | 250 | 500 | 450 | 350 | 280 | 450 | 400 | 354 |
| 3 | 80 | 50 | 100 | 80 | 100 | 80 | 90 | 70 | 180 | 150 | 98 |
| 4 | 120 | 80 | 50 | 40 | 150 | 100 | 120 | 90 | 200 | 180 | 113 |
| 5 | 60 | — | 50 | 30 | 150 | 100 | 25 | 18 | 130 | 100 | 72 |
| 6 | 180 | 160 | 60 | 50 | 200 | 150 | 220 | 160 | 180 | 150 | 151 |
| 7 | 50 | 30 | 60 | 50 | 200 | 150 | 65 | 55 | 120 | 100 | 88 |
| 8 | 50 | 30 | 40 | 30 | 100 | 80 | 32 | 23 | 50 | 30 | 47 |
| 合计 | 1040 | 790 | 840 | 680 | 1700 | 1360 | 1162 | 886 | 1490 | 1260 | 1127 |

综合两次专家意见，以每一次专家人数为对应权数，求出两次模拟市场的加

权平均价格，作为认定标的的最终认定价格，即认定总价格为 940 万元，详见下表：

价格认定明细表

金额单位：万元

| 标的编号 | 第一次专家认定价格 | | | 第二次专家认定价格 | | | 最终认定价格 | |
|---|---|---|---|---|---|---|---|---|
| | 时间 | 专家人数（F1） | 认定价格（X1） | 时间 | 专家人数（F2） | 认定价格（X2） | 加权平均价格 | 最终认定价格 |
| 1 | 2012 年 1 月 6 日 | 6 | 225 | 2012 年 1 月 13 日 | 5 | 204 | 215.45450 | 215 |
| 2 | | 6 | 198 | | 5 | 354 | 268.90910 | 269 |
| 3 | | 6 | 69 | | 5 | 98 | 82.18182 | 82 |
| 4 | | 6 | 73 | | 5 | 113 | 91.18182 | 91 |
| 5 | | 6 | 63 | | 5 | 72 | 67.09091 | 67 |
| 6 | | 6 | 61 | | 5 | 151 | 101.90910 | 102 |
| 7 | | 6 | 63 | | 5 | 88 | 74.36364 | 74 |
| 8 | | 6 | 35 | | 5 | 47 | 40.45455 | 40 |
| 合计 | | | | | | | | 940 |

具体计算过程如下：

认定标的 1 认定价格 $= (225 \times 6 + 204 \times 5) \div (6 + 5)$
$= 215$（万元）

认定标的 2 认定价格 $= (198 \times 6 + 354 \times 5) \div (6 + 5)$
$= 269$（万元）

认定标的 3 认定价格 $= (69 \times 6 + 98 \times 5) \div (6 + 5)$
$= 82$（万元）

认定标的 4 认定价格 $= (73 \times 6 + 113 \times 5) \div (6 + 5)$
$= 91$（万元）

认定标的 5 认定价格 $= (63 \times 6 + 72 \times 5) \div (6 + 5)$
$= 67$（万元）

认定标的 6 认定价格 $= (61 \times 6 + 151 \times 5) \div (6 + 5)$
$= 102$（万元）

认定标的 7 认定价格 $= (63 \times 6 + 88 \times 5) \div (6 + 5)$
$= 74$（万元）

认定标的 8 认定价格 $= (35 \times 6 + 47 \times 5) \div (6 + 5)$
$= 40$（万元）

认定标的 1~8 项认定价格合计 940 万元。

## 测算说明

**一、认定思路**

本案例是对纪检监察案件涉及的翡翠手镯和挂件进行价格认定。本案例主要有以下特点：

1. 本案涉及的翡翠手镯和挂件价格认定是高档珠宝类价格认定，与普通商品的价格认定有所不同，可采用专家咨询法认定。

2. 本案涉及的翡翠手镯、挂件品质好，价值高，交易实例少。

3. 采用专家咨询法模拟市场进行价格认定。考虑到专家咨询法的固有缺陷，在认定过程中认真、谨慎，最大限度地减少主观因素对结论的影响。

**二、价格认定过程**

同价格认定技术报告，略。

### 案例评析

一、该案例是对纪检监察案件涉及的翡翠手镯和挂件进行的价格认定，程序合法、依据较充分，方法恰当，结论较为合理。

二、该案例针对翡翠的特点采用专家咨询法进行价格认定。在第一次使用该法获取价格后，考虑到认定标的的特殊性，以谨慎性为原则，及时进行了第二次专家咨询。最后，认定人员采用加权平均法，平衡两次咨询结果差异，确定最终的认定价格，提高了价格认定结果的可信度。

## 案例三

# 涉纪检监察案件中商业房地产的价格认定

### 案例背景情况

2010 年 7 月 1 日，××市纪律检查委员会委托××市价格认证中心对一起违纪案件涉及的一宗商业房地产进行价格认定。认定基准日为 2010 年 7 月 1 日。

 **价格认定结论书**

# 关于一宗商业房地产的价格认定结论书

中国共产党××市纪律检查委员会：

根据你单位出具的价格认定协助书，遵循依法、公正、科学、合理、保密的原则，按照规定的标准、程序和方法，我中心依法对一宗位于××省××市××区××街 16 号××大厦 1~6 层房地产进行了价格认定。现将价格认定情况综述如下：

## 一、价格认定标的

本次价格认定标的为位于××省××市××区××街 16 号××大厦的 1~6 层房地产，建筑面积 9017 平方米，土地分摊面积 1950 平方米的房地产。

## 二、价格认定目的

本次认定的目的是确定认定标的房地产的市场价格，为你单位提供价格认定标的的价格依据。

## 三、价格认定基准日

2010 年 7 月 1 日。

## 四、价格定义

价格认定结论所指房地产市场价格是：认定标的在价格认定基准日，采用公开市场价值标准，宗地熟地市场价格与建筑物市场价格之和，是认定标的房地产的市场全价。

## 五、价格认定依据

（一）法律法规及规范性文件

1. 《中华人民共和国价格法》；

2. 《中华人民共和国城市房地产管理法》；

3. 《纪检监察机关查办案件涉案财物价格认定工作暂行办法》；

4. 其他相关的法律法规。

（二）提出方提供的资料

1. 纪检机关提供的价格认定协助书；

2. 国有土地使用权证〔××号〕复印件；

3. 房屋所有权证〔××号〕复印件；

4. 房屋租赁合同书复印件；

5. 房屋面积鉴证书〔××号〕复印件。

（三）认定人员实地勘验所取得的有关资料及市场调查资料

## 六、价格认定方法

根据认定标的房地产的实际情况，本次认定以收益法对认定标的房地产的价格进行测算。

## 七、价格认定过程

我中心接受提出方的要求后，成立了价格认定小组，制定了价格认定作业方案，并指派 2 名价格认定人员于 2010 年 7 月 1 日对该标的进行了实地勘验。

实地勘验后，价格认定人员根据国家有关规程和标准，严格按照涉案财产价格认定的程序和原则，通过认真分析研究现有资料和广泛的市场调查，对价格认定标的在认定基准日的市场价格进行了客观公正的测算。具体过程详见附件 1《价格认定技术报告》。

## 八、价格认定结论

根据价格认定依据和价格认定方法，确定本次价格认定标的在基准日的市场价格为人民币壹亿叁仟玖佰零壹万贰仟陆佰元整（￥13901.26 万）。

## 九、价格认定限定条件

（一）本认定报告的结论是依据提出方提供的国有土地使用权证〔××号〕、房屋所有权证〔××号〕、房屋租赁合同书、房屋面积鉴证书〔××号〕及其他资料进行测算求取的，提出方为其所提供资料的真实性与可靠性负责。

（二）根据提出方提供的材料，认定标的土地用途为商业服务用地，本认定报告的认定结论以认定标的土地的该类用途为依据，并按现状持续使用并可在公开市场上自由转让为前提。

（三）本认定报告的认定结论是认定标的房地产的市场价格，是认定标的房地产缴清房屋所有权和出让土地使用权取得过程中各项费用之后的市场全价。

（四）根据国有土地使用权证〔××号〕，认定标的土地为出让用地，其终止日期为 2036 年 7 月 25 日。

（五）鉴于认定标的在同一供需圈内同类交易案例较少、而出租案例较多这一特定情况，本次认定采用收益法。

（六）根据房屋租赁合同书，××将该楼 1～4 层全部房屋（整体使用面积为 6058 平方米）自 2009 年 1 月 1 日起至 2014 年 12 月 31 日出租给××。本次认定考虑了这些合同的延续性，在采用收益法认定时，没有租约限制的，租金采用正常客观的市场租金；有租约限制的，租赁期限内的租金采用租约约定的租金，租赁期限外的租金采用正常客观的市场租金。

（七）认定标的中的 5～6 层房屋由一些公司散租，考虑这部分房屋大部分租期较短，租赁面积较小，本次认定在采用收益法认定时，租赁期限内、外的租金统一采用正常客观的市场租金。

## 十、声明

（一）价格认定结论受结论书中说明的限定条件限制。

（二）提出方对其提供资料的真实性负责。

（三）价格认定结论仅对本次提出有效，不做他用。未经我中心同意，不得向提出方和有关当事人之外的任何单位和个人提供。结论书的内容不得发表于任何公开媒体上。

（四）本中心及其认定人员与该认定标的没有利益关系，与当事人没有利害关系。

（五）如对认定结论存有异议，提出方可向我单位要求予以说明、重新认定或复核裁定。

## 十一、价格认定作业日期

（略）。

## 十二、价格认定人员

（略）。

## 十三、附件

1. 价格认定技术报告
2. 认定标的照片（略）

3. 认定标的相关权属资料复印件（略）

4. 价格认定机构资质证复印件（略）

5. 价格认定人员资格证复印件（略）

（公章）

2010 年××月××日

**附件1**

# 价格认定技术报告

## 一、认定标的概况

认定标的房地产位于××市××区××路××号，东临××路，西临××街，南临××楼，北临××巷。周边有×××等大型物业及公共配套设施。该区域人口稠密，交通便利，商业繁荣，是××市××区商业中心地带。

××市××区××路××号××大厦于 1996 年 9 月竣工。该楼为钢混结构，地上 10 层，地下 1 层。认定标的为该楼的 1~6 层，总建筑面积 9017 平方米，其中一层建筑面积为 1347 平方米，二层建筑面积为 1559 平方米，三层建筑面积为 1576 平方米，四层建筑面积为 1576 平方米，五层建筑面积为 1576 平方米，六层建筑面积为 1383 平方米。

认定标的土地分摊面积 1950 平方米，土地使用权类型为出让，其终止日期为 2036 年 7 月 25 日。

××大厦主要设备：普通水、电、暖、通信设备，安装有电梯、中央空调系统和烟感、喷淋、消防栓等消防设施等。

## 二、个别因素分析

（一）项目登记状况

根据国有土地使用权证〔××号〕、房屋所有权证〔××号〕、房屋租赁合同书、房屋面积鉴证书〔××号〕及认定人员现场勘查所掌握的有关资料，××市××区××路××号 1~6 层房地产状况为：

位置坐落：××市××区××路××号。

房屋用途：办公。

1~6 层总建筑面积：9017 平方米。

土地使用权人：××。

地号：××。

地类（用途）：商业服务。

使用权类型：出让。

土地分摊使用权面积：1950平方米。

土地终止日期：2036年7月25日。

工程地质条件：××市××区××路××号用地地势平坦，工程地质条件良好。

市政基础设施条件：××市××区××路××号所在地区市政基础设施条件较为完备，认定标的宗地基础设施达到"六通"，即通上水、通下水、通电、通讯、通暖气、通路。

（二）建筑物现状

××市××区××路××号为一栋1996年9月竣工的地上10层、地下1层的钢混结构建筑物。

××市××区××路××号及认定标的主要装修状况及主要设备情况如下：

1. ××市××区××路××号主要外装修。

正立面铝扣板罩面、七层以上为玻璃幕墙，侧面铝扣板，后立面条形瓷砖，铝合金窗。

2. 认定标的主要内装修。

（1）1~4层：出租给××，该公司自行装修。

（2）5~6层：现以写字间出租为主，基本未改变原有格局，其主要内装修如下：

办公室：四周墙壁涂料，铝扣板吊顶，塑钢窗。

走廊、过道：瓷砖、木地板地面，铝扣板吊顶，木门，装有烟感、喷淋消防设施。

楼梯间：花岗岩地面，不锈钢扶手，四周墙壁涂料、大理石墙裙。

卫生间：铝扣板吊顶，地面铺地砖，四周墙壁面砖。

在认定基准日，经认定人员现场实物勘查，该房屋结构整齐，地基无沉降，房体无裂痕，为较新房屋。

××市××区××路××号主要设备：普通水、电、暖、通信设备，两部LG牌客用电梯，一部货运电梯，安装有中央空调系统，并装有烟感、喷淋等消防设施。

**三、区域因素分析**

（一）位置、环境

××市位于××半岛最南端，东临××，西临××，南与××隔海相望，北依××平原，是重要的港口、贸易、工业、旅游城市。××市现辖3个县级市和6个区。

××大厦南邻××路，北邻××路，位于××市较繁华区域，高层北向房可见××。区域内建筑以中高层为主，××大厦附近分布着××、××等众多酒店、写字楼等商服性物业，区域商业性特征较为明显。同时，区域内也散布一些居民住宅，部分旧式建筑正进行拆迁改造。

（二）交通条件

××大厦位于××广场东南角，南北所邻的××路、××路均为××市主要交通干道，附近区域路网密集，××路、××路等公交在附近均有站点。××大厦所处区域距离火车站约2千米，距离机场约17千米，交通网络辐射力较强。该区域整体路网发达，交通便捷。

（三）公共服务设施配套情况

认定标的所处区域公用基础设施配套较好，公共配套服务设施较为完善。

**四、市场背景分析**

××市是××省第××大城市，国家首批14个沿海开放城市之一。改革开放以来，××市经济社会发展迅速，城市基础建设和环境建设蒸蒸日上，目前已成为××地区综合实力强、对外开放程度高、发展快、在国内外享有较高知名度的城市。与此同时，××市自然条件优越，依山傍海，气候宜人，环境优美，是中国著名的避暑胜地和旅游热点城市。

目前，××市正致力于率先实现老工业基地全面振兴目标，实现经济发展方式的根本性转变，同时初步建成××重要的国际航运中心。随着××市经济社会的进一步发展，高档酒店、写字楼、商住公寓等市场空间将会更为广阔。

**五、最高最佳使用分析**

最高最佳使用分析指在合法原则的前提和工程技术水平允许的条件下，按认定标的最佳使用状态进行价格认定。本次认定以保持现状使用为前提。

**六、价格认定方法**

根据认定标的的实际情况，采用收益法作为本次价格认定方法。

收益法是指预计认定标的的未来的正常净收益，选用适当的收益还原率将其折现到认定基准日后累加，以此测算认定标的的客观价格的方法。

基本公式为：

$$V = A/R\left[1 - 1/(1+R)^n\right]$$

上式中，V为房地产价值；A为房地产净收益；R为收益还原率；n为收益期限，即自认定基准日起至未来可获得收益时间。

**七、认定测算过程**

根据国家有关价格认定政策、法规的规定，价格认定人员在认真分析研究所掌握的资料，进行实地勘察和对邻近地区调查之后，对认定标的的市场价格进行了客观公正的价格认定，其具体步骤为：

采用收益法测算认定标的的整体价格：认定标的为集商场、办公、娱乐为一体的综合性、收益性物业，应首选收益法认定。依据提出方提供的资料，认定人员对不同用途、不同楼层的物业进行逐一测算。

运用收益法的技术路线和步骤是：收集与验证有关租金、年客观收入和年客观支出等的市场客观水平资料，加以分析判断；预测未来各期的潜在毛收入；考虑客观空置率等测算有效毛收入；测算正常运营费用；预测净收益；选择适当的收益还原率（折现率）；运用适宜的收益法计算公式，计算认定标的的收益价格。

根据提出方提供的资料，认定标的 1~6 层大部分已分别出租，其中，1~4 层出租给××，租期 6 年；5~6 层散租。因此本次测算认定标的房地产市场价格为两部分之和，即 1~4 层市场价格和 5~6 层市场价格。

（一）1~4 层市场价格

依据提出方提供的相关资料，1~4 层出租给××，租赁房屋的建筑面积为 6058 平方米。租赁有效期为 6 年（含免租期），自 2009 年 1 月 1 日起至 2014 年 12 月 31 日止。

1. 净收益。

有租约限制的，租赁期限内的租金采用租约约定的租金，租赁期限外的租金采用正常客观的市场租金。

根据提出方提供的房屋租赁合同书等材料确定：

（1）2009 年 1 月 1 日—2010 年 12 月 31 日，年净收益为 508 万元；

（2）2011 年 1 月 1 日—2012 年 12 月 31 日，年净收益为 548.2 万元；

（3）2013 年 1 月 1 日—2014 年 12 月 31 日，年净收益为 590.41 万元。

同时我们根据目前市场上同类房产的出租情况，预测 2014 年以后净收益在上一次调整基础上递增 10%，即年净收益为 649.45 万元，并若干年保持不变。

2. 收益还原率。

根据该区域同行业平均收益水平、存贷款利率、投资风险等因素，综合确定收益还原率为 6%。

3. 收益年限的确定。

认定标的的土地出让年限至 2046 年 7 月 25 日止，由于该块土地尚余出让使用年限 36 年，故确定收益年限为 36 年。

4. 正常市场价格按以下公式计算：

$$P = I/R \times [1 - 1/(1 + R)^N]$$

上式中，P 为房地产价值；I 为房地产净收益；R 为收益还原率，取 6%；N 为收益期限，自认定基准日起至未来可获得收益时间。对于土地和建筑物合一的认定标的，当建筑物耐用年限长于或等于土地使用年限时，应根据土地使用年限确定未来可获收益的年限。由于该块土地尚余出让使用年限36年，故确定收益年限为36年。

$$P = I/R \times \left[ 1 - 1/(1+R)^N \right]$$
$$= 508/6\% \times \left[ 1 - 1/(1+6\%)^{0.5} \right]$$
$$+ 548.2/6\% \ (1+6\%)^{0.5} \times \left[ 1 - 1/(1+6\%)^2 \right]$$
$$+ 590.41/6\% \ (1+6\%)^{2.5} \times \left[ 1 - 1/(1+6\%)^2 \right]$$
$$+ 649.45/6\% \ (1+6\%)^{4.5} \times \left[ 1 - 1/(1+6\%)^{31.5} \right]$$
$$= 243.11 + 976.21 + 935.72 + 6999.00$$
$$= 9154.04 \ (万元)$$

（三）5~6层的市场价格

1. 年客观总收入。

根据价格认定人员对市场上多家同等档次办公楼进行调查所掌握的情况，结合认定标的的位置及其他因素，确定认定标的5~6层正常客观的租金价格为每年建筑平方米1550元，5~6层的建筑面积为2577平方米，同时根据目前办公楼市场的出租情况，取出租率为85%，则认定标的5~6层的年客观总收入为：

$$1550 \times 2577 \times 85\% = 339.52 \ (万元)$$

2. 年客观总支出。

（1）年设备维护（维修）费。按年总收入的2%计算，即6.79万元。

（2）年保险费。以房屋重置价格为基础，通过测算，取房屋重置价格单价为每建筑平方米1600元，保险费率按1‰计算，即1.6万元。

（3）水、电、供暖费。水费每吨2.90元、商业用电电费中准价为每千瓦时0.872元，供暖费每个采暖季每平方米23.50元。通过市场调查及综合分析，经测算为23.19万元。

（4）管理费。主要包括人员工资及福利、财务费用等，确定按年客观总收入的2%计算，即6.79万元。

（5）房产税。房产税按房地产年客观总收入的12%计算，即40.74万元。

（6）营业税。主要为两税一费，税率取5.5%，经测算为18.67万元。

（7）其他不可预见费。考虑到经营过程中还可能发生一些不可预见的经营成本，确定该部分费用以年客观总收入的1%计取，即3.4万元。

（8）年客观总支出为上述（1）~（7）项之和，即101.18万元。

3. 年客观净收益 = 年客观总收入 - 年客观总支出

$$= 339.52 - 101.18$$

=238.34（万元）

4. 收益还原率及收益年限分别为6%和36年。

5. 认定标的正常市场价格按以下公式计算：

$$P = I/R \times [1 - 1/(1+R)^N]$$

$$= 238.34/6\% \times [1 - 1/(1+6\%)^{36}]$$

$$= 3484.77（万元）$$

6. 5~6层的市场价格为：3484.77万元。

（四）认定标的1~6层的市场价格

9154.04 + 3484.77 = 12638.81（万元）

## 八、认定结果

经过测算，最终求得认定标的房地产的市场价格为人民币壹亿贰仟陆佰叁拾捌万捌仟壹佰元整（￥12638.81万）。

### 案例评析

一、该案例的认定标的为一宗集商场、办公、娱乐为一体的综合性、收益性物业，由于物业各部分的经营相对独立，所以结论书采取收益法对不同用途、不同楼层的物业进行逐一测算，方法选择适当，价格计算层次分明，思路清晰。

二、该次认定在采用收益法测算时，考虑了租赁合同的延续性，没有租约限制的，租金采用正常客观的市场租金；有租约限制的，租赁期限内的租金采用租约约定的租金，租赁期限外的租金采用正常客观的市场租金。收益测算客观合理。

三、该案例存在的不足之处如下：

1. 根据1~4层前6年实际净收益可看出，租金水平是逐年递增的，标的2014年以后的客观收益是否充分考虑了这一因素应给予说明。

2. 水、电、供暖费从年客观总支出中扣除应给予必要的说明，如租赁合同中是否载明租金已包含这笔费用。

案例四

# 涉纪检监察案件中红酸枝家俱的价格认定

 **案例背景情况**

2012 年 7 月 7 日，××市纪律检查委员会委托××市价格认证中心对一起违纪案件涉及的 1 套红酸枝家俱进行价格认定。

 **价格认定结论书**

## 关于红酸枝家俱的价格认定结论书

中国共产党××市纪律检查委员会：

根据你单位出具的价格认定协助书，遵循依法、公正、科学、合理、保密的原则，按照规定的标准、程序和方法，依法对协助书所列指的红酸枝家俱进行了价格认定。现将价格认定情况综述如下：

### 一、价格认定标的

红酸枝家俱 4 件，详见价格认定明细表。

### 二、价格认定目的

为你单位调查案件提供认定标的的价格依据。

### 三、价格认定基准日

2011 年 8 月 3 日。

### 四、价格定义

价格认定结论所指价格是：价格认定标的在认定基准日，采用公开市场价值标准确定的市场价格。

### 五、价格认定依据

（一）法律法规及规范性文件

1. 《中华人民共和国价格法》；

2. 《纪检监察机关查办案件涉案财物价格认定工作暂行办法》；

3. 其他相关的法律法规。

（二）提出方提供的资料

1. 纪检机关提供的价格认定协助书；

2. 中华人民共和国××市出入境检验检疫局检验检疫综合技术中心国家材种认定与木材检验重点实验室出具的《检验报告》；

3. 提出方提供的相关材料；

4. 其他相关资料。

（三）认定方收集的有关资料

1. 实物勘验资料；

2. 价格调查资料；

3. 其他相关资料。

### 六、价格认定方法

市场法。

### 七、价格认定过程

我中心接受委托后，成立了价格认定工作小组，制定了价格认定作业方案，并指派2名价格认定人员于2012年7月12日对该标的进行了实物勘验。

经核查，认定标的为：红酸枝三人沙发1张，长185厘米×宽60厘米×坐高45厘米×后靠背高130厘米，后靠背双面雕刻有图案；红酸枝茶几1张，长165厘米×宽70厘米×高65厘米，茶几桌面雕刻有图案；红酸枝博古架2只，高187厘米，博古架顶部有雕刻的图案。

标的木材名称为红酸枝，树种名称为交趾黄檀，科属名为蝶形花科—黄檀属，属于红木，市场俗称大红酸枝，原产地为越南。

实物勘验后，价格认定人员根据国家有关规定和标准，严格按照价格认定的程序和原则，通过认真分析研究现有资料和广泛市场调查，确定采用市场法进行价格认定，认定单价比照相同或类似物品的市场零售价格确定，总计认定价格 ＝ Σ（认定单价×数量）。

## 八、价格认定结论

价格认定标的在价格认定基准日的价格为人民币陆万零玖拾元整（￥60090.00）。具体情况如下：

价格认定明细表

单位：元/张（只）

| 序号 | 物品名称 | 单位 | 数量 | 有无实物 | 认定单价 | 认定价格 |
|---|---|---|---|---|---|---|
| 1 | 红酸枝三人沙发 | 张 | 1 | 有 | 22320 | 22320 |
| 2 | 红酸枝茶几 | 张 | 1 | 有 | 12930 | 12930 |
| 3 | 红酸枝博古架 | 只 | 2 | 有 | 12420 | 24840 |
| 合计 | | | | | | 60090 |

## 九、价格认定限定条件

（一）提出方提供的资料客观真实；

（二）认定标的在价格认定基准日能按照原用途持续使用；

（三）价格认定结论未考虑非正常交易行为对认定价格可能产生的影响；

（四）认定结论依据提出方认定的询问笔录、相关证据材料及数据确定。

当上述条件发生变化时，认定结论一般会失效或部分失效，认定机构不承担由于这些条件的变化而导致认定结果失效的相关法律责任。

## 十、声明

（一）价格认定结论受结论书中已说明的限定条件限制。

（二）：提出方提供资料的真实性由提出方负责。

（三）价格认定结论仅对本次委托有效，不做他用。未经我中心同意，不得向提出方和有关当事人之外的任何单位和个人提供。结论书的全部或部分内容，不得发表于任何公开媒体上。

（四）认定机构和认定人员与价格认定标的没有利害关系，也与有关当事人没有利害关系。

（五）如对本结论有异议，可向本认定机构提出重新认定，或委托省级政府价格主管部门设立的价格认定机构复核裁定。

## 十一、价格认定作业日期

（略）。

## 十二、价格认定人员

（略）。

## 十三、附件

1. 价格认定协助书复印件（略）
2. 价格认定机构资质证复印件（略）
3. 价格认定人员资格证书复印件（略）

（公章）

2012 年 7 月 23 日

## 测算说明

### 一、认定思路

（一）涉案财产特点的分析

1. 本案的认定标的特殊，原产地为越南。

2. 认定基准日和市场调查日时间上有差异。

3. 红木的市场价格差异较大。

（二）本次认定的难点及解决问题的思路

本次认定的要点和难点，是对认定标的红木的检测。如何来确定价格认定标的是红木，由哪方来确定是红木，价格认定人员若未能在接受委托前明确红木的性质，本次认定将面临风险。

价格认定人员接受委托前对提出方提供的资料进行了认真审核，通过和省林业厅、××林业大学联系了解到在××市有检测机构，然后再由提出方将标的运到检测机构，由中华人民共和国××市出入境检验检疫局检验检疫综合技术中心国家材种认定与木材检疫重点实验室出具了检测报告，明确了标的性质，并与提出方签订委托协议，规避风险。

### 二、价格认定标的概况

认定标的为：红酸枝三人沙发 1 张，长 185 厘米×宽 60 厘米×坐高 45 厘米×后靠背高 130 厘米，后靠背双面雕刻有图案；红酸枝茶几 1 张，长 165 厘米×宽 70 厘米×高 65 厘米，茶几桌面雕刻有图案；红酸枝博古架 2 只，高 187 厘米，博古架顶部有雕刻的图案。

经提出方确认，标的木材名称为红酸枝，树种名称为交趾黄檀，科属名为蝶形花科一黄檀属，属于红木，市场俗称大红酸枝。该批家具于 1994 年购买，涉案日期为 2011 年 8 月 3 日，原产地为越南。

### 三、价格认定过程

本中心接受委托后，组成价格认定工作小组，经实物勘验和市场调查收集的相关资料，根据提出方的委托认定目的、要求和价格认定的相关原则，确定采用市场法对标的进行价格认定。

采用市场法认定，即以市场上与认定标的相同或相似的物品为参照物，按市场销售价格经各种因素的调整后确定认定标的价格。

与本案认定标的相似或相同参照物的市场价格情况见下表。

| 序号 | 物品名称 | 单位 | 数量 | 认定基准日 | 市场调查价格（元/张（只）） | | |
|---|---|---|---|---|---|---|---|
| | | | | | ××红木家具有限公司 | ××红木厂 | ××红木家具厂 |
| 1 | 红酸枝三人沙发 | 张 | 1 | 2011-08-03 | 28000.00 | 20000 | 24000 |
| 2 | 红酸枝茶几 | 张 | 1 | 2011-08-03 | 11000.00 | 20000 | 11000 |
| 3 | 红酸枝博古架 | 只 | 2 | 2011-08-03 | 16000.00 | 10000 | 14000 |

依据收集的资料，与认定标的进行对比，对影响价格的各种因素作调整，得出如下：

金额单位：元/张（只）

| 参照物 | ××红木家具有限公司 | | | ××红木厂 | | | ××红木家具厂 | | |
|---|---|---|---|---|---|---|---|---|---|
| | 红酸枝三人沙发 | 红酸枝茶几 | 红酸枝博古架 | 红酸枝三人沙发 | 红酸枝茶几 | 红酸枝博古架 | 红酸枝三人沙发 | 红酸枝茶几 | 红酸枝博古架 |
| 交易市场调整（%） | 95 | 95 | 95 | 100 | 100 | 100 | 100 | 100 | 100 |
| 工艺调整（%） | 95 | 95 | 95 | 90 | 90 | 90 | 99 | 99 | 99 |
| 交易时间调整（%） | 100 | 100 | 100 | 100 | 100 | 100 | 100 | 100 | 100 |
| 市场调查价格 | 28000 | 11000 | 16000 | 20000 | 20000 | 10000 | 24000 | 11000 | 14000 |
| 调整后价格 | 25200 | 9900 | 14400 | 18000 | 18000 | 9000 | 23760 | 10890 | 13860 |

采用平均法确定认定标的价格，尾数四舍五入保留至拾元，则最终确定价格如下：

单位：元/张（只）

| 鉴证标的 | 红酸枝三人沙发 | 红酸枝茶几 | 红酸枝博古架 |
|---|---|---|---|
| 鉴证单价 | 22320 | 12930 | 12420 |

$$总计认定价格 = 22320 \times 1 + 12930 \times 1 + 12420 \times 2$$
$$= 60090 \text{（元）}$$

**案例评析**

一、该案例是对涉纪检监察案件财物的价格认定，程序合法，依据充分，结论较为合理。

二、价格认定标的定性准确，且由提出方负责检测，这样为本次认定的准确性奠定了良好的基础，保证了结论的客观准确。

三、该案例依据充分，并能根据认定基准日与市场采价日各项影响因素进行权重系数调整，使认定结论更加合理准确。

四、在采用市场法进行测算过程中，可进一步明确比较因素的项目和差异。

**案例五**

# 涉纪检监察案件中徽墨的价格认定

**案例背景情况**

2012 年 8 月 5 日，××市纪律检查委员会委托××市价格认证中心对一起违纪案件涉及的 2 锭徽墨进行价格认定。

**相关链接**

## 真品宝墨很值钱

胡开文，著名徽商，徽墨行家，"胡开文"墨业创始人，是清代乾隆时制墨名手。

胡开文名号的墨按照时间划分，不同时期制墨的工艺流程不同，往往影响到墨品的价格。在一些收藏品网站，普通的胡开文古墨单锭价格在几百元至万元不等，但也有部分收藏者称，胡开文亲手制作的古墨单锭如是真品，将价格不菲。曾有古玩爱好者每锭出价数万元至百万元不等。

 **价格认定结论书**

## 关于徽墨的价格认定结论书

中国共产党××市纪律检查委员会：

根据你单位出具的价格认定协助书，遵循依法、公正、科学、合理、保密的原则，按照规定的标准、程序和方法，我单位对协助书中所列指的两锭徽墨进行了价格认定。现将有关情况综述如下：

### 一、价格认定标的

1. 方型墨 1 锭，尺寸为 54 毫米 × 厚 10 毫米。正面为两位老叟议论墨桶，题词为"金壶墨汁"，释义为金壶"牌"墨汁之意；背面为"点二（点）墨汁濯，濯金壶一磨，而化为墨猪，胡开文铭"。

2. 圆型墨 1 锭，尺寸为直径 52 毫米 × 厚 10 毫米。正面为一老叟松下挥毫，提款为安期生；背面为行书，安期生，以"醉墨拜石，上逐成桃花，胡开文铭"。

### 二、价格认定目的

为你单位调查案件提供认定标的的价格依据。

### 三、价格认定基准日

2012 年 8 月 5 日。

### 四、价格定义

价格认定结论所指价格是：认定标的在认定基准日，采用公开市场价值标准确定的市场价格。

### 五、价格认定依据

（一）法律法规及规范性文件

1. 《中华人民共和国价格法》；
2. 《纪检监察机关查办案件涉案财物价格认定工作暂行办法》；
3. 其他相关的法律法规。

（二）提出方提供的资料

1. 纪检机关提供的价格认定协助书；

2. ××省文物认定委员会出具的《认定报告》。

（三）认定方收集的有关资料

1. 实物勘验资料；

2. 市场调查资料；

3. 其他相关资料。

## 六、价格认定方法

专家咨询法。

## 七、价格认定过程

我中心接受委托后，成立了价格认定小组，结合价格认定标的的特点，运用专家咨询法进行认定。

提出方提供的由××省文物认定委员会出具的《认定报告》认为，方型墨锭和圆型墨锭属胡开文老字号生产，皆为真品；其年代为近代产品，有一定年限，由于雕模制墨，生产量大，其价值空间不高。

我中心从省收藏家协会专家组聘请3名专家对该价格认定标的出具价格咨询意见，情况如下：

1. 方型墨锭。正面两叟手指议论装"胡开文墨"的雕花雕漆木桶（古人常把较大的木器或实用器称为"猪"，指装得多的意思），其"金壶墨汁"是胡开文老字号中一款产品（商标）；背面是阴刻19字隶书，为雕模制墨后填金粉而成。该墨锭无手刻刀痕之疑，也无印无款无记元，方墨四周无"徽州休成胡开文造"字样，更无大清御用等信息，查有关资料断定，此墨生产量较大，为胡开文生产的一般墨锭。

2. 圆型墨锭。正面神仙，在奇石苍松下，挥毫点缀山河。墨锭上楷书注明是安期生，背面阴刻行书17字，呆滞不鲜，雕模刻墨中无刀痕和凹凸感，实为制墨后填金粉而成，同样查无款无印无记元，更无胡开文老字号专为定制或特殊生产的时代信息和痕迹，查有关资料断定此墨一般，生产量较大。

综上所述，方型墨锭和圆型墨锭属胡开文老字号生产，皆为真品，其年代为近代产品，有一定年限，由于雕模制墨，生产量大，其价值空间不高，3位专家分别给出方型墨锭和圆型墨锭的总价位为6200元、6000元和5800元。

本次价格认定采用算术平均数法确定认定标的在价格认定基准日的市场价格为：（6200 + 6000 + 5800）/3 = 6000（元）。

## 八、价格认定结论

认定标的在价格认定基准日的价格为人民币陆仟元整（￥6000.00）。

## 九、价格认定限定条件

提出方提供资料客观真实。

## 十、声明

（一）价格认定结论受结论书中已说明的限定条件限制。

（二）提出方提供资料的真实性由提出方负责。

（三）价格认定结论仅对本次提出有效，不做他用。未经我中心同意，不得向提出方和有关当事人之外的任何单位和个人提供。结论书的全部或部分内容，不得发表于任何公开媒体上。

（四）认定机构和认定人员与价格认定标的没有利害关系，与有关当事人也没有利害关系。

（五）如对本结论有异议，可向本认定机构提出重新认定，或提出省级政府价格主管部门设立的价格认定机构复核裁定。

## 十一、价格认定作业日期

（略）。

## 十二、价格认定人员

（略）。

## 十三、附件

1. 价格认定提出书复印件（略）
2. 价格认定机构资质证复印件（略）
3. 价格认定人员资格证复印件（略）

（公章）

2012 年 9 月 19 日

## 测算说明

### 一、古玩类价格认定操作步骤

本次价格认定标的为两锭徽墨，属于古玩类。对于此类物品的价格认定，首先要鉴别真伪和年代；其次根据其完好性、艺术价值和科学研究价值，参照国有文物商店同类古玩和国内外知名拍卖行近期类似古玩的成交价，以及价格认定基准日的社会经济因素，确定古玩的价格。如果找不到类似交易实例，则可采用专家咨询法。

### 二、本案例价格认定方法选用

根据价格认定标的的特点，价格认定方法可选用市场比较法和专家咨询法。本次价格认定，由于价格认定人员没有搜集到类似可比交易实例，无法采用市场比较法进行价格认定，故选用专家咨询法。

专家咨询法是指将专家（与涉案财产密切相关的行业内，精通业务有较高名望的专业人员）设定为市场潜在购买者，由专家利用知识、经验和分析判断能力对涉案财产进行价格认定的方法。认定过程中，价格认定人员要用统计分析方法将不少于3人的专家意见进行分析处理，从而确定价格认定标的的价格认定值。

本案例价格认定人员从省收藏家协会专家组聘请3名专家对该价格认定标的出具价格咨询意见，3位专家分别给出方型墨锭和圆型墨锭在价格认定基准日的价位：6200元、6000元和5800元。本次价格认定采用算术平均数法确定认定标的的市场价格为：（6200＋6000＋5800）/3＝6000元。

### 📖 案例评析

一、运用专家咨询法，在选择专家时应充分考虑专家在认定标的所在领域的权威性、知识的全面性以及专家工作的严谨性、公正性等因素，选择专家数量应尽可能多，认定结果可靠性才会更高。

二、专家咨询意见应当与市场调查相结合，做到相互印证，认定结果才更具说服力。方型墨锭和圆型墨锭属胡开文老字号生产，雕模制墨，生产量大，应当可以找到市场交易参照物。只有广泛开展市场价格调查，才能获取丰富的价格资料，体现价格鉴证师的专业素养。

三、该案例的实物勘验细致，标的状况描述清晰、准确、专业，值得肯定。

案例六

# 涉纪检监察案件中冬虫夏草的价格认定

 **案例背景情况**

　　2011 年 9 月 9 日，××市纪律检查委员会委托××市价格认证中心对一起违纪案件涉及的一批冬虫夏草进行价格认定。认定基准日为 2011 年 8 月 26 日。

 **价格认定结论书**

## 关于冬虫夏草的价格认定结论书

中国共产党××市纪律检查委员会：

　　根据你单位出具的价格认定协助书，遵循依法、公正、科学、合理、保密的原则，按照规定的标准、程序和方法，我单位对协助书所列指的冬虫夏草进行了价格认定。现将有关情况综述如下：

### 一、价格认定标的

　　鉴定标的为冬虫夏草 5.715 千克，其中：特级品冬虫夏草 1.53 千克，三级品冬虫夏草 4.035 千克，等外冬虫夏草（碎草）0.15 千克。

### 二、价格认定目的

　　为你单位调查案件提供认定标的的价格依据。

### 三、价格认定基准日

　　2011 年 8 月 26 日。

## 四、价格定义

价格认定结论所指价格是：认定标的在认定基准日，采用公开市场价值标准确定的市场价格。

## 五、价格认定依据

（一）法律法规及规范性文件

1.《中华人民共和国价格法》；

2.《纪检监察机关查办案件涉案财物价格认定工作暂行办法》；

3. 其他相关的法律法规。

（二）提出方提供的资料

1. 纪检机关提供的价格认定协助书；

2. 冬虫夏草照片及等级认定材料；

3. 价格认定标的的有关材料。

（三）认定方收集的有关资料

1. 实物勘验资料；

2. 市场调查资料；

3. 其他相关资料。

## 六、价格认定方法

市场法。

## 七、价格认定过程

我中心接受委托后，成立了价格认定工作小组，制定了价格认定作业方案，并指派 2 名价格认定人员于 2011 年 9 月 10 日对标的冬虫夏草进行了实物勘验。实物勘验后，价格认定人员根据国家有关认定规程和标准，严格按照价格认定的程序和原则，通过认真分析研究和广泛的市场调查，确定采用市场法对认定标的进行价格认定。

（一）价格认定标的概述

认定标的为当年采收季节收购的冬虫夏草（也称虫草）5.715 千克，其中：特级品冬虫夏草 1.53 千克，三级品冬虫夏草 4.035 千克，等外冬虫夏草（碎草）0.15 千克。标的色泽较好，干度符合要求。

（二）测算过程

标的同等级冬虫夏草交易活跃，根据对认定标的的交易市场成交资料的搜集、调查，分别选取同等级、同质量冬虫夏草的三个可比实例，将选取实例与标的冬虫夏草进行对比分析，以确定各比准价格。计算过程如下：

（1）1.53 千克特级品冬虫夏草认定价格。

特级品冬虫夏草比准价格分别为每千克 108312 元、112400 元、114208 元。

特级品冬虫夏草认定单价 =（108312 + 112400 + 114208）÷3
$$= 111640 （元/千克）$$

1.53 千克特级品冬虫夏草认定价格（取整）= 1.53 × 111640 = 170809（元）

（2）4.035 千克三级品冬虫夏草认定价格。

三级品冬虫夏草比准价格分别为每千克 91260 元、95388 元、94170 元。

三级品冬虫夏草认定单价 =（91260 + 95388 + 94170）÷3 = 93606（元/千克）

4.035 千克三级品冬虫夏草认定价格（取整）= 4.035 × 93606 = 377700（元）

（3）0.15 千克等外冬虫夏草（碎草）认定价格。

等外冬虫夏草（碎草）市场价格为每千克 63330 元。

0.15 千克等外冬虫夏草（碎草）认定价格（取整）= 0.15 × 63330 = 9500（元）

（三）认定标的价格

市场法认定价格 = 特级品冬虫夏草认定价格 + 三级品冬虫夏草认定价格 + 等外冬虫夏草认定价格 = 170809 + 377700 + 9500 = 558009（元）

## 八、价格认定结论

认定标的冬虫夏草在价格认定基准日的价格为人民币伍拾伍万捌仟零玖元整（￥558009.00）。

## 九、价格认定限定条件

提出方提供资料客观真实。

当上述条件发生变化时，认定结论会失效或部分失效，认定机构不承担由于这些条件的变化而导致认定结果失效的相关法律责任。

## 十、声明

（一）价格认定结论受结论书中已说明的限定条件限制。

（二）提出方提供资料的真实性由提出方负责。

（三）价格认定结论仅对本次提出有效，不做他用。未经我中心同意，不得向提出方和有关当事人之外的任何单位和个人提供。结论书的全部或部分内容，不得发表于任何公开媒体上。

（四）认定机构和认定人员与价格认定标的没有利害关系，与有关当事人也没有利害关系。

（五）如对本结论有异议，可向本认定机构提出重新认定，或提出省级政府价格主管部门设立的价格认定机构复核裁定。

## 十一、价格认定作业日期

（略）。

## 十二、价格认定人员

（略）。

## 十三、附件

1. 价格认定协助书复印件（略）
2. 价格认定机构资质证复印件（略）
3. 价格认定人员资格证复印件（略）

（公章）

2011 年 9 月 16 日

## 测算说明

### 一、认定思路

本案例是对涉纪检监察案件中涉及的冬虫夏草进行的价格认定。本案例具有以下主要特点：

1. 冬虫夏草是当地的特产，不同等级之间价格差异很大，相同等级价格则与个头大小、完整度、色泽、产地、干湿度等质量状况有密切关系，不同质量状况之间也存在一定的价格差异，认定冬虫夏草价格需要认定其等级和质量状况。

2. 认定标的为当年的冬虫夏草（也称虫草），相同等级和质量状况的冬虫夏草在该地区交易活跃，易于选取交易实例，适合采取市场法进行价格认定。

### 二、价格认定过程

同价格认定结论书，略。

## 案例评析

一、该案例是对涉纪检监察案件中涉及的冬虫夏草进行的价格认定，程序合法，依据较充分，方法恰当，结论较为合理。

二、该案例的要点是冬虫夏草不同等级之间价格差异很大，相同等级冬虫夏草不同质量状况之间也存在一定的价格差异，其价格与个头大小、完整度、色泽、产地、干湿度等质量状况有密切关系，认定冬虫夏草价格需要认定其等级和质量状况。

三、该案例的难点在于可比实例的选择和比准价格的确定。冬虫夏草价格既受等级和质量状况影响，也与产地、供求有关，合理确定修正因素和修正系数是确定标的价格的关键。对修正因素和修正系数未予说明，是本案例存在的不足之处。

# 第二部分　涉嫌刑事案件涉案财物价格鉴定

# 一、危害公共安全罪中涉案财物价格鉴定

## （一）放火罪

【刑法】第一百一十四条　放火、决水、爆炸以及投放毒害性、放射性、传染病病原体等物质或者以其他危险方法危害公共安全，尚未造成严重后果的，处三年以上十年以下有期徒刑。

【解释】本条是关于放火、决水、爆炸以及投放毒害性、放射性、传染病病原体等物质或者以其他危险方法危害公共安全尚未造成严重后果罪及其处罚的规定。

我国政府一贯主张反对各种形式的恐怖组织和恐怖犯罪活动，一向积极参与国际各种反恐怖组织和反恐怖犯罪活动的斗争，并为此作出了应有和不懈的努力。2001 年 10 月 29 日全国人大常委会批准了《制止恐怖主义爆炸的国际公约》，再一次表明我国坚决反对任何形式的恐怖犯罪活动的一贯立场。与此同时，为了适应我国国内的反恐怖犯罪活动斗争的需要，结合当前国际、国内恐怖犯罪活动的发展趋势及其特点，对刑法作一些适时的修改，使刑法成为打击各种恐怖犯罪活动的有力武器，也成为当前刑事立法的一项重要课题和迫切的任务。2001 年 12 月 29 日全国人大常委会通过了《中华人民共和国刑法修正案（三）》，对 1997 年刑法关于本条的规定主要进行了两处修改：一是将"投毒"补充修改为"投放毒害性、放射性、传染病病原体等物质"。"投毒"，是指向公共饮用水源、食品中投放能够致人死亡或者严重危害人体健康的毒性药物。根据打击恐怖活动犯罪的需要，为使本条的规定更加明确，将"投毒"修改为"投放毒害性、放射性、传染病病原体等物质"。二是删去了关于"工厂、矿场、油田、港口、河流、水源、仓库、住宅、森林、农场、谷场、牧场、重要管道、公共建筑物或者其他公私财产"的规定。在刑法条文

中列举犯罪的破坏对象虽然有利于指导司法实践，但考虑到随着形势的发展，危害公共安全的犯罪所指向的对象也不断发生着变化，而且在法律中对其——列举可能会挂一漏万，因此刑法作了这样的修改。修改后的规定，不仅仍然包括原条文所规定的犯罪对象范围，还包括其他随着形势发展需要由刑法保护的各种不应受犯罪侵害的对象。

本条列举了在危害公共安全的犯罪中最常见、最具危险性的四种犯罪手段，即放火、决水、爆炸和投放毒害性、放射性、传染病病原体等物质。但以放火、爆炸等方法进行的犯罪，并不都是危害公共安全罪，只有以这几种危险方法用于危害不特定的多数人的生命、健康以及重大财产的安全时，才能构成本罪。所谓"放火"，是指故意纵火焚烧公私财物，严重危害公共安全的行为；"决水"，是指故意破坏堤防、大坝、防水、排水设施，制造水患危害公共安全的行为；"爆炸"，是指故意引起爆炸物爆炸，危害公共安全的行为；"投放毒害性、放射性、传染病病原体等物质"，是指向公共饮用水源、食品或者公共场所、设施投放能够致人死亡或者严重危害人体健康的上述几种物质的行为。这里的"毒害性"物质，是指能对人或者动物产生毒害的有毒物质，包括化学性毒物、生物性毒物和微生物类毒物等；"放射性"物质，是指具有危害人体健康的放射性的物质，国家一直对这些极具危险性的物质实行严格的管理；"传染病病原体"，是指能在人体或动物体内生长、繁殖，通过空气、饮食、接触等方式传播，能对人体健康造成危害的传染病菌种和毒种。其中传染病分为甲、乙、丙三类。"其他危害方法"，是指除放火、决水、爆炸和投放毒害性、放射性、传染病病原体等物质以外的其他任何足以造成不特定的多数人的伤亡或者公私财产重大损失的行为。根据本条规定，构成本罪的主体是一般主体；行为人主观上必须是故意；本条处罚的是，以放火、决水、爆炸、投放毒害性、放射性、传染病病原体等物质或者以其他危险方法危害公共安全犯罪中，尚未造成严重后果的犯罪行为，处3年以上10年以下有期徒刑。所谓"尚未造成严重后果"，是指行为人实施了本条所列的危害公共安全的行为，但尚未造成他人重伤、死亡或者公私财产重大损失等情况。若行为人的行为造成了严重后果的发生，则不能适用本条的规定，而应依照第一百一十五条的规定处刑。

案例七

# 涉嫌放火罪案件中火烧杨树损失的价格鉴定

 **案例背景情况**

2012 年 11 月 26 日，××市公安局办理了一起涉嫌故意放火烧农户稻草垛，引发稻草垛旁 11 棵 31 年龄的杨树不同程度过火损坏的案件，2012 年 12 月 3 日公安机关委托××市价格认证中心对稻草垛和杨树进行价格鉴定（根据委托方提供的数量，采用市场法，对稻草垛进行了价格鉴定，由于本案例是林木鉴定案例，因此未对稻草垛鉴定详述）。

 **价格鉴定结论书**

## 关于火烧杨树损失的价格鉴定结论书

××市公安局：

根据你单位的委托，我中心遵循合法、公正、科学的原则，按照规定的标准、程序和方法，依法对火烧杨树损失进行了价格鉴定。现将具体情况综述如下：

### 一、价格鉴定标的

价格鉴定标的为被烧伤的 11 棵 31 年龄的杨树的损失。11 棵杨树平均胸径为 40 厘米，平均树高为 15 米，每棵木材蓄积量为 0.8756 立方米，树干平均烧伤深度为 3～5 厘米。

### 二、价格鉴定目的

为公安机关办理涉嫌放火罪案件提供鉴定标的的价格依据。

### 三、价格鉴定基准日

2012 年 11 月 26 日。

### 四、价格定义

价格鉴定结论所指价格是：被烧伤的 11 棵杨树在价格鉴定基准日，采用公开市场价值标准确定的损失。

### 五、价格鉴定依据

（一）法律法规及规范性文件

1.《中华人民共和国价格法》；

2.《×××省涉案财物价格鉴证条例》；

3.《扣押、追缴、没收物品估价管理办法》；

4.《关于扣押追缴没收及收缴财物价格鉴定管理的补充通知》；

5.《价格鉴定行为规范》（2010 年版）；

6.《森林资源资产评估技术规范（试行）》。

（二）委托方提供的有关资料

1. 价格鉴定委托书；

2. 过火杨树被烧伤程度及损失率的证明材料。

（三）鉴定方收集的有关资料

1. 实物勘验资料；

2. 市场调查资料；

3. 其他相关资料。

### 六、价格鉴定方法

根据被烧伤的 11 棵杨树的生长阶段，认定其属于过熟林木，采用成本法进行价格鉴定。计算公式为：

$$E = W - C - F$$

上式中，E 为标的鉴定值；W 为销售总收入；C 为木材销售成本（包括采伐成本、运输成本、销售费用、育林基金等）；F 为木材经营合理利润。

### 七、价格鉴定过程

接受委托后，我中心成立了价格鉴定小组，制定了价格鉴定作业方案，进行了实物勘验：被烧伤的 11 棵 31 年龄杨树平均胸径为 40 厘米，平均树高为 15 米，每棵木材蓄积量为 0.8756 立方米，树干平均烧伤深度为 3 ~ 5 厘米。

实物勘验后，价格鉴定人员根据国家有关规程和标准，严格按照价格鉴定的程序和原则，在认真分析研究和广泛的市场调查基础上，对标的进行了价格鉴定。

（一）确定价格鉴定方法

根据委托方提供的树龄，经查找用材林主要树种主伐年龄表，认定价格鉴定标的已超过 25 年的主伐年龄时限，属于过熟林木，采用成本法进行价格鉴定。

（二）计算木材销售总收入

经调查，市场未见有销售，依据×××省林业厅 2012 年原木价格表（指导价格），胸径 40 厘米以上、树高 2 ~ 3.8 米的树木，平均价格为每立方米 680 元。故本认定标的木材销售总收入 W = 0.8756 立方米/棵 × 11 棵 × 680 元/ 立方米 = 6550.00 元（取整）。

（三）计算木材销售总成本

经到林业部门调查，每立方米木材采伐成本 60 元，运输成本 80 元，销售费用 20 元，育林基金 35 元。故本认定标的木材销售总成本 C = 0.8756 立方米/棵 × 11 棵 × （60 + 80 + 20 + 35） = 1878.00 元（取整）。

（四）计算木材经营合理利润

经调查，2012 年木材经营合理利润率为木材销售价格的 8% 左右。故本认定标的木材经营合理利润 F = 6550 × 8% = 524.00（元）。

（五）11 棵杨树标的损坏前价格

E = W − C − F = 6550.00 − 1878.00 − 524.00 = 4148.00（元）

（六）确定损失

11 棵杨树属较重度烧伤，损失应为其未损坏前价格的 40%。故其损失 = 标的损坏前价格 × 损失率 = 4148.00 × 40% = 1659.00 元（取整）。

## 八、价格鉴定结论

被烧伤的 11 棵杨树在价格鉴定基准日的损失为人民币壹仟陆佰伍拾玖元整（￥1659.00）。

## 九、价格鉴定限定条件

（一）委托方提供的资料必须合法、真实；

（二）价格鉴定基准日准确；

（三）过火杨树的烧伤程度和损失率是由委托方委托有资质的部门进行鉴定的。

## 十、声明

（一）价格鉴定过程及结论受上述限定条件限制。

（二）委托方提供资料的真实性由委托方负责。

（三）价格鉴定机构和价格鉴定工作人员与价格鉴定标的及当事人无任何利害

关系。

（四）本价格鉴定结论书仅限于本案公安机关办理刑事案件使用，不适用于民事赔偿等其他案件。未经我中心同意，结论书内容不得向委托方和有关当事人之外的任何单位和个人提供，不得在任何公开媒体发表。

（五）如对本结论有异议，可说明理由向本鉴定机构提出重新鉴定，或委托省级以上（含省级）政府价格主管部门设立的价格鉴定机构复核裁定。

## 十一、价格鉴定作业日期

（略）。

## 十二、价格鉴定人员

（略）。

## 十三、附件

1. 价格鉴定机构资格证复印件（略）
2. 价格鉴定人员资质证复印件（略）

（公章）

2012 年 12 月 13 日

## 测算说明

### 一、价格鉴定思路

（一）受理委托

要求委托方清楚、完整填写委托书，并明确写明鉴定要求。委托书中要明确写明杨树的品种、树龄、胸径、树高、生长状况、单株蓄积量以及被烧伤程度等情况。如不能提供，应要求委托方委托有资质的部门进行鉴定。

（二）实物勘验

核实过火杨树胸径、树高、生长状况以及烧伤等情况，要认真核对委托的明细，重点要勘验烧伤程度，并认真做好记录和拍照。

（三）确定价格鉴定方法

认定的树木的生长阶段要确切。根据委托方提供的树龄，与用材林主要树种主伐年龄表中杨树品种相比，认定鉴定标的处于哪个生长阶段。生长阶段不同，采用的鉴定方法也不同，鉴定结果也会不同。

根据 11 棵杨树的生长阶段，认定其属于过熟林木，采用成本法。计算公式为：

$$E = W - C - F$$

式中，E 为标的鉴定值；W 为销售总收入；C 为木材销售成本（包括采伐成本、运输成本、销售费用、育林基金等）；F 为木材经营合理利润。

（四）市场价格调查

即对木材销售价格、采用成本、合理利润等进行调查。

要摸清杨树木材的销售价格，首先要调查案发当地的市场价格，如未调查到，可依据×××省林业厅当年原木价格表（指导价格）进行确定。

对木材销售成本调查要详实，要结合鉴定标的的实际情况，对木材销售总成本中的木材采伐成本、运输成本、销售费用、育林基金以及木材经营合理利润等进行详细调查，做到不多项、不丢项、没有重复项。

在火烧树木的市场价格难以找到的情况下，可通过火烧剩余部分的材积量计算残值，并结合调查的林业专家意见综合确定。

（五）计算树木损坏前价格

$$E = W - C - F$$

（六）确定损失

损失额 = 标的损坏前价格 × 损失率

## 二、价格鉴定标的概况

被烧伤的 11 棵 31 年树龄杨树的平均胸径为 40 厘米，平均树高为 15 米，单棵木材蓄积量为 0.8756 立方米，树干平均烧伤深度为 3～5 厘米；这 11 棵杨树位于××市郊区××镇边一户居民住宅旁，分两列排列，比较整齐，枝条较多，长势较好。

## 三、价格鉴定过程

接受委托后，我中心成立了价格鉴定小组，制定了价格鉴定作业方案，进行了实物勘验。被烧伤的 11 棵 31 年树龄杨树，平均胸径为 40 厘米，平均树高为 15 米，单棵木材蓄积量为 0.8756 立方米，树干平均烧伤深度为 3～5 厘米。实物勘验后，价格鉴定人员根据国家有关规程和标准，严格按照价格鉴定的程序和原则，在认真分析研究和广泛的市场调查基础上，对标的进行了价格鉴定。

（1）确定价格鉴定方法。根据委托方提供的树龄，经查找用材林主要树种主伐年龄表，认定价格鉴定标的已超过 25 年的主伐年龄时限，属于过熟林木，采用成本法进行价格鉴定。

（2）计算木材销售总收入。依据×××省林业厅 2012 年原木价格表（指导价格），40 厘米以上 2～3.8 米长，每立方米价格为 680 元。木材销售总收入（W）= 0.8756 立方米/棵×11 棵×680 元/立方米 = 6550.00 元。

（3）计算木材销售总成本。经到林业部门调查，每立方米木材采伐成本为 60 元，运输成本为 80 元，销售费用为 20 元，育林基金为 35 元。木材销售总成本（C）= 0.8756 立方米/棵×11 棵×（60 + 80 + 20 + 35）= 1878.00 元。

（4）计算木材经营合理利润。经调查，2012年木材经营合理利润率为木材销售价格的8%左右。故事认定标的木材经营合理利润（F）=6550×8%=524.00（元）。

（5）11棵杨树损坏前价格（E）=W-C-F=6550.00-1878.00-524.00=4148.00（元）。

（6）确定损失。价格鉴定标的属较重度烧伤，损失应为其未损坏前价格的40%。11棵杨树的损失=标的损坏前价格×损失率=4148.00×40%=1659.00（元）。

## 案例评析

一、该案例鉴定思路清晰，能确切地认定树木的生长阶段。树木生长阶段不同，采用的鉴定方法也不同，鉴定结果也会不同。

二、该案例在受理委托时能够要求委托方提供标的的品种、树龄、胸径、树高、生长状况、单株蓄积量以及被烧伤程度等情况，如不能提供，应要求委托方委托有资质的部门对鉴定标的进行鉴定。

三、该案例在调查案发当地的杨树木材的市场价格时，在未调查到的情况下，能够依据××省林业厅当年原木价格表（指导价格）进行确定，价格依据较充分。

四、该案例采用成本调查较详实，能够结合鉴定标的的实际情况，不多项、不丢项，没有重复项。

五、该案例在火烧树木的市场价格难以找到时，通过火烧剩余部分的材积量计算残值，鉴定结果比较有说服力。

# （二）重大责任事故罪

【刑法】第一百三十四条　工厂、矿山、林场、建筑企业或者其他企业、事业单位的职工，由于不服管理、违反规章制度，或者强令工人违章冒险作业，因而发生重大伤亡事故或者造成其他严重后果的，处三年以下有期徒刑或者拘役；情节特别恶劣的，处三年以上七年以下有期徒刑。

【解释】本条是关于重大责任事故罪及其处罚的规定。

重大责任事故罪，是指工厂、矿山、林场、建筑企业或者其他企业、事业单位的职工，由于不服管理、违反规章制度，或者强令工人违章冒险作业，因而发生重大伤亡事故或者造成其他严重后果的行为。根据本条的规定，构成本罪必须同时具备以下条件：（1）构成本罪的主体是特殊主体，即工厂、矿山、林场、建筑企业或者其他企业、事业单位的职工。这里所说的"工厂、矿山、林场、建筑企业或者其他企业、事业单位"，既包括国有、集体性质的企业、事业单位，也包括私营企业。"职工"，主要是指直接从事生产等工作的人员和管理人员。也就是说这里的"职工"，既包括从事生产经营的工人，也包括管理者。（2）行为人主观上是过失。这种过失主要表现在对待危害后果发生的主观意愿上，并不希望或者放任其发生。（3）行为人的犯罪行为主要表现为两个方面：一是由于不服从管理，违反规章制度，因而发生重大伤亡事故或者造成其他严重后果；二是强令工人违章冒险作业，因而发生重大伤亡事故或者造成其他严重后果。其中，"不服管理"，主要是指企事业单位的职工不服从本单位管理人员的管理，或者不服从单位领导出于安全生产考虑对工作的安排；"违反规章制度"，是指违反与安全生产有关的规章制度，既包括国家有关主管部门制定的安全法规和规章，也包括本单位根据行业管理的特点而制定的各种安全规则。所谓"强令工人违章冒险作业"，主要是指在本单位中负责管理生产、施工、作业等工作的管理人员，明知自己的决定是违反规章制度，可能会出现危险，造成安全事故，却怀侥幸心理，自认为不会出事，强行命令工人违章作业。（4）行为人的行为导致发生了重大伤亡事故或者造成其他严重后果。根据本条规定，只要行为人"不服管理"、"违反规章制度"、"强令工人冒险作业"的行为导致发生"重大伤亡事故"或者"造成其他严重后果"中的一个结果就构成本罪。其中"造成其他严重后果"是指除重大伤亡事故以外的其他重大事故，包括重大财产损失等。本条共分两档刑，即：构成本罪的，处3年以下有期徒刑或者拘役；情节特别恶劣的，处3年以上7年以下有期徒刑。其中"情节特别恶劣的"，是指造成伤亡的人数较多或者致使公私财产遭受特别重大损失或在社会上造成极为恶劣的影响等情况。

## 案例八

# 涉嫌重大责任事故罪案件中火灾直接财产损失的价格鉴定

 **案例背景情况**

2010 年 11 月 15 日 14 时，×××路一栋 28 层居民公寓楼起火，该大楼正在进行外墙保温工程施工，在 10 楼施工的电焊工违章操作，溅落的焊渣引燃了 9 楼堆放的聚氨酯保温材料，引发大火，整幢大楼的 96% 过火，大火导致 58 人遇难、70 余人受伤。该案最后定性为"重大责任事故罪"，相关嫌疑人及事故责任人被依法追究刑事责任。

本次价格鉴定，是在刑事侦查介入的同时，由××市消防局作为提请主体，委托××市价格认证中心对火灾直接财产损失进行的价格鉴定，价格鉴定结论作为国务院调查组确认火灾事故直接财产损失以及本起事故涉嫌刑事案件办案的依据。

 价格鉴定结论书

## 关于××路 728 号公寓大楼"11·15"火灾
## 直接财产损失的价格鉴定结论书

××市消防局：

根据你局委托，我中心遵循合法、公正、科学的原则，按照规定的标准、程序和方法开展价格鉴定工作。现将价格鉴定情况报告如下：

### 一、价格鉴定标的

本次鉴定标的为你函所列居民家庭直接财产损失、相关单位直接财产损失。

### 二、价格鉴定目的

价格鉴定结论作为国务院调查组确认火灾事故直接财产损失以及本起事故涉嫌刑事案件办案的依据。

### 三、价格鉴定基准日

2010 年 11 月 15 日。

### 四、价格定义

本案鉴定的价格定义指：价格鉴定标的在价格鉴定基准日，按照国家有关规定和行业标准以及公开市场价值标准确定的财产物品的损失价值数额。

## 五、价格鉴定依据

1.《中华人民共和国价格法》;

2.《中华人民共和国消防法》;

3.《扣押、追缴、没收物品估价管理办法》;

4.《关于扣押追缴没收及收缴财物价格鉴定管理的补充通知》;

5.《火灾事故调查规定》;

6.《火灾直接财产损失统计方法》;

7.《价格鉴证行为规范》(2010 年版);

8.《××市 2009 年统计年鉴》。

## 六、价格鉴定方法

成本法、市场法。

## 七、价格鉴定过程

我中心接受委托后,成立由价格鉴定人员、相关专业人员组成的工作小组,根据委托目的和要求,以及委托方提供的相关资料,制定作业方案。

1. 根据火灾事故实际情况,经与委托方商定,确定居民家庭财产组成为:室内装潢;家具;家电器具;床上用品、服装鞋帽、纺织品;日常生活用品;其他财物。

商铺、单位财产组成:室内装潢;办公家具或营业设施;办公设备及用品;原材料及产成品;其他财物。

2. 鉴定人员、委托方以及相关部门组成联合工作组,对事故大楼中具备勘验条件的部分居民家庭、单位进行现场入室勘验,收集不同户型居民家庭财产的情况数据,并编制基准日受损居民家庭财产的数据样本。

3. 根据××市统计局关于××地区基准日上一年每百户城市居民耐用消费品拥有量等统计数据,根据实际情况,按中高收入以及中高档次家庭财产配置水平,编制相关居民家庭财产的统计样本。

4. 对上述两个居民财产样本进行对比、分析、调整和测算,同时,综合居民入住时间等因素,考虑相应的成新率。经委托方确认,最终确定不同户型居民家庭财产样本数据作为鉴定标的。

5. 根据火灾实地勘验,认定 146 户居民家庭财产物品为全部烧损,16 户商铺、单位财产物品为部分烧损。涉及单位的直接财产损失,在火灾实地实物勘验的基础上,按照可修复的以修复价格确定其损失数额;不可修复的,以基准日的即时价值确定其损失数额。

6. 根据中华人民共和国公共安全行业标准《火灾直接财产损失统计方法》（GB 185—1998）、国家发展改革委《价格鉴定行为规范》（2010 年版）等有关规定和口径，测算不同户型的居民家庭直接财产损失平均数额，并以此推算 146 户居民家庭直接财产损失数额。

7. 考虑多方原因，居民家庭和单位可能涉及的贵重、稀缺、特殊物品不予纳入本次刑案涉及财物损失价值鉴定的范围。

## 八、价格鉴定结论

1. 146 户居民家庭直接财产损失为人民币贰仟柒佰玖拾柒万柒仟元整（￥27977000.00）。

2. 16 户单位直接财产损失为人民币叁佰壹拾陆万伍仟肆佰元整（￥3165400.00）。

## 九、价格鉴定限定条件

（一）有关烧损房屋、构筑物的直接损失由相关单位受理，不纳入我中心的受理范围。

（二）委托方提供的资料客观真实。

（三）本价格鉴定结论适用于本案刑事诉讼，不适用民事赔偿诉讼。本案民事赔偿诉讼损失数额的界定，应按有关法律规定另行委托专业机构予以价格评估。

## 十、声明

（一）价格鉴定结论受结论书中已说明的限定条件限制。

（二）本次价格鉴定确定的是基准日的物品财产即时价值。

（三）委托方提供资料的真实性由委托方负责。

（四）价格鉴定结论仅对本次委托有效，不做他用。未经本认证中心同意，不得向委托方和价格鉴定结论书的审查部门之外的单位和个人提供。结论书的全部或部分内容，不得发表于任何公开媒体上。

（五）价格鉴定机构和价格鉴定人员与价格鉴定标的没有利害关系，也与有关当事人没有利害关系。

（六）如对本结论有异议，可向本鉴定机构提出重新鉴定，或委托省级政府价格主管部门设立的价格鉴定机构复核裁定。

（七）本次价格鉴定适用于本案刑事诉讼，不作为民事财产赔偿的依据。涉及民事赔偿，建议按规定另行委托专业机构予以价格评估。

## 十一、价格鉴定作业日期

（略）。

## 十二、价格鉴定人员

（略）。

## 十三、附件

1. ××市消防局价格鉴定委托书复印件（略）
2. ××市价格认证中心鉴定机构资质证书复印件（略）
3. 价格鉴定人员资格证书复印件（略）

（公章）

2010 年 12 月 26 日

## 测算说明

### 一、鉴定思路

（一）本次火灾事故居民家庭直接财产损失的范围及组成

根据城市居民家庭拥有财产物品的实际情况，将居民家庭财产分为：室内装潢；家具；家电器具；床上用品、服装鞋帽、纺织品；日常生活用品；其他财物。

（二）本次火灾事故单位直接财产损失的范围及组成

本次火灾事故单位直接财产分为：室内装潢；办公家具或营业设施；办公设备及用品；原材料及产成品；其他财物。本次火灾事故单位直接财产损失范围及组成根据单位财产申报，结合现场勘验数据、核实营业收入等方面进行确定。

（三）确定居民家庭财物的标准和数量

由于存在不同户型和人数以及不同收入水平、生活习惯和兴趣爱好等差异因素，各家庭的财产拥有数量、档次水平均不相同。火灾中绝大多数居民家庭财物完全烧毁，无法通过实地勘验或居民申报的方式获得每户家庭的财产情况，确定家庭财产物品成为本次价格鉴定最大的难点。

经与有关部门商定，就居民家庭损失财产形成统一口径：按现场勘查获取数据和官方统计数据相结合确定家庭财产状况；只考虑共性和普遍性的居民家庭财产，特殊性和个性化的家庭财产不予考虑。

### 二、价格鉴定过程

（一）居民家庭财产损失价值鉴定

根据受灾居民家庭人数、房型和经济状况，按××市统计局公布的 2010 年城市居民家庭人均消费支出、年末耐用消费品拥有量等数据资料编制家庭财产样本，即：居民家庭室内装潢标准档次、工程量、装修价格；室内日常家具，包括卧室、客厅、书房等家具；日常家用电器，包括电视机、空调、洗衣机、音响、电脑、电冰箱、厨房设备等；家用纺织品，包括床上用品、衣服鞋帽等；日常生活用品，包括锅碗瓢盆、油盐酱醋等；这几类财产物品的品牌、数量和价格。

同时，对部分具备勘验条件的居民家庭进行实地勘验，对室内装潢、家具、家电器具、床上用品、服装鞋帽、日常生活用品逐一勘查、清点、记录，获得了宝贵的财产资料数据，并据此制定不同户型家庭的财产样本。

对上述两个样本进行比对、分析和调整，综合考虑居民入住时间、使用状况等因素，确定火灾前不同户型家庭财产实际价值。具体为：两房一厅户型家庭直接财物损失价值 16.76 万元；三房两厅户型家庭直接财物损失价值 24.22 万元。经推算，99 户两房一厅家庭财产损失价值为：16.76 万元×99 户 = 1660 万元（取整）；47 户三房两厅家庭财产损失价值为：24.22 万元×47 户 = 1138 万元（取整）。

（二）商铺、单位财产物品损失价值鉴定

根据底层商铺、单位部分受损的情况，鉴定人员进入现场，实施实地勘验，对室内装潢、设备器具、办公用品、原材料及产成品逐一清点、记录，确定财产的损失范围和损失程度，取得了第一手资料数据。综合单位财产损失申报，以及火灾实地勘验资料，最终，确定每家商铺单位的实际财产损失情况。按照损坏财物损失价值的鉴定口径，可修复的以修复价格确定其损失数额；不可修复的，以基准日的即时价值确定其损失数额。经测算汇总，16 户商铺、单位直接财产损失价值为 316.54 万元。

### ◆ 案例评析

一、该案是涉刑案直接财产损失的价格鉴定，工作思路清晰，程序合法，依据较为充分，方法适当，结论客观合理。

二、火灾事故中有关损失财产的举证和确认是最大的难点。该案鉴定标的为居民家庭财产，且极大部分被烧毁或已灭失，无法按常规方法确认鉴定标的。鉴于这一情况，该案例价格鉴定小组设想以火灾实地勘验资料与官方统计数据相结合，编制居民家庭财产样本，同时，仅考虑共性和普遍性的家庭财产，以此确定该案的鉴定标的，这一设想得到了有关方面的认可和赞同。该案的工作思路无疑是正确合理的，解决了涉刑案火灾事故灭失财物确定的难题，这也是该案的主要亮点和经验体会。

三、该案涉及居民家庭、商铺单位财产损失的价格鉴定，根据委托目的和要求，该价格鉴定结论仅适用于办案机关审理刑事案件的需要，作为对事故责任人的依法追究刑事责任的参考意见，不适用对侵权主体进行民事赔偿的依据。

四、明确价格鉴定机构的工作范围。该次火灾事故属于特别重大事故，生命和财产损失极其严重，涉及财产的损失情况相当复杂。由于受价格认证机构职能，人员数量、专业技能等因素的限制，在火灾事故财产损失价格鉴定中，切忌包揽全部、事必躬亲。应根据自身专业特点、业务能力和实际情况，承担力所能及的部分，不做力不胜任的事情，尽量减少责任风险和降低工作难度。本案中，价格认证机构较好地把握了鉴定工作的参与尺度。

五、《价格鉴定行为规范》（2010年版）对《测算说明》有以下规定：测算说明应对各项参数的来源做出详细记载，对价格鉴定方法的选择、价格鉴定依据的内容、价格鉴定过程等应有详细说明，对价格鉴定的计算应清晰明了。《测算说明》存档，不提供给委托（提出）方、其他单位及个人。

六、该案例的测算说明在详细程度上略显不足。

## 案例九

# 涉嫌重大责任事故罪案件中火灾财产损失的价格鉴定

 **案例背景情况**

2011年7月5日18:24，××市××路仓储重地仓库发生火灾，经××区公安局侦查查明，该起火灾是因电焊施工不当引发的火灾，造成了重大损失。2011年9月28日该市公安局委托××价格认证中心对因火灾烧毁的7992平方米钢架结构仓库进行价格鉴定。

# 关于火灾造成××大市场钢结构仓库（7992 平方米）损失的价格鉴定结论书

××市公安局：

根据你局委托，我中心遵循合法、公正、科学的原则，按照规定的标准、程序和方法，依法对因火灾造成的××大市场钢结构仓库（7992 平方米）损失进行了鉴定，现将价格鉴定情况综述如下：

## 一、价格鉴定标的

火灾造成的××大市场钢结构仓库（7992 平方米）的损失，仓库建成时间为 2011 年 3 月。

## 二、价格鉴定目的

为××市公安局办理涉嫌重大责任事故罪案件提供价格参考依据。

## 三、价格鉴定基准日

2011 年 7 月 5 日。

## 四、价格定义

价格鉴定结论所指价格是：××大市场钢结构仓库（7992 平方米）在鉴定基准日，采用公开市场价值标准所确定的因火灾造成的损失。

## 五、价格鉴定依据

（一）法律法规及规范性文件

1.《中华人民共和国价格法》；

2.《扣押、追缴、没收物品估价管理办法》；

3.《关于扣押追缴没收及收缴财物价格鉴定管理的补充通知》；

4.《价格鉴定行为规范》（2010 年版）；

5.《××市涉案财物价格鉴证相关技术参数参照标准》；

6.《××市物品财产估价鉴定工作程序的规定》；

7.《××市物品财产估价鉴定管理实施办法》。

（二）委托方提供的有关资料

1. 价格鉴定委托书；

2. 委托方提供的钢结构仓库设计图纸等相关资料。

（三）鉴定方收集的有关资料

××××年《××省建筑（装饰）安装工程费用定额》。

## 六、价格鉴定方法

重置成本法。

## 七、价格鉴定过程

接受委托后，价格鉴定人员做好鉴定前期准备工作。我中心成立了价格鉴定小组，按照规定的程序，制定了价格鉴定作业方案。价格鉴定小组于2011年9月28日在委托方的陪同下对标的进行了实地勘验，经勘验：仓库被火烧后几乎夷为平地，只剩下钢结构的残留物，无法确认其原貌。该仓库为违章建筑，有关部门无相关建筑设计资料存档，而仓库业主方拒不配合，并已逃匿。

鉴定人员确定鉴定方法，根据灾后现状及知情人的描述，公安部门委托有资质的建筑设计单位按仓库原样重绘建筑设计图，再根据委托方确认的图纸，按照建设部《建设工程价款结算暂行办法》和现行××省××版工程定额及费用标准为依据进行核定，钢构工程按三类取定，材料价格按合同价格确定及市场价格调差，综合测算其工程造价来确定重置价格。由于该仓库建成日期为2011年3月，根据该类型建筑物的使用年限及实地勘查综合考虑分析，其综合成新率为98%。价格鉴定人员严格按照涉案物品价格鉴定程序和原则，认真分析研究所掌握的资料，对鉴定标的的正常价格进行了评定估算，形成价格鉴定意见，撰写价格鉴定报告。

## 八、价格鉴定结论

通过价格鉴定计算，根据价格鉴定依据和价格鉴定方法，确定××大市场钢结构仓库（7992平方米）在鉴定基准日因火灾造成的损失为贰佰壹拾捌万叁仟肆佰零肆元整（￥2183404.00）。

## 九、价格鉴定限定条件

（一）委托方提供资料客观真实；

（二）由于火灾情况严重，已无法进行实地勘查，本次鉴定结论中鉴定标的的相关图纸、数据均来源于委托方；

（三）鉴定标的将按原有用途继续使用为假设前提。

## 十、声明

（一）价格鉴定结论受结论书中已说明的限定条件限制。

（二）本结论中使用的图纸、数据等相关资料均由委托方提供，其真实性由委托方负责。

（三）本价格鉴定结论仅对本次委托有效，不做他用。未经本中心书面同意，本结论书的全部或部分内容，不得向委托方和有关当事人之外的任何单位和个人提供，不得发表于任何公开媒体上。

（四）鉴定机构和鉴定人员与价格鉴定标的没有利害关系，也与有关当事人没有利害关系。

（五）如对本结论有异议，可向本鉴定机构提出重新鉴定，或委托省级政府价格主管部门设立的价格鉴定机构复核裁定。

## 十一、价格鉴定作业日期

（略）。

## 十二、价格鉴定人员

（略）。

## 十三、附件

1. 价格鉴定委托书复印件（略）
2. 价格鉴定机构资质证书复印件（略）
3. 价格鉴定人员资格证书复印件（略）

（公章）

2011 年 10 月 10 日

## 测算说明

### 一、鉴定思路

本案例是对因火灾所造成的损失进行价格鉴定，本案例主要特点如下：因火灾造成仓库灭失，无法进行实物勘验，也无法提供原始设计图纸等相关资料；鉴定人员会同委托方向知情人询问火灾前标的状况，建议委托方聘请具有工程设计资质的机构按原样复制钢架结构仓库的设计图纸，并要求委托方签字认可。

### 二、价格鉴定标的的概况

鉴定标的为火灾造成的××大市场钢结构仓库（7992 平方米）的损失。仓库建成时间为 2011 年 3 月。

鉴定人员于 2011 年 9 月 28 日在委托方的陪同下对标的进行了实地勘查。经勘查：

仓库被火烧后几乎夷为平地，只剩下钢结构的残留物，无法确认其原貌。该仓库为违章建筑，有关部门无相关建筑设计资料存档，而仓库业主方拒不配合，并已逃匿。

### 三、价格鉴定过程

本中心接受委托后，组成价格鉴定工作小组，经实地勘查和市场调查，根据委托鉴定标的情况，并结合所收集的相关资料，确定采用成本法对标的进行价格鉴定。计算公式为：

鉴定价格 = 重置价格 × 综合成新率

#### （一）重置成本的确定

根据灾后现状及知情人的描述，中心配合公安部门委托有资质的建筑设计单位按仓库原样重绘建筑设计图，再根据委托方已确认的图纸，按照建设部《建设工程价款结算暂行办法》和现行××省××版工程定额及费用标准为依据进行核定，钢构工程按三类取定，材料价格按合同价格确定及市场价格调差，综合测算其工程造价来确定重置价格。

#### （二）综合成新率的确定

由于该仓库建成日期为2011年3月，根据该类型建筑物的使用年限及现场勘查综合考虑分析，其综合成新率为98%。

钢结构工程预（结）算书如下：

表 -01 　　　　　　　　　　**工程预（结）算表**

工程名称：仓库钢结构工程

| 序号 | 定额编号 | 项目名称 | 单位 | 数量 | 单价（元）单价 | 单价（元）工资 | 总价（元）总价 | 总价（元）工资 |
|---|---|---|---|---|---|---|---|---|
| 1 | A6-4 | 空腹钢柱制作 HN350×175 | 吨 | 42.952 | 5360.41 | 272.13 | 230240.33 | 11688.53 |
| 2 | A6-4 | 空腹钢柱制作 HN200×100 | 吨 | 9.020 | 5360.41 | 272.13 | 48350.90 | 2454.61 |
| 3 | A6-14 | 钢梁制作 HN350×175 | 吨 | 102.587 | 4953.21 | 300.80 | 508134.95 | 30858.17 |
| 4 | A6-23 | C型钢檩条制作 | 吨 | 27.510 | 4202.44 | 280.12 | 115609.12 | 7706.10 |
| 5 | A6-26 | C型钢墙架制作 | | 5.760 | 4999.83 | 475.88 | 28799.02 | 2741.07 |
| 6 | A6-21 | 屋架钢支撑制作 十字 | 吨 | 2.980 | 4402.70 | 366.84 | 13120.05 | 1093.18 |
| 7 | A6-20 | 柱间钢支撑制作 | 吨 | 4.670 | 4502.96 | 390.34 | 21028.82 | 1822.89 |
| 8 | A4-476 | 预埋铁件 | 吨 | 1.792 | 5696.55 | 575.75 | 10208.22 | 1031.74 |
| 9 | A6-41 | I类金属构件 运输距离5千米内 | 10吨 | 19.727 | 954.60 | 54.99 | 18831.39 | 1084.79 |
| 10 | A6-57 | 钢柱安装 单根重4吨履带式起重机 | 吨 | 51.972 | 214.12 | 18.80 | 11128.24 | 977.07 |

续表

| 序号 | 定额编号 | 项目名称 | 单位 | 数量 | 单价（元） | | 总价（元） | |
|---|---|---|---|---|---|---|---|---|
| | | | | | 单价 | 工资 | 总价 | 工资 |
| 11 | A6－67 | 钢梁（安装钢柱上）单根重3吨　内汽车式起重机 | 吨 | 102.587 | 132.66 | 24.68 | 13609.19 | 2531.85 |
| 12 | A6－123 | 钢檩条安装单根重0.3吨内汽车式起重机 | 吨 | 33.270 | 336.69 | 51.00 | 11201.68 | 1696.77 |
| 13 | A6－129 | 钢屋架支撑安装十字型　汽车式起重机 | 吨 | 2.980 | 529.80 | 132.54 | 1578.80 | 394.97 |
| 14 | A6－139 | 单式柱间支撑安装单根重0.3吨内汽车式起重机 | 吨 | 4.670 | 1365.30 | 274.48 | 6375.95 | 1281.82 |
| 15 | A7－14 | 金属波形瓦屋面 | 10平方米 | 399.600 | 435.57 | 16.69 | 174053.77 | 6669.32 |
| 16 | A8－209 | 瓦屋面保温50毫米保温棉 | 10立方米 | 19.980 | 4683.94 | 1408.83 | 93585.12 | 28148.42 |
| 17 | B2－328 | 墙面金属波形板 | 100平方米 | 10.286 | 2776.19 | 462.30 | 28555.89 | 4755.22 |
| 18 | A7－74 | 屋面铁皮排水天沟、泛水 | 100平方米 | 1.212 | 2526.46 | 250.04 | 3062.07 | 303.05 |
| 19 | A7－82 | 屋面排水PVC水落管φ110 | 10米 | 27.360 | 254.46 | 67.92 | 6962.03 | 1858.29 |
| 20 | B4－273 | 防火卷帘门安装 | 100平方米 | 0.648 | 38198.21 | 3015.00 | 24752.44 | 1953.72 |
| 21 | B4－264 | 推拉窗安装 | 100平方米 | 0.270 | 19981.47 | 1079.71 | 5395.00 | 291.52 |
| 22 | B9－12换 | 满堂脚手架、钢管架、基本层～脚手架超高（参看附注）7.20米 | 100平方米 | 39.289 | 793.16 | 512.33 | 31162.46 | 20128.93 |
| | | 合计 | | | | | 1405745.44 | 131472.03 |

表－02　　　　　　　　　　　　　　　　价差汇总表

工程名称：仓库钢结构工程　　　　　　　　　　　　　　　　　　　单位：元

| 序号 | 定额编号 | 名称 | 单位 | 数量 | 定额价 | 市场价 | 价格差 | 合价 |
|---|---|---|---|---|---|---|---|---|
| 1 | 0000010 | 综合工日 | 工日 | 4439.986 | 23.50 | 47 | 23.50 | 104339.67 |
| 2 | 0000020 | 装饰人工 | 工日 | 809.829 | 33.50 | 57 | 23.50 | 19030.98 |
| 3 | 0000030 | 机械人工 | 工日 | 916.762 | 23.50 | 47 | 23.50 | 21543.91 |
| 4 | 0000240 | 钢筋10以外 | 吨 | 0.167 | 2996.79 | 5380 | 2383.21 | 398.00 |

续表

| 序号 | 定额编号 | 名称 | 单位 | 数量 | 定额价 | 市场价 | 价格差 | 合价 |
|---|---|---|---|---|---|---|---|---|
| 5 | 0000290 | HN200×100 | 吨 | 1.705 | 5243.48 | 5260 | 16.52 | 28.17 |
| 6 | 0000290 | HN350×175 | 吨 | 8.118 | 5243.80 | 5260 | 16.52 | 134.11 |
| 7 | 0000400 | HN200×100 | 吨 | 0.848 | 3031.47 | 5260 | 2228.53 | 1889.79 |
| 8 | 0000400 | HN350×175 | 吨 | 4.037 | 3031.47 | 5260 | 2228.53 | 8996.58 |
| 9 | 0000400 | 不等边角钢 | 吨 | 3.615 | 3031.47 | 5330 | 2298.53 | 8309.19 |
| 10 | 0000410 | C型钢墙架 | 吨 | 2.396 | 2964.83 | 5640 | 2675.17 | 6409.71 |
| 11 | 0000500 | C型钢檩条 | 吨 | 25.144 | 3031.47 | 5640 | 2608.53 | 65588.88 |
| 12 | 0000500 | HN200×100 | 吨 | 0.785 | 3031.47 | 5260 | 2228.53 | 1749.40 |
| 13 | 0000500 | HN350×175 | 吨 | 3.737 | 3031.47 | 5260 | 2228.53 | 8328.02 |
| 14 | 0000500 | 等角边钢 | 吨 | 2.951 | 3031.47 | 5130 | 2098.53 | 6192.76 |
| 15 | 0000750 | C型钢墙架 | 吨 | 3.007 | 3298.47 | 5640 | 2341.53 | 7040.98 |
| 16 | 0000860 | HN200×100 | 吨 | 1.263 | 2984.37 | 5260 | 2275.63 | 2874.36 |
| 17 | 0001440 | HN350×175 | 吨 | 6.013 | 2984.37 | 5260 | 2275.63 | 13683.36 |
| 18 | 0001440 | C型钢檩条 | 吨 | 4.016 | 3276.74 | 5640 | 2363.26 | 9490.85 |
| 19 | 0001440 | HN200×100 | 吨 | 4.961 | 3276.74 | 5260 | 1983.26 | 9838.95 |
| 20 | 0001440 | HN350×175 | 吨 | 132.366 | 3276.74 | 5260 | 1983.26 | 262516.19 |
| 21 | 0001440 | 中钢板 | 吨 | 2.079 | 3276.74 | 5260 | 1983.26 | 4123.20 |
| 22 | 0500570 | 彩色金属波纹瓦（0.35×860×L） | 平方米 | 4435.560 | 32.14 | 28 | -4.14 | -18363.22 |
| 23 | 1500300 | 塑钢推拉窗75系列 | 平方米 | 27.000 | 188.00 | 130 | -58.00 | -1566.00 |
| 24 | 2300480 | 50毫米保温棉 | 平方米 | 191.209 | 338.25 | 100 | -238.25 | -45555.54 |
| 25 | 3004190 | 防火卷帘门 | 平方米 | 64.800 | 350.00 | 180 | -170.00 | -11016.00 |
| 26 | 4001420 | 墙面金属波形板 | 平方米 | 1090.316 | 20.63 | 28 | 7.37 | 8035.63 |
| 27 | 5203990 | 铁件 | 吨 | 1.810 | 4452.74 | 5440 | 987.26 | 1786.94 |
| | | 合计 | | | | | | 495828.63 |

**表-03**　　　　　　　　　　　　　　　**工程造价取费表**

工程名称：仓库钢结构工程

| 序号 | 费用名称 | 计算式 | 费率（%） | 金额（元） |
|---|---|---|---|---|
| | 【土建工程部分】 | | | |
| 一 | 直接工程费 | 工程×消耗量定额基价 | | 1315879.65 |
| 二 | 技术措施费 | 工程×消耗量定额基价 | | |
| 三 | 未计价材 | 主材设备费 | | |
| 四 | 组织措施费 | (1)+(2)[不含环保安全文明费] | | 39607.98 |
| 1 | 其中：临时设施费 | [(一)+(二)+(三)]×费率 | 1.26 | 16580.08 |
| 2 | 检验试验费等六项 | [(一)+(二)+(三)]×费率 | 1.75 | 23027.89 |
| 五 | 价差 | 按有关规定计算 | | 495828.63 |
| 六 | 企业管理费 | [(一)+(二)+(三)]×费率 | 3.54 | 47984.26 |
| 七 | 利润 | [(一)+(二)+(三)]×费率 | 3.00 | 42104.16 |

续表

| 序号 | 费用名称 | 计算式 | 费率（%） | 金额（元） |
|---|---|---|---|---|
| 八 | 估价 | 估价项目 | | |
| 3 | 社保等四项 | ［（一）＋（二）＋（三）＋（四）＋（六）＋（七）］×费率 | 5.35 | 77338.32 |
| 4 | 上级（行业）管理费 | ［（一）＋（二）＋（三）＋（四）］×费率 | 0.60 | 8132.93 |
| AW | 环保安全文明措施费 | ［（一）＋（二）＋（三）＋（四）＋（六）＋（七）＋（3）＋（4）］×费率 | 1.20 | 18372.57 |
| FW | 安全防护文明施工费 | AW＋（1） | | 34952.65 |
| QT | 其他费 | 其他项目费 | | |
| 九 | 规费 | （3）＋（4） | | 85471.25 |
| 十 | 税金 | ［（一）～（九）＋（QT）＋（AW）］×费率 | 3.413 | 69804.33 |
| 十一 | 工程费用 | （一）～（十）＋（QT）＋（AW） | | 2115052.83 |
| | 土建工程合计 | | | 2115052.83 |

表－04　　　　　　　　　　工程造价取费表

工程名称：仓库钢结构工程

| 序号 | 费用名称 | 计算式 | 费率（%） | 金额（元） |
|---|---|---|---|---|
| | 【装饰工程部分】866 | | | |
| 一 | 直接工程费 | Σ工程量×消耗量定额基价 | | 58703.33 |
| 1 | 其中：人工费 | Σ（工日数×人工单价） | | 7000.46 |
| 二 | 技术措施费 | Σ（工程量×消耗量定额基价） | | 31162.46 |
| 2 | 其中：人工费 | Σ（工日数×人工单价）或按人工费比例计算 | | |
| 三 | 未计价材 | 主材设备费 | | |
| 四 | 组织措施费 | （4）＋（5）［不含环保安全文明费］ | | 3307.07 |
| 3 | 其中：人工费 | （四）×费率 | 15.00 | 496.06 |
| 4 | 其中：临时设施费 | ［（1）＋（2）］×费率 | 5.19 | 1408.02 |
| 5 | 检验试验费等六项 | ［（1）＋（2）］×费率 | 7.00 | 1899.06 |
| 五 | 价差 | 按有关规定计算 | | |
| 六 | 企业管理费 | ［（1）＋（2）＋（3）］×费率 | 13.33 | 3682.47 |
| 七 | 利润 | ［（1）＋（2）＋（3）］×费率 | 12.72 | 3513.96 |
| 八 | 估价部分 | 估价项目 | | |
| 6 | 社保等四项 | ［（1）＋（2）＋（3）］×费率 | 26.75 | 7389.81 |
| 7 | 上级（行业）管理费 | ［（一）＋（二）＋（三）＋（四）］×费率 | 0.60 | 559.04 |
| AW | 环保安全文明措施费 | ［（一）＋（二）＋（三）＋（四）＋（六）＋（七）＋（6）＋（7）］×费率 | 0.80 | 866.55 |
| FW | 安全防护文明施工费 | AW＋（4） | | 2274.57 |
| 九 | 规费 | （6）＋（7） | | 7948.85 |
| 十 | 税金 | ［（一）～（九）＋（AW）］×费率 | 3.413 | 3726.47 |
| 十一 | 工程费用 | （一）～（十）＋（AW） | | 112911.16 |
| | 装饰工程造价合计 | | | 112911.16 |
| | 土建装饰安装部计 | 贰佰贰拾贰万柒仟玖佰陆拾叁元玖角玖分 | | 2227963.99 |

鉴定价格 $=2227963.99\times98\%=2183404$（元）

## 案例评析

一、该案例是对刑事涉案损失进行的价格鉴定，程序合法，依据较充分，方法恰当，结论较为合理。

二、该案例的主要困难在于标的建筑物已经全部烧毁，通过实地勘验无法取得相关资料。该案例建议由委托方委托具有工程设计资质的机构按原样复制钢结构全库的设计图纸，并由委托方签字认可，不失为解决问题的一种方法。

# 二、破坏社会主义市场经济秩序罪中
# 涉案财物价格鉴定

## （一）生产、销售伪劣产品罪

【刑法】第一百四十条　生产者、销售者在产品中掺杂、掺假，以假充真，以次充好或者以不合格产品冒充合格产品，销售金额五万元以上不满二十万元的，处二年以下有期徒刑或者拘役，并处或者单处销售金额百分之五十以上二倍以下罚金；销售金额二十万元以上不满五十万元的，处二年以上七年以下有期徒刑，并处销售金额百分之五十以上二倍以下罚金；销售金额五十万元以上不满二百万元的，处七年以上有期徒刑，并处销售金额百分之五十以上二倍以下罚金；销售金额二百万元以上的，处十五年有期徒刑或者无期徒刑，并处销售金额百分之五十以上二倍以下罚金或者没收财产。

【解释】本条是关于生产、销售伪劣产品犯罪的一般刑事处罚规定。

根据本条的规定，生产、销售伪劣产品罪必须具备以下几项条件：第一，生产者、销售者有生产、销售伪劣产品从中谋利的故意。如果行为人在主观上不是故意的，不知所售产品是次品，而当作正品出售了，应承担民事责任，不能作为犯罪。第二，生产者、销售者在客观上实施了"在产品中掺杂、掺假，以假充真，以次充好或者以不合格产品冒充合格产品"等行为。所谓"在产品中掺杂、掺假"，是指在产品中掺入杂质或者异物，致使产品质量不符合国家法律、法规或者产品明示质量标准规定的质量要求，降低、失去应有使用性能的行为。"以假充真"，是指以不具有某种使用性能的产品冒充具有该种使用性能的产品的行为。"以次充好"，是指以低等级、低档次产品冒充高等级、高档次产品，或者以残次、废旧零配件组合、拼装后冒充正品或者新产品的行为。"不合格产品"，是指不符合《产品质量法》第二十六条第二款规定的质量要求的产品。对上述行为难以确定的，应当委托法律、行政法规规定的产品质量检验机构进行鉴定。第三，生产者、销售者在产品中掺杂、掺假，以假充真，以次充好或者以不合格产品冒充合格产品，销售金额必须达到5万元以上，才构成犯罪，如果销售金额不足5万元的，不构成犯罪。第四，生产、销售伪劣产品的犯罪主体是生产者、销售者，消费者不能构成本罪的主体。

本条对于生产、销售伪劣产品罪的处罚，根据其销售金额的不同，分为四个档次，并对犯罪者在适用自由刑的同时，也注重财产刑的适用：销售金额5万元以上不满20万元的，处2年以下有期徒刑或者拘役，并处或者单处销售金额50%以上二倍以下罚金；销售金额20万元以上不满50万元的，处2年以上7年以下有期徒刑，并处销售金额50%以上二倍以下罚金；销售金额50万元以上不满200万元的，处7年以上有期徒刑，并处销售金额50%以上二倍以下罚金；销售金额200万元以上的，处15年有期徒刑或者无期徒刑，并处销售金额50%以上二倍以下罚金或者没收财产。这里所说的"销售金额"，是指生产者、销售者出售伪劣产品后所得和应得的全部违法收入。多次实施生产、销售伪劣产品行为，未经处理的，伪劣产品的销售金额累计计算。

## 案例十

# 涉嫌生产销售伪劣产品罪案件中
# 卷烟专用设备的价格鉴定

### 案例背景情况

2012年8月29日，××市公安局捣毁一处生产加工卷烟的窝点，查获一批卷烟专用设备和烟草专卖品。××公安局以涉嫌生产销售伪劣产品罪为由，于2012年9月4日委托××价格认证中心对查获的卷烟专用设备进行价格鉴定。

**价格鉴定结论书**

# 关于对卷烟专用设备的价格鉴定结论书

××公安局：

根据你单位委托，我中心遵循合法、公正、科学的原则，按照规定的标准、程序和方法，依法对委托书所列指的加工卷烟的专用设备进行了价格鉴定。现将价格鉴定情况综述如下：

## 一、价格鉴定标的

卷烟专用设备，详见《价格鉴定技术报告》。

## 二、价格鉴定目的

为你局办理涉嫌生产销售伪劣产品罪案件提供鉴定标的的价格依据。

## 三、价格鉴定基准日

2012 年 8 月 29 日。

## 四、价格定义

价格鉴定结论所指价格是：鉴定标的在鉴定基准日，按照有关文件规定确定的市场价格。

## 五、价格鉴定依据

（一）法律法规及规范性文件

1. 《中华人民共和国价格法》；

2. 《中华人民共和国烟草专卖法》；

3. 《中华人民共和国烟草专卖法实施条例》；

4. 《××省涉案财物价格鉴证管理条例》；

5. 《扣押、追缴、没收物品估价管理办法》；

6. 《关于扣押追缴没收及收缴财物价格鉴定管理的补充通知》；

7. 《关于执行〈关于办理非法生产、销售烟草专卖品等刑事案件具体应用法律若干问题的解释〉座谈会纪要的通知》；

8. 《××省涉烟违法犯罪案件物品价格鉴定标准的通知》；

9. 《关于执行××省涉烟违法犯罪案件物品价格鉴定标准的补充通知》；

10. 《××省价格鉴证工作规范》。

（二）委托方提供的有关资料

1. 价格鉴定委托书；

2. 物品清单。

（三）鉴定方经市场调查获取的资料

1. 实物勘验资料；

2. 市场调查资料；

3. 其他相关资料。

## 六、价格鉴定方法

市场法。

## 七、价格鉴定过程

我中心接受委托后，成立了价格鉴定工作小组，制定了价格鉴定作业方案，并指派 2 名价格鉴定人员于 2012 年 9 月 3—4 日与省烟草专卖行政主管部门工作人员及卷烟生产设备专业技术人员共同组成专家鉴定小组，对查获的卷烟专用设备进行了实物勘验。实物勘验后，价格鉴定人员根据国家有关规程和标准，严格按照价格鉴定的程序和原则，通过认真分析研究和广泛的市场调查，确定采用市场法进行了价格鉴定。详见《价格鉴定技术报告》。

## 八、价格鉴定结论

鉴定标的在鉴定基准日的价格为人民币柒佰伍拾叁万捌仟元整（￥7538000.00）。

## 九、价格鉴定限定条件

（一）委托方提供的资料客观真实；

（二）由于制烟机械设备等属于国家烟草专卖品，所以本结论书的结论不是在公开、竞争的市场交易情况下得出的。

## 十、声明

（一）价格鉴定结论受结论书中已说明的限定条件限制。

（二）价格鉴定结论作为司法机关办理案件的价格依据，不是交易和处置价格。未经我中心同意，不得向委托方和有关当事人之外的任何单位和个人提供。结论书的全部或部分内容，不得发表于公开媒体上。

（三）鉴定机构和鉴定人员与价格鉴定标的没有利害关系，也与当事人没有利害关系。

（四）如对本结论有异议，可向本鉴定机构提出重新鉴定，或委托省级政府价格主管部门设立的价格鉴定机构复核裁定。

## 十一、价格鉴定作业日期

（略）。

## 十二、价格鉴定人员

（略）。

## 十三、附件

1. 《价格鉴定技术报告》
2. 价格鉴定机构资质证复印件（略）
3. 价格鉴定人员资格证复印件（略）

（公章）

2012 年 9 月 10 日

附件 1

# 价格鉴定技术报告

## 一、价格鉴定标的情况

（一）卷接机组 1 套

本次查获的卷接机组为仿 MK - 95 型卷接机组 1 套（含卷烟机、接嘴机各 1 台），生产能力为每分钟 3500 ~ 4000 支。

（二）制丝生产线 1 条

本次查获的制丝设备为每小时加工 1500 千克烟叶的生产线一条（含切丝机 2 台、隧道式烘丝机 1 台、喷射式真空回潮机 1 台及辅连设备 1 批）。

（三）简易手工包装机

本次查获的简易手工包装机为自制品，共 6 台。

## 二、价格鉴定情况

根据《××省物价局、省烟草专卖局关于印发××省涉烟违法犯罪案件物品价格鉴定标准的通知》（×价调控〔2010〕123号，以下简称《标准》）的通知规定，"非法生产、拼装、购买、销售烟草专用机械，以及生产假冒、伪劣卷烟制品的烟草专用机械，按照机械设备的完整程度进行价格鉴定，不考虑折旧因素。""烟机型号在现行全国烟草专用机械产品指导价格目录中有的，按目录中对应设备、型号的指导价格确定；目录中没有的，综合考虑设备的生产能力、功能等技术参数确定；机械设备齐全的，按照机械设备的全价确定；机械设备不全的，考虑扣除不全部分确定"。"对大型、复杂的卷烟或烟叶专用机械设备、生产线，组织有关专家组成鉴定组进行价格鉴定"。在《标准》附件四第三款中规定"手工制作的包装机按照每台不低于0.3万元确定"。

根据上述规定，鉴定人员对本次查获的制烟机械设备与现行的全国烟草专用机械产品指导价格目录（以下简称《目录》）进行了认真的比对，并与专家组讨论研究，一致认定：

1. 卷接机组为仿MK-95型卷接机组1套（含卷烟机、接嘴机各1台），生产能力为每分钟3500~4000支，该型号未列入《目录》中，经咨询我省有关制烟企业，并充分考虑该设备的性能特点、生产能力、完整程度等，综合确定该套机组的价格为每套3720000元。

2. 每小时1500千克制丝生产线1条（含切丝机2台、隧道式烘丝机1台、喷射式真空回潮机1台及辅连设备1批），经参考《目录》中相近生产能力的设备价格，综合确定该条生产线的价格为3800000元。

3. 简易手工包装机按照《标准》规定确定为每台3000元，6台价格合计为18000元。

以上1~3项制烟专用设备的鉴定价格为7538000元。

## 测算说明

见《价格鉴定技术报告》，内容略。

### ◆ 案例评析

一、该案例是对涉案卷烟专用设备的价格鉴定，程序合法，依据充分，方法恰当，结论较为客观合理。

二、生产假冒伪劣卷烟的生产机械设备，多数情况下是正规烟草生产企业早已淘汰或制假者自制的机械设备，其性能特点、生产能力、完整程度等与现行的全国烟草专用机械产品指导价格目录中的机械设备不相同。

在测算过程中，价格鉴定人员对本案中的烟草专用机械设备与现行的全国烟草专用机械产品指导价格目录进行了认真的比对，找出差异。烟草专卖部门组织专家鉴定小组根据机械设备的性能特点、生产能力、完整程度等情况，确定了该机械设备的属性。在此前提下，价格鉴定人员对机械设备的价格进行了鉴定。

# （二）生产、销售伪劣农药、兽药、化肥、种子罪

【刑法】第一百四十七条　生产假农药、假兽药、假化肥，销售明知是假的或者失去使用效能的农药、兽药、化肥、种子，或者生产者、销售者以不合格的农药、兽药、化肥、种子冒充合格的农药、兽药、化肥、种子，使生产遭受较大损失的，处三年以下有期徒刑或者拘役，并处或者单处销售金额百分之五十以上二倍以下罚金；使生产遭受重大损失的，处三年以上七年以下有期徒刑，并处销售金额百分之五十以上二倍以下罚金；使生产遭受特别重大损失的，处七年以上有期徒刑或者无期徒刑，并处销售金额百分之五十以上二倍以下罚金或者没收财产。

【解释】本条是关于生产、销售伪劣农药、兽药、化肥、种子罪及其刑事处罚的规定。

根据本条规定，生产、销售伪劣农药、兽药、化肥、种子罪有以下几个构成要件：第一，行为人在主观上是故意犯罪。无论是生产假农药、假兽药、假化肥，还是销售明知是假的或者失去使用效能的农药、兽药、化肥、种子，或是生产者、销售者以不合格的农用生产资料冒充合格的农用生产资料生产、销售的，其行为的故意是十分清楚的，目的都是为了非法牟利。第二，行为人在客观上必须实施下列行为之一：一是生产假农药、假兽药、假化肥。所谓"假农药、假兽药、假化肥"，是指所含的成分与国家标准、行业标准不相符合或者以非农药、非化肥、非兽药冒充农药、化肥、兽药的。二是销售明知是假的或者失去使用效能的农药、兽药、化肥、种子。所谓"失去使用效能的农药、兽药、化肥、种子"，是指因为过期、受潮、腐烂、变质等原因失去了原有功效和使用效能，丧失了使用价值的农药、兽药、化肥、种子。三是生产者、销售者以不合格的农药、兽药、化肥、种子冒充合格的农药、兽药、化肥、种子。所谓"不合格"，是指不具备应当具备的使用性能

或者没有达到应当达到的质量标准。第三，生产、销售上述伪劣农用生产资料，使生产遭受较大损失的，才构成本罪，这也是区分罪与非罪的主要界限。由于上述各项生产资料的功效、作用不同，可能造成的损害也不一样，一般来说，"使生产遭受较大损失"，实践中一般是指造成比较严重的或者比较大范围的粮食减产、较多的牲畜的病患或死亡等。

对于生产、销售伪劣农药、兽药、化肥、种子罪的处罚，本条根据其对生产造成的损失的大小，分为三个处罚档次：对使生产遭受较大损失的，处 3 年以下有期徒刑或者拘役，并处或者单处销售金额 50% 以上二倍以下罚金；使生产遭受重大损失的，处 3 年以上 7 年以下有期徒刑，并处销售金额 50% 以上二倍以下罚金；使生产遭受特别重大损失的，处 7 年以上有期徒刑或者无期徒刑，并处销售金额 50% 以上二倍以下罚金或者没收财产。

在实际执行中应当注意区分生产、销售伪劣农药、兽药、化肥、种子罪与其他罪的区别：（1）本罪与破坏生产经营罪的区别。本罪的目的是为了非法牟利，采取的方式是生产、销售伪劣农药、兽药、化肥和种子；而破坏生产经营罪则是由于泄愤报复或者其他个人目的，采取的方式是毁坏机器设备、残害耕畜或其他方法。（2）本罪与生产、销售伪劣产品罪的区别。生产、销售伪劣农药、兽药、化肥、种子行为，如果同时触犯两个罪名，按处刑较重的罪处罚。如果实施以上行为，未使生产遭受较大损失，但销售金额在 5 万元以上的，按生产、销售伪劣产品罪处罚。

## 案例十一

# 涉嫌生产、销售伪劣种子罪案件中水稻生产损失的价格鉴定

 **案例背景情况**

A 市公安机关办理 B 种子公司涉嫌生产、销售伪劣吉粳 93 水稻种子案件中，伪劣种子造成全区各乡镇种植该品种水稻的农户共损失水稻 15659.318 吨，

A 市公安局××分局于 2010 年 10 月 22 日委托 A 市价格认证中心对水稻生产损失价格进行价格鉴定。

 **价格鉴定结论书**

# 关于水稻生产损失的价格鉴定结论书

A 市公安局××分局：

根据你单位委托，遵循合法、公正、科学的原则，按照规定的标准、程序和方法，我中心依法对委托书所列指的伪劣吉粳 93 的水稻生产损失进行了价格鉴定。现将价格鉴定情况综述如下：

## 一、价格鉴定标的

鉴定标的为因种植伪劣吉粳 93 水稻种子造成的生产损失，按委托方要求，确定为粳稻减产 15659.318 吨。

## 二、价格鉴定目的

为公安机关办理涉嫌生产、销售伪劣种子罪案件提供价格依据。

## 三、价格鉴定基准日期

2010 年 9 月。

## 四、价格定义

价格鉴定结论所指价格是：因种植了伪劣吉粳 93 水稻种子，在价格鉴定基准日期采用公开市场价值标准确定的，扣除收割、运输等有关费用后的水稻生产损失。

## 五、价格鉴定依据

（一）法律法规及规范性文件

1.《中华人民共和国价格法》；

2.《××省涉案财产价格鉴定条例》；

3.《扣押、追缴、没收物品估价管理办法》；

4.《关于扣押追缴没收及收缴财物价格鉴定管理的补充通知》；

5.《价格鉴定行为规范》（2010 年版）；

6. 《××省涉案财产价格鉴定操作规程》（试行）。

（二）委托方提供的有关资料

1. 价格鉴定委托书；

2. A市民政局、农业局提供的《××区吉粳93品种水稻核灾汇总表》复印件；

3. A市农业局、公安局提供的《关于吉粳93品种水稻核灾情况的说明》；

4. 其他相关资料。

（三）鉴定方收集的有关资料

1. 实地勘验资料；

2. 市场调查资料；

3. 其他相关资料。

## 六、价格鉴定方法

成本法。

## 七、价格鉴定过程

我中心接受委托后，成立了价格鉴定工作小组，制定了价格鉴定作业方案，并指派2名价格鉴定人员于2010年10月23日对水稻进行了实地勘验。实地勘验后，价格鉴定人员根据国家有关规程和标准，严格按照价格鉴定的程序和原则，通过认真分析研究和广泛的市场调查，确定采用成本法对标的进行价格鉴定。

（一）价格鉴定标的概述

价格鉴定人员实地勘验时，秋收已经结束，尚未进行脱粒和收购。按农业部门的统计，全区总种植面积为2884公顷，因种植了伪劣的吉粳93水稻种子，造成了生产损失，经折算，全区绝收总面积为1994.81公顷。

经了解，吉粳93水稻于2003年通过农业部审定，该水稻属中晚熟粳型常规水稻品种，全生育期平均为147.4天，株高111厘米，穗长18.6厘米，着粒密度适中，平均每穗总粒数90粒，结实率79.7%，千粒重25.4克，谷粒呈椭圆形，稍有顶芒；抗性为苗瘟3级，叶瘟3级，穗瘟率28.5%；米质主要指标：整精米率55.1%，垩白率67%，垩白度13.8%，胶稠度80.5毫米，直链淀粉含量18.7%。该品种水稻产量高，中抗稻瘟病，适宜在黑龙江南部、内蒙古东部、辽宁北部以及吉林、宁夏稻区的稻瘟病轻发区种植。A市××区从2009年开始种植该品种。

（二）测算过程

计算公式：

鉴定价格 = 水稻减产数量 × 平均收购价格 – 收割等相关费用

1. 市场收购价格调查。

粳稻是A市主要粮食产品，市场交易较活跃，从A市粮食中心批发市场调查材料得知：2010 年秋季二等粳稻平均收购价格为每吨 2720 元；三等粳稻平均收购价格为每吨 2680 元。

2. 水稻等级确定。

吉粳 93 水稻从 2009 年开始在该地区种植，经委托方确定，本次水稻生产损失中二等粳稻占 82% 、三等粳稻占 18% 。

3. 收割、脱粒、翻晒、运输等相关费用。

（1）按粮食生产统计的测算方法，折算全区绝收总面积为 1994.81 公顷。

（2）按市场调查收集的证明材料测算，2010 年秋季每公顷水稻收割、脱粒、翻晒、运输费用为 1167 元；

（3）收割、脱粒、翻晒、运输等费用：1167 元/公顷 × 1994.81 公顷 ＝ 2327943 元。

4. 鉴定价格。

鉴定价格 = 水稻减产数量 × 平均收购价格 - 收割等费用

$$= 15659.318 \times (2720 \times 82\% + 2680 \times 18\%) - 2327943$$
$$= 40152655 \text{（元）}$$

## 八、价格鉴定结论

鉴定标的在价格鉴定基准日期的鉴定价格为人民币肆仟零壹拾伍万贰仟陆佰伍拾伍元整（￥40152655.00）。

## 九、价格鉴定限定条件

1. 委托方提供资料客观真实；

2. 该结论是在土地地力、生产管理、自然条件、收获条件等因素没有较大变化的前提条件下作出的。

当上述条件发生变化时，鉴定结论会全部或部分失效，鉴定机构不承担由于这些条件的变化而导致鉴定结论失效的相关法律责任。

## 十、声明

（一）价格鉴定结论受结论书中已说明的限定条件限制。

（二）委托方提供资料的真实性由委托方负责。

（三）价格鉴定结论仅对本次委托有效，不做他用。未经我中心同意，不得向委托方和有关当事人之外的任何单位和个人提供。结论书的全部或部分内容，不得发表于任何公开媒体上。

（四）鉴定机构和鉴定人员与价格鉴定标的没有利害关系，与有关当事人也没有利害关系。

（五）如对本结论有异议，可向本鉴定机构提出重新鉴定，或委托省级政府价格主管部门设立的价格鉴定机构复核裁定。

## 十一、价格鉴定作业日期

（略）。

## 十二、价格鉴定人员

（略）。

## 十三、附件

1. 价格鉴定委托书复印件（略）
2. 价格鉴定机构资质证复印件（略）
3. 价格鉴定人员资格证复印件（略）

（公章）

2010 年 11 月 1 日

## 测算说明

### 一、鉴定思路

本案例是对涉嫌生产、销售伪劣种子罪案件进行价格鉴定。案例的主要特点是：

（1）此类案例的立案标准是生产遭受的损失数额。由于种植了伪劣种子，使水稻生产遭受了损失，造成粳稻收成的减产或绝收，因此，应按合格的吉粳 93 水稻种子所应获得的收益来测算，即将应获得的售粮收入扣除收割、脱粒、翻晒、运输等费用。

（2）本案例所采用的粳稻市场价格为当地市场的粮食收购价格。粮食收购价格为市场调节价，但为了保证粮食生产者的生产积极性，国家发展改革委于 2010 年 9 月 15 日公布了《2010 年中晚稻最低收购价执行预案》，该预案中规定，2010 年中晚籼稻最低收购价每 500 克 0.97 元、粳稻 1.05 元。因此，若市场调查价格水平低于预案中的价格，将按预案的价格来确定。

### 二、价格鉴定过程

我中心接受委托后，成立了价格鉴定工作小组，制定了价格鉴定作业方案，我中心价格鉴定人员通过认真分析研究以及对鉴定标的价格进行广泛的市场调查，确定采用成本法对标的进行价格鉴定。具体计算过程如下：

（一）水稻等级确定

经向××区水稻种植户及粮库调查得知：××区往年水稻质量较好，从统计数据来看，一等水稻产量非常少，二等水稻占总产量82%左右，三等水稻占总产量18%左右。价格鉴定人员进行实地勘验时，2010年的秋收已经结束，尚未进行脱粒和收购，无法准确统计水稻的具体质量（等级）。经委托方确定，2010年受损水稻质量等级可参照近年相似品种水稻质量情况，即对全区损失的水稻按二等水稻占82%、三等水稻占18%划分等级。

（二）市场价格确定

粳稻是A市的主要粮食生产品种，市场交易活跃，根据对A市粮食交易市场调查，随机选取了10份市场交易材料，市场价格情况为：

（1）2010年秋季二等粳稻市场价格分别为每千克2.72元、2.70元、2.80元、2.80元和2.60元，则市场平均收购价格为每千克2.72元。

（2）2010年秋季三等粳稻市场价格分别为每千克2.68元、2.56元、2.66元、2.76元和2.76元，则市场平均收购价格为每千克2.68元。

（三）综合考虑水稻减产的程度，确定绝收总面积，并测算收割、脱粒、翻晒、运输等相关费用

1. 根据相关材料和规定，折算出绝收总面积。

根据农业局提供的××区吉粳93水稻核灾汇总表、××区2010年吉粳93品种水稻损失统计表所列内容，采用统计部门测算绝收面积的方法折算出绝收总面积。损失程度为1~3成的按2成绝收计算，则19公顷的减产面积折算为绝收面积3.8公顷；损失程度4~7成的按5.5成绝收计算，1942.2公顷的减产面积折算为绝收面积1068.21公顷；完全绝收的种植面积为922.8公顷。因此，全区绝收总面积确定为1994.81公顷。

2. 根据实际情况，测算收割、脱粒、翻晒、运输等相关费用。

我们选取的3份市场调查材料显示，2010年秋季每公顷水稻收割等相关费用分别为1000元、1200元、1300元，对收集的数据采取简单算术平均法测算，则每公顷水稻收割等相关费用 = (1000 + 1200 + 1300) ÷ 3 = 1167（元）。

（四）测算鉴定价格

计算公式为：

鉴定价格 = 水稻减产数量 × 平均收购价格 - 收割等相关费用

（1）经委托方确定，××区吉粳93水稻减少的产量为15659.318吨；

（2）平均收购价格 = 2.72 × 1000 × 82% + 2.68 × 1000 × 18% = 2712.8（元/吨）；

（3）收割等相关费用 = 1994.81 × 1167 = 2327943（元）；

（4）鉴定价格 = 15659.318 × 2712.8 - 2327943 = 40152655（元）。

**案例评析**

一、生产、销售伪劣农药、兽药、化肥、种子罪（刑法第 147 条），是指销售明知是假的或者失去使用效能的农药、兽药、化肥、种子，或者生产者、销售者以不合格的农药、兽药、化肥、种子冒充合格的农药、兽药、化肥、种子，使生产遭受较大损失的行为。本罪为结果犯，这就是说，生产、销售伪劣农药、兽药、化肥、种子的行为必须造成了生产遭受较大损失的结果才能构成本罪，如果只有生产、销售行为而没有危害结果，或者虽有危害结果，但致使生产损失没有达到损失较大的程度，也不能构成本罪。

最高人民法院、最高人民检察院《关于办理生产、销售伪劣商品刑事案件具体应用法律若干问题的解释》（法释〔2001〕10 号）中明确规定：生产、销售伪劣农药、兽药、化肥、种子罪中"使生产遭受较大损失"，一般以 2 万元为起点；"重大损失"，一般以 10 万元为起点；"特别重大损失"，一般以 50 万元为起点。

二、该案例是对伪劣种子造成的生产损失进行价格鉴定。因此，有关水稻品种、减产数额、等级等由委托方确定。在进行具体的测算过程中，应多方细致地调查取证，做到客观、公平、公正。

**案例十二**

# 涉嫌生产、销售伪劣种子罪案件中种植假大葱的生产损失的价格鉴定

**案例背景情况**

2011 年 11 月 10 日，某地公安机关在办理涉嫌生产、销售伪劣种子罪案件过程中，委托同级价格认证中心对假大葱种子给农民造成的生产损失进行价格鉴定。

**价格鉴定结论书**

# 关于种植伪劣大葱种子造成生产损失的价格鉴定结论书

××公安局：

根据你单位的委托，遵循合法、公正、科学的原则，按照规定的标准、程序和方法，我中心依法对种植假大葱种子所造成的生产损失进行了价格鉴定，现将价格鉴定情况综述如下：

### 一、价格鉴定标的

种植假大葱种子所造成的生产损失。

### 二、价格鉴定目的

为委托方办理涉嫌生产、销售伪劣种子罪案件提供鉴定标的的价格依据。

### 三、价格鉴定基准日

2011 年 10 月 10 日。

### 四、价格定义

价格鉴定结论所指价格是：在价格鉴定基准日，采用公开市场价值标准确定的因种植假大葱种子造成的生产损失。

### 五、价格鉴定依据

（一）法律法规及规范性文件

1.《中华人民共和国价格法》；

2.《××省涉案物价格鉴证条例》；

3.《扣押、追缴、没收物品估价管理办法》；

4.《关于扣押追缴没收及收缴财物价格鉴定管理的补充通知》；

5.《价格鉴定行为规范》（2010 年版）。

（二）委托方提供的有关资料

1. ××公安局价格鉴定委托书；

2. ××司法鉴定中心关于××区××村大葱测产的司法鉴定意见书；

3. ××村委会大葱平均每亩用种量证明。

（三）鉴定方收集的资料

1. 实物勘验资料；

2. 市场调查资料；

3. 其他相关资料。

## 六、价格鉴定方法

市场法。

## 七、价格鉴定过程

接受委托后，我中心成立了价格鉴定小组，制定了价格鉴定作业方案，根据委托方提供的资料和实物勘验情况进行了价格鉴定。

2011 年 11 月 15 日，我中心与委托方共同对假大葱种子种植的大葱进行了实物勘验，假种子数量 689 斤，播种面积 689 亩。并与对照地（合格）大葱和种植假大葱种子生长大葱进行了对比、拍照。鉴定大葱比对照地大葱小，并且多数大葱分叉，与大葱种子说明书描述的内容完全不符。依据××司法鉴定中心关于××区××村大葱测产的司法鉴定意见书，种植该假种子的平均减产率为 15.8%，平均分叉率为 62.3%，当地种植合格种子平均亩产大葱 6536.6 斤。2011 年 11 月 17—20 日价格鉴定人员对当地对照地大葱的地头价格和种植假大葱种子生长的分叉大葱的地头价格进行了市场调查，具体情况如下：

（1）对照地大葱的地头平均价格为每 500 克 0.22 元；

（2）种植假大葱种子生长的分叉大葱的地头价格为每 500 克 0.07 元；

（3）每 500 克分叉大葱损失 = 0.22 - 0.07 = 0.15（元）。

减产损失 = 对照地平均亩产 × 平均减产率 × 种植亩数 × 对照地每 500 克价格
$$= 6536.6 \times 15.8\% \times 689 \times 0.22 = 156549.00（元）$$

分叉损失 = 假种子地平均亩产 × 分叉率 × 种植亩数 × 平均每 500 克分叉损失
$$= 6536.6 \times (1 - 15.8\%) \times 62.3\% \times 689 \times 0.15 = 354375.00（元）$$

鉴定价格 = 减产损失 + 分叉损失
$$= 156549 + 354375 = 510924.00（元）$$

## 八、价格鉴定结论

因种植假大葱种子在基准日造成的生产损失鉴定价格为人民币伍拾壹万零玖佰贰拾肆元整（¥510924.00）。

## 九、价格鉴定限定条件

1. 委托方提供的资料客观真实；

2. 鉴定结论依据××司法鉴定中心关于××乡××村大葱测产的司法鉴定意见书和××村委会平均每亩用种量证明作出的，如意见书和证明发生变化，鉴定结论价格应作相应调整；

3. 当上述条件发生变化时，鉴定结论会自动失效，鉴定机构不承担由于这些条件变化而导致鉴定结果失效的相关法律责任。

## 十、声明

（一）价格鉴定结论受结论书中已说明的限定条件限制。

（二）委托方提供资料的真实性由委托方负责。

（三）价格鉴定结论仅对本次委托有效，不做他用。未经我中心同意，不得向委托方和有关当事人之外的任何单位和个人提供。结论书的全部或者部分内容，不得发表于任何公开媒体上。

（四）鉴定机构和鉴定人员与价格鉴定标的没有利害关系，也与有关当事人没有利害关系。

（五）如对本结论有异议，可说明理由向本鉴定机构提出重新鉴定，或委托省级以上（含省级）政府价格主管部门设立的价格鉴定机构复核裁定。

## 十一、价格鉴定作业日期

（略）。

## 十二、价格鉴定人员

（略）。

## 十三、附件

1. 价格鉴定机构资质证复印件（略）
2. 价格鉴定人员资格证复印件（略）

（公章）

2011 年 12 月 15 日

## 测算说明

### 一、作业思路

（1）认真审核委托方是否按要求填写价格鉴定委托书，是否符合受理条件。

（2）实物勘验应将种植假大葱种子所生长的大葱与种植合格种子所生长的大葱进行对比，找出区别，并留存影像资料。

（3）要求委托方提供种植假大葱种子所生长大葱的质量检测报告。

（4）种植假大葱种子生长的大葱减产率、分叉率和当地（合格）大葱平均亩产等数据，应以质检等专业部门出具的种植假大葱种子所造成损失质检报告为准，并以此为依据，测算种植假种子大葱减产量及减产损失。如与委托方填写的数量不符，应与委托方共同确认。

（5）市场调查既要调查基准日合格种子产出大葱价格，又要调查种植假大葱种子分叉生长的大葱价格，以确定合格大葱价格与种植假种子分叉生长大葱价格之间的差额，从而确定种植假大葱种子分叉生长大葱造成损失。

（6）价格鉴定方法采用市场法。

**二、价格鉴定标的概况**

2010 年 7 月××乡××村 16 户村民购买了 689 斤大葱种子在种植早土豆成熟收成后的 689 亩地上进行种植，2011 年春季，葱农对自己所种植的大葱进行了倒垄、建苗（合理布局），2011 年 10 月收成时发现自己种的大葱比其他农民种的大葱小，并且多数大葱分叉，与大葱种子说明书的内容完全不符。

2011 年 11 月 15 日，我中心鉴定人员与委托方共同对假大葱种子种植的大葱进行了实物勘验，确认假种子数量 689 斤、播种面积 689 亩；并与对照地（合格）大葱和种植假大葱种子生长大葱进行了对比，拍照。

**三、价格鉴定过程**

接受委托后，我中心成立了价格鉴定小组，制定了价格鉴定作业方案，根据委托方提供的资料和现场勘查情况进行了价格鉴定。

依据××司法鉴定中心关于××区××村大葱测产的司法鉴定意见书，种植该假种子的平均减产率为 15.8%，平均分叉率为 62.3%，当地种植合格种子平均亩产 6536.6 斤。2011 年 11 月 17—20 日对基准地对照地大葱的地头价格和种植假大葱种子生长的分叉大葱的地头价格进行了市场调查，具体情况如下：

（1）对照地大葱的地头平均价格为每 500 克 0.22 元；

（2）种植假大葱种子生长的分叉大葱的地头价格为每 500 克 0.07 元；

（3）每 500 克分叉大葱损失 = 0.22 - 0.07 = 0.15（元）。

减产损失 = 对照地平均亩产 × 平均减产率 × 种植亩数 × 对照地每 500 克价格
$$= 6536.6 \times 15.8\% \times 689 \times 0.22 = 156549.00（元）$$

分叉损失 = 假种子地平均亩产 × 分叉率 × 种植亩数 × 平均每 500 克分叉损失
$$= 6536.6 \times (1 - 15.8\%) \times 62.3\% \times 689 \times 0.15 = 354375.00（元）$$

鉴定价格 = 减产损失 + 分叉损失
$$= 156549 + 354375 = 510924.00（元）$$

**四、价格鉴定结论**

鉴定标的在基准日鉴定价格为人民币伍拾壹万零玖佰贰拾肆元整（￥510924.00）。

⟩⟩ **案例评析**

一、种植假大葱种子直接损失价格鉴定必须有质检部门等专业机构出具种植假大葱种子所造成损失的质检报告，否则不予受理。该案例鉴定所需资料齐全，依据充分，程序合法，结论较为合理。

二、市场调查基准日合格种子和假种子生长大葱价格不是大葱的市场销售价格，而是基准日当地大葱的地头价格。

三、本次鉴定经调查了解，种植合格种子和种植假种子所有费用相同（包括人工费、种子费用等），所以直接损失＝减产损失＋分叉损失。如种植合格种子的费用高于种植假种子费用，则直接损失＝减产损失＋分叉损失－（种植合格种子的费用－种植假种子费用）。如种植假种子费用高于种植合格种子的费用，则直接损失＝减产损失＋分叉损失＋（种植假种子费用－种植合格种子的费用）。

四、结论书价格鉴定限定条件中应注明鉴定结论依据××司法鉴定中心关于××乡××村大葱测产的司法鉴定意见书和××村委会大葱平均每亩用种量证明，如证据发生变化，鉴定结论作相应调整。

# （三）走私珍贵动物、珍贵动物制品罪

【刑法】第一百五十一条 走私武器、弹药、核材料或者伪造的货币的，处七年以上有期徒刑，并处罚金或者没收财产；情节较轻的，处三年以上七年以下有期徒刑，并处罚金。

走私国家禁止出口的文物、黄金、白银和其他贵重金属或者国家禁止进出口的珍贵动物及其制品的，处五年以上有期徒刑，并处罚金；情节较轻的，处五年以下有期徒刑，并处罚金。

走私珍稀植物及其制品等国家禁止进出口的其他货物、物品的，处五年以下有期徒刑或者拘役，并处或者单处罚金；情节严重的，处五年以上有期徒刑，并处罚金。

犯第一款、第二款罪，情节特别严重的，处无期徒刑或者死刑，并处没收财产。

单位犯本条规定之罪的，对单位判处罚金，并对其直接负责的主管人员和其他直接责任人员，依照本条各款的规定处罚。

【解释】本条是关于走私国家禁止进出境的物品罪及其刑事处罚的规定。

对走私国家禁止出口的文物、黄金、白银和其他贵重金属或者国家禁止进出口的珍贵动物及其制品的犯罪及其刑事处罚的规定中的"珍贵动物",是指我国特产的珍贵稀有动物以及虽然不属于我国特产,但在世界上已被列为珍贵濒危种类的野生动物,属于我国珍贵稀有野生动物主要有大熊猫、金丝猴、白唇鹿、扬子鳄等100多种动物;属于珍贵濒危种类的野生动物主要有丹顶鹤、白鹤、天鹅、野骆驼等。珍贵动物的"制品",是指珍贵野生动物的皮、毛、骨等制成品。对于走私国家禁止出口的文物、黄金、白银和其他贵重金属或者国家禁止进出口的珍贵动物及其制品的行为,根据情节轻重,规定了三个量刑档次:对于走私本款所列物品的,处5年以上10年以下有期徒刑,并处罚金;情节较轻的,处5年以下有期徒刑,并处罚金;情节特别严重的,处10年以上有期徒刑或者无期徒刑,并处没收财产。这里所说的"情节特别严重",主要是指多次或者大量走私上述物品的;走私国内仅有的文物珍品,给国家造成极其严重损失的;走私上述物品数额特别巨大的走私集团的首要分子或者危害严重的主犯,等等。司法机关在办理案件时,其具体数额标准,可参照最高人民法院《司法解释》中,关于"情节较轻"、"情节特别严重"等解释的内容办理。

## 案例十三

# 涉嫌走私珍贵动物、珍贵动物制品罪案件中的麝香腺囊和黑熊胆的价格鉴定

 **案例背景情况**

2010年2月19日,××海关缉私局在××国际机场查获犯罪嫌疑人××携带的麝香腺囊10枚和黑熊胆2枚。××海关缉私局以办理涉嫌走私珍贵动物、珍贵动物制品罪案件为由,于2010年4月11日委托××区价格认证中心进行价格鉴定。

**价格鉴定结论书**

# 关于麝香腺囊和黑熊胆价格鉴定结论书

××海关缉私局：

根据你局委托，本中心遵循合法、公正、科学的原则，按照规定的程序、方法和标准，依法对委托书所列指的麝香腺囊和黑熊胆进行了价格鉴定。现将有关情况综述如下：

## 一、价格鉴定标的

麝香腺囊 10 枚、黑熊胆 2 枚。

## 二、价格鉴定目的

为你局办理案件提供鉴定标的的价格依据。

## 三、价格鉴定基准日

2010 年 4 月 12 日。

## 四、价格定义

本次价格鉴定结论所指价格是：价格鉴定标的在价格鉴定基准日，依照国家野生动物保护行政主管部门的规定的价值标准确定的价格。

## 五、价格鉴定的依据

（一）法律法规及规范性文件

1. 《中华人民共和国价格法》；

2. 《××省涉案物品估价管理条例》；

3. 《最高人民法院关于审理破坏野生动物资源刑事案件具体应用法律若干问题的解释》；

4. 《扣押、追缴、没收物品估价管理办法》；

5. 《关于扣押追缴没收及收缴财物价格鉴定管理的补充通知》；

6. 《价格鉴定行为规范》（2010 年版）；

7. 《××省涉案财物价格鉴定操作规程（试行）》；

8. 林业部关于在野生动物案件中如何确定国家重点保护野生动物及其产品价值

标准的通知。

（二）委托方提供的有关资料

1. 价格鉴定委托书；

2. 国家林业局野生动植物检测中心出具的《鉴定报告》复印件；

3. 其他有关资料。

（三）鉴定方收集的有关资料。

1. 实物勘察资料；

2. 市场价格调查资料；

3. 其他相关资料。

## 六、价格鉴定方法

本次价格鉴定采用由国家重点保护陆生野生动物行政主管部门规定的价值标准来确定。

## 七、价格鉴定过程

我中心接受委托后，成立了价格鉴定工作小组，制定了价格鉴定作业方案，并指派 2 名价格鉴定人员于 2010 年 4 月 12 日对标的进行了实物勘验。实物勘验后，价格鉴定人员根据国家有关规程和标准，严格按照价格鉴定的程序和原则，通过认真分析研究和广泛的市场调查，对标的进行价格鉴定。

（一）价格鉴定标的概述

鉴定标的为麝香腺囊 10 枚、黑熊胆 2 枚，均由国家林业局野生动植物检测中心进行检测，并出具了鉴定报告。麝香腺囊具体特征表现为：扁圆形的球体，呈一端开口的囊状，其囊口周围密生灰白色、呈向心性旋涡状排列的细短毛；囊内容物呈黑褐色，具浓郁的香气，经久不散。

（二）确定鉴定价格

依据国家林业主管部门的有关规定，麝为国家一级重点保护野生动物，黑熊为国家二级重点保护的野生动物。

本次价格鉴定确定黑熊胆的价值标准按照黑熊的动物资源管理费的 16.7 倍执行，其野生动物资源保护管理费标准为每只 1500 元。

根据国家林业局令第七号于 2003 年 2 月将麝（所有种）由国家二级重点保护野生动物调整为国家一级重点保护野生动物，但其野生动物资源保护管理费标准没有作出相应调整，但考虑到目前麝香腺囊的价值标准不应低于麝作为国家二级野生保护动物时的麝香腺囊价值标准，因此确定按国家二级重点保护野生动物时的每只 600 元管理费和 16.7 倍的标准执行。

省林业厅出具函确认"麝香腺囊和黑熊胆为麝和黑熊利用的最主要部分，属于《林业部关于在野生动物案件中如何确定国家重点保护野生动物及其产品价值标准的通知》第二条规定中'具有特殊利用价值'部分"，故其价值标准按照该种动物价值标准的80%予以折算。

鉴定标的价格 = 麝香腺囊价格 + 黑熊胆价格

$$= 600 \times 16.7 \times 80\% \times 10 + 1500 \times 16.7 \times 80\% \times 2$$

$$= 120240（元）$$

## 八、价格鉴定结论

鉴定标的在价格鉴定基准日的价格为人民币壹拾贰万零贰佰肆拾元整（￥120240.00）。

## 九、价格鉴定限定条件

（一）委托方提供的资料客观、真实；

（二）本次价格鉴定结论是依据《林业部关于在野生动物案件中如何确定国家重点保护野生动物及其产品价值标准的通知》（林策通字〔1996〕8号）等相关规定做出的。

当上述条件发生变化时，鉴定结论会失效或部分失效，鉴定机构不承担由于这些条件的变化而导致鉴定结果失效的相关法律责任。

## 十、声明

（一）价格鉴定结论受结论书中已说明的限定条件限制。

（二）委托方提供资料的真实性由委托方负责。

（三）价格鉴定结论仅对本次委托有效，不做他用。未经我中心同意，不得向委托方和有关当事人之外的任何单位和个人提供。结论书的全部或部分内容，不得发表于任何公开媒体上。

（四）鉴定机构和鉴定人员与价格鉴定标的没有利害关系，与有关当事人也没有利害关系。

（五）如对本结论有异议，可向本鉴定机构提出重新鉴定，或委托省级政府价格主管部门设立的价格鉴定机构复核裁定。

## 十一、价格鉴定作业日期

（略）。

## 十二、价格鉴定人员

（略）。

## 十三、附件

1. 价格鉴定委托书复印件（略）
2. 价格鉴定机构资质证复印件（略）
3. 价格鉴定人员资格证复印件（略）

（公章）

2010 年 4 月 22 日

## 测算说明

### 一、鉴定思路

本案例是对涉嫌走私珍贵动物制品案件中的麝香腺囊和黑熊胆的价格鉴定。案例主要特点有：

根据《最高人民法院关于审理走私刑事案件具体应用法律若干问题的解释》（法释〔2000〕30 号）中的规定，以走私珍贵动物制品的价值作为立案标准，但在公开市场上，珍贵动物制品的销售是有严格的限制的。麝香腺囊和黑熊胆在公开市场上没有交易价格，因此，只能根据《林业部关于在野生动物案件中如何确定国家重点保护野生动物及其产品价值标准的通知》（林策通字〔1996〕8 号）中的规定，确定鉴定价格。

### 二、价格鉴定过程

本中心接受委托后，组成价格鉴定工作小组，根据价格鉴定标的的特点，结合收集的相关资料，确定采用国家重点保护陆生野生动物行政主管部门规定的价值标准进行价格鉴定。

（一）价格鉴定标的

价格鉴定标的为麝香腺囊 10 枚，黑熊胆 2 枚。

（二）相关法律法规及规范性文件

1.《最高人民法院关于审理破坏野生动物资源刑事案件具体应用法律若干问题的解释》（法释〔2000〕37 号）第十一条：珍贵、濒危野生动物制品的价值，依照国家野生动物保护主管部门的规定；规定价值低于实际交易价格的，以实际交易价格认定。

2. 《林业部关于发布〈陆生野生动物资源保护管理费收费办法〉的通知》（林护字〔1992〕72号）规定：黑熊为国家二级保护野生动物，动物资源管理费标准为每只1500元；麝（所有种）为国家二级保护野生动物，动物资源管理费标准为每只600元。

3. 国家林业局令（2003年第7号）将麝（所有种）由国家二级保护野生动物升为国家一级保护野生动物。

4. 《林业部关于在野生动物案件中如何确定国家重点保护野生动物及其产品价值标准的通知》（林策通字〔1996〕8号）规定如下：

（1）国家一级保护陆生野生动物的价值标准，按照该种动物资源管理费的12.5倍执行；国家二级保护陆生野生动物的价值标准，按照该种动物资源保护管理费的16.7倍执行。

（2）国家重点保护陆生野生动物具有特殊利用价值或者导致野生动物死亡的主要部分，其价值标准按照该种动物价值标准的80%予以折算；其他部分，其价值标准按照该种动物价值标准的20%予以折算。前款所称具有特殊利用价值或者导致野生动物死亡的主要部分，由省、自治区、直辖市陆生野生动物行政主管部门根据实际情况予以确定。

（3）国家重点保护陆生野生动物产品（不包括标本）的价值标准，有国家定价的按国家定价执行；无国家定价的按市场价格执行，国家定价低于实际销售价的按实际销售价格执行；既无国家定价也无市场价格的，由案件发生地的省、自治区、直辖市陆生野生动物行政主管部门根据实际情况，参照本通知第一条规定的价值标准予以确定，并报林业部备案。

（4）国家重点保护陆生野生动物标本的价值标准，按照本通知第一条规定的价值标准适当予以增减，但最大增减幅度不应超过50%。具体标准由省、自治区、直辖市陆生野生动物行政主管部门或授权单位根据实际情况予以确定。

（三）鉴定过程

价格鉴定人员通过调查分析，明确了以下问题：

1. 国家野生动物保护主管部门规定的价值标准是否低于其市场价格。鉴定小组进行了市场调查。经了解，由于麝香腺囊和黑熊胆不允许买卖，目前只有黑市价格，且黑市价格明显低于国家野生动物保护主管部门规定的规定价值，应以国家野生动物保护主管部门规定的标准进行鉴定。

2. 标的是否为标本，是否为具有特殊利用价值或者导致野生动物死亡的主要部分。就标的是否为标本的问题，价格鉴定人员咨询了A市林业局野保站，并请示了国家林业局野生动物保护司，确定鉴定标的不是标本，并且具有特殊利用价值，应按国家重点保护陆生野生动物具有特殊利用价值部分进行价格鉴定。

3. 在麝提升为国家一级保护野生动物后，其动物资源保护管理费没作出相应调整的情况下，该如何进行确定。鉴定人员就有关问题致函省林业厅，其《关于麝香香囊价值问题的复函》中答复如下：

（1）关于麝的野生动物资源保护管理费标准问题。2003年2月21日前，麝作为国家二级重点保护野生动物，其野生动物资源保护管理费标准为每只600元；2003年2月21日后，麝调整为国家一级重点保护野生动物，其野生动物资源保护管理费标准尚未制定。麝作为国家一级重点保护野生动物，其野生动物资源保护管理费的标准须由国家林业局制定，不能用原来作为国家二级重点保护野生动物的资源保护管理费标准代替。

（2）关于麝的价值标准问题。目前，麝作为国家一级重点保护野生动物，根据《林业部关于在野生动物案件中如何确定国家重点保护野生动物及其产品价值标准的通知》（林策通字〔1996〕8号）第一条的规定，麝的价值标准须按照其野生动物资源保护管理费的12.5倍执行。

（3）关于麝香腺囊的价值标准问题。麝香腺囊属麝具有特殊利用价值部分，根据《林业部关于在野生动物案件中如何确定国家重点保护野生动物及其产品价值标准的通知》（林策通字〔1996〕8号）第二条的规定，麝香腺囊的价值标准须按照麝的野生动物资源保护管理费的80%予以折算。综上所述，我厅建议目前麝香腺囊的价值标准，应在麝作为国家二级重点保护野生动物时的价值标准，即600元×16.7倍×80% = 8016元的基础上，予以上浮。

价格鉴定人员在进行广泛调查、充分听取了各方的意见后，认为麝香腺囊的价格不应低于麝作为国家二级重点保护野生动物时的价值标准，由于上浮标准没有明确依据，因此本次鉴定暂不予考虑。

鉴定结果如下：

麝香腺囊的鉴定价格 = 600元×16.7倍×80%×10枚 = 80160元。

黑熊胆的鉴定价格 = 1500元×16.7倍×80%×2枚 = 40080元。

以上两项合计为120240元。

### 案例评析

一、该案例针对的是国家重点保护陆生野生动物产品的价格鉴定，内容涵盖了破坏陆生野生动物资源刑事案件中涉及价格鉴定所必需的法律法规及可能遇到的相关问题，因此具有一定的典型性。

二、按照《最高人民法院关于审理破坏野生动物资源刑事案件具体应用法律若干问题的解释》（法释〔2000〕37 号）的规定，珍贵、濒危野生动物制品的价值，依照国家野生动物保护主管部门的规定；规定标准低于实际交易价格的，以实际交易价格认定。因此，在没有实际交易价格的情况下，价格认证机构可依据国家野生动物保护主管部门规定的标准进行价格鉴定。

三、该案例中的麝是后调整为一级保护动物的，但保护费标准未作调整，虽然有关部门复函中表示应在二级保护费标准基础上上浮，但在没有明确规定上浮标准的情况下，本次鉴定采用二级保护费标准，是基于谨慎的选择。

# （四）　为亲友非法牟利罪

【刑法】第一百六十六条　国有公司、企业、事业单位的工作人员，利用职务便利，有下列情形之一，使国家利益遭受重大损失的，处三年以下有期徒刑或者拘役，并处或者单处罚金；致使国家利益遭受特别重大损失的，处三年以上七年以下有期徒刑，并处罚金：

（一）将本单位的盈利业务交由自己的亲友进行经营的；

（二）以明显高于市场的价格向自己的亲友经营管理的单位采购商品或者以明显低于市场的价格向自己的亲友经营管理的单位销售商品的；

（三）向自己的亲友经营管理的单位采购不合格商品的。

【解释】本条是对国有公司、企业、事业单位的工作人员利用职务便利为亲友非法牟利犯罪的规定。

根据本款规定，为亲友非法牟利罪具有以下特征：第一，本罪的主体是国有公司、企业、事业单位的工作人员；第二，行为人具有利用职务便利，为亲友非法牟利的行为。本条列举了三项具体的行为：一是将本单位的盈利业务交由自己的亲友经营的。这是指行为人利用自己决定、参与经贸项目、购销往来掌握经贸信息市场行情的职务便利，将明知是可以盈利的业务项目交给自己的亲友去经营，而把不盈利的业务交由自己所在的国有单位经营。这里的"交由自己的亲友进行经营"包括交给由其亲友投资、管理、控股的单位经营。二是以明显高于市场的价格向自己的亲友经营管理的单位采购商品或者以明显低于市场的价格向自己的亲友经营管理的单位销售商品的。如果行为人向其亲友采购或者销售的商品不是明显地背离市场价格不构成犯罪。三是向自己的亲友经营管理的单位采购不合格商品的。这表现在让国有公司、企业、事业单位购进原材料时，从自己的亲友经营管理的单位购入质次价高的商品。第三，行为人的为亲友非法牟利行为，使国家利益遭受重大损失的，才构成犯罪。本条所称"使国家利益遭受重大损失的"，是指通过上述手段，转移国有公司、企业、事业单位的利润或者转嫁自己亲友经营的损失，数额巨大的。

本条对于国有公司、企业、事业单位工作人员为亲友牟利罪规定了两档刑：使国家利益遭受重大损失的，处 3 年以下有期徒刑或者拘役，并处或者单处罚金；致使国家利益遭受特别重大损失的，处 3 年以上 7 年以下有期徒刑，并处罚金。

对于为亲友非法牟利罪的追诉标准，2001 年 4 月 18 日，《最高人民检察院、公安部关于经济犯罪案件追诉标准的规定》规定，国有公司、企业、事业单位的工作人员，利用职务便利，为亲友非法牟利，涉嫌下列情形之一的，应予追诉：(1) 造成国家直接经济损失数额在 10 万元以上的；(2) 致使有关单位停产、破产的；(3) 造成恶劣影响的。

## 案例十四

# 涉嫌为亲友非法牟利罪案件中利用计量泵、离心泵及其配件购销合同订单牟利的价格鉴定

 **案例背景情况**

××机械研究院是一家国有企业，犯罪嫌疑人陈某是该公司的区域销售经理，自 2006 年 6 月 13 日至 2009 年 12 月 22 日，陈某多次将××机械研究院与其他业务单位的业务转交给其妻子所负责的××机通特种泵业有限公司经营，从中牟取利润。价格鉴定标的分为四类 301 种商品，总计 1441 台（件、套、个、根）。××市公安局××分局曾于 2010 年 6 月委托一家会计师事务所对××机通特种泵业有限公司的财务状况进行审计，经审查，该公司财务资料不完整，账务处理不规范，审计结果是近几年亏损无盈利。

此案是××市首例"为亲友非法牟利罪"的案件。××区政法委也非常重视，专门组织××区人民检察院、××市公安局××分局及××区价格认证中心召开协调会，对该案涉及证据的调查、证据的确认以及牟取利润的鉴定等事项进行讨论和布置。

××区价格认证中心成立了价格鉴定小组，制定了价格鉴定工作方案，选取了价格鉴定的方法，审定了工作思路及技术路线，并要求××市公安局××分局在正式委托前按照鉴定小组的具体工作要求委托一家在××省国资委备案的会计师事务所按照××机械研究院的生产技术标准、管理水平、成本控制及供货渠道对价格鉴定标的的主营业务成本及相关税费进行会计鉴定。

2010 年 10 月 28 日××市公安局××分局正式委托××区价格认证中心对犯罪嫌疑人为亲友非法牟取的利润进行鉴定。

 **价格鉴定结论书**

# 关于利用计量泵、离心泵及其配件购销合同订单牟利的价格鉴定结论书

××市公安局××区公安分局：

根据你局委托，我中心遵循合法、公正、科学的原则，按照规定的标准、程序和方法，依法对委托书所列指的利用计量泵、离心泵及其配件购销合同订单牟利进行了价格鉴定。现将价格鉴定情况综述如下：

## 一、价格鉴定标的

本次价格鉴定标的为：计量泵类 6 种商品，计量泵配件 81 种商品，离心泵类 47 种商品，离心泵配件 167 种商品，共计 301 类商品的非法牟利，详见附表。

## 二、价格鉴定目的

为××市公安局办理涉嫌为亲友非法牟利罪案件提供生产经营价格鉴定标的非法牟取利润的价格依据。

## 三、价格鉴定基准日

各合同签订日期（详见附表）。

## 四、价格定义

价格鉴定结论所指价格是：鉴定标的在鉴定基准日，按照××机械研究院的生产技术标准、管理水平、成本控制及供货渠道采用公开市场价值标准测算的主营业务收入扣除主营业务成本及相关税费后应当获得的营业利润。

## 五、价格鉴定依据

（一）法律法规及规范性文件

1.《中华人民共和国价格法》；

2.《××省涉案财产价格鉴定条例》；

3.《扣押、追缴、没收物品估价管理办法》；

4.《关于扣押追缴没收及收缴财物价格鉴定管理的补充通知》；

5.《××省涉案财产价格鉴定操作规范》。

（二）委托方提供的有关资料

1. 价格鉴定委托书及明细表；

2. 询问笔录复印件；

3.《××市公安局××分局专项会计鉴定报告》（××审字〔2010〕第××号）。

（三）鉴定方收集的有关资料

1. 实物勘验资料；

2. 市场调查资料；

3. 其他相关资料。

## 六、价格鉴定方法

成本法。

## 七、价格鉴定过程

接受委托后，我中心成立了价格鉴定小组，制定了价格鉴定作业方案，并于 2010 年 10 月 28 日指派 2 名价格鉴定人员对委托方提供的资料进行了审查、核实。

（一）价格鉴定标的概况

根据××市公安局××分局提供的材料，本次价格鉴定标的为：计量泵类 6 种商品、计量泵配件 81 种商品、离心泵类 47 种商品、离心泵配件 167 种商品，共计 301 类商品的非法牟利。具体标的名称、规格型号、数量、合同签订日期、合同金额详见委托方提供的委托鉴定物品明细表。

（二）价格鉴定测算过程

根据价格鉴定标的特点和本次价格鉴定目的，确定选用成本法进行价格鉴定，其作价公式为：

$$营业利润 = \sum（合同主营业务收入 - 主营业务成本 - 相关税费）$$

1. 合同主营业务收入的确定。

合同主营业务收入由价格鉴定人员根据委托方提供的商品销售合同、清单及委托鉴定物品明细表扣除销项税额确认，确认时还考虑了销售折扣及其他销售条件对收入的影响。

2. 主营业务成本的确定。

（1）生产（采购）成本。

××机械研究院于鉴定基准日有价格鉴定标的完整成本资料的按其成本资料（采购合同、付款凭证或成本归集资料）确认；没有完整成本资料的，由××机械研究院按照单位的采购规定进行询价，并经审计人员查证后确认。

（2）包装费。

由××机械研究院财务及审计部门核算鉴定基准日发生同类业务所应支付的费用，并经审计人员查证后确认。

（3）运输费。

由××机械研究院财务及审计部门核算鉴定基准日发生同类业务所应支付的费用，并经审计人员查证后确认。

主营业务成本包括生产（采购）成本、包装费、运输费，由价格鉴定人员根据委托方提供的《××市公安局××分局专项会计鉴定报告》（××审字〔2010〕第××号）经过审查、复算，并最终核实确认。

3. 相关税费的确定。

根据价格鉴定标的特点和本次价格鉴定目的，相关税费包括销售费用、管理费用、财务费用、城建税、教育费附加。

（1）销售费用。

由审计人员根据价格鉴定标的合同主营业务收入以及同年度××机械研究院经年度审计后会计报表中的销售收入、销售费用等指标进行测算而得。

销售费用 = 合同主营业务收入 × 基准日同年度销售费用 ÷ 基准日同年度销售收入 × 100%

（2）管理费用。

由审计人员根据价格鉴定标的合同主营业务收入以及同年度××机械研究院经年度审计后会计报表中的销售收入、管理费用等指标进行测算而得。

管理费用＝合同主营业务收入×基准日同年度管理费用÷基准日同年度销售
收入×100%

（3）财务费用。

由审计人员根据价格鉴定标的合同主营业务收入以及同年度××机械研究院经
年度审计后会计报表中的销售收入、财务费用等指标进行测算而得。

财务费用＝合同主营业务收入×基准日同年度财务费用÷基准日同年度销售
收入×100%

（4）城建税。

城建税是城市维护建设税的简称，在本案中城建税以应缴纳增值税为计算基
数，其计算公式为：

城建税＝应缴纳增值税×7%

（5）教育附加费。

教育附加费是国家为扶持教育事业发展，计征用于教育的政府性基金。在本案
中教育附加费以应缴纳增值税为计算基数，其计算公式为：

教育附加费＝应缴纳增值税×3%

相关税费由价格鉴定人员根据委托方提供的《××市公安局××分局专项会计
鉴定报告》（××审字〔2010〕第××号）经过审查、复算，并最终核实确认。

4. 营业利润的计算。

营业利润＝∑（合同主营业务收入－主营业务成本－相关税费）

## 八、价格鉴定结论

价格鉴定标的在鉴定基准日的营业利润为人民币壹佰贰拾陆万肆仟柒佰肆拾陆
元整（￥1264746.00）。分类鉴定结论详见附件1价格鉴定明细表。

## 九、价格鉴定限定条件

（一）委托方提供的资料客观真实；

（二）鉴定结论中的合同主营业务收入由价格鉴定人员根据委托方提供的商品
销售合同、清单及委托鉴定物品明细表扣除销项税额确认；

（三）鉴定结论中的主营业务生产成本及相关税费由价格鉴定人员根据委托方
提供的《××市公安局××分局专项会计鉴定报告》（××审字〔2010〕第××
号）经过审查、复算，并最终核实确认；

（四）本鉴定结论是在满足《××市公安局××分局专项会计鉴定报告》
（××审字〔2010〕第××号）特定假设前提下确认的，如会计鉴定报告假设前提
和重要事项发生变化（需经价格鉴定人员审查合理，并符合价格鉴定基本要求），

本鉴定结论也应进行相应调整。

## 十、声明

（一）价格鉴定结论受结论书中已说明的限定条件限制。

（二）委托方提供资料的真实性由委托方负责。

（三）价格鉴定结论仅对本次委托有效，不做他用。未经我中心同意，不得向委托方和有关当事人之外的任何单位和个人提供。结论书的全部或部分内容，不得发表于任何公开媒体上。

（四）鉴定机构和鉴定人员与价格鉴定标的没有利害关系，与有关当事人也没有利害关系。

（五）如对本结论有异议，可向本鉴定机构提出重新鉴定，或委托省级政府价格主管部门设立的价格鉴定机构复核裁定。

## 十一、价格鉴定作业日期

（略）。

## 十二、价格鉴定人员

（略）。

## 十三、附件

1. 价格鉴定明细表（计量泵类，其他类省略）
2. 价格鉴定机构资质证复印件（略）
3. 价格鉴定人员资格证复印件（略）

（公章）

2010 年 11 月 13 日

**附件1**

价格鉴定基准日：销售合同签订日期

**价格鉴定明细表**

金额单位：人民币元

| 序号 | 合同单位 | 标的名称 | 规格型号 | 单位 | 销售数量 | 销售合同签订日期 | 合同主营业务收入 | 主营业务生产成本（包括包装费、运输费） | 期间费用（包括销售费用、管理费用、财务费用） | 税金及附加（包括城建税、教育费附加） | 鉴定金额（取整） |
|---|---|---|---|---|---|---|---|---|---|---|---|
| 一 | 计量泵类 | ** | ** | ** | ** | | 72097.74 | 12648.45 | 1095.17 | 48603.00 | 48603.00 |
| 1 | ××公司 | 计量泵 | J1.6M-150/0.8（碳钢） | 台 | 2 | 2008-03-26 | 3707.77 | 249.92 | 10343.00 | 2749.09 | 10343.00 |
| 2 | ××公司 | 计量泵 | J12.5M-1250/0.2（304） | 台 | 2 | 2007-11-17 | 2260.08 | 202.77 | 9015.00 | 2230.48 | 9015.00 |
| 3 | ××公司 | 计量泵 | J5M-1600/0.5（F4） | 台 | 1 | 2006-11-20 | 1608.92 | 138.04 | 6098.00 | 1518.39 | 6098.00 |
| 4 | ××公司 | 计量泵 | J5M-300/0.7（F4） | 台 | 1 | 2006-11-20 | 1517.85 | 158.78 | 7388.00 | 1746.57 | 7388.00 |
| 5 | ××公司 | 计量泵 | J5-1300/0.6（304） | 台 | 2 | 2006-10-08 | 2549.99 | 212.16 | 9218.00 | 2333.79 | 9218.00 |
| 6 | ××公司 | 隔膜计量泵 | J5M-400/2 | 台 | 1 | 2007-04-03 | 1003.84 | 133.50 | 6541.00 | 1468.54 | 6541.00 |
| 总计 | | | | | | | 3863644.44 | 2130591.79 | 438539.87 | 29767.02 | 1264746.00 |

（注：1～6为计量泵类，其他类省略）

## 测算说明

### 一、本案例价格定义特点分析

本案例价格鉴定结论应是：价格鉴定标的在鉴定基准日，按照××机械研究院的生产技术标准、管理水平、成本控制及供货渠道采用公开市场价值标准测算的主营业务收入扣除主营业务成本及相关税费后应当获得的营业利润。这是根据为亲友牟利罪案件价格鉴定目的定义的。

该价格定义是建立在一定的假设前提下，即：陈某如果不将本单位盈利业务交由妻子经营，而是交给本单位（××机械研究院）经营，本单位在正常生产经营条件下应当获取的营业利润。该营业利润视同为亲友牟利的数额和国家税收的流失数额。如果陈某妻子所有的××机通特种泵业有限公司在上述经营中缴纳了所得税，办案机关可从价格鉴定结论金额中扣除已缴纳所得税额作为为亲友牟利的数额，这应当在价格鉴定结论中加以说明。

### 二、本案例价格鉴定标的特点分析

1. 本案例价格鉴定标的呈现以下特点：一是价格鉴定标的数量多，分为四类，301种商品，总计1441台（件、套、个、根）；二是合同签订日期跨度时间长，自2006年6月13日至2009年12月22日，共跨越4个年度；三是价格鉴定标的无实物，主要靠文字资料审核确认。

2. 本案例价格鉴定中涉及的相关问题。

（1）要求委托方确定价格鉴定标的名称、数量、合同的签订日期、合同单价、合同金额。

（2）委托方提供的合同中部分商品规格型号与××机械研究院商品规格不符，要求委托方安排××机械研究院对价格鉴定的规格型号进行重新确认（由××机械研究院技术部进行认定）。

### 三、本案例价格鉴定方法的选用及主要参数的确定分析

（一）价格鉴定方法的选用

由于价格定义的含义不同，价格鉴定方法的选取也不尽相同，因此，价格鉴定人员要根据涉案标的的不同价格内涵，分别选择成本法、市场法或收益法进行价格鉴定，从而测算出受害单位的应得利益，亦即因当事人行为造成单位利益的损失数额。本案例选取了成本法进行价格鉴定。

（二）机器设备成本价格的确定

机器设备成本价格根据所处环节不同，一般有生产成本价格、销售成本价格、

采购成本价格。在价格鉴定过程中，要根据鉴定标的所处环节，考虑各种影响因素，如成本的归集、包装费、运输费、期间费用（销售费、管理费、财务费）、税金及附加及招投标过程中发生的相关费用等，做到不重不漏。

### 四、价格鉴定过程

同价格鉴定结论书，略。

**案例评析**

一、该案是××市首例"为亲友非法牟利罪"的案件，罪名初见，各方关注度较高，价格鉴定有一定难度。当地价格认证中心尝试转变价格鉴定的工作方式，实现从直接从事鉴定业务为主向间接审核鉴定业务为主的转变，此为本案一大亮点。

二、××区价格认证中心首先根据案件的基本情况，成立了价格鉴定小组，制定了价格鉴定工作方案，选定了价格鉴定的方法，审定工作思路及技术路线，确定了价格定义，并对各项技术参数的计算口径、计算方法提出了具体要求。然后要求××市公安局××分局在正式委托前按照鉴定小组的具体工作要求委托一家在××省国资委备案的会计师事务所按照××机械研究院的生产技术标准、管理水平、成本控制及供货渠道对价格鉴定标的的主营业务成本及相关税费进行会计鉴定。

三、××市公安局××分局正式委托后，价格鉴定人员根据先前制定的工作方案，对委托方提供的会计鉴定报告、会计鉴定的假设、会计鉴定的前提及相关资料进行了审核。重点审查价格鉴定标的主营业务成本及相关税费所涉及参数的计算口径、确定依据及计算结果。

## （五）假冒注册商标罪

【刑法】第二百一十三条 未经注册商标所有人许可，在同一种商品上使用与其注册商标相同的商标，情节严重的，处三年以下有期徒刑或者拘役，并处或者单处罚金；情节特别严重的，处三年以上七年以下有期徒刑，并处罚金。

【解释】本条是关于假冒注册商标罪及其刑罚的规定。

商标是商品的标记，是商品生产企业为了维护自己商品的信誉，使用文字名称或图形，经向国家商标管理机关申请注册，取得商标专用权。我国早在1950年就公布了《商标注册暂行条例》，1956 年经全国人大常委会批准，由国务院公布了《商标管理条例》，1982 年全国人大常委会审议通过了《商标法》，随后，国务院颁布了《商标法实施细则》。这些规定，对加强商标管理，维护企业信誉，鼓励企业开创名牌产品，不断提高产品质量，发挥了重要作用。根据《商标法》的规定，凡经国家商标管理机关注册登记的商标，享有商标专用权，受法律保护。假冒他人注册商标的行为，不仅严重影响了其他企业的商品信誉，同时也侵害了消费者的合法权益，破坏了社会主义市场经济条件下正常的竞争秩序，必须予以惩处。

根据本条规定，构成本罪应具备以下条件：

（1）行为人使用他人注册商标未经注册商标人许可。"注册商标所有人"，即商标注册人。在我国，凡依法提出商标注册申请，并经商标局核准的，该商标注册申请人即成为注册商标所有人。本条规定的"未经注册商标所有人许可"，是指行为人使用他人注册商标时，未经注册商标所有人同意。这是构成本罪的前提条件，根据《商标法》第二十六条的规定，商标注册人可以通过签订商标使用许可合同的方式，许可他人使用其注册商标。如果行为人已得到注册商标所有人的许可，而只是未按法定程序办理有关手续，不能认为构成犯罪。

（2）构成本条规定的犯罪，行为人在客观上要实施了在同一种商品上使用与他人注册商标相同的商标的行为。即商标相同，使用该商标的商品为同一种类。这两个条件必须同时具备。如果行为人在同一种商品上使用与他人注册商标近似的商标，或者在类似商品上使用与他人注册商标近似的商标，均属商标侵权行为，不构成本罪。

（3）根据本条规定，行为人的上述行为，情节严重的才构成犯罪。这是区分罪与非罪的界限。根据最高人民检察院和公安部《关于经济犯罪案件追诉标准的规定》，这里的"情节严重"，主要是指个人假冒他人注册商标，非法经营数额在 10 万元以上的，单位假冒他人注册商标，非法经营数额在 50 万元以上的等情节。

本条对假冒他人注册商标犯罪的处罚分为两个档次：即情节严重的，处 3 年以下有期徒刑或者拘役，并处或者单处罚金；情节特别严重的，处 3 年以上 7 年以下有期徒刑，并处罚金。

实践中，如果行为人假冒他人注册商标生产、销售伪劣商品构成犯罪的，应按照刑法规定的处罚较重的规定处罚。

# 案例十五

# 涉嫌假冒注册商标罪案件中"耐克"等品牌运动鞋的价格鉴定

**案例背景情况**

2006年工商局接到举报，在××市二环北三段有座地下仓库，存放大量阿迪达斯、耐克、乔丹等假冒品牌运动鞋。天网恢恢，疏而不漏。××市工商局和公安局联合行动，一举剿灭该仓储转运窝点。经质量鉴定，查获的运动鞋均系假冒产品，但是，其做工较为精良，足以乱假乱真。××市公安局以办理涉嫌假冒注册商标罪案件为目的，委托××市价格认证中心进行价格鉴定。

**价格鉴定结论书**

## 关于"耐克"等品牌运动鞋的价格鉴定结论书

××市公安局：

根据你单位委托，我中心遵循合法、公正、科学的原则，按照规定的标准、程序和方法，依法对委托书所列指的"耐克"等品牌运动鞋进行了价格鉴定。现将价格鉴定情况综述如下：

### 一、价格鉴定标的

涉案物品为：假冒"耐克"品牌运动鞋56件（672双），规格型号310845－011；假冒"乔丹"品牌运动鞋14件（468双），规格型号310455－411；假冒"阿迪达斯"品牌运动鞋39件（168双），规格型号351818N100。本次价格鉴定标的为以上假冒运动鞋所侵权的商品。

## 二、价格鉴定目的

为办案机关办理涉嫌侵犯知识产权案件提供价格依据。

## 三、价格鉴定基准日

2006 年 4 月 6 日

## 四、价格定义

价格鉴定结论所指价格是：价格鉴定标的在价格鉴定基准日采用公开市场价值标准确定的批发市场中间价格。

## 五、价格鉴定依据

（一）法律法规及规范性文件

1.《中华人民共和国价格法》；

2.《中华人民共和国商标法》；

3.《扣押、追缴、没收物品估价管理办法》；

4.《关于扣押追缴没收及收缴财物价格鉴定管理的补充通知》；

5.《最高人民法院、最高人民检察院关于办理侵权知识产权刑事案件具体应用法律若干问题的解释》；

6.《××省涉案物品价格鉴定管理条例》；

7.《××省涉案物品价格鉴定操作规程》。

（二）委托方提供的有关资料

1. 价格鉴定委托书；

2.《产品质量检验报告》（××号）。

（三）鉴定方收集的有关资料

1. 实物勘验资料；

2. 市场调查资料；

3. 其他相关资料。

## 六、价格鉴定方法

市场法。

## 七、价格鉴定过程

我中心接受委托后，成立了价格鉴定小组，制定了价格鉴定作业方案。价格鉴定人员在实物勘验和市场调查的基础上，采用市场法进行了价格鉴定。

（一）价格鉴定标的概述

执法部门在××市二环北三段的某地下仓库查获一批运动鞋，经××质监站提供的《产品质量检验报告》（××号），查获的运动鞋均系假冒商品。根据委托方提供的《委托价格鉴定明细表》，该假冒商品为：假冒"耐克"品牌运动鞋672双，规格型号310845-011；假冒"乔丹"品牌运动鞋468双，规格型号310455-411；假冒"阿迪达斯"品牌运动鞋168双，规格型号351818N100。

本次价格鉴定标的为上述假冒运动鞋所侵权的商品。

（二）测算过程

委托方提供的价格鉴定委托书注明：办案机关在办案过程中未查明涉案假冒运动鞋的标价和实际销售价格，要求按照其被侵权商品的公开市场批发价格标准鉴定价格。

经市场调查，正品"耐克"运动鞋（规格型号310845-011）的市场批发价每双445元，正品"乔丹"运动鞋（规格型号310455-411）的市场批发价每双540元，正品"阿迪达斯"运动鞋（规格型号351818N100）的市场批发价每双840元。

$$价格鉴定值 = 672 \times 445 + 468 \times 540 + 168 \times 840$$
$$= 299040 + 252720 + 141120$$
$$= 692880（元）$$

## 八、价格鉴定结论

价格鉴定标的在价格鉴定基准日的公开市场批发价格为人民币陆拾玖万贰仟捌佰捌拾元整（￥692880.00）。

## 九、价格鉴定限定条件

委托方提供资料客观真实。

## 十、声明

（一）价格鉴定结论受结论书中已说明的限定条件限制。

（二）委托方提供资料的真实性由委托方负责。

（三）价格鉴定结论仅对本次委托有效，不做他用。未经我中心同意，不得向委托方和有关当事人之外的任何单位和个人提供。结论书的全部或部分内容，不得发表于任何公开媒体上。

（四）鉴定机构和鉴定人员与价格鉴定标的没有利害关系，与有关当事人也没有利害关系。

（五）如对本结论有异议，可向本鉴定机构提出重新鉴定，或委托省级政府价格主管部门设立的价格鉴定机构复核裁定。

## 十一、价格鉴定作业日期

（略）。

## 十二、价格鉴定人员

（略）。

## 十三、附件

1. 价格鉴定委托书复印件（略）
2. 价格鉴定机构资质证复印件（略）
3. 价格鉴定人员资格证复印件（略）

（公章）

2006 年 4 月 10 日

## 测算说明

### 一、本案例在受理环节的审查事项

因本案例属于公安机关办理涉嫌侵权知识产权犯罪案件中的价格鉴定，依据《最高人民法院 最高人民检察院关于办理侵权知识产权刑事案件具体应用法律若干问题的解释》（法释〔2004〕19 号）的有关规定，价格鉴定机构在受理价格鉴定委托时，应当对委托事项作如下审查：

（1）是否明确价格鉴定标的。本次委托明确了价格鉴定标的为涉案假冒运动鞋所侵权的产品。

（2）是否明确价格鉴定目的。本次委托明确的目的是为办案机关办理侵权知识产权刑事案件提供价格依据。

（3）是否明确在办案过程中未查明涉案假冒运动鞋的标价和实际销售价格。

（4）是否明确价格类型。本次委托明确了价格类型是被侵权产品的批发市场中间价格。

### 二、价格测算

市场法。因被侵权产品为名牌商品，我们通过专营渠道调查了被侵权的同品牌型号商品在基准日的市场批发价格，由此确定鉴定价格（过程略）。

## 案例评析

一、涉嫌侵犯产品犯罪的涉案财物价格鉴定有着自身显著的特点。

（一）关于价格鉴定标的

《最高人民法院 最高人民检察院关于办理侵权知识产权刑事案件具体应用法律若干问题的解释》（法释〔2004〕19号）第十二条规定："非法经营数额，是指行为人在实施侵权知识产权行为过程中，制造、储存、运输、销售侵权产品的价值。已销售的侵权产品的价值，按照实际销售的价格计算。制造、储存、运输和未销售的侵权产品的价值，按照标价或者已经查清的侵权产品的实际销售平均价格计算。侵权产品没有标价或者无法查清其实际销售价格的，按照被侵权产品的市场中间价格计算。"按照本解释，办案机关只有在侵权产品没有标价或者无法查清其实际销售价格的情况下，才可能需要价格鉴定机构鉴定侵权知识产权的"非法经营数额"。如果办案机关在侦查或审理中已经查明标价或者查清其实际销售价格，就应当根据本解释的规定自行计算"非法经营数额"，无需委托专业价格鉴定机构进行价格鉴定。

办案机关在办理侵权知识产权刑事案件中，只有两种类型价格鉴定标的可能需要委托价格鉴定机构鉴定的：侵权商品和被侵权商品。侵权知识产权刑事案件财物价格鉴定的难点就是确定价格鉴定标的。在价格鉴定受理环节，我们应要求委托方在委托书中明确价格鉴定标的是涉案的侵权商品还是被侵权的商品，并载明其名称、规格、型号等。

（二）关于价格类型

市场价格可能有多种价格类型，如出厂价格、批发价格、零售价格，到底采用何种价格类型作为鉴定价格，这需要办案机关在委托时明示。选用的价格类型应当与案发环节相对应。对应原则可消除价格调查的盲目性，确保价格鉴定公平公正。

二、该案例价格鉴定标的明确，价格鉴定程序规范，价格定义合法，价格鉴定方法正确，价格鉴定结论准确。

案例十六

# 涉嫌假冒注册商标罪案件中假冒品牌
# 氙气灯所侵权产品的价格鉴定

 **案例背景情况**

　　2012 年 11 月 26 日，××市公安局经济犯罪侦查支队破获了一起涉嫌侵犯知识产权案件，在犯罪嫌疑人仓库扣押了一批涉嫌侵犯知识产权的假冒品牌车用氙气灯，××市公安局经济犯罪侦查支队以涉嫌假冒注册商标罪为由，于 2012 年 12 月 24 日委托××价格认证中心对涉案假冒品牌车用氙气灯所侵权产品进行价格鉴定。

 **价格鉴定结论书**

## 关于假冒品牌氙气灯所侵权产品的价格鉴定结论书

××市公安局经济犯罪侦查支队：

　　根据你队委托，本中心遵循合法、公正、科学的原则，按照规定的标准、程序和方法，依法对委托书所列指的假冒品牌氙气灯所侵权产品进行了价格鉴定。现将价格鉴定情况综述如下：

### 一、价格鉴定标的

　　鉴定标的为假冒"飞利浦"牌车用氙气灯所侵权的产品，侵权产品数量共计 300 套（全新）。

### 二、价格鉴定目的

　　为你队办理涉嫌假冒注册商标罪案件提供鉴定标的的价格依据。

### 三、价格鉴定基准日

2012 年 11 月 26 日。

### 四、价格定义

价格鉴定结论所指价格是：鉴定标的在价格鉴定基准日，采用公开市场价值标准确定的市场中间价格。

### 五、价格鉴定依据

（一）法律法规及规范性文件

1.《中华人民共和国价格法》；

2.《扣押、追缴、没收物品估价管理办法》；

3.《关于扣押追缴没收及收缴财物价格鉴定管理的补充通知》；

4.《最高人民法院 最高人民检察院关于办理侵犯知识产权刑事案件具体应用法律若干问题的解释》；

5.《××自治区涉案物品估价管理条例》；

6.《价格鉴定行为规范》（2010 年版）。

（二）委托方提供的有关资料

1. 价格鉴定委托书；

2. 价格鉴定标的物照片；

3. 询问笔录；

4. 被侵权单位出具的证明书。

（三）鉴定方收集的有关资料

1. 实物勘验资料；

2.“飞利浦”牌车用氙气灯经销商提供的价格证明；

3. 市场调查资料。

### 六、价格鉴定方法

市场法。

### 七、价格鉴定过程

我中心接受委托后，成立了价格鉴定工作小组，制定了价格鉴定作业方案，并指派 2 名价格鉴定人员于 2012 年 12 月 25 日对涉案的假冒“飞利浦”牌车用氙气灯进行了实物勘验，实物勘验后，价格鉴定人员根据国家有关规程和标准，严格按照价格鉴定的程序和原则，通过认真分析研究和广泛的市场调查，确定采用市场法进行价格鉴定。

（一）价格鉴定标的概述

鉴定标的为假冒"飞利浦"牌车用氙气灯所侵权的产品，侵权产品数量共计300套（全新）。

（二）测算过程

本次鉴定要对假冒"飞利浦"牌车用氙气灯所侵权的产品的市场中间价格进行鉴定。价格鉴定人员对被侵权产品"飞利浦"牌车用氙气灯价格进行了市场调查，参考"飞利浦"牌车用氙气灯经销商提供的价格证明，经综合分析确定假冒"飞利浦"牌车用氙气灯所侵权产品的市场中间价格为每套900元。鉴定标的价格为：

300 × 900 = 270000（元）

## 八、价格鉴定结论

假冒"飞利浦"牌车用氙气灯所侵权产品在价格鉴定基准日的价格为人民币贰拾柒万元整（￥270000.00）。

## 九、价格鉴定限定条件

委托方提供的资料客观真实。

当上述条件发生变化时，鉴定结论会失效或部分失效，鉴定机构不承担由于这些条件的变化而导致鉴定结果失效的相关法律责任。

## 十、声明

（一）价格鉴定结论受结论书中已说明的限定条件限制。

（二）委托方提供资料的真实性由委托方负责。

（三）价格鉴定结论仅对本次委托有效，不做他用。未经我中心同意，不得向委托方和有关当事人之外的任何单位和个人提供。结论书的全部或部分内容，不得发表于任何公开媒体上。

（四）鉴定机构和鉴定人员与价格鉴定标的没有利害关系，与有关当事人也没有利害关系。

（五）如对本结论有异议，可向本鉴定机构提出重新鉴定，或委托省级政府价格主管部门设立的价格鉴定机构复核裁定。

## 十一、价格鉴定作业日期

（略）。

## 十二、价格鉴定人员

（略）。

## 十三、附件

1. 价格鉴定委托书复印件（略）
2. 价格鉴定机构资质证复印件（略）
3. 价格鉴定人员资格证复印件（略）

（公章）

2012 年 12 月 31 日

## 测算说明

### 一、鉴定思路

本案例是对侵犯知识产权的假冒品牌氙气灯所侵权产品进行价格鉴定。案例具有以下主要特点：

《最高人民法院 最高人民检察院关于办理侵犯知识产权刑事案件具体应用法律若干问题的解释》对侵犯知识产权犯罪案件作了规定。在受理价格鉴定时，应要求委托方明确案件性质和价格鉴定标的。本次价格鉴定委托书中载明了价格鉴定标的为假冒"飞利浦"牌车用氙气灯所侵权的产品。

### 二、价格鉴定标的概况

鉴定标的为假冒"飞利浦"牌车用氙气灯所侵权的产品，侵权产品数量共计300 套（全新）。

### 三、价格鉴定过程

同价格鉴定结论书，略。

### 📖 案例评析

一、该案例是对涉嫌侵犯知识产权的假冒品牌物品所侵权产品进行的价格鉴定，程序合法，依据充分，方法恰当，结论合理。

二、该案例是对侵犯知识产权的假冒品牌氙气灯所侵权产品进行价格鉴定，根据《最高人民法院 最高人民检察院关于办理侵犯知识产权刑事案件具体应用法律若干问题的解释》对侵犯知识产权犯罪案件所作的规定，在受理价格鉴定时，应要求委托方明确案件性质和价格鉴定标的。本次价格鉴定委托书中载明了价格鉴定标的为假冒"飞利浦"牌车用氙气灯所侵权的产品。

# （六）涉嫌销售假冒注册商标的商品罪

【刑法】第二百一十四条　销售明知是假冒注册商标的商品，销售金额数额较大的，处三年以下有期徒刑或者拘役，并处或者单处罚金；销售金额数额巨大的，处三年以上七年以下有期徒刑，并处罚金。

【解释】本条是关于销售假冒注册商标的商品罪及其刑罚的规定。

销售假冒注册商标商品的行为，侵犯了商标注册人的商标专用权，而且，客观上使大量的伪、劣、次产品进入市场，对名优产品及同类产品造成冲击，也严重损害了消费者的合法权益。构成本条规定的犯罪，应具备以下条件：

（1）行为人主观上必须是明知。即明知是假冒他人注册商标的商品仍然销售，从中牟取非法利益。行为人是否明知，是本罪罪与非罪的重要界限。适用本条规定时，必须有证据证明行为人明知其销售的商品是假冒他人注册商标的商品，如果行为人不知是假冒注册商标的商品而销售，不构成犯罪。实践中，主要从以下几个方面判断行为人是否明知：一是行为人是否曾被告知所销售的商品是假冒注册商标的商品；二是销售商品进货价格和质量明显低于市场上被假冒的注册商标商品的进货价格和质量；三是根据行为人本人的经验和知识，能够知道自己销售的是假冒注册商标的商品。

（2）行为人在客观上实施了销售明知是假冒注册商标的商品的行为。这里的"销售"应是广义的，包括批发、零售、代售、贩卖等各个销售环节。"假冒注册商标"是指假冒他人已经注册了的商标。如果是将还未有人注册过的商标冒充已经注册的商标在商品上使用，不构成本条规定的犯罪，属于违反注册商标管理的行为。

（3）销售金额必须达到数额较大，才构成犯罪。这也是罪与非罪的重要界限。根据最高人民检察院和公安部《关于经济犯罪案件追诉标准的规定》，销售明知是假冒注册商标的商品，个人销售数额在10万元以上的，单位销售数额在50万元以上的，属于"数额较大"，应予追诉。

本条对销售明知是假冒注册商标的商品的犯罪，规定了两档刑，即：销售金额数额较大的，处 3 年以下有期徒刑或者拘役，并处或者单处罚金；销售金额数额巨大的，处 3 年以上 7 年以下有期徒刑，并处罚金。

实践中，如果行为人销售的商品假冒了他人注册商标，同时商品本身是伪劣产品的，构成生产、销售伪劣商品罪的，应依照刑法规定的处罚较重的规定处罚。

## 案例十七

# 涉嫌销售假冒注册商标的商品罪案件中阿迪达斯篮球服背心的价格鉴定

 **案例背景情况**

2011 年 9 月 2 日，××县公安局经侦大队在商业店面内查获一批带有 NBA 标志、"adidas"标识的篮球服背心，共计 285 件。该批货品经阿迪达斯体育（中国）有限公司确认，系仿阿迪达斯公司授权厂家生产的货号 409677 的系列篮球背心，该系列款式为 NBA 授权产品、场上竞技系列背心。公安机关因办理侵犯知识产权案件需要，于 2011 年 9 月 6 日委托××县价格认证中心对涉案的假冒商品所侵权的正品"阿达迪斯"篮球服背心进行价格鉴定。

 **价格鉴定结论书**

## 关于被侵权的篮球服背心的价格鉴定结论书

××县公安局：

根据你单位价格鉴定委托书，遵循合法、公正、科学的原则，按照规定的标准、程序和方法，我中心依法对委托书所列阿迪达斯篮球服背心进行了价格鉴定。现将有关情况综述如下：

## 一、价格鉴定标的

价格鉴定标的为假冒商品所侵权的正品"阿迪达斯"篮球服背心，数量共计285件。

## 二、价格鉴定目的

为委托方办理涉嫌销售假冒注册商标的商品罪案件提供价格依据。

## 三、价格鉴定基准日

2011 年 9 月 2 日。

## 四、价格定义

价格鉴定结论所指的价格是价格鉴定标的在鉴定基准日，采用公开市场价值标准确定的市场中间价格。

## 五、价格鉴定依据

（一）法律法规及规范性文件

1. 《中华人民共和国价格法》；

2. 《扣押、追缴、没收物品估价管理办法》；

3. 《关于扣押追缴没收及收缴财物价格鉴定管理的补充通知》；

4. 《××省涉案财产价格鉴定操作规程（试行）》；

5. 《价格鉴定行为规范》（2010 年版）。

（二）委托方提供的有关资料

1. 价格鉴定委托书；

2. 询问笔录；

3. 被侵方提供的证明材料。

（三）鉴定方收集的有关资料

1. 实物勘验资料；

2. 市场调查资料；

3. 其他相关资料。

## 六、价格鉴定方法

市场法。

## 七、价格鉴定过程

我中心接受委托后，成立了价格鉴定工作小组，制定了价格鉴定作业方案，并指派 2 名价格鉴定人员于 2011 年 10 月 20 日对委托方查获的物品进行了实物勘验。实物勘验后，价格鉴定人员根据国家有关规程和标准，严格按照价格鉴定的程序和原则，通过认真分析，并对被侵权产品进行了广泛的市场调查，确定采用市场法对标的进行价格鉴定。

（一）价格鉴定标的概述

委托方查获的物品为带有"adidas"标识的篮球服背心，背心上印有"NBA"标志，全新，不同颜色，共计 285 件，委托方未查明销售价格或标价。查获的物品经阿迪达斯体育（中国）有限公司确认，系仿阿迪达斯公司授权生产、销售的 409677 系列篮球服背心，该系列款式是 NBA 授权产品、场上竞技系列背心。

（二）测算过程

经市场调查，正品"阿迪达斯"409677 系列篮球服背心在鉴定基准日当地市场零售价格为每件 358.20 元，因此，鉴定价格 = 358.20 × 285 = 102087（元）。

## 八、价格鉴定结论

被侵权产品在鉴定基准日的市场价格为人民币拾万贰仟零捌拾柒元整（￥102087.00）。

## 九、价格鉴定限定条件

（一）委托方提供资料客观真实；

（二）价格鉴定人员不承担标的的质量检验及阿迪达斯体育（中国）有限公司出具的资料审核责任；

（三）此次价格鉴定结论仅作为委托方办理侵犯知识产权案件的依据，不做他用。

## 十、声明

（一）价格鉴定结论受结论书中已说明的限定条件限制。

（二）委托方提供资料的真实性由委托方负责。

（三）价格鉴定结论仅对本次委托有效，不做他用。未经我中心同意，不得向委托方和有关当事人之外的任何单位和个人提供。结论书的全部或部分内容，不得发表于任何公开媒体上。

（四）鉴定机构和鉴定人员与价格鉴定标的没有利害关系，与有关当事人也没有利害关系。

（五）如对本结论有异议，可向本鉴定机构提出重新鉴定，或委托省级政府价格主管部门设立的价格鉴定机构复核裁定。

## 十一、价格鉴定作业日期

（略）。

## 十二、价格鉴定人员

（略）。

## 十三、附件

1. 价格鉴定委托书复印件（略）
2. 价格鉴定机构资质证复印件（略）
3. 价格鉴定人员资格证复印件（略）

（公章）

2011 年 10 月 30 日

### 测算说明

#### 一、鉴定思路

本案例是在办理涉嫌销售假冒注册商标的商品罪案件中的价格鉴定。案例主要特点：

（1）侵犯知识产权案件中的价格鉴定，委托方应明确被侵权商品的规格、型号等对价格产生影响的主要指标（参数），并提供知识产权所有人或合法使用人、授权代理人出具的鉴定报告（或证明材料）。

（2）市场调查是确定价格鉴定结论的关键。对于商标所有人出具的价格证明材料不能直接作为价格鉴定结果的依据，要根据当地市场实际销售情况来确定。

#### 二、价格鉴定标的概况

委托方查扣的物品为一批带有 NBA 标志、"adidas" 标识的篮球服背心，全新，不同颜色，共计 285 件。委托方将查扣的物品送到阿迪达斯体育（中国）有限公司进行鉴定，阿迪达斯体育（中国）有限公司出具的证明材料中确定：查扣的物品为仿货号为 409677 的篮球服背心，该系列款式是 NBA 授权产品、场上竞技系列背心，每件市场统一销售价格为398元。

### 三、价格测算过程

接受委托后，组成价格鉴定工作小组，经实物勘验和市场调查，根据委托鉴定标的、结合所收集的相关资料，确定采用市场法对标的进行价格鉴定。

阿迪达斯有限公司是世界著名的体育运动产品的制造商，拥有"adidas"等一系列世界驰名的商标。阿迪达斯体育（中国）有限公司是阿迪达斯有限公司在华设立的企业法人。阿迪达斯体育（中国）有限公司在中国销售的"adidas"系列产品以专卖店形式授权经营。

经市场调查，××县未设立阿迪达斯专卖店，而所在地A市的阿迪达斯专卖店2011年未销售过货号为409677的篮球服背心，但有销售过其他款式的篮球服背心。在A市阿迪达斯专卖店中篮球服背心基本上是按挂牌价的9折售出。

调查临近的B市的阿迪达斯专卖店，该专卖店2011年8～9月份的销售记录显示，该款篮球服背心按挂牌价的9折售出。该款篮球服背心挂牌价为每件398元，每件实际销售价为358.20元。

根据市场调查情况，阿迪达斯409677系列篮球背心在2011年9月2日的市场零售价格确定为每件358.20元，则鉴定价格为：

$$358.20 \times 285 = 102087 （元）$$

### ◆ 案例评析

一、侵犯知识产权案件中的侵权商品，如无标价或实际销售价格的，或者标价或实际销售价格无法认定的，在价格鉴定委托书（函）中应注明。若司法、行政执法机关已查明了标价或实际销售价格的，不再进行价格鉴定。

二、侵犯知识产权案件的价格鉴定委托书中委托单位应明确具体被侵权商品的规格、型号等主要指标，并提供知识产权所有人或授权代理人出具的鉴定报告（或证明材料）。

三、在对被侵权产品进行价格鉴定时，市场调查是确定价格鉴定结论的关键。商标所有人出具的价格证明材料不能直接作为价格鉴定结果的依据，要根据当地市场的实际销售情况来确定。

# （七）假冒专利罪

**【刑法】** 第二百一十六条　假冒他人专利，情节严重的，处三年以下有期徒刑或者拘役，并处或者单处罚金。

**【解释】** 本条是关于侵犯他人专利权罪的犯罪及其刑罚的规定。

通常意义上的专利就是指专利权，是国家专利机关依据专利法授予专利申请人或其他权利继承人，在法定期限内对其发明创造享有的制造、使用或销售的专有权利。专利权是一种专有权，它一经授予，除经专利权人同意外，任何单位、个人都不得实施其专利。专利作为一项工业产权，它是技术、经济和法律相结合的整体，具有以下特点：第一，它是一种具备创造性并能够解决生产实际问题的新技术方案。第二，它是发明创造者的一种无形财产。专利权人依法保护其专利不受侵占，并有义务在法定有效期内对其专利技术加以推广应用。第三，它是专利权人在法定有效期内对发明创造享有的专有权。专利必须向社会公开，并记载于将专利公开、公告的专利证书和专利文献上。可见，专利有较高的经济价值且极易被他人利用，为加强对专利权人的保护，对专利侵权行为除作行政、民事处理外，对其中情节严重的，有必要追究侵权人的刑事责任。

本条规定的"假冒他人专利"，是指侵权人在自己产品上加上他人的专利标记和专利号，或使其与专利产品相类似，使公众认为该产品是他人的专利产品，以假乱真，侵害他人合法权利的行为。专利侵权，主要是指未经专利权人许可，使用其专利的行为。"专利权人"包括单位和个人，也包括在我国申请专利的国外的个人和单位。"使用其专利"，是指行为人为生产经营目的，将他人专利用于生产、制造产品的行为。根据《专利法》第十二条的规定，任何单位或者个人实施他人专利，必须与专利权人订立书面实施许可合同，向专利权人支付专利使用费。被许可人无权允许合同规定以外的任何单位或个人实施该专利。这里规定的"许可"不是一般的口头同意，而是要签订专利许可合同。专利许可意味着专利权人允许被许可人有权在专利权期限内，在其效力所及的范围内对该发明创造加以利用。如果行为人已经得到专利权人同意，只是还未签订书面许可合同，或者还未向专利权人支付使用费，不构成犯罪。行为人的上述行为必须达到情节严重的程度，才构成犯罪。这是罪与非罪的界限。根据《最高人民检察院 公安部关于经济犯罪案件追诉标准的规定》，假冒他人专利，违法所得数额在 10 万元以上的，或者给专利权人造成直接经济损失数额在 50 万元以上等情节的，属于"情节严重"，应予追诉。

本条规定对假冒他人专利，构成犯罪的，处 3 年以下有期徒刑或者拘役，并处或者单处罚金。

## 案例十八

# 涉嫌假冒专利罪案件中钧瓷产品的价格鉴定

### 案例背景情况

×××年××月××日，××市公安局经济犯罪侦查大队委托××价格认证中心对侵犯孔家钧窑钧瓷产品"四海升平"外观专利权的 50 件仿品给专利权人造成的直接经济损失进行价格鉴定。

### 价格鉴定结论书

## 关于假冒专利钧瓷产品的价格鉴定结论书

××市公安局：

根据你单位委托，我中心遵循合法、公正、科学的原则，按照规定的标准、程序和方法，依法对你单位委托书所列指的鉴定标的进行了价格鉴定。现将价格鉴定情况综述如下：

**一、价格鉴定标的**

假冒他人专利的 50 件"四海升平"钧瓷工艺品给专利权人造成的直接经济损失。

## 二、价格鉴定目的

为委托方办理涉嫌假冒专利罪案件提供价格依据。

## 三、价格鉴定基准日期

2010 年 1 月。

## 四、价格定义

价格鉴定结论所指价格是：假冒他人专利的 50 件"四海升平"钧瓷工艺品在鉴定基准日期，采用公开市场价值标准，给专利权人造成的直接经济损失。

## 五、价格鉴定依据

（一）法律法规及规范性文件

1. 《中华人民共和国价格法》；

2. 《扣押、追缴、没收物品估价管理办法》；

3. 《关于扣押追缴没收及收缴财物价格鉴定管理的补充通知》；

4. 《××省涉案财产价格鉴定操作规程（试行）》；

5. 《价格鉴定行为规范》（2010 年版）；

6. 《最高人民法院 最高人民检察院关于办理侵犯知识产权刑事案件具体应用法律若干问题的解释》。

（二）委托机关提供的有关资料

1. 价格鉴定委托书；

2. 有关口供笔录复印件；

3. 假冒专利产品的照片；

4. ××省知识产权事务中心司法鉴定意见书复印件 2 份。

（三）鉴定机构收集的资料

1. 有关被侵权产品的市场销售价格原始凭证资料；

2. 被侵权产品的外观设计专利证书复印件。

## 六、价格鉴定方法

市场法。

## 七、价格鉴定过程

根据《最高人民法院 最高人民检察院关于办理侵犯知识产权刑事案件具体应用

法律若干问题的解释》第十二条规定，结合《××市公安局经侦大队关于办理××
×涉嫌假冒专利案件的情况说明》，我中心对实物进行勘验，确定假冒专利产品的
基本情况。经委托方确认，假冒他人专利的50件"四海升平"钧瓷工艺品给专利
权人造成的直接经济损失为被假冒专利产品的销售价格。遵循合法、公正、科学的
原则，我们调查了被侵权产品钧瓷"四海升平"在鉴定基准日期的平均市场售价，
运用市场法，确定鉴定标的价格。

### 八、价格鉴定结论

假冒他人专利的50件"四海升平"钧瓷工艺品在价格鉴定基准日期给专利权
人造成的直接经济损失为人民币壹佰万元整（￥1000000.00）。

### 九、价格鉴定限定条件

委托机关提供的资料客观真实。

### 十、声明

（一）价格鉴定结论受结论书中已说明的限定条件限制。

（二）委托方提供资料的真实性、合法性、完整性由委托方负责。因委托方提
供资料失真、遗漏等因素影响本结论而造成的任何后果，均与鉴定机构和鉴定人员
无关。

（三）此结论仅对此次委托有效，不做他用。未经我中心同意，不得向委托机
关和有关当事人之外的任何单位和个人提供。结论书的全部或部分内容，不得发表
于任何公开媒体上。

（四）鉴定机构及鉴定人员与价格鉴定标的没有利害关系，与有关当事人也没
有利害关系。

（五）如对本结论有异议，可向本价格鉴定机构提出重新鉴定，或委托省级政
府价格主管部门设立的价格鉴定机构复核裁定。

### 十一、价格鉴定作业日期

（略）。

### 十二、价格鉴定人员

（略）。

### 十三、附件

1. 价格鉴定机构资质证复印件（略）

2. 价格鉴定人员资格证复印件（略）

3. 价格鉴定委托书复印件（略）

（公章）

××××年××月××日

## 测算说明

### 一、鉴定思路

我们认为这个案件不是单纯鉴定假冒产品实物的价格，实质是侵犯知识产权行为给被侵权产品造成的直接经济损失的体现。

### 二、价格鉴定标的概况

本次价格鉴定标的是假冒他人专利的 50 件"四海升平"钧瓷工艺品。钧瓷产品是我市的重点文化产业产品，孔家钧窑又是我市钧瓷行业的龙头企业，其产品多次被作为国礼而受人瞩目，社会影响较大。这款钧瓷产品"四海升平"就是在 2008 年"联合国之春文化节"上作为国礼送给联合国的礼物。

### 三、价格鉴定过程

侵犯专利权案件，首先应有委托方提供对侵权产品是否构成侵权的鉴定报告。委托方根据我们的要求，提供了《××省知识产权事务中心司法鉴定意见书》，鉴定意见为"外观设计专利相对比，两者相同"，即构成侵权。

被假冒专利权的钧瓷属于陶瓷工艺品，真品数量极其有限，具有较高的收藏升值前景。虽然一件陶瓷工艺品所能直接看到的成本相对简单，无非就是一堆泥、几个模子、手工制作、进行烧制。但陶瓷工艺品并不能仅按表面看到的成本进行计算，因为陶瓷工艺品特别是钧瓷也许一窑能烧出几件精品，也许几窑也出不了一件成品，所以成本中还应包括这些隐含的项目。

根据《最高人民法院 最高人民检察院关于办理侵犯知识产权刑事案件具体应用法律若干问题的解释》第四条规定：假冒他人专利，具有下列情形之一的，属于刑法第二百一十六条规定的"情节严重"，应当以假冒专利罪判处 3 年以下有期徒刑或者拘役，并处或者单处罚金：（1）非法经营数额在 20 万元以上或者违法所得数额在 10 万元以上的；（2）给专利权人造成直接经济损失 50 万元以上的；（3）假冒两项以上他人专利，非法经营数额在 10 万元以上或者违法所得数额在 5 万元以上的；（4）其他情节严重的情形。本次价格鉴定，委托书载明的鉴定标的是假冒他人专利的 50 件"四海升平"钧瓷工艺品给专利权人造成的直接经济损失，经委托方确认，直接经济损失即为被假冒专利产品的销售价格。

关于被侵权产品价格的确定。由于是专利产品，加上"国礼"这一声誉，且总的烧制数量有限，价格不菲，一般市场上很难找到。经调查专利所有人也就是孔家钧窑的原始价格记录，在确保其提供材料真实性的前提下，提取了两个时间段的有关出库价格原始凭证：一个是 2008 年 7 月 3 日的提货价格，为每件 20000 元；另一个是 2009 年 10 月 24 日的提货价格，为每件 38000 元。鉴于委托数量多，案值很大，经集体审议，采用了比较保守的价格，即按每件 20000 元计算，标的总价格为100 万元。

## 案例评析

一、该案例价格鉴定程序合法，依据较充分。

二、该案例的要点：工艺品价格确定比较难，特别是独一性的工艺品，价格更难确定。

三、委托数量多、案值很大并不成为采用保守价格的理由，应该尽可能多提取出库价格原始凭证，充分考虑交易日期、交易情况等多种因素进行调整，从而确定鉴定结论。

# （八）侵犯商业秘密罪

【刑法】第二百一十九条　有下列侵犯商业秘密行为之一，给商业秘密的权利人造成重大损失的，处三年以下有期徒刑或者拘役，并处或者单处罚金；造成特别严重后果的，处三年以上七年以下有期徒刑，并处罚金：

（一）以盗窃、利诱、胁迫或者其他不正当手段获取权利人的商业秘密的；

（二）披露、使用或者允许他人使用以前项手段获取的权利人的商业秘密的；

（三）违反约定或者违反权利人有关保守商业秘密的要求，披露、使用或者允许他人使用其所掌握的商业秘密的。

明知或者应知前款所列行为，获取、使用或者披露他人的商业秘密的，以侵犯商业秘密论。

本条所称商业秘密，是指不为公众所知悉，能为权利人带来经济利益，具有实用性并经权利人采取保密措施的技术信息和经营信息。

　　**本条所称权利人，是指商业秘密的所有人和经商业秘密所有人许可的商业秘密使用人。**

　　**【解释】** 本条是关于侵犯商业秘密罪及其刑罚的规定。

　　侵犯商业秘密是一种不正当竞争的行为。随着经济体制的改革，出现了多种所有制形式，有些企业不是通过自身的努力去开拓市场，与其他企业开展竞争，而是采取一些不正当的手段，如利用有些企业中存在工资、住房等方面的问题，采取以高薪聘请、解决住房等手段，将技术人员挖走，同时将企业的技术诀窍、销售渠道等商业秘密一起带走，严重违反了公平竞争的原则，侵犯了其他企业的合法权益。

　　本条共分四款。第一款是关于侵犯他人商业秘密的行为的规定。本条具体列举了三种侵犯商业秘密的行为：一是以盗窃、利诱、胁迫或者其他不正当手段获取权利人的商业秘密。实施这一行为的人，一般是享有商业秘密的权利人的竞争对手。"其他不正当手段"，包括以高薪聘请挖人才、以重金收买知悉秘密的人等。这里"挖人才"的目的是获取他人的商业秘密，不是单纯的高薪聘请人才。后者是人才流动是否合理的问题。"权利人"是指商业秘密的所有人和经商业秘密所有人许可的商业秘密使用人。二是披露、使用或者允许他人使用以前项手段获取权利人的商业秘密。"披露"是指向他人透露行为人以盗窃、利诱、胁迫或者其他不正当手段获取他人商业秘密的行为。"使用"是指自己使用。三是违反约定或者违反权利人有关保守商业秘密的要求，披露、使用或者允许他人使用其所掌握的商业秘密。主要是指行为人所掌握的商业秘密是合法获取的，但是违反了与权利人之间的约定或者违反权利人有关保守商业秘密的要求，向第三人违约披露、使用或者允许第三人使用其所获取的商业秘密。实施这一行为的，有可能是与拥有商业秘密的企业订立许可使用合同的一方当事人；也可能是本企业技术人员，因工作关系获得商业秘密，但擅自告诉他人或自己使用、允许他人使用。

　　本条第二款是关于以侵犯商业秘密论的行为的规定。根据这一规定，第三人自己虽未直接实施上述侵权行为，但如果明知或者应知他人具有上述三种侵犯商业秘密的行为，仍然从那里获取他人商业秘密或使用或者披露他人商业秘密的，以侵犯商业秘密论。由于第三人不是非法获取商业秘密的直接责任人，因此，第三人主观上必须是明知，才构成犯罪。

　　本条第三款是关于商业秘密的定义的规定。根据这一规定，商业秘密包括技术信息和经营信息。"技术信息"是指技术配方、技术诀窍、工艺流程等。"经营信息"是指采取什么方式进行经营等有关经营的重大决策以及与自己有业务往来的客户的情况等。作为商业秘密，首先，权利人对其采取了保密措施。权利人将某种技术信息和经营信息作为商业秘密，采取特殊的防范措施，防止外人轻而易举地获取。其次，具有一定的经济价值。侵犯商业秘密的目的是获得他人的经济利益。因此，该信息必须能给权利人带来经济效益。再次，该信息不为公众所知，只限于一部分人知道。如果通过其他资料就轻易可以获得的信息，不能认为是商业秘密。

本条第四款是关于权利人定义的规定。根据这一规定，权利人包括商业秘密所有人和经商业秘密所有人许可的商业秘密的使用人。商业秘密使用人，是与商业秘密所有人订立商业秘密使用许可合同的人。根据规定，商业秘密使用人只能自己使用，不得披露或允许他人使用。

根据本条规定，对侵犯他人商业秘密，给商业秘密的权利人造成重大损失的，处 3 年以下有期徒刑或者拘役，并处或者单处罚金；造成特别严重后果的，处 3 年以上 7 年以下有期徒刑，并处罚金。

## 案例十九

# 涉嫌侵犯商业秘密罪案件中直接损失的价格鉴定

 **案例背景情况**

林某、高某原为××设备制造有限公司外贸销售业务员。林某于 2006 年 3 月 2 日在香港注册成立了麦×动力国际控股集团有限公司（以下简称麦×公司），并利用原公司的经营信息（客户名单、询盘信息、产品报价等）等商业秘密从事发电机、发动机和高压清洗机等产品的出口贸易。2007 年 9 月 21 日，林某从原公司辞职。高某则继续在原公司工作，并把原公司的客户信息、产品报价等经营信息提供给林某，以便于林某的麦×公司拓展经营业务。××市公安局以侦查处理侵犯商业秘密罪，于 2010 年 10 月 10 日委托××市价格认证中心对林某、高某侵犯商业秘密造成××设备制造有限公司经济损失进行价格鉴定。

## 价格鉴定结论书

# 关于××公司被侵犯商业秘密造成直接经济
# 损失的价格鉴定结论书

××市公安局：

根据你单位委托要求，我中心遵循合法、公正、科学的原则，按照规定的标准、程序和方法，依法对××公司被侵犯商业秘密造成的直接经济损失进行了价格鉴定。现将有关情况综述如下：

### 一、价格鉴定标的

林某、高某涉嫌侵犯商业秘密罪一案中××设备制造有限公司的直接经济损失。

### 二、价格鉴定目的

为办案机关办理案件提供价格依据。

### 三、价格鉴定基准日期

2006年4月至2009年6月间（侵犯商业秘密时间）。

### 四、价格定义

价格鉴定结论所指的价格是依据侵权人在侵权期间因侵权所获利润而确定的直接经济损失。

### 五、价格鉴定依据

（一）法律法规

1.《中华人民共和国价格法》；

2.《中华人民共和国反不正当竞争法》；

3.《中华人民共和国专利法》；

4.《扣押、追缴、没收物品估价管理办法》；

5.《关于扣押追缴没收及收缴财物价格鉴定管理的补充通知》；

6.《最高人民法院关于审理不正当竞争民事案件应用法律若干问题的解释》。

（二）规范性文件

1.《价格鉴定行为规范》（2010年版）；

2.《××省涉案财物价格鉴定操作规程》；

3.《××省价格鉴定文书格式规范的通知》。

（三）委托方提供的有关资料

1. 价格鉴定委托书；

2. 其他相关资料。

（四）鉴定方收集的资料

1. 价格鉴定人员调查的资料；

2. 其他相关资料。

## 六、价格鉴定方法

成本法。

## 七、价格鉴定过程

我中心接受价格鉴定委托后，组成了价格鉴定小组，制定了价格鉴定作业方案，派出价格鉴定人员对价格鉴定标的进行了调查，并根据价格鉴定标的实际情况，采用成本法对其价格鉴定基准日损失价格进行了鉴定。具体详见《价格鉴定技术报告》。

## 八、价格鉴定结论

价格鉴定标的在价格鉴定基准日期直接经济损失为人民币叁佰贰拾壹万肆仟元整（￥3214000.00）。

## 九、价格鉴定限定条件

（一）委托方提供资料客观真实且其真实性由委托方负责。

（二）价格鉴定目的和价格鉴定基准日不变。

（三）本次价格鉴定仅对商业秘密权利人直接经济损失价格（侵权人所得数额）进行鉴定。对商业秘密开发成本损失和保密成本损失因量化困难，本次不对其进行鉴定。对因其商业秘密被侵犯造成的其他间接经济损失不在本价格鉴定范围内。

（四）本次价格鉴定结论仅作为公安机关办理刑事案件提供价格依据，不作为民事赔偿标准。

## 十、声明

（一）价格鉴定结论受结论书中已说明的限定条件的限制。

（二）委托方提供的资料真实性由委托方负责。价格鉴定人员仅对有实物标的外观进行勘验，本中心及价格鉴定人员不承担标的的质量检测及资料审核责任。

（三）本价格鉴定结论仅对本次委托有效，不做其他用途。未经我中心同意，不得向委托方和有关当事人之外的任何单位和个人提供。结论书的部分或全部内容，不得发表于任何公开媒体上。

（四）价格鉴定机构和鉴定人员与价格鉴定标的没有利害关系，也与有关当事人没有利害关系。

（五）如对本结论有异议，可向本鉴定机构提出重新鉴定，或委托上级政府价格主管部门设立的价格鉴定机构复核裁定。

## 十一、价格鉴定作业日期

（略）。

## 十二、价格鉴定人员

（略）。

## 十三、附件

1. 《价格鉴定技术报告》
2. 价格鉴定机构资质证复印件（略）
3. 价格鉴定人员资格证复印件（略）

（公章）

2010 年 10 月 30 日

附件 1

# 价格鉴定技术报告

## 一、案件基本情况

根据委托方提供的资料，犯罪嫌疑人林某、高某原为 ×× 公司外贸销售业务员。林某于 2006 年 3 月 2 日在香港注册成立了麦 × 公司，并利用原公司的经营信息（客户名单、询盘信息、产品报价等）等商业秘密从事发电机、发动机和高压清洗机等产品的出口贸易。2007 年 9 月 21 日，林某从原公司辞职。高某则继续在原公司工作，并把原公司的客户信息、询盘信息和产品报价等经营信息提供给林某，以便于林某的麦×公司拓展经营业务。2006年4月至2009年6月间，麦×公司利用××公司的商业秘密与19家国外客户进行交易，交易总额达2035.79万元。

商业秘密，是指不为公众所知悉，能为权利人带来经济利益，具有实用性并经权利人采取保密措施的技术信息和经营信息。其中权利人是指商业秘密的所有人和经商业秘密所有人许可的商业秘密使用人。林某、高某在未经××公司许可的前提下使用其经营信息，造成××公司失去原有客户的询盘、报价信息，经营信息阻塞，客户资源流失，给××公司造成经济损失。

**二、价格鉴定标的**

林某、高某涉嫌侵犯商业秘密罪一案造成××设备制造有限公司的直接经济损失。

**三、价格鉴定过程**

我中心接受价格鉴定委托后，组成了价格鉴定小组，制定了价格鉴定方案，派出价格鉴定人员对价格鉴定标的进行了调查，并根据价格鉴定标的实际情况，采用成本法对其价格鉴定基准日期损失价格进行了鉴定。

（一）选择价格鉴定方法

成本法。

（二）直接经济损失构成

应委托方委托要求，本次侵犯商业秘密损失价格鉴定按如下构成进行鉴定：

（1）商业秘密权利人遭受的直接损失；

（2）商业秘密开发成本损失；

（3）保密成本损失。

（三）直接经济损失构成分析

考虑本次价格鉴定侵犯商业秘密实际情况为侵权使用经营信息并因此获得利润，结合侵犯商业秘密损失价格鉴定的理论，对侵犯商业秘密权利人的经济损失价格作如下构成分析：

1. 商业秘密权利人遭受的直接损失：

经调查，2006年4月至2009年6月间侵权人转移××公司19名客户，转移××公司交易总额达2035.79万元，给××公司带来重大经济损失。但侵权人利用客户名单，复制转移询盘信息、产品报价等经营信息，实际影响××公司的销售额和销售数量难以确定。

《中华人民共和国公安部关于在办理侵犯商业秘密犯罪案件中如何确定"给商业秘密权利人造成重大损失"计算方法的答复》规定："对难以计算侵犯商业秘密

给权利人所造成的损失的，司法实践中一般可参照《中华人民共和国反不正当竞争法》规定的民事赔偿额的计算方法。"

《中华人民共和国反不正当竞争法》第二十条规定："经营者违反本法规定，给被侵害的经营者造成损害的，应当承担损害赔偿责任，被侵害的经营者的损失难以计算的，赔偿额为侵权人在侵权期间因侵权所获得的利润；并应当承担被侵害的经营者因调查该经营者侵害其合法权益的不正当竞争行为所支付的合理费用。"

《最高人民法院关于审理不正当竞争民事案件应用法律若干问题的解释》第十七条第一款规定："确定反不正当竞争法第十条规定的侵犯商业秘密行为的损害赔偿额，可以参照确定侵犯专利权的损害赔偿额的方法进行。"

《中华人民共和国专利法》第六十条规定："侵犯专利权的赔偿数额，按照权利人因被侵权所受到的损失或者侵权人因侵权所得的利益确定。"

《最高人民法院关于审理专利纠纷案件适用法律问题的若干规定》第二十条规定："侵权人因侵权所获得的利益一般按照侵权人的营业利润计算，对于完全以侵权为业的侵权人，可以按照销售利润计算。"

根据以上法律依据，侵犯商业秘密给权利人所造成的直接经济损失实际上应为侵权人在侵权期间因侵权所获得的利润。

2. 开发成本损失、保密成本损失：

行为人（犯罪嫌疑人）给商业秘密权利人造成的损失不限于物质性损失（如权利人损失数额等），还应包括竞争优势的减少或丧失、商业秘密开发成本损失和保密成本损失等。

开发成本是指产出这种竞争优势的商业秘密的研制开发所投入的成本，包括投入的资金、人员、时间等。保密成本也会因侵权而遭受损害。本次委托价格鉴定的商业秘密开发成本损失和保密成本损失即商业秘密权利人的部分间接损失。

因商业秘密开发成本和保密成本投入期较长，且委托方未能提供侵犯商业秘密给权利人销售额和销售数量造成影响的直接数据，商业秘密开发成本损失和保密成本损失数额无法量化，因此，此次价格鉴定不考虑××公司商业秘密开发成本损失和保密成本损失。

（四）价格鉴定计算过程

侵犯商业秘密给权利人所造成的直接经济损失为侵权人在侵权期间因侵权所获得的利润。

根据委托方提供的麦×公司2006年4月至2009年6月间与19家国外客户交易产生的账户资金来往情况，麦×公司销售收入20352838元，销售成本17138838元（均按同期汇率折算），利润为3214000元。即侵犯商业秘密给权利人所造成的直接经济损失为3214000元，具体销售收入和销售成本详见附表。

**四、价格鉴定结论**

（一）价格鉴定标的（不含本次无法鉴定价格的××公司商业秘密开发成本损失价格和保密成本损失价格）价格鉴定基准日鉴定损失价格为人民币叁佰贰拾壹万肆仟元整（￥3214000.00）。

（二）××公司商业秘密开发成本损失和保密成本损失本次无法鉴定价格。

**五、附件**

1. 附表麦×公司销售收入汇总表（共2页，略）

2. 附表麦×公司销售成本汇总表（共3页，略）

## 测算说明

**一、鉴定思路**

本案例是对侵犯商业秘密造成的经济损失进行价格鉴定。

1. 侵犯商业秘密罪（《刑法》第二百一十九条），是指以盗窃、利诱、胁迫或者其他不正当手段获取权利人的商业秘密，或者非法披露、使用或者允许他人使用其所掌握的或获取的商业秘密，给商业秘密的权利人造成重大损失的行为。

2. 商业秘密权利人的经济损失价格构成分析：

（1）商业秘密权利人遭受的直接损失，即权利人可计算的财产、收入方面损失。

（2）行为人（犯罪嫌疑人）给商业秘密权利人造成的损失不限于物质性损失（如权利人损失数额、侵权人所得数额等），还应包括竞争优势的减少或丧失等。对竞争优势的损害在经济上主要体现为开发成本、现实的优势和未来的优势三个部分。开发成本是指产出这种竞争优势的商业秘密的研制开发所投入的成本，包括投入的资金、人员、时间等；竞争的现实优势是指生产和销售中的优势，如生产的低成本、销售的高利润和供求关系；竞争的未来优势是指权利人因被侵权使预期的优势所产生的收益损失减少。

（3）保密成本，这部分也会因侵权而遭受损害。

3. 根据相关法律依据，侵犯商业秘密给权利人所造成的直接经济损失实际上应为侵权人在侵权期间因侵权所获得的利润。

**二、价格测算过程**

（一）商业秘密权利人遭受的直接损失的确定

1. 对麦×公司开户银行（恒生银行）对账单中销售收入和利息收入汇总表和供应商、货代付款和税费付出汇总表进行了核对。

2. 要求委托方剔除其中不涉嫌职务侵占部分的交易金额。

3. 要求委托方确认剩余的麦×公司进行交易的 19 家国外客户是否都是××设备制造有限公司原有客户。

4. 根据《最高人民法院关于审理专利纠纷案件适用法律问题的若干规定》第二十条规定，"侵权人因侵权所获得的利益一般按照侵权人的营业利润计算，对于完全以侵权为业的侵权人，可以按照销售利润计算"。按照相关法律，侵犯商业秘密案件可以参照确定。以其销售利润作为侵权人所得数额。

5. 按照会计原则，利息收入不计算在销售收入中，利息税和汇兑损益不计算在销售成本中。在委托方提供的恒生银行资金收入和付出汇总中扣除利息收入、利息税和汇兑损益。

6. 销售收入 – 销售成本 = 销售利润。最后得出销售利润。为侵犯商业秘密给权利人所造成的直接经济损失。

相关分析和计算结果见价格鉴定技术报告。

（二）委托鉴定的商业秘密开发成本损失和保密成本损失

1. 对××公司近年来销售情况及产品价格进行分析，以确定是否存在竞争优势的减少或丧失。

××公司近五年销售情况：2005 年销售额 12562 万元，销售数量 16 万台；2006年销售额 17351 万元，销售数量 22 万台；2007 年销售额 26230 万元，销售数量 32.2万台；2008 年销售额 35310 万元，销售数量 46 万台；2009 年预计销售额 50000 万元，销售数量 65 万台。

××公司主营产品为：0.6～5KW 汽油发电机组、1300PSI～3600PSI 高压清洗机、水泵机组，三类产品分别占总量的比例为 70%、17%、13%。

主要产品 GG2700 和 GG950 发电机组历年价格见下表：

单位：元（人民币）/台

| 型号 | 2003 年 | 2004 年 | 2005 年 | 2006 年 | 2007 年 | 2008 年 | 2009 年 |
|------|--------|--------|--------|--------|--------|--------|--------|
| GG2700 | 1530 | 1320 | 1280 | 1160 | 1120 | 1080 | 1060 |
| GG950 | 565 | 515 | 485 | 460 | 450 | 430 | 410 |

2. 因××公司近三年来销售额和销售数量呈递增趋势，销售总量并未因其商业秘密被侵犯而减少，故无法准确按侵犯商业秘密影响销售额或影响产品销售价格的相对比例进行分摊。商业秘密开发成本损失和保密成本损失量化困难。经我中心集体审议后，决定本次不对量化困难的商业秘密开发成本损失、保密成本损失及竞争的优势损失进行鉴定。

（三）鉴定价格

见价格鉴定技术报告。

### 案例评析

一、该案例是对侵犯商业秘密造成的经济损失进行价格鉴定。其侵犯商业秘密的行为是未经商业秘密所有人许可的前提下使用客户名单、货源情报等经营信息，对商业秘密权利人造成经济损失。在嫌疑人获得的利润可以量化的条件下，对商业秘密权利人遭受的直接经济损失进行价格鉴定。

二、按照有关规定，商业秘密权利人的经济损失还包括竞争优势的减少或丧失、商业秘密开发成本损失和保密成本损失等，但根据该案案情及委托方提供的材料，这部分间接损失量化困难。所以，委托机关只提请了对商业秘密权利人遭受的直接损失进行价格鉴定。这样的处置是较为妥当的。

三、该案例紧扣各项法律法规，有一定难度，所以，价格鉴定人员熟悉和掌握一定的法律知识是必要的。

# （九）非法经营罪

【刑法】第二百二十五条　违反国家规定，有下列非法经营行为之一，扰乱市场秩序，情节严重的，处五年以下有期徒刑或者拘役，并处或者单处违法所得一倍以上五倍以下罚金；情节特别严重的，处五年以上有期徒刑，并处违法所得一倍以上五倍以下罚金或者没收财产：

（一）未经许可经营法律、行政法规规定的专营、专卖物品或者其他限制买卖的物品的；

（二）买卖进出口许可证、进出口原产地证明以及其他法律、行政法规规定的经营许可证或者批准文件的；

（三）未经国家有关主管部门批准，非法经营证券、期货或者保险业务的；

（四）其他严重扰乱市场秩序的非法经营行为。

【解释】本条是关于非法经营罪及其处罚的规定。

本条规定的"非法经营罪",是指违反国家规定,有所列非法经营行为之一,扰乱市场秩序的犯罪。其中,"违反国家规定",是指违反国家的有关法律、行政法规的规定。本条所列举的三项行为是:(1)未经许可经营法律、行政法规规定的专营、专卖物品或者其他限制买卖的物品的。其中,"未经许可"是指未经国家有关主管部门的批准;"法律、行政法规规定的专营、专卖的物品"是指由法律、行政法规明确规定的由专门的机构经营的专营、专卖的物品,如食盐、烟草等;"其他限制买卖的物品"是指国家根据经济发展和维护国家、社会和人民群众利益的需要,规定在一定时期实行限制性经营的物品,如化肥、农药等。专营、专卖物品和限制买卖的物品的范围,不是固定不变的,随着社会主义市场经济的发展,法律、行政法规的规定可以出现变化。(2)买卖进出口许可证、进出口原产地证明以及其他法律、行政法规规定的经营许可证或者批准文件的。其中,"进出口许可证"是国家外贸主管部门对企业颁发的可以从事进出口业务的确认资格的文件;"进出口原产地证明"是从事进出口经营活动中,由法律规定的,进出口产品时必须附带的由原产地有关主管机关出具的证明文件。为维护市场经济有序和规范的发展,国家对某些生产经营活动实行许可证管理制度或审批管理制度,这里"其他法律、行政法规规定的经营许可证或者批准文件",指的是法律、行政法规规定的所有的经营许可证或者批准文件,如森木采伐、矿产开采、野生动物狩猎等等。(3)未经国家有关主管部门批准,非法经营证券、期货或者保险业务的。其中,"非法经营证券、期货业务",主要是指以下几种行为:非法设立证券交易所、期货交易所进行证券、期货交易;非法证券、期货经纪行为,如未经工商行政管理部门核准登记,擅自开展证券或者期货经纪业务;证券交易所、期货交易所、证券公司、期货经纪公司超越经营权限非法从事证券、期货交易;从事证券、期货咨询性业务的证券、期货咨询公司、投资服务公司擅自超越经营范围从事证券、期货业务。"非法经营保险业务",主要是指以下几种行为:保险公司同时经营财产保险和人寿保险业务;未经授权进行保险代理业务;保险经纪人超越经营范围从事保险业务等。(4)其他严重扰乱市场秩序的非法经营行为。这是针对现实生活中非法经营犯罪活动的复杂性和多样性所作的概括性的规定,这里所说的其他非法经营行为应当具备以下条件:第一,这种行为发生在经营活动中,主要是生产、流通领域;第二,这种行为违反法律、法规的规定;第三,具有社会危害性,严重扰乱市场经济秩序。

此外,对于非法买卖外汇的行为,1998年12月29日第九届全国人大常委会第六次会议通过了《关于惩治骗购外汇、逃汇和非法买卖外汇犯罪的决定》,该决定第四条规定:"在国家规定的交易场所以外非法买卖外汇,扰乱市场秩序,情节严重的,依照《刑法》第二百二十五条的规定定罪处罚。"这里的"国家规定的外汇管理场所"，是指根据国家有关法律、法规规定设立的外汇交易中心、外汇指定银行以及由国家外汇管理机构批准的具有外汇买卖业务资格的非银行金融机构。另外，根据最高人民法院的司法解释的规定，非法买卖外汇 20 万美元以上的，违法所得 5 万元人民币以上的，即构成"情节严重"。

本条关于处刑的规定为两档刑。人民法院在审理这类案件时，可根据案件的情节和本条的规定适用量刑。第一档刑为"情节严重的，处 5 年以下有期徒刑或者拘役，并处或者单处违法所得一倍以上五倍以下罚金"；第二档刑为"情节特别严重的，处 5 年以上有期徒刑，并处违法所得一倍以上五倍以下罚金或者没收财产"。其中，对于什么是"情节严重"、"情节特别严重"，没有作具体规定，一般主要是指多次实施了本条规定的非法经营的行为或虽经行政处罚仍不悔改的和从事非法经营活动的数额较大等情况。

## 案例二十

# 涉嫌非法经营罪案件中烟叶和烟丝的价格鉴定

 **案例背景情况**

2012 年 2 月 28 日，××市公安局查获初烤烟叶 1209 千克、烟丝 175 千克。因犯罪嫌疑人非法运输烟草专卖品，××公安局于 2012 年 6 月 18 日委托××价格认证中心进行价格鉴定。

 **价格鉴定结论书**

## 关于烟叶、烟丝的价格鉴定结论书

××市公安局：

根据你局委托，我中心遵循合法、公正、科学的原则，按照规定的标准、程序

和方法，依法对委托书所列指的烟叶、烟丝进行了价格鉴定。现将价格鉴定情况综述如下：

### 一、价格鉴定标的

鉴定标的为初烤烟叶 1209 千克，经烟草质量技术鉴定部门质量技术等级鉴定，其中有使用价值烟叶占 80%，无使用价值烟叶占 20%；烟丝 175 千克。

### 二、价格鉴定目的

为你局办理涉嫌非法运输烟草专卖品罪案件提供鉴定标的的价格依据。

### 三、价格鉴定基准日

2012 年 2 月 28 日。

### 四、价格定义

价格鉴定结论所指价格是：鉴定标的在鉴定基准日，按照有关规定确定的价格。

### 五、价格鉴定依据

（一）法律法规及规范性文件

1. 《中华人民共和国价格法》；

2. 《中华人民共和国烟草专卖法》；

3. 《中华人民共和国烟草专卖法实施条例》；

4. 《××省涉案财物价格鉴证管理条例》；

5. 《扣押、追缴、没收物品估价管理办法》；

6. 《关于扣押追缴没收及收缴财物价格鉴定管理的补充通知》；

7. 《关于执行〈关于办理非法生产、销售烟草专卖品等刑事案件具体应用法律若干问题的解释〉座谈会纪要的通知》；

8. 《××省涉烟违法犯罪案件物品价格鉴定标准的通知》；

9. 《关于执行××省涉烟违法犯罪案件物品价格鉴定标准的补充通知》；

10. 《××省烟草专卖局关于下达 2011 年烟叶调拨价格的通知》；

11. 《××省价格鉴证工作规范》。

（二）委托方提供的有关资料

1. 价格鉴定委托书；

2. 物品清单。

（三）鉴定方经市场调查获取的资料

1. 实物勘验资料；

2. 市场调查资料；

3. 其他相关资料。

## 六、价格鉴定方法

市场法。

## 七、价格鉴定过程

我中心接受委托后，成立了价格鉴定工作小组，制定了价格鉴定作业方案，并指派 2 名价格鉴定人员于 2012 年 6 月 19 日对标的烟叶、烟丝进行了实物勘验。实物勘验后，价格鉴定人员根据国家有关规程和标准，严格按照价格鉴定的程序和原则，通过认真分析研究和广泛的市场调查，确定采用市场法进行价格鉴定。

（一）烟叶的价格鉴定

根据委托方提供的资料，本次委托进行价格鉴定的烟叶共计 1209 千克，属运输环节查获。经烟草质量技术鉴定部门鉴定，其中有使用价值烟叶占 80%，即 967.2 千克；无使用价值烟叶占 20%，即 241.8 千克。

根据《××省物价局 省烟草专卖局关于印发××省涉烟违法犯罪案件物品价格鉴定标准的通知》（×价调控〔2010〕123 号，以下简称《标准》）的规定："非法收购、加工、储存、运输、销售及制假场所中查获的烟叶（含初烤烟叶、晾晒烟叶、复烤烟叶和片烟），无论等级高低均按照国家烟草专卖行政主管部门公布的上年度初烤烟叶中准级（X2F）一、二价区的平均调拨基准价格计算"。"对经烟草质量检测机构鉴定为报废（废弃）烟叶、霉烟叶、无使用价值的烟叶按照国家烟草专卖行政主管部门公布的上年度初烤烟叶的低等级（GY2）一、二价区的平均调拨基准价格计算"。计算如下：

$967.2 \times 32.71 + 241.8 \times 6.92 = 33310$（元）

（二）烟丝的价格鉴定

根据《标准》的规定："非法收购、加工、储存、运输、销售及制假场所等过程中查获的烟丝（含毛烟丝、梗丝）、薄片，按照国家烟草专卖行政主管部门公布的上年度初烤烟叶中准级（X2F）一、二价区的平均调拨基准价格的一点五倍计算"。

烟丝的价格 $= 175 \times 32.71 \times 1.5 = 8586.375$（元），尾数取整为 8586 元。

以上（一）、（二）两项金额合计为 41896 元。

### 八、价格鉴定结论

鉴定标的烟叶、烟丝在价格鉴定基准日的价格为人民币肆万壹仟捌佰玖拾陆元整（￥41896.00）。

### 九、价格鉴定限定条件

（一）委托方提供的资料客观真实；

（二）本结论书是为委托方及司法机关处罚涉案当事人提供的价格依据，不是烟叶、烟丝等烟草专卖品的最终处置价。

### 十、声明

（一）价格鉴定结论受结论书中已说明的限定条件限制。

（二）价格鉴定结论作为行政执法机关对违法犯罪嫌疑人处罚时提供的价格依据，不是交易和处置价。未经我单位同意，不得向委托方和有关当事人之外的任何单位和个人提供。结论书的全部或部分内容，不得发表于公开媒体上。

（三）鉴定机构和鉴定人员与价格鉴定标的没有利害关系，也与当事人没有利害关系。

（四）如对本结论有异议，可向本鉴定机构提出重新鉴定，或委托省级政府价格主管部门设立的价格鉴定机构复核裁定。

### 十一、价格鉴定作业日期

（略）。

### 十二、价格鉴定人员

（略）。

### 十三、附件

1. 价格鉴定机构资质证复印件（略）
2. 价格鉴定人员资格证复印件（略）

（公章）

2012 年 6 月 19 日

## 测算说明

本案例是对非法运输的烟叶、烟丝进行价格鉴定。案例主要特点：

（1）根据国家烟草专卖法等相关规定，烟叶、烟丝属烟草专卖品，禁止任何非法的运输、经营和买卖。

（2）烟叶的等级质量应经烟草质量技术鉴定部门质量技术等级鉴定，并提供质量技术等级鉴定报告。

（3）按照××省相关价格鉴定的规定，烟丝无需烟草质量技术鉴定部门进行质量技术等级鉴定。

（4）按照国家有关部门规定标准进行价格鉴定。

测算过程同价格鉴定结论书，略。

### 案例评析

一、该案例是对非法运输的烟叶、烟丝进行的价格鉴定，程序合法，依据较充分，方法恰当，结论较为合理。

二、该案例的价格鉴定基准日是 2012 年 2 月 28 日。在价格测算中，对应的文件依据是《××省物价局 省烟草专卖局关于印发××省涉烟违法犯罪案件物品价格鉴定标准的通知》（×价调控〔2010〕123 号）、《关于执行××省涉烟违法犯罪案件物品价格鉴定标准的补充通知》（×价调控〔2012〕73 号）、《××省烟草专卖局关于下达 2011 年烟叶调拨价格的通知》（×烟财〔2011〕254 号）。该案例严格按照上述文件规定进行了价格鉴定。

三、该案例的关键点是烟叶需经烟草质量技术鉴定部门先进行质量技术等级鉴定，在此基础上，按照相应等级烟叶的平均调拨价格进行价格鉴定。烟丝则不需要进行质量技术等级鉴定，统一为一个价格标准。

四、在价格鉴定结论书的限定条件中指明了"本结论书是为委托方及司法机关处罚涉案当事人提供的价格依据，不是烟叶、烟丝等烟草专卖品的最终处置价"。

案例二十一

# 涉嫌非法经营罪案件中稀土矿粉的价格鉴定

 **案例背景情况**

2011 年 11 月 17 日，××市××企业在未办理合法经营许可证的情况下非法进行稀土矿开采活动，××市公安局以非法经营为由，于 2011 年 12 月 2 日委托××市价格认证中心对非法开采所得的 70.68 吨稀土矿粉进行价格鉴定。

 **价格鉴定结论书**

## 关于 70.68 吨稀土矿粉的价格鉴定结论书

××市公安局：

根据你单位的委托，我中心遵循合法、公平、科学的原则，按照规定的标准、程序和方法，依法对 70.68 吨稀土矿粉进行了价格鉴定。现将价格鉴定情况综述如下：

### 一、价格鉴定标的

稀土矿粉 70.68 吨。

### 二、价格鉴定目的

为委托单位办理涉嫌非法经营罪案件提供鉴定标的的参考价格。

### 三、价格鉴定基准日

2011 年 11 月 17 日。

## 四、价格定义

价格鉴定结论所指价格是：鉴定标的在鉴定基准日，采用公开市场价值标准确定的客观合理的价格。

## 五、价格鉴定依据

（一）法律法规及规范性文件

1.《中华人民共和国价格法》；

2.《扣押、追缴、没收物品估价管理办法》；

3.《关于扣押、追缴、没收及收缴财物价格鉴定管理的补充通知》；

4.《××省涉案资产价格鉴证技术规程》；

5. 其他有关价格鉴定的法律、法规、政策。

（二）委托单位提供的有关资料

1. 价格鉴定委托书；

2. 国土资源部××矿产资源监督检测中心和××自治区地质矿产测试研究中心样品《检测报告》；

3. 其他相关资料。

（三）鉴定单位收集的有关资料

1. 实地勘验资料；

2. 市场调查资料；

3. 其他相关资料。

## 六、价格鉴定方法

市场法。

## 七、价格鉴定过程

我中心接受委托后，成立了价格鉴定小组，制定了价格鉴定作业方案，并于2011年×月×日派出价格鉴定人员会同委托方有关工作人员一起对标的进行实物勘验。

经勘验，标的是一批用布袋包装的稀土矿，堆放在露天的空地上，并用黑色塑料布覆盖着，该批稀土矿呈白色粉末状，含有水分。根据委托方提供的资料，该批稀土矿粉总重量为70.68吨，已经由国土资源部××矿产资源监督检测中心和××自治区地质矿产测试研究中心对其进行检测，并出具了检测报告。检测结果见下表：

| 检测结果：$\omega$ (B)/$10^{-2}$ | | | | | | | | |
|---|---|---|---|---|---|---|---|---|
| $Y_2O_3$ | $La_2O_3$ | $CeO_2$ | $Pr_6O_{11}$ | $Nd_2O_3$ | $Sm_2O_3$ | $Eu_2O_3$ | $Gd_2O_3$ | $Tb_4O_7$ |
| 10.58 | 9.45 | 2.41 | 2.82 | 9.24 | 1.98 | 0.28 | 2.24 | 0.40 |
| $Dy_2O_3$ | $Ho_2O_3$ | $Er_2O_3$ | $Tm_2O_3$ | $Yb_2O_3$ | $Lu_2O_3$ | $RE_2O_3$ | 水分 | — |
| 2.09 | 0.39 | 0.89 | 0.11 | 0.64 | 0.09 | 43.61 | 46.68 | — |

我中心通过认真分析研究和广泛的市场调查，了解到目前我国对稀土资源的出口份额实行政策调控，并提高稀土企业的准入门槛，我市稀土市场渠道狭窄，交易价格难以采集，但国内稀土市场交易较为活跃，故确定采用市场法对标的进行价格鉴定。由于价格鉴定标的较为特殊，我中心咨询了××有色金属集团××稀土股份有限公司的稀土专家，通过对检测报告的稀土成分及含量进行分析计算，证实该批稀土矿粉属于中钇富铕矿稀土，并参照价格鉴定基准日国内市场上同类稀土的中等交易价格进行价格鉴定。

### 八、价格鉴定结论

价格鉴定标的在价格鉴定基准日的价格为人民币捌佰柒拾万肆仟贰佰肆拾贰元整（￥8704242.00）。

### 九、价格鉴定限定条件

（一）委托单位提供资料客观真实；

（二）鉴定结论仅为本鉴定目的服务，如鉴定目的发生变化，鉴定结论需要重新调整；

（三）本鉴定结论未考虑国家宏观经济政策发生变化以及自然力和其他不可抗拒力对鉴定标的价格的影响；

（四）本鉴定结论不考虑在今后经营中的经营风险、行业风险、市场风险和政策风险。

### 十、声明

（一）价格鉴定结论受结论书中已说明的限定条件限制。

（二）委托单位提供资料的真实性由委托单位负责。

（三）价格鉴定结论仅对本次委托有效，不做他用。未经我中心同意，结论书的全部或部分内容，不得向委托单位和有关当事人之外的任何单位和个人提供，也不得发表于任何公开媒体上。

（四）鉴定机构和鉴定人员与价格鉴定标的没有利害关系，也与有关当事人没有利害关系。

（五）如对本结论有异议，可向本中心提出补充鉴定或重新鉴定，或直接向省级以上（含省级）政府价格主管部门设立的价格鉴定机构提出复核裁定。

## 十一、价格鉴定作业日期

（略）。

## 十二、价格鉴定人员

（略）。

## 十三、附件

1. 价格鉴定机构资质证复印件（略）
2. 价格鉴定人员资格证复印件（略）

（公章）

2011 年 12 月 8 日

## 测算说明

### 一、鉴定思路

本案例是对稀土矿粉进行价格鉴定。案例主要特点：

（1）稀土市场渠道狭窄，交易价格难以采集，聘请专家对标的的国内市场进行价格分析十分必要。

（2）稀土矿所含的各种元素成分及比例直接影响稀土的价格，必须先由委托方出具有相关资质的机构出具的《质量检测报告》。

（3）应当正确选择有相关资质及实力雄厚的稀土合法经营企业作为咨询调查对象。

### 二、价格鉴定标的概况

鉴定标的为一批稀土矿粉，重量 70.68 吨，是非法开采所得，经过初步加工，但未进行元素提炼。鉴定人员对标的进行了实物勘验，该稀土矿呈白色粉末状，含有水分，用布袋包装，堆放在露天的空地上，并用黑色塑料布覆盖着。

### 三、价格鉴定过程

本中心接受委托后，组成价格鉴定工作小组，根据委托方提供的材料及所收集的相关资料，确定采用市场法对标的进行价格鉴定。

（一）通过广泛的市场调查，我市稀土市场渠道狭窄，交易价格难以采集。经了解××有色金属集团××稀土股份有限公司是区内少数的稀土合法经营企业之一，具有相关的技术资质及雄厚的实力。我中心随即向该企业的稀土专家咨询了稀土资源的相关知识及稀土行业的结算标准，通过对检测报告的结果进行研究分析计算，证实该批稀土矿粉属于中钇富铕矿稀土，目前 TREO 份额 100% 的中钇富铕矿稀土的每吨市场交易基价为 280000 元（含税价）。

（二）稀土中所含各种元素的总量等于 $RE_2O_3$ 的含量（即 TREO），因此各种元素的份额＝元素含量÷$RE_2O_3$含量，按照检测报告的结果，该批稀土各种元素的具体份额如下：

| 检测结果：$\omega$（B）$/10^{-2}$ | | | | | | | | |
|---|---|---|---|---|---|---|---|---|
| $Y_2O_3$ | $La_2O_3$ | $CeO_2$ | $Pr_6O_{11}$ | $Nd_2O_3$ | $Sm_2O_3$ | $Eu_2O_3$ | $Gd_2O_3$ | $Tb_4O_7$ |
| 10.58 | 9.45 | 2.41 | 2.82 | 9.24 | 1.98 | 0.28 | 2.24 | 0.4 |
| 24.26% | 21.67% | 5.53% | 6.47% | 21.19% | 4.54% | 0.64% | 5.14% | 0.92% |
| $Dy_2O_3$ | $Ho_2O_3$ | $Er_2O_3$ | $Tm_2O_3$ | $Yb_2O_3$ | $Lu_2O_3$ | $RE_2O_3$ | 水分 | — |
| 2.09 | 0.39 | 0.89 | 0.11 | 0.64 | 0.09 | 43.61 | 46.68 | — |
| 4.79% | 0.89% | 2.04% | 0.25% | 1.47% | 0.21% | | | — |

（三）目前稀土行业的结算标准如下：

| 控制组份 | 要求含量（%） |
|---|---|
| TREO | 100.00 |
| $Eu_2O_3$／TREO | 0.80 |
| （Pr＋Nd）／TREO | 28.00 |
| $Y_2O_3$／TREO | 20.00 |
| $La_2O_3$／TREO | 30.00 |
| （Sm＋Gd）／TREO | 10.00 |
| $Tb_4O_7$／TREO | 0.65 |
| $Dy_2O_3$／TREO | 3.50 |

备注：1. TREO 按 100% 结算标准。

2. $La_2O_3$／TREO＞30% 时，每增加 1% 价格减少 100 元。

3. （Pr＋Nd）／TREO＜26% 时，每增加 1% 价格减少 150 元；（Pr＋Nd）／TREO＞28% 时，每增加 1% 价格增加 150 元。

4. $Eu_2O_3$／TREO＞0.80% 时，每增加 0.1% 价格增加 1000 元，每减少 0.1% 价格减少 1000 元。

5. $Tb_4O_7$／TREO＞0.65% 时，每增加 0.1% 价格增加 1000 元，每减少 0.1% 价格减少 1000 元。

6. $Dy_2O_3$／TREO＞3.50% 时，每增加 0.1% 价格增加 100 元，每减少 0.1% 价格减少 100 元。

（四）按行业结算标准，该批稀土价格的计算过程如下：

（1）$Eu_2O_3$/ TREO 份额为 0.64%，$(0.64-0.80)÷0.1×1000=-1600$ 元。

（2）$Tb_4O_7$/ TREO 份额为 0.92%，$(0.92-0.65)÷0.1×1000=2700$ 元。

（3）$Dy_2O_3$/ TREO 份额为 4.79%，$(4.79-3.50)÷0.1×100=1290$ 元。

（4）$La_2O_3$/ TREO 份额为 21.67%，$(Pr+Nd)$/ TREO 份额为 27.66%，$Y_2O_3$/ TREO 份额为 24.26%，$(Sm+Gd)$/ TREO 份额为 9.68%，都没有超出结算标准，价格不用变动。

（5）TREO 份额为 43.61%。

（6）TREO 份额 100% 的中钇富铕矿在价格鉴定基准日每吨的市场交易基价为 280000 元（含税价）。

（7）每吨该批稀土矿粉的市场交易价格应为 $(280000-1600+2700+1290)×43.61%=123150$（元）。

（8）稀土矿粉 70.68 吨，价格鉴定基准日的每吨市场交易价格为 123150 元（含税价），价格鉴定总金额为 8704242 元。

### 案例评析

一、该案例是对非法开采的稀土矿进行的价格鉴定，程序合法，采用的方法恰当，结论较为合理。

二、该案例的要点在于鉴定方法的选择，稀土资源的出口份额受国家政策调控，市场渠道狭窄，交易价格难以采集，利用专家对标的国内市场进行价格分析是十分必要的。

三、由于国家对稀土企业的准入门槛提高，许多地方非法私自开采稀土矿的现象较普遍，市场上的稀土价格多为非法的黑市交易价格，没有包含正常的税金及费用在内，该类价格不应采纳，而向具有相关资质和实力的稀土合法经营企业进行价格采集较为合理。

四、目前，稀土矿价格鉴定所接触到的案例还是比较少，掌握稀土矿行业结算标准的计价方法是关键点，价格鉴定人员应多深入学习，从而能够掌握稀土矿的价格计算方式，增进自身的业务水平能力。

# 三、侵犯财产罪中涉案财物价格鉴定

## （一）抢劫罪

【刑法】第二百六十三条　以暴力、胁迫或者其他方法抢劫公私财物的，处三年以上十年以下有期徒刑，并处罚金；有下列情形之一的，处十年以上有期徒刑、无期徒刑或者死刑，并处罚金或者没收财产：

（一）入户抢劫的；

（二）在公共交通工具上抢劫的；

（三）抢劫银行或者其他金融机构的；

（四）多次抢劫或者抢劫数额巨大的；

（五）抢劫致人重伤、死亡的；

（六）冒充军警人员抢劫的；

（七）持枪抢劫的；

（八）抢劫军用物资或者抢险、救灾、救济物资的。

【解释】本条是对抢劫罪及其刑事处罚的规定。

抢劫罪，是指以非法占有为目的，当场使用暴力、胁迫或者其他方法强行劫取公私财物的行为。

根据本条规定，构成抢劫罪的显著特征是"以暴力、胁迫或者其他方法抢劫财物"。所谓"暴力"，是指犯罪人对财物的所有者、管理人员实施暴力侵袭或者其他强制力，包括捆绑、殴打、伤害直至杀害等使他人处于不能或者不敢反抗状态当即抢走财物或者交出财物的方法。所谓"胁迫"，是指以当场使用暴力相威胁，对被害人实行精神强制，使其产生恐惧，不敢反抗，被迫当场交出财物或者不敢阻止而由行为人强行劫走财物。如果不是以暴力相威胁，而是对被害人以将要揭露隐私、毁坏财产等相威胁，则构成敲诈勒索罪，而不是抢劫罪。所谓"其他方法"，是指对被害人采取暴力、胁迫以外的使被害人处于不知反抗或者不能反抗的状态的方法。例如，用酒灌醉、用药物麻醉等方法使被害人处于暂时丧失知觉而不能反抗的状态下，将财物当场掠走。在这里，必须是由于犯罪分子故意造成被害人处于不能反抗的状态，如果犯罪分子利用被害人睡熟或者醉酒不醒，趁机秘密取走数额较大的财物，则不构成本罪。最高人民法院在关于抢劫过程中故意杀人案件如何定罪问题的批复中规定，对行为人为劫取财物而预谋故意杀人，或者在劫取财物过程中，为制服被害人反抗而故意杀人的，以抢劫罪定罪处罚。行为人实施抢劫后，为灭口而故意杀人的，以抢劫罪和故意杀人罪定罪，实行数罪并罚。

构成本罪，必须具备以下几个条件：（1）行为人具有非法占有公私财物的目的，并且实施了非法占有或者意图非法占有的行为。（2）行为人对被害人当场使用暴力、胁迫或者其他方法。暴力、胁迫或者其他方法，必须是犯罪分子当场使用，才能构成抢劫罪。如果犯罪分子没有使用暴力或者胁迫的方法就取得了财物，除本法第二百六十七条规定的携带凶器抢夺的情形外，不能以抢劫罪论处。反之，如果犯罪分子事先只是准备盗窃或者抢夺，但在实施盗窃或者抢夺的过程中遭到反抗或者阻拦，于是当场使用暴力或者以暴力相威胁强取财物，其行为就由盗窃或者抢夺转化为抢劫了，应以抢劫罪定罪处罚。

为了有利于执法的统一、减少随意性、增加可操作性，本条具体列举了犯抢劫罪应当判处十年以上有期徒刑、无期徒刑或者死刑的八种情形：（1）入户抢劫的。这里所说的"户"，是指公民私人住宅，入户抢劫，不仅严重侵犯公民的财产所有权，更为严重的是危及公民的人身安全。最高人民法院关于审理抢劫案件具体应用法律若干问题的解释中对"入户抢劫"进行了界定：是指为实施抢劫行为而进入他人生活的与外界相对隔离的住所，包括封闭的院落、牧民的帐篷、渔民作为家庭生活场所的渔船、为生活租用的房屋等进行抢劫的行为。对于入户盗窃，因被发现而当场使用暴力或者以暴力相威胁的行为，应当认定为入户抢劫。（2）在公共交通工具上抢劫的。最高人民法院关于审理抢劫案件具体应用法律若干问题的解释中对"在公共交通工具上抢劫"进行了界定：既包括在从事旅客运输的各种公共汽车，大中型出租车、火车、船只，飞机等正在运营中的机动公共交通工具上对旅客、司售、乘务人员实施的抢劫，也包括对运行途中的机动公共交通工具加以拦截后，对公共交通工具上的人员实施的抢劫。（3）抢劫银行或者其他金融机构的。是指抢劫银行或者其他金融机构的经营资金、有价证券和客户的资金等。抢劫正在使用中的银行或者其他金融机构的运钞车的，视为"抢劫银行或者其他金融机构"。（4）多次抢劫或者抢劫数额特别巨大的。对于抢劫数额巨大的认定标准，根据最高人民法院对此问题的解释，参照各地确定的盗窃罪数额巨大的认定标准执行。(5)抢劫致人重伤、死亡的。这里所说的"致人重伤、死亡"，是指为抢劫公私财物实施暴力行为而伤害或者杀害他人，造成被害人重伤或者死亡的后果。(6)冒充军警人员抢劫的。"军警"，是指军人和警察。军人，是指中国人民解放军、中国人民武装警察部队的现役军官（警官）、文职干部、士兵及具有军籍的学员。警察，是指我国武装性质的国家治安行政力量，包括公安机关、国家安全机关、监狱、劳动教养管理机关的人民警察和人民法院、人民检察院的司法警察。(7)持枪抢劫的。最高人民法院关于审理抢劫案件具体应用法律若干问题的解释中对"持枪抢劫"进行了界定：是指行为人使用枪支或者向被害人显示持有、佩带的枪支进行抢劫的行为。"枪支"的概念和范围，适用《中华人民共和国枪支管理法》的规定。(8)抢劫军用物资或者抢险、救灾、救济物资的。

　　根据本条规定，犯抢劫罪的，处3年以上10年以下有期徒刑，并处罚金或者没收财产；入户抢劫的，在公共交通工具上抢劫的，抢劫银行或者其他金融机构的，多次抢劫或者抢劫数额巨大的，抢劫致人重伤、死亡的，冒充军警人员抢劫的，持枪抢劫的，抢劫军用物资或者抢险、救灾、救济物资的，处10年以上有期徒刑、无期徒刑或者死刑，并处罚金或者没收财产。

## 案例二十二

# 涉嫌抢劫罪案件中联想笔记本电脑的价格鉴定

 **案例背景情况**

　　2013年3月4日，李某的一台联想G580AX笔记本电脑被抢，××县公安局以涉嫌抢劫罪为由，于2013年3月5日委托××县价格认证中心对联想G580AX笔记本电脑进行价格鉴定。

## 价格鉴定结论书

# 关于联想 G580AX 笔记本电脑的价格鉴定结论书

××县公安局：

　　根据你局的委托，我中心遵循合法、公正、科学的原则，按照规定的标准、程序和方法，依法对被抢的联想 G580AX 笔记本电脑进行了价格鉴定。现将价格鉴定情况综述如下：

## 一、价格鉴定标的

联想 G580AX 笔记本电脑一台，S/N：CB171216××。

## 二、价格鉴定目的

为公安机关办理涉嫌抢劫罪案件提供价格鉴定标的的价格依据。

## 三、价格鉴定基准日

2013 年 3 月 4 日。

## 四、价格定义

　　价格鉴定结论所指价格是：鉴定标的在价格鉴定基准日，采用公开市场价值标准确定的市场零售价格。

## 五、价格鉴定依据

（一）法律法规及规范性文件

1. 《中华人民共和国价格法》；

2. 《××省涉案财产价格鉴定条例》；

3. 《扣押、追缴、没收物品估价管理办法》；

4. 《关于扣押追缴没收及收缴财物价格鉴定管理的补充通知》；

5. 《××省涉案财产价格鉴定操作规程》。

（二）委托方提供的有关资料

1. ××县公安局价格鉴定委托书；

2. 购置票据、联想笔记本装箱单复印件；

3. 询问笔录复印件、勘验照片。

（三）鉴定方收集的有关资料

1. 实物勘验资料；

2. 市场调查资料；

3. 其他相关资料。

## 六、价格鉴定方法

成本法、市场法。

## 七、价格鉴定过程

我中心接受委托后，成立了价格鉴定小组，制定了价格鉴定作业方案，并指派2名价格鉴定人员于2013年3月6日进行了实物勘验，详细填写了《实物勘验记录》。实物勘验后，价格鉴定人员根据国家有关规程和标准，严格按照价格鉴定的程序和原则，通过认真分析和广泛的市场调查，确定采用成本法和市场法两种方法对标的进行价格鉴定。

（一）价格鉴定标的概述

本次价格鉴定标的为联想 G580AX 笔记本电脑一台，S/N：CB171216xx，P/N：59337702，于2012年8月22日购买。标的配置情况为：i3 – 2370M 处理器，2GB 内存，500GB 硬盘，15.6 吋显示器，1GB 独立显卡。现在可正常使用，外表无明显的碰撞划痕，无维修过的痕迹。

（二）测算过程

1. 采用成本法鉴定。

计算公式：鉴定价格 = 重置成本 × 综合成新率

（1）通过广泛的市场调查，本次价格鉴定标的已于2012年12月停产，市场上现在已无销售。与此相类似的产品有联想 G580，价格鉴定基准日每台销售中准价格为3600元。与本次价格鉴定标的相比，联想 G580 在系统和显卡方面略优于本次价格鉴定标的。综合分析，确定 G580AX 的重置成本为3400元。

（2）根据《××省涉案财产价格鉴定相关技术参数参照标准》及本机的实物勘验情况，综合确定成新率为80%。具体测算如下：

鉴定标的价格 = 重置成本 × 综合成新率

$$= 3400 \times 80\% = 2720 \text{（元）}$$

2. 采用市场法鉴定。

通过对当地二手笔记本市场进行调查，因该标的于2012年7月生产，距价格鉴定基准日时间不长，二手笔记本市场上没有找到与此相类似的参照标的。通过对二手笔记本回收市场调查，在价格基准日本次价格鉴定标的的回收价每台在1600 ~

2000 元之间，每台销售利润在 200～300 元之间。选取三个同品牌型号的参照物进行了系数修正，修正后二手市场零售价格每台分别为 2000 元、2050 元、2100 元。取其中准价格确定本次价格鉴定标的的价格为 2050 元。

3. 确定鉴定价格。

通过成本法和市场法两种方法确定本次价格鉴定标的的价格分别为 2720 元和 2050 元，两个价格之间相差较大。分析其原因，在于电子产品的更新速度快，购买之后呈现快速贬值。综合分析，采用权重法确定本次价格鉴定标的的价值为：

$$2720 \times 40\% + 2050 \times 60\% = 2318（元）$$

## 八、价格鉴定结论

价格鉴定标的联想 G580AX 笔记本电脑一台在价格鉴定基准日价格为人民币贰仟叁佰壹拾捌元整（￥2318.00）。

## 九、价格鉴定限定条件

（一）委托方提供资料客观真实；

（二）价格鉴定计算参数均依据委托方所在地的市场价格和有关资料。

## 十、声明

（一）价格鉴定结论受结论书中已说明的限定条件限制。

（二）委托方提供资料的真实性由委托方负责。

（三）价格鉴定结论仅对本次委托有效，不做他用。未经我中心同意，不得向委托方和有关当事人之外的任何单位和个人提供。结论书的全部或部分内容，不得发表于任何公开媒体上。

（四）鉴定机构和鉴定人员与价格鉴定标的没有利害关系，与有关当事人也没有利害关系。

（五）如对本结论有异议，可向本鉴定机构提出重新鉴定，或委托省级政府价格主管部门设立的价格鉴定机构复核裁定。

## 十一、价格鉴定作业日期

（略）。

## 十二、价格鉴定人员

（略）。

## 十三、附件

1. 价格鉴定机构资质证复印件（略）
2. 价格鉴定人员资格证复印件（略）
3. 相关票据及资料复印件（略）

（公章）

2013 年 3 月 7 日

## 测算说明

### 一、鉴定思路

本案例是对被抢物品进行价格鉴定。案例主要特点：

（1）鉴定基准日该标的已停产，用成本法计算要考虑替代产品与本次价格鉴定标的不同配置之间的价格系数调整。

（2）本次价格鉴定标的是笔记本电脑，属于电子产品。用成本法和市场法计算得出的价格相差较大，重点要考虑如何确定两种方法在价格鉴定中的权重以使鉴定价格更为公正科学合理。

### 二、价格鉴定标的概况

鉴定标的为联想 G580AX 笔记本电脑，S/N：CB171216xx，P/N：59337702；于 2012 年 8 月 22 日购买，2013 年 3 月 4 日被盗。

鉴定人员于 2013 年 3 月 6 日对该标的进行了实物勘验。勘验情况如下：该标的主要配置为：i3 2370M 处理器，2GB 内存，500GB 硬盘，1GB 独立显卡，15.6 吋显示屏。现在处于正常使用状态，外表无明显的碰撞和划痕，无维修过的痕迹。

### 三、价格鉴定过程

本中心接受委托后，组成价格鉴定工作小组，经实物勘验和广泛的市场调查，结合本次价格鉴定标的的特点，确定采用成本法和市场法对该标的进行价格鉴定。

（一）采用成本法鉴定。

计算公式为：

鉴定价格 = 重置成本 × 综合成新率

1. 重置成本的确定。

通过广泛的市场调查，本次价格鉴定标的已于 2012 年 12 月停产，现在市场上已无销售。与此相类似的产品有联想 G580，市场售价每台 3500 元、3600 元、3600 元、

3700 元。与本次价格鉴定标的相比，联想 G580 的操作系统为 windows8，联想 G580AX 的操作系统为 windows7；联想 G580 显卡为双显卡，一个为独立显卡，一个为集成显卡，而联想 G580AX 的显卡为一个独立显卡，其他配置相同。在与联想专卖店的工作人员进行沟通后，他们普遍认为这两款笔记本因配置上的不同，每台价差在 200 元左右。因联想 G580 的市场售价相差不大，故采用算术平均法确定其市场中准价为 3600 元，从而确定本次价格鉴定标的的重置成本为 3600 − 200 = 3400（元）。

2. 综合成新率的确定。

计算公式：

综合成新率 = 品牌调整系数 × 品牌系数权重 + 外形磨损调整系数 × 外形磨损系数权重 + 配置调整系数 × 配置系数权重 + 使用年限调整系数 × 使用年限系数权重

（1）系数权重的确定。

通过市场走访，影响二手笔记本电脑成交价格的主要因素为品牌、外形磨损、配置、使用年限，并且影响程度的大小依此是配置、外形磨损、品牌、使用年限。分别确定系数权重为：配置 35%，外形磨损 25%，品牌 20%，使用年限 20%。

（2）各调整系数的确定。

从实物勘验情况来看，该标的外表无碰撞和划痕，无维修过的痕迹，保养状态较好，现在处于正常使用状态，取外形磨损调整系数为 90%；联想牌在笔记本电脑市场上为国产一流品牌，品质、性能优越，取品牌调整系数为 90%；根据《××省涉案财产价格鉴定相关技术参数参照标准》规定，笔记本电脑的经济寿命使用年限为 6 年，该标的从购买日至价格鉴定基准日使用了 6 个月零 10 天，确定使用年限系数为 95%。

（3）综合成新率的确定。

综合成新率 = 35% × 60% + 25% × 90% + 20% × 90% + 20% × 95%

= 80.5%

取整数为：80%。

3. 成本法价格鉴定。

鉴定价格 = 重置成本 × 综合成新率

= 3400 × 80% = 2720（元）

（二）采用市场法测算过程

通过对当地二手笔记本市场进行调查，因该标的于 2012 年 7 月生产，距价格鉴定基准日时间不长，二手笔记本市场上没有找到与此相类似的参照标的。通过对二手笔记本回收市场调查，在价格基准日本次价格鉴定标的的回收价为每台 1600 ~ 2000 元之间，每台销售利润在 200 ~ 300 元之间。选取三个同品牌型号的参照物进行了系数修正，修正后二手市场每台零售价格分别为 2000 元、2050 元、2100 元。取其中准价格确定本次价格鉴定标的的价格为 2050 元。

（三）联想 G580AX 的价值确定

通过以上两种方法确定本次价格鉴定标的的价格分别为 2720 元和 2050 元，两个价格之间相差较大。分析其原因，在于电脑产品的更新速度快，购买之后呈现快速贬值。综合分析，市场法更接近于本次价格鉴定的真实价值，成本法充分体现了在价格鉴定基准日该标的实际使用状况和其物理特征下的价值。故考虑采用权重法确定其鉴定价格。测算如下：

$$2720 \times 40\% + 2050 \times 60\% = 2318 \text{（元）}$$

**案例评析**

一、该案例鉴定程序合法，两种方法鉴定依据较充分，结论较为合理。

二、该案例鉴定标的为电子产品，电子产品更新换代比较快，在市场交易活跃的情况下，对电子产品进行鉴定时应首选市场法。

三、如果该案例使用市场法时，只能调取标的的收购价格，应用"收购价格 + 利润"作为鉴定标的在价格鉴定基准日的市场零售价格。

四、不足之处：该案例中对标的配置的调整系数取 60% 未作明确说明。

## 案例二十三

# 涉嫌抢劫罪案件中瑞士原装 PIAGET（伯爵）牌腕表的价格鉴定

**案例背景情况**

2005 年 5 月 18 日，市民李某到 A 市某区××派出所报案，称其瑞士伯爵牌腕表被抢。派出所于 2010 年 6 月抓获犯罪嫌疑人，同时追缴回瑞士伯爵牌腕表。××派出所于 2010 年 6 月 6 日委托 A 市价格认证中心对该腕表进行价格鉴定。

**价格鉴定结论书**

# 关于瑞士原装 PIAGET（伯爵）牌腕表的价格鉴定结论书

A 市公安局某区分局：

根据你单位委托，本中心遵循合法、公正、科学的原则，按照规定的标准，程序和方法，依法对委托书所列指的瑞士原装 PIAGET（伯爵）牌腕表进行价格鉴定。现将价格鉴定情况综述如下：

## 一、价格鉴定标的

鉴定标的为瑞士原装 PIAGET（伯爵）牌男式腕表 1 只，详情见价格鉴定过程。

## 二、价格鉴定目的

为你单位办理涉嫌抢劫罪案件提供价格依据。

## 三、价格鉴定基准日

2005 年 5 月 18 日。

## 四、价格定义

价格鉴定结论所指价格是：鉴定标的在价格鉴定基准日，采用公开市场价值标准确定的市场价格。

## 五、价格鉴定依据

（一）法律法规及规范性文件

1. 《中华人民共和国价格法》；

2. 《扣押、追缴、没收物品估价管理办法》；

3. 《关于扣押追缴没收及收缴财物价格鉴定管理的补充通知》；

4. 《价格鉴定行为规范》（2010 年版）。

（二）委托方提供的有关资料

1. 价格鉴定委托书；

2. 询问笔录复印件；

3. 中国某质量监督检测中心（北京）出具的《检验报告》复印件。

（三）鉴定方收集的有关资料

1. 实物勘验资料；
2. 市场调查资料；
3. 其他相关资料。

## 六、价格鉴定方法

市场法。

## 七、价格鉴定过程

我中心接受委托后，成立了价格鉴定工作小组，制定了价格鉴定作业方案，并指派 2 名价格鉴定人员于 2010 年 6 月 7 日对标的腕表进行了实物勘验。实物勘验后，价格鉴定人员根据国家有关规程和标准，严格按照价格鉴定的程序和原则，通过认真分析研究和广泛的市场调查，确定采用市场法对标的进行价格鉴定。

（一）价格鉴定标的概述

鉴定标的为瑞士原装 PIAGET（伯爵）牌男用腕表，表盘上有"PIAGET"标志并密镶天然钻石；表壳外形为圆形，18K 白金，型号 94024 K81；机芯是 430P 超薄手动上链机械机芯；表带是 18K 白金；生产序号为 868244 - 02。标的为旧表，无包装。经委托方确认，购置时间为 2001 年 12 月 13 日。

（二）测算过程

经市场调查，因该款手表属高端奢侈品，典当行二手表交易较少，因此鉴定人员专门咨询了名牌手表二手市场的专业人员，综合各项因素，确定在 2005 年时，正常使用前提条件下，佩戴 4~5 年的该款手表的市场价格为每只 200000 元。

## 八、价格鉴定结论

鉴定标的在价格鉴定基准日的鉴定价格为人民币贰拾万元整（￥200000.00）。

## 九、价格鉴定限定条件

（一）委托方提供资料客观真实；

（二）因实物勘验日与鉴定基准日不同，鉴定人员无法通过实物勘验了解标的在鉴定基准日的状况，鉴定基准日标的腕表实物状况以委托方鉴定为准。

当上述条件发生变化时，鉴定结论会失效或部分失效，鉴定机构不承担由于这些条件的变化而导致鉴定结果失效的相关法律责任。

## 十、声明

（一）价格鉴定结论受结论书中已说明的限定条件限制。

（二）委托方提供资料的真实性由委托方负责。

（三）价格鉴定结论仅对本次委托有效，不做他用。未经我中心同意，不得向委托方和有关当事人之外的任何单位和个人提供。结论书的全部或部分内容，不得发表于任何公开媒体上。

（四）鉴定机构和鉴定人员与价格鉴定标的没有利害关系，与有关当事人也没有利害关系。

（五）如对本结论有异议，可向本鉴定机构提出重新鉴定，或委托省级政府价格主管部门设立的价格鉴定机构复核裁定。

## 十一、价格鉴定作业日期

（略）。

## 十二、价格鉴定人员

（略）。

## 十三、附件

1. 价格鉴定委托书复印件（略）
2. 价格鉴定机构资质证复印件（略）
3. 价格鉴定人员资格证复印件（略）

（公章）

2010 年 6 月 10 日

## 测算说明

### 一、鉴定思路

本案是对瑞士原装 PIAGET（伯爵）牌男用腕表进行价格鉴定。案例主要特点：

（1）鉴定标的真伪的确定。瑞士原装 PIAGET（伯爵）牌腕表是世界顶级品牌名表，委托方应提供有资质单位出具的检验报告。

（2）实物勘验日与鉴定基准日不同。实物勘验日是鉴定基准日后近 5 年的时间点，因此鉴定基准日实物形态和性能必须由委托方确定。价格鉴定人员所能了解到的仅为实物勘验日标的的实物状况。

（3）要选择适当的鉴定方法，作充分的市场调查。标的是世界名牌腕表，是旧品。鉴定价格与新旧程度不是简单的线性关系，因而不适合采用成本法，只能采用市场法。名牌腕表是否佩戴过、是否有适当的保养、是否是限量版的商品等因素，对其二手市场价格有很大的影响，所以经过充分的市场调查，并听取专业人员的意见，确定鉴定价格。

（略）

### 案例评析

一、该案例实际采用的鉴定方法是市场法和专家咨询法相结合，在对二手市场进行调查的基础上，咨询专家的意见，从而最大程度地保证了价格鉴定结论的客观性。

二、在对世界名牌腕表等奢侈品进行价格鉴定时，区位因素的价格差异一般在可接受的范围内，因此，进行市场调查时可考虑扩展到北上广等经济发达地区，那里交易案例较多，以强调鉴定结论的客观、公正。

三、委托时点与鉴定基准日有较大差距时，必须要求委托方确定鉴定基准日鉴定标的实体状态。

四、该案例不足之处在于鉴定标的描述不够详细，应对手表、机芯的型号，生产序号，表壳、表盘及表带材质，表前圈、表壳、表盘、时钟刻度是否镶钻及其数量，表壳直径，指针数量，表扣款式，手表限量序号等特征进行详细描述。如果是已经使用的手表，则还须详细描述手表上面的磨损、磕碰等痕迹，并披露通过质检报告了解到的机芯使用情况，以及电池是否漏液及其对机芯的影响等信息。

# （二）盗窃罪

【刑法】第二百六十四条　盗窃公私财物，数额较大或者多次盗窃的，处三年以下有期徒刑、拘役或者管制，并处或者单处罚金；数额巨大或者有其他严重情节的，处三年以上十年以下有期徒刑，并处罚金；数额特别巨大或者有其他特别严重情节的，处十年以上有期徒刑或者无期徒刑，并处罚金或者没收财产；有下列情形之一的，处无期徒刑或者死刑，并处没收财产：

（一）盗窃金融机构，数额特别巨大的；

（二）盗窃珍贵文物，情节严重的。

【**解释**】本条是对盗窃罪及其刑事处罚的规定。

这里所说的"盗窃"，是指以非法占有为目的，秘密窃取公私财物的行为。构成盗窃罪必须具备以下条件：（1）行为人具有非法占有公私财物的目的。（2）行为人实施了秘密窃取的行为。秘密窃取，就是行为人采用不易被财物所有人、保管人或者其他人发现的方法，将公私财物非法占有的行为。如溜门撬锁、挖洞跳墙、潜入他人室内窃取财物；在公共场所掏兜割包等。秘密窃取是盗窃罪的重要特征，也是区别其他侵犯财产罪的主要标志。（3）盗窃的公私财物数额较大或者多次盗窃的。应当指出的是，将"多次盗窃"增加规定为构成盗窃罪的重要条件。这主要是针对这类犯罪具有常习性，且犯罪分子又具有一定反侦查能力，一经抓获，往往只能认定现场查获的数额，而对其以往作案数额的交代也难以查证的特点而规定的。根据这一规定，只要多次盗窃，无论数额大小都构成犯罪。

为依法惩治盗窃犯罪活动，保护公私财产，根据《中华人民共和国刑法》和《中华人民共和国刑事诉讼法》，2013年印发的《关于办理盗窃刑事案件适用法律若干问题的解释》就有关问题作了如下规定：

**第一条**　盗窃公私财物价值一千元至三千元以上、三万元至十万元以上、三十万元至五十万元以上的，应当分别认定为刑法第二百六十四条规定的"数额较大"、"数额巨大"、"数额特别巨大"。

各省、自治区、直辖市高级人民法院、人民检察院可以根据本地区经济发展状况，并考虑社会治安状况，在前款规定的数额幅度内，确定本地区执行的具体数额标准，报最高人民法院、最高人民检察院批准。

在跨地区运行的公共交通工具上盗窃，盗窃地点无法查证的，盗窃数额是否达到"数额较大"、"数额巨大"、"数额特别巨大"，应当根据受理案件所在地省、自治区、直辖市高级人民法院、人民检察院确定的有关数额标准认定。

盗窃毒品等违禁品，应当按照盗窃罪处理的，根据情节轻重量刑。

**第二条**　盗窃公私财物，具有下列情形之一的，"数额较大"的标准可以按照前条规定标准的百分之五十确定：

（一）曾因盗窃受过刑事处罚的；

（二）一年内曾因盗窃受过行政处罚的；

（三）组织、控制未成年人盗窃的；

（四）自然灾害、事故灾害、社会安全事件等突发事件期间，在事件发生地盗窃的；

（五）盗窃残疾人、孤寡老人、丧失劳动能力人的财物的；

（六）在医院盗窃病人或者其亲友财物的；

（七）盗窃救灾、抢险、防汛、优抚、扶贫、移民、救济款物的；

（八）因盗窃造成严重后果的。

第三条　二年内盗窃三次以上的，应当认定为"多次盗窃"。

非法进入供他人家庭生活，与外界相对隔离的住所盗窃的，应当认定为"入户盗窃"。

携带枪支、爆炸物、管制刀具等国家禁止个人携带的器械盗窃，或者为了实施违法犯罪携带其他足以危害他人人身安全的器械盗窃的，应当认定为"携带凶器盗窃"。

在公共场所或者公共交通工具上盗窃他人随身携带的财物的，应当认定为"扒窃"。

第四条　盗窃的数额，按照下列方法认定：

（一）被盗财物有有效价格证明的，根据有效价格证明认定；无有效价格证明，或者根据价格证明认定盗窃数额明显不合理的，应当按照有关规定委托估价机构估价；

（二）盗窃外币的，按照盗窃时中国外汇交易中心或者中国人民银行授权机构公布的人民币对该货币的中间价折合成人民币计算；中国外汇交易中心或者中国人民银行授权机构未公布汇率中间价的外币，按照盗窃时境内银行人民币对该货币的中间价折算成人民币，或者该货币在境内银行、国际外汇市场对美元汇率，与人民币对美元汇率中间价进行套算；

（三）盗窃电力、燃气、自来水等财物，盗窃数量能够查实的，按照查实的数量计算盗窃数额；盗窃数量无法查实的，以盗窃前六个月月均正常用量减去盗窃后计量仪表显示的月均用量推算盗窃数额；盗窃前正常使用不足六个月的，按照正常使用期间的月均用量减去盗窃后计量仪表显示的月均用量推算盗窃数额；

（四）明知是盗接他人通信线路、复制他人电信码号的电信设备、设施而使用的，按照合法用户为其支付的费用认定盗窃数额；无法直接确认的，以合法用户的电信设备、设施被盗接、复制后的月缴费额减去被盗接、复制前六个月的月均电话费推算盗窃数额；合法用户使用电信设备、设施不足六个月的，按照实际使用的月均电话费推算盗窃数额；

（五）盗接他人通信线路、复制他人电信码号出售的，按照销赃数额认定盗窃数额。

盗窃行为给失主造成的损失大于盗窃数额的，损失数额可以作为量刑情节考虑。

第五条　盗窃有价支付凭证、有价证券、有价票证的，按照下列方法认定盗窃数额：

（一）盗窃不记名、不挂失的有价支付凭证、有价证券、有价票证的，应当按票面数额和盗窃时应得的孳息、奖金或者奖品等可得收益一并计算盗窃数额；

（二）盗窃记名的有价支付凭证、有价证券、有价票证，已经兑现的，按照兑现部分的财物价值计算盗窃数额；没有兑现，但失主无法通过挂失、补领、补办手续等方式避免损失的，按照给失主造成的实际损失计算盗窃数额。

第六条 盗窃公私财物，具有本解释第二条第三项至第八项规定情形之一，或者入户盗窃、携带凶器盗窃，数额达到本解释第一条规定的"数额巨大"、"数额特别巨大"百分之五十的，可以分别认定为刑法第二百六十四条规定的"其他严重情节"或者"其他特别严重情节"。

第七条 盗窃公私财物数额较大，行为人认罪、悔罪，退赃、退赔，且具有下列情形之一，情节轻微的，可以不起诉或者免予刑事处罚；必要时，由有关部门予以行政处罚：

（一）具有法定从宽处罚情节的；

（二）没有参与分赃或者获赃较少且不是主犯的；

（三）被害人谅解的；

（四）其他情节轻微、危害不大的。

第八条 偷拿家庭成员或者近亲属的财物，获得谅解的，一般可不认为是犯罪；追究刑事责任的，应当酌情从宽。

第九条 盗窃国有馆藏一般文物、三级文物、二级以上文物的，应当分别认定为刑法第二百六十四条规定的"数额较大"、"数额巨大"、"数额特别巨大"。

盗窃多件不同等级国有馆藏文物的，三件同级文物可以视为一件高一级文物。

盗窃民间收藏的文物的，根据本解释第四条第一款第一项的规定认定盗窃数额。

第十条 偷开他人机动车的，按照下列规定处理：

（一）偷开机动车，导致车辆丢失的，以盗窃罪定罪处罚；

（二）为盗窃其他财物，偷开机动车作为犯罪工具使用后非法占有车辆，或者将车辆遗弃导致丢失的，被盗车辆的价值计入盗窃数额；

（三）为实施其他犯罪，偷开机动车作为犯罪工具使用后非法占有车辆，或者将车辆遗弃导致丢失的，以盗窃罪和其他犯罪数罪并罚；将车辆送回未造成丢失的，按照其所实施的其他犯罪从重处罚。

第十一条 盗窃公私财物并造成财物损毁的，按照下列规定处理：

（一）采用破坏性手段盗窃公私财物，造成其他财物损毁的，以盗窃罪从重处罚；同时构成盗窃罪和其他犯罪的，择一重罪从重处罚；

（二）实施盗窃犯罪后，为掩盖罪行或者报复等，故意毁坏其他财物构成犯罪的，以盗窃罪和构成的其他犯罪数罪并罚；

（三）盗窃行为未构成犯罪，但损毁财物构成其他犯罪的，以其他犯罪定罪处罚。

第十二条　盗窃未遂，具有下列情形之一的，应当依法追究刑事责任：

（一）以数额巨大的财物为盗窃目标的；

（二）以珍贵文物为盗窃目标的；

（三）其他情节严重的情形。

盗窃既有既遂，又有未遂，分别达到不同量刑幅度的，依照处罚较重的规定处罚；达到同一量刑幅度的，以盗窃罪既遂处罚。

第十三条　单位组织、指使盗窃，符合刑法第二百六十四条及本解释有关规定的，以盗窃罪追究组织者、指使者、直接实施者的刑事责任。

第十四条　因犯盗窃罪，依法判处罚金刑的，应当在一千元以上盗窃数额的二倍以下判处罚金；没有盗窃数额或者盗窃数额无法计算的，应当在一千元以上十万元以下判处罚金。

第十五条　本解释发布实施后，《最高人民法院关于审理盗窃案件具体应用法律若干问题的解释》（法释〔1998〕4号）同时废止；之前发布的司法解释和规范性文件与本解释不一致的，以本解释为准。

## 案例二十四

# 涉嫌盗窃罪案件中通信电缆的价格鉴定

 **案例背景情况**

2011年5月31日中国联合网络通信有限公司××区分公司发现在××镇××路东花园附近铺设的地下1000对通信电缆丢失，经委托方确认并实际测量为3600米。××市公安局以涉嫌盗窃罪立案，于2011年6月10日委托××市价格认证中心对被盗的通信电缆进行价格鉴定。

## 价格鉴定结论书

# 关于通信电缆的价格鉴定结论书

××市公安局：

根据你单位委托，我中心遵循合法、公正、科学的原则，按照规定的标准、程序和方法，依法对通信电缆进行了价格鉴定。现将价格鉴定情况综述如下：

### 一、价格鉴定标的

通信电缆，型号为 HYA 1000×2×0.4 铜芯电缆，3600 米；始购时间：2000 年 2 月，标的已灭失。

### 二、价格鉴定目的

为公安机关办理涉嫌盗窃罪案件提供鉴定标的价格依据。

### 三、价格鉴定基准日

2011 年 5 月 31 日。

### 四、价格定义

价格鉴定标的在鉴定基准日，采用公开市场价值标准确定的市场价格。

### 五、价格鉴定依据

（一）法律法规及规范性文件

1.《中华人民共和国价格法》；

2.《扣押、追缴、没收物品价格管理规定》；

3.《关于扣押追缴没收及收缴财物价格鉴定管理的补充通知》；

4.《价格鉴定行为规范》（2010 年版）；

5.《关于××市涉案财物价格鉴证管理办法》；

6.《××市涉案财物价格鉴证操作规程》；

7.《最高人民检察院关于审理盗窃案件具体应用法律若干问题的解释》。

（二）委托方提供的有关资料

价格鉴定委托书。

（三）鉴定方收集的有关资料

1. 同类实物照片资料；

2. 市场调查资料。

## 六、价格鉴定方法

成本法。

## 七、价格鉴定过程

我中心接受委托后，成立了价格鉴定工作小组，制定了价格鉴定作业方案。

由于实物灭失，我中心未能进行实物勘验，仅对与标的同型号的电缆进行了勘验。

价格鉴定人员根据国家有关规程和标准，严格按照价格鉴定的程序和原则，通过对同类电缆的市场调查，对鉴定标的的价格进行了鉴定。计算过程如下：

1. 重置成本。

经调查三家电缆厂该型号电缆销售价格，鉴定标的于基准日市场每米平均销售价格为 201.25 元（即重置价格）。

2. 残值。

根据实际测量、理论测算和咨询有关专家，与标的同型号的通讯电缆每米重 7.36 斤，含铜量为 4.4 斤，基准日市场回收铜的价格为每斤 30 元，每米电缆主材料铜的回收价格为：30 元 × 4.4 斤 = 132 元，残值率为 66%。

3. 价格鉴定。

为充分考虑电缆的残值，选择计算公式：鉴定值 =（重置成本 − 残值）× 成新率 + 残值 =（201.25 − 132）×（15 − 11）÷ 15 + 132 = 150.50（元/米），因此最后确定该电缆的鉴定价格为：3600 × 150.50 = 541800（元）。

## 八、价格鉴定结论

价格鉴定标的鉴定价格为人民币伍拾肆万壹仟捌佰元整（¥541800.00）。

## 九、价格鉴定限定条件

（一）委托方提供的资料客观、真实；

（二）由于实物灭失，我中心未能进行实物勘验。

## 十、声明

（一）价格鉴定结论受结论书中已说明的限定条件限制。

（二）委托方提供资料的真实性由委托方负责。

（三）价格鉴定结论仅对本次委托有效，不做他用。经委托方确认，可作为处置鉴定标的的价格参考依据。

（四）未经鉴定方同意，不得向委托方和有关当事人之外的任何单位和个人提供结论的全部或部分内容，不得发表于任何公开媒体上。

（五）鉴定机构和鉴定人员与价格鉴定标的没有利害关系，也与有关当事人没有利害关系。

（六）如对本结论有异议，可向本鉴定机构提出重新鉴定，或委托省级政府价格主管部门设立的价格鉴定机构复核裁定。

## 十一、价格鉴定作业日期

（略）。

## 十二、价格鉴定人员

（略）。

## 十三、附件

1. 价格鉴定委托书（略）
2. 价格鉴定机构资质证复印件（略）
3. 价格鉴定人员资格证复印件（略）

（公章）

2011 年 6 月 21 日

## 测算说明

该案的关键问题是标的的残值（铜）在鉴定基准日市场回收价格高，如果以正常的年限折旧方法得出的价格低于实际的残值价格。比如该案价格鉴定基准日HYA1000×2×0.4 通讯电缆市场价格为每米 201.25 元，根据测算和生产厂家的有关资料确定每米含铜量为 4.4 斤，每米电缆主材料铜的回收价格为：30 元 × 4.4 斤 = 132元，残值率为 66%。如按年限折旧计算，每米价格为：201.25 元 ×（15 年 – 11 年）÷ 15 年 = 53.7 元，其价格远远低于铜的回收价格，因此，除考虑鉴定目的、重置价格（成本）、使用年限外，还要充分考虑电缆的残值，测算过程如下：

1. 重置成本。经调查三家电缆厂该型号电缆销售价格，鉴定标的于基准日市场平均销售价格为每米 201.25 元（即重置价格）。

2. 残值。此标的根据实际测量、理论测算和咨询有关专家，每米通讯电缆重7.36 斤，含铜量为 4.4 斤，基准日市场回收铜的价格为每斤 30 元，每米电缆主材料铜的回收价格为：30 元 × 4.4 斤 = 132 元，残值率为 66%。

3. 价格鉴定。为充分考虑电缆的残值，选择计算公式：鉴定值＝（重置成本－残值）×成新率＋残值＝（201.25－132）×（15－11）÷15＋132＝150.5（元/米），因此最后确定该电缆的鉴定价格为 3600 米×150.5 元＝541800 元。

 **案例评析**

一、该案例是对高残值率的标的进行价格鉴定。用这种方法进行价格鉴定，既有充分的理论依据，也符合客观实际，得出的结论更科学、合理、公平、公正，这样就保证了即使电缆已经到了报废年限，其鉴定值也不低于废铜残值。

二、不足之处：该案例未对成新率的计算加以说明，对总使用年限 15 年也未说明来源。

## 案例二十五

# 涉嫌盗窃罪案件中羊只的价格鉴定

 **案例背景情况**

2012 年 3 月 4 日，犯罪嫌疑人张某等人将养羊专业户的 58 只绵羊和山羊盗走，案件侦破后，××市公安局以涉嫌盗窃罪立案，于 2012 年 4 月 9 日委托××市价格认证中心对被盗羊只进行价格鉴定。

**价格鉴定结论书**

## 关于被盗羊只的价格鉴定结论书

××市公安局：

根据你局委托，遵循合法、公正、科学的原则，按照规定的标准、程序和方法，我中心依法对委托书所列指的羊只进行了价格鉴定。现将价格鉴定情况综述如下：

## 一、价格鉴定标的

鉴定标的为被盗绵羊 39 只、山羊 19 只。

## 二、价格鉴定目的

为你局办理涉嫌盗窃罪案件提供鉴定标的的价格依据。

## 三、价格鉴定基准日

2012 年 3 月 4 日。

## 四、价格定义

价格鉴定结论所指价格是：鉴定标的在价格鉴定基准日，采用公开市场价值标准确定的市场价格。

## 五、价格鉴定依据

（一）法律法规及规范性文件

1.《中华人民共和国价格法》；

2.《××省涉案资产价格鉴证管理条例》；

3.《扣押、追缴、没收物品估价管理办法》；

4.《关于扣押追缴没收及收缴财物价格鉴定管理的补充通知》；

5.《××省涉案资产价格鉴证规范（试行）》；

6.《价格鉴定行为规范》（2010 年版）。

（二）委托方提供的有关资料

1. 价格鉴定委托书；

2. 询问笔录复印件；

3. 其他相关材料。

（三）鉴定方收集的有关资料

1. 实物勘验材料；

2. 市场调查资料；

3. 其他相关资料。

## 六、价格鉴定方法

市场法。

## 七、价格鉴定过程

我中心接受委托后，成立了价格鉴定工作小组，制定了价格鉴定作业方案，并指派 2 名价格鉴定人员于 2012 年 4 月 10 日对标的进行了实物勘验。实物勘验后，价格鉴定人员根据国家有关规程和标准，严格按照价格鉴定的程序和原则，通过认真分析研究和广泛的市场调查，确定采用市场法进行价格鉴定。

（一）价格鉴定标的概述

鉴定标的为被盗绵羊 39 只、山羊 19 只，其中：体重 150 斤左右的绵羊 25 只，体重 65 斤左右的绵羊 5 只，体重 40 斤左右的绵羊 3 只，体重 30 斤左右的绵羊 6 只；体重 100 斤左右的山羊 13 只，体重 30 斤左右的山羊 6 只。

被盗羊只体貌情况正常。

（二）测算过程

1. 成本法计算公式。

据调查，活羊在当地习惯以按羊只体重大小和单位体重价格计价的方式进行交易，计算公式：

鉴定价格 = 羊只体重 × 市场销售单位重量价格

2. 确定羊只单位重量价格。

标的羊只在当地交易非常活跃，且活羊单位重量价格因羊只体重大小不同而各不相等，价格鉴定基准日绵羊、山羊单位体重价格为：个体体重 100 斤以上的绵羊每斤价格 12 元，个体体重 50～100 斤的绵羊每斤价格 15 元，个体体重 50 斤以下的绵羊每斤价格 20 元；山羊价格不分个体体重大小，每斤一律 10 元。

3. 市场法鉴定价格。

（1）25 只 150 斤体重绵羊价格 = 25 × 150 × 12 = 45000（元）；

（2）5 只 65 斤体重绵羊价格 = 5 × 65 × 15 = 4875（元）；

（3）3 只 40 斤体重绵羊价格 = 3 × 40 × 20 = 2400（元）；

（4）6 只 30 斤体重绵羊价格 = 6 × 30 × 20 = 3600（元）；

（5）13 只 100 斤体重山羊价格 = 13 × 100 × 10 = 13000（元）；

（6）6 只 30 斤体重山羊价格 = 6 × 30 × 10 = 1800（元）；

鉴定价格 = 45000 + 4875 + 2400 + 3600 + 13000 + 1800 = 70675（元）。

## 八、价格鉴定结论

鉴定标的羊只在价格鉴定基准日的价格为人民币柒万零陆佰柒拾伍元整（￥70675.00）。

## 九、价格鉴定限定条件

（一）委托方提供资料客观真实；

（二）实物勘验日距价格鉴定基准日有 37 天间隔，羊只体重会因喂养、管理等情况发生变化，本次鉴定中羊只的体重按委托方确认的实物勘验日的称重计量为准。

当上述条件发生变化时，鉴定结论会失效或部分失效，鉴定机构不承担由于这些条件的变化而导致鉴定结果失效的相关法律责任。

## 十、声明

（一）价格鉴定结论受结论书中已说明的限定条件限制。

（二）委托方提供资料的真实性由委托方负责。

（三）价格鉴定结论仅对本次委托有效，不做他用。未经我中心同意，不得向委托方和有关当事人之外的任何单位和个人提供。结论书的全部或部分内容，不得发表于任何公开媒体上。

（四）鉴定机构和鉴定人员与价格鉴定标的没有利害关系，与有关当事人也没有利害关系。

（五）如对本结论有异议，可向本鉴定机构提出重新鉴定，或委托省级政府价格主管部门设立的价格鉴定机构复核裁定。

## 十一、价格鉴定作业日期

（略）。

## 十二、价格鉴定人员

（略）。

## 十三、附件

1. 价格鉴定委托书复印件（略）
2. 价格鉴定机构资质证复印件（略）
3. 价格鉴定人员资格证复印件（略）

（公章）

2012 年 4 月 12 日

## 测算说明

### 一、鉴定思路

本案例是对被盗绵羊、山羊进行价格鉴定，案例主要特点：

（1）价格鉴定标的为活体动物，价格鉴定标的在一个月后被追回，羊只体重会因喂养、管理等情况变化而发生变化。

（2）在委托鉴定时，标的在价格鉴定基准日时的实体状况，需要由委托方进行鉴定。

（3）绵羊、山羊等活体动物在当地习惯以单位重量计价方式进行交易，按采用市场法确定的单位重量价格和标的重量计算标的价格方法是比较客观合理的选择。

### 二、价格鉴定标的概况

鉴定标的为被盗一个月后被追回的体重大小不同的绵羊 39 只、山羊 19 只，共 58 只。价格鉴定人员对被追回的羊只进行了实物勘验，对羊只逐一进行了称重计量登记，勘验情况如下：体重 150 斤左右的绵羊 25 只，体重 65 斤左右的绵羊 5 只，体重 40 斤左右的绵羊 3 只，体重 30 斤左右的绵羊 6 只；体重 100 斤左右的山羊 13 只，体重 30 斤左右的山羊 6 只。

被盗羊只体貌情况正常。

### 三、价格鉴定过程

本中心接受委托后，成立了价格鉴定工作小组，经实物勘验和市场调查，根据委托鉴定标的情况和调查收集资料，确定采用市场法进行价格鉴定。

（一）市场法计算公式

据调查，活羊在当地习惯按羊只体重大小和单位重量计价的方式进行交易，计算公式：

鉴定鉴定价格 = 羊只体重 × 市场销售单位重量价格

（二）确定羊只单位重量价格

标的羊只在当地交易非常活跃，且活羊单位重量价格因羊只体重大小不同而各不相等，价格鉴定基准日每斤绵羊、山羊单位体重价格为：个体体重 100 斤以上的绵羊价格 12 元，个体体重 50 ~ 100 斤的绵羊价格 15 元，个体体重 50 斤以下的绵羊价格 20 元；山羊价格不分个体体重大小，一律 10 元。

（三）市场法鉴定价格

1. 25 只 150 斤重绵羊价格 = 25 × 150 × 12 = 45000（元）；

2. 5 只 65 斤重绵羊价格 = 5 × 65 × 15 = 4875（元）；

3. 3 只 40 斤重绵羊价格 = 3 × 40 × 20 = 2400（元）；

4. 6 只 30 斤重绵羊价格 = 6 × 30 × 20 = 3600（元）；

5. 13 只 100 斤重山羊价格 = 13 × 100 × 10 = 13000（元）；

6. 6 只 30 斤重山羊价格 = 6 × 30 × 10 = 1800（元）；

鉴定价格 = 45000 + 4875 + 2400 + 3600 + 13000 + 1800 = 70675（元）。

### 案例评析

一、该案例是对刑事案件中涉及的活体动物羊只进行的价格鉴定，程序合法，依据较充分，方法恰当，结论较为客观合理。

二、在测算时，考虑了绵羊、山羊等活体动物在当地习惯以单位重量计价方式进行交易的客观情况，采用市场法按照不同羊只体重和单位重量价格计算标的价格是比较客观合理的。

三、价格鉴定标的为活体动物，价格鉴定标的在一个月后被追回，羊只体重会因喂养、管理等情况变化而变化，此外活体动物是否存在疫病，也将影响其价值。本案在鉴定中，未对鉴定标的于价格鉴定基准日实体状况进行分析判断，确定鉴定结论时也没对上述影响因素的处理情况进行说明。这是该案存在的不足之处。

## 案例二十六

## 涉嫌盗窃罪案件中车辆的价格鉴定

### 案例背景情况

2012 年 2 月 14 日，事主发现自己停放在 ×× 区停车场内的一辆重型半挂牵引车丢失，遂报案。公安机关侦破后鉴定为盗窃案件，于 2013 年 1 月 5 日委托 ×× 区价格认证中心对此车进行价格鉴定。

**价格鉴定结论书**

# 关于解放重型半挂牵引车的价格鉴定结论书

××市公安局××分局：

根据你局的委托，遵循合法、公正、科学的原则，按照规定的标准、程序和方法，我中心依法对委托书所指的解放牌重型半挂牵引车辆进行了价格鉴定。现将价格鉴定情况综述如下：

## 一、价格鉴定标的

鉴定标的为解放牌重型半挂牵引车一辆。

## 二、价格鉴定目的

为公安局办理涉嫌盗窃罪案件提供鉴定标的的价格依据。

## 三、价格鉴定基准日

2012 年 2 月 14 日。

## 四、价格定义

价格鉴定结论所指价格是：鉴定标的在鉴定基准日，采用公开市场价值标准确定的市场价格。

## 五、价格鉴定依据

（一）法律法规及规范性文件

1. 《中华人民共和国价格法》；

2. 《扣押、追缴、没收物品估价管理办法》；

3. 《关于扣押追缴没收及收缴财物价格鉴定管理的补充通知》；

4. 《××省涉案资产价格鉴证管理条例》；

5. 《××省涉案资产价格鉴证规范（试行）》；

6. 《价格鉴定行为规范》（2010 年版）。

（二）委托方提供的有关资料

1. 价格鉴定委托书；

2. 机动车辆注册登记证书复印件、行驶证复印件；

3. 讯问笔录复印件。

（三）鉴定方收集的有关资料

1. 实物勘验记录

2. 市场调查资料；

3. 他相关资料。

## 六、价格鉴定方法

成本法、市场法。

## 七、价格鉴定过程

我中心接受委托后，成立了价格鉴定工作小组，制定了价格鉴定作业方案。价格鉴定人员于 2013 年 1 月 9 日对标的车辆和资料进行了仔细的勘验和核实。

鉴定标的为重型半挂牵引车，车体由车头和车尾两部分组合而成。车头品牌型号：解放牌 CA4252P21K2T3A；车辆类型：重型半挂牵引车；车架号：LFWRRX-NG971E××××；发动机号：51096×××；初始注册登记：2008 年 3 月 20 日；车尾品牌型号：开乐牌 AKL9392XCY；车辆类型：重型特殊结构半挂车；车架号：LF59DXD39830××××；初始注册登记：2008 年 3 月 20 日。车体红色，前 8 轮后 12 轮，排量 7700ml/228kw，3 座柴油货运，行驶里程约 40 万千米。

价格鉴定人员根据国家有关规程和标准，严格按照价格鉴定的程序和原则，通过认真分析研究和广泛的市场调查，确定采用成本法和市场法对标的进行价格鉴定。

## 八、价格鉴定结论

鉴定标的在价格鉴定基准日的价格为人民币拾玖万陆仟伍佰元整（￥196500.00）。

## 九、价格鉴定限定条件

（一）委托方提供资料客观真实；

（二）因价格鉴定工作日距鉴定基准日较远，鉴定人员无法通过实物勘验确定标的在鉴定基准日的状况，鉴定基准日车辆的实物状况以委托方鉴定为准。

## 十、声明

（一）价格鉴定结论受结论书中已说明的限定条件限制。

（二）委托方提供资料的真实性由委托方负责。

（三）价格鉴定结论仅对本次委托有效，不做他用。未经我中心同意，不得向委托方和有关当事人之外的任何单位和个人提供。结论书的全部或部分内容，不得发表于任何公开媒体上。

（四）鉴定机构和鉴定人员与价格鉴定标的没有利害关系，也与有关当事人没有利害关系。

（五）如对结论有异议，可依程序向本鉴定机构提出重新鉴定，或委托省级政府价格主管部门设立的价格鉴定机构复核裁定。

## 十一、价格鉴定作业日期

（略）。

## 十二、价格鉴定人员

（略）。

## 十三、附件

1. 价格鉴定委托书复印件（略）
2. 机动车登记证书复印件、行驶证复印件（略）
3. 价格鉴定机构资质证复印件（略）
4. 价格鉴定人员资格证复印件（略）

（公章）

2013 年 1 月 9 日

## 测算说明

### 一、鉴定思路

本案例是对被盗车辆进行价格鉴定。案例主要特点：

（1）鉴定价格为一年前的历史价格，对于新车和二手车交易实例的选取有一定难度。

（2）鉴定基准日该车型用市场法计算时，由于二手车交易市场上缺乏标的车辆同规格型号的交易实例，这时价格鉴定应尽量使替代车型与标的车型在初始登记日期和鉴定基准日期之间的差异最小化。

（3）该车是组合车型，分别采集车头和车尾市场价格，确定不同型号不同配置的价格，不但要考虑标的车辆的使用状况和性能，还要考虑社会经济因素的影响。

## 二、价格鉴定标的的概况

鉴定标的为重型半挂牵引车，车体由车头和车尾两部分组合而成。车头品牌型号：解放牌 CA4252P21K2T3A；车辆类型：重型半挂牵引车；车架号：LFWRRX-NG971E×××××；发动机号：51096×××；初始注册登记：2008 年 3 月 20 日；车尾品牌型号：开乐牌 AKL9392XCY；车辆类型：重型特殊结构半挂车；车架号：LF59DXD39830×××××；初始注册登记：2008 年 3 月 20 日。

鉴定人员于 2013 年 1 月 9 日对标的车辆的相关资料进行审核，该车发动机号、车架号与登记信息相符，车体红色，前 8 轮后 12 轮，排量 7700ml/228kw，3 座柴油货运，行驶里程约 40 万千米，未有事故碰撞经历。

## 三、价格鉴定过程

（一）采用成本法鉴定

计算公式：鉴定价格 = 重置成本 × 年限成新率 × 综合调整系数

1. 重置成本的确定。

经市场调查，咨询本市一级代理经销商得知，此车属于双驱边检桥，前 8 轮后 12 轮，375 马力，标的全车实际售价为 327000 元，其中车头价格 238000 元，车尾价格 89000 元。

$$重置成本 = 新车价 + 车辆购置税附加税 = 327000 + \frac{327000}{(1+17\%)} \times 8.5\% = 350756$$

（元）。

2. 年限成新率的确定。

根据国家有关车辆报废年限规定，标的车辆使用年限为 10 年，折合 120 个月，从初次登记之日至鉴定基准日已使用 47 个月，年限成新率计算为 （120 − 47）÷ 120 × 100% = 60.83%。

3. 综合调整系数的确定。

根据委托方提供的车辆使用相关资料，对标的车辆从两个方面考虑：首先，从车辆本身的因素，包括外观、使用性能、有无碰撞经历，确定其系数 A = 0.9；其次，从国家经济政策方面考虑，车型的更新换代促进市场经济的发展，新款不断代替老款，确定其系数 B = 0.9。上述两种因素各占 50%，综合调整系数 = A × 50% + B × 50% = 90%。

4. 成本法鉴定价格。

成本法鉴定价格 = 350756 × 60.83% × 90% = 192028 （元）。

（二）采用市场法鉴定

标的车辆同类车型二手车交易市场相对活跃，根据对二手交易市场成交资料的搜集，选取以下三个可比实例。

（1）2012年2月转让成交一辆欧曼半挂牵引车，该车2008年2月初始登记，交易前为货运专用，行驶里程33万公里，375马力，双驱边检桥，车况较好，交易价格205000元。

（2）2012年2月转让成交一辆陕汽德龙半挂牵引车，该车2008年3月初始登记，交易前为货运专用，行驶里程35万公里，车况较好，无事故，交易价格180000元。

（3）2012年2月转让成交一辆东风天龙半挂牵引车，该车2008年3月登记，375马力，双驱边检桥，车况较好，无事故，交易价格218000元。

以上3个交易实例可以看出，比较接近标的的初始登记日期与鉴定基准日期，由于各项差异调整系数相差很小，几乎为零，可以不加考虑。

市场法鉴定价格 =（205000 + 180000 + 218000）÷3 = 201000（元）。

（三）鉴定价格的确定

采用成本法鉴定价格为192028元，采用市场法鉴定价格为201000元，两种价格相差不太大，按算术平均计算，结果四舍五入，取至百位，鉴定价格 =（192028 + 201000）÷2 = 19.65（万元）。

**案例评析**

一、该案例是对涉案车辆进行的价格鉴定，程序合法，依据较充分，方法恰当。

二、该案例运用了两种不同的鉴定方法：一种是成本法，一种是市场法。在成本法的运用中，不但考虑了标的本身的内在因素，还考虑到国家经济政策的外在因素；在市场法的运用中，由于鉴定基准日有其历史的原因，在选取可比实例时本案例选取了交易时间接近的可比实例，省去了差异的调整。两种方法相互验证，综合确定标的的鉴定价格，更能保证结论的准确性、合理性。

三、由于重型半挂牵引车的特殊性，在向经销商咨询价格时一定要表达清楚车体规格型号等，因为同一品牌车型众多、价格不一，采集到的数据不合适，将直接影响到结论的正确性。

四、该案例不足之处是运用成本法鉴定时，一是对成新率综合调整系数0.9未详细说明来源；二是未考虑残值。

# 案例二十七

## 涉嫌盗窃罪案件中煤炭的价格鉴定

### 案例背景情况

2012 年 12 月至 2013 年 3 月 18 日间，犯罪嫌疑人王某在××联络线 1 千米 +510 米处多次盗窃过往此处临时停靠的货运火车上的煤炭（混煤），××市铁路公安局以涉嫌盗窃罪为由，于 2013 年 3 月 20 日委托××市价格认证中心对涉嫌被盗窃的 26.02 吨煤炭进行价格鉴定。

### 价格鉴定结论书

## 关于货运火车上被盗混煤的价格鉴定结论书

××市铁路公安局：

根据你单位委托，我中心遵循合法、公正、科学的原则，按照规定的标准、程序和方法，依法对委托书委托的××联络线 1 千米 +510 米处货运火车上被盗的 26.02 吨混煤进行价格鉴定。现将价格鉴定情况综述如下：

**一、价格鉴定标的**

26.02 吨混煤。

**二、价格鉴定目的**

为公安机关办理涉嫌盗窃罪案件提供鉴定标的的价格依据。

**三、价格鉴定基准日**

2013 年 3 月 18 日。

## 四、价格定义

价格鉴定结论所指价格是：鉴定标的在鉴定基准日，采用公开市场价值标准确定的货车运输途中价格。

## 五、价格鉴定依据

（一）法律法规及规范性文件

1. 《中华人民共和国价格法》；

2. 《××省涉案财产价格鉴定条例》；

3. 《扣押、追缴、没收物品估价管理办法》；

4. 《关于扣押追缴没收及收缴财物价格鉴定管理的补充通知》；

5. 《××省涉案财产价格鉴定操作规程》。

（二）委托方提供的有关资料

1. 价格鉴定委托书；

2. ××省××市质量技术监督检验测试所 W12013 - ×××号《混煤检验报告》复印件；

3. 委托机关提供的相关资料。

（三）鉴定方收集的有关资料

1. 实物勘验资料；

2. 市场调查资料；

3. 其他相关资料。

## 六、价格鉴定方法

成本法。

## 七、价格鉴定过程

我中心接受委托后，成立了价格鉴定工作小组，制定了价格鉴定作业方案，并指派 2 名价格鉴定人员会同委托方有关人员对价格鉴定标的进行了实物勘验。价格鉴定标的为运输途中货运火车上的混煤 26.02 吨。实物勘验后，价格鉴定人员根据国家有关规程和标准，严格按照价格鉴定的程序和原则，通过认真分析研究和广泛的市场调查，确定采用成本法对标的进行价格鉴定。

（一）价格鉴定标的概述

经××省××市质量技术监督检验测试所对价格鉴定标的样品的检验，该样品混煤含水分（空气干燥基）2.54%、全水分 11.44%、灰分（空气干燥基）

14.03%、挥发分（空气干燥基）31.30%、全硫（空气干燥基）0.36%、空干基高位发热量每千克25.85MJ、收到基低位发热量每千克22.48MJ。即价格鉴定标的样品是发热量为5370大卡的低硫混煤。

（二）测算过程

计算公式：鉴定价格＝鉴定单价×数量

鉴定单价＝煤台混煤单价＋装卸费＋运费

（1）经价格鉴定人员市场调查，每吨同品质的混煤在价格鉴定基准日期间的煤台中准价为400元，往火车上装卸混煤的装卸费为3元；

（2）标的为××市××站煤台所产混煤，经××站货运中心根据国家规定的费用标准测算出××站煤台到××联络线1千米＋510米处的煤炭运费为每吨17.45元；

（3）每吨混煤的鉴定单价＝400＋3＋17.45＝420.25（元）；

（4）鉴定价格＝420.25×26.02＝10935（元）。

## 八、价格鉴定结论

价格鉴定标的在价格鉴定基准日鉴定价格为人民币壹万零玖佰叁拾伍元整（￥10935.00）。

## 九、价格鉴定限定条件

（一）委托方提供资料客观真实；

（二）本次鉴定标的为犯罪嫌疑人在2012年12月至2013年3月18日间连续多天、多次犯罪获得，本次价格鉴定基准日以委托机关在委托书中要求的日期为准；

（三）价格鉴定标的的品质以委托方提供的××省××市质量技术监督检验测试所的W12013－×××号《混煤检验报告》为准；

（四）标的为运输途中的货运火车上被盗的混煤，按委托书要求，本次鉴定是对标的的货车运输途中价格进行鉴定；

（五）当上述条件发生变化时，鉴定结论会失效或部分失效，鉴定机构不承担由于这些条件的变化而导致鉴定结果失效的相关法律责任。

## 十、声明

（一）价格鉴定结论受结论书中已说明的限定条件限制。

（二）委托方提供资料的真实性由委托方负责。

（三）价格鉴定结论仅对本次委托有效，不做他用。未经我中心同意，不得向委托方和有关当事人之外的任何单位和个人提供。结论书的全部或部分内容，不得

发表于任何公开媒体上。

（四）鉴定机构和鉴定人员与价格鉴定标的没有利害关系，也与有关当事人没有利害关系。

（五）如对本结论有异议，可向本鉴定机构提出重新鉴定，或委托省级政府价格主管部门设立的价格鉴定机构复核裁定。

### 十一、价格鉴定作业日期

（略）。

### 十二、价格鉴定人员

（略）。

### 十三、附件

1. 价格鉴定委托书（略）
2. 价格鉴定机构资质证复印件（略）
3. 价格鉴定人员资格证复印件（略）
4. ××省××市质量技术监督检验测试所的 W12013 - ×××号《混煤检验报告》复印件（略）

（公章）

2013 年 3 月 26 日

## 测算说明

### 一、鉴定思路

本案例是对运输途中的货运火车上被盗的混煤进行价格鉴定，具有以下主要特点：

（1）由于犯罪嫌疑人是在四个多月的时间里连续多次盗窃过路火车上的煤炭，其价格鉴定基准日不容易确定，每次盗窃数量不容易确定，价格鉴定基准日以委托机关确认日期为准。

（2）通过委托机关提供的检验报告确定标的的规格。

（3）标的为运输途中的货运火车上被盗的混煤，其鉴定价格应包含运费和装卸费。

## 二、价格鉴定标的概况

鉴定标的为在××联络线1千米+510米处过往此处临时停靠的货运火车上的煤炭（混煤）。经××省××市质量技术监督检验测试所对价格鉴定标的样品的检验，该样品混煤含水分（空气干燥基）2.54%、全水分11.44%、灰分（空气干燥基）14.03%、挥发分（空气干燥基）31.30%、全硫（空气干燥基）0.36%、空干基高位发热量每千克25.85MJ/g、收到基低位发热量每千克22.48MJ。即价格鉴定标的样品是发热量为5370大卡的低硫混煤。

## 三、价格鉴定过程

我中心接受委托后，成立了价格鉴定工作小组，制定了价格鉴定作业方案，并指派2名价格鉴定人员会同委托方有关人员对价格鉴定标的进行了实物勘验。价格鉴定标的为运输途中货运火车上的混煤26.02吨。实物勘验后，价格鉴定人员根据国家有关规程和标准，严格按照价格鉴定的程序和原则，通过认真分析研究和广泛的市场调查，确定采用成本法对标的进行价格鉴定。

计算过程如下：

计算公式：鉴定价格 = 鉴定单价 × 数量

鉴定单价 = 煤台混煤单价 + 装卸费 + 运费

（1）经价格鉴定人员市场调查，每吨同品质的混煤在价格鉴定基准日期间的煤台中准价为400元，往火车上装卸混煤的装卸费为3元；

（2）标的为××市××站煤台所产混煤，经××站货运中心根据国家规定的费用标准测算出××站煤台到××联络线1千米+510米处的煤炭运费为每吨17.45元；

（3）混煤的鉴定单价 = 400 + 3 + 17.45 = 420.25（元）；

（4）鉴定价格 = 420.25 × 26.02 = 10935（元）。

### 案例评析

一、该案例是盗窃案件中涉及的火车运输途中被盗的混煤的价格鉴定，鉴定程序合法，思路清晰，结论合理。

二、该案例中标的是在一个时段内多次发生的案件中涉及的，基准日为多个时点，不能明确时，应要求委托机关在价格鉴定委托书中确定价格鉴定基准日。

三、在运输途中涉及的标的，在鉴定时鉴定价格应充分考虑运费、装卸费等费用。

## 案例二十八

# 涉嫌盗窃罪案件中膨胀节、法兰等
# 物品的价格鉴定

 **案例背景情况**

　　2011 年 8 月 21 日，陈某等人盗窃甲集团公司放置于露天备品库的膨胀节、法兰等物品。A 县公安局委托 A 县价格认证中心对涉案的膨胀节、法兰等物品进行价格鉴定。

 **价格鉴定结论书**

### 关于膨胀节、法兰等物品的价格鉴定结论书

A 县公安局：

　　根据你单位委托，我中心遵循合法、公正、科学的原则，按照规定的标准、程序和方法，依法对委托书所列的膨胀节、法兰等物品进行了价格鉴定。现将价格鉴定情况综述如下：

**一、价格鉴定标的**

（1）横向大拉杆膨胀节 2 个；

（2）平面铰链型膨胀节 1 个（不完整）；

（3）对焊法兰 2 个。

**二、价格鉴定目的**

为你单位办理涉嫌盗窃罪案件提供价格依据。

### 三、价格鉴定基准日

2011 年 8 月 21 日。

### 四、价格定义

价格鉴定结论所指的价格是：鉴定标的在价格鉴定基准日，采用公开市场价值标准，考虑标的实际使用状况确定的客观合理的价格。

### 五、价格鉴定依据

（一）法律法规及规范性文件

1. 《中华人民共和国价格法》；

2. 《××省涉案财产价格鉴定条例》；

3. 《扣押、追缴、没收物品估价管理办法》；

4. 《关于扣押追缴没收及收缴财物价格鉴定管理的补充通知》；

5. 《价格鉴定行为规范》（2010 年版）。

（二）委托方提供的有关资料

1. 价格鉴定委托书；

2. 询问笔录；

3. 质量检测报告；

4. 其他相关资料。

（三）鉴定方收集的有关资料

1. 实物勘验资料；

2. 市场调查资料；

3. 其他相关资料。

### 六、价格鉴定方法

成本法。

### 七、价格鉴定过程

我中心接受委托后，成立了价格鉴定工作小组，制定了价格鉴定作业方案，并指派 2 名价格鉴定人员与聘请的专业人员于 2012 年 2 月 4 日对标的进行了实物勘验。实物勘验后，价格鉴定人员根据国家有关规程和标准，严格按照价格鉴定的程序和原则，通过认真分析研究和广泛的市场调查，确定采用成本法进行价格鉴定。

（一）价格鉴定标的概述

鉴定标的为：601SPP064 型横向大拉杆膨胀节 2 个，为已使用过的旧品，结构完整，表面有锈迹和轻微损伤；710SPP016 型平面铰链膨胀节 1 个，波纹管处有明显凹痕，一侧法兰被暴力切除，主体残缺；对焊法兰 2 个，为已使用过的旧品，法兰两侧有焊管，从切口可看出是从管道上切割下来的，法兰型号 B16.47 150LB RF。根据委托方提供的质量检测报告，标的虽然已使用过并有不同程度损伤，但修复后仍可使用。

（二）测算过程

计算公式：鉴定价格＝重置成本×综合成新率

1. 601SPP064 型横向大拉杆膨胀节鉴定价格

6500 元×2 个×80%＝10400 元

2. 710SPP016 型平面铰链型膨胀节鉴定价格

100000 元×1 个×19%＝19000 元

3. 规格 B16.47150LB RF 法兰鉴定价格

12700 元×2 个×39%＝9906 元

4. 合计：39306 元

## 八、价格鉴定结论

鉴定标的在价格鉴定基准日的价格为人民币叁万玖仟叁佰零陆元整（￥39306.00）。

## 九、价格鉴定限定条件

（一）委托方提供资料客观真实。

（二）标的中案值较大的 710SPP016 型平面铰链型膨胀节，在波纹管处有明显的凹痕，当事人双方都无法提供证据说明该损伤是哪一方造成，这一关键因素直接决定该设备的价格。后经委托方确认，按实物勘验时的实际状况进行价格鉴定。

（三）本次价格鉴定结论是在标的仍然具有使用价值的前提下作出的，只有在该前提存在的情况下，鉴定结论方予成立。

## 十、声明

（一）价格鉴定结论受结论书中已说明的限定条件限制。

（二）委托方提供资料的真实性由委托方负责。

（三）价格鉴定结论仅对本次委托有效，不做他用。未经我中心同意，不得向委托方和有关当事人之外的任何单位和个人提供。结论书的全部或部分内容，不得

发表于任何公开媒体上。

（四）鉴定机构和鉴定人员与价格鉴定标的没有利害关系，与有关当事人也没有利害关系。

（五）如对本结论有异议，可向本鉴定机构提出重新鉴证，或委托省级政府价格主管部门设立的价格鉴定机构复核裁定。

## 十一、价格鉴定作业日期

（略）。

## 十二、价格鉴定人员

（略）。

## 十三、附件

1. 价格鉴定委托书复印件（略）
2. 价格鉴定机构资质证复印件（略）
3. 价格鉴定人员资格证复印件（略）

（公章）

2012 年 2 月 16 日

## 测算说明

### 一、鉴定思路

本案例是对被盗的膨胀节、法兰等物品进行价格鉴定。案例主要特点：

（1）本案例关键矛盾在于当事人双方对于标的是废品还是备用品的争论。被盗方认为，膨胀节、法兰等物品是替换下来的备用品，需要时直接安装即可使用，仍然具有使用价值，应按正常价格确定。而犯罪嫌疑人则认为，被盗物品均为废品，没有使用价值，只能按废旧金属回收价格确定。

（2）标的均为大型管道上使用的连接设备，日常生活中不常见，而且均为外地厂家订制，属于专用设备，具有专业性，市场调查较为困难。

（3）标的中案值较大的 710SPP016 型平面铰链型膨胀节，在波纹管处有明显的凹痕，当事人双方都无法提供证据说明该损伤是哪一方造成，这一关键因素直接决定该设备的价值。后经委托方确认，按实物勘验时的实际状况进行价格鉴定。

## 二、价格鉴定标的状况

（1）601SPP064 型横向大拉杆型膨胀节 2 个，已使用过，结构完整，表面有锈迹和轻微损伤。

（2）710SPP016 型平面铰链型膨胀节 1 个，主体残缺，膨胀节一端连同法兰被切割掉且切口参差不齐，波纹管处有凹痕，另一端连着 2 个由螺栓住直径 1.50 米、厚度 13 厘米的法兰，法兰两侧各有长度 8～10 厘米、厚 1 厘米的管道连接。

（3）对焊法兰 2 个，25ⅡA 系列，直径 1.50 米，厚度 13 厘米，由螺栓固定在一起，法兰两侧各有长 8～10 厘米、厚 1 厘米的管道连接。

## 三、价格鉴定过程

### （一）市场调查、专家咨询

（1）2 个 601SPP064 型横向大拉杆型膨胀节。购买时间 2008 年 5 月 31 日，被盗时间 2011 年 8 月 21 日。市场调查该设备每个重置含税价格为 6500 元。相关行业标准中规定无腐蚀管线使用寿命为 20 年，综合考虑该设备使用年限和外观、磨损程度、使用环境等因素，确定综合成新率为 80%。

（2）1 个 710SPP016 型平面铰链型膨胀节。本中心鉴定人员走访了标的物生产厂家河北省秦皇岛市泰德管业有限公司、江苏省曙光集团波纹管制造厂，对此案中涉及的膨胀节进行了专业咨询。专业技术人员认为，710SPP016 型平面铰链型膨胀节关键部位的波纹管处凹痕为硬伤，已损坏，如果修复的话需要返厂，修复后不能保证质量和使用寿命，而且修复价格昂贵。经市场调查，平面铰链型膨胀节每个重置含税价格为 100000 元，经专业技术人员判定，综合成新率取 19%。

（3）2 个规格 B16.47 150LB RF 法兰。专业技术人员介绍，法兰与管道焊接时高温会使法兰发生变形，此案中 2 个直径为 1.50 米的法兰两端都进行了焊接，如果重复使用需要将焊接在法兰上的管道残留部分进行切除和重新打磨修复。每个法兰重置含税价格为 12700 元，经专业技术人员判定，综合成新率取 39%。

### （二）计算过程

（1）601SPP064 型横向大拉杆膨胀节基准日鉴定价格：

数量 × 单价 × 综合成新率 = 6500 元 × 2 个 × 80% = 10400 元

（2）710SPP016 型平面铰链型膨胀节基准日鉴定价格：

数量 × 单价 × 综合成新率 = 100000 元 × 1 个 × 19% = 19000 元

（3）规格 B16.47150LB RF 法兰基准日鉴定价格：

数量 × 单价 × 综合成新率 = 12700 元 × 2 个 × 39% = 9906 元

（1）～（3）项合计：鉴定价格 = 10400 + 19000 + 9906 = 39306（元）。

**案例评析**

一、该案例在采用成本法进行测算的过程中，对成新率的确定采用了年限法与实物判定相结合，体现了价格鉴定的客观性。

二、该案例在价格鉴定过程中矛盾的主要焦点在标的是"备品"还是"废品"。由于该问题的鉴定不属于价格认证中心的职责，所以应由委托方进行确认。认证中心是基于标的仍然具有使用价值的假设前提下作出价格鉴定结论，这样既合理地规避了风险，也免去了很多麻烦，对公正、合理地作出价格鉴定结论具有关键意义。

三、该案例不足之处在于对3项标的的主要技术指标没有必要的描述或说明。大拉杆横向型膨胀节的主要技术指标有公称通径、波纹管有效面积、波纹管波数、产品总长、径向外形最大尺寸、产品类型等。平面铰链型膨胀节主要技术指标有公称通径、波纹管波数、压力等级、长度等。法兰主要技术指标有公称通径、公称压力、结构形式、材质、厚度、螺栓孔数，法兰标准等。规格 B16.47 150LB RF 法兰是指美标 ANSI B16.47 A 系列，压力等级为 150LB。

## 案例二十九

# 涉嫌盗窃罪案件中铜芯电线的价格鉴定

### 案例背景情况

2012 年 11 月 1 日犯罪嫌疑人张某等人盗割了 A 市××区满堂街道城建逸品工地 21 户铜芯电线，共 10050 米。A 市公安局以涉嫌盗窃为由，于 2012 年 11 月 3 日委托 A 市价格认证中心对被盗的铜芯电线进行价格鉴定。

 **价格鉴定结论书**

# 关于铜芯电线的价格鉴定结论书

A 市公安局:

根据你单位委托,遵循合法、公正、科学的原则,按照规定的标准、程序和方法,我中心依法对委托书所指的铜芯电线进行了价格鉴定。现将价格鉴定情况综述如下:

## 一、价格鉴定标的

价格鉴定标的为小猫牌铜芯电线 10050 米,其中 BV4 电线长 9900 米,BV10 电线长 150 米。

## 二、价格鉴定目的

为你单位办理涉嫌盗窃罪案件提供价格依据。

## 三、价格鉴定基准日

2012 年 11 月 3 日。

## 四、价格定义

价格鉴定结论所指价格是:鉴定标的在价格鉴定基准日,采用公开市场价值标准确定的市场价格。

## 五、价格鉴定依据

(一)法律法规及规范性文件

1.《中华人民共和国价格法》;

2.《××省涉案物品估价管理条例》;

3.《扣押、追缴、没收物品估价管理办法》;

4.《关于扣押追缴没收及收缴财物价格鉴定管理的补充通知》;

5.《价格鉴定行为规范》(2010 年版);

6.《价格鉴定文书格式规范》;

7.《××省涉案物品估价操作办法(试行)》。

（二）委托方提供的有关资料

1. 价格鉴定委托书；

2. 询问笔录复印件；

3. 其他有关材料。

（三）鉴定方收集的有关资料

1. 实物勘验资料；

2. 市场调查资料；

3. 其他相关资料。

## 六、价格鉴定方法

根据价格鉴定标的实际情况，本次鉴定采用成本法。

## 七、价格鉴定过程

我中心接受委托后，成立了价格鉴定工作小组，制定了价格鉴定作业方案，并指派 2 名价格鉴定人员于 2012 年 11 月 4 日对鉴定标的进行了实物勘验。实物勘验后，价格鉴定人员根据国家有关规程和标准，严格按照价格鉴定程序和原则，通过认真分析研究和市场调查，确定采用成本法对标的进行价格鉴定。

（一）价格鉴定标的概述

该鉴定标的为小猫牌铜芯电线，天津天缆集团有限公司生产，型号分别为 BV4 和 BV10，线芯为无氧铜，于 2012 年 8 月布线安装。被盗电线共 10050 米，BV4 电线长 9900 米，其中 7200 米已被犯罪嫌疑人销赃，鉴定时已无实物；BV10 电线长 150 米。无实物的电线状况及数量由委托方调查确定。

（二）测算过程

由于铜芯电线可回收的残值率较高，在测算鉴定价格时要对残值因素进行考虑。计算公式：鉴定价格 =（重置成本 - 残值）× 成新率 + 残值。

1. 重置成本。

BV4 电线全新重置价格 = 3.08 元 × 9900 米 = 30492 元

BV10 电线全新重置价格 = 7.76 元 × 150 米 = 1164 元

标的重置成本 = 30492 + 1164 = 31656（元）

2. 成新率。

经调查，铜芯电线的使用年限一般为 30 年，按年限法确定标的成新率为 99%。

3. 残值。

在价格鉴定基准日时的废铜回收价格为每千克 49 元。经测算，BV4 电线残值为 17270 元；BV10 电线残值为 654 元。

4. 确定鉴定标的价格。

BV4 电线价格 = (30492 − 17270) × 99% + 17270 = 30360（元）

BV10 电线价格 = (1164 − 654) × 99% + 654 = 1159（元）

标的鉴定价格 = 30360 + 1159 = 31519（元）

## 八、价格鉴定结论

鉴定标在价格鉴定基准日的价格为人民币叁万壹仟伍佰壹拾玖元整（¥31519.00）。

## 九、价格鉴定限定条件

（一）委托方提供资料客观真实。

（二）本次价格鉴定标的中部分 BV4 电线已无实物，其在鉴定基准日时的实物状况、数量由委托方确定。

（三）鉴定标的是符合《中华人民共和国产品质量法》规定的质量要求的产品，价格鉴定人员只对鉴定标的进行一般性的观察。鉴定标的的质量情况由委托方负责。

当上述条件发生变化时，鉴定结论会失效或部分失效，鉴定机构不承担由于这些条件的变化而导致鉴定结果失效的相关法律责任。

## 十、声明

（一）价格鉴定结论受结论书中已说明的限定条件限制。

（二）委托方提供资料的真实性由委托方负责。

（三）价格鉴定结论仅对本次委托有效，不做他用。未经我中心同意，不得向委托方和有关当事人之外的任何单位和个人提供。结论书的全部或部分内容，不得发表于任何公开媒体上。

（四）鉴定机构和鉴定人员与价格鉴定标的没有利害关系，与有关当事人也没有利害关系。

（五）如对本结论有异议，可向本鉴定机构提出重新鉴定，或委托省级政府价格主管部门设立的价格鉴定机构复核裁定。

## 十一、价格鉴定作业日期

（略）。

## 十二、价格鉴定人员

（略）。

## 十三、附件

1. 价格鉴定委托书复印件（略）
2. 价格鉴定机构资质证复印件（略）
3. 价格鉴定人员资格证复印件（略）

（公章）

2012 年 11 月 9 日

## 测算说明

### 一、鉴定思路

本案例是对涉嫌盗窃案件中的铜芯电线进行价格鉴定。案例主要特点：

（1）鉴定标的属于在使用的铜芯电线，除了要考虑成新程度的因素外，因铜线回收价值很高，在铜芯电线价格中铜价所占比重较大，因而，在鉴定结论的测算过程中还应充分考虑残值因素。

（2）BV4 电线中有 7200 米已被犯罪嫌疑人销赃，未见实物，因此，无法确定其在鉴定基准日时的实物状况和数量。所以，标的的数量、质量由委托方负责。

### 二、价格鉴定标的概述

价格鉴定标的为小猫牌铜芯电线，型号分别为 BV4 和 BV10，该电线于 2012 年 8 月安装。被盗电线共计 10050 米，其中 BV4 电线长 9900 米，BV10 电线长 150 米。

### 三、价格鉴定过程

我中心接受委托后，成立了价格鉴定工作小组，制定了价格鉴定作业方案，在实物勘验后，严格按照价格鉴定程序和原则，通过认真分析研究现有资料和价格调查，采用成本法对标的进行价格鉴定。测算过程如下：

（一）标的成新率

该标的 2012 年 8 月安装，2012 年 11 月被盗。经调查标的使用寿命为 30 年（360 月），已使用 4 个月，按年限法确定，则：

标的成新率 ＝（360 － 4)/360 × 100% ＝ 99%

（二）标的重置成本

经市场调查，小猫牌 BV4 电线市场每米价格为 3.08 元，BV10 电线市场每米价格为 7.76 元，因此：

BV4 电线重置成本 = 9900 × 3.08 = 30492（元）

BV10 电线重置成本 = 150 × 7.76 = 1164（元）

标的重置成本 = 30492 + 1164 = 31656（元）

（三）标的残值

残值 = 废铜单价 × 可回收废铜重量

可回收废铜重量 = 每米电线含铜量 × 电线长度

每米电线含铜量 = 每米电线体积 × 铜的密度

经调查，BV4 的铜芯截面积为 4 平方毫米，BV10 的铜芯截面积为 10 平方毫米，纯铜、无氧铜的密度为每立方厘米 8.9 克。在价格鉴定基准日下的废铜每千克回收价格为 49 元。

1. BV4 电线残值 =（4 × 8.9/1000）× 49 元 × 9900 米

　　　　　　　　= 17270 元

2. BV10 电线残值 =（10 × 8.9/1000）× 49 元 × 150 米

　　　　　　　　= 654 元

（四）标的鉴定价格

涉案标的鉴定价格 =（重置成本 − 残值）× 成新率 + 残值

BV4 电线 =（30492 − 17270）× 99% + 17270 = 30360（元）

BV10 电线 =（1164 − 654）× 99% + 654 = 1159（元）

标的鉴定价格 = 30360 + 1159 = 31519（元）

**案例评析**

一、该案例是对刑事案件中发生的盗窃在使用电线进行的价格鉴定，程序合法，依据充分，方法恰当，结论较为合理。

二、该案例选取鉴定方法为成本法，在运用过程中，充分考虑鉴定标的残值较高的特殊性，在鉴定结论的确定过程中将残值因素充分考虑，有一定的借鉴性。

三、在对鉴定标的的描述中若能反映标的的标准名称、电线类别，将更能体现实物勘验的准确性。如 BV 电线标准名称是铜芯聚氯乙烯绝缘电线，简称铜芯线和塑铜线，分为普通型、阻燃型、耐火型、低烟无卤型。

四、测算中应注意统一换算单位和计算顺序的先后。如：

铜的重量 = 铜的密度 × 铜丝的体积

铜丝的体积 = 面积 × 长度

BV4 铜芯截面积 = 0.04 平方厘米；

铜密度为每平方厘米 8.9 克 = 0.0089 千克

长度 9900 米 = 990000 厘米，则：

（1）BV4 电线残值 = 0.0089 千克平方厘米 × 0.04 平方厘米 × 990000 厘米 × 49 元/千克 = 17270 元

（2）同理，BV10 电线残值 = 0.0089 千克平方厘米 × 0.1 平方厘米 × 15000 厘米 × 49 元/千克 = 654 元

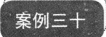

# 涉嫌盗窃罪案件中直缝电阻焊接防腐钢管的价格鉴定

 **案例背景情况**

2012 年 8 月 24 日，S 工程安装有限公司在 A 市某镇某村地里的天然气管道被盗。派出所接警后，立即赶赴现场调查，被盗的钢管为 L360MB 直缝电阻焊接防腐钢管，尚未投入使用，是从已焊接的天然气管道上切割后盗走的。A 市公安局以办理涉嫌盗窃罪案件为由，于 2012 年 11 月 5 日委托 A 市价格认证中心对钢管（天然气管道）进行价格鉴定。

 **价格鉴定结论书**

## 关于 L360MB 直缝电阻焊接钢管的价格鉴定结论书

A 市公安局：

根据你单位委托，遵照合法、公正、科学的原则，按照规定的标准、程序和方

法，我中心依法对委托书中所指的钢管进行了价格鉴定。现将价格鉴定情况综述如下：

## 一、价格鉴定标的

鉴定标的为 L360MB 直缝电阻焊接防腐钢管，规格：457 毫米 × 10 毫米 × 12 米，数量：102 米。

## 二、价格鉴定目的

为你单位办理涉嫌盗窃罪案件提供价格依据。

## 三、价格鉴定基准日

2012 年 8 月 24 日。

## 四、价格定义

价格鉴定结论所指的价格是：鉴定标的在鉴定基准日采用市场公开价值标准确定的市场价格。

## 五、价格鉴定依据

（一）法律法规及规范性文件

1.《中华人民共和国价格法》；

2.《××省涉案财产价格鉴定条例》；

3.《扣押、追缴、没收物品估价管理办法》；

4.《关于扣押追缴没收及收缴财物价格鉴定管理的补充通知》；

5.《价格鉴定行为规范》（2010 年版）；

6.《××省涉案财物价格鉴定操作规程》。

（二）委托方提供的有关资料

1. 价格鉴定委托书；

2. 其他证明材料。

（三）鉴定方收集的有关资料

1. 实物勘验资料；

2. 市场调查资料；

3. 其他相关资料。

## 六、价格鉴定方法

成本法。

## 七、价格鉴定过程

我中心接受委托后，成立了价格鉴定工作小组，制定了价格鉴定作业方案，并指派 2 名价格鉴定人员于 2012 年 11 月 6 日对委托方确定的、与标的相同的钢管进行了实物勘验。实物勘验后，价格鉴定人员根据国家有关规程和标准，严格按照价格鉴定的程序和原则，通过认真分析研究和广泛的市场调查，确定采用成本法标的进行价格鉴定。

（一）价格鉴定标的概况

鉴定标的被盗后未追回，勘验时未见实物，仅对委托方确定的与标的相同的钢管进行了勘验。经委托方确定，被盗钢管为直缝电阻焊接钢管，性能规格：外径 457 毫米，壁厚 10 毫米，长度 12 米，钢级 L360MB（X52），已进行防腐处理。被盗钢管已焊接成输气管道，被切割后盗走，数量为 102 米。天然气管道尚未投入使用，被盗钢管成新率为 100%。根据委托方要求，本次仅对防腐钢管自身价值进行价格鉴定，不包括钢管焊接等费用。

（二）确定鉴定价格

鉴定标的主要用于石油、天然气的管道运输，专业性强，大口径的直缝钢管一般是由生产企业按工程要求生产，供给施工企业使用，再加上钢管已经过防腐处理，因此，采用成本法进行价格鉴定，计算公式为：

鉴定价格 =（钢管出厂价 + 防腐加工费 + 运费及装卸费）× 成新率

经市场调查，钢管出厂单价 = 6500 元 × 1.32 吨 ÷ 12 米 = 715 元/米；

每米防腐加工费为 129 元；

每米运费及装卸费单价为 9.9 元，因此：

鉴定标的价格 =（715 元 + 129 元 + 9.9 元）× 102 米 × 100%

= 87098 元

## 八、价格鉴定结论

鉴定标的在鉴定基准日的价格为人民币捌万柒仟零玖拾捌元整（￥87098.00）。

## 九、价格鉴定限定条件

（一）委托方提供资料客观真实；

（二）鉴定标的为合格产品，鉴定基准日时的实物状况以委托方确定为准。

当上述条件发生变化时，鉴定结论会失效或部分失效，鉴定机构不承担由于这些条件的变化而导致鉴定结果失效的相关法律责任。

## 十、声明

（一）价格鉴定结论受结论书中已说明的限定条件限制。

（二）委托方提供资料的真实性由委托方负责。

（三）价格鉴定结论仅对本次委托有效，不做他用。未经我中心同意，不得向委托方和有关当事人之外的任何单位和个人提供。结论书的全部或部分内容，不得发表于任何公开媒体上。

（四）鉴定机构和鉴定人员与价格鉴定标的没有利害关系，与有关当事人也没有利害关系。

（五）如对本结论有异议，可向本鉴定机构提出重新鉴定，或委托省级政府价格主管部门设立的价格鉴定机构复核裁定。

## 十一、价格鉴定作业日期

（略）。

## 十二、价格鉴定人员

（略）。

## 十三、附件

1. 价格鉴定委托书复印件（略）
2. 价格鉴定机构资质证复印件（略）
3. 价格鉴定人员资格证复印件（略）

（公章）

2012 年 11 月 13 日

## 测算说明

### 一、鉴定思路

本案例是对已经焊接完毕、但未使用的天然气管道进行价格鉴定。案例主要特点：

（1）虽然鉴定标的是已经焊接完毕但未投入使用的天然气管道（L360MB 电阻焊接防腐钢管），但根据委托方要求，本次仅对防腐钢管自身价值进行价格鉴定，不包括钢管焊接等费用。

（2）鉴定标的主要用于石油和石化行业的管道运输，专业性强，大口径的直缝钢管一般是由生产企业按工程要求生产，供给施工企业使用，再加上钢管经过防腐处理，直接调查市场价格有一定难度，所以，采用成本法进行价格鉴定。

**二、价格鉴定过程**

我中心接受委托后，成立价格鉴定工作小组，指派 2 名价格鉴定人员于 2012 年 11 月 6 日会同委托单位的办案人员到被盗现场和施工场所进行实地勘验。被盗钢管未追回，鉴定标的实物状况由委托方确定。实地勘验后，价格鉴定人员根据国家有关规程和标准，严格按照价格鉴定的程序和原则，通过认真分析研究和广泛的市场调查，确定采用成本法对标的进行价格鉴定。

（一）确定重置成本

1. 根据 S 大型钢管有限公司提供的直缝钢管出厂记录单、开具的增值税专用发票，钢管每吨单价 6500 元，每根钢管重 1.32 吨，每根钢管长 12 米，则钢管每米单价 = 6500 元 × 1.32 吨 ÷ 12 米 = 715 元

2. 根据 D 和 H 两家管道防腐保温工程公司提供的资料，确定钢管防腐加工费每米单价为 129 元。

3. 根据 M 公司和 G 有限公司提供的证明材料，确定运费及装卸费每米单价为 9.9 元，即：

90 元 × 1.32 吨 ÷ 12 米 = 9.9 元

4. 标的重置成本

（715 元 + 129 元 + 9.9 元）× 102 米

= 87098 元

（二）确定成新率

经委托方鉴定，标的成新率确定为 100%。

（三）确定鉴定价格

鉴定价格 = 重置成本 × 成新率

= 87098 元 × 100% = 87098 元

◤ **案例评析**

一、该案例是采用成本法进行价格鉴定的一个案例。通过调查钢管出厂价、防腐加工费、运杂费等各成本构成项目的价格，确定鉴定标的的重置成本。

二、由于公安机关以涉嫌盗窃罪案件立案，因此，按委托方要求只对防腐钢管自身价值进行价格鉴定，不包括钢管焊接等施工费用。

三、该案例不足之处在于对重置成本构成项目的确定表述不够详细，反映鉴定标的的情况也略显不够，如对生产厂家、防腐方式等没有说明。

案例三十一

# 涉嫌盗窃罪案件中钼精砂的价格鉴定

 **案例背景情况**

    2012 年 11 月 11 日，××公司位于 A 市 L 区某镇的选矿分厂仓库内钼精砂被盗，犯罪嫌疑人是该厂球磨工人王某，钼精砂被追回。A 市公安局 L 分局以涉嫌盗窃罪案件为由，于 2012 年 11 月 12 日委托 A 市 L 区价格认证中心对被盗的 0.221 吨钼精砂进行价格鉴定。

 **价格鉴定结论书**

## 关于钼精砂的价格鉴定结论书

A 市公安局 L 分局：

    根据你局委托，本中心遵循合法、公正、科学的原则，按照规定的标准、程序和方法，依法对委托书所指的钼精砂进行了价格鉴定。现将价格鉴定情况综述如下：

### 一、价格鉴定标的

鉴定标的为钼精砂，0.221 吨，详细情况见价格鉴定过程。

### 二、价格鉴定目的

为公安机关办理涉嫌盗窃罪案件提供价格依据。

### 三、价格鉴定基准日

2012 年 11 月 11 日。

## 四、价格定义

价格鉴定结论所指的价格是：鉴定标的在鉴定基准日，采用公开市场价值标准确定的市场价格。

## 五、价格鉴定依据

（一）法律法规及规范性文件

1.《中华人民共和国价格法》；

2.《扣押、追缴、没收物品估价管理办法》；

3.《关于扣押追缴没收及收缴财物价格鉴定管理的补充通知》；

4.《××省涉案财物价格鉴证操作规程（试行）》。

（二）委托方提供的有关资料

1. 价格鉴定委托书；

2. 询问笔录复印件。

（三）鉴定方收集的有关资料

1. 实物勘验资料；

2. 市场价格调查资料；

3. 产品分析报告单；

4. 其他相关资料。

## 六、价格鉴定方法

市场法。

## 七、价格鉴定过程

我中心接受委托后，成立了价格鉴定工作小组，制定了价格鉴定作业方案，并指派 2 名价格鉴定人员于 2012 年 11 月 13 日对标的钼精砂进行了实物勘验、称重、取样（取样根据专业技术标准）、化验（取得资质的化验室）、拍照。实物勘验后，价格鉴定人员根据国家有关规程和标准，严格按照价格鉴定的程序和原则，通过认真分析研究和广泛的市场调查，确定采用市场法对标的进行价格鉴定。具体过程如下：

（一）取样、化验

按照专业技术标准，对标的钼精砂进行采样，并对采集的样品送到有资质的化验室进行化验。化验结果分别为：Mo 含量 32.33%；$H_2O$ 含量 16.3%。

（二）市场价格调查

××省 A 市因钼矿蕴藏丰富而闻名，A 市杨某镇和钢某镇蕴藏着世界 1/9、中国 1/3 的钼矿资源。自 1996 年开始，随着国际、国内钼精砂价格的一路攀升，开矿者从全国各地蜂拥而至，因此，A 市钼精砂交易非常活跃，在国际市场价格波动大时，甚至一天一价。经调查，2012 年 10～11 月钼精砂市场行情相对稳定，近期内价格没有大的波动，分别选取三个交易案例：

实例一：2012 年 11 月 11 日，成交一笔钼精砂 Mo（钼）含量 45%，每吨交易价格 64500 元；

实例二：2012 年 10 月 25 日，成交一笔钼精砂 Mo（钼）含量 45%，每吨交易价格 64300 元；

实例三：2012 年 11 月 6 日，成交一笔钼精砂 Mo（钼）含量 45%，每吨交易价格 64550 元。

（三）鉴定标的可比重量

交易市场中钼精砂报价一般为干基重量的价格，先统一为可比重量，即扣除钼精砂含水（$H_2O$）量后的重量，则：

$$鉴定标的干基重量 = 0.221 \text{ 吨} \times (1 - 16.3\%)$$
$$= 0.185 \text{ 吨}$$

（四）鉴定标的基准价格

统一可比单位价格，即吨度价格，计算并确定鉴定标的吨度基准价格为 1432 元。

（五）鉴定标的价格的确定

$$鉴定价格 = 钼精砂基础吨度价格 \times 标的品位 \times 钼精砂干基重量$$
$$= 1432 \text{ 元} \times 32.33 \times 0.185 \text{ 吨}$$
$$= 8565 \text{ 元}$$

## 八、价格鉴定结论

鉴定标的在鉴定基准日的价格为人民币捌仟伍佰陆拾伍元整（¥8 565.00）。

## 九、价格鉴定限定条件

（一）委托方提供的资料客观真实；

（二）鉴定标的的质量以委托方鉴定为准。

当上述条件发生变化时，鉴定结论会失效或部分失效，鉴定机构不承担由于这些条件的变化而导致鉴定结果失效的相关法律责任。

## 十、声明

（一）价格鉴定结论受结论书中已说明的限定条件限制。

（二）委托方提供资料的真实性由委托方负责。

（三）价格鉴定结论仅对本次委托有效，不做他用。未经我中心同意，不得向委托方和有关当事人之外的任何单位和个人提供。结论书的全部或部分内容，不得发表于任何公开媒体上。

（四）鉴定机构和鉴定人员与价格鉴定标的没有利害关系，与有关当事人也没有利害关系。

（五）如对本结论有异议，可向本鉴定机构提出重新鉴定，或委托省级政府价格主管部门设立的价格鉴定机构复核裁定。

## 十一、价格鉴定作业日期

（略）。

## 十二、价格鉴定人员

（略）。

## 十三、附件

1. 价格鉴定委托书复印件（略）
2. 价格鉴定机构资质证复印件（略）
3. 价格鉴定人员资格证复印件（略）

（公章）

2012 年 11 月 26 日

## 测算说明

### 一、鉴定思路

本案例是对盗窃钼精砂进行价格鉴定。案例主要特点如下：

（1）实物勘验要仔细，记录要清晰，照片要详实、清楚，称重要准确。

（2）取样工作非常关键，为了鉴定结论的科学、公正，取样不能在一个袋里取，要做到平均取样，至少取出 3 份样品。

（3）化验工作非常关键。为了更加准确地测量出标的钼精砂的化学成分（%）：

钼（Mo）的含量和水（$H_2O$）的含量，要把取得样品送到有资质的化验室进行化验。

（4）市场调查要细致，矿产品的市场价格与矿产品的品位直接相关。在金属矿产品交易中常用每吨度作为一个价格单位，吨度价是表征有色金属单位价格的量，其含义是含有1%有色金属成分的1吨有色金属矿石的价格。同时，要注意交易市场上矿产品的重量一般以干基为依据。

### 二、价格鉴定标的概况

价格鉴定标的为钼精砂，化学成份：Mo（钼）含量32.30%，$H_2O$（水）含量16.5%，共计0.221吨。

鉴定人员于2012年11月13日对标的钼精砂进行了实物勘验，该钼精砂与委托书所列指钼精砂登记信息相符，经委托方调取犯罪嫌疑人、被害人笔录，询问有关当事人等查实鉴定，该起盗窃发生时间为2012年11月11日。鉴定基准日前标的钼精砂存放在A市L区某镇某村选矿分厂的仓库内。

### 三、价格鉴定过程

我中心接受委托后，组成价格鉴定小组，制定了价格鉴定作业方案，经实物勘验和广泛的市场调查，根据委托鉴定标的，结合所收集的相关资料，确定采用市场法对标的进行价格鉴定。

（一）标的钼精砂品位、含水量

按照专业技术标准，对标的钼精砂进行采样，并对采集的样品送到有资质的化验室进行化验。化验结果分别为：Mo（钼）含量32.33%，$H_2O$（水）含量16.3%。

（二）市场调查

由于钼精砂是一种特殊的矿物质，其市场价格变化与别的标的物不同，其价格受国际市场价格影响，行情好时一天一个价，行情不好时价格相对稳定，没有大的波动。经对A市钼业销售公司交易情况进行调查，确定2012年10～11月市场行情相对稳定。根据收集、调查的成交资料，选取三个与价格鉴定基准日相近的可比实例：

实例一：2012年11月11日，成交一笔钼精砂Mo（钼）含量45%，每吨交易价格64500元；

实例二：2012年10月25日，成交一笔钼精砂Mo（钼）含量45%，每吨交易价格64300元；

实例三：2012年11月6日，成交一笔钼精砂Mo（钼）含量45%，每吨交易价格64550元。

（三）统一鉴定标的可比重量

交易市场中钼精砂报价一般为干基重量的价格，故先统一为可比重量，即扣除钼精砂含水（$H_2O$）量后的重量，则：

$$鉴定标的干基重量 = 0.221 吨 \times (1 - 16.3\%)$$
$$= 0.185 吨$$

（四）鉴定标的基准价格

因交易实例钼含量与鉴定标的不同，建立可比价格，即吨度价格，因三项可比价格指标条件非常接近，对其进行平均计算，结果如下：

| 影响价格主要指标 | 实例一 | 实例二 | 实例三 |
| --- | --- | --- | --- |
| Mo 含量（%） | 45 | 45 | 45 |
| 交易价格（元/吨） | 64500 | 64300 | 64550 |
| 可比价格（元/吨度） | 1433 | 1429 | 1434 |

则鉴定标的基准吨度价格为 1432 元。

（五）鉴定标的价格的确定

鉴定价格 = 钼精砂基础吨度价格 × 标的品位 × 钼精砂干基重量

$$= 1432 元 \times 32.33 \times 0.185 吨$$
$$= 8565 元$$

### 案例评析

一、由于钼精砂是一种特殊的矿物质，属有色金属的小矿种，对被盗钼精砂进行价格鉴定时，基于其市场交易活跃，采用市场法进行鉴定比较合理。该案例鉴定思路清楚，采用方法正确。

二、矿产品的价格鉴定要注意其在交易市场的计价单位为元/吨度。从直观上看，矿产品价格与矿产品的品位正相关，故在选取对可比实例时，可比实例的矿产品品位与标的品位不应相差太大。如在 2012 年 11 月时，每吨度钼精砂（Mo：10%）的交易价格为 1270 元/吨度，钼精砂（Mo：45%）的交易价格为 1432 元。该案例中采用钼精砂（Mo：45%）作为可比实例比较有说服力。

三、该案例中价格鉴定标的的送检工作由价格认证中心完成。在实践中，建议要求委托方先行委托有资质的检测机构进行检测化验并提供质量检测报告。

四、市场法应对交易实例建立统一的可比基础，并选取影响价格的主要指标进行修正。

### 案例三十二

# 涉嫌盗窃罪案件中页岩油渣的价格鉴定

**案例背景情况**

　　2010 年 6 月 22 日，犯罪嫌疑人盗窃××炼油厂油罐中的页岩油渣 170 吨，A 市公安局××分局以办理涉嫌盗窃罪案件为由，于 2010 年 9 月 1 日委托 A 市价格认证中心对页岩油渣进行价格鉴定。

**价格鉴定结论书**

## 关于页岩油渣的价格鉴定结论书

A 市公安局××分局：

　　根据你局委托，本中心遵循合法、公正、科学的原则，按照规定的标准、程序和方法，依法对委托书中所指的页岩油渣进行价格鉴定，现将价格鉴定情况综述如下：

### 一、价格鉴定标的

鉴定标的为页岩油渣 170 吨，详见价格鉴定过程。

### 二、价格鉴定目的

为委托方办理涉嫌盗窃罪案件提供价格依据。

### 三、价格鉴定基准日

2010 年 6 月 22 日。

### 四、价格定义

价格鉴定结论所指价格是：鉴定标的在鉴定基准日，采用公开市场价值标准确定的市场价格。

### 五、价格鉴定依据

（一）法律法规及规范性文件

1.《中华人民共和国价格法》；

2.《××省涉案财产价格鉴定条例》；

3.《扣押、追缴、没收物品估价管理办法》；

4.《关于扣押追缴没收及收缴财物价格鉴定管理的补充通知》；

5.《价格鉴定行为规范》（2010年版）；

6.《××省涉案财产价格鉴定操作规程（试行）》。

（二）委托方提供的有关资料

1. 价格鉴定委托书；

2. 询问笔录复印件；

3.《页岩油渣的检验报告》复印件。

（三）鉴定方收集的有关资料

1. 实物勘验资料；

2. 市场调查资料；

3. 其他相关资料。

### 六、价格鉴定方法

市场法。

### 七、价格鉴定过程

我中心接受委托后，成立了价格鉴定工作小组，制定了价格鉴定作业方案，并指派2名价格鉴定人员于2010年9月2日进行了实物勘验。实物勘验后，价格鉴定人员根据国家有关规程和标准，严格按照价格鉴定的程序和原则，通过认真分析研究和广泛的市场调查，确定采用市场法对标的进行价格鉴定。

（一）价格鉴定标的概述

鉴定标的为页岩炼油厂油罐中的油渣，含水量较高，标的经脱水、添加添加剂等处理后可作为重油使用。经××石油化工研究院分析检验，该批页岩油渣的主要理化指标为：

（1）水和沉淀物（原始油样）：80%（体积分数）；

（2）水和沉淀物（脱水过滤后油样）：0.2%（体积分数）；

（3）运动粘度（100℃）（脱水过滤后油样）：$5.35mm^2/s$；

（4）灰分（脱水过滤后油样）：0.10%（质量分数）。

（二）测算过程

鉴定人员经过市场调查，选取理化指标相似的三个成交实例作为可比实例，将可比实例的理化指标与标的进行对比，测算出各可比实例比准价格每吨分别为352元、354元、353元，并对其进行平均，则：

标的鉴定价格 = （352 + 354 + 353）÷ 3 × 170 = 60010（元）

## 八、价格鉴定结论

鉴定标的在价格鉴定基准日的价格为人民币陆万零壹拾元整（￥60010.00）。

## 九、价格鉴定限定条件

（一）委托方提供的资料客观真实；

（二）本次价格鉴定依据委托方提供的××化工研究院出具的《检验报告》中的理化指标进行价格测算，价格鉴定人员对鉴定标的的检验情况不承担责任。

当上述条件发生变化时，鉴定结论会失效或部分失效，鉴定机构不承担由于这些条件的变化而导致鉴定结果失效的相关法律责任。

## 十、声明

（一）价格鉴定结论受结论书中已说明的限定条件限制。

（二）委托方提供资料的真实性由委托方负责。

（三）价格鉴定结论仅对本次委托有效，不做他用。未经我中心同意，不得向委托方和有关当事人之外的任何单位和个人提供。结论书的全部或部分内容，不得发表于任何公开媒体上。

（四）鉴定机构和鉴定人员与价格鉴定标的没有利害关系，与有关当事人也没有利害关系。

（五）如对本结论有异议，可向本鉴定机构提出重新鉴定，或委托省级政府价格主管部门设立的价格鉴定机构复核裁定。

## 十一、价格鉴定作业日期

（略）。

## 十二、价格鉴定人员

（略）。

## 十三、附件

1. 价格鉴定委托书复印件（略）
2. 价格鉴定机构资质证复印件（略）
3. 价格鉴定人员资格证复印件（略）

（公章）

2010 年 9 月 9 日

## 测算说明

### 一、鉴定思路

本案例是对页岩油渣进行价格鉴定，案例主要特点：

（1）页岩油渣通过高温加热、脱水等加工后可作为重油进行销售。被盗的页岩油渣为××炼油厂提炼页岩油品后罐体内的剩余废弃物，一般由清理罐体的公司自行处理该油渣，并冲抵清理费用。但市场上页岩油渣销售较为活跃，所以，考虑采用市场法进行价格鉴定。

（2）页岩油渣的市场价格与其质量密切相关，通过分析页岩油渣理化指标对价格影响因素，确定鉴定标的价格。

### 二、价格鉴定标的概况

价格鉴定标的为 170 吨页岩油渣。其具体理化指标如下：

1. 水和沉淀物（原始油样）：80%（体积分数）；
2. 水和沉淀物（脱水过滤后油样）：0.2%（体积分数）；
3. 运动粘度（100℃）（脱水过滤后油样）：5.35mm²/s；
4. 灰分（脱水过滤后油样）：0.10%（质量分数）。

### 三、价格鉴定测算过程

价格鉴定人员通过市场调查收集到的可比交易实例，交易日期与鉴定基准日相近，交易方式相同，因此这两项因素的修正值均为 100/100；交易实例理化指标的差异，则通过比较进行修正。

具体各可比实例与标的理化分析指标对照情况见表1。

表1

| 序号 | 理化分析指标 | 标的 | 实例A | 实例B | 实例C |
|---|---|---|---|---|---|
| 1 | 原始油样中水和沉淀物的体积分数（%） | 80.00 | 75.00 | 80.00 | 70.00 |
| 2 | 脱水过滤后油样的水和沉淀物的体积分数（%） | 0.20 | 0.18 | 0.15 | 0.20 |
| 3 | 脱水过滤后油样的运动粘度（mm²/s） | 5.35 | 5.00 | 6.00 | 5.50 |
| 4 | 脱水过滤后油样中灰分的质量分数（%） | 0.10 | 0.08 | 0.08 | 0.10 |
| 5 | 市场交易价格（元/吨） | | 370.00 | 360.00 | 365.00 |

通过走访石化产品分析化验人员及销售人员，原始油样中的水和沉淀物体积分数对价格影响最大，脱水过滤后油样的水和沉淀物体积分数、运动粘度及灰分对价格影响相当。其中只有运动粘度指标与价格为正相关，其余三项指标均与价格呈负相关。结合可比交易实例与标的理化分析指标对照表的情况，确定各因素的修正系数及权重，具体见表2、表3。

表2

| 序号 | 理化指标因素 | 标的 | 实例A | 实例B | 实例C | 权重（%） |
|---|---|---|---|---|---|---|
| 1 | 水和沉淀物（原始油样） | 100 | 105 | 100 | 110 | 40 |
| 2 | 水和沉淀物（脱水过滤后油样） | 100 | 105 | 110 | 100 | 20 |
| 3 | 运动粘度（脱水过滤后油样） | 100 | 105 | 93 | 97 | 20 |
| 4 | 灰分（脱水过滤后油样） | 100 | 105 | 105 | 100 | 20 |
| | 因素修正系数 | 100 | 105 | 101.6 | 103.4 | |

表3　　　　　　　　　　　　比准价格修正表

| 可比实例 | 成交价（元/吨） | 交易状况 | 交易期日 | 因素修正 | 比准价格（元/吨） |
|---|---|---|---|---|---|
| A | 370 | 100/100 | 100/100 | 100/105 | 352 |
| B | 360 | 100/100 | 100/100 | 100/101.6 | 354 |
| C | 365 | 100/100 | 100/100 | 100/103.4 | 353 |

采用简单算术平均确定标的价格，因此：

标的鉴定价格 = （352 + 354 + 353）÷ 3 × 170 = 60010 元

### ◆ 案例评析

一、该案例采用市场法对页岩油渣进行价格鉴定，测算过程完整，对石化产品的价格鉴定有一定的借鉴性。

二、鉴定标的的价格与质量因素密切相关，因此在受理时，应提请委托方对标的质量、成分等进行检测。

三、在用市场法对各项影响价格的因素进行修正时，应注意修正幅度和方向。

**案例三十三**

# 涉嫌盗窃罪案件中
# 进口奥迪 Q7 越野车的价格鉴定

### 案例背景情况

　　某市公安局在办理一起涉嫌盗窃罪案件过程中，委托价格鉴定机构对进口（无合法手续，可通过补交费用获得路权）奥迪 Q7 越野车进行价格鉴定。

### 价格鉴定结论书

## 关于进口奥迪 Q7 越野车的价格鉴定结论书

××市公安局：

　　根据你局委托，我中心遵循合法、公正、科学的原则，按照规定的标准、程序和方法，依法对委托书所列指的进口（无合法手续，可通过补交费用获得路权）奥迪 Q7 越野车进行了价格鉴定。现将价格鉴定情况综述如下：

### 一、价格鉴定标的

进口（无合法手续，通过补交费用获得路权）奥迪 Q7 越野车 1 辆。

### 二、价格鉴定目的

为公安机关办理涉嫌盗窃罪案件提供鉴定标的的价格依据。

### 三、价格鉴定基准日

2010 年 10 月 19 日。

## 四、价格定义

价格鉴定结论所指价格是：鉴定标的在鉴定基准日，采用公开市场价值标准，确定进口奥迪 Q7 越野车不含进口商品税等相关税费的价格。

## 五、价格鉴定依据

（一）法律法规及规范性文件

1.《中华人民共和国价格法》；

2.《××省涉案物价格鉴证条例》；

3.《扣押、追缴、没收物品估价管理办法》；

4.《关于扣押追缴没收及收缴财物价格鉴定管理的补充通知》；

5.《价格鉴定行为规范》（2010 年版）；

6.《机动车价格鉴定有关问题的指导意见》。

（二）委托方提供的有关资料

1. 价格鉴定委托书；

2. 询问笔录等。

（三）鉴定方收集的有关资料

1. 实物勘验资料；

2. 市场调查资料；

3. 其他相关资料。

## 六、价格鉴定方法

成本法。

## 七、价格鉴定过程

我中心接受委托后，成立了价格鉴定小组，制定了价格鉴定作业方案，并对实物进行了勘验。鉴定标的为进口奥迪 Q7 越野车，4.2 排量，无合法手续，出厂日期为 2007 年，车架号为 WA1BV74L37D03×××。

实物勘验后，价格鉴定小组人员根据国家有关规定和标准，严格按照价格鉴定的程序和原则，通过认真分析和价格调查，对价格鉴定标的在价格鉴定基准日的价格进行了客观公正的鉴定，经集体审议，确定本次价格鉴定结论。

## 八、价格鉴定结论

本次价格鉴定标的进口奥迪 Q7 越野车（无合法手续，通过补交费用获得路权）

在价格鉴定基准日的价格为人民币叁拾叁万肆仟叁佰贰拾捌元整（￥334328.00）。

## 九、价格鉴定限定条件

（一）委托方提供资料客观真实；

（二）鉴定标的为进口奥迪 Q7 越野车，在价格鉴定基准日无合法手续。按委托方要求，本次鉴定设定鉴定标的可通过补交费用获得路权。

## 十、声明

（一）价格鉴定结论受结论书中已说明的限定条件限制。

（二）委托方提供资料的真实性由委托方负责。

（三）价格鉴定结论仅对本次委托有效，不做他用。未经我中心同意，不得向委托方和有关当事人之外的任何单位和个人提供。结论书的全部或者部分内容，不得发表于任何公开媒体上。

（四）鉴定机构和鉴定人员与价格鉴定标的没有利害关系，也与有关当事人没有利害关系。

（五）委托方对同一案件有新的涉案物或者标的基本条件发生变化，应当委托我中心进行补充鉴定。

（六）如对本结论有异议，可说明理由向本鉴定机构提出重新鉴定，或委托省级以上（含省级）政府价格主管部门设立的价格鉴定机构复核裁定。

## 十一、价格鉴定作业日期

（略）。

## 十二、价格鉴定人员

（略）。

## 十四、附件

1. 价格鉴定委托书复印件（略）
2. 价格鉴定机构资质证复印件（略）
3. 价格鉴定人员资格证复印件（略）

（公章）

2010 年 10 月 29 日

## 测算说明

### 一、鉴定思路

（1）要求委托方清楚、完整填写委托书并注明车辆来源途径。

（2）进行实物勘验，核实鉴定标的车辆状况和自然条件。

（3）确定价格鉴定采用成本法，展开市场调查。一是调查鉴定标的基准日市场重置价格（不含增值税、购置附加税的裸车价格）及利润；二是走访海关部门，了解进口税费、报关费、各项代理费及车辆检验费等各种费用情况；三是确定鉴定标的残值价格。

（4）计算确定综合调整系数。综合成新率＝年限成新率×综合调整系数×市场波动系数。

（5）计算价格。鉴定价格＝（重置成本－残值）×成新率＋残值。

### 二、价格鉴定标的概况

进口奥迪 Q7 越野车，4.2 排量；无合法手续；出厂日期为 2007 年；车架号为 WA1BV74L37D033×××；基本状况良好，外观较新，室内整洁，发动机运转正常；经委托方证实，该车为走私车辆。

### 三、计算过程

价格鉴定小组人员根据国家有关规定和标准，严格按照价格鉴定的程序和原则，通过走访×市海关了解到，4.2 排量奥迪 Q7 越野车的进口税费综合计税常数为 143.75%，报关费、各项代理费及车辆检验费合计为 10 万元，经市场调查，该车 4S 店销售全新整车价格每辆 140 万元（不含增值税、购置附加税的裸车价格），利润率为 10%。残值为 4000 元。确定综合调整系数为 70%。计算如下：

鉴定价格＝（重置成本－残值）×成新率＋残值

重置成本＝（1400000－1400000×10%－100000）÷（1＋143.75%）

  ＝475897.00（元）

鉴定价格＝（475897－4000）×70%＋4000

  ＝471897×70%＋4000

  ＝334328.00（元）

📖 **案例评析**

一、对走私车进行价格鉴定时，车辆是否具有合法手续是关键。该案例鉴定标的虽然没有手续，但是可以通过补交相关费取得合法路权。鉴定人员通过走访海关、市场调查对鉴定标的重置成本进行了测算，采用成本法确定了鉴定价格。思路清晰，依据较充分，数据准确，结论合理。

二、对此类案件进行价格鉴定时应注意以下几个问题：

（1）鉴定标的已经灭失的，要求委托方提供具备鉴定基本条件的详细资料，并注明此材料真实有效可作为价格鉴定依据，加盖委托机关公章。

（2）鉴定走私整车二手价格时，市场交易活跃的，应选用市场法进行鉴定。公式：鉴定价格＝用市场法确定的手续完备的标的价格－鉴定标的完备手续需支付的税费。

（3）对走私拼装车、改装车、切割车按国家发展改革委价格认证中心下发的《机动车价格鉴定有关问题的指导意见》规定鉴定。

（4）在计算重置成本时一定要扣除4S店销售利润。

（5）如具备条件，应到海关查询鉴定标的到岸价进行测算。

（6）使用该案件中的鉴定方法，利润率应根据当地实际情况确定。

## 案例三十四

# 涉嫌盗窃罪案件中爱马仕女包和钱夹的价格鉴定

 **案例背景情况**

2012年6月18日，犯罪嫌疑人李某与张某某在同一饭店就餐时，趁张某某上卫生间之机，心生贪念，将其爱马仕女式皮包拎走。皮包内装有爱马仕女款钱夹1个。同月20日公安机关以饭店摄像资料为线索将犯罪嫌疑人李某捉拿归案，并委托××市价格认证中心对爱马仕皮包和钱夹进行价格鉴定。

**价格鉴定结论书**

# 关于爱马仕皮包和钱夹的价格鉴定结论书

××市公安局：

根据你局委托，我中心遵循合法、公正、科学的原则，按照规定的标准、程序和方法，依法对委托书所列指的爱马仕女款皮包和钱夹进行了价格鉴定。现将价格鉴定情况综述如下：

## 一、价格鉴定标的

真品爱马仕 2011 款女士皮包和钱夹各 1 个。

## 二、价格鉴定目的

为你局办理涉嫌盗窃罪案件提供鉴定标的的价格依据。

## 三、价格鉴定基准日

2012 年 6 月 18 日。

## 四、价格定义

价格鉴定结论所指价格是：鉴定标的在价格鉴定基准日，采用公开市场价值标准确定的市场价格。

## 五、价格鉴定依据

（一）法律法规及规范性文件

1.《中华人民共和国价格法》；

2.《××省涉案财产价格鉴定条例》；

3.《扣押、追缴、没收物品估价管理办法》；

4.《关于扣押追缴没收及收缴财物价格鉴定管理的补充通知》；

5.《××省涉案财产价格鉴定操作规程（试行)》。

（二）委托方提供的有关资料

1. 价格鉴定委托书；

2. 经爱马仕上海总部鉴定出具的证明；

3. 询问笔录复印件。

（三）鉴定方收集的有关资料

1. 实物勘验资料；

2. 市场调查资料；

3. 其他相关资料。

## 六、价格鉴定方法

专家咨询法。

## 七、价格鉴定过程

我中心接受委托后，成立了价格鉴定工作小组，制定了价格鉴定作业方案，并指派 2 名价格鉴定人员于 2012 年 6 月 23 日对标的进行了实物勘验。实物勘验后，价格鉴定人员根据国家有关规程和标准，严格按照价格鉴定的程序和原则，通过认真分析研究和广泛的市场调查，确定采用市场法对标的进行价格鉴定。

（一）价格鉴定标的概述

鉴定标的为真品爱马仕 2011 款女士皮包和钱夹各 1 个，属非限量版，皮质为小牛皮，颜色为橘黄色有小暗花。皮包和皮夹同时购置于爱马仕专卖店，购置时间为 2011 年 6 月，购置价格分别为 138000 元和 7800 元。标的缝线是用白色的麻线马鞍针缝法制作的，很结实而且针脚平整。鉴定标的保养较好，有光泽，无磨损痕迹。

（二）测算过程

采用专家咨询法鉴定。

根据委托方提供的经爱马仕上海总部鉴定出具的证明，标的为真品爱马仕。经咨询专家，鉴定标的基准日收购价格为购置价格的 40% ~ 50%，取中间值 45%，销售毛利润为收购价的 10%。

$$鉴定价格 = 购置价格 \times 45\% \times (1 + 10\%)$$
$$= (138000 + 7800) \times 45\% \times (1 + 10\%)$$
$$= 72171 （元）$$

## 八、价格鉴定结论

鉴定标的真品爱马仕 2011 款女士皮包和钱夹在价格鉴定基准日的价格为人民币柒万贰仟壹佰柒拾壹元整（￥72171.00）。

## 九、价格鉴定限定条件

（一）委托方提供资料客观真实；

（二）鉴定结果精确到元。

## 十、声明

（一）价格鉴定结论受结论书中已说明的限定条件限制。

（二）委托方提供资料的真实性由委托方负责。

（三）价格鉴定结论仅对本次委托有效，不做他用。未经我中心同意，不得向委托方和有关当事人之外的任何单位和个人提供。结论书的全部或部分内容，不得发表于任何公开媒体上。

（四）鉴定机构和鉴定人员与价格鉴定标的没有利害关系，与有关当事人也没有利害关系。

（五）如对本结论有异议，可向本鉴定机构提出重新鉴定，或委托省级政府价格主管部门设立的价格鉴定机构复核裁定。

## 十一、价格鉴定作业日期

（略）。

## 十二、价格鉴定人员

（略）。

## 十三、附件

1. 价格鉴定机构资质证复印件（略）
2. 价格鉴定人员资格证复印件（略）

（公章）

2012 年 6 月 27 日

### 测算说明

#### 一、鉴定思路

该案例是对盗窃案件中真品爱马仕 2011 款女士皮包和钱夹进行价格鉴定。案例主要特点：

（1）鉴定标的属高消费奢侈品，二手交易市场并不活跃，在当地调取不到市场价格。使用成本法鉴定，成新率很难确定。

（2）通过专家咨询法调取的是标的收购价格，应在计算时考虑销售利润。

（3）要对标的基准日时的品相进行认真仔细的勘验，才能使鉴定价格更为准确。

## 二、价格鉴定标的概况

鉴定标的为真品爱马仕 2011 款女士皮包和钱夹各 1 个，属非限量版，皮质为小牛皮，颜色为橘黄色有小暗花。皮包和皮夹同时购置于爱马仕专卖店，购置时间为 2011 年 6 月，购置价格分别为 138000 元和 7800 元。标的缝线是用白色的麻线马鞍针缝法制作的，很结实而且针脚平整。鉴定标的保养较好，有光泽，无磨损痕迹。

## 三、价格鉴定过程

我中心接受委托后，成立了价格鉴定工作小组，制定了价格鉴定作业方案，并指派 2 名价格鉴定人员于 2012 年 6 月 23 日对标的进行了实物勘验。实物勘验后，价格鉴定人员根据国家有关规程和标准，严格按照价格鉴定的程序和原则，通过认真分析研究和广泛的市场调查，确定采用专家咨询法对标的进行价格鉴定。

根据委托方提供的经爱马仕上海总部鉴定出具的证明，标的为真品爱马仕。由于标的属高消费的奢侈品，二手交易市场并不活跃，在当地调取不到市场价格。使用成本法鉴定，成新率很难确定，故通过网络和其他关系联系到 3 位资深经营该品牌二手商品的经营者，通过传送影视资料和鉴定人员的详细描述，了解到鉴定标的基准日收购价格为购置价格的 40% ~ 50%，取中间值 45%，销售毛利润为收购价的 10%。

$$鉴定价格 = 购置价格 \times 45\% \times (1 + 10\%)$$
$$= (138000 + 7800) \times 45\% \times (1 + 10\%)$$
$$= 72171 （元）$$

### 案例评析

一、该案例是对盗窃案件中涉案真品爱马仕 2011 款女士皮包和钱夹进行的价格鉴定，程序合法，依据较充分，方法恰当，结论较为合理。

二、在奢侈品鉴定中，应要求委托机关提供标的真伪的相关证明材料。

三、在鉴定基准日能调到二手市场价格的应首选市场法进行价格鉴定。

四、该案例不足之处是，价格鉴定基准日距标的购买日一年时间，案例对这一年里爱马仕同款女士皮包和钱夹的价格是否有调整未作说明。

案例三十五

# 涉嫌盗窃罪案件中白玉双面雕龙纹饰双环扁腹瓶的价格鉴定

 **案例背景情况**

2012 年 7 月 6 日，位于××市丽水路 58 – 88 号的城隍珠宝二楼翠玉皇玉文化馆的展厅内一件玉摆件失窃，××市公安局××分局刑侦支队以涉嫌盗窃罪为由，于 2012 年 8 月 20 日委托××市××区价格认证中心对被盗的白玉双面雕龙纹饰双环扁腹瓶进行价格鉴定。

 **价格鉴定结论书**

## 关于白玉双面雕龙纹饰双环扁腹瓶的价格鉴定结论书

××市公安局××分局：

根据你单位委托，遵循合法、公正、科学的原则，按照规定的标准、程序和方法，我中心依法对被盗的一件白玉双面雕龙纹饰双环扁腹瓶进行价格鉴定。现将价格鉴定情况综述如下：

### 一、价格鉴定标的

白玉双面雕龙纹饰双环扁腹瓶；规格：高 204 毫米，宽 109 毫米，厚 56 毫米；重 967 克。

### 二、价格鉴定目的

为公安机关办理涉嫌盗窃罪案件提供价格依据。

### 三、价格鉴定基准日

2012 年 7 月 5 日。

### 四、价格定义

价格鉴定结论所指价格是：鉴定标的在鉴定基准日，采用公开价值标准确定的客观合理的市场价格。

### 五、价格鉴定依据

（一）法律法规及规范性文件

1.《中华人民共和国价格法》；

2.《扣押、追缴、没收物品估价管理办法》；

3.《关于扣押追缴没收及收缴财物价格鉴定管理的补充通知》；

4.《最高人民法院关于审理盗窃案件具体应用法律若干问题的解释》；

5.《价格鉴定行为规范》（2010 年版）；

6.《××市物品财产估价鉴定工作程序的规定》；

7.《××市物品财产估价鉴定管理实施办法》。

（二）委托方提供的有关资料

1. 价格鉴定委托书；

2. ××宝石鉴定中心《检验报告》；

2. 其他相关资料。

（三）鉴定方收集的资料

1. 实物勘验记录；

2. 市场调查资料；

3. 专家咨询意见。

### 六、价格鉴定方法

专家咨询法。

### 七、价格鉴定过程

我中心接受委托后，成立了价格鉴定小组，制定了价格鉴定作业方案，并指派 2 名价格鉴定人员于 2012 年 8 月 20 日对鉴定标的进行了实物勘验，根据市场调查资料和向专家咨询，确定了鉴定标的的品名、材质、工艺和市场价格，采用专家咨询法进行价格鉴定。

鉴定标的为白玉双面雕龙纹饰双环扁腹瓶一件；规格：高204毫米，宽109毫米，厚56毫米，重967克。昆仑玉，白玉微青。作品足部稍有豆花；瓶盖上有一对活环耳扣；瓶身双面雕龙，雕工水平较高，纹饰清晰，样式仿清代乾隆工风格，品相上乘。瓶上有工艺师江缶源签名。

实物勘验后，价格鉴定人员根据国家有关规程和标准，通过认真分析研究现有资料和广泛的市场调查，对价格鉴定标的在基准日状态下的市场价格进行了客观公正的测算。

## 八、价格鉴定结论

本次价格鉴定标的在价格鉴定基准日的价格为人民币叁拾伍万元整（￥350000.00）。

## 九、价格鉴定限定条件

（一）委托方提供的资料客观真实；
（二）鉴定标的按现有用途继续使用。

## 十、声明

（一）价格鉴定结论受结论书中已说明的限定条件限制。
（二）委托方提供资料的真实性由委托方负责。
（三）价格鉴定结论仅对本次委托有效，不做他用。未经我中心同意，不得向委托方和有关当事人之外的任何单位和个人提供。结论书的全部或部分内容不得发表于任何公开媒体上。
（四）鉴定机构和鉴定人员与价格鉴定标的没有利害关系，也与有关当事人没有利害关系。
（五）如对该结论有异议，可向本鉴定机构提出重新鉴定、补充鉴定或委托省级价格主管部门设立的价格鉴定机构复核裁定。

## 十一、价格鉴定作业日期

（略）。

## 十二、价格鉴定人员

（略）。

## 十三、附件

1. 价格鉴定机构资质证复印件（略）

2. 价格鉴定人员资格证复印件（略）

（公章）

2012 年 8 月 29 日

## 测算说明

### 一、鉴定思路

本案例是对被盗的特殊物品进行价格鉴定。案例主要特点：

（1）被盗物品为玉器，价值较高，属稀有、异常财物，玉器以质论价，价格鉴定人员可聘请专家就其品名、材质、工艺和市场价格给予鉴定和咨询意见。

（2）需要确定实物勘验时的标的状况与价格鉴定基准日相比是否发生变化。众所周知，玉器的外观有无瑕疵是判定玉器价值的一大标准，往往一个小小的破损就能使玉器价格发生极大的变化。价格鉴定标的从作案到追回耗时约一个月，且此玉瓶已经转手，标的有可能发生磨损、残破等质的变化。此时需要与失窃方对该玉瓶一同进行勘验，以确定标的状况有否发生变化。

### 二、价格鉴定标的的概况

鉴定标的为白玉双面雕龙纹饰双环扁腹瓶 1 件，昆仑玉，白玉微青，作品足部稍有豆花。瓶盖上有一对活环耳扣；瓶身双面雕龙，雕工水平较高，纹饰清晰，样式仿清代乾隆工风格，品相上乘。瓶上有工艺师江缶源签名。

规格：高 204 毫米，宽 109 毫米，厚 56 毫米，净重 967 克。城隍珠宝将此玉瓶锁在展厅中央的一个独立展示柜内。

经城隍珠宝工作人员确定该标的追回后性状没有发生变化，无明显破损、磨痕，与被盗时状况一致。

### 三、价格鉴定过程

我中心接受委托后，组成价格鉴定工作小组，经实物勘验和市场调查，根据委托鉴定标的，结合所收集的相关资料，确定采用专家咨询法对标的进行价格鉴定，并采用成本法进行校正。

（一）采用专家咨询法鉴定

1. 请有资质的专家。

我们聘请了 3 位在玉器界有名望、有代表性的专家。

2. 专家意见

3 位专家在各自对玉瓶进行了仔细地勘验后，分别作出了鉴定。

第一位专家认为此件白玉雕工水平高，雕刻这件玉瓶的整块毛料需要至少2000克，故毛料价格应在20万元。人工雕刻费用8万元左右，故整个玉瓶成本价格28万元。市场流通价格应为38万元。

第二位专家认为此件玉瓶为昆仑玉，玉质较佳，且雕工上乘，为市场所看好。估价27万元，市场流通价格35万元。

第三位专家认为该玉瓶为昆仑玉，玉色泛青，玉质温润，刻工细腻，整料雕镂，为高档工艺品。估价25万元，市场流通价格35万~40万元。

3. 专家意见的分析处理。

专家针对价格鉴定标的的价格提出意见及建议后，我们运用统计分析方法对专家意见进行分析处理。在这里我们采用众数法，即专家意见中出现最多的意见，作为价格鉴定的依据。这里我们认为35万元这个价格出现的最多，故暂时确定35万元作为鉴定价格。

（二）采用成本法鉴定

这里用到的成本法由于标的特殊，故不考虑年限成新率。重置成本即为最终鉴定价格。

经过市场调查，该玉瓶重967克，估算毛料2000克。根据该玉瓶材质按每克100元计，料价为20万元；根据该玉瓶工艺估算设计制作人工费需100人工，按每人工800元，计8万元；两项合计28万元，加30%利润，市场价格为36.4万元。

（三）鉴定的价格

采用专家咨询法鉴定价格为35万元，采用成本法鉴定价格为36.4万元。两种价格相差不大。综合考虑后，我们确定以35万元作为最终鉴定价格。

### 📖 案例评析

一、该案例是对刑事涉案特殊物品进行的价格鉴定，程序合法，依据较充分，方法恰当，结论较为合理。

二、专家咨询法在难以应用市场法、成本法或收益法进行价格鉴定时采用。该案涉及的标的白玉双面雕龙纹饰双环扁腹瓶，非批量制造，是刻有雕刻专家姓名的全手工雕刻玉瓶，为工艺品，仅此一件，可采用专家咨询法。但专家咨询法受人的主观因素影响较大，对专家的水平和权威性考验极大，故在请专家时，一定要请玉石行业中具有权威和代表性的专家。该案例中价格鉴定聘请的三位专家均为××市玉石行业中的代表人物，具有极高的专业性，帮助我们确定了最终的鉴定价格。

三、价格鉴定中应确定实物勘验时委托鉴定标的实体状况与鉴定基准日相比是否发生变化。特别是玉石、奢侈品等物品，如外观有毁损，会对鉴定价格造成极大的影响，故应提请委托方对基准日状态进行鉴定。

## 案例三十六

# 涉嫌盗窃罪案件中
# 乙酰胺基二甲氧基磷酸酯乙酸甲酯的价格鉴定

### 案例背景情况

　　2012 年 5 月 1 日，犯罪嫌疑人进入××生化公司对公司正在研发的氨基酸产品的组成原料（试剂）进行盗窃，公安机关迅速破案，委托××价格认证中心对×涉案物品乙酰胺基二甲氧基氧膦基乙酸甲酯进行价格鉴定。

### 价格鉴定结论书

## 关于乙酰胺基二甲氧基磷酸酯乙酸甲酯的
## 价格鉴定结论书

××市公安局：

　　根据你局的委托，我中心遵循合法、公正、科学的原则，按照规定的标准、程序和方法，依法对委托书所列指的乙酰胺基二甲氧基磷酸酯乙酸甲酯的价格进行了鉴定。现将价格鉴定情况综述如下：

### 一、价格鉴定标的

　　价格鉴定标的为乙酰胺基二甲氧基磷酸酯乙酸甲酯 1.75 千克。依据提供资料，该鉴定标的系研发的氨基酸产品的组成原料。

### 二、价格鉴定目的

　　为委托单位办理涉嫌盗窃罪案件提供价格鉴定标的的价格依据。

### 三、价格鉴定基准日

2012 年 5 月 1 日。

### 四、价格定义

价格鉴定结论所指价格是：鉴定标的在鉴定基准日，采用公开市场价值标准确定的批量生产成本价格。

### 五、价格鉴定依据

（一）法律法规及规范性文件

1. 《中华人民共和国价格法》；

2. 《扣押、追缴、没收物品估价管理方法》；

3. 《关于扣押追缴没收及收缴财物价格鉴定管理的补充通知》；

4. 《××省价格鉴证管理规定》；

5. 国家及地方有关价格鉴定方面的其他政策、法规等。

（二）委托方提供的有关资料

1. ××市公安局××分局价委鉴聘字（2012）第 8 号的价格鉴定委托书；

2. 说明及询问笔录复印件。

（三）鉴定方收集的有关资料

1. 实物勘验资料；

2. 市场调查资料。

### 六、价格鉴定方法

成本法。

### 七、价格鉴定过程

我中心接受委托后，成立了价格鉴定小组，并于 2012 年 5 月 31 日对价格鉴定标的进行了勘验。

价格鉴定人员依据鉴定标的的实际状况及委托方提供的资料，确定采用成本法进行价格鉴定，即依据价格鉴定基准日鉴定标的企业批量生产成本价格（即原料成本、人工成本及设备折旧），计算确定鉴定标的的价格。

计算过程如下：

鉴定标的价格 = 成本价格

= 原材料成本 + 人力成本 + 设备折旧

$$= 379.07 + 323.64 + 26.83$$

$$= 729.54 （元）$$

## 八、价格鉴定结论

价格鉴定标的在价格鉴定基准日的价格为人民币柒佰贰拾玖元伍角肆分整（￥729.54）。

## 九、价格鉴定限定条件

（一）委托方提供资料客观真实；

（二）鉴定标的实况以实物勘验为准；

（三）鉴定标的系研发的氨基酸产品的组成原料，市场无销售，本次鉴定按委托方提供的企业的成本价格为依据确定鉴定标的价格；

（四）本次鉴定结论以鉴定标的能正常使用为假设前提。

当上述条件发生变化时，鉴定结论一般会失效或部分失效，鉴定机构不承担由于这些条件的变化而导致鉴定结果失效的相关法律责任。

## 十、声明

（一）价格鉴定结论受结论书中已说明的限定条件限制。

（二）委托方提供资料的真实性由委托方负责。

（三）价格鉴定结论仅对本次委托有效，不做他用。未经我中心同意，不得向委托方和有关当事人之外的任何单位和个人提供。结论书的全部或部分内容，不得发表于任何公开媒体上。

（四）鉴定机构和鉴定人员与价格鉴定标的没有利害关系，也与有关当事人没有利害关系。

（五）如对本结论有异议，可说明理由向本鉴定机构提出重新鉴定，也可以委托上一级价格鉴定机构进行鉴定，或委托省级以上（含省级）政府价格主管部门设立的价格鉴定机构复核裁定。

## 十一、价格鉴定作业日期

（略）。

## 十二、价格鉴定人员

（略）。

## 十三、附件

1. 价格鉴定机构资质证复印件（略）
2. 价格鉴定人员资格证复印件（略）

（公章）

2012 年 5 月 31 日

## 测算说明

### 一、鉴定思路

鉴定标的系研发的氨基酸产品的组成原料，未进入市场销售，故考虑采用成本法确定其价格。鉴定标的的价格由原材料成本、人力成本（先期研发成本及后期生产成本）和设备折旧组成。

### 二、价格鉴定标的概况

鉴定标的乙酰胺基二甲氧基氧膦基乙酸甲酯系××生化公司正在研发的氨基酸产品的组成原料（试剂）。由羟基甲氧基乙酸甲酯等 6 项原料经两位工程师耗时 59 天研发，3 人生产而成。当时已经进入小规模生产，作为公司氨基酸产品的原料进入下一环节，没有对外销售。市场上没有同类产品的规模销售。

### 三、价格鉴定过程

（一）原材料成本

乙酰胺基二甲氧基氧膦基乙酸甲酯由原材料羟基甲氧基乙酸甲酯、乙酰胺、甲基叔丁基醚、氯化亚砜、亚磷酸三甲酯、乙酸乙酯组成，批量生产 58.2 千克，共耗费上述原材料 3216 元、750 元、4462 元、244.75 元、1772 元、2162 元，计算原材料成本。

原料成本 = $(3216 + 750 + 4462 + 244.75 + 1772 + 2162) \div 58.2 \times 1.75$

$= 12606.75 \div 58.2 \times 1.75$

$= 379.07$（元）

（二）人力成本。

1. 研发人力成本。

研发该原料所需两名工程师耗时 59 天，共批量研发 2712.45 千克。

研发人力成本 = $(49914.48$ 元 $\div 123$ 天 $\times 59$ 天 $+ 22916.04 \div 123$ 天 $\times 59$ 天$) \div 2712.45$ 千克 $\times 1.75$ 千克 $= 22.54$ 元

2. 生产人力成本。

生产该原料需 3 名工人耗时 15 天时间，批量生产 58.2 千克。

生产人力成本 = (4233.48 元 ÷ 31 天 × 2 人 × 15 天 + 12228.09 元 ÷ 31 天 × 15 天) ÷ 58.2 千克 × 1.75 千克 = 301.10 元

人力成本 = 研发人力成本 + 生产人力成本 = 22.54 元 + 301.10 元 = 323.64 元

（三）设备折旧

该原料研发、生产用到的机器 2 台，1 台为 R2212 型，总价 37397.35 元，按 5 年折旧，每天的成本是 18.70 元；1 台为方形烘箱，总价为 81585.62 元，按 5 年折旧，每天的成本是 40.79 元

设备折旧 = (18.7 + 40.79) 元/天 × 15 天 ÷ 58.2 千克 × 1.75 千克

　　　　 = 892.35 元 ÷ 58.2 千克 × 1.75 千克

　　　　 = 26.83 元

（四）价格鉴定结论

鉴定标的价格 = 原材料成本 + 人力成本 + 设备折旧

　　　　　　 = 379.07 + 323.64 + 26.83 = 729.54（元）

### 案例评析

一、该案例是对化学品原料的价格鉴定，程序合法，依据充分，方法恰当，结论合理。

二、该案例对于化学品原料的成本考虑该其原材料成本、人力成本（先期研发成本及后期生产成本）和设备折旧，较为全面，值得借鉴。

三、该生产人力成本计算时每月按 31 天计算不妥，应按实际情况计算。

## 案例三十七

# 涉嫌盗窃罪案件中网络游戏流通虚拟货币的价格鉴定

### 案例背景情况

犯罪嫌疑人于 2008 年 3、4 月间通过安装木马的手段窃取受害人游戏账号

及密码，进而将受害人账户上的游戏银子悉数转走，造成受害人的经济损失。××市公安局于 2008 年 6 月 15 日向××市价格认证中心提出价格鉴定申请。

 **价格鉴定结论书**

# 关于网络游戏流通虚拟货币的价格鉴定结论书

××市公安局：

根据你单位价格鉴定委托书的委托，遵循合法、公正、科学的原则，按照规定的标准、程序和方法，我中心依法对网络游戏流通虚拟货币进行了价格鉴定，现综述如下：

## 一、价格鉴定标的

被盗凤凰山庄游戏银子。

## 二、价格鉴定目的

为公安机关办理涉嫌盗窃罪案件提供价格依据。

## 三、价格鉴定基准日

详见价格鉴定过程。

## 四、价格定义

价格鉴定结论所指价格是：价格鉴定标的在鉴定基准日采用公开市场价值标准确定的市场价格。

## 五、价格鉴定依据

（一）法律法规及规范性文件

1. 《中华人民共和国价格法》；

2. 《扣押、追缴、没收物品估价管理办法》；

3. 《关于扣押追缴没收及收缴财物价格鉴定管理的补充通知》；

4. 《××省价格鉴定工作规程》；

（二）委托方提供的有关资料

1. 价格鉴定委托书；

2．其他相关材料。

（三）鉴定方收集的有关资料

1．市场调查资料；

2．其他相关资料。

## 六、价格鉴定方法

市场法。

## 七、价格鉴定过程

我中心接受委托后，价格鉴定人员根据委托方提供的价格鉴定标的等情况，经调查，决定采用市场法进行价格鉴定。

（1）凤凰山庄游戏银子14.95亿两，价格鉴定基准日为2008年4月16日，鉴定价格为99670元。

（2）凤凰山庄游戏银子5.2亿两，价格鉴定基准日为2008年4月29日，鉴定价格为34670元。

（3）凤凰山庄游戏银子2.3亿两，价格鉴定基准日为2008年3月29日，鉴定价格为15330元。

## 八、价格鉴定结论

鉴定标的在鉴定基准日的价格为人民币拾肆万玖仟陆佰柒拾元整（￥149670.00）

## 九、价格鉴定限定条件

委托方提供资料客观真实。

## 十、声明

（一）价格鉴定结论受结论书中已说明的限定条件限制；

（二）委托方提供资料的真实性由委托方负责；

（三）价格鉴定结论仅对本次委托有效，不做他用；

（四）鉴定机构和鉴定人员与价格鉴定标的没有利害关系，也与有关当事人没有利害关系；

（五）如对本结论有异议，可向本鉴定机构提出重新鉴定，或委托省级政府价格主管部门设立的价格鉴定机构复核裁定。

## 十一、价格鉴定作业日期

（略）。

## 十二、价格鉴定人员

（略）。

## 十三、附件

1. 价格鉴定机构资质证复印件（略）
2. 价格鉴定人员资格证复印件（略）

（公章）

2008 年 6 月 17 日

## 测算说明

### 一、鉴定思路

本案例标的为网络游戏中的虚拟货币，是游戏设计方提供的一种娱乐活动服务，具有商品属性，其价格由市场供求状况决定，故属于价格鉴定范畴，应采用市场法进行价格鉴定。

### 二、价格鉴定标的概况

本案例价格鉴定标的较特殊，被盗物为网络游戏"凤凰山庄"中所使用的虚拟货币，该游戏网站官方站点为：××××。被盗凤凰山庄游戏中银子 14.95 亿两，基准日为 2008 年 4 月 16 日；银子 5.2 亿两，基准日为 2008 年 4 月 29 日；银子 2.3 亿两，基准日为 2008 年 3 月 29 日。

### 三、价格测算过程

价格鉴定标的为网络游戏银子，该银子使用于"凤凰山庄"网络棋牌游戏中，作为游戏中确定胜负成果的虚拟货币。在该游戏官网上有游戏银子的价目表和使用方法，官方网站提供使用多种付款方式购买网银的方案。价格鉴定人员联系××客服得知银子的价格一年来未予变动，如果账户间要转移银子，只能采用游戏中故意输银或会员间赠送鲜花等方式。

同时，民间也有人对玩家出售、收购游戏银子，因此该游戏银子可交易，直接交易不违法，具有价值。网站充值时提供优惠，根据一次充值额不同赠送一定数额网银，最高为购 1000 元得到 1000 万两网银，并获赠 500 万两，本次鉴定标的均为数亿之巨，经集体审议决定以此封顶赠送方式为价格鉴定依据。

民间有游戏银子的流通和交易，但官方网站为唯一正常销售渠道并明码标价，同时官方网站申明对民间私下网银交易不提供保护，因此鉴定价格应以受保护的官网交易价格为准。

计算过程如下：

14.95 亿两、5.2 亿两、2.3 亿两充值最优惠方式均为充值 1000 元获得 1500 万两银子，即 1.5 万两银子 = 人民币 1 元。

（1）14.95 亿两 ÷ 1.5 万两 × 1 元 = 99670 元。

（2）5.2 亿两 ÷ 1.5 万两 × 1 元 = 34670 元。

（3）2.3 亿两 ÷ 1.5 万两 × 1 元 = 15330 元。

价格鉴定结论：99670 + 34670 + 15330 = 149670（元）。

**案例评析**

一、网络游戏中的虚拟货币，具有商品属性，其价格由市场供求状况决定，事实客观存在，可在价格确实产生的特定范围内进行鉴定。从另一层面分析，价格鉴定的启动权在办案机关，价格认证中心的职责是协助办案，客观地将标的的价格反映出来，实际操作中，宜采用市场法进行价格鉴定。

二、由于网络游戏银子交易的特殊性，该案例市场调查点较难寻找。官网游戏银子的优惠幅度正是市场价格水平波动的体现，故采用官网实际公示的价格，按照最大优惠幅度确定相对严谨。

三、虚则实之，把虚拟的做实，是该案例值得肯定的地方。

## 案例三十八

# 涉嫌盗窃罪案件中电动自行车的价格鉴定

**案例背景情况**

××市公安局于 2009 年 3 月 25 日侦破一起盗窃案件，案中涉及绿源牌电动自行车1辆，因办案需要，公安机关于 2009 年 3 月 26 日按规定委托××市价格认证中心对其进行价格鉴定。

 **价格鉴定结论书**

# 关于被盗电动自行车的价格鉴定结论书

××市公安局：

根据你局委托，遵循合法、公正、科学的原则，按照规定的标准、程序和方法，我中心依法对委托书所列指的电动自行车进行了价格鉴定。现将价格鉴定情况综述如下：

## 一、价格鉴定标的

绿源牌 HW－724BT 型电动自行车 1 辆。

## 二、价格鉴定目的

为公安机关办理涉嫌盗窃罪案件提供价格依据。

## 三、价格鉴定基准日

2009 年 3 月 21 日。

## 四、价格定义

价格鉴定结论所指价格是：鉴定标的在鉴定基准日，采用公开市场价值标准确定的客观合理的市场价格。

## 五、价格鉴定依据

（一）法律法规及规范性文件

1.《中华人民共和国价格法》；

2.《××省涉案财产价格鉴定条例》；

3.《扣押、追缴、没收物品估价管理办法》；

4.《关于扣押追缴没收及收缴财物价格鉴定管理的补充通知》；

5.《××省涉案财产价格鉴定操作规范》。

（二）委托方提供的有关资料

1. 价格鉴定委托书及明细表；

2. 询问笔录复印件。

（三）鉴定方收集的有关资料

1. 实物勘验资料；

2. 市场调查资料；

3. 其他相关资料。

## 六、价格鉴定方法

根据价格鉴定标的特点，一般可选用成本法和市场法进行价格鉴定。价格鉴定人员在当地市场未调查到基准日类似二手电动自行车的交易价格，无法采用市场法进行价格鉴定，经研究，确定采用成本法进行价格鉴定。

## 七、价格鉴定过程

我中心接受委托后，成立了价格鉴定小组，制定了价格鉴定作业方案，并指派2名价格鉴定人员于2009年3月26日对价格鉴定标的进行了实物勘验。

（一）价格鉴定标的勘验情况

根据委托机关提供的材料，经实物勘验，本次价格鉴定标的为绿源牌 HW – 724BT 型电动自行车 1 辆。车身颜色：黑色；电机号：C48420LYDGG70×××；电机功率：350W；铅酸电池：48V；购置日期：2007 年 12 月 20 日；被盗时间：2009 年 3 月 21 日。该车被盗时整车处于正常行驶中，后货箱及仪表盘破损，电池为原车电池；实物勘验时，实物已追回。

（二）测算过程

实物勘验后，价格鉴定人员根据国家有关规定和标准，按照价格鉴定的程序和原则，通过认真分析研究现有资料和价格调查资料，对价格鉴定标的在价格鉴定基准日的市场价格进行了客观公正的分析测算。具体情况如下：

采用成本法的作价公式为：鉴定价格 = 重置价格×成新率。

1. 重置价格的确定。

价格鉴定人员通过市场调查，鉴定基准日同型号车辆市场上已无销售，根据相同品牌、类似配置车型新车销售价格，考虑价格鉴定标的与参照物的配置差异，确定鉴定标的重置价格为 2800 元。

2. 成新率的确定。

根据×价证〔2006〕128 号文件规定，电动自行车使用年限参照标准为 5 年。该车已使用 15 个月，电池为原配电池。考虑到电动自行车主要分为车体（含电机，下同）、电池两大部分，其中车体使用年限与整车使用年限基本一致，正常情况下使用年限为 5 年，但电池使用年限要短很多，正常情况下约使用 2 年。因此本次价格鉴定中，价格鉴定人员首先计算电池、车体的成新率，然后按照各自价格在整车价格中所占的比例设置权数，从而求取价格鉴定标的成新率。

成新率 = 电池占整车价格比例 × 电池成新率 + 车体占整车价格比例 × 车体成新率

经调查，本案价格鉴定标的电池价格约占整车价格的 25%，车体占整车价格的 75%。则：

$$成新率 = 25\% \times (24 - 15) \div 24 \times 100\% + 75\% \times (60 - 15) \div 60 \times 100\%$$
$$= 65\%$$

3. 鉴定价格的确定。

$$鉴定价格 = 重置价格 \times 成新率$$
$$= 2800 \times 65\%$$
$$= 1820（元）$$

## 八、价格鉴定结论

价格鉴定标的于鉴定基准日的鉴定价格为人民币壹仟捌佰贰拾元整（￥1820.00）。

## 九、价格鉴定限定条件

委托方提供资料客观真实。

当上述条件发生变化时，鉴定结论会失效或部分失效，鉴定机构不承担由于这些条件的变化而导致鉴定结果失效的相关法律责任。

## 十、声明

（一）价格鉴定结论受结论书中已说明的限定条件限制。

（二）委托方提供资料的真实性由委托方负责。

（三）价格鉴定结论仅对本次委托有效，不做他用。未经我中心同意，不得向委托方和有关当事人之外的任何单位和个人提供。结论书的全部或部分内容，不得发表于任何公开媒体上。

（四）鉴定机构和鉴定人员与价格鉴定标的没有利害关系，与有关当事人也没有利害关系。

（五）如对本结论有异议，可向本鉴定机构提出重新鉴定，或委托省级政府价格主管部门设立的价格鉴定机构复核裁定。

## 十一、价格鉴定作业日期

（略）。

## 十二、价格鉴定人员

（略）。

## 十三、附件

1. 价格鉴定委托书复印件（略）
2. 价格鉴定机构资质证复印件（略）
3. 价格鉴定人员资格证复印件（略）

（公章）

2009 年 3 月 30 日

## 测算说明

### 一、本案例价格定义特点简析

电动自行车的盗窃案件多发生在使用阶段，价格鉴定标的一般为电动自行车整车及电动自行车电池，极少数为不含电池的电动自行车，其价值标准为公开市场价值标准，价格类型为市场价格。当电动自行车被盗时不包括电池时，应在价格定义中作相应的说明。本案例价格鉴定标的为整车，其电池为原配电池，其价格定义为：鉴定标的在鉴定基准日，采用公开市场价值标准确定的客观合理的市场价格。

### 二、本案例涉案标的特点分析

（一）详细描述价格鉴定标的概况

电动自行车是价格鉴定工作中最常见的标的物之一，其规格型号一般有上牌型号和销售型号（款式）之分。目前市场上多数品牌电动自行车的上牌型号在说明书中有标识，但在车身上很少有标注，通过调查，根据上牌型号不易调查到价格鉴定标的的市场销售价格，一般要明确其销售型号（款式）及所配电池电压、容量才能调查到其市场销售价格。因此在价格鉴定受理过程中，价格鉴定人员必须要求委托机关详细描述价格鉴定标的的概况，包括品牌、规格型号、款式、所配电池种类以及电池规格型号等。

（二）电动自行车电池残值较大

电动自行车常用电池为铅酸电池，该类电池重量较大，残值高，一般占全新价格的 15% ~25% 。目前以 48V 铅酸电池为例，不同容量的电池，以旧换新时折抵价格一般在 100 ~200 元，市场回收一般依据重量进行计算，回收价格随行就市。

（三）电动自行车电池使用年限无规定

目前，电动自行车电池经济使用寿命国家没有相应的标准，各级业务主管部门也没有统一的规定，在日常价格鉴定中，电池使用年限都是由价格鉴定人员通过市场调查确认。通过调查，铅酸电池保修期为 1 年，使用年限一般为 1.5 ~2.5 年；锂电池保修期为 2 年，使用年限一般为 3 ~5 年。

### 三、本案例鉴定方法选用及主要参数的确定分析

（一）本案例价格鉴定方法选用

电动自行车属于非机动车，理论上可选用市场法和成本法进行价格鉴定，但由于当地电动自行车二手车市场发育不成熟，目前尚无专门的旧车交易市场，有关旧车价格、修正系数、技术标准等参数难以采集，选取市场法进行价格鉴定受到限制，一般多选用成本法进行价格鉴定。

（二）主要参数的确定分析

1. 重置价格的确定。

价格鉴定人员首先要根据委托机关提供的材料及实物勘验记录，明确价格鉴定标的及其规格型号、款式，当价格鉴定标的为电动自行车整车及电动自行车电池时，其重置价格为基准日同品牌同规格价格鉴定标的的中等市场价格或修正后的市场价格；当价格鉴定标的为不包括电池的电动自行车车体时，其重置价格为基准日整车重置价格扣除价格鉴定标的原配电池中等市场价格后的价格。本案例价格鉴定标的为整车，其电池为原配电池，价格鉴定人员通过市场调查，鉴定基准日同型号车辆市场上已无销售，鉴定过程中，价格鉴定人员根据相同品牌、类似配置车型新车销售价格，并考虑价格鉴定标的与参照物的配置差异，从而确定鉴定标的重置价格。

2. 成新率的确定。

涉及电动自行车等交通工具的价格鉴定，若价格鉴定标的实物已追回，且其投入使用时间相对较长或于基准日形态发生了重大改变时，只采用使用年限法计算结果不能判断其于基准日成新状况时，可采用实际观察法或采用使用年限法和实际观察法相结合来确认价格鉴定标的成新率。采用两种方法计算价格鉴定标的成新率时，可对两种方法计算结果进行算术平均或加权平均，从而得出价格鉴定标的综合成新率。有时价格鉴定标的实物虽已追回，但由于价格鉴定基准日距实物勘验日间隔太久，实物勘验时获取的形态情况资料不足以反映其基准日物理形态时，一般采用使用年限法对其成新率进行计算。若价格鉴定标的实物未追回，且其于基准日形态没有发生重大改变的，一般先采用使用年限法对其成新率进行计算；若价格鉴定

标的实物未追回，但其于基准日形态发生重大改变的，要根据其形态改变的具体情况对采用使用年限法计算的成新率进行相应修正。

在实际价格鉴定工作中，由于电动自行车不同于自行车或摩托车，其动力来源为可更换的电池，可以将电动自行车分为车体与电池两个独立的组成部分。因电动自行车车体和电池在实际使用中的耐用年限或寿命不同，车体的耐用年限长，电池的使用寿命短，在同时正常使用的情况下，车体和电池会呈现新旧程度不同的状况，在各参数易获取的情况下，车辆成新率也可采用分部件鉴定法进行计算。

本次价格鉴定中，价格鉴定人员首先计算电池及车体成新率，然后按照各自价格在整车价格中所占的比例设置权数，从而求取价格鉴定标的成新率。成新率计算公式为：

成新率 = 电池占整车价格比例 × 电池成新率 + 车体占整车价格比例 × 车体成新率

电池及车体占整车价格比例由价格鉴定人员通过调查取得，电池及车体成新率可采用使用年限法或实际观察法计算，本次价格鉴定，价格鉴定人员采用使用年限法计算电池及车体成新率，其计算公式为：成新率 =（经济使用年限 − 已使用时间）/经济使用年限 × 100%。

经调查，本案价格鉴定标的电池约占整车价格的 25%，车体占整车价格的 75%，电动自行车的车体经济使用年限按 5 年计算，而电池的经济使用年限按 2 年计算。

价格鉴定人员在确定电动自行车成新率时，还需注意以下问题：

（1）电动自行车电池残值大，在单独鉴定电动自行车电池案件中或采用分部件鉴定法计算电动自行车成新率时，要考虑其残值对价格鉴定结论的影响。

（2）在采用使用年限法对电动自行车电池、车体及整车的成新率进行计算时，还要考虑基准日价格鉴定标的形态及电池的使用状况对成新率的影响。

（3）电动自行车各部分占整车价格比例因车辆、电池型号以及基准日的不同而存在差异，电池市场价格及其残值受市场因素影响变动较大。

具体测算过程同价格鉴定结论书，略。

## 案例评析

一、该案例的优点：

（1）价格鉴定标的描述详细，包括车辆品牌、型号、电池种类、电机号、电机功率，且价格鉴定标的基准日使用状况交代明确。

（2）选取鉴定方法得当，并考虑价格鉴定标的特点及该案鉴定目的采用了分部件鉴定方法对价格鉴定标的成新率进行综合测算。

（3）市场调查深入充分，主要参数确定合理，案例分析透彻入理，关于标的特点及行业知识的经验总结到位。

二、该案例的不足之处：

（1）在描述价格鉴定标的所配电池时，没有说明原配电池的容量，该因素对电池在整车中所占的价格比例有影响。

（2）在计算电池成新率时未考虑电池残值对价格鉴定标的成新率的影响。

（3）价格鉴定标的概况中描述了价格鉴定标的在被盗时后货箱及仪表盘存在破损情况，但计算成新率时只采用使用年限法进行计算，没考虑该因素对价格鉴定标的成新率的影响，也未对使用年限法计算车体成新率进行相应修正或说明。

## 案例三十九

# 涉嫌盗窃罪案件中被盗桂花树的价格鉴定

 **案例背景情况**

2011 年 3 月 10 日××县森林公安分局委托××县价格认证中心对 2011 年 3 月 2 日被盗的两棵桂花树（大苗）进行价格鉴定，为其办理盗窃案件提供价格依据。

 **价格鉴定结论书**

## 关于被盗桂花树的价格鉴定结论书

××县森林公安分局：

根据你局委托，我中心遵循合法、公正、科学的原则，按照规定的标准、程序和方法，依法对委托书所列指的标的进行了价格鉴定。现将价格鉴定情况综述

如下：

## 一、价格鉴定标的

两棵桂花树，品种均为金桂，树龄均为 28 年。

## 二、价格鉴定目的

为××县森林公安分局办理涉嫌盗窃罪案件提供价格依据。

## 三、价格鉴定基准日

2011 年 3 月 2 日。

## 四、价格定义

价格鉴定结论所指价格是鉴定标的在鉴定基准日，采用公开市场价值标准所确定的市场中等零售价格。

## 五、价格鉴定依据

（一）法律法规及规范性文件

1.《中华人民共和国价格法》；

2.《××省涉案财产价格鉴定条例》；

3.《扣押、追缴、没收物品估价管理办法》；

4.《关于扣押追缴没收及收缴财物价格鉴定管理的补充通知》；

5.《××省涉案财产价格鉴定操作规范》。

（二）委托方提供的有关资料

1. 价格鉴定委托书及明细表；

2. 询问笔录复印件。

（三）鉴定方收集的有关资料

1. 实物勘验资料；

2. 市场调查资料；

3. 其他相关资料。

## 六、价格鉴定方法

由于本案价格鉴定标的为大苗木，不是工厂化的标准产品，每一株大苗木都具有唯一性，而且花卉苗木的价格弹性较大，为了增加价格判断的准确性，决定采用市场法和专家咨询法相结合的方法进行价格鉴定。

## 七、价格鉴定过程

接受委托后,我中心成立了价格鉴定小组,制定了价格鉴定作业方案,鉴于价格鉴定的特殊性,我们聘请了两位林业部门的林业方面专家参与价格鉴定。我们对价格鉴定标的进行了实物勘验,并测定价格鉴定标的各项参数。

(一)价格鉴定标的概况

1 号价格鉴定标的:高度 6.5 米,冠幅 4.6 米,地径 20.2 厘米,地上 55 厘米分权,分三株共生,平均直径为 11.2 厘米,根部有空蚀部分,树形较差,长势较差。

2 号价格鉴定标的:高度 5.2 米;冠幅 5.3 米,地径 22.6 厘米,地上 65 厘米分权,分六株共生,平均直径为 10 厘米,树形较差,树势较好。

两棵桂花树,品种均为金桂,树龄均为 28 年,均未经过二次移栽。

(二)价格鉴定测算分析过程

两位林业专家根据价格鉴定标的的性状,并结合他们的营林经验,一致认为:在 2011 年 3 月 2 日,1 号价格鉴定标的市场零售价格在 1000 元左右,2 号价格鉴定标的的市场零售价格在 2000～2500 元之间。

随后,我们把价格鉴定标的的参数数据和图片提供给三家园林场(苗木公司),向他们了解与本案价格鉴定标的接近的桂花树大苗在 2011 年 3 月 2 日的市场零售价格。

被调查人之一认为:1 号价格鉴定标的的市场零售价格在 1000 元左右,2 号价格鉴定标的的市场零售价格在 2000 元左右。

被调查人之二认为:1 号价格鉴定标的的市场零售价格在 1000～1500 元之间,2 号价格鉴定标的的市场零售价格在 2000～3000 元之间。

被调查人之三认为:1 号价格鉴定标的的市场零售价格在 1100 元左右,2 号价格鉴定标的的市场零售价格在 2200 元左右。

综合两位林业专家和三家被调查单位的意见,我们鉴定在 2011 年 3 月 2 日,1 号价格鉴定标的的市场零售价格为 1100 元,2 号价格鉴定标的的市场零售价格为 2200 元。

## 八、价格鉴定结论

通过计算确定价格鉴定标的于价格鉴定基准日的鉴定价格为人民币叁仟叁佰元整(¥3300.00)。其中,1 号价格鉴定标的鉴定价格为 1100 元,2 号价格鉴定标的鉴定价格为 2200 元。

## 九、价格鉴定限定条件

（一）委托方提供资料客观真实；

（二）当上述条件发生变化时，鉴定结论会失效或部分失效，鉴定机构不承担由于这些条件的变化而导致鉴定结果失效的相关法律责任。

## 十、声明

（一）价格鉴定结论受结论书中已说明的限定条件限制。

（二）委托方提供资料的真实性由委托方负责。

（三）价格鉴定结论仅对本次委托有效，不做他用。未经我中心同意，不得向委托方和有关当事人之外的任何单位和个人提供。结论书的全部或部分内容，不得发表于任何公开媒体上。

（四）鉴定机构和鉴定人员与价格鉴定标的没有利害关系，与有关当事人也没有利害关系。

（五）如对本结论有异议，可向本鉴定机构提出重新鉴定，或委托省级政府价格主管部门设立的价格鉴定机构复核裁定。

## 十一、价格鉴定作业日期

（略）。

## 十二、价格鉴定人员

（略）。

## 十三、附件

1. 价格鉴定委托书复印件（略）
2. 价格鉴定机构资质证复印件（略）
3. 价格鉴定人员资格证复印件（略）

（公章）

2011 年 4 月 1 日

## 测算说明

### 一、本案例价格定义特点简析

本案例价格鉴定标的为两棵桂花树，树龄 28 年。标的数量较少，当地市场也有类似的交易实例，参照相关规范性及技术性文件的规定，其价格定义应为：价格鉴定标的于价格鉴定基准日，采用公开市场价值标准确定的市场中等价格。

### 二、本案例价格鉴定标的的鉴定特点分析

在苗木盗窃案件中，一般涉及的苗木多为苗圃或绿化带中苗木。对苗木类价格鉴定标的进行价格鉴定时，要注意以下几方面的问题：

（一）鉴定委托阶段

要求委托机关在价格鉴定委托书及价格鉴定委托明细表上注明价格鉴定标的的品名、品种、规格、基准日形态及价格类型、鉴定目的等。由于苗木个体的唯一性，如果涉案苗木数量较多，特别在不能逐棵确定价格鉴定标的的情况下，不建议逐棵进行价格鉴定，可要求委托方根据价格鉴定标的的基本情况进行分类，并按类委托价格鉴定，鉴定机构只对各类苗木单价进行价格鉴定。

（二）实物勘验阶段

有实物的要通过实地核查价格鉴定标的的实际情况，特别是名称、品种、规格中的高度、径级（地径、米径或胸径）、冠幅、种植年限、树形、树势、生长环境等，并查实价格鉴定标的是否经过二次移栽或苗圃培植等情况。没有实物的要通过材料核查确定鉴定基准日价格鉴定标的的基本情况，不符合受理条件的不予受理价格鉴定。

（三）市场调查阶段

1. 采价的方式、渠道主要有以下四种：一是通过本地苗木、花卉交易市场调查；二是通过聘请林业专家给出市场参考价；三是通过种植大户了解价格信息；四是通过网上查询。每种调查方式一般要询问三家以上。

2. 在进行市场询价时，一般按径级（地径、米径或胸径）、高度、冠幅、树龄进行询价，但有的苗木可能为行道树或观赏苗木，询价时还要特别注意树形对其价格的影响。

3. 所询价格可能是地栽苗价格、苗圃内上车价格、案发当地市场价格或外地市场价格，也可能是批发价格或零售价格，如果所询价格与价格鉴定标的的价格类型有差异，需要对所询价格进行相应修正。

4. 凡是案发当地有同品种、同规格的，要采集当地的价格；当地没有同品种、

同规格的，方可采集外地价格，但采集外地价格的一定要考虑检疫、运杂费等，相关费用应当是平均社会成本而不是个别成本。

### 三、本案例鉴定方法选用及主要参数的确定分析

苗木、花卉、盆景等价格鉴定标的市场上有交易的，其鉴定价格一般采用市场法计算；市场上没有交易的，其鉴定价格可根据权威部门提供的有关资料，采用专家咨询法确定。盗窃案件中涉及经济林果类资产，可根据价格鉴定标的生产的不同阶段、鉴定所需资料的收集情况，比如生产成本资料、市场交易资料、行业基本经营情况资料等，分别采用成本法、收益法及市场法进行价格鉴定。

由于本案例价格鉴定标的为大苗木，不是工厂化的标准产品，每一株大苗木都具有唯一性，虽然当地有类似的交易实例，这些同类型的大苗木价格弹性仍然较大，为了增加价格判断的准确性，经研究，确定采用专家咨询法和市场法相结合的方法进行价格鉴定。

本案不论是采用专家咨询法还是市场法进行价格鉴定，主要计算参数都是在鉴定基准日苗木市场中等零售价格的前提下选取的，该参数确认过程如下：

价格鉴定标的为两棵金桂桂花树，实物已追回，价格鉴定基准日与委托日期较近，树形没发生重大改变。鉴定机构首先聘请林业专家对树种、树龄、树势、树形、高度、冠幅、地径等直接影响桂花树大苗价格的参数进行了测定，并请林业专家根据价格鉴定标的的性状，结合他们的营林经验，估算出价格鉴定标的的市场价格；然后由价格鉴定人员根据林业专家确定的影响苗木价格参数，到园林场或苗木公司了解本县的市场行情；最后综合林业专家给出的市场价格和案发当地的市场行情，测算出价格鉴定标的的市场中等零售价格。

具体测算过程同价格鉴定结论书，略。

### 案例评析

一、对苗木类标的进行价格鉴定，首先工作要认真细致，对影响价格鉴定标的鉴定价格的相关参数要了解详实，比如苗木品名、品种、树龄、树势、树形、高度、冠幅、径级（地径、米径或胸径）以及是否经过二次移栽或苗圃培植等，该案例鉴定人员对此描述较为详细。

二、苗木、花卉、盆景等价格鉴定标的市场上有交易的，其鉴定价格一般采用市场法计算；市场上没有交易的，其鉴定价格可根据权威部门提供的有关资料，采用专家咨询法确定。根据价格鉴定标的的特点，该案例利用专家的权威性和市场的客观性，采用专家咨询法与市场法相结合的办法进行价格鉴定，说服力较强。

案例四十

# 涉嫌盗窃罪案件中杂交藏獒的价格鉴定

 **案例背景情况**

  ××市××镇村民周某与王某双方存在明确借贷关系，后贷方屡次催款未果，于2011年3月21日赴借方沙场盗走借方借养的一条看门"藏獒"。当地公安机关根据报案人材料，认为数额比较巨大，立为刑事案件。2011年3月24日案件侦破后，当事人双方对标的价格存在较大争议，一方认为价格为1000元左右，一方认为价格为15000元左右。为明确案件性质（"刑事"或"治安"），我中心受××公安局委托，对该单位扣押的一条被盗"藏獒"进行了价格鉴定。鉴定目的为是××公安局办理案件提供立案标准的价格依据。

 **价格鉴定结论书**

## 关于被盗"藏獒"的价格鉴定结论书

××市公安局：

  根据你局委托，本中心遵循合法、公正、科学的原则，按照规定的标准、程序和方法，依法对委托书所列指的"藏獒"进行了价格鉴定。现将价格鉴定情况综述如下：

### 一、价格鉴定标的

  价格鉴定标的为一条被盗黑色藏獒，3年龄，健康，体长，高0.55米，重40千克，雌性，无孕，腹部、胸部红色，白爪，嘴部窄长（长10厘米，宽5厘米），三角形耳朵直竖。

## 二、价格鉴定目的

为你局办理涉嫌盗窃罪案件提供价格依据。

## 三、价格鉴定基准日

2011 年 3 月 21 日。

## 四、价格定义

价格鉴定结论所指价格是：鉴定标的（被盗黑色藏獒）在价格委托鉴定基准日，采用公开市场价值标准确定的客观合理价格。

## 五、价格鉴定依据

（一）法律法规及规范性文件

1. 《中华人民共和国价格法》；

2. 《××省涉案物品价格鉴证条例》；

3. 《扣押、追缴、没收物品估价管理办法》；

4. 《关于扣押追缴没收及收缴财物价格鉴定管理的补充通知》；

5. 《××省价格鉴证操作规范》；

6. 《价格鉴定行为规范》（2010 年版）；

7. 其他相关法律、法规。

（二）委托方提供的有关资料

1. 价格鉴定委托书；

2. ××派出所提供的询问笔录（复印件）、扣押复印件及照片。

（三）鉴定方收集的有关资料

1. 实物勘验资料；

2. 市场调查材料；

3. 专家形成的报告。

## 六、价格鉴定方法

市场法、专家咨询法。

## 七、价格鉴定过程

我中心接受委托后，成立了价格鉴定小组，制定了价格鉴定作业方案，并对委托书及相关资料进行了审核。2011 年 3 月 24 日我单位价格鉴定人员赴××院内进行了实物勘验。鉴定标的为一条黑色杂交（藏獒和黑背）类獒形犬，3 年龄，健康，体长 1 米，高 0.55 米，重约 40 千克，雌性，无孕，腹部、胸部红色，白爪，嘴部窄长（长 10 厘米，宽 5 厘米），三角形耳朵直竖。实物勘验后，委托单位确认了藏獒协会及獒园对鉴定标的品种的鉴定结果，鉴定该犬只为德国黑背和藏獒的杂交品种。

价格鉴定人员根据国家有关规定和标准，严格按照价格鉴定的程序和原则，通过认真分析研究和广泛的市场调查，确定采用市场法和专家咨询法两种方法对标的进行价格鉴定。计算过程如下：

（一）采用市场法鉴定

标的同獒形犬交易相对活跃，根据对狗市及獒园交易成交资料的收集、调查，选取以下三个可比实例。

1. 选取可比实例。

可比实例一：2011 年 3 月 21 日××獒园成交的一条杂交雄性 3 年龄藏獒，2008 年 4 月杂交（父獒母黑背），外形相近，使用用途相同，交易价格 3700 元。

可比实例二：2011 年 3 月 10 日××獒园成交的一条杂交 3 年龄雌性藏獒，2008 年 5 月杂交（父獒母黑背），外形相似，使用用途相同，交易价格为 3500 元。

可比实例三：2011 年 3 月 24 日××獒园成交的一条杂交 3 年龄雌性藏獒，2008 年 5 月杂交（父獒母黑背），外形相近，使用用途相同，交易价格为 3600 元。

2. 求取比准价格。

可比实例一：杂交雄性一般比雌性价格高 200~300 元，犬龄多一个月，取差异系数 1.01；

可比实例二：各项系数基本相同；

可比实例三：犬龄少一个月，取差异系数 0.99。

| 修正因素 可比实例 | 交易价格（人民币元） | 交易时间修正 | 犬只性别修正 | 犬只年龄修正 | 犬只血统修正 | 犬只用途修正 | 比准价格（人民币元） |
|---|---|---|---|---|---|---|---|
| 可比实例一 | 3700 | 1 | 0.919 | 1.01 | 1 | 1 | 3434 |
| 可比实例二 | 3500 | 1 | 1 | 1 | 1 | 1 | 3500 |
| 可比实例三 | 3600 | 1 | 1 | 0.99 | 1 | 1 | 3564 |

3. 鉴定价格。

采用算术平均法求取市场法鉴定价格：

$(3434+3500+3564) \div 3 \approx 3500$（元）

（二）专家咨询法

通过选取 10 名专家，分别对鉴定标的的价格给出专家意见。

综合各类因素，确定标的"藏獒"专家咨询法的鉴定价格为3500元。

（三）鉴定标的价格

采用市场法与采用专家咨询法鉴定标的价格一致，鉴定标的"藏獒"的鉴定价格为3500元。

## 八、价格鉴定结论

鉴定标的（黑色藏獒）在价格鉴定基准日的价格为人民币叁仟伍佰元整（￥3500.00）。

## 九、价格鉴定限定条件

（一）委托方提供材料客观真实；

（二）因委托方不能提供标的品种证明，我们对标的进行了外观勘验，后经××藏獒协会、獒园鉴定为杂交犬，委托方确认了标的情况。

当上述条件发生变化时，鉴定结论会失效或部分失效，鉴定机构不承担由于这些条件的变化而导致鉴定结果失效的相关法律责任。

## 十、声明

（一）价格鉴定结论受结论书中已说明的限定条件的限制。

（二）委托方提供资料的真实性由委托方负责。

（三）价格鉴定结论仅对本次委托有效，不做他用。未经我中心同意，不得向委托方和有关当事人之外的任何单位和个人提供。结论书的全部或部分内容，不得发表于任何公开媒体上。

（四）鉴定机构和鉴定人员与价格鉴定标的没有利害关系，与有关当事人也没有利害关系。

（五）如对本鉴定结论有异议，委托机关可向鉴定机构提出重新鉴定，或委托省级政府价格主管部门设立的价格认证机构复核裁定。

## 十一、价格鉴定作业日期

（略）。

## 十二、价格鉴定人员

（略）。

## 十三、附件

1. 价格鉴定委托书复印件（略）

2. 价格鉴定机构资质证复印件（略）

3. 价格鉴定人员资格证复印件（略）

（公章）

2011 年 3 月 27 日

## 测算说明

### 一、鉴定思路及重难点分析

本案例是对被盗"藏獒"进行价格鉴定。案例主要特点如下：

（1）本次鉴定的重点是标的品种的确定。

我们在调查中发现，藏獒的品种很多，一般分为狮头獒、虎头獒、雪獒等。但大多狗主人无法准确提供自己爱犬的品种、证书等证明材料。所以我们在调查中应注意多方采集资料，对标的进行详细的勘验，获取第一手详尽资料。我们在鉴定过程中对标的进行了详尽勘验，对标的外貌、体重、体长甚至健康情况进行了勘验登记，多方寻求专业人士进行了品种鉴定，为结论的公平、公正打下了基础。

（2）本案的难点在于确定标的价格。

本案涉及的案件性质为刑事，双方当事人又存在着借贷纠纷，如果只采用一种方法，当事人不易接受。结合标的特点，价格鉴定人员采用市场法和专家鉴定法分别进行鉴定，相互验证，结合确定鉴定价格，保证结论的客观公正。

同时，我们在调查过程中发现，犬的成交价格不仅与买方的喜好及推销手段有很大关联，而且犬的外形、年龄、用途等都影响着犬的价格，甚至连獒爪上毛的多少、长短也影响着犬的价格。考虑到即使同等品相的犬只市场交易价格各不相同，差异较大，我们在进行调查取证的时候，对取证的材料进行了必要的甄别、选取及登记。为确定标的价格，我们经过多方调查确立了以 3 家有资质的獒园选取可比实例，并请在当地登记的藏獒协会成员组成专家咨询组，对收集的资料进行认真分析研究，以确保科学、合理的鉴定结论。本次价格鉴定中，可比实例的外形、使用用途等与标的相差不大，我们主要考虑的是犬的年龄的调整系数。

### 二、价格鉴定标的概况

鉴定标的为一条黑色杂交类獒形犬，3 年龄，健康，体长 1 米，高 0.55 米，重 40 千克，雌性，无孕，腹部、胸部红色，白爪，嘴部窄长（长 10 厘米，宽 5 厘米），三角形耳朵直竖。

鉴定人员于 2011 年 3 月 24 日对标的进行实物勘验后，与委托方进行协商，确定了标的外形特征。

### 三、价格鉴定过程

本中心接受委托后，组成价格鉴定工作小组，经市场调查，根据委托标的并结合所搜集的相关资料，确定采用市场法和专家咨询法对标的进行价格鉴定。经市场调查相关专业人士，鉴定一般犬的生理年限为 10 ~ 12 年，幼犬及 2 ~ 3 年龄犬交易比较活跃，因为 2 年龄犬步入青年，各种生活习性已初步确立，3 年龄犬相当于人到中年，生活习性已彻底确立，故 2 年龄犬的价格要高于 3 年龄犬，但当犬的使用用途为看门护院时，3 年龄犬比 2 年龄犬有优势，价格略高。

（一）采用市场法鉴定

标的同型犬交易相对活跃，根据对狗市及獒园交易成交资料的收集、调查，选取以下三个可比实例。

1. 选取可比实例。

可比实例一：2011 年 3 月 21 日××獒园成交的一条杂交 3 年龄雄性藏獒，2008 年 4 月杂交（父獒母黑背），外形相近。

可比实例二：2011 年 3 月 10 日××獒园成交的一条杂交 3 年龄雌性藏獒，2008 年 5 月杂交（父獒母黑背），外形相似。

可比实例三：2011 年 3 月 24 日××獒园成交的一条杂交 3 年龄雌性藏獒，2008 年 5 月杂交（父獒母黑背），外形相近。

2. 求取比准价格。

可比实例一：交易时间与标的相同，外形相近，交易价格 3700 元，因杂交雄性一般比雌性价格高 200 ~ 300 元，年限多一个月，取差异系数 1.01。

比准价格 1 = (3700 - 300) × 1.01 = 3434（元）

可比实例二：2011 年 3 月 10 日××獒园成交的一条杂交 3 年龄雌性藏獒，2008 年 5 月杂交（父獒，母黑背），外形相似；各项系数基本相同，交易价格为 3500 元。

可比实例三：2011 年 3 月 24 日××獒园成交的一条杂交 3 年龄雌性藏獒，2008 年 5 月杂交（父獒母黑背），外形相近，年限少一个月，交易价格为 3600 元，取差异系数 0.99。

比准价格 3 = 3600 × 0.99 = 3564（元）

3. 鉴定价格。

采用算术平均法，（比准价格 1 + 比准价格 2 + 比准价格 3）÷ 3 = 3499.33 元，因可比实例 2 外形特征等情况与标的基本一致，取 3500 元。

（二）专家咨询法

专家咨询组 10 位专家对鉴定标的给出的价格如下：

1. ××獒园×××经理：3200~3300元；

2. ××獒园×××副经理：3300元左右；

3. ××协会×××理事长：3700元左右；

4. ××协会×××秘书长：3800元左右；

5. ××獒园×××：3200~3300元；

6. ××獒园×××：3200~3400元；

7. ××协会×××秘书长：3800元左右；

8. ××协会×××副秘书长：3900元左右；

9. ××獒园×××：3400元；

10. ××獒园×××：3500左右。

采用算术平均法：（3250 + 3300 + 3700 + 3800 + 3250 + 3300 + 3800 + 3900 + 3400 + 3500）÷ 10 = 3500.00（元）。

（三）鉴定标的价格

采用市场法、专家咨询法鉴定标的价格一致，因此，确定标的藏獒的鉴定价格为3500元。

## 案例评析

对涉案动物进行价格鉴定时，应注意以下几点：

一、对委托单位提供的委托书及相关材料进行详细的审核，让委托方尽量地提供动物的品种、年龄、买卖明细及动物用途等相关证明材料。委托方无法提供动物的品种、买卖明细等证明材料的，应对标的进行详细的勘验，并多取影像资料，找有资质的、大型的动物商店或交易市场进行咨询、调查。

二、该案例的要点在于价格鉴定方法的选择及使用。仅采用一种方法鉴定，有失偏颇。考虑到幼犬的大小、外形特征及犬的喂养成本不好确定，无法采用成本法进行鉴定。价格鉴定人员采用市场法和专家咨询法分别进行鉴定，相互验证，综合确定鉴定价格，保证了结论的客观准确性。

三、采用专家咨询法进行价格鉴定时，要找具有一定资质、社会影响力大、公信度高的专业人士，要明确并登记其工作单位、联系方式，要注意专家一定要与本案没有直接或间接的利害冲突。

四、委托鉴定时标的与实物勘验调查情况存在差别时，要提请委托方对标的进行明确鉴定。

**案例四十一**

# 涉嫌盗窃罪案件中
# 山水及花鸟画作品的价格鉴定

**案例背景情况**

　　赵某某，B市人，系国家一级美术师，中国美术家协会会员，B市书画院副院长，A省花鸟画研究会副会长。2010年10月13日，赵某某与犯罪嫌疑人何某就赵某某书画作品进行交易协商，何某以中间人身份将赵某某约至××市温泉镇期间，何某以让赵某某与购画人商谈为名，借故支开赵某某后，将赵某某携带的33幅书画作品盗走逃逸。据此，××市公安局委托××价格认证中心对赵某某被盗书画作品进行价格鉴定。

**价格鉴定结论书**

## 关于赵某某33幅山水及花鸟画的价格鉴定结论书

××市公安局：

　　根据你单位委托，我中心遵循合法、公正、科学的原则，按照规定的标准、程序和方法，依法对委托书所列指的赵某某33幅山水及花鸟画进行了价格鉴定。现将价格鉴定情况综述如下：

### 一、价格鉴定标的

　　《畅游秋光中》等33幅山水及花鸟画。作者：赵某某。规格数量分别为：168厘米×68厘米，18幅；68厘米×68厘米，7幅；90厘米×60厘米，7幅；69厘米×34厘米，1幅。详见《价格鉴定明细表》。

## 二、价格鉴定目的

为你局办理涉嫌盗窃罪案件提供价格依据。

## 三、价格鉴定基准日

2010 年 10 月 13 日。

## 四、价格定义

价格鉴定结论所指价格是：鉴定标的在价格鉴定基准日，采用公开市场价值标准确定的书画作品市场可能实现的交易价格。

## 五、价格鉴定依据

（一）法律法规及规范性文件

1. 《中华人民共和国价格法》；

2. 《扣押、追缴、没收物品估价管理办法》；

3. 《关于扣押追缴没收及收缴财物价格鉴定管理的补充通知》；

4. 《××省赃物罚没物管理条例》；

5. 《××省价格鉴定工作程序规定》。

（二）委托方提供的有关资料

1. ××市公安局 157 号价格鉴定委托书；

2. ××市公安局提供的《询问笔录》，《中国书画收藏投资行情》等有关资料。

（三）鉴定机构收集的有关资料

1. 实物勘验资料；

2. 市场调查资料。

## 六、价格鉴定方法

市场法。

## 七、价格鉴定过程

我中心接受委托后，成立了价格鉴定小组，制定了价格鉴定作业方案，并于 2010 年 12 月 18 日在××市价格认证中心办公室对标的进行了实物勘验。经勘验，标的《畅游秋光中》等 33 幅山水及花鸟画。作者：赵某某；规格数量分别为：168 厘米×68 厘米，18 幅；68 厘米×68 厘米，7 幅；90 厘米×60 厘米，7 幅；69 厘米×34厘米，1 幅。上述画作均为赵某某现代作品，33 幅作品内在品质及风格一致，作品名称、数量、规格与委托资料相符。

根据标的状况，决定采用市场法进行价格鉴定。

经调查，赵某某为国家一级美术师、中国美术协会会员、××省花鸟画研究会副会长、××书画院副院长。价格鉴定人员调查了赵某某作品的近期市场行情，参考《中华人民共和国文化部市场发展中心艺术品质部》ISC 2000 评审价格，经集体讨论研究，确定赵某某 33 幅山水及花鸟画的价格为 345600 元。

### 八、价格鉴定结论

鉴定标的赵某某《畅游秋光中》等 33 幅山水及花鸟画在价格鉴定基准日的价格为人民币叁拾肆万伍仟陆佰元整（￥345600.00），详见价格鉴定明细表。

### 九、价格鉴定限定条件

（一）委托方提供资料客观真实；

（二）本结论书的价格为书画作品市场可能实现的交易价格。

### 十、声明

（一）价格鉴定结论受结论书中已说明的限定条件的限制。

（二）此结论仅对本次委托有效，不做他用。未经我中心同意，不得向委托方和有关当事人之外的任何单位和个人提供。结论书的全部或部分内容，不得发表于任何公开媒体上。

（三）委托机关提供资料的真实性由委托方负责。

（四）鉴定机构和鉴定人员与价格鉴定标的没有任何利害关系，也与有关当事人没有任何利害关系。

（五）如对本结论有异议，可向本价格鉴定机构提出重新鉴定，或委托省级以上（含省级）政府价格主管部门设立的价格鉴定机构复核裁定。

### 十一、价格鉴定作业日期

（略）。

### 十二、价格鉴定人员

（略）。

### 十三、附件

1. 价格鉴定明细表

2. 价格鉴定机构资质证复印件（略）

3. 价格鉴定人员资格证复印件（略）

（公章）

2010 年 12 月 24 日

附件 1

## 价格鉴定明细表

| 序号 | 品名 | 规格 | 数量（幅） | 作品年代 | 鉴定金额（元） |
|---|---|---|---|---|---|
| 1 | 畅游秋光中 | 168 厘米 × 68 厘米 | 1 | 现代 | 12800 |
| 2 | 情有自山春 | 168 厘米 × 68 厘米 | 1 | 现代 | 12800 |
| 3 | 信知天下无双品　独占人间第一香 | 168 厘米 × 68 厘米 | 1 | 现代 | 12800 |
| 4 | 清夏 | 168 厘米 × 68 厘米 | 1 | 现代 | 12800 |
| 5 | 青山自有情 | 168 厘米 × 68 厘米 | 1 | 现代 | 12800 |
| 6 | 雾锁松林间 | 168 厘米 × 68 厘米 | 1 | 现代 | 12800 |
| 7 | 花开时节动京城 | 168 厘米 × 68 厘米 | 1 | 现代 | 12800 |
| 8 | 暗香浮动月黄昏 | 168 厘米 × 68 厘米 | 1 | 现代 | 12800 |
| 9 | 荷塘清趣 | 168 厘米 × 68 厘米 | 1 | 现代 | 12800 |
| 10 | 春风花开第一枝 | 168 厘米 × 68 厘米 | 1 | 现代 | 12800 |
| 11 | 谁言秋色不如春　待到重阳景自新 | 168 厘米 × 68 厘米 | 1 | 现代 | 12800 |
| 12 | 花开不是辛劳种　自得凝香绕紫色 | 168 厘米 × 68 厘米 | 1 | 现代 | 12800 |
| 13 | 十里清香 | 168 厘米 × 68 厘米 | 1 | 现代 | 12800 |
| 14 | 紫气东来 | 168 厘米 × 68 厘米 | 1 | 现代 | 12800 |
| 15 | 雨身如影情依依 | 168 厘米 × 68 厘米 | 1 | 现代 | 12800 |
| 16 | 春风得意 | 168 厘米 × 68 厘米 | 1 | 现代 | 12800 |
| 17 | 唯有牡丹真国色　花开时节动京城 | 168 厘米 × 68 厘米 | 1 | 现代 | 12800 |
| 18 | 荷塘清趣 | 168 厘米 × 68 厘米 | 1 | 现代 | 12800 |
| 19 | 春风得意 | 90 厘米 × 60 厘米 | 1 | 现代 | 9600 |
| 20 | 金秋时节 | 90 厘米 × 60 厘米 | 1 | 现代 | 9600 |
| 21 | 五月竹桃花正红 | 90 厘米 × 60 厘米 | 1 | 现代 | 9600 |
| 22 | 花开春将到 | 90 厘米 × 60 厘米 | 1 | 现代 | 9600 |

续表

| 序号 | 品名 | 规格（厘米） | 数量（幅） | 作品年代 | 鉴定金额（元） |
|---|---|---|---|---|---|
| 23 | 秋风阵阵 | 90 厘米 ×60 厘米 | 1 | 现代 | 9600 |
| 24 | 三月春风里 | 90 厘米 ×60 厘米 | 1 | 现代 | 9600 |
| 25 | 瑶池生碧荷 | 90 厘米 ×60 厘米 | 1 | 现代 | 9600 |
| 26 | 清江秋色 | 68 厘米 ×68 厘米 | 1 | 现代 | 6400 |
| 27 | 十里清香绕曲岸 | 68 厘米 ×68 厘米 | 1 | 现代 | 6400 |
| 28 | 春情 | 68 厘米 ×68 厘米 | 1 | 现代 | 6400 |
| 29 | 花开时节动京城 | 68 厘米 ×68 厘米 | 1 | 现代 | 6400 |
| 30 | 荷塘清趣 | 68 厘米 ×68 厘米 | 1 | 现代 | 6400 |
| 31 | 无名花鸟画（牡丹）（花鸟） | 68 厘米 ×68 厘米 | 2 | 现代 | 12800 |
| 32 | 荷塘清趣 | 69 厘米 ×34 厘米 | 1 | 现代 | 3200 |
| 合计 |  |  |  |  | 345600 |

## 测算说明

### 一、鉴定思路

本案例是对被盗书画作品进行价格鉴定。案例主要特点：

（1）标的是当代作家所绘，市场上有类似作品的交易参考价；

（2）涉案书画作品数量较多，分别确定各幅作品价格难度较大。

### 二、价格鉴定标的概况

《畅游秋光中》等 33 幅山水及花鸟画。作者：赵某某。规格数量分别为：168 厘米 ×68 厘米，18 幅；68 厘米 ×68 厘米，7 幅；90 厘米 ×60 厘米，7 幅；69 厘米 ×34 厘米，1 幅。详见《价格鉴定明细表》。

### 三、价格鉴定过程

（一）实物勘验

受理委托后，我中心成立价格鉴定小组，对委托资料进行了审核，对实物进行了勘验，与办案人员就案情进行了解，并与书画作者赵某某先生进行了沟通，经其确认，33 幅作品均系其近期作品。

（二）价格信息采集

因书画作品并非一般商品，其价格受多种因素影响，涉及作者的名望、购画者的认知程度、属地的价格环境等因素，故在资料采集中，一定要充分考虑各种因素。我们主要采集了以下资料：

（1）经调查，赵某某作为国家一级美术师、中国美术家协会会员，其作品价格由国家文化部予以评审。国家文化部市场发展中心给予赵某某作品的评审价格为每平尺 4000 元。

（2）收集的 2008 年秋季"金融与收藏"拍卖会拍卖赵某某作品《瑶池生碧荷》（规格 69 厘米×137 厘米）单幅作品拍卖价 17600 元，每平尺 2200 元。

（3）收集到 2010 年人民美术出版社《当代最具收藏投资价值国画家行情》，赵某某书画作品参考价格为每平尺 4000 元。

（4）咨询了××市有关专家。据××市书画协会会长党××先生介绍，作为国家美术协会会员，每年要向国家上交 1~2 幅作品，国家文化部亦是据此对会员作品进行价格评审。会员上交的作品均是本人作品中的精品，价格相对较高，本次价格鉴定涉及的作品应为精品与一般作品并存，其一般作品价格应在每平尺 2000 元左右较为适宜。

（5）采集了××市"居家墨艺"的销售情况。根据经营者介绍，赵某某先生书画作品在案发当地每平尺 1000~2000 元较为合适。

（三）集体审议情况

价格鉴定小组对案件进行了集体审议。

针对采集的价格信息，大家一致认为，资料来源正当，采集途径合法，虽然价格差别较大，但依然真实可信，出现差别的原因主要是受地区环境、市场状况、作品质量、人为和自然等因素的影响，均是在合理范围之内。

（四）鉴定价格确定

根据调查及集体审议情况，鉴定小组认为：赵某某书画作品价格应以××市（案发地）市场价格为主要参考依据，兼顾其他各种因素，确定合适价格。

经鉴定小组综合分析，考虑该案作品较多，精品与一般作品难以确定，经与办案人员沟通，均按一般作品定性，确定赵某某作品××市市场价格每平尺 1600 元，33 幅作品价格共计 345600 元。

（五）出具结论书

在以上工作的基础上，我中心依据有关法律法规，在法定时限内，客观公正地出具了价格鉴定结论书。鉴定标的在价格基准日价格为人民币叁拾肆万伍仟陆佰元整。

◆ **案例评析**

一、该案例是对涉案的书画作品进行的价格鉴定，程序合法，依据较充分，方法恰当，结论较为合理。

二、在价格鉴定过程中，首先通过其本人确认了书画的真伪和优劣，解决了书画价格鉴定的一大难题。该案例市场调查比较充分，考虑了多种因素，并对标的价格做了相应调整。

三、该案例的不足：

（1）不能因涉案的书画作品较多而忽略精品与一般作品的界定。该案将33幅作品均按一般作品定性，有失公正。

（2）字画的价格受地域、人文等因素影响，应该在"限定条件"里进行说明。

## 案例四十二

# 涉嫌盗窃罪案件中被盗铜像雕塑的价格鉴定

 **案例背景情况**

2010年11月22日，××县公安局委托××价格认证中心对××县国家花木博览园被盗的铜像雕塑进行价格鉴定。铜像雕塑是花木博览园的重点景观，××价格认证中心接受委托后，立即成立了价格鉴定小组，对鉴定标的进行了实物勘验，详细记录鉴定标的被盗物品的规格型号，并对鉴定标的进行了全方位的拍照。

 **价格鉴定结论书**

## 关于对被盗铜像雕塑的价格鉴定结论书

××县公安局：

受你单位委托，遵循合法、公正、科学的原则，按照规定的标准、程序和方法，我中心依法对委托书所列指的被盗铜像雕塑进行价格鉴定，现将价格鉴定情况综述如下：

## 一、价格鉴定标的

鉴定标的为××县国家花木博览园被盗"青出于蓝"中铜制小孩造型雕塑,高114.5厘米、宽80厘米;"琼下戏语"中铜鼓造型雕塑,直径35厘米,高13厘米。雕塑均为黄铜雕塑,黄铜厚度平均0.5厘米。

## 二、价格鉴定目的

为××县公安局办理涉嫌盗窃罪案件提供价格依据。

## 三、价格鉴定基准日

2010年11月10日。

## 四、价格定义

价格鉴定结论所指价格是:鉴定标的在价格鉴定基准日,采用公开市场价值标准确定的市场价格。

## 五、价格鉴定依据

(一)法律法规及规范性文件

1.《中华人民共和国价格法》;

2.《扣押,追缴、没收物品估价管理办法》;

3.《关于扣押追缴没收及收缴财物价格鉴定管理的补充通知》;

4.《××省赃物罚没物管理条例》。

(二)委托方提供的有关资料

1. 价格鉴定委托书;

2. 委托方提供的其他材料。

(三)鉴定方收集的有关资料

1. 实物勘验资料;

2. 市场调查资料。

## 六、价格鉴定方法

市场法。

## 七、价格鉴定过程

我中心接受委托后,成立了价格鉴定小组,制定了详细的鉴定作业方案,并对鉴定标的进行了详细的实物勘验和市场调查。

经实物勘验，被盗的××县国家花木博览园内的二组雕塑具体情况为："青出于蓝"中的小孩造型雕塑被盗，两只手臂被锯断，两只手指被掰断；"琼下戏语"中的铜鼓造型雕塑被盗。我中心鉴证人员带着被盗雕塑实物到我省两家雕塑公司进行了现场询问，并电话咨询了××省多家知名雕塑公司。根据委托方提供的有关资料，确定和鉴定方收集的有关资料，确定采用市场法进行价格鉴定，关于价格鉴定计算的具体情况见价格鉴定明细表。

## 八、价格鉴定结论

鉴定标的在价格鉴定基准日的价格为人民币贰万伍仟叁佰元整（￥25300.00）。

## 九、价格鉴定限定条件

委托方提供资料客观真实。

## 十、声明

（一）价格鉴定结论受结论书中已说明的限定条件限制。

（二）委托机关提供资料的真实性由委托方负责。

（三）此结论仅对本次委托有效，不做他用。未经我中心同意，不得向委托方和有关当事人之外的任何单位和个人提供。结论书的全部或部分内容，不得发表于任何公开媒体上。

（四）鉴定机构及鉴定人员与价格鉴定标的没有利害关系，也与有关当事人没有利害关系。

（五）如对本结论有异议，可以向本价格鉴定机构提出重新鉴定，或委托省级政府价格主管部门设立的价格鉴定机构复核裁定。

## 十一、价格鉴定作业日期

（略）。

## 十二、价格鉴定人员

（略）。

## 十三、附件

1. 价格鉴定明细表
2. 价格鉴定机构资质证复印件（略）

3. 价格鉴定人员资格证复印件（略）

（公章）

2010 年 12 月 5 日

附件 1

## 价格鉴定明细表

单位：元

| 序号 | 品名 | 鉴定基准日 | 规格型号 | 鉴定金额 | 备注 |
|---|---|---|---|---|---|
| 1 | 小孩造型雕塑 | 2010 – 11 – 10 | 高 114.5 厘米、宽 80 厘米 | 20300 | |
| 2 | 铜鼓造型雕塑 | 2010 – 11 – 10 | 直径 35 厘米，高 13 厘米 | 5000 | |
| 合计 | | | | 25300 | |

## 测算说明

### 一、鉴定思路

根据委托方提供资料，该二组雕像的材质均为纯黄铜浇铸而成，黄铜厚度平均为 5 毫米。铜像雕塑属于工艺品，我们根据工艺品价格鉴定的原则与程序对其进行了鉴定。

### 二、价格鉴定标的概况

经实物勘验，被盗的二组铜像雕塑名称分别为"青出于蓝"、"琼下戏语"。具体情况为："青出于蓝"造型中，儿童雕像被盗。儿童整体高度为 114.5 厘米，宽度为 80 厘米。"琼下戏语"造型中的铜鼓雕像被盗，铜鼓横截面直径为 35 厘米，高 13 厘米。

### 三、价格鉴定过程

该案案情比较复杂，根据委托方提供的资料显示，鉴定标的价值 45 万元，理由是该雕塑均为纯黄铜浇铸而成，并且是出自名家之手，该雕塑的制作者为清华大学的教授。我们要求委托方提供制作人相应的资质证明，委托方无法提供，为此，我们抛开工艺品出自名家之手的鉴定因素，结合市场调查情况，根据类似参照物的价格，综合确定其市场价格。

由于铜像雕塑业属于新兴行业，在当地比较冷门，找不到类似的参照物，因此我们带着被盗雕像的实物以及现场照片，走访了弘智博美雕塑设计有限公司和中雕雕塑艺术有限公司，询问制作该铜像雕塑的市场价格行情。同时，又电话咨询了××省多家雕塑公司，询问制作该铜像雕塑的市场价格。具体情况如下：

| 品　名 | 市场价格（元） | | |
|---|---|---|---|
| | 弘智博美雕塑设计有限公司 | 中雕雕塑艺术有限公司 | 太运公共环境雕塑艺术有限公司 |
| 儿童造型雕塑 | 18000 | 18000 | 25000 |
| 铜鼓造型雕塑 | 5000 | 5000 | 5000 |

综合以上调查情况，我中心进行了集体审议，最终采用算术平均法确定鉴定标的市场中准价格分别为：

儿童造型：20300 元

铜鼓造型：5000 元

合计：25300 元

## 案例评析

一、该案例是对刑事涉案被盗铜像雕塑进行价格鉴定，程序合法，依据较充分，方法恰当，结论较为合理。

二、在价格鉴定过程中，价格鉴定人员将标的定位为工艺品比较准确，市场调查较为充分。

三、该案例要点：案情较为复杂，报案损失为 45 万元，经价格鉴定人员去伪存真，找到了合理确定标的价格的路径，并通过跨地区调查，得出合理的结论。

## 案例四十三

# 涉嫌盗窃罪案件中青砖茶的价格鉴定

 **案例背景情况**

2012 年 8 月 3 日，犯罪嫌疑人将某某砖茶厂有限责任公司的 60 片 ×× 牌青砖茶盗走。××市公安机关以涉嫌盗窃罪为由，于 2012 年 8 月 9 日委托××市价格认证中心对 60 片××牌青砖茶销往本地市场的出厂价格进行鉴定。

 **价格鉴定结论书**

## 关于青砖茶的价格鉴定结论书

××市公安局：

根据你局的委托，遵循合法、公正、科学的原则，按照规定的标准、程序和方法，我中心依法对委托书所列指的 60 片××牌青砖茶销往本地市场的出厂价格进行了鉴定。现将价格鉴定情况综述如下：

### 一、价格鉴定标的

鉴定标的为××牌青砖茶 60 片，规格为每片重 2000 克。

### 二、价格鉴定目的

为公安机关办理涉嫌盗窃罪案件提供鉴定标的的价格依据。

### 三、价格鉴定基准日

2012 年 8 月 3 日。

### 四、价格定义

价格鉴定结论所指价格是：鉴定标的在价格鉴定基准日，采用公开市场价值标准确定的××省××茶厂有限责任公司销往本地市场的出厂价格。

### 五、价格鉴定依据

（一）法律法规及规范性文件

1.《中华人民共和国价格法》；

2.《扣押、追缴、没收物品估价管理办法》；

3.《关于扣押追缴没收及收缴财物价格鉴定管理的补充通知》；

4.《××省涉案物品价格评估管理办法》；

5.《××省涉案财物价格鉴定操作规程》。

（二）委托方提供的有关资料

1. 价格鉴定委托书；

2.《××省××茶厂有限责任公司关于调整我公司青砖茶规格和价格的函》；

3. ××省××茶厂有限责任公司销售发货通知单。

（三）鉴定方收集的有关资料

1. 实物勘验资料；

2. 市场调查资料；

3. 其他相关资料。

## 六、价格鉴定方法

市场法。

## 七、价格鉴定过程

我中心接受委托后，成立了价格鉴定工作小组，制定了价格鉴定作业方案，并指派 2 名价格鉴定人员于 2012 年 8 月 7 日对标的进行了实物勘验。

鉴定标的为××牌青砖茶，规格为每片重 2000 克，体积（厘米）：34×31.5×24，生产厂家为××省××市××茶厂有限责任公司。该厂生产青砖茶历史悠久，产品畅销国内外市场，产品选料精良，按传统工艺加工制作而成，具有独特的内质和口味，其化腻健胃、御寒提神的饮用功效为其他茶类所不及。砖茶是内蒙古人民的生活必需品，该厂销往内蒙古地区的青砖茶享受国家财政补贴。

实物勘验后，价格鉴定人员根据国家有关规程和标准，严格按照价格鉴定的程序和原则，通过认真分析研究和广泛的市场调查，确定采用市场法刘标的进行价格鉴定。根据委托方提供的《××省××茶厂有限责任公司销售发货通知单》和《关于调整我公司青砖茶规格和价格的函》得知，××省××茶厂有限责任公司生产的××牌青砖茶销往内蒙古地区出厂价每片 24.36 元（享受国家财政补贴），销往本地及内蒙古以外的其他地区的出厂价每片 60 元。

按照委托人的要求，本次价格鉴定以××省××茶厂有限责任公司生产的××牌青砖茶销往本地及内蒙古以外的其他地区的出厂价每片 60 元计算，则鉴定价格 = 60 片 ×60 元/片 =3600 元。

## 八、价格鉴定结论

鉴定标的在价格鉴定基准日本地市场的出厂价格为人民币叁仟陆佰元整（￥3600.00）。

## 九、价格鉴定限定条件

（一）委托方提供资料客观真实；

（二）本次鉴定按委托方要求，对 60 片××牌青砖茶销往本地市场的出厂价格进行鉴定。

## 十、声明

（一）价格鉴定结论受结论书中已说明的限定条件限制。

（二）委托方提供资料的真实性由委托方负责。

（三）价格鉴定结论仅对本次委托有效，不做他用。未经我中心同意，不得向委托方和有关当事人之外的任何单位和个人提供。结论书的全部或部分内容，不得发表于任何公开媒体上。

（四）鉴定机构和鉴定人员与价格鉴定标的没有利害关系，与有关当事人也没有利害关系。

（五）如对本结论有异议，可向本鉴定机构提出重新鉴定，或委托省级政府价格主管部门设立的价格鉴定机构复核裁定。

## 十一、价格鉴定作业日期

（略）。

## 十二、价格鉴定人员

（略）。

## 十三、附件

1. 价格鉴定委托书复印件（略）
2. 价格鉴定机构资质证复印件（略）
3. 价格鉴定人员资格证复印件（略）

（公章）

2012 年 8 月 9 日

## 测算说明

### 一、鉴定思路

委托方要求对被盗××牌青砖茶销往本地市场的出厂价格进行鉴定。该案例标的较为特殊，为尚在生产环节、已包装好未出厂销售的产成品。根据委托人要求，我中心确定采用市场法进行价格鉴定。

### 二、价格鉴定标的概况

鉴定标的为××牌青砖茶，每片净重2000克。鉴定人员于2012年8月7日对标的××牌青砖茶进行了实物勘验，××牌青砖茶体积：34厘米×31.5厘米×24厘米，已包装成袋，每袋10片，共包装成6袋，为××省××市××茶厂有限责任公司未销售产成品。

### 三、价格鉴定过程

我中心接受委托后，组成价格鉴定工作小组，经实物勘验和市场调查，根据委托鉴定标的，结合所收集的相关资料，确定采用市场法对标的进行价格鉴定。

标的××牌青砖茶市场销售价格混乱，根据市场交易资料的收集、调查，有以下三种价格：

1. ××省××茶厂有限责任公司销往内蒙古地区出厂价格。

经调查，××省××茶厂有限责任公司销往内蒙古地区的××牌青砖茶有财政补贴，每吨出厂价（一批价）为12940元，含铁路运输费260元，每吨现款结算折扣为500元。折算每片价格为24.36元。

2. ××省××茶厂有限责任公司销往本地及除内蒙古以外的其他地区出厂价格。

根据《关于调整我公司青砖茶规格和价格的函》、《××省××茶厂有限责任公司销售发货通知单》，××牌青砖茶出厂价每吨60元。

3. ××市市场零售价格。

由于个别销售人员违规操作，将应销往内蒙古地区的青砖茶直接批发给本地零售商，造成××市的市场零售价出现每吨40元左右的情况。

### 四、鉴定价格

根据《××省××茶厂有限责任公司关于调整我公司青砖茶规格和价格的函》及销售发货通知单，该公司生产的××牌青砖茶销往内蒙古地区出厂价为每片24.36元（享受国家财政补贴），销往本地及除内蒙古以外的其他地区出厂价为每片60元。委托方要求鉴定销往本地市场的出厂价格，故按××省××茶厂有限责任公司销往本地及除内蒙古以外的其他地区出厂价每片60元为价格鉴定依据。

鉴定价格 = 60 片 × 60 元/片 = 3600 元。

**案例评析**

一、该案例是对刑事涉案青砖茶进行的价格鉴定，程序合法，依据较充分，方法恰当，结论较为合理。

二、对一般物品的价格鉴定而言，如果有公开活跃的市场，应采用市场法。

该案例鉴定标的较为特殊，为尚在生产环节、已包装好未出厂销售的产成品。出厂价格有两种：销往内蒙古地区出厂价每片 24.36 元（享受国家财政补贴），销往本地及除内蒙古以外的其他地区出厂价每片 60 元。而在当地市场，由于个别销售人员违规操作，将应销往内蒙古地区的青砖茶直接批发给本地零售商，造成××市的市场零售价出现每片 40 元左右的情况。该案例采用××省××茶厂有限责任公司销往本地市场及除内蒙古以外的其他地区的出厂价格作为鉴定的价格依据较为合理。

## 案例四十四

# 涉嫌盗窃罪案件中网络游戏币的价格鉴定

 **案例背景情况**

2010 年 2 月 18 日，××网络游戏工作室的一名工作人员利用工作之便私自将隶属于工作室的网络游戏币（魔兽世界）转到自己的网络账号上，再到网络会所把盗窃的网络游戏币卖给了玩家。××县公安局以犯罪嫌疑人涉嫌盗窃罪为由，于 2010 年 9 月 28 日委托××价格认证中心对涉案网络游戏币进行价格鉴定。

**价格鉴定结论书**

# 关于网络游戏币的价格鉴定结论书

××县公安局：

根据你局的委托，遵循合法、公正、科学的原则，按照规定的标准、程序和方法，我中心依法对涉案网络游戏虚拟货币的价格进行了鉴定。现将鉴定情况综述如下：

## 一、价格鉴定标的

网络游戏币；数量60万金币；网络游戏名称：魔兽世界；服务器：全区全服。

## 二、价格鉴定目的

为公安机关办理涉嫌盗窃罪案件提供标的的价格依据。

## 三、价格鉴定基准日

2010年2月18日。

## 四、价格定义

价格鉴定结论中所指价格是：价格鉴定标的在价格鉴定基准日，采用公开市场价值标准确定的合理价格。

## 五、价格鉴定依据

（一）法律法规及规范性文件

1.《中华人民共和国价格法》；

2.《扣押、追缴、没收物品估价管理办法》；

3.《关于扣押追缴没收及收缴财物价格鉴定管理的补充通知》；

4.《××省涉案物价格鉴证管理条例》；

5.《××省涉案物价格鉴证工作规范》；

6.《关于审理盗窃案件具体应用法律若干问题的解释》。

（二）委托方提供的资料

1. 价格鉴定委托书；

2. 与本案相关的资料：网络游戏币在5173网站、淘宝网站、腾讯拍拍网站等网络交易平台挂单记录和交易记录复印件。

（三）鉴定方收集的资料

1. 调查笔录；

2. 市场调查资料；

3. 其他相关资料。

### 六、价格鉴定方法

市场法。

### 七、价格鉴定过程

我中心接受委托后，成立了价格鉴定小组，制定了价格鉴定作业方案。价格鉴定人员仔细审核了委托方提供标的在 5173 网站、淘宝网站、腾讯拍拍网站等的挂单资料、交易记录和向相关魔兽世界网络游戏玩家提取的调查笔录。

价格鉴定人员根据国家有关规程和标准，严格按照价格鉴定的程序和原则，通过认真分析研究和广泛的市场调查，确定采用市场法对标的进行价格鉴定。计算过程如下：

基准日期间，网络游戏币（魔兽世界金币）在 5173 网站、淘宝网站、腾讯拍拍网站等网络交易平台上面向魔兽世界全区全服务器的网络交易单价和魔兽世界网络游戏玩家购买 1 枚网络游戏币的价格分别是 0.03 元、0.029 元、0.031 元，价格鉴定人员综合各方面实际情况确定基准价格为 0.03 元。即：

$$标的鉴定值 = 交易单价 \times 数量 = 0.03 元 \times 600000 币 = 18000 元$$

### 八、价格鉴定结论

价格鉴定标的在价格鉴定基准日的价格为人民币壹万捌仟元整（￥18000.00）。

### 九、价格鉴定限定条件

（一）委托方提供的资料客观真实；

（二）本次价格鉴定的有关情况仅以委托方提供的资料为依据；

（三）鉴定结论未考虑国家宏观经济政策发生变化以及自然力和其他不可抗力的影响。

当上述条件发生变化时，鉴定结论会失效或部分失效，鉴定机构不承担由于这些条件的变化而导致鉴定结果失效的相关法律责任。

### 十、声明

（一）价格鉴定结论受结论书中已说明的限定条件限制。

（二）委托方提供资料的真实性由委托方负责。

（三）价格鉴定结论仅对本次委托有效，不做他用。未经我中心同意，不得向委托方和有关当事人之外的任何单位和个人提供。结论书的全部或部分内容，不得发表于任何公开媒体上。

（四）鉴定机构和鉴定人员与价格鉴定标的没有利害关系，也与有关当事人没有利害关系。

（五）如对本价格鉴定结论有异议，可向本鉴定机构提出重新鉴定，或委托省级以上政府价格主管部门设立的价格鉴定机构复核裁定。

## 十一、价格鉴定作业日期

（略）。

## 十二、价格鉴定人员

（略）。

## 十三、附件

1. 价格鉴定机构资质证复印件（略）
2. 价格鉴定人员资格证复印件（略）

（公章）<br>2010 年 10 月 8 日

## 测算说明

本案例是对网络游戏币进行价格鉴定。案例主要特点有：网络虚拟物品是网络游戏风行的产物，是指在网络游戏服务商预设的网络游戏环境下，存在于虚拟的网络游戏世界中可能受到法律保护的客体，具体包括虚拟网络游戏币、虚拟装备（武器、装甲、药剂等）、虚拟动植物（宠物、盆景等）、虚拟角色（虚拟人、ID 账号）等。

综上因素，价格鉴定人员对失主的经营情况进行了调查。失主系一家网络游戏工作室负责人，主要经营项目：面向魔兽世界网络游戏全服务器低价收购或者利用工作室工作人员在游戏中赚取的网络游戏币再通过 5173 网站、淘宝网站、腾讯拍拍网站等网络交易平台以适当的价格向魔兽世界玩家销售，从中获取利润。

鉴定思路如下：

（1）当前，国家承认虚拟财产的合法性，而虚拟网络游戏币是玩家通过法定货币向网游工作室或网游企业购买的，具有现实的货币交易，这样的虚拟财产价值具有社会真实性，属于刑法保护的范畴。

（2）标的为网络游戏币，怎么正确对待网络游戏币与现实法定货币属性是在价格鉴定过程中首先要面对并且解决的问题。标的属于在特定环境和特定人员之间流通的物品，从"需求"到"供给"的关系来看，属相对关系，而根据市场流通的规律，任何市场流通的物品就必定有其相应的价格。

（3）网络游戏币应当具有经济价值，因需要玩家花费大量时间、精力、金钱的投入，蕴含了玩家独特的劳动成果并具有独特的经济价值，理应成为受法律保护的财产。

测算过程同价格鉴定结论书，略。

### 📖 案例评析

一、该案例是对刑事涉案网络游戏币进行的价格鉴定，程序合法，思路新颖，依据较充分，方法得当，结论较为合理。

二、在调查相关资料的过程中，考虑了从众多网络交易平台和相关魔兽世界网络游戏玩家提取资料，并做了相应调整。

三、该案例的要点在于基准日价格的确认上。网络游戏币、虚拟装备、虚拟角色等虚拟财产，其价格鉴定可通过玩家在购买点数或与其他玩家的交易事实得以确定，类似虚拟财产显然不能1∶1折算成法定货币，但可参考玩家在交易过程中的具体支付额度来确定。

## 案例四十五

# 涉嫌盗窃罪案件中钨砂坯的价格鉴定

 **案例背景情况**

2010年8月15日，9名犯罪嫌疑人窜至×××公司409工区七中段至十四段井内，趁开采工人刚放完炮，偷窃钨砂坯 187 千克。××县人民法院以盗窃为由，于 2011 年 3 月 3 日委托××市价格认证中心对被盗的钨砂坯进行价格鉴定。

 **价格鉴定结论书**

# 关于钨砂坯的价格鉴定结论书

××县人民法院：

根据你院的委托，遵循合法、公正、科学的原则，按照规定的标准、程序和方法，我中心依法对被盗的钨砂坯进行了价格鉴定，现将价格鉴定情况综述如下：

## 一、价格鉴定标的

187 千克钨砂坯。

## 二、价格鉴定目的

为法院办理涉嫌盗窃罪案件提供价格依据。

## 三、价格鉴定基准日

2010 年 8 月 15 日。

## 四、价格定义

价格鉴定结论所指的价格是：采用公开市场价值标准确定鉴定标的在鉴定基准日的××市场价格。

## 五、价格鉴定依据

（一）法律法规及规范性文件

1.《中华人民共和国价格法》；

2.《扣押、追缴、没收物品估价管理办法》；

3.《扣押追缴没收及收缴财物价格鉴定管理的补充通知》；

4.《××省涉案物价格鉴证管理条例》；

5.《××省涉案物价格鉴定工作规范》。

（二）委托方提供的有关资料

1. 价格鉴定委托书；

2. 价格鉴定物品清单；

3. 标的照片；

4. ××县公安局公安行政处理决定书、扣押物品清单、过秤笔录等复印件；

5. ××省有色金属质量监督检验授权站 2010 年 8 月 19 日出具的《检验报告》复印件。

（三）鉴定方收集的有关资料

市场价格调查资料。

## 六、价格鉴定方法

成本法。

## 七、价格鉴定过程

我中心接受委托后，成立了价格鉴定小组，制定了价格鉴定作业方案。

价格鉴定人员于 2011 年 3 月 9 日在委托方的陪同下前往标的所在地对标的进行实物勘验。由委托人认可并提供的 ×× 省有色金属质量监督检验授权站 2010 年 8 月 19 日出具的检验报告显示，该标的是纯度为 56.32% 的 187 千克钨砂坯。钨砂坯统称为黑乌矿。标的位于 ×× 县 ×× 钨业有限公司 409 工区七中段至十四中段，该矿体多产于岩体内外接触带，以岩体内为主，受岩体内构造裂隙控制，主要由黑钨组成。

价格鉴定人员对标的的加工程序、运输工具、运输距离、损耗率、销售价格等情况进行了调查，参与调查的所有人员在调查笔录上确认并签字。经调查了解，钨砂坯需要通过破碎、筛选、清洗后加工成黑钨精矿石才能对外销售。加工过程中的平均损耗率为 42%。我中心根据调查情况和标的的市场价格行情，确定鉴定标的在价格鉴定基准日的价格为 8045 元。

## 八、价格鉴定结论

价格鉴定标的在价格鉴定基准日的价格为人民币捌仟零肆拾伍元整（￥8045.00）。

## 九、价格鉴定限定条件

（一）委托方提供的资料客观真实；

（二）鉴定结论是在 ×× 省有色金属质量监督检验授权站 2010 年 8 月 19 日出具

的《检验报告》确定的重量和品位的前提下作出的。

## 十、声明

（一）价格鉴定结论受本结论书中的限定条件限制，若限定条件发生变化，本鉴定结论无效，鉴定机构不承担相关法律责任。

（二）委托方提供资料的真实性由委托方负责。

（三）价格鉴定机构和价格鉴定人员与价格鉴定标的及当事人没有利害关系。

（四）价格鉴定结论仅对本次委托有效，不做他用。未经本中心同意，不得向委托方和有关当事人之外的任何单位和个人提供。结论书的全部或部分内容，不得发表于任何公开媒体上。

（五）如对本价格鉴定结论有异议，可向本鉴定机构提出重新鉴定，或委托省级以上政府价格主管部门设立的价格鉴定机构复核裁定。

## 十一、价格鉴定作业日期

（略）。

## 十二、价格鉴定人员

（略）。

## 十三、附件

1. 价格鉴定机构资质证复印件（略）
2. 价格鉴定人员资格证复印件（略）

（公章）

2011 年 3 月 11 日

## 测算说明

### 一、鉴定思路

本案例是对被盗的钨矿坯进行价格鉴定。案例主要特点：

（1）鉴定基准日该标的为原钨砂坯，含其他杂质水分较多，纯度含量差异较大，且市场不活跃，没有可比参照物，所以不宜用市场法鉴定计算。

（2）实物勘验时标的为大小不齐的散装块，总重量为 187 千克，价格鉴定要以基准日的国家纯度标准、计算标准为依据，所以要对标的的重量进行换算。

（3）鉴定标的是从矿洞刚开采出来的钨砂坯，杂质含量较多，对外销售必须通过破碎、筛选、清洗后加工成黑钨精矿石后，才能对外销售，在加工过程中必然会产生一定的损耗。

## 二、价格鉴定标的概况

鉴定标的为刚放完炮、掉落在地的钨矿坯，位于××省××钨业有限公司409工区七中段至十四中段。××省有色金属质量监督检验授权站2010年8月19日出具的检验报告显示，该标的纯度为56.32%，重量为187千克。

价格鉴定人员于2011年3月9日对标的进行了实地勘验。该标的形状为黑色大小不齐菱状块，而且带有少量的水分和泥土、石块。

## 三、价格鉴定过程

本中心接受委托后，成立了价格鉴定工作小组，经实地勘验和市场调查，根据委托鉴定标的，结合所收集的相关资料，确定采用成本法对标的进行价格鉴定。

计算公式：鉴定价格 = 标吨价格 × 被盗标吨数量。

（一）鉴定标的纯度确定

2010年8月18日经××省有色金属质量监督检验授权站检验报告显示，被盗标的含黑钨纯度为56.32%，重量为187千克。

（二）标的综合损耗率确定

被盗的钨矿坯必须加工成黑钨精矿石后才能对外销售，加工程序包括破碎、筛选、清洗等程序。经市场调查，钨砂坯加工过程中损耗率分别为35%、40%、50%。

标的综合损耗率 = （35% + 40% + 50%）÷ 3 = 42%

（三）标的纯度折算标准的确定

标的标吨数量 = 标的数量 × （1 - 综合损耗率）× （标的纯度 ÷ 标吨纯度）

$\qquad$ = 187千克 × （1 - 42%）× （56.32% ÷ 65%）

$\qquad$ = 93.98千克

（四）重置价格的确定

经调查××省有色集团××钨业有限公司2010年8月20日的购销合同，确定黑钨精矿石的标吨价格为85600元。

标的价格 = 标吨价 × 标的标吨数量

$\qquad$ = 85600元 × 0.09398吨

$\qquad$ = 8045元（取整数位）

**案例评析**

一、该案例是对刑事涉案钨砂坯进行的价格鉴定，程序合法，依据较充分，方法恰当。

二、在测算重置成本过程中，该案例充分考虑了开采出来的钨砂坯必须加工成黑钨精矿石后才能对外销售的因素。同时因在每道工序中均产生一定的损耗，又计算了综合损耗率，在标吨数量的折算上考虑比较全面。但该案例未考虑钨砂坯加工成黑钨精矿石所需的成本和加工利润，导致价格鉴定结论错误。

## 案例四十六

# 涉嫌盗窃罪案件中皱纹盘母鲍鱼的重新价格鉴定

 **案例背景情况**

2007 年 5 月 11 日，在××市××经济开发区发生了一起盗窃养殖鲍鱼的案件。被盗窃"鲍鱼"的数量共 55 千克，犯罪嫌疑人被抓获。案发后，当地公安局委托××市××区价格认证中心进行价格鉴定。××市××区价格认证中心根据委托方提供资料，经实物勘验和市场调查，一致鉴定价格鉴定标的为"皱纹盘母鲍鱼"。之后采用市场法，按市场中等价格每千克 560 元进行鉴定计算，并出具了价格鉴定结论书（××市××区价鉴字〔2007〕38 号）。

价格鉴定结论书出具后，在价格鉴定限定的异议期限内各方均未提出异议。至 2008 年 2 月，××市××区人民法院开庭审理该案件时，犯罪嫌疑人对原鉴定价格提出异议，要求法院委托××市××区价格认证中心对其所盗窃的鲍鱼进行重新价格鉴定。

## 价格鉴定结论书

# 关于皱纹盘母鲍鱼的重新价格鉴定结论书

××市××区人民法院：

根据你院委托，遵循合法、公正、科学的原则，按照规定的标准、程序和方法，我中心依法对委托的皱纹盘母鲍鱼进行了重新价格鉴定。现将价格鉴定情况综述如下：

### 一、价格鉴定标的

价格鉴定标的为皱纹盘母鲍鱼，重量共 55 千克。

### 二、价格鉴定目的

为你院办理涉嫌盗窃罪案件提供鉴定标的的价格依据。

### 三、价格鉴定基准日

2007 年 5 月 11 日。

### 四、价格定义

价格鉴定结论所指价格是：鉴定标的在价格鉴定基准日，采用公开市场价值标准所确定的客观合理价格。

### 五、价格鉴定依据

（一）法律法规及规范性文件

1. 《中华人民共和国价格法》；

2. 《扣押、追缴、没收物品估价管理办法》；

3. 《关于扣押追缴没收及收缴财物价格鉴定管理的补充通知》；

4. 《价格鉴定行为规范》（2010 年版）；

5. 《××省涉案物价格鉴定操作规程》；

6. 《关于进一步做好违法犯罪案件涉案财物价格鉴定工作的意见》；

7. 其他有关法律、法规。

（二）委托方提供的有关资料

1. ××市××区人民法院鉴定委托书；

2. 价格鉴定结论书（××市××区价鉴字〔2007〕38 号）复印件等。

（三）鉴定方收集的有关资料

市场调查所收集的资料。

## 六、价格鉴定方法

市场法。

## 七、价格鉴定过程

我中心接受委托后，重新指定 2 名价格鉴定人员成立价格鉴定小组，制定了价格鉴定作业方案。通过核实，价格鉴定标的为皱纹盘母鲍鱼，重量共 55 千克。

价格鉴定人员进行了市场调查，根据××鲍鱼养殖场的专业人士介绍，本地区养殖的皱纹盘母鲍鱼在被养至每年的 9 月份时才成为母鲍，其价值相对较高。而 5 月份的所谓皱纹盘母鲍鱼的市场中等销售价格为每千克人民币 220 元，则鉴定标的价格 =55 千克×220 元/千克 =12100 元。

## 八、价格鉴定结论

经市场调查和综合计算，核定鉴定标的价格为人民币壹万贰仟壹佰元整（￥12100.00）。价格鉴定结论书（××市××区价鉴字〔2007〕38 号）废止。

## 九、价格鉴定限定条件

（一）委托方提供的资料客观真实；

（二）价格鉴定结论仅限于委托单位的委托范围。

## 十、声明

（一）价格鉴定结论书（××市××区价鉴字〔2007〕38 号）废止。

（二）价格鉴定结论受结论书中已说明的限定条件限制。

（三）委托方提供资料的真实性由委托方负责。

（四）价格鉴定结论仅对本次委托有效，不做他用。未经我中心同意，不得向委托方和有关当事人之外的任何单位和个人提供。结论书的全部或部分内容，不得发表于任何公开媒体上。

（五）鉴定机构和鉴定人员与价格鉴定标的没有利害关系，与有关当事人也没有利害关系。

（六）如对本结论有异议，可向省级政府价格主管部门设立的价格鉴定机构提出复核裁定。

## 十一、价格鉴定作业日期

（略）。

## 十二、价格鉴定人员

（略）。

## 十三、附件

1. ××市××区人民法院鉴定委托书复印件（略）
2. 鉴定标的照片（略）
3. 价格鉴定机构资质证复印件（略）
4. 价格鉴定人员执业资格证复印件（略）

（公章）

2008 年 2 月 29 日

## 测算说明

我中心接受委托后，成立了价格鉴定小组，详细了解案件情况，同时对整个案件的经过作了进一步审查梳理。我们调取原实物照片等相关资料，到市场上进行价格调查。一开始，调查的结果与原来所定价格差不多，但我们感觉比较模糊，难以确定。因此，鉴定人员不畏艰辛，决定直接深入到红海湾同一地区的鲍鱼养殖场进行了实地调查。根据鲍鱼养殖场的专业人员介绍，该种鲍鱼确实是"皱纹盘母鲍鱼"，但本地区养殖的皱纹盘母鲍鱼要在其被养殖到每年的 9 月份时才能成为真正的母鲍鱼，其价值也相对较高，近年的市场价格每千克 500～600 元。而 5 月份的所谓"皱纹盘母鲍鱼"的市场价格则较低，仅略高于其他普通鲍鱼的价格，市场价格每千克 200～240 元。至此，我们遵循合法、公正、科学的原则，按照规定的标准、程序，采用市场法进行鉴定测算，经比较修正后确定标的价格为每千克 220 元，依法为委托方出具了重新价格鉴定结论，并将原价格鉴定结论书废止。我们积极严谨的工作态度，得到了各方的认可，使该案得以如期判决。

### 案例评析

一、涉案财物价格鉴定涉及罪与非罪和量刑轻重的法律问题，存在一定的价格鉴定风险。这要求价格鉴定人员，首先必须严肃认真地对待案件，按规范操作；其次要树立敬业精神和对工作负责的服务理念，对每一宗涉案财物的价格都应当作深入的市场价格调查和分析。

二、值得注意的是，该案例中的关键是市场价格时点问题所造成的价格差异。相同的物品，由于鉴定时点不同，其市场价格就可能出现不同。因此，在受理和进行价格鉴定时，应当做到慎之又慎，尽量把鉴定风险降到最低，力求每一份价格鉴定结论都能体现客观、公正、科学、合理，经得起社会考量。

三、鉴定标的鲍鱼的品种、规格等应由委托方在委托书中明确并出具质检报告。

## 案例四十七

# 涉嫌盗窃罪案件中封胶盒模具的价格鉴定

 **案例背景情况**

2011 年 11 月 20 日，××市××地的××塑料制品厂车间被盗塑料模具一批。××市公安局以涉嫌盗窃立案，委托××市价格认证中心对塑料模具进行价格鉴定。

 **价格鉴定结论书**

## 关于封胶盒模具的价格鉴定结论书

××市公安局：

根据你单位委托，遵循合法、公正、科学的原则，按照规定的标准、程序和方法，我中心对涉案的封胶盒模具进行了价格鉴定。现将价格鉴定情况综述如下：

## 一、价格鉴定标的

封胶盒模具等共 4 项，详见价格鉴定明细表。

## 二、价格鉴定目的

为委托方办理涉嫌盗窃罪案件提供鉴定标的的价格依据。

## 三、价格鉴定基准日

2011 年 11 月 20 日。

## 四、价格定义

价格鉴定结论所指价格是：鉴定标的在价格鉴定基准日，采用公开市场价值标准确定的市场价格。

## 五、价格鉴定依据

（一）法律法规及规范性文件

1.《中华人民共和国价格法》；

2.《扣押、追缴、没收物品估价管理办法》；

3.《关于扣押追缴没收及收缴财物价格鉴定管理的补充通知》

4.《××省赃物估价管理条例》；

5.《××省涉案资产价格鉴定技术规程》。

（二）委托方提供的有关资料

1. 价格鉴定委托书；

2. 询问笔录；

3. 委托方提供的其他相关资料。

（三）鉴定方收集的有关资料

1. 实物调查资料；

2. 市场调查资料；

3. 其他相关资料。

## 六、价格鉴定方法

成本法。

## 七、价格鉴定过程

我中心接受委托后，成立了价格鉴定小组，制定了价格鉴定作业方案，并指派

3 名价格鉴定人员于 2011 年 11 月 25 日到被盗模具的生产车间了解标的相关情况。

鉴定标的为塑料模具一批，因被盗物品已被销赃，无法进行实物勘验。经调查了解及根据委托方提供的相关材料，该批模具外框材料主要为 45 号钢，少量用 A3 钢，内腔用国产 718 钢或铬 12（Cr12）钢，型号、外形尺寸、重量及制成年限如下：

| 序号 | 品名 | 规格<br>（型号） | 数量<br>（件） | 外形尺寸 | 重量<br>（千克） | 制成年限<br>（年） |
|---|---|---|---|---|---|---|
| 1 | 封胶盒模具 | P41 | 1 | 450 毫米 ×210 毫米 ×210 毫米 | 130 | 2008 |
| 2 | 封胶盒模具 | P18 | 1 | 420 毫米 ×220 毫米 ×200 毫米 | 125 | 2008 |
| 3 | 封胶盒模具 | 2155 | 1 | 300 毫米 ×200 毫米 ×220 毫米 | 85 | 2009 |
| 4 | 封胶盒模具 | P35 | 1 | 470 毫米 ×200 毫米 ×220 毫米 | 140 | 2007 |

计算公式：鉴定价格 =（重置成本 - 残值）× 成新率 + 残值

根据《××省涉案资产价格鉴定技术规程》专用设备经济寿命参考年限，塑料加工用设备的经济寿命为 15 年。残值按废旧钢铁回收价计算，根据市场调查，基准日本地同类废旧钢铁回收价为每千克 3 元。综上，鉴定标的价格如下：

| 序号 | 品名 | 重置成本（元） | 残值（元） | 成新率（%） | 鉴定金额（元） |
|---|---|---|---|---|---|
| 1 | 封胶盒模具 | 8480 | 130 ×3 = 390 | 73 | 6296 |
| 2 | 封胶盒模具 | 8306 | 125 ×3 = 375 | 73 | 6165 |
| 3 | 封胶盒模具 | 7190 | 85 ×3 = 255 | 80 | 5803 |
| 4 | 封胶盒模具 | 8350 | 140 ×3 = 420 | 66 | 5654 |

## 八、价格鉴定结论

鉴定标的封胶盒模具等 4 项在价格鉴定基准日的市场价格共计人民币贰万叁仟玖佰壹拾捌元整（￥23918.00），具体如下：

### 价格鉴定明细表

| 序号 | 品名 | 规格（型号） | 计量单位 | 数量 | 鉴定金额（元） |
|---|---|---|---|---|---|
| 1 | 封胶盒模具 | P41 | 件 | 1 | 6296 |
| 2 | 封胶盒模具 | P18 | 件 | 1 | 6165 |
| 3 | 封胶盒模具 | 2155 | 件 | 1 | 5803 |
| 4 | 封胶盒模具 | P35 | 件 | 1 | 5654 |
| 合　计 | | | | | 23918 |

## 九、价格鉴定限定条件

（一）委托方提供资料客观、真实、完整；

（二）因委托方未能提供实物进行勘验，本次价格鉴定根据委托方材料及委托书提供标的相关参数，以其于价格鉴定基准日处于正常使用和维护保养状态为假设条件进行鉴定。

## 十、声明

（一）价格鉴定结论受结论书中已说明的限定条件限制。

（二）委托方提供资料的真实性由委托方负责。

（三）价格鉴定结论仅对本次委托有效，不做他用。未经我中心同意，不得向委托方和有关当事人之外的任何单位和个人提供。结论书的全部或部分内容，不得发表于任何公开媒体上。

（四）价格鉴定机构和价格鉴定人员与价格鉴定标的没有利益关系，也与有关当事人没有利害关系。

（五）如对本结论有异议，可向本鉴定机构提出重新鉴定，或委托省级政府价格主管部门设立的价格鉴定机构复核裁定。

## 十一、价格鉴定作业日期

（略）。

## 十二、价格鉴定人员

（略）。

## 十三、附件

1. 价格鉴定委托书复印件（略）
2. 价格鉴定机构资质证复印件（略）
3. 价格鉴定人员资格证复印件（略）

（公章）

2011 年 12 月 10 日

## 测算说明

### 一、鉴定思路

本案例是对被盗塑料模具进行价格鉴定。案例主要特点：

（1）鉴定标的被盗后已被犯罪嫌疑人销赃，委托方无法提供实物进行勘验，只能提供部分模具生产的产品，及部分与被盗模具生产产品相似的样品。

（2）由于委托方未能提供标的实物，无法勘验其在价格鉴定基准日的保养及维护情况。经委托方调查后，确认标的在价格鉴定基准日处于正常使用和维护保养状态，并在委托书上予以注明。我中心以此为假设前提进行鉴定。

（3）由于产品要求的不同，决定了每个模具的设计都有其独特性，因此在市场上很难找到与标的相同或相似的模具交易案例进行比较，故不具备运用市场法进行价格鉴定的条件，综合考虑后采用成本法进行价格鉴定。

（4）本地模具生产加工基本以作坊式生产为主，生产企业少且分布比较分散，未形成有效竞争，造成有些情况下对同一种模具给出的重置价差别较大，在确定重置价格时要注意甄分、权衡、调整。

（5）鉴定标的重量比较大，在计算过程中应考虑残值对标的价值的影响。

## 二、价格鉴定标的概况

鉴定标的为封胶盒模具等共 4 项（详见前表）。

鉴定人员于 2011 年 11 月 25 日到案发车间了解标的相关情况，标的已被销赃，委托方未能提供标的进行实物勘验，但能提供类似模具作为参考，以及被盗部分模具生产的产品（4 号标的），另有部分与被盗模具生产的产品相似的样品（1、2、3 号标的）。同时了解到该批模具外框材料主要为 45 号钢，少量用 A3 钢，内腔用国产 718 钢或铬 12（Cr12）钢，均为 1 模 1 即 1 次可成型 1 个产品。

## 三、价格鉴定过程

我中心接受委托后，成立了价格鉴定小组，经到案发车间了解标的情况后，价格鉴定小组人员根据国家有关规定和标准，严格按照价格鉴定的程序和原则，通过认真分析研究现有资料和价格调查，运用成本法对价格鉴定标的在价格鉴定基准日的市场价格进行价格鉴定。

计算公式：鉴定价格 =（重置成本 - 残值）× 成新率 + 残值

（一）重置成本的确定

在市场调查时，价格鉴定人员选取了××模具厂和××数控公司作为询价对象，即作为有购买意向的客户向其询价，以达到真实报价的目的，其中到××数控公司调查时是由事主陪同。

价格鉴定人员向两家模具生产企业展示了事主提供的产品样品和到事主模具厂所拍的类似模具的照片，并介绍了有些样品为标的物生产的产品，有些样品并非标的物生产的产品，只是在外形和尺寸上比较类似。两家企业结合照片、产品样品和价格鉴定人员或事主介绍的情况，给出了上述模具在他们厂生产所需的价格，详见下表。

单位：元

| 序号 | 品名 | 规格（型号） | ××模具厂重置价格 | ××数控公司重置价格 |
|------|------|-------------|-----------------|-------------------|
| 1 | 封胶盒模具 | P41 | 10000 | 6960 |
| 2 | 封胶盒模具 | P18 | 10000 | 6612 |
| 3 | 封胶盒模具 | 2155 | 8000 | 6380 |
| 4 | 封胶盒模具 | P35 | 15000 | 5500 |

重置成本确定如下：

1. 封胶盒模具 P41：重置成本取××模具厂和××数控公司价格的算术平均值，即（10000 + 6960）÷ 2 = 8480（元）。

2. 封胶盒模具 P18：重置成本取××模具厂和××数控公司价格的算术平均值，即（10000 + 6612）÷ 2 = 8306（元）。

3. 封胶盒模具 2155：重置成本取××模具厂和××数控公司价格的算术平均值，即（8000 + 6380）÷ 2 = 7190（元）。

4. 封胶盒模具 P35：因两生产企业所给重置价格结果相差较远，本次价格鉴定重置成本取加权平均值。到××数控公司调查时有事主陪同参加，而××模具厂的重置价是该厂技术人员通过查看鉴定人员所拿产品样品后进行的估算。考虑到事主对该模具加工精度要求，工艺复杂程度以及对产品的熟悉程度，其在咨询时所做的叙述必定比价格鉴定人员更为准确，因此在取权重时应侧重考虑××数控公司提供的价格。综上所述，××数控公司重置价取权重70%，××模具厂重置价取权重30%。因此本项标的重置成本为：15000 × 0.3 + 5500 × 0.7 = 8350（元）。

（二）成新率的确定

1. 在委托方提供的受害人询问笔录中，受害人描述标的模具购置时间时只提到购买年份，未明确具体购置月份。经向当事人了解，其叙述标的模具均在购置年份的年中时段集中采购，为方便计算，在确定成新率时，统一按照年中（即6月份）作为标的购置月份。

2. 我中心鉴定人员在向模具厂和数控公司询价时，对我市模具加工现状也作了相应了解。据模具加工从业人员叙述，由于材料进步、机器更新换代等原因，现生产出来的模具的加工精度、材料强度以及成品合格率等指标都比以前有所提高，因此，在确定标的模具成新率时扣除了因技术进步造成的功能性贬值。根据鉴定人员所了解的情况和模具加工从业人员的专业意见，确定功能性贬值率为4%。

3. 根据《××省涉案资产价格鉴定技术规程》专用设备经济寿命参考年限，塑料加工用设备的经济寿命为15年（180个月）。

4. 成新率计算过程。

例如：封胶盒模具 P41，规格为450毫米×210毫米×210毫米，重约130千克，2008 年制。

（1）确定标的已使用时间。

标的于 2008 年购买，未明确具体购置月份，本次鉴定计算时以 2008 年 6 月为购置时间。因此，标的至价格鉴定基准日（2011 年 11 月 20 日）已使用时间为 41 个月。

（2）确定成新率。

成新率 = 1 - 实体性贬值率 - 功能性贬值率

$$= [1 - (41 \div 180) - 0.04] \times 100\% \approx 73\%$$

| 序号 | 品　名 | 规格（型号） | 生产年份 | 成新率（%） |
|------|--------|------------|----------|------------|
| 1 | 封胶盒模具 | P41 | 2008 | 73 |
| 2 | 封胶盒模具 | P18 | 2008 | 73 |
| 3 | 封胶盒模具 | 2155 | 2009 | 80 |
| 4 | 封胶盒模具 | P35 | 2007 | 66 |

（三）残值的确定

残值按废旧钢铁回收价计算，根据市场调查，本地废旧钢铁每千克回收价为 3 元。

则成新率及残值的计算结果如下：

| 序号 | 品　名 | 规格（型号） | 残值（元） |
|------|--------|------------|-----------|
| 1 | 封胶盒模具 | P41 | 130 × 3 = 390 |
| 2 | 封胶盒模具 | P18 | 125 × 3 = 375 |
| 3 | 封胶盒模具 | 2155 | 85 × 3 = 255 |
| 4 | 封胶盒模具 | P35 | 140 × 3 = 420 |

（四）鉴定价格的确定

根据计算公式：鉴定价格 =（重置成本 - 残值）× 成新率 + 残值

1. 封胶盒模具 P41 鉴定价格 =（8480 - 130 × 3）× 0.73 + 130 × 3 = 6295.7 ≈ 6296（元）

2. 封胶盒模具 P18 鉴定价格 =（8306 - 125 × 3）× 0.73 + 125 × 3 = 6164.63 ≈ 6165（元）

3. 封胶盒模具 2155 鉴定价格 =（7190 - 85 × 3）× 0.8 + 85 × 3 = 5803（元）

4. 封胶盒模具 P35 鉴定价格 =（8350 - 140 × 3）× 0.66 + 140 × 3 = 5653.8 ≈ 5654（元）

合计：6296 + 6165 + 5803 + 5654 = 23918（元）

### ▶ 案例评析

一、该案例是对刑事涉案被盗塑料模具（生产资料）进行的价格鉴定，程序合法，依据较充分，方法恰当，结论较为合理。

二、在测算重置成本过程中，考虑了样品（照片和对比样品）和价格鉴定标的之间的差异，并作了相应调整，以使鉴定结果贴近标的的实际情况。

三、鉴定标的的重量比较大，在计算过程中考虑了残值对标的价值的影响。

四、委托鉴定标的的成新率考虑了技术更新对经济年限的影响。

五、该案例不足之处是，4号标的封胶盒模具P35因两生产企业所给重置价格结果相差较大，最好能考虑向第三家或者更多厂家询价以进一步核实。但该案例由于本地相关生产厂家较少，以及鉴定时限要求等因素，仅获得两家生产企业询价，不够充分。

## 案例四十八

# 涉嫌盗窃罪案件中小灵通基站的价格鉴定

### 案例背景情况

2012年3月9日至10日，××市发生14套小灵通基站被犯罪嫌疑人非法盗取的案件，造成部分市区小灵通信号中断的情况，电信公司随即派出工作人员对该批基站进行紧急抢修并恢复了运行。××市公安局以涉嫌盗窃罪为由，于2012年4月13日委托××市价格认证中心对14套小灵通基站进行价格鉴定。

### 价格鉴定结论书

## 关于小灵通基站的价格鉴定结论书

××市公安局：

根据你单位的委托，遵循合法、公平、科学的原则，按照规定的标准、程序和方法，我中心依法对14套小灵通基站进行了价格鉴定。现将价格鉴定情况综述

如下：

## 一、价格鉴定标的

小灵通基站 14 套。

## 二、价格鉴定目的

为委托单位办理涉嫌盗窃罪案件提供鉴定标的的价格依据。

## 三、价格鉴定基准日

2012 年 3 月 9 日。

## 四、价格定义

价格鉴定结论所指价格是：鉴定标的在鉴定基准日，采用公开市场价值标准确定的客观合理的价格。

## 五、价格鉴定依据

（一）法律法规及规范性文件

1. 《中华人民共和国价格法》；

2. 《××省涉案资产价格鉴证技术规程》；

3. 《扣押、追缴、没收物品估价管理办法》；

4. 《关于扣押追缴没收及收缴财物价格鉴定管理的补充通知》；

5. 其他有关价格鉴定的法律、法规、政策。

（二）委托单位提供的有关资料

1. 价格鉴定委托书；

2. 委托人提供的其他资料。

（三）鉴定单位收集的有关资料

1. 实地勘验资料；

2. 市场调查资料；

3. 国家统计局××调查队出具的我市 2003 年至 2011 年的通信类价格指数变化情况证明；

4. 其他相关资料。

## 六、价格鉴定方法

成本法（价格指数法）。

## 七、价格鉴定过程

我中心接受委托后，成立了价格鉴定小组，制定了价格鉴定作业方案，并进行实地勘验（鉴定标的在委托价格鉴定时已无实物，只能参考同类基站进行实物勘验）。

经勘验，鉴定标的为 14 套小灵通基站通讯设备，每套包括基站主机和配套的天线。被盗前分别安装在 7 个不同地点，每个地点安装 2 套，被盗后已被变卖。根据委托方提供的资料，基站的品牌型号为 UT 斯达康 CS – M7 500MW（1C + 7T），于 2003 年 7 月购置并投入使用，原购置价格每套 80438 元，至价格鉴定基准日已经使用 8 年 8 个月并仍然在正常运行当中。按照价格鉴定技术规程，通讯设备的参考寿命年限是 8 年，该批基站已到参考使用寿命年限。经市场调查，虽然我国许多城市的小灵通业务已经实行退出通讯市场的政策，但目前我市的小灵通还没有正式退出市场，小灵通用户还有相当数量，该批基站在被盗前还在正常运行当中。鉴于上述情况，我中心确定采用成本法（价格指数法）对标的进行价格鉴定。

经市场调查，小灵通基站属于专用通讯设备，而小灵通业务处于即将退市的趋势，目前市场上已经没有该类设备的生产及销售，新设备价格难以采集，只能以基站的原购置价格为基础，参照国家统计局××调查队提供的我市通信类价格指数变化情况（通信类价格 2011 年比 2003 年下降了 17.6%）来调整其重置价格。并根据鉴定标的的实际使用情况和价格鉴定技术规程中的设备成新率新旧程度判断标准，确定其综合成新率为 10%，具体计算过程如下：

鉴定价格 = 原购置单价 ×（1 – 价格调整指数）× 综合成新率 × 数量

$$= 80438 ×（1 – 17.6\%）× 10\% × 14$$

$$= 92793（元）$$

## 八、价格鉴定结论

价格鉴定标的在价格鉴定基准日的价格为人民币玖万贰仟柒佰玖拾叁元整（￥92793.00）。

## 九、价格鉴定限定条件

（一）委托单位提供资料客观真实；

（二）鉴定结论仅为本鉴定目的服务，如鉴定目的发生变化，鉴定结论需要重新调整；

（三）本鉴定结论未考虑国家宏观经济政策发生变化以及自然力和其他不可抗拒力对鉴定标的的价格影响。

## 十、声明

（一）价格鉴定结论受结论书中已说明的限定条件限制。

（二）委托单位提供资料的真实性由委托单位负责。

（三）价格鉴定结论仅对本次委托有效，不做他用。未经我中心同意，结论书的全部或部分内容，不得向委托单位和有关当事人之外的任何单位和个人提供，也不得发表于任何公开媒体上。

（四）鉴定机构和鉴定人员与价格鉴定标的没有利害关系，也与有关当事人没有利害关系。

（五）如对结论有异议，可向本中心提出补充鉴定或重新鉴定，或直接向省级以上（含省级）政府价格主管部门设立的价格鉴定机构提出复核裁定。

## 十一、价格鉴定作业日期

（略）。

## 十二、价格鉴定人员

（略）。

## 十三、附件

1. ××市公安局价格鉴定委托书（略）
2. 价格鉴定机构资质证复印件（略）
3. 价格鉴证人员资格证复印件（略）

（公章）

2012 年 4 月 17 日

## 测算说明

### 一、鉴定思路

本案例是对小灵通基站进行价格鉴定。案例主要特点：

（1）鉴定标的的特殊性。许多城市的小灵通业务已经退出市场，只有个别城市仍然在使用。

（2）鉴定标的的使用已经超过参考寿命年限，但在被盗前仍然正常运行当中。

（3）鉴定标的属于淘汰产品，市场上无法找到同类商品及代替品的价格。

## 二、价格鉴定标的概况

鉴定标的是一批小灵通基站通讯设备，数量共 14 套，包括基站主机和配套的天线，被盗前分别安装在 7 个不同地点，每个地点安装 2 套，被盗后已被变卖。根据委托方提供的资料，基站的品牌型号为 UT 斯达康 CS－M7 500MW（1C＋7T），于 2003 年 7 月购置并投入使用，原购置价格每套 80438 元，至价格鉴定基准日已经使用 8 年 8 个月并仍然在正常运行当中。

## 三、价格鉴定过程

我中心接受委托后，组成价格鉴定工作小组，根据委托方提供的材料及实际情况，确定采用成本法（价格指数法）对标的进行价格鉴定。

（1）经市场调查，虽然我国许多城市的小灵通业务已经实行退出通讯市场的政策，但目前我市的小灵通还没有正式退出市场，小灵通用户还有相当数量。

（2）经市场调查，小灵通基站属于专用通讯设备，而小灵通业务处于即将退市的趋势，目前市场上已经没有该类设备的生产及销售，新设备价格难以采集，只能以基站的原购置价格（80438 元）为基础计算其重置价格。

（3）我中心委托国家统计局××调查队对我市 2003 年至 2011 年的通信类价格指数变化情况进行查询并出具了相关证明，得到的数据为：通信类价格 2011 年比 2003 年下降了 17.6%。

（4）该批基站于 2003 年 7 月购置并投入使用，至价格鉴定基准日已经使用 8 年 8 个月时间，按照价格鉴定技术规程，通讯设备的参考寿命年限是 8 年，鉴定标的已到参考寿命年限。但是，该批基站在被盗前还在正常运行当中，因此根据鉴定标的的实际使用情况和价格鉴定技术规程中的设备成新率新旧程度判断标准，确定其综合成新率为 10%。

（5）鉴定价格的计算过程如下：

鉴定价格＝原购置单价×（1－价格调整指数）×综合成新率×数量

　　　　＝80438×（1－17.6%）×10%×14

　　　　＝92793（元）

### 案例评析

一、该案例是对小灵通基站进行的价格鉴定，程序合法，采用的方法恰当，结论较为合理。

二、该案例的要点在于对鉴定标的具体情况的掌握。虽然许多城市的小灵通业务已经退出市场，而且该批基站也已达到参考寿命年限，但其在被盗前还在正常运行当中，还有一定的使用价值，因此不能单纯地以报废残值来进行价格鉴定。该案例根据鉴定标的实际使用情况和价格鉴定技术规程中的设备成新率确定了综合成新率较为妥当，但未考虑残值且无说明，欠妥。

三、鉴定标的属于淘汰产品，市场上无法找到同类商品及代替品的价格，应以原购置价格为基础计算其重置价格，在这里应注意合理采纳同类型的价格调整指数。案例中对采用的通信类价格指数是否为通信设备类的价格指数未做说明，欠妥。

四、遇到标的已达到参考寿命年限，但在基准日还在正常运行中，且属已被技术淘汰产品的案例，往往是疑难案例，工作难度大。该案例的思路可借鉴使用，但在实际工作中应在条件许可的情况下尽可能保证价格指数的对应性，并稳妥地确定成新率。

## 案例四十九

# 涉嫌盗窃罪案件中煤矸石的价格鉴定

 **案例背景情况**

2009 年 3 月 20 日，××公司花费 3 万元、装运 93 车将×区××煤矿的历年堆积 2200 吨煤矸石运走。公安机关以涉嫌盗窃罪为由，于 2009 年 5 月委托××区认证中心进行价格鉴定。

 **价格鉴定结论书**

## 关于被盗煤矸石的价格鉴定结论书

××市公安局××区公安分局：

根据你局委托，遵循合法、公正、科学的原则，按照规定的标准、程序和方法，我中心依法对委托书所列指的被盗煤矸石进行了价格鉴定。现将价格鉴定情况综述如下：

## 一、价格鉴定标的

鉴定标的为×区××煤矿被盗的2200吨煤矸石。

## 二、价格鉴定目的

为委托机关办理涉嫌盗窃罪案件提供价格依据。

## 三、价格鉴定基准日

2009年3月20日。

## 四、价格定义

价格鉴定结论所指价格是：鉴定标的在价格鉴定基准日，采用公开市场价值标准确定的市场价格。

## 五、价格鉴定依据

（一）法律法规及规范性文件

1. 《中华人民共和国价格法》；

2. 《××市价格鉴证条例》；

3. 《扣押、追缴、没收物品估价管理办法》；

4. 《关于扣押追缴没收及收缴财物价格鉴定管理的补充通知》；

5. 《价格鉴定行为规范》（2010年版）；

6. 《××市价格鉴证行为规范》（2011年版）；

7. 其他有关价格鉴定的法律、法规、政策。

（二）委托方提供的有关资料

1. 价格鉴定委托书；

2. ××煤矿煤矸石发热量检测报告；

3. 其他有关资料。

（三）鉴定方收集的有关资料

1. 实物勘验资料；

2. 市场调查资料。

## 六、价格鉴定方法

市场法。

### 七、价格鉴定过程

我中心接受委托后，成立了价格鉴定工作小组，制定了价格鉴定作业方案，并指派 2 名价格鉴定人员于 2009 年 5 月 28 日对标的进行了实物勘验，并委托煤炭研究总院××研究院（专业机构）进行化验检测后，价格鉴定人员根据国家有关规程和标准以及检测结果，严格按照价格鉴定的程序和原则，通过认真分析研究和广泛的市场调查，确定采用市场法对标的进行价格鉴定。

（一）价格鉴定标的概况

鉴定标的为××煤矿被盗的 2200 吨煤矸石。煤炭研究总院××研究院（专业机构）对标的及其堆放现场进行了勘验和取样。根据标的的原始状况（属于废弃小煤矿多年的矸石堆积，物品状态存放环境杂草丛生，且处于无人看管状态）及发热量测试的数据结果，煤炭研究总院××研究院确认：标的为废弃原矸。

（二）价格鉴定过程

接受委托后，组成价格鉴定工作小组，经实地勘验和市场调查，根据委托鉴定标的、结合所收集的相关资料，拟定了具体的鉴定作业方案，确定采用市场法对标的进行价格鉴定。一是调查标的发热量，视其发热量大小确认标的处理方式，即是按照废弃原矸处理或按照副产品价格进行处理。二是调查废弃原矸或同类副产品的市场价格。

因此，我中心调查废弃原矸市场价格。调查显示，废弃原矸使用用途单一，辖区内煤矿均废弃处理或用于砖厂制砖。因此，我中心对辖区内使用煤矸石的××砖厂、××砖厂等企业进行了价格调查，多数砖厂使用洗矸不使用原矸（辖区内最大的矸石山——原×××矿务局现煤电气公司—矸石内含有很多石灰石——$CaCO_3$——不适宜烧砖），部分砖厂使用原矸也都是从周边的小煤矿（均已关闭）拖运。部分煤矿不收取费用，砖厂支付装运费用即可；大部分煤矿象征性收取每车10 元费用。

通过市场调查了解到：煤矸石是有使用价值的，与普通商品相比既有共性，但更具特殊性，其使用价值也具有单一性；煤矸石的价格是有其时间性和地域性的，不同的时间和空间会有不同的价格。

标的在被运走后，其用于制砖的使用价值才能得以体现，本案中犯罪嫌疑人花费 3 万元的成本后，标的才可用作制砖原材料。但委托机关委托鉴定标的在被嫌疑人运走之前的实物状态，系××煤矿"废弃堆放在山野空地"，其用于制砖的价值无法得到体现。故我中心参照我区大部分煤矿对搬运废弃煤矸石者收取的费用，即搬运煤矸石的市场价格，每车10元进行了价格鉴定。

鉴定价格 = 10元 × 93车 = 930元

## 八、价格鉴定结论

鉴定标的××煤矸石在价格鉴定基准日的价格为人民币玖佰叁拾元整（￥930.00）。

## 九、价格鉴定限定条件

（一）委托方提供资料客观真实；

（二）因价格鉴定工作日距鉴定基准日较远，鉴定人员无法通过实物勘验确定标的在鉴定基准日的状况，鉴定基准日标的状况以委托方鉴定为准。

当上述条件发生变化时，鉴定结论会失效或部分失效，鉴定机构不承担由于这些条件的变化而导致鉴定结果失效的相关法律责任。

## 十、声明

（一）价格鉴定结论受结论书中已说明的限定条件限制。

（二）委托方提供资料的真实性由委托方负责。

（三）价格鉴定结论仅对本次委托有效，不做他用。未经我中心同意，不得向委托方和有关当事人之外的任何单位和个人提供。结论书的全部或部分内容，不得发表于任何公开媒体上。

（四）鉴定机构和鉴定人员与价格鉴定标的没有利害关系，与有关当事人也没有利害关系。

（五）如对本结论有异议，可向本鉴定机构提出重新鉴定，或委托省级政府价格主管部门设立的价格鉴定机构复核裁定。

## 十一、价格鉴定作业日期

（略）。

## 十二、价格鉴定人员

（略）。

## 十三、附件

1. 价格鉴定委托书复印件（略）
2. 价格鉴定机构资质证复印件（略）

3. 价格鉴定人员资格证复印件（略）

（公章）

2009 年 6 月 3 日

## 测算说明

### 一、鉴定思路

本案例是对涉嫌盗窃的煤矸石进行价格鉴定。案例主要特点如下：

（1）确定煤矸石的用途。该煤矸石的用途决定其价值，应先由专业部门鉴定该煤矸石是否为废弃原矸。

（2）注意煤矸石本身的使用价值和其运输费用的区分。应根据专业鉴定部门按其品质确定的用途，采用市场法进行价格鉴定，不能将委托单位鉴定的搬运煤矸石费用 3 万元计入价格鉴定结论。

### 二、价格鉴定过程

同价格鉴定结论书，略。

## 案例评析

一、该例的要点在煤矸石本身的使用价值和运输费用的区分。煤矸石在煤矿堆放地无法使用（例如制砖），其使用价值无法体现。而当花费 3 万元的运输费用运输至砖厂等，即可制作为砖。标的空间转移后，其使用价值亦得到了体现。嫌疑人花费 3 万元搬运煤矸石等费用不应计入煤矸石的价格鉴定结论。故以其市场交易价为鉴定结论更为合理。

二、该案例标的需按照其品质确定用途后，才能鉴定其价格。在调查过程中，需首先确认标的的发热量；根据其发热量大小，确定标的的使用用途；确定具体的使用用途后，才可按照其用途进行价格鉴定。

三、该案例是对煤矸石进行的价格鉴定，程序合法，依据较充分，方法恰当，结论较为合理。

案例五十

# 涉嫌盗窃罪案件中砂金的价格鉴定

 **案例背景情况**

　　"千吨河沙万吨水，淘尽泥砂始见金"。长久以来，在长江中上游一直有少数采砂船在采砂作业的同时做着淘金的"副业"。由于砂金的出产量非常少，产出缓慢，被淘出的砂金都会暂时存放在船上的保险柜里。2012 年 4 月 2 日，犯罪嫌疑人从一只停靠在长江航域上的挖砂船上搬走一个保险柜，从中窃取 12 砣砂金及一定数量的现金。××公安局××分局以涉嫌盗窃罪为由，于 2012 年 6 月 8 日委托××价格认证中心对被盗砂金进行价格鉴定。

 **价格鉴定结论书**

## 关于被盗砂金的价格鉴定结论书

××公安局××分局：

　　根据你单位委托，遵循合法、公正、科学的原则，按照规定的程序、标准和方法，我中心依法对委托书所列指的被盗砂金进行了价格鉴定。现将价格鉴定情况综述如下：

### 一、价格鉴定标的

价格鉴定标的为被盗窃的 12 砣砂金，总重 792.7 克。

### 二、价格鉴定目的

为委托方办理涉嫌盗窃罪案件提供价格依据。

### 三、价格鉴定基准日

2012 年 4 月 2 日。

### 四、价格定义

价格鉴定结论所指价格是：鉴定标的在价格鉴定基准日，采用公开市场价值标准确定的市场价格。

### 五、价格鉴定依据

（一）法律法规及规范性文件

1.《中华人民共和国价格法》；

2.《××市价格鉴证条例》；

3.《扣押、追缴、没收物品估价管理办法》；

4.《关于扣押追缴没收及收缴财物价格鉴定管理的补充通知》；

5.《关于审理盗窃案件具体应用法律若干问题的解释》；

6.《价格鉴定行为规范》（2010 年版）；

7.《××市价格鉴证行为规范》（2011 年版）；

8. 其他有关法律、法规及规范性文件。

（二）委托方提供的有关资料

1. 价格鉴定委托书；

2. 砂金提纯过程记录复印件；

3. ××金银饰品质量监督检验站《检验报告》复印件。

（三）鉴定方收集的有关资料

1. 实物勘验资料；

2. 市场调查资料；

3. 其他相关资料。

### 六、价格鉴定方法

根据鉴定标的的实际情况，通过调查、测算鉴定标的经加工后可获得的收益扣减加工费，确定其鉴定价格。

### 七、价格鉴定过程

我中心接受委托后，成立了价格鉴定小组，制定了价格鉴定作业方案，鉴定人员在实物勘验和市场调查的基础上，依法进行了价格鉴定。

（一）价格鉴定标的概况

涉案物品为 12 砣银白色不规则圆球形砂金，总重 792.7 克。2012 年 5 月 22 日，我中心人员对实物进行了查验。同日，由委托方主持，在有关当事人（或代理人）、价格鉴定人的共同见证下，委托方聘请××珠宝首饰公司专业人员对 12 砣砂金加工、提炼，获得黄金两块，当场称重共 266.13 克。

2012 年 6 月 7 日，委托方委托××金银饰品质量监督检验站对以上两块黄金进行了检验，其含金量分别为 920‰、910‰，质量分别为 122.407 克、143.723 克。

（二）价格测算过程

鉴定价格 = $\Sum$ ［（鉴定标的加工的金条含金量 ÷ 可比对象含金量 × 可比对象单价 – 加工费单价）× 鉴定标的加工的金条重量］

鉴定人收集了案发地砂金加工成黄金所需的市场加工费信息以及基准日期间市场黄金交易价格。

经调查，零星砂金加工成黄金一般市场加工费为每克黄金 1 元；经网上查询，上海黄金交易所 2012 年 3 月 30 日交易行情：每克 999.9‰ 黄金加权平均价为 338 元，此后至 4 月 5 日前无交易，故按照每克 338 元确定可比对象单价。

金块 1 价格 =（920‰ × 338 ÷ 999.9‰ – 1）× 122.407

= 310 × 122.407 = 37946（元）

金块 2 价格 =（910‰ × 338 ÷ 999.9‰ – 1）× 143.723

= 307 × 143.723 = 44123（元）

鉴定价格 = 37946 + 44123 = 82069（元）

## 八、价格鉴定结论

鉴定标的在价格鉴定基准日鉴定价格为人民币捌万贰仟零陆拾玖元整（￥82069.00）。

## 九、价格鉴定限定条件

（一）价格鉴定标的名称、数量、质量由委托方提供并以委托方鉴定为准；

（二）委托方提供资料客观真实；

（三）由于鉴定标的特殊性，委托单位委托有关人员对标的进行了改变外形的提纯处理，本次是以这次提纯处理并经有关部门检测出黄金含量及重量数据为前提进行的价格鉴定。

当上述条件发生变化时，鉴定结论会失效或部分失效，鉴定机构不承担由于这些条件的变化而导致鉴定结果失效的相关法律责任。

## 十、声明

（一）价格鉴定结论受结论书中已说明的限定条件限制。

（二）委托方提供资料的真实性由委托方负责。

（三）价格鉴定结论仅对本次委托有效，不做他用。未经我中心同意，不得向委托方和有关当事人之外的任何单位和个人提供。结论书的全部或部分内容，不得发表于任何公开媒体上。

（四）鉴定机构和鉴定人员与价格鉴定标的没有利害关系，与有关当事人也没有利害关系。

（五）如对本结论有异议，可向本鉴定机构提出重新鉴定，或委托市级政府价格主管部门设立的价格鉴定机构复核裁定。

## 十一、价格鉴定作业日期

（略）。

## 十二、价格鉴定人员

（略）。

## 十三、附件

1. 价格鉴定委托书复印件（略）
2. 价格鉴定机构资质证复印件（略）
3. 价格鉴定人员资格证复印件（略）

（公章）

2012 年 6 月 18 日

### 测算说明

我中心接受委托后，组成价格鉴定工作小组，调阅了相关材料，对案例进行了分析研究。确定了鉴定技术思路：

1. 本案例被害人采集砂金的目的是加工提炼成黄金后销售获利；

2. 在不改变砂金外观形态的前提下，无机构可提供该批砂金含金量的检测结果；

3. 砂金为半成品，无同类物品销售市场，无法采集价格；

4. 影响采集并提炼砂金的成本因素较多且难以固定,使用成本法直接计算砂金价格较为困难。

经与委托方商议,由委托方聘请专业人员将全部砂金加工成黄金(鉴定人员参与见证加工全过程),并委托有关部门作出黄金含金量的检测数据。

在委托方补充完整鉴定所需材料后,鉴定人员通过市场调查,选取基准日黄金市场交易价格作为可比价格,经过调整差异,再扣减加工费用,确定鉴定价格。

价格鉴定过程同价格鉴定结论书,略。

## ▥ 案例评析

一、该案例具有以下特点:一是标的(砂金)较为特殊,在贵金属交易市场无法采集与砂金同类的物品销售案例,因而不能直接采用市场法进行价格计算;二是标的本身的采掘具有偶然性,产出周期、产量均不确定,其生产成本难以计算,故不宜采用成本法计算;三是必须改变砂金的外形结构,确定砂金的含金量,才可计算其价格。该案例在充分考虑以上特点后,在委托方的配合下,确定了标的对应的鉴定价格。

二、该案例采用基准日期间上海黄金交易所公布的黄金市场交易价格作为可比价格,将可比实例含金量与鉴定标的含金量直接对比确定调整系数,这是建立在黄金价格与含金量存在直线相关关系的前提下的,事实上情况并非如此,如千足金与18K黄金的比价关系。如条件允许,该案例应当以当地910‰、920‰含量的黄金交易价格作为可比价格,这样测算鉴定价格更为合理。

## 案例五十一

# 涉嫌盗窃罪案件中"基酒"的价格鉴定

  **案例背景情况**

"基酒"俗称"原浆酒"。2006年6月至2007年9月期间,××酒业公司包装车间打酒工陈某伙同七人，采取从该厂5号酒罐接出管子，通过地沟接到车间外面放酒的方式，先后盗窃基酒十余次，累计盗走酒罐中储存的63.8°基酒4吨。××市公安局为了查明陈某等人涉嫌盗窃的案值，于2007年10月30日委托××市价格认证中心对被盗基酒进行价格鉴定。

 **价格鉴定结论书**

# 关于××公司被盗"基酒"的价格鉴定结论书

××市公安局：

根据你局委托，我中心遵循合法、公正、科学的原则，按照规定的标准、程序和方法，依法对委托书所列指的被盗基酒进行了价格鉴定。现将价格鉴定情况综述如下：

## 一、价格鉴定标的

××公司仓库5号酒罐内的被盗基酒（以下简称"5号基酒"）4吨。

## 二、价格鉴定目的

为公安机关办理涉嫌盗窃罪案件提供价格依据。

## 三、价格鉴定基准日

2007年10月31日。

## 四、价格定义

本价格鉴定结论所指价格是：鉴定标的在鉴定基准日，采用公开市场价值标准确定的市场价格。

## 五、价格鉴定依据

（一）法律法规及规范性文件

1.《中华人民共和国价格法》；

2.《扣押、追缴、没收物品估价管理方法》；

3.《关于扣押追缴没收及收缴财物价格鉴定管理的补充通知》；

4.《××省涉案物品价格鉴定管理条例》;

5.《××省涉案物品价格鉴定操作规程》;

6.《关于刑事案件特殊涉案物品价格鉴定的意见》。

（二）委托方提供的有关资料

1. 价格鉴定委托书;

2. 其他相关材料。

（三）鉴定方收集的有关资料

1. 实物勘验资料;

2. 市场调查资料;

3. 其他相关资料。

## 六、价格鉴定方法

专家咨询法。

## 七、价格鉴定过程

我中心接受委托后，成立了价格鉴定小组，制定了价格鉴定作业方案，按照规定的程序和要求开展鉴定作业。

（一）标的采集

由委托机关办案人员、价格鉴定人员、被盗企业管理人员三方共同从 5 号酒罐中抽取样品，并当场由参与人签封交公安机关保存。

（二）专家评定

聘请酒类评审专家评估鉴定。按专家咨询法鉴定要求，在 ×× 市白酒协会评酒专家库中随机抽取 6 名评酒专家组成 2 个酒品评估小组（其中国家级 3 人，省级 3 人），在 ×× 区物价局、×× 公安分局、×× 商务局的共同组织下，分 2 次按照国家评酒标准方法，经密码编号，专家背靠背独立、暗评的方式对从 5 号酒罐中抽取的"5 号基酒"样品酒进行评估鉴定，并签字确认。

（三）求取价格

价格鉴定机构对专家评估结论统计分析，综合确定本次价格鉴定标的价格。

## 八、价格鉴定结论

价格鉴定标的鉴定基准日的价格为人民币陆万伍仟捌佰陆拾捌元整（￥65868.00）。

## 九、价格鉴定限定条件

委托方提供的资料客观真实。

## 十、声明

（一）价格鉴定结论受结论书中已说明的限定条件限制。

（二）委托方提供资料的真实性由委托方负责。

（三）价格鉴定结论仅对本次委托有效，不做他用。未经我中心同意，不得向委托方和有关当事人之外的任何单位和个人提供。结论书的全部或部分内容，不得发表于任何公开媒体上。

（四）鉴定机构和鉴定人员与价格鉴定标的没有利害关系，与有关当事人也没有利害关系。

（五）如对本结论有异议，可向本鉴定机构提出重新鉴定，或委托省级政府价格主管部门设立的价格鉴定机构复核裁定。

## 十一、价格鉴定作业日期

（略）。

## 十二、价格鉴定人员

（略）。

## 十三、附件

1. 价格鉴定委托书复印件（略）
2. 价格鉴定机构资质证复印件（略）
3. 价格鉴定人员资格证复印件（略）

（公章）

2007 年 12 月 4 日

## 测算说明

### 一、鉴定思路

（1）鉴定标的在价格鉴定基准日处于仓储状态，市场上无同类商品交易实例，不适合使用市场法进行鉴定。

（2）价格内涵按照客观价值定义，由专家根据经验独立判断。采用专家咨询法鉴定，根据评酒专家结论按规定方法统计汇总确定。

## 二、测算过程

### （一）专家评估价格

随机从××市白酒协会评酒专家中抽取6名专家（国家级3人，省级3人），经密码编号，专家背靠背独立、暗评的方式进行鉴定，并事先决定国家级、省级专家权重各占60%、40%。专家评估结果如下：

国家级专家评估价格分别是（元/吨）：12000、15000、18000；

省级专家评估价格分别是（元/吨）：20000、19000、17000。

### （二）价格确定

价格鉴定机构对专家作出的评审意见进行统计汇总，采用加权平均法计算。

鉴定单价 = （12000 + 15000 + 18000）÷ 3 × 60% + （20000 + 19000 + 17000）÷ 3 × 40% = 16467（元/吨）

鉴定总价 = 16467元/吨 × 4吨 = 65868（元）

## 案例评析

一、该案例是对被盗"基酒"价格进行鉴定，在选择鉴定方法上，排除了市场法，选用了专家咨询法，并且在专家咨询法的具体运用上，采取随机抽取国家级和省级6名专家，经密码编号专家背靠背、独立、暗评的方式进行鉴定，并事先决定国家级、省级专家各占不同权重加权算术平均法计算结果。整个过程操作严谨，程序规范，方法恰当，结论合理。

二、该案例"基酒"的价格鉴定方法可以采用成本法。成本法是指在进行价格鉴定时，按照价格鉴定标的鉴定基准日时重置成本扣减各种损耗来确定价格鉴定标的价格的方法。因为被盗企业为工业生产企业，重置成本资料是可以提供的，而被盗基酒本身无"损耗"（贬值）现象，所以，无论从标的特点、鉴定目的、价格内涵上看，还是在资料取得方面来讲，使用成本法进行基酒价格鉴定也是可行的。

案例五十二

# 涉嫌盗窃罪案件中种鸽、竞翔赛鸽的价格鉴定

## 案例背景情况

2009 年 12 月 15 日，××小区一住户饲养的 16 羽信鸽被盗，于 2009 年 12 月 16 日被追回，××市××区公安分局委托××价格认证中心对被盗的 16 羽信鸽进行价格鉴定。

鉴定标的为 16 羽信鸽，其中种鸽 11 羽、竞翔赛鸽 5 羽，每羽信鸽都有代表其身份的脚环号、血统等，该批信鸽被盗时均体格健壮，能正常飞翔。

## 价格鉴定结论书

### 关于被盗 16 羽信鸽的价格鉴定结论书

××市公安局××区分局：

根据你单位的委托，遵循合法、公正、科学的原则，按照规定的标准、程序和方法，我中心依法对 16 羽信鸽进行了价格鉴定。现将价格鉴定情况综述如下：

### 一、价格鉴定标的

被盗的 16 羽信鸽。

### 二、价格鉴定目的

为公安机关办理涉嫌盗窃罪案件提供价格依据。

### 三、价格鉴定基准日

2009 年 12 月 15 日。

## 四、价格定义

价格鉴定结论所指的价格是：鉴定标的在鉴定基准日，采用公开市场价值标准确定的客观合理的价格。

## 五、价格鉴定依据

（一）法律法规及规范性文件

1. 《中华人民共和国价格法》；

2. 《××省涉案财物价格鉴证管理条例》；

3. 《扣押、追缴、没收物品估价管理办法》；

4. 《关于扣押追缴没收及收缴财物价格鉴定管理的补充通知》；

5. 《××省涉案财物价格鉴证操作规程》。

（二）委托方提供的有关资料

1. 价格鉴定委托书；

2. 询问笔录复印件。

（三）鉴定方收集的有关资料

1. 实物勘验资料；

2. 市场调查资料；

3. 其他相关资料。

## 六、价格鉴定方法

专家咨询法。

## 七、价格鉴定过程

我中心接受委托后，组成价格鉴定工作小组，制定了价格鉴定作业方案，中心聘请了××区信鸽协会5名具有资格证的专家会同委托方相关工作人员对该起被盗信鸽进行了实物勘验。在实物勘验过程中，5名专家对照委托书上写明的信鸽种类及其脚环等相关信息，从血统、毛色、雌雄、眼砂、赛绩及体态六个方面进行了认真逐一的鉴定和核对，并分别给出16羽信鸽在价格鉴定基准日的价格意见。

根据5名专家对这16羽信鸽出具的价格意见，按算术平均法计算结果，得出鉴定价格为36540元。

## 八、价格鉴定结论

鉴定标的在价格鉴定基准日的价格为人民币叁万陆仟伍佰肆拾元整

（￥36540.00）（具体每羽信鸽价格详见附件1价格鉴定明细表）。

## 九、价格鉴定限定条件

（一）委托方提供资料客观真实；

（二）本次鉴定标的被盗时体格健壮且能正常飞翔。

当上述条件发生变化时，鉴定意见部分失效或会失效，鉴定机构不承担由于这些条件的变化而导致鉴定结果失效的相关法律责任。

## 十、声明

（一）价格鉴定结论受结论书中已说明的限定条件限制。

（二）委托方提供资料的真实性由委托方负责。

（三）价格鉴定结论仅对本次委托有效，不做他用。未经我中心同意，不得向委托方和有关当事人之外的任何单位和个人提供。结论书的全部或部分内容，不得发表于任何公开媒体上。

（四）鉴定机构和鉴定人员与价格鉴定标的没有利害关系，与有关当事人也没有利害关系。

（五）如对本结论有异议，可向本鉴定机构提出重新鉴定，或委托省级政府价格主管部门设立的价格鉴定机构复核裁定。

## 十一、价格鉴定作业日期

（略）。

## 十二、价格鉴定人员

（略）。

## 十三、附件

1. 价格鉴定明细表
2. 价格鉴定机构资质证复印件（略）
3. 价格鉴定人员资格证复印件（略）

（公章）

2009年12月22日

**附件1**

# 价格鉴定明细表

| 序号 | 脚环号 | 血统 | 毛色 | 雄雌 | 眼砂 | 鉴定价格（元） |
|---|---|---|---|---|---|---|
| 1 | 06 - 22 - 1251762 | 杨阿腾 | 雨白条 | 雄 | 砂 | 600 |
| 2 | 06 - 22 - 292700 | 詹吉 | 灰 | 雄 | 砂 | 5000 |
| 3 | 04 - 31 - 00592 | 克拉克 | 灰 | 雄 | 砂 | 3100 |
| 4 | 01 - 10 - 065505 | 恒得利 | 雨白条 | 雄 | 黄 | 5200 |
| 5 | 03 - 22 - 176989 | 曼德斯 | 灰 | 雌 | 砂 | 1180 |
| 6 | 01 - 10 - 121319 | 杨阿腾 | 雨点 | 雌 | 黄 | 5500 |
| 7 | 01 - 001603 | 詹森 | 雨点 | 雄 | 砂 | 880 |
| 8 | 03 - 31 - 00790 | 恒德利 | 雨点 | 雄 | 黄 | 2900 |
| 9 | 02 - 31 - 000864 | 杨阿腾 | 雨白条 | 雄 | 黄 | 2200 |
| 10 | 04 - 31 - 000563 | 狄尔巴 | 灰 | 雌 | 黄 | 2660 |
| 11 | 04 - 22 - 1100669 | 吴淞 | 雨点 | 雌 | 黄 | 1800 |
| 12 | 06 - 31 - 061688 | 势山 | 灰 | 雌 | 黄 | 3100 |
| 13 | 06 - 22 - 1252923 | 恒德利 | 雨白条 | 雄 | 黄 | 520 |
| 14 | 06 - 22 - 121763 | 詹森 | 雨点 | 雌 | 黄 | 500 |
| 15 | 06 - 22 - 1252922 | 恒德利 | 雨点 | 雌 | 黄 | 540 |
| 16 | 05 - 22 - 331053 | 詹森 | 雨点 | 雄 | 砂 | 860 |
| | 合　计 | | | | | 36540 |

# 测算说明

**一、鉴定思路**

（1）本次鉴定标的为信鸽而非普通鸽子，且被盗数量较大。

（2）鉴定标的价格资料收集难度大，难以在市场上查询信鸽交易价格信息。

（3）实物勘验时需聘请有资格证的专业人员，凭借专家的经验判断每只信鸽的种类、特性和正常合理价位。

（4）价格鉴定人员根据专家意见，分析统计鉴定结果。

## 二、价格鉴定过程

专家意见和统计结果见下表：

### 价格鉴定汇总表

单位：元

| 序号 | 脚环号 | 血统 | 毛色 | 雄雌 | 眼砂 | 鉴定价格 | | | | | 平均价格 |
|---|---|---|---|---|---|---|---|---|---|---|---|
| | | | | | | 专业人士A | 专业人士B | 专业人士C | 专业人士D | 专业人士E | |
| 1 | 06－22－1251762 | 杨阿腾 | 雨白条 | 雄 | 砂 | 500 | 800 | 600 | 500 | 600 | 600 |
| 2 | 06－22－292700 | 詹吉 | 灰 | 雄 | 砂 | 5000 | 5000 | 5000 | 5000 | 5000 | 5000 |
| 3 | 04－31－00592 | 克拉克 | 灰 | 雄 | 砂 | 3000 | 3500 | 3000 | 3000 | 3000 | 3100 |
| 4 | 01－10－065505 | 恒得利 | 雨白条 | 雄 | 黄 | 5000 | 6000 | 5000 | 5000 | 5000 | 5200 |
| 5 | 03－22－176989 | 曼德斯 | 灰 | 雌 | 砂 | 900 | 2000 | 800 | 1000 | 1200 | 1180 |
| 6 | 01－10－121319 | 杨阿腾 | 雨点 | 雌 | 黄 | 6000 | 5000 | 5000 | 6000 | 5500 | 5500 |
| 7 | 01－001603 | 詹森 | 雨点 | 雄 | 砂 | 500 | 2000 | 600 | 500 | 800 | 880 |
| 8 | 03－31－00790 | 恒德利 | 雨点 | 雄 | 黄 | 3000 | 3500 | 2000 | 3000 | 3000 | 2900 |
| 9 | 02－31－000864 | 杨阿腾 | 雨白条 | 雄 | 黄 | 2000 | 2000 | 1500 | 2000 | 2500 | 2200 |
| 10 | 04－31－000563 | 狄尔巴 | 灰 | 雌 | 黄 | 3000 | 2500 | 2800 | 2000 | 3000 | 2660 |
| 11 | 04－22－1100669 | 吴淞 | 雨点 | 雌 | 黄 | 2000 | 2000 | 2000 | 1000 | 2000 | 1800 |
| 12 | 06－31－061688 | 势山 | 灰 | 雌 | 黄 | 3000 | 3500 | 3000 | 3000 | 3000 | 3100 |
| 13 | 06－22－1252923 | 恒德利 | 雨白条 | 雄 | 黄 | 500 | 500 | 500 | 600 | 500 | 520 |
| 14 | 06－22－121763 | 詹森 | 雨点 | 雌 | 黄 | 500 | 500 | 500 | 500 | 500 | 500 |
| 15 | 06－22－1252922 | 恒德利 | 雨点 | 雄 | 黄 | 600 | 500 | 500 | 600 | 500 | 540 |
| 16 | 05－22－331053 | 詹森 | 雨点 | 雄 | 砂 | 1000 | 800 | 700 | 1000 | 800 | 860 |
| | 合计 | | | | | 36500 | 41100 | 33500 | 34700 | 36900 | 36540 |

## 三、价格鉴定结论

同价格鉴定结论书，略。

### ◆◆ 案例评析

一、该案例是对刑事案件中被盗信鸽进行的价格鉴定。因为鉴定标的与市场上普通鸽子相差甚大，具有一定的特殊性，且难以收集信鸽市场交易信息，所以采用专家咨询法进行价格鉴定。

二、选择专家时，要对专家在鉴定标的所在领域的权威性、知识的全面性以及该专家工作的严谨性、公正性等因素充分考虑，所选择专家的数量应尽可能多，鉴定结果可靠性才会更高。该案例选择5名有资质证的专家参加价格鉴定，专家对照信鸽种类及其脚环等相关信息，从血统、毛色、雌雄、眼砂、赛绩及体态等六个方面对被盗信鸽逐一进行鉴定和核对，并分别给出16羽信鸽在价格鉴定基准日的专家价位，工作严谨，方法恰当，程序规范，价格鉴定结果有可信度和说服力。

案例五十三

# 涉嫌盗窃罪案件中罗汉画像的价格鉴定

 **案例背景情况**

2005 年 1 月 2 日，××市万佛寺大雄宝殿内 16 幅罗汉画像被盗，××市公安局破案后于 2005 年 9 月委托××区价格认证中心鉴定被盗 16 幅罗汉画像案发时的市场价格。

被盗的 16 幅罗汉画像为某某法师 1992 年于××文殊院请画家张某所作。据法师介绍，画家与佛有缘，当时每幅画像只是象征性收取了 200 元的笔墨费，共支付了 3200 元。失主称画像作者为名画家，画像在万佛寺大雄宝殿已挂了 13 年，是镇殿之宝，认为被盗时市场价在 20 万元以上。

 **价格鉴定结论书**

## 关于被盗16幅罗汉画像的价格鉴定结论书

××市公安局：

根据你局的委托，遵循合法、公正、科学的原则，按照规定的标准、程序和方法，我中心依法对被盗的 16 幅罗汉画像进行价格鉴定。现将价格鉴定情况综述如下：

### 一、价格鉴定标的

张某所作的 16 幅罗汉画像（每幅规格 67 厘米×133 厘米）。

### 二、价格鉴定目的

为公安机关办理涉嫌盗窃罪案件提供价格依据。

## 三、价格鉴定基准日

2005 年 1 月 2 日。

## 四、价格定义。

价格鉴定结论所指价格是：鉴定标的在鉴定基准日采用公开市场价值标准确定的市场价格。

## 五、价格鉴定依据

（一）法律法规及规范性文件

1.《中华人民共和国价格法》；

2.《扣押、追缴、没收物品估价管理方法》；

3.《关于扣押追缴没收及收缴财物价格鉴定管理的补充通知》；

4.《××省涉案物品价格鉴定管理条例》；

5.《××省涉案物品价格鉴定操作规程》；

6.《关于审理盗窃案件具体应用法律若干问题的解释》。

（二）委托方提供的有关资料

1. 价格鉴定委托书、委托鉴定明细表及询问笔录；

2. 文物鉴定结论书××文物鉴定（2005）第 25 号。

（三）鉴定方收集的有关资料。

1. 2005 年 9 月 6 日实物勘验情况；

2. 2005 年 10 月 9 日××省文物总店调查情况；

3. 2005 年 10 月 12 日国家文物出境鉴定××站、××省文史研究馆调查情况。

## 六、价格鉴定方法

专家咨询法、市场法。

## 七、价格鉴定过程

我中心接受委托后，成立了价格鉴定工作小组，制定了价格鉴定作业方案，指派 2 名价格鉴定人员与公安工作人员一起，于 2005 年 9 月 6 日对追回的 16 幅罗汉画像进行了实物勘验，确定采用专家咨询法和市场法对标的进行价格鉴定。

（一）价格鉴定标的概况

鉴定标的为佛教十八罗汉尊者图，属国画人物画中的小写意画，作品完整，但画工比较粗糙，人物及背景的线条不太流畅，人物画像比较呆板，画像品相一般，部分画品内有败笔、水印，艺术水平不高。整套作品是 1992 年万佛寺住持、市佛教协会会长、省佛教协会副会长某某法师请××市书画院张某所画。张某是××省较有名气画家，生于 1910 年，1995 年逝世，擅长画鸡，人物画很少，画作在××一带有影响力。被盗 16 幅罗汉画像经国家文物出境××鉴定站鉴定不属于文物，是作者晚期作品。

被盗 16 幅罗汉画像规格为每幅 67 厘米×133 厘米，纸质为宣纸。16 幅罗汉图内容为：（1）那伽迟那尊者；（2）阿氏多尊者；（3）伐那婆斯尊者；（4）因揭陀尊者；（5）迦理迦尊者；（6）伐阇罗韦多尊者；（7）宾头颅尊者；（8）诺矩罗尊者；（9）苏频陀尊者；（10）跋他罗尊者；（11）戒博迦尊者；（12）迦诺迦跋黎堕阇尊者；（13）洼茶半陀迦尊者；（14）宾度罗跋罗堕阇尊者；（15）度友尊者；（16）达摩尊者。

（二）测算过程

1. 采用专家咨询法鉴定。

经××市文化馆 5 位字画家、××省文物总店 1 位字画家和国家文物出境鉴定××站 2 位字画专家鉴定，该套罗汉画像每幅市场参考价格为 1000～2000 元，按平均值每幅 1500 元作为鉴定单价，则：

专家咨询法鉴定价格 = 1500 元×16 幅 = 24000 元

2. 采用市场法鉴定。

计算公式：鉴定价格 = 参照物成交价格×（1 + 调整系数）

经调查，张某专长画鸡，人物画像较少，其人物画像作品市场价值不大，××拍卖有限公司 2005 年 9 月 24 日在希尔顿酒店淳辉阁宴会厅书画拍卖会上公开拍卖张某一幅寿星《人物》画作，尺寸为 1 米×0.5 米，画像每平方米的起拍价为 1600元，以起拍价成交。鉴于被盗 16 幅罗汉画像艺术水平不高，画工一般，部分画作内有败笔和水印，以及拍卖成交时间与鉴定基准日的时间差异等因素，我中心在成交价格基础上，考虑 -10% 的调整系数，确定标的市场价格每幅为：

1600 元/平方米×（1 - 10%）×0.8911 平方米 ≈ 1283 元

市场法鉴定价格 = 1283 元×16 幅 = 20528 元

3. 确定鉴定价格。

本次鉴定我们采用以上两种鉴定结果的算术平均数作为鉴定价格。

鉴定单价 = （1500 元 + 1283 元）÷2 = 1392 元

鉴定价格 = 1392 元×16 幅 = 22272 元

## 八、价格鉴定结论

鉴定标的在价格鉴定基准日的价格为人民币贰万贰仟贰佰柒拾贰元整

（￥22272.00）。

## 九、价格鉴定限定条件

委托方提供资料客观真实。

## 十、声明

（一）价格鉴定结论受结论书中已说明的限定条件限制。

（二）委托方提供资料的真实性由委托方负责。

（三）价格鉴定结论仅对本次委托有效，不做他用。未经我中心同意，不得向委托方和有关当事人之外的任何单位和个人提供。结论书的全部或部分内容，不得发表于任何公开媒体上。

（四）鉴定机构和鉴定人员与价格鉴定标的没有利害关系，与有关当事人也没有利害关系。

（五）如对本结论有异议，可向本鉴定机构提出重新鉴定，或委托省级政府价格主管部门设立的价格鉴定机构复核裁定。

## 十一、价格鉴定作业日期

（略）。

## 十二、价格鉴定人员

（略）。

## 十三、附件

1. 价格鉴定委托书复印件（略）
2. 价格鉴定机构资质证复印件（略）
3. 价格鉴定人员资格证复印件（略）

（公章）

2005 年 10 月 20 日

## 测算说明

一、根据有关规定，如果书画作品是三级以上文物，不属于价格鉴定范围，如果是三级以下文物，通过相关部门鉴定后按国有文物商店零售价格或文物管理部门核定价格计算。本案16幅罗汉画像经鉴定不属于文物，采用一般书画作品的价格鉴定方法进行价格鉴定。价格鉴定可以采用市场比较法和专家咨询法。

二、书画作品价格鉴定属于特殊物品价格鉴定，名人作品需要进行真伪鉴定，本案被盗16幅罗汉画像经国家文物出境××鉴定站鉴定系作者晚期作品。

三、运用市场法测算。

经市场价格调查，仅调查到××拍卖有限公司2005年9月24日在希尔顿酒店淳辉阁宴会厅书画拍卖会上公开拍卖张某一幅寿星《人物》画像的交易价格，尺寸为1米×0.5米，每平方米成交价为1600元，考虑到被盗16幅罗汉画像艺术水平不高，画工一般，部分画作有败笔和水印，以及拍卖成交时间与鉴定基准日的时间差异等因素，调整系数确定为 -10%，计算如下：

市场法鉴定价格 = 1600元/平方米 ×（1 - 10%）× 0.8911平方米 × 16幅 = 20528元

四、专家咨询法测算。

××市有4位书画专家认为：从作品的内容、画工、年代看，为佛教16幅罗汉画像，画工粗糙，线条不流畅，人物画像比较呆板，部分画中有败笔和水印，品相一般，艺术水平不高，但作品完整。已存放十多年，每幅市场价格应为2000元。另有一位专家认为：其艺术价格虽然不高，但画像存放地为佛教庙宇，考虑环境和宗教因素，认为每幅市场价格应在5000元或更高。××省文物总店和文物出境鉴定××站3位专家建议：书画作品应主要考虑艺术价值和市场情况，张某为××省较有名画家，但人物画像不是其专长，鉴于标的的实际情况，建议市场价格每幅1000元~2000元。

综合以上专家意见，我中心考虑艺术价值和市场价值，确定专家建议平均价格为：（1000 + 2000）÷ 2 = 1500（元/幅）。

五、计算价格鉴定值。

采用以上两种鉴定结果的算术平均数作为鉴定价格。

鉴定单价 =（1500元 + 1283元）÷ 2 = 1392元

鉴定价格 = 1392元 × 16元 = 22272元

### ▶ 案例评析

一、该案例对被盗16幅罗汉画像价格鉴定采用两种方法，并且详细叙述了测算过程，重要参数的来源一目了然，依据较为充分。

二、采用市场法鉴定时，只选择一个交易实例不妥。按照规定应当选择3个或3个以上可比实例进行比较调整，结果才有说服力。否则，不宜使用市场比较法。

三、采用专家咨询法时，共有8位专家给出鉴定价格，其中，4位的鉴定价格为每幅2000元，1位鉴定价格为每幅5000元或更高，3位鉴定价格为每幅1000~2000元，而专家咨询法鉴定只确定每幅1500元，此种做法值得商榷。

## 案例五十四

# 涉嫌盗窃罪案件中大鲵的价格鉴定

 **案例背景情况**

2011年4月21日晚，××市公安局××派出所破获一起大鲵（娃娃鱼）盗窃案，共计823尾，其中幼体779尾，成体44尾。××市公安局于2011年4月25日委托××市价格认证中心对823尾大鲵进行价格鉴定。

 **价格鉴定结论书**

## 关于被盗大鲵（娃娃鱼）的价格鉴定结论书

××市公安局：

根据你局委托，遵循合法、公正、科学的原则，按照规定的程序、标准和方法，我中心依法对被盗大鲵进行了价格鉴定。现将价格鉴定情况综述如下：

### 一、价格鉴定标的

被盗的823尾大鲵（娃娃鱼），其中幼体779尾（重量250克以下），成体44尾（重量500克以上，含500克）。

### 二、价格鉴定目的

为公安机关办理涉嫌盗窃罪案件提供价格鉴定标的的价格依据。

## 三、价格鉴定基准日

2011 年 4 月 21 日。

## 四、价格定义

价格鉴定结论所指价格是：鉴定标的在鉴定基准日，采用公开市场价值标准确定的客观合理的价格。

## 五、价格鉴定依据

（一）法律法规及规范性文件

1.《中华人民共和国价格法》；

2.《中华人民共和国野生动物保护法》；

3.《中华人民共和国水生野生动物保护实施条例》；

4.《扣押、追缴、没收物品估价管理办法》；

5.《关于扣押追缴没收及收缴财物价格鉴定管理的补充通知》；

6.《关于水生野生动物资源保护费收费标准及其有关事项的通知》；

7.《××省涉案财物价格鉴定条例》；

8.《××省价格鉴证操作规范》。

（二）委托方提供的有关资料

1. 价格鉴定委托书；

2. 其他相关资料。

（三）鉴定方收集的资料

1. 实物勘验资料；

2. 市场调查资料。

## 六、价格鉴定方法

市场法。

## 七、价格鉴定过程

我中心接受委托后，成立了价格鉴定小组，邀请了××市水产工作站有关专家，于 2011 年 4 月 27 日会同××派出所办案人员赴案件发生地进行了实物勘验，并对鉴定标的的数量、规格及重量进行了现场清点、测量和登记，具体情况如下：

（1）重量在 250 克以下的幼体计 779 尾；

（2）重量在 500 克左右的成体计 22 尾；

（3）重量在 1000 克左右的成体计 14 尾；

（4）重量在 1500 克左右的成体计 8 尾。

××市地处秦岭南麓，气候温暖湿润，非常适合大鲵的生长与繁殖，近年来，××市农民养殖大鲵的积极性非常高，××市政府也把大鲵养殖作为政府主导的绿色、高效产业在当地大力推广。所以 2000 年以来，当地许多农户开始驯养、繁殖大鲵，并形成一定的市场，此次进行价格鉴定的大鲵也是农户驯养、繁殖而成。通过市场调查得知，每尾幼体大鲵的价格为 900～1100 元，成体（0.5 至 1.5 千克）大鲵的价格为 2000～5000 元。

通过对有关专家咨询并结合鉴定基准日大鲵市场价格的调查，确定在鉴定基准日不同规格的大鲵的价格如下：

（1）重量在 250 克以下每尾单价 1000 元；

（2）重量在 500 克左右每尾单价 2000 元；

（3）重量在 1000 克左右每尾单价 3000 元；

（4）重量在 1500 克左右每尾单价 4500 元。

鉴定价格计算如下：

（1）大鲵幼体价格 = 779 × 1000 = 779000（元）；

（2）大鲵成体价格 = 22 × 2000 = 44000（元）；

（3）大鲵成体价格 = 14 × 3000 = 42000（元）；

（4）大鲵成体价格 = 8 × 4500 = 36000（元）。

鉴定标的的价格合计为 901000 元。

## 八、价格鉴定结论

鉴定标的在鉴定基准日的鉴定价格为人民币玖拾万零壹仟元整（￥901000）。

## 九、价格鉴定限定条件

（一）委托方提供资料客观真实；

（二）经××市水产工作站鉴定该 823 尾物种属活体大鲵；

（三）鉴定标的无重大变化；

（四）鉴定标的为人工驯养、繁殖而成。

## 十、声明

（一）价格鉴定结论受结论书中已说明的限定条件限制。

（二）委托方提供资料的真实性由委托方负责。

（三）价格鉴定结论仅对本次委托有效，不做他用。未经本中心同意，不得向委托方和有关当事人之外的任何单位和个人提供，结论书的全部或部分内容不得发表于任何公开媒体上。

（四）鉴定机构和鉴定人员与价格鉴定标的没有利害关系，也与有关当事人没有利害关系。

（五）如对本结论有异议，可向本鉴定机构提出重新鉴定、补充鉴定，或委托省级价格主管部门设立的价格鉴定机构复核裁定。

## 十一、价格鉴定作业日期

（略）。

## 十二、价格鉴定人员

（略）。

## 十三、附件

1. 价格鉴定机构资质证复印件（略）
2. 价格鉴定人员资格证复印件（略）

（公章）

2011 年 4 月 28 日

## 测算说明

### 一、鉴定思路

本案例是对盗窃案涉及的大鲵进行价格鉴定。案例主要特点：

（1）大鲵鉴定的特殊性。大鲵（俗称娃娃鱼）属于国家二类保护水生野生动物，按国家野生动物保护条例规定，野生的大鲵不能上市交易，而通过人工驯养和繁殖的大鲵可以上市交易。××市地处秦岭南麓，气候温暖湿润，非常适合大鲵的生长与繁殖，××市许多农户驯养和繁殖大鲵，并形成一定市场。

（2）该批盗窃的大鲵经技术人员鉴定应为农户驯养繁殖的大鲵，在充分勘验的基础上，对鉴定标的的不同规格进行了分类，根据不同规格的大鲵进行市场价格调查，最终确定出鉴定价格。

### 二、价格鉴定标的概况

该批被盗的标的头部、腹部扁平，头前端有宽口裂，躯干前部两侧有纵列的皮肤褶，四脚的后肢明显长于前肢，尾短、多肉质，约占全长的 1/3，根据特征确定该批被盗的标的为大鲵（又称娃娃鱼），共计 823 尾。其中幼体 779 尾，平均长度 12 厘米左右，重量都在 250 克以下；成体 22 尾，重量约 500 克；成体 14 尾，重量约 1000 克；成体 8 尾，重量约 1500 克。该批大鲵都为健康的活体。

### 三、价格鉴定过程

我中心接受委托后，邀请了××市水产工作站有关专家于 2011 年 4 月 27 日会同××派出所公安人员赴案件发生地进行了实物勘验，并对鉴定标的的数量、规格及重量进行了现场清点、测量和登记，具体情况如下：

（1）重量在 250 克以下的幼体计 779 尾；

（2）重量在 500 克左右的成体计 22 尾；

（3）重量在 1000 克左右的成体计 14 尾；

（4）重量在 1500 克左右的成体计 8 尾。

××地处秦岭南麓，气候温暖湿润，非常适合大鲵的生长与繁殖，近年来，××农民养殖大鲵的积极性非常高，××市政府也把大鲵养殖作为政府主导的绿色、高效产业在当地大力推广。所以 2000 年以来，××市许多农户开始驯养、繁殖大鲵，并形成一定的市场，此次价格鉴定的大鲵也是农户驯养、繁殖而成。通过市场调查得知，每尾幼体大鲵在鉴定基准日的市场价格为 900～1100 元，每尾成体（0.5～1.5 千克）大鲵在鉴定基准日市场价格为 2000～5000 元之间。

通过对有关专家的咨询并结合鉴定基准日大鲵市场价格的调查，确定在鉴定基准日不同规格的大鲵价格如下：

（1）重量在 250 克以下每尾单价 1000 元；

（2）重量在 500 克左右每尾单价 2000 元；

（3）重量在 1000 克左右每尾单价 3000 元；

（4）重量在 1500 克左右每尾单价 4500 元。

鉴定价格计算如下：

（1）大鲵幼体价格 = 779 × 1000 = 779000（元）；

（2）大鲵成体价格 = 22 × 2000 = 44000（元）；

（3）大鲵成体价格 = 14 × 3000 = 42000（元）；

（4）大鲵成体价格 = 8 × 4500 = 36000（元）。

鉴定标的的鉴定价格为：779000 + 44000 + 42000 + 36000 = 901000（元）。

### ◆ 案例评析

一、该案例是对刑事涉案涉及的被盗大鲵的价格鉴定，程序合法，依据充分，方法恰当，较为合理。

二、该案例鉴定的标的具有特殊性，选择采用市场法对标的进行价格鉴定，合情合理，作出的价格鉴定结论客观准确。

三、按相关规定，需获准中华人民共和国水生野生动物经营利用许可证方能经营大鲵的生产和销售，但该案例未对此予以说明。

## 案例五十五

# 涉嫌盗窃罪案件中铜铅合金冰铜的价格鉴定

### 案例背景情况

　　2011年11月27日，××市公安局干警现场抓获正在××冶炼厂盗窃冶炼原料铜铅合金冰铜的犯罪嫌疑人陈某，当场缴获铜铅合金冰铜37千克。经审讯，嫌疑人供述其于2011年8月底至9月中旬，11月10日、22日、27日共5次盗窃铜铅合金冰铜，合计重量0.205吨。××市公安局于2011年12月5日以涉嫌盗窃罪为由委托××市价格认证中心对2011年11月27日被盗的0.205吨铜铅合金冰铜进行价格鉴定。

 价格鉴定结论书

### 关于被盗铜铅合金冰铜的价格鉴定结论书

××市公安局：

　　根据你单位委托，我中心遵循合法、公正、科学的原则，按照规定的标准、程序和方法，依法对被盗铜铅合金冰铜进行了价格鉴定，现将鉴定情况综述如下：

#### 一、价格鉴定标的

　　铜铅合金冰铜0.205吨（每吨成分金含量为78.7克，银含量为1281.63克，铜含量为 646400 克，其他少量铅锌及杂质含量为 352239.67 克）。

## 二、价格鉴定目的

为公安机关办理涉嫌盗窃罪案件提供鉴定标的的价格依据。

## 三、价格鉴定基准日

2011 年 11 月 27 日。

## 四、价格定义

价格鉴定结论所指价格是：价格鉴定标的在价格鉴定基准日，采用公开市场价值标准确定的市场价格。

## 五、价格鉴定依据

（一）法律法规及规范性文件

1.《中华人民共和国价格法》；

2.《××省涉案财产价格鉴定条例》；

3.《扣押、追缴、没收物品估价管理办法》；

4.《关于扣押追缴没收及收缴财物价格鉴定管理的补充通知》；

5.《××省涉案财产价格鉴定操作规程（试行）》。

（二）委托方提供的有关资料

1. ××市公安局委托书；

2. 委托方提供的标的物照片；

3. 委托方提供的基准日上海金属交易价格；

4. ××市金属检测检验中心提供的《质检报告》。

（三）鉴定方收集的有关资料

1. 实物勘验资料；

2. 市场调查资料；

3. 其他相关资料。

## 六、价格鉴定方法

成本法。

## 七、价格鉴定过程

我中心接受委托后，成立了价格鉴定工作小组，制定了价格鉴定作业方案，并指派 2 名价格鉴定人员对标的铜铅合金冰铜进行了实物勘验。实物勘验后，价格鉴定人员根据国家有关规程和标准，严格按照价格鉴定的程序和原则，通过认真分析研究和广泛的市场调查，确定采用成本法对标的进行价格鉴定。

（一）价格鉴定标的概述

价格鉴定标的为铜铅合金冰铜 0.205 吨。根据××市金属检测检验中心提供的《质检报告》显示，其成分每吨金含量为 78.7 克，银含量为 1281.63 克，铜含量为 646400 克，其他少量铅锌及杂质含量为 352239.67 克。该标的为××冶炼厂用于电解金、银、铜的原料。电解率为 95%。根据委托方委托，因标的中铅锌含量极少，不予考虑。

（二）测算过程

计算公式：鉴定价格 =（金银铜价格 − 费用）× 电解率

1. 金银铜价格的确定。

根据市场调查并参考委托方提供的资料，在价格鉴定基准日每克金、银、铜的市场交易中准价格分别为：金 346.37 元；银 6.67 元；铜 0.0557 元。

金价格 = 78.7 克/吨 × 0.205 吨 × 346.37 元/克 = 5588.16 元

银价格 = 1281.63 克/吨 × 0.205 吨 × 6.67 元/克 = 1752.44 元

铜价格 = 646400 克/吨 × 0.205 吨 × 0.0557 元/克 = 7380.92 元

金银铜总价格 = 5588.16 + 1752.44 + 7380.92 = 14721.52（元）

2. 费用的确定。

把铜铅合金冰铜加工成电解金、银、铜需要一定的加工费。根据委托单位提供的被盗单位的费用支出账目，经核算基准日加工费占金、银、铜总价值的 5%。

鉴定标的加工费用 = 14721.52 × 5% = 736.08（元）

3. 电解率为 95%。

4. 鉴定价格核算。

鉴定价格 =（14721.52 − 736.08）× 95% = 13286（元）

## 八、价格鉴定结论

鉴定标的铜铅合金冰铜在价格鉴定基准日的鉴定价格为人民币壹万叁仟贰佰捌拾陆元整（￥13286.00）。

## 九、价格鉴定限定条件

（一）委托方提供的资料真实可靠；

（二）犯罪嫌疑人供述，分别于 2011 年 8 月底至 9 月中旬，11 月 10 日、22 日、27 日共 5 次实施盗窃，本次价格鉴定基准日按价格鉴定委托书中的要求确定。如基准日发生变化，价格鉴定结论书应予调整。

## 十、声明

（一）价格鉴定结论受结论书中已说明的限定条件限制。

（二）委托方提供资料的真实性由委托方负责。

（三）价格鉴定结论仅对本次委托有效，不做他用。未经我中心同意，不得向委托方和有关当事人之外的任何单位和个人提供。结论书的全部或部分内容，不得发表于任何公开媒体上。

（四）鉴定机构和鉴定人员与价格鉴定标的没有利害关系，与有关当事人也没有利害关系。

（五）如对本结论有异议，可向本鉴定机构提出重新鉴定，或委托省级政府价格主管部门设立的价格鉴定机构复核裁定。

## 十一、价格鉴定作业日期

（略）。

## 十二、价格鉴定人员

（略）。

## 十三、附件

1. 价格鉴定机构资质证复印件（略）
2. 价格鉴定人员资格证复印件（略）

（公章）

2011 年 12 月 5 日

## 测算说明

### 一、鉴定思路

本案例是对被盗铜铅合金冰铜进行价格鉴定。案例主要特点：

（1）根据委托方提供的被盗铜铅合金冰铜重量、质检报告以及基准日的相关金属市场交易价格确定被盗铜铅合金冰铜价格。

（2）要考虑把标的电解成金、银、铜需要一定的加工费。

（3）考虑电解金、银、铜有一定的电解率。

（4）犯罪嫌疑人供述其于2011年8月底至9月中旬，11月10日、22日、27日共五次盗窃铜铅合金冰铜0.205吨，因无法确定每次实施盗窃时的具体被盗物品重量，我们与委托方沟通，由委托方在价格鉴定委托书中明确载明价格鉴定基准日为2011年11月27日。

**二、价格鉴定过程**

同价格鉴定结论书，略。

### 案例评析

一、该案例是对盗窃案件中铜铅合金冰铜进行价格鉴定，程序合法，依据较充分，方法恰当，结论较为合理。

二、在测算过程中考虑了把铜铅合金冰铜电解成金、银、铜需要一定的加工费，而且考虑了金银铜的电解率问题，比较切合实际。

三、涉及贵金属等需要进行质量检测的标的需由委托方提供有国家质量监督管理部门认可的《质检报告》，并在委托方提供资料项目中体现。

四、该盗窃案件中，被盗物品在五次被盗当时的数量无法确定，仅知五次共计0.205吨。价格鉴定人员与委托方沟通，由委托方在价格鉴定委托书中明确载明价格鉴定基准日和被盗物品数量，并在价格鉴定结论书中加以限定，是十分必要的。

### 案例五十六

# 涉嫌盗窃罪案件中信鸽的价格鉴定

 **案例背景情况**

2012年5月3日晚21时许，犯罪嫌疑人王某潜入受害者家中将其饲养的15羽信鸽盗走，××县公安局接到报警后，抓获了犯罪嫌疑人，追回了被盗信鸽。2012年5月10日，××县公安局以涉嫌盗窃罪为由委托××县价格认证中心对被盗信鸽进行价格鉴定。

## 价格鉴定结论书

# 关于信鸽的价格鉴定结论书

××县公安局：

根据你局委托，遵循合法、公正、科学的原则，按照规定的标准、程序和方法，我中心依法对委托书所列指的信鸽进行了价格鉴定。现将价格鉴定情况综述如下：

### 一、价格鉴定标的

鉴定标的为被盗信鸽 15 羽，详见价格鉴定明细表。

### 二、价格鉴定目的

为你局办理涉嫌盗窃罪案件提供鉴定标的的价格依据。

### 三、价格鉴定基准日

2012 年 5 月 3 日。

### 四、价格定义

价格鉴定结论所指价格是：鉴定标的在价格鉴定基准日，采用专家咨询法确定的市场价格。

### 五、价格鉴定依据

（一）法律法规及规范性文件

1. 《中华人民共和国价格法》；
2. 《××省涉案物品价格鉴证管理办法》；
3. 《扣押、追缴、没收物品估价管理办法》；
4. 《关于扣押追缴没收及收缴财物价格鉴定管理的补充通知》；
5. 《××省涉案财物价格鉴定实施细则》；
6. 《价格鉴定行为规范》（2010 年版）。

（二）委托方提供的有关资料

1. 价格鉴定委托书；
2. 被盗鸽子获奖证书复印件及鉴定标的实物照片。

（三）鉴定方收集的有关资料

1. 实物勘验资料；

2. 市场调查资料；

3. 专家咨询意见；

4. 其他相关资料。

## 六、价格鉴定方法

专家咨询法。

## 七、价格鉴定过程

我中心接受委托后，聘请了 5 名信鸽专家，成立了价格鉴定工作小组，制定了价格鉴定作业方案，并指派 2 名价格鉴定人员与聘请专家于 2012 年 5 月 11 日对标的信鸽进行了实物勘验。实物勘验后，价格鉴定人员根据国家有关鉴定规程和标准，严格按照价格鉴定的程序和原则，通过认真分析研究和广泛的市场调查，确定采用专家咨询法对鉴定标的进行价格鉴定。

（一）价格鉴定标的概述

鉴定标的为被盗信鸽 15 羽，其中：

（1）足环号为 2011 – 28 – 021998 种鸽 1 羽，血统：桑杰士。

（2）足环号为 2009 – 28 – 029034 种鸽 1 羽，血统：凡龙。

（3）足环号为 2009 – 32 – 1000575 种鸽 1 羽，血统：桑杰士。2009 年 11 月参加过秋季 150 公里特比环决赛，在 812 羽参赛、有效归返 167 羽中获得第 65 名。

（4）足环号为 2011 – 28 – 085000 种鸽 1 羽，血统：桑杰士。

（5）足环号为 2010 – 28 – 004224 种鸽 1 羽，血统：盖比。

（6）足环号分别为 2012 – 28 – 037151、2012 – 28 – 037152、2012 – 28 – 037153、2012 – 28 – 037154、2012 – 28 – 037155、2012 – 28 – 037156、2012 – 28 – 037157、2012 – 28 – 037158、2011 – 01 – 120133、2011 – 28 – 023165 的幼鸽各 1 羽。

（二）测算过程

依据委托方提供的鉴定标的清单等相关资料，聘请专家结合自己的专业经验和信鸽市场情况，分别对标的信鸽鉴定出了市场价格，价格鉴定人员经认真综合分析后，采用算术平均法对专家鉴定价格进行了数学处理，确定了鉴定标的价格，详见下表：

**价格鉴定明细表**

单位：人民币元

| 序号 | 名称 | 单位 | 数量 | 足环号 | 鉴定结论 | 备注 |
|---|---|---|---|---|---|---|
| 1 | 种鸽 | 羽 | 1 | 2011 - 28 - 021998 | 1800.00 | |
| 2 | 种鸽 | 羽 | 1 | 2009 - 28 - 029034 | 800.00 | |
| 3 | 种鸽 | 羽 | 1 | 2009 - 32 - 1000575 | 1000.00 | |
| 4 | 种鸽 | 羽 | 1 | 2011 - 28 - 085000 | 800.00 | |
| 5 | 种鸽 | 羽 | 1 | 2010 - 28 - 004224 | 800.00 | |
| 6 | 幼鸽 | 羽 | 1 | 2012 - 28 - 037151 | 200.00 | |
| 7 | 幼鸽 | 羽 | 1 | 2012 - 28 - 037152 | 200.00 | |
| 8 | 幼鸽 | 羽 | 1 | 2012 - 28 - 037153 | 200.00 | |
| 9 | 幼鸽 | 羽 | 1 | 2012 - 28 - 037154 | 200.00 | |
| 10 | 幼鸽 | 羽 | 1 | 2012 - 28 - 037155 | 200.00 | |
| 11 | 幼鸽 | 羽 | 1 | 2012 - 28 - 037156 | 200.00 | |
| 12 | 幼鸽 | 羽 | 1 | 2012 - 28 - 037157 | 200.00 | |
| 13 | 幼鸽 | 羽 | 1 | 2012 - 28 - 037158 | 200.00 | |
| 14 | 幼鸽 | 羽 | 1 | 2011 - 01 - 120133 | 200.00 | |
| 15 | 幼鸽 | 羽 | 1 | 2011 - 28 - 023165 | 200.00 | |
| 合　计 | | | | | 7200.00 | |

## 八、价格鉴定结论

鉴定标的信鸽在价格鉴定基准日的价格为人民币柒仟贰佰元整（￥7200.00）。

## 九、价格鉴定限定条件

委托方提供资料客观真实。

当上述条件发生变化时，鉴定结论会失效或部分失效，鉴定机构不承担由于这些条件的变化而导致鉴定结果失效的相关法律责任。

## 十、声明

（一）价格鉴定结论受结论书中已说明的限定条件限制。

（二）委托方提供资料的真实性由委托方负责。

（三）价格鉴定结论仅对本次委托有效，不做他用。未经我中心同意，不得向委托方和有关当事人之外的任何单位和个人提供。结论书的全部或部分内容，不得发表于任何公开媒体上。

（四）鉴定机构和鉴定人员与价格鉴定标的没有利害关系，与有关当事人也没有利害关系。

（五）如对本结论有异议，可向本鉴定机构提出重新鉴定，或委托省级政府价格主管部门设立的价格鉴定机构复核裁定。

## 十一、价格鉴定作业日期

（略）。

## 十二、价格鉴定人员

（略）。

## 十三、附件

1. 价格鉴定委托书复印件（略）
2. 价格鉴定机构资质证复印件（略）
3. 价格鉴定人员资格证复印件（略）

（公章）

2012 年 5 月 16 日

## 测算说明

### 一、鉴定思路

本案例是对被盗信鸽进行价格鉴定。案例主要特点：

（1）由于信鸽属于特殊商品，受理委托时，必须要求委托方在委托书中写明信鸽的种类、性别、足环号、血统等，并附有血统证书、获奖证书等相关的证明材料。

（2）进行实物勘验时，实物与委托书中填写的内容要相符，如有不符，应与委托方共同确认，重新出具委托书。

（3）鉴定标的没有完全相同的参照物可比较，确定标的价格有一定难度。在不具备信鸽知识和经验的条件下，选择专家咨询法，通过专家模拟市场获得标的价格是可行的鉴定方法。

### 二、价格鉴定标的概况

鉴定标的为被盗的 15 羽信鸽，但已追回并返还失主的被盗 15 羽信鸽，其中：

1. 足环号为 2011 - 28 - 021998 种鸽 1 羽，血统：桑杰士。
2. 足环号为 2009 - 28 - 029034 种鸽 1 羽，血统：凡龙。
3. 足环号为 2009 - 32 - 1000575 种鸽 1 羽，血统：桑杰士。2009 年 11 月参加

过秋季 150 公里特比环决赛，在 812 羽参赛、有效归返 167 羽中获得第 65 名。

4. 足环号为 2011－28－085000 种鸽 1 羽，血统：桑杰士。

5. 足环号为 2010－28－004224 种鸽 1 羽，血统：盖比。

6. 足环号分别为 2012－28－037151、2012－28－037152、2012－28－037153、2012－28－037154、2012－28－037155、2012－28－037156、2012－28－037157、2012－28－037158、2011－01－120133、2011－28－023165 的幼鸽各 1 羽。

### 三、价格鉴定过程

本中心接受委托后，聘请了 5 名信鸽专家，成立了价格鉴定工作小组，制定了价格鉴定作业方案，并指派 2 名价格鉴定人员与聘请专家于 2012 年 5 月 11 日对标的信鸽进行了实物勘验。实物勘验后，价格鉴定人员根据国家有关鉴定规程和标准，严格按照价格鉴定的程序和原则，通过认真分析研究和广泛的市场调查，确定采用专家咨询法对鉴定标的进行价格鉴定。

依据委托方提供的鉴定标的清单等相关资料，5 名聘请专家根据信鸽血统、头型、眼砂、骨架、翅膀、羽条状况以及鸽子的赛绩、业内名气等情况，结合自己的专业经验和市场情况，分别对标的信鸽鉴定出了市场价格，价格鉴定人员经认真综合分析后，采用算术平均法对专家鉴定价格进行了数学处理，确定了鉴定标的价格：

**价格鉴定明细表**

单位：人民币元

| 序号 | 名称 | 单位 | 数量 | 足环号 | 鉴定结论 | 备注 |
|---|---|---|---|---|---|---|
| 1 | 种鸽 | 羽 | 1 | 2011－28－021998 | 1800.00 | |
| 2 | 种鸽 | 羽 | 1 | 2009－28－029034 | 800.00 | |
| 3 | 种鸽 | 羽 | 1 | 2009－32－1000575 | 1000.00 | |
| 4 | 种鸽 | 羽 | 1 | 2011－28－085000 | 800.00 | |
| 5 | 种鸽 | 羽 | 1 | 2010－28－004224 | 800.00 | |
| 6 | 幼鸽 | 羽 | 1 | 2012－28－037151 | 200.00 | |
| 7 | 幼鸽 | 羽 | 1 | 2012－28－037152 | 200.00 | |
| 8 | 幼鸽 | 羽 | 1 | 2012－28－037153 | 200.00 | |
| 9 | 幼鸽 | 羽 | 1 | 2012－28－037154 | 200.00 | |
| 10 | 幼鸽 | 羽 | 1 | 2012－28－037155 | 200.00 | |
| 11 | 幼鸽 | 羽 | 1 | 2012－28－037156 | 200.00 | |
| 12 | 幼鸽 | 羽 | 1 | 2012－28－037157 | 200.00 | |
| 13 | 幼鸽 | 羽 | 1 | 2012－28－037158 | 200.00 | |
| 14 | 幼鸽 | 羽 | 1 | 2011－01－120133 | 200.00 | |
| 15 | 幼鸽 | 羽 | 1 | 2011－28－023165 | 200.00 | |
| | 合计 | | | | 7200.00 | |

**案例评析**

一、该案例是涉嫌盗窃罪案件中被盗信鸽的价格鉴定，程序合法，依据较充分，方法恰当，结论较为合理。

二、该案例鉴定标的没有完全相同的参照物可比较，确定标的价格有一定难度。

三、该案例的要点在于鉴定方法的选择。在不具备信鸽知识和经验的条件下，选择专家咨询法，通过专家模拟市场获得标的价格是较为恰当的价格鉴定方法。

四、信鸽爱好者大都是当地信鸽协会会员，当地信鸽协会一般都了解会员的信鸽情况，所以首先可到当地信鸽协会进行调查。

## 案例五十七

# 涉嫌盗窃罪案件中獭兔皮草服装的价格鉴定

 **案例背景情况**

2012 年 12 月 1 日中午 12 时许，××市××区××服装店二楼皮草专柜发生了一起盗窃案，犯罪嫌疑人从皮草专柜盗走了一件全新"千玉红人"品牌獭兔皮草短外套衣服。案件侦破后，××市公安局抓获了犯罪嫌疑人，并追回了被盗皮草外套服装。××市公安局以涉嫌盗窃罪为由，于 2012 年 12 月 11 日委托××市价格认证中心对皮草短外套服装进行价格鉴定。

**价格鉴定结论书**

## 关于獭兔皮草服装的价格鉴定结论书

××市公安局：

根据你局委托，我中心遵循合法、公正、科学的原则，按照规定的标准、程序

和方法，依法对委托书所列指的"千玉红人"品牌獭兔皮草短外套服装进行了价格鉴定。现将价格鉴定情况综述如下：

## 一、价格鉴定标的

鉴定标的为全新"千玉红人"品牌獭兔皮草短外套服装 1 件，品牌：千玉红人；材质：獭兔皮毛；颜色：灰色；款式：短款中袖；货号：×××。

## 二、价格鉴定目的

为你局办理涉嫌盗窃罪案件提供鉴定标的的价格依据。

## 三、价格鉴定基准日

2012 年 12 月 1 日。

## 四、价格定义

价格鉴定结论所指价格是：鉴定标的在价格鉴定基准日，采用公开市场价值标准确定的市场价格。

## 五、价格鉴定依据

（一）法律法规及规范性文件

1. 《中华人民共和国价格法》；
2. 《扣押、追缴、没收物品估价管理办法》；
3. 《关于扣押追缴没收及收缴财物价格鉴定管理的补充通知》；
4. 《××省涉案物品价格鉴证管理办法》；
5. 《××省涉案财物价格鉴定实施细则》；
6. 《价格鉴定行为规范》（2010 年版）。

（二）委托方提供的有关资料

1. 价格鉴定委托书；
2. 其他相关资料。

（三）鉴定方收集的有关资料

1. 实物勘验资料；
2. 市场调查资料；
3. 其他相关资料。

## 六、价格鉴定方法

市场法。

## 七、价格鉴定过程

我中心接受委托后，成立了价格鉴定小组，制定了价格价格鉴定作业方案，并指派 2 名价格鉴定人员于 2012 年 12 月 3 日对标的皮草短外套服装进行了实物勘验。实物勘验后，价格鉴定人员根据国家有关规程和标准，严格按照价格鉴定的程序和原则，通过认真分析研究和广泛的市场调查，确定采用市场法对标的进行价格鉴定。

（一）价格鉴定标的概述

鉴定标的为全新"千玉红人"品牌獭兔皮草短外套服装，品牌：千玉红人；材质：獭兔皮毛；颜色：灰色；款式：短款中袖；货号：×××。

（二）测算过程

经调查核实，鉴定标的"千玉红人"品牌皮草外套服装为独家专卖服装，在××市域内其他商场无同品牌、同规格皮草短外套服装销售，此外，价格鉴定基准日，鉴定标的千玉红人皮草短外套服装正进行 2 折促销活动，每件标价 20260 元，折扣 2 折，折扣后每件实际销售价格为 4052 元，日销售数量达 6～10 件。经综合分析确定，鉴定标的"千玉红人"品牌獭兔皮草短外套服装的鉴定价格为 4052 元。

## 八、价格鉴定结论

鉴定标的在价格鉴定基准日的价格为人民币肆仟零伍拾贰元整（￥4052.00）。

## 九、价格鉴定限定条件

（一）委托方提供资料客观真实。

（二）当上述条件发生变化时，鉴定结论会失效或部分失效，鉴定机构不承担由于这些条件的变化而导致鉴定结果失效的相关法律责任。

## 十、声明

（一）价格鉴定结论受结论书中已说明的限定条件限制。

（二）委托方提供资料的真实性由委托方负责。

（三）价格鉴定结论仅对本次委托有效，不做他用。未经我中心同意，不得向委托方和有关当事人之外的任何单位和个人提供。结论书的全部或部分内容，不得发表于任何公开媒体上。

（四）鉴定机构和鉴定人员与价格鉴定标的没有利害关系，与有关当事人也没有利害关系。

（五）如对本结论有异议，可向本鉴定机构提出重新鉴定，或委托省级政府价格主管部门设立的价格鉴定机构复核裁定。

## 十一、价格鉴定作业日期

（略）。

## 十二、价格鉴定人员

（略）。

## 十三、附件

1. 价格鉴定委托书复印件（略）
2. 价格鉴定机构资质证复印件（略）
3. 价格鉴定人员资格证复印件（略）

（公章）

2012 年 12 月 16 日

## 测算说明

### 一、鉴定思路

本案例是对被盗"千玉红人"品牌獭兔皮草短外套服装进行价格鉴定。案例的主要特点：一是鉴定标的为专卖商品；二是价格鉴定基准日鉴定标的正在进行折扣促销活动。

### 二、价格鉴定过程

同价格鉴定结论书，略。

### 案例评析

一、该案例是涉嫌盗窃案件中对被盗"千玉红人"皮草短外套服装进行的价格鉴定，程序合法，依据充分，方法恰当，结论合理。

二、该案例的特点是专卖商品和折价销售，鉴定的要点在于采用市场法鉴定时应把握的取价标准。

三、采用市场法鉴定专卖商品价格，在鉴定基准日鉴定标的为专卖、折价销售的商品时，选择专卖折扣价是客观合理的。

# （三）诈骗罪

【刑法】第二百六十六条　诈骗公私财物，数额较大的，处三年以下有期徒刑、拘役或者管制，并处或者单处罚金；数额巨大或者有其他严重情节的，处三年以上十年以下有期徒刑，并处罚金；数额特别巨大或者有其他特别严重情节的，处十年以上有期徒刑或者无期徒刑，并处罚金或者没收财产。本法另有规定的，依照规定。

【解释】本条是关于诈骗罪及其刑事处罚的规定。

"诈骗"，主要是指以非法占有为目的，用虚构事实或者隐瞒真相的方法，骗取公私财物的行为。

诈骗罪具有以下特征：（1）行为人主观上是出于故意，并且具有非法占有公私财物的目的。（2）行为人实施了诈骗行为。至于诈骗财物是归自己挥霍享用，还是转归第三人，都不影响本罪的成立。（3）诈骗公私财物数额较大才能构成犯罪，如果诈骗数额较小，则不构成犯罪。但是诈骗多少公私财物才构成"数额较大"，本条没有作出具体规定，可由司法机关依据各地具体情况作出具体规定。"情节严重"以及"情节特别严重"也是如此。

根据本条规定，诈骗公私财物，数额较大的，处3年以下有期徒刑、拘役或者管制，可以并处或者单处罚金；数额巨大或者有其他严重情节的，处3年以上10年以下有期徒刑，并处罚金；数额特别巨大或者有其他特别严重情节的，处10年以上有期徒刑或者无期徒刑，并处罚金或者没收财产。本法另有规定的，依照规定。这里所说的"另有规定"，是指本法或者其他法律对某些特定的诈骗犯罪专门作了具体规定，如金融诈骗、合同诈骗等，对这些诈骗犯罪应当适用这些专门的规定，不适用本条。

实践中，要注意区分诈骗罪与债务纠纷的界限，二者的根本区别在于：后者不具有非法占有的目的，只是由于客观原因，一时无法偿还；诈骗罪是以非法占有为目的，不是因为客观的原因不能归还，而是根本不打算偿还。

## 案例五十八

# 涉嫌诈骗罪案件中国画作品的价格鉴定

### 案例背景情况

2011 年 12 月，犯罪嫌疑人以开办画展为由，骗取当事人《水墨芭蕉》画作一幅，并继续在 ×× 省一些城市行骗，后被警方抓获，同时起获被骗画作。2013 年 1 月 9 日，×× 市公安局以涉嫌诈骗罪，委托 ×× 市价格认证中心对被骗画作进行价格鉴定。

### 价格鉴定结论书

## 关于《水墨芭蕉》画作的价格鉴定结论书

×× 市公安局：

根据你单位的委托，遵循合法、公正、科学的原则，按照规定的标准、程序和方法，我中心依法对画作《水墨芭蕉》进行价格鉴定。现将价格鉴定情况综述如下：

### 一、价格鉴定标的

本次价格鉴定标的为：姜某某画作《水墨芭蕉》一幅（规格：147 厘米 ×44 厘米）。

### 二、价格鉴定目的

为委托方办理涉嫌诈骗罪案件提供价格参考依据。

### 三、价格鉴定基准日

2011 年 12 月 31 日。

## 四、价格定义

价格鉴定结论所指价格是：鉴定标的在鉴定基准日，采用公开市场价值标准确定的市场价格。

## 五、价格鉴定依据

（一）法律法规及规范性文件

1.《中华人民共和国价格法》；

2.《扣押、追缴、没收物品估价管理办法》；

3.《关于扣押追缴没收及收缴财物价格鉴定管理的补充通知》；

4.《××省涉案资产价格鉴证管理条例》；

5.《××省涉案资产价格鉴证规范（试行)》；

6.《价格鉴定行为规范》（2010 年版）。

（二）委托方提供的资料

委托方出具的涉案财产价格鉴定委托书及价格鉴定标的清单等相关材料。

（三）鉴定方收集的资料

1. 实物勘验记录及照片；

2. 市场调查资料。

## 六、价格鉴定方法

市场法。

## 七、价格鉴定过程

我中心接受委托后，价格鉴定人员于 2013 年 1 月 11 日对鉴定标的进行了实物勘验。

鉴定标的为《水墨芭蕉》画作一幅；作者：姜某某；作品尺寸：44 厘米×147 厘米，画作属国画水墨技法形式，约 5.82 平尺。该画作经办案人员与作者确认并出具书面证明，证明系本人创作。

依据市场法的替代原则，参照同种或类似物品市场价格进行修正并计算标的价格，确定价格鉴定结论。

## 八、价格鉴定结论

鉴定标的在基准日的价格为人民币拾肆万伍仟伍佰元整（￥145500.00）。

## 九、价格鉴定限定条件

（一）委托方提供资料客观、真实、准确；

（二）结论书中所涉及的鉴定标的数量、特征依据委托方提供。如实际数量、特征与鉴定结论数量、特征不符，将直接影响价格的准确性，须重新进行鉴定，原结论无效。

## 十、声明

（一）价格鉴定结论受结论书中已说明的限定条件限制。

（二）本次价格鉴定依据委托方提供的有关资料，委托方对其提供资料的真实性、合法性、可靠性负法律责任，价格鉴定方只对委托方提供材料基础上所作出的鉴定结论负相应责任。

（三）鉴定机构和鉴定人员与价格鉴定标的及有关当事人没有利害关系。

（四）价格鉴定结论只对本次委托有效，不做他用。未经价格鉴定机构允许，不得向委托方和价格鉴定审查及使用部门以外的单位和个人提供。结论书的全部或部分内容不得发表于任何公开媒体上。

（五）委托方如对本结论有异议，可依程序向原价格鉴定机构提出重新鉴定，或者向省级价格主管部门设立的价格鉴定复核裁定机构提出复核裁定。

## 十一、价格鉴定作业日期

（略）。

## 十二、价格鉴定人员

（略）。

## 十三、附件

1. 委托书复印件（略）
2. 价格鉴定机构资质证复印件（略）
2. 价格鉴定人员资格证复印件（略）

（公章）

2013 年 1 月 14 日

## 测算说明

### 一、鉴定思路

本案例是对被骗画作进行价格鉴定。案例的主要特点是：

（1）鉴定标的近年存在相对广泛的交易；

（2）经过市场调查与之参照的类似作品利于比对。

### 二、鉴定标的概况

鉴定标的为《水墨芭蕉》一幅，画作属国画水墨技法形式，约5.82平尺。作者姜某某，山东××市人。历任中央美术学院客座教授；清华大学美术学院博士生教学指导教授；浙江画院院委；××市画院院长。2004—2009年出任中国国家画院姜某某艺术工作室导师。第十届、第十一届全国美展中国画评委。作品被北京人民大会堂、中南海勤政殿、国务院、毛主席纪念堂、故宫博物院、中国美术馆、中国国家画院、中央美术学院、中国美术学院、天津博物馆、浙江美术馆、江苏美术馆、宁波美术馆、汉城亚洲美术馆、香港博物馆、驻南非大使馆、驻纳米比亚大使馆等单位和个人收藏。其专山水、擅花卉大写，原创白描现代山水。

### 三、鉴定过程

本中心接受委托后，组成价格鉴定工作小组，经实物勘验和市场调查，根据委托鉴定标的，结合所收集的相关材料，确定采用市场法对标的进行价格鉴定。经鉴定人员市场调查，在荣宝斋、北京画店分别选取了与鉴定基准日时点相近的该作者三幅画作交易记录，具体情况如下：

一是《墨竹》，3平尺，交易价格8万元，每平尺2.67万元；

二是《菊花》，6平尺，交易价格15万元，每平尺2.5万元；

三是《兰草》，4尺斗方，交易价格9万元，每平尺2.25万元。

市场法鉴定画作每平尺单价 = （2.67 + 2.5 + 2.25）÷ 3 = 2.48（万元）

鉴定价格为：2.5万元 × 5.82平尺 = 145500元

### 📖 案例评析

一、该案例是对涉案画作进行的价格鉴定，程序合法，依据较充分，方法恰当，结论较为合理。

二、在市场调查过程中，充分考虑了鉴定标的与交易实例的可比性。

三、对名人字画类进行价格鉴定时，鉴定标的真伪应由委托方进行确认，并出具鉴定证书或说明。

　　四、必要时，应聘请专家对鉴定标的和参照物的作品、质量进行分析比较，并加以修正。

## 案例五十九

# 涉嫌诈骗罪案件中车床的价格鉴定

 **案例背景情况**

　　2008 年 6 月 30 日，刘某某以和王某某合作办厂为名，在××市××区签订合作协议，后将王某某投入的车床骗走后卖给他人。××市××区经侦支队以涉嫌诈骗立案，于 2011 年 12 月 3 日委托××区价格认证中心对被骗车床进行价格鉴定。

 **价格鉴定结论书**

## 关于 18K－2 型车床的价格鉴定结论书

××市公安局××分局：

　　根据你单位的委托，本中心遵循合法、公正、科学的原则，按照规定的标准、程序和方法，依法对委托书所列指的××市第二机床厂生产的 18K－2 型车床一台进行了价格鉴定。现将价格鉴定情况综述如下：

### 一、价格鉴定标的

　　××市第二机床厂生产的 18K－2 型车床一台，2000 年购买于××市二手机床市场，无购物发票，购买时 8 成新，案发时该机床约 3 成新。

## 二、价格鉴定目的

为公安机关办理涉嫌诈骗罪案件提供价格依据。

## 三、价格鉴定基准日

2008 年 6 月 30 日。

## 四、价格定义

价格鉴定结论所指价格是：鉴定标的在价格鉴定基准日，采用公开市场价值标准确定的市场价格。

## 五、价格鉴定依据

（一）法律法规及规范性文件

1.《中华人民共和国价格法》；

2.《扣押、追缴、没收物品价格管理规定》；

3.《关于扣押追缴没收及收缴财物价格鉴定管理的补充通知》；

4.《价格鉴定行为规范》（2010 年版）；

5.《关于××市涉案财物价格鉴证管理办法》；

6.《××市涉案财物价格鉴证操作规程》。

（二）委托方提供的有关资料

1. 价格鉴定委托书；

2. 价格鉴定相关的证明材料；

3. 询问笔录复印件。

（三）鉴定方收集的有关资料

1. 实物勘验资料；

2. 市场调查资料；

3. 其他相关资料。

## 六、价格鉴定方法

市场法。

## 七、价格鉴定过程

接受委托后，我中心成立了价格鉴定小组，制定了价格鉴定作业方案。

鉴定标的为××市第二机床厂生产的 18K－2 型车床一台，2000 年购买的二手车床，价格 13500 元，无购物发票，购买时 8 成新。

价格鉴定小组人员根据国家有关规定和标准，严格按照价格鉴定的程序和原则，通过认真分析研究现有资料和市场调查，参照二手市场价格及专家咨询情况进行综合分析，确定采用市场法对鉴定标的进行价格鉴定。

## 八、价格鉴定结论

鉴定标的在基准日的价格为人民币壹万零陆佰元整（￥10600.00）。

## 九、价格鉴定限定条件

（一）委托方提供资料客观真实；
（二）鉴定标的按目前状况能继续使用。

## 十、声明

（一）价格鉴定结论受结论书所述限定条件限制。
（二）委托方对其提供资料的真实性负责。
（三）价格鉴定结论仅对本次委托有效，不做他用。未经我中心同意，不得向委托方和有关当事人之外的人和单位和个人提供。结论书的全部或部分内容，不得发表于任何公开媒体上。
（四）鉴定机构和鉴定人员与价格鉴定标的没有利害关系，也与有关当事人没有利害关系。
（五）如对结论有异议，可依程序向本鉴定机构提出重新鉴定，或委托省级政府价格主管部门设立价格鉴定机构复核裁定。

## 十一、价格鉴定作业日期

（略）。

## 十二、价格鉴定人员

（略）。

## 十三、附件

1. 价格鉴定机构资质证复印件（略）
2. 价格鉴定小组人员资格证复印件（略）

（公章）

2011 年 12 月 10 日

# 测算说明

## 一、鉴定思路

本案例是对诈骗车床进行价格鉴定。案例主要特点：

（1）鉴定基准日该车床早已停产，换代产品已是数控机床，两者在技术水平和价格上差距太大，用成本法计算时，重置成本无法确定，综合调整系数无可靠依据，因此不适于采用成本法进行评估测算。

（2）本地区二手市场同一厂家相同型号机床无交易，即便类似二手机床交易量也很小，交易时基本不开具有效凭证，交易实例的选取难度很大，需要认真核实。

（3）对策。

一是委托××市检测技术研究所司法鉴定中心对标的进行技术检测，检测标的是否能继续使用。调整、确定成新率。根据实物勘验和成新率，进行相应的市场调查，获取交易可比实例。

二是根据委托鉴定标的、结合所收集的相关资料，委托相关专家对标的进行分析，出具价格意见。

三是根据市场法测算结果和专家价值意见，综合分析、确定鉴定价格。

## 二、价格鉴定标的概况

鉴定标的为××市第二机床厂生产的18K－2型车床一台，2000年购买于××市二手车床市场，价格13500元，无购物发票，购买时8成新，车床生产时间为1995年。机械设备使用年限按12年计算，该机床被骗时约3成新。

## 三、价格鉴定过程

通过对相关市场情况进行分析，按照新旧程度、规格型号及功能接近、质量相同的原则，选取市场交易实例，选取以下三个可比实例。

实例一：2011年5月转让成交一台20型车床，该车床生产时间为1997年，交易价格为12000元。交易时间比标的车床晚3年左右，生产时间晚两年，使用性质、使用情况相似，型号较高。

实例二：2011年6月转让成交一台18型车床，该车床生产时间为1998年，交易价格为10000元。型号相同，交易时间比标的晚3年左右，生产时间晚3年，使用性质、使用情况相似。

实例三：2011年8月转让成交一台20型车床，该车床生产时间为1997年，交易价格为11000元。交易时间比标的车床晚3年左右，生产时间晚两年，使用性质、使用情况相似，型号较高。

**因素条件说明表**

| | 标的 | 实例一 | 实例二 | 实例三 |
|---|---|---|---|---|
| 生产时间 | 1995 年 | 1997 年 | 1998 年 | 1997 年 |
| 转让时间 | 2008 年 | 2011 年 5 月 | 2011 年 6 月 | 2011 年 8 月 |
| 交易价格（元） | | 12000 | 10000 | 11000 |
| 规格型号 | 18K－2 | 20 型车床 | 18 型车床 | 20 型车床 |
| 使用性质 | 工厂生产 | 工厂生产 | 工厂生产 | 工厂生产 |
| 使用状况 | 较好 | 较好 | 较好 | 较好 |

**比较因素条件指数表**

| | 实例一 | 实例二 | 实例三 |
|---|---|---|---|
| 生产时间 | 100/101 | 100/102 | 100/101 |
| 转让时间 | 100/101 | 100/101 | 100/101 |
| 规格型号 | 100/102 | 100/100 | 100/102 |
| 使用性质 | 100/100 | 100/100 | 100/100 |
| 使用状况 | 100/100 | 100/100 | 100/100 |
| 比准价格（元） | 11533 | 9707 | 10572 |

$$鉴定价格 = (11533 + 9707 + 10572) \div 3 = 10604（元）\approx 10600（元）$$

## ◆ 案例评析

一、该案例委托时间距案发时间虽已过 3 年，但该厂家生产的该型号机床耐用性较好，因此标的基准日的情况可根据实物勘验时的情况进行相应调整确定。

二、该案例价格鉴定标的购买时是二手车床，又经过 8 年自用，从出厂时间到鉴定基准日已使用 13 年，从理论上已超过规定的经济耐用年限。因此，按照新旧程度、规格、型号及功能接近，质量相同的原则，当地相关二手市场可选取三个可比实例，使用市场法是较稳妥的选择。

三、该案例不足之处是在运用市场法鉴定时，对相关调整系数未作详细说明。

## 案例六十

# 涉嫌诈骗罪案件中中成药的价格鉴定

 **案例背景情况**

2013 年 1 月 14 日，公安部门现场抓获了"医托"和有诈骗嫌疑的"医生"，并起获了一批中成药品，据公安部门提供的资料，涉案"医生"开出的药方单价为每盒上百元，市公安部门以该"医生"涉嫌诈骗罪为由，于 2013 年 2 月 24 日委托××市价格认证中心对涉案的中成药品进行价格鉴定。

 **价格鉴定结论书**

## 关于中成药的价格鉴定结论书

××市公安局：

根据你单位的委托，我中心遵循合法、公正、科学的原则，按照规定的标准、程序和方法，依法对涉嫌诈骗罪案件的涉案物品进行了价格鉴定。现将价格鉴定情况综述如下：

### 一、价格鉴定标的

价格鉴定标的为一批中成药，详见价格鉴定明细表。

### 二、价格鉴定目的

为委托单位办理涉嫌诈骗罪案件提供鉴定标的的价格依据。

### 三、价格鉴定基准日

2013 年 1 月 14 日。

## 四、价格定义

价格鉴定结论所指的价格是：鉴定标的在鉴定基准日，采用公开市场价值标准确定的客观合理价格。

## 五、价格鉴定依据

（一）法律法规及规范性文件

1. 《中华人民共和国价格法》；

2. 《扣押、追缴、没收物品估价管理办法》；

3. 《关于进一步做好违法犯罪案件涉案物价格鉴定工作的意见》；

4. 《价格鉴定行为规范》（2010 年版）；

5. 《关于扣押追缴没收及收缴财物价格鉴定管理的补充通知》；

6. 其他有关价格鉴定的法律、法规、政策。

（二）委托方提供的有关资料

1. 涉案财产价格鉴定委托书；

2. 其他有关资料。

（三）鉴定方收集的有关资料

1. 实物勘验资料；

2. 市场调查资料。

## 六、价格鉴定方法

市场法。

## 七、价格鉴定过程

我中心接受委托后，成立了价格鉴定小组，制定了价格鉴定作业方案，并对标的进行了实物勘验，勘验结果如下：

××药业有限责任公司生产的"利咽灵片"，规格为每盒12 片×2 板；××药业有限责任公司生产"五海瘿瘤丸"，规定为每盒8 丸，每丸重9 克；××制药有限公司生产的"八正颗粒"，每袋装8 克，3 袋/盒×3 小盒/大盒。

经公安部门送××省食品药品监督管理局检验，涉案药品为正品。

通过市场调查，确定采用市场法对标的进行价格鉴定。

## 八、价格鉴定结论

价格鉴定标的在鉴定基准日的价格总额为人民币玖拾叁元整（￥93.00），具体

如下：

价格鉴定明细表

| 序号 | 财物名称 | 规格型号 | 鉴定基准日 | 数量（盒） | 鉴定单价（元） |
|---|---|---|---|---|---|
| 1 | 利咽灵片 | 中成药；批号：1205040413；包装规格：每盒12片×2板；辽源亚东爱友药业有限责任公司生产。 | 2013－01－14 | 1 | 13.50 |
| 2 | 五海瘿瘤丸 | 中成药；批号：20120901；包装规格：每盒8丸，每丸重9克；××省黄栀花药业有限责任公司生产。 | 2013－01－14 | 1 | 53.20 |
| 3 | 八正颗粒 | 中成药；批号：1k01017；包装规格：每袋装8克，3袋/盒×3小盒/大盒；××省东泰制药有限公司。 | 2013－01－14 | 1 | 26.46 |
| 鉴定价格合计 | 人民币玖拾叁元整（￥93.00） | | | | |
| 说　　明 | 1. 委托方提供实物样本进行价格鉴定。<br>2. 鉴定价格合计尾数保留至元，元以下四舍五入。 | | | | |

## 九、价格鉴定限定条件

（一）委托方提供资料客观真实；

（二）鉴定标的现行用途不改变；

（三）如委托方后续查获的实物资料与本次委托有差异时，需做重新鉴定。

## 十、声明

（一）价格鉴定结论受结论书中已说明的限定条件限制。

（二）委托方提供资料的真实性由委托方负责。

（三）价格鉴定结论仅对本次委托有效，不做他用。未经我中心同意，结论书的全部或部分内容，不得向委托单位和有关当事人之外的任何单位和个人提供，也不得发表于任何公开媒体上。

（四）鉴定机构和鉴定人员与价格鉴定标的没有利害关系，也与有关当事人没有利害关系。

（五）如对本结论有异议，可向本鉴定机构提出重新鉴定，或委托省级政府价格主管部门设立的价格鉴定机构复核裁定。

（六）本结论只作为办理刑事、治安案件的依据，不作为经济赔偿的标准。

## 十一、价格鉴定作业日期

（略）。

## 十二、价格鉴定人员

（略）。

## 十三、附件

1. 价格鉴定机构资质证复印件（略）
2. 价格鉴定人员资格证复印件（略）

（公章）

2013 年 3 月 7 日

## 测算说明

### 一、价格鉴定思路

本案例是对涉嫌诈骗罪所涉及的药品进行价格鉴定。案例主要特点：

（1）涉案的药品是国家批准生产的正品药品，但在本市的正规药房没有销售，在本地市场调查价格困难，故采用网上查询和向厂家供销商了解的方式了解采集价格。

（2）依照国家对药品的价格管理规定，采用相应的价格形式进行价格鉴定。

### 二、价格鉴定标的概况

委托方提供了涉案实物样本进行价格鉴定。经勘验，涉案物品有：辽宁××药业有限责任公司生产的"利咽灵片"、陕西××制药有限公司生产的"八正颗粒"和吉林××药业有限公司生产的"五海瘿瘤丸"等药品（具体规格详见价格鉴定明细表），样本包装完整，全新。据委托方介绍，涉案的药品全是新品。

### 三、价格测算过程

经市场了解和网上查询，涉案的几个药品在××市的正规药店没有销售，查询药业网站，与涉案药品同一生产厂的价格分别是："八正颗粒"每盒 17.50 ~ 17.80元，中间价格为 17.65 元（8 克×6 袋），平均每袋 2.94 元；"五海瘿瘤丸"每盒 65 ~ 68 元，中间价格为 66.50 元（每盒 10 丸），平均每丸 6.65 元；"利咽灵片"每盒 10.80 元（每盒 24 片），平均每片 0.45 元。

经价格鉴定小组研究，药物的有效部分是药的本身，故按每一单位的价格计算一个包装的价格。经计算，涉案的"利咽灵片"（每盒 15 片×2 板）每盒价格为 13.50 元，"五海瘿瘤丸"（每盒 8 丸）每盒价格 53.20 元，"八正颗粒"（每大盒 3

小盒×3 包，每包 8 克）每盒 26.46 元。

 **案例评析**

一、该案例是对刑事涉案药品进行价格鉴定，程序合法，依据较充分，方法恰当，结论较合理。

二、该案例在测算过程中，充分考虑了药品的价格管理规定和药品定价规则，主要比对药品的有效成分，合理调整价格，相应作出价格鉴定。

**案例六十一**

# 涉嫌诈骗罪案件中和田玉摆件的价格鉴定

 **案例背景情况**

2011 年 10 月 15 日，王某某骗取李某某和田玉摆件一个。××市经侦支队以涉嫌诈骗立案，于 2011 年 11 月 16 日委托 ××市价格认证中心对被骗和田玉摆件进行价格鉴定。

**价格鉴定结论书**

## 关于和田玉摆件的价格鉴定结论书

××市公安局：

根据你单位的委托，遵循合法、公正、科学的原则，按照规定的标准、程序和方法，依法对委托书所列指的和田玉摆件进行了价格鉴定。现将价格鉴定情况综述如下：

## 一、价格鉴定标的

鉴定标的为"和田玉观音"摆件 1 件，重 10.5 千克，密度为 2.98，非均质集合体，纤维交织结构质地致密，细腻，光洁，油润，脂白，油脂光泽。

## 二、价格鉴定目的

为你单位办理案件提供鉴定标的的价格依据。

## 三、价格鉴定基准日

2011 年 10 月 15 日。

## 四、价格定义

价格鉴定结论所指价格是：鉴定标的在价格鉴定基准日，采用公开市场价值标准确定的客观合理的市场价格。

## 五、价格鉴定依据

（一）法律法规及规范性文件

1.《中华人民共和国价格法》；

2.《扣押、追缴、没收物品估价管理办法》；

3.《关于进一步做好违法犯罪案件涉案物价格鉴定工作的意见》；

4.《价格鉴定行为规范》（2010 年版）；

5.《关于扣押追缴没收及收缴财物价格鉴定管理的补充通知》；

6. 其他有关价格鉴定的法律、法规、政策。

（二）委托方提供的有关资料

1. 价格鉴定协助书；

2. 国土资源部××矿产资源监督检测中心鉴定报告复印件等相关资料。

（三）鉴定方收集的有关资料

1. 市场调查资料；

2. 其他相关资料。

## 六、价格鉴定方法

专家咨询法。

## 七、价格鉴定过程

我中心接受委托后，聘请了 5 名珠宝玉器加工、销售和鉴赏业专家，成立了价格鉴定工作小组，制定了价格鉴定作业方案，并指派 2 名价格鉴定人员与聘请专家于 2011 年 11 月 17 日对标的进行了实物勘验。实物勘验后，价格鉴定人员根据国家有关鉴定规程和标准，严格按照价格鉴定的程序和原则，通过认真分析研究和广泛的市场调查，确定采用专家咨询法，由聘请的 5 名专家分别对鉴定标的进行价格鉴定，价格鉴定人员以专家鉴定意见为基础，综合分析确定鉴定标的价格。

（一）价格鉴定标的概述

鉴定标的为"和田玉观音"摆件 1 件，重 10.5 千克，密度为 2.98，非均质集合体，纤维交织结构。

（二）测算过程

聘请专家根据实物勘验结果和委托方提供的鉴定报告，提出了如下咨询意见：

专家一：鉴定标的质地致密，细腻，光洁，油润，脂白，加工工艺上乘，市场价位约 130 万元。

专家二：鉴定标的质地致密，细腻，光洁，油润，脂白，加工工艺上乘，市场价位约 110 万元。

专家三：鉴定标的质地致密，细腻，油脂光泽，脂白，加工工艺较好，市场价位约 150 万元。

专家四：鉴定标的质地致密，细腻，光洁，脂白，工艺好，市场价位约 140 万元。

专家五：鉴定标的质地致密，细腻，光洁，脂白，工艺较好，市场价位约 115 万元。

考虑各位专家的专业资历、名气和经验等因素，经科学分析，本次鉴定采用中位数法确定鉴定标的在价格鉴定基准日的市场价格为 130 万元。

## 八、价格鉴定结论

价格鉴定标的"和田玉观音"摆件在价格鉴定基准日的价格为人民币壹佰叁拾万元整（￥1300000.00）。

## 九、价格鉴定限定条件

委托方提供资料客观真实。

当上述条件发生变化时，鉴定结论会失效或部分失效，鉴定机构不承担由于这些条件的变化而导致鉴定结果失效的相关法律责任。

## 十、声明

（一）价格鉴定结论受结论书中已说明的限定条件限制。

（二）委托方提供资料的真实性由委托方负责。

（三）价格鉴定结论仅对本次委托有效，不做他用。未经我中心同意，不得向委托方和有关当事人之外的任何单位和个人提供。结论书的全部或部分内容，不得发表于任何公开媒体上。

（四）鉴定机构和鉴定人员与价格鉴定标的没有利害关系，与有关当事人也没有利害关系。

（五）如对本结论有异议，可向本鉴定机构提出重新鉴定，或委托省级政府价格主管部门设立的价格鉴定机构复核裁定。

## 十一、价格鉴定作业日期

（略）。

## 十二、价格鉴定人员

（略）。

## 十三、附件

1. 价格鉴定委托书复印件（略）
2. 价格鉴定机构资质证复印件（略）
3. 价格鉴定人员资格证复印件（略）

（公章）

2011 年 11 月 23 日

## 测算说明

### 一、鉴定思路

本案例是对诈骗案件涉及的"和田玉观音"摆件进行的价格鉴定。案例主要特点：

（1）鉴定标的为昂贵的"和田玉观音"摆件，由于其独特和唯一的特性，导致其市场价格可比性差，进行价格鉴定时可采用专家咨询法。

（2）在选用专家时，要对选用专家在鉴定标的所在领域的权威性、知识全面性和严谨性、公正性等因素进行全面分析考虑，选择数量应尽可能多。

（3）选择专家要独立提出各自鉴定意见，价格鉴定人员应以专家意见为基础，根据各位专家的专业资历、名气和经验因素，经综合分析确定鉴定标的价格。

### 二、价格鉴定过程

同价格鉴定结论书，略。

**案例评析**

一、该案例是对诈骗案件涉及的"和田玉观音"摆件进行的价格鉴定，程序合法，依据充分，方法恰当，结论较为合理。

二、该案例的要点在于鉴定方法的选择。由于鉴定标的的独特和唯一特性，导致其市场价格可比性差，适合选用专家咨询法进行价格鉴定。

三、在选用专家时，考虑了选用专家在鉴定标的所在领域的权威性、知识全面性和严谨性、公正性等因素，专家数量符合专家咨询法的一般要求。

四、价格鉴定人员以专家意见为基础，根据各位专家的专业资历、名气和经验因素，经综合分析确定鉴定标的价格的做法，保障了鉴定结果的可靠性。

**案例六十二**

# 涉嫌诈骗罪案件中冬虫夏草的价格鉴定

 **案例背景情况**

2007年12月至2008年1月期间，在××市发生一起涉嫌合同诈骗案，××市公安局经侦支队破获后，于2010年11月22日委托××价格认证中心对涉案诈骗追缴的冬虫夏草进行价格鉴定。

 **价格鉴定结论书**

## 关于冬虫夏草的价格鉴定结论书

××市公安局：

根据你单位委托，我中心遵循合法、公正、科学的原则，按照规定标准、程序和方法，依法对委托书所列指的冬虫夏草进行了价格鉴定。现将价格鉴定情况综述如下：

## 一、价格鉴定标的

西藏产中上等级冬虫夏草 80.592 斤，中下等级冬虫夏草 95 斤；青海产中上等级冬虫夏草 150 斤，中下等级冬虫夏草 12.382 斤。

## 二、价格鉴定目的

为你单位办理涉嫌诈骗罪案件提供鉴定标的的价格依据。

## 三、价格鉴定基准日

2008 年 1 月 15 日。

## 四、价格定义

价格鉴定结论所指价格是：鉴定标的在价格鉴定基准日，采用公开市场价值标准确定的市场价格。

## 五、价格鉴定依据

（一）法律法规及规范性文件

1. 《中华人民共和国价格法》；
2. 《××区涉案财物价格鉴证条例》；
3. 《扣押、追缴、没收物品估价管理办法》；
4. 《关于扣押追缴没收及收缴财物价格鉴定管理的补充通知》；
5. 《价格鉴定行为规范》（2010 年版）。

（二）委托方提供的有关资料

1. 价格鉴定委托书；
2. 冬虫夏草实物样品及资料。

（三）鉴定方收集的有关资料

1. 实物勘验资料；
2. 市场调查资料；
3. 其他相关资料。

## 六、价格鉴定方法

市场法。

## 七、价格鉴定过程

我中心接受委托后，制定了价格鉴定作业方案，由 2 名价格鉴定人员于 2010 年

11 月 22 日对标的冬虫夏草进行了实物勘验，价格鉴定人员根据国家有关规程和标准，严格按照价格鉴定的程序和原则，通过认真分析研究和广泛的市场调查，确定采用市场法对标的进行价格鉴定。

经实物勘验，该标的为 2007 年 12 月 21 日至 2008 年 1 月 31 日期间涉嫌诈骗罪案件追缴财物，其中西藏产中上等级冬虫夏草 80.592 斤，中下等级冬虫夏草 95 斤；青海产中上等级冬虫夏草 150 斤，中下等级冬虫夏草 12.382 斤。

价格鉴定人员经对市场进行调查、了解，走访咨询经营冬虫夏草的医药公司的行家及多户商家，并与委托机关办案人员一起对标的等级进行了核实、确认。在公正客观的条件下，经公安机关鉴定，取得了该标的在现实状况下的不同规格、数量、等级。在此基础上，我中心对冬虫夏草的市场不同规格等级价格进行了广泛市场调查，取得了在公平市场条件下的冬虫夏草不同规格等级的价格。通过选取可比实例，将实例与标的进行对比分析，遵循合法、公正、科学的原则，按照规定的标准、程序和方法，依法确定了标的市场价格。

1. 每 500 克西藏产中上等级冬虫夏草在该地区的价格为 47000 元、50000 元、55000 元。按算术平均计算，结果四舍五入取整，市场平均价为：

$(47000 + 50000 + 55000) \div 3 = 50667$（元）

鉴定价格 = 50667 元 × 80.592 斤 = 4083355 元

2. 每 500 克西藏产中下等级冬虫夏草在该地区的价格分别为 26000 元、29000 元、32000 元。按算术平均计算，市场平均价为：

$(26000 + 29000 + 32000) \div 3 = 29000$（元）

鉴定价格 = 29000 元 × 95 斤 = 2755000 元

3. 每 500 克青海产中上等级冬虫夏草在该地区的价格分别为 50000 元、40000 元、30000 元。按算术平均计算，市场平均价为：

$(50000 + 40000 + 30000) \div 3 = 40000$（元）

鉴定价格 = 40000 元 × 150 斤 = 6000000 元

4. 每 500 克青海产中下等级冬虫夏草在该地区的价格分别为 20000 元、22500 元、25000 元。按算术平均计算，市场平均价为：

$(20000 + 22500 + 25000) \div 3 = 22500$（元）

鉴定价格 = 22500 元/斤 × 12.382 斤 = 278595 元

上面 1 ~ 4 项合计为：

4083355 元 + 2755000 元 + 6000000 元 + 278595 元 = 13116950 元

## 八、价格鉴定结论

价格鉴定标的在价格鉴定基准日的价格为人民币壹仟叁佰壹拾壹万陆仟玖佰伍

拾元整（￥13116950.00）。

## 九、价格鉴定限定条件

（一）委托方提供资料客观真实；

（二）鉴定基准日标的的实物状况、等级以委托方鉴定为准。

当上述条件发生变化时，鉴定结论会失效或部分失效，鉴定机构不承担由于这些条件的变化而导致鉴定结果失效的相关法律责任。

## 十、声明

（一）价格鉴定结论受结论书中已说明的限定条件限制。

（二）委托方提供资料的真实性由委托方负责。

（三）价格鉴定结论仅对本次委托有效，不做他用。未经我中心同意，不得向委托方和有关当事人之外的任何单位和个人提供。结论书的全部或部分内容，不得发表于任何公开媒体上。

（四）鉴定机构和鉴定人员与价格鉴定标的没有利害关系，与有关当事人也没有利害关系。

（五）如对本结论有异议，可向本鉴定机构提出重新鉴定，或委托省级政府价格主管部门设立的价格鉴定机构复核裁定。

## 十一、价格鉴定作业日期

（略）。

## 十二、价格鉴定人员

（略）。

## 十三、附件

1. 价格鉴定委托书复印件（略）
2. 价格鉴定机构资质证复印件（略）
3. 价格鉴定人员资格证复印件（略）

（公章）

2010 年 11 月 23 日

## 测算说明

### 一、鉴定思路

本案例是涉嫌合同诈骗罪案件，价格鉴定人员通过对市场进行调查、了解，收集鉴定标的各类不同等级的价格，走访咨询经营冬虫夏草的医药公司的行家及多户商家，在公正客观的条件下，由办案机关确认了该标的规格、数量、等级。在此基础上，我中心对涉案冬虫夏草进行价格鉴定。诈骗案件发生在2007年12月21日至2008年1月31日期间，委托机关确定价格鉴定基准日为2008年1月15日。

### 二、价格鉴定标的概况

西藏产中上等级80.592斤冬虫夏草，中下等级95斤冬虫夏草；青海产中上等级150斤冬虫夏草，中下等级12.382斤冬虫夏草。

### 三、价格鉴定过程

我中心接受委托后，经对实物勘验和市场调查，根据委托鉴定标的、结合所收集的相关资料，确定采用市场法对标的进行价格鉴定。

冬虫夏草交易相对活跃，根据对冬虫夏草交易市场成交资料的收集、调查，选取市场法进行对比分析，作各项差异因素的量化调整以确定各比准价格进行价格鉴定。

具体过程见价格鉴定结论书，略。

### 案例评析

一、该案例是对刑事涉案中诈骗财物进行的价格鉴定，程序合法，依据正确，方法恰当，调查充分，结论较为合理。

二、该案例的要点在于：标的交易环节复杂，交易市场活跃，价格变化较快，标的等级难以确定，而且涉案金额重大，涉及当地诸多居民个人、农牧民、小商户直接利益，影响社会稳定，务求从速准确处理。

三、该案例的价格鉴定日与基准日相距久远，委托鉴定时标的实体状况与鉴定基准日已发生变化，所以要提请委托方对基准日的标的状态、质量等级、产地等进行确认，并出具鉴定报告或在委托书中明确说明。

# （四）职务侵占罪

【刑法】第二百七十一条 公司、企业或者其他单位的人员，利用职务上的便利，将本单位财物非法占为己有，数额较大的，处五年以下有期徒刑或者拘役；数额巨大的，处五年以上有期徒刑，可以并处没收财产。

国有公司、企业或者其他国有单位中从事公务的人员和国有公司、企业或者其他国有单位委派到非国有公司、企业以及其他单位从事公务的人员有前款行为的，依照本法第三百八十二条、第三百八十三条的规定定罪处罚。

【解释】本条是关于职务侵占罪及其刑事处罚的规定。

这里所说的"侵占"，是指公司、企业或者其他单位的人员利用职务的便利，侵吞、窃取、骗取或者以其他手段非法占有本单位的财物的行为。"公司"，是指依照公司法在中国境内设立的有限责任公司和股份有限公司。"企业"，是指进行企业登记从事经营活动的非以公司形式组成的经济实体，如厂矿、商店、宾馆饭店以及其他服务性行业。

构成本罪必须符合以下三项条件：（1）主体是公司、企业或者其他单位的人员。（2）行为人必须具有侵占本单位财物的行为，即公司、企业或者其他单位的人员利用职务的便利，将本单位的财物非法占为己有，且数额较大的行为，如经理将应为本单位的财产收入转到个人账户或者私自送给他人；会计人员将公司收入不入账，据为己有等。利用职务的便利，主要是指行为人利用其在本单位中所担任的职务形成的便利条件将本单位的财物非法占为己有。（3）行为人在主观方面，是故意的，犯罪的目的是非法占有本单位的财产为己有。过失不能构成本罪。

根据本款规定，公司、企业或者其他单位的人员侵占本单位财物，数额较大的，处5年以下有期徒刑或者拘役；数额巨大的，处5年以上有期徒刑，可以并处没收财产。

第二款的规定是国有公司、企业或者其他国有单位中从事公务的人员和国有公司、企业或者其他国有单位委派到非国有公司、企业以及其他单位从事公务的人员，利用职务的便利，侵占本单位的财物，依照本法第三百八十二条、第三百八十三条的规定定罪处罚的规定。即本款所列人员有前款行为的依照本法关于贪污罪的规定定罪处罚。

实践中，为了正确审理贪污罪、职务侵占罪案件如何认定共同犯罪的问题，最高人民法院作了如下解释：（1）行为人与国家工作人员勾结，利用国家工作人员的职务便利，共同侵吞、窃取、骗取或者以其他手段非法占有公共财物的，以贪污罪共犯论处。（2）行为人与公司、企业或者其他单位的人员勾结，利用公司、企业或者其他单位人员的职务便利，共同将该单位财物非法占为己有，数额较大的，以职务侵占罪共犯论处。（3）公司、企业或者其他单位中，不具有国家工作人员身份的人与国家工作人员勾结，分别利用各自的职务便利，共同将本单位财物非法占为己有的，按照主犯的犯罪性质定罪。

## 案例六十三

# 涉嫌职务侵占罪案件中农贸市场的
# 价格鉴定复核裁定

**案例背景情况**

2009 年 3 月，因公司清算的需要，A 市新新商贸有限公司的法人代表在未告知全体股东的情况下，以 160 万元出售了新江农贸市场。其后，A 市新新商贸有限公司的部分股东对上述房地产处置价格有异议，委托某房地产评估公司进行重新评估，评估价为 470 万元。2012 年 7 月，A 市公安局经侦支队因办理涉嫌职务侵占罪案件的需要，委托 A 市价格认证中心对新江农贸市场的房地产进行价格鉴定，A 市价格认证中心于 2012 年 11 月 × 日出具了关于新江农贸市场的价格鉴定结论书，鉴定价格为 430 万元，2012 年 12 月 A 市公安局经侦支队据此对 A 市新新商贸有限公司的法人代表进行立案侦查，嫌疑人对 A 市价格认证中心出具的价格鉴定结论书提出异议，A 市公安局于 2013 年 3 月向省级价格认证机构提出复核裁定。

## 复核裁定结论书

# 关于新江农贸市场的价格鉴定结论书
# （A 市价鉴字〔2012〕××号）的复核裁定结论书

A 市公安局：

根据你单位 2013 年 3 月 6 日出具的复核裁定委托书（×公经〔2013〕××号），遵循合法、公正、科学的原则，按照规定的标准、程序和方法，本中心依法对 A 市价格认证中心出具的关于新江农贸市场价格鉴定结论书（A 市价鉴字〔2012〕××号）进行了复核裁定。现将有关情况综述如下：

### 一、复核裁定范围和内容

复核裁定标的是 A 市××开发区新江农贸市场（建筑面积 1066.51 平方米，土地使用权面积 1270 平方米），复核裁定基准日为 2009 年 3 月 11 日。

### 二、复核裁定主要过程要述

我们接受委托后，成立了复核裁定工作小组，与委托方进行了充分的交流与沟通，了解复核裁定标的基本情况，制定了复核裁定工作方案，收集整理了相关资料。通过全面审核 A 市价格认证中心价格鉴定的工作程序、鉴定原则、选用方法、参数选择与确定、综合分析测算以及价格鉴定结论文书格式等方面情况，最后作出复核裁定结论。

### 三、复核裁定结论

鉴于 A 市价格认证中心对鉴定标的房地产市场调查不够充分，参数确定不准确，影响价格的因素考虑不够全面，因此，撤销 A 市价格认证中心出具的关于新江农贸市场价格鉴定结论书（A 市价鉴字〔2012〕××号）。

经复核裁定，A 市××开发区新江农贸市场在 2009 年 3 月 11 日的市场价格为人民币壹佰玖拾万玖仟捌佰元整（￥1909800），具体见附件1。

### 四、复核裁定小组人员

（略）。

### 五、附件

1. 关于 A 市××开发区新江农贸市场的价格鉴定结论书

2. 复核裁定委托书复印件（略）

3. 复核裁定机构资质证复印件（略）

4. 复核裁定人员资格证复印件（略）

（公章）

2013 年 3 月 16 日

**附件 1**

## 关于 A 市××开发区新江农贸市场的价格鉴定结论书

A 市公安局经济犯罪侦查支队：

根据复核裁定委托书（×公经〔2013〕××号），遵循合法、公正、科学的原则，按照规定的标准、程序和方法，依法对委托所列指的新江农贸市场进行了价格鉴定。现将有关情况综述如下：

**一、价格鉴定标的**

A 市××开发区新江农贸市场，建筑面积 1066.51 平方米，土地使用面积 1270 平方米。

**二、价格鉴定目的**

为办理涉嫌职务侵占罪案件提供价格依据。

**三、价格鉴定基准日**

2009 年 3 月 11 日。

**四、价格定义**

价格鉴定结论所指的价格是价格鉴定标的在鉴定基准日、公开市场条件下客观合理的价格。

**五、价格鉴定依据**

（一）法律法规及规范性文件

1.《中华人民共和国价格法》；

2.《××省价格管理条例》；

3.《扣押、追缴、没收物品估价管理办法》；

4.《关于扣押追缴没收及收缴财物价格鉴定管理的补充通知》；

5.《价格鉴定行为规范》（2010 年版）；

6. 《××省涉案财产价格鉴定操作规程》；

7. 《A市人民政府关于公布重新修订的××开发区国有土地基准地价的通告》。

（二）委托方提供的资料

1. 复核裁定委托书（×公经〔2013〕××号）；

2. 《关于A市新新商贸有限公司所属新江农贸市场土地级别的复函》（××国土〔2012〕函×号）；

3. 《关于调整××商贸区E–12地块用地性质的函》（××规字〔2003〕××号）；

4. 其他相关材料。

（三）鉴定方收集的有关资料

1. 实地勘验资料。

2. 市场调查资料。

3. 其他相关资料。

## 六、价格鉴定方法

成本法。

## 七、价格鉴定过程

我中心接受委托后，成立了价格鉴定工作小组，制定了价格鉴定作业方案，并指派2名价格鉴定人员于2013年×月×日对新江农贸市场进行了实地勘验。在实地勘验后，价格鉴定人员根据国家有关规程和标准，严格按照价格鉴定的程序和原则，通过认真分析研究和广泛的市场调查，确定采用成本法对标的房地产进行价格鉴定。

具体见《价格鉴定技术报告》。

## 八、价格鉴定结论

鉴定标的新江农贸市场在价格鉴定基准日的鉴定价格为人民币壹佰玖拾万玖仟捌佰元整（￥1909800）。

## 九、价格鉴定限定条件

（一）委托方提供资料客观真实；

（二）本次价格鉴定是以《关于A市新新商贸有限公司所属新江农贸市场土地级别的复函》（××国土〔2012〕函×号）、《关于调整××商贸区E–12地块用地性质的函》（××规字〔2003〕××号）文件中所确定的地段等级、规划要求为前提；

（三）本次价格鉴定以鉴定标的合法使用、合法处分为前提；

（四）本次价格鉴定以实地勘验时与鉴定基准日时标的基本情况一致，并以标的保持现状继续使用为前提；

（五）本价格鉴定结论所确定的价格为鉴定基准日时的价格，随着时间推移和市场情况的变化，该价格需作相应的调整；

（六）价格鉴定人员仅对建筑物的外观、周边环境等情况进行一般性勘验，并未对其进行质量检测，委托方对建筑物质量负责。

当上述条件发生变化时，鉴定结论会失效或部分失效，鉴定机构不承担由于这些条件的变化而导致鉴定结果失效的相关法律责任。

### 十、声明

（一）价格鉴定结论受结论书中已说明的限定条件限制。

（二）委托方提供资料的真实性由委托方负责。

（三）价格鉴定结论仅对本次委托有效，不做他用。未经我中心同意，不得向委托方和有关当事人之外的任何单位和个人提供。结论书的全部或部分内容，不得发表于任何公开媒体上。

（四）鉴定机构和鉴定人员与价格鉴定标的没有利害关系，与有关当事人也没有利害关系。

（五）如对本结论有异议，可向国家发改委价格认证中心提出最终复核裁定。

### 十一、价格鉴定作业日期

（略）。

### 十二、价格鉴定人员

（略）。

### 十三、附件

1. 价格鉴定技术报告
2. 价格鉴定委托书（略）
3. 价格鉴定机构资质证复印件（略）
4. 价格鉴定人员资格证复印件（略）

（公章）

2013 年 3 月 16 日

附件 1

## 价格鉴定技术报告

### 一、价格鉴定标的

A 市××开发区新江农贸市场，建筑面积 1066.51 平方米，土地使用面积 1270 平方米。

## 二、价格鉴定基准日

2009 年 3 月 11 日。

## 三、价格鉴定方法

价格鉴定人员在认真分析所掌握的资料，并进行实地勘验和市场调查之后，根据价格鉴定标的特点及实际情况，确定采用成本法进行价格鉴定。计算公式：

房地产鉴定价格 = 土地取得费用 + 地上建筑物重置价格 − 建筑物折旧

## 四、标的房地产概况

（一）土地状况

该宗地位于 A 市 ×× 经济开发区内，为"三通一平"的熟地，距 ×× 国道约 60 米，地块四面邻路、巷；土地形状较不规则；周围居住用房、商住楼较密集；自然环境条件和人文环境条件较好，学校、酒店、银行等配套设施的完善程度比较高。该宗地于 2003 年 6 月取得国有土地使用权证（× 政国用〔2003〕字第 ××号），土地使用权人为 A 市新新商贸有限公司，土地使用权面积为 1270 平方米，使用权类型为出让用地，土地使用终止日期为 2051 年 6 月。根据《关于 A 市新新商贸有限公司所属新江农贸市场土地级别的复函》（×× 国土〔2012〕函 ×号）中相关说明，确定该宗地在 2009 年时的地段等级为 A 市 ×× 经济开发区商服用地三级。

（二）建筑物情况

新江农贸市场为单层钢筋混凝土框架结构建筑，于 2003 年建成。该农贸市场无外围护墙，屋面为现浇钢筋混凝土板，顶棚白灰抹面；以 38 根 500×500 钢筋混凝土立柱为支撑，层高约为 5.10 米；地面铺透水砖；内设有水泥砖块砌成的菜摊；水电明线布置。已办理房屋所有权证（A 市房权证 ×字第 ××号），房屋所有权人为 A 市新新商贸有限公司，建筑面积为 1066.51 平方米。

（三）规划要求

根据《×× 经济开发区规划建设局关于调整 ×× 商贸区 E−12 地块用地性质的函》（××规字〔2003〕×号），标的地块为市场用地，供开发农副产品综合批发市场使用。目前该宗地作为农贸市场使用与规划要求相符。

## 五、测算过程

（一）土地取得费用

该宗地为出让地，采用基准地价修正法确定土地取得费用。根据土地实际利用情况，该宗地的土地取得费用采用商服用地的基准地价进行修正。

1. 基准地价等级的确定。

根据《A 市人民政府关于公布重新修订的 ×× 经济开发区国有土地基准地价的通告》（× 政〔2009〕×号），×× 经济开发区商服用地三级地的基准地价为每平方米 1100 元, 修正系数 ±24% 。

2. 制定基准地价修正系数标准。

结合 A 市××开发区基准地价特性和实际情况, 与对应土地级别各因素的一般水平相比较, 按条件的优劣程度进行归类分析, 将土地条件分为优、较优、一般、较劣、劣五个档次。将"一般"状况下的因素标准作为基准地价对应的因素标准, 然后制定出不同因素标准相对于一般标准的上浮或下降比例, 确定各因素在不同档次的修正标准。在此基准上编制基准地价修正系数标准。具体见下表:

综合用地基准地价修正系数标准

| 影响因素、因子 | | | 优劣及修正幅度 | | | | |
|---|---|---|---|---|---|---|---|
| | | | 优 24 | 较优 12 | 一般 0 | 较劣 -12 | 劣 -24 |
| 区域因素 | 公共设施完备度 | | 优劣 | 好 | 较好 | 一般 | 较差 | 差 |
| | | | 修正幅度(%) | 2.8 | 1.4 | 0 | -1.4 | -2.8 |
| | 区域繁华程度 | | 优劣 | 好 | 较好 | 一般 | 较差 | 差 |
| | | | 修正幅度(%) | 2.8 | 1.4 | 0 | -1.4 | -2.8 |
| | 交通条件 | 公交便捷度 | 优劣 | 通畅 | 较通畅 | 一般 | 较难 | 不通 |
| | | | 修正幅度(%) | 1.4 | 0.7 | 0 | -0.7 | -1.4 |
| | | 道路通达度 | 优劣 | 临主干道 | 临次干道 | 临支道 | 临街巷 | 不临 |
| | | | 修正幅度(%) | 1.4 | 0.7 | 0 | -0.7 | -1.4 |
| | | 距车站距离 | 优劣 | <1 千米 | 1~2 千米 | >2 千米 | >4 千米 | >6 千米 |
| | | | 修正幅度(%) | 1.4 | 0.7 | 0 | -0.7 | -1.4 |
| | 基础设施 | 基础设施状况 | 优劣 | 五通一平以上 | 五通一平 | 三通一平 | 三通一平以下 | 毛地 |
| | | | 修正幅度(%) | 1.4 | 0.7 | 0 | -0.7 | -1.4 |
| | | 供水、供电、排水 | 保证率(%) | 100 | 98 | 95 | 90 | <90 |
| | | | 修正幅度(%) | 1.4 | 0.7 | 0 | -0.7 | -1.4 |
| | 周围土地 | | 利用类型 | 零售商业 | 商业办公与居民服务 | 居住和商业 | 其他商服 | 特殊用地、仓储用地 |
| | | | 修正幅度(%) | 1.4 | 0.7 | 0 | -0.7 | -1.4 |
| 个别因素 | 地形地势、面积 | | 优劣 | 好 | 较好 | 一般 | 较差 | 差 |
| | | | 修正幅度(%) | 2 | 1 | 0 | -1 | -2 |
| | 宗地形状 | | 优劣 | 规则 | 较规则 | 一般 | 较不规则 | 极不规则 |
| | | | 修正幅度(%) | 2 | 1 | 0 | -1 | -2 |
| | 临街状况 | | 优劣 | 好 | 较好 | 一般 | 较差 | 差 |
| | | | 修正幅度(%) | 2 | 1 | 0 | -1 | -2 |
| | 规划限制 | | 优劣 | 商业用途, 容积率高 | 商业用途, 容积率较高 | 一般 | 商业用途, 容积率较低 | 指定用途, 容积率低 |
| | | | 修正幅度(%) | 4 | 2 | 0 | -2 | -4 |

注: 上表每纵列顶端的百分数, 是该列各行百分数之和。

3. 编制宗地各因素修正系数表，确定修正结果。

**宗地因素修正系数表**

| | 区域因素说明 | | | | | | | 个别因素 | | | |
| | | | 交通条件说明 | | | 基础设施说明 | | | | | |
| | 公共设施种类 | 区域繁华度 | 公交便捷度 | 道路通达度 | 距车站距离 | 水电、排水保证率 | 基础设施状况 | 周围土地利用类型 | 地形地势、面积 | 宗地形状 | 临街状况 | 规划限制 |
|---|---|---|---|---|---|---|---|---|---|---|---|---|
| 条件说明 | 优 | 一般 | 优 | 较优 | 优 | 一般 | 三通一平 | 一般 | 一般 | 较不规则 | 一般 | 容积率低 |
| 修正系数（%） | 2.8 | 0 | 1.4 | 0.7 | 1.4 | 0 | 0 | 0 | 0 | -1 | 0 | -4 |

修正后，区域和个别因素修正系数综合为1.3%。

4. 期日修正、使用年限修正。

（1）期日修正。

根据《A市人民政府关于公布重新修订××经济开发区国有土地基准地价的通告》（×政〔2009〕×号）中相关说明，该文件中公布的基准地价是2007年更新修订的，基准地价的基准日为2007年1月1日，根据当地土地管理部门的统计，2009年福某市××开发区商服出让地价格比2007年增长了约3%，因此，期日修正系数确定为1.03。

（2）使用年限修正。

修正公式为：$K = [1 - 1/(1+r)^M] / [1 - 1/(1+r)^N]$

式中，r为土地收益率，根据同期中国人民银行一年期存款利率加风险调整值综合确定；M为土地使用权剩余年限；N为土地使用权最高年限。

商服用地土地使用权的法定最高使用年限为40年，该宗地为农贸市场用地，土地使用权剩余年限为42年。宗地的土地使用权剩余年限高于商服用地的法定最高使用年限，因此，使用年限不作修正。

5. 宗地地价 = 基准地价 × （1 + 基准地价修正系数）× 期日修正系数 × 使用年期修正系数

= 1100 × （1 + 1.3%）× 1.03 × 1 = 1148（元/平方米）。

6. 土地取得费用 = 宗地地价 × 面积

= 1148 × 1270 = 1457960（元）。

（二）建筑物重置价格、建筑物折旧

1. 建筑物重置价格的确定。

经了解，该农贸市场为企业自建房，根据建筑物的实际状况、现场施工条件、施工复杂程度、所处地域等因素，确定该农贸市场重置价格 = 建安成本 + 资金成本。

（1）建安成本的确定。根据《××省建筑工程消耗量定额》、《××省建筑装饰装修工程消耗量定额》，考虑 2009 年 3 月份 A 市建材价格、当地自建房施工标准等因素，经测算，确定新江农贸市场重置价格。具体见下表：

| 序号 | 项目内容 | 计算公式 | 金额（元） |
|------|----------|----------|-----------|
| 一 | 土建工程直接费 | | 404734 |
| 二 | 措施项目费 | | 83155 |
| 1 | 土建工程措施费 | | 67775 |
| 2 | 其他措施费 | 土建工程直接费×3.8% | 15380 |
| 三 | 规费 | （一＋二）×2.38% | 11612 |
| 四 | 税金 | （一＋二＋三）×3.381% | 16888 |
| | 合计 | | 516389 |

（2）资金成本的确定。投资无论是借贷资金还是自有资金都应考虑资金的机会成本。根据新江农贸市场的建筑规模，按常规估计建设期为 3 个月，因建设周期较短，本次鉴定不考虑其资金成本。

2. 建筑物折旧的确定。

新江农贸市场为钢混结构，周围居住密集，农贸市场为居住的配套设施，因此，确定其耐用年限为 50 年，该宗地的土地使用权年限为 48 年。农贸市场建成于 2003 年，已使用年限为 6 年，按土地使用权年限采用直线法确定折旧率为 12.5%。

建筑物折旧 = 516389 × 12.5% = 64548（元）

（三）鉴定价格

综上所述，标的鉴定价格 = 土地取得费用 + 建筑物重置价格 − 建筑物折旧 = 1457960 + 516388 − 64548 = 1909800（元）

**六、鉴定结论**

鉴定标的新江农贸市场在 2009 年 3 月 11 日的鉴定价格为人民币壹佰玖拾万玖仟捌佰元整（￥1909800）。

## 测算说明

### 一、鉴定思路

本案例是采用成本法对农贸市场进行价格鉴定。案例主要特点：

（1）由于 A 市 ×× 开发区为新兴的开发区，在 2009 年时区内的农贸市场只有一处，因而，与标的用途相同或相似的交易案例难以收集。同时，农贸市场的收益情况及未来的变动情况与所处区域内的人口密集程度、当地经济发达程度有很大的关系。所以，在本案例中采用成本法进行价格鉴定。

（2）本案例中对土地取得费用的确定采用了基准地价修正法。基准地价是政府对各级土地按土地利用类型分别评估出的土地使用权平均价格，它所对应的使用年限一般是各用途土地使用权的最高出让年限，而宗地的剩余使用年限与之会有所不同，因此需进行年限修正。本案例中鉴定标的宗地的剩余使用年限高于商服用地的法定最高使用年限，因此不作修正。

（3）建筑物耐用年限分为自然耐用年限和经济耐用年限，在价格鉴定时一般采用经济耐用年限，因此，在价格鉴定中确定建筑物耐用年限与折旧时，应进行适当处理：建筑物耐用年限长于土地使用权年限时，应按土地使用权年限计算折旧；建筑物耐用年限短于土地使用权年限时，应按建筑物耐用年限计算折旧。

### 二、测算过程

同价格鉴定技术报告，略。

**案例评析**

一、该案例重点在于鉴定方法的选择。由于实际情况的局限，只能采用成本法进行价格鉴定。对于房地产项目的价格鉴定，尽可能采用两种方法分别进行鉴定，相互验证，能保证结论的客观准确性。

二、该案例中基准地价修正法确定土地取得费用的过程较完整，具有一定的借鉴性。

案例六十四

# 涉嫌职务侵占罪案件中粗铅的价格鉴定

 **案例背景情况**

　　2012 年 9 月 19 日××市××县×××有限公司股东李某某在没有经过其他股东同意的情况下，私自将公司的原材料粗铅 14 吨拖走。××县公安局以涉嫌职务侵占罪为由，于 2012 年 11 月 28 日委托××县价格认证中心对粗铅进行价格鉴定。

 **价格鉴定结论书**

## 关于 14 吨粗铅的价格鉴定结论书

××县公安局：

　　根据你局的委托，遵循合法、公正、科学的原则，按照规定的标准、程序和方法，我中心依法对 14 吨粗铅进行了价格鉴定，现将价格鉴定情况综述如下：

### 一、价格鉴定标的

14 吨粗铅。

### 二、价格鉴定目的

为公安局办理涉嫌职务侵占罪案件提供价格参考依据。

### 三、价格鉴定基准日

2012 年 9 月 19 日。

## 四、价格定义

价格鉴定结论所指价格是：鉴定标的在鉴定基准日，采用公开市场价值标准确定的××县市场中准价格。

## 五、价格鉴定依据

（一）法律法规及规范性文件

1.《中华人民共和国价格法》；

2.《价格鉴定行为规范》；

3.《扣押、追缴、没收物品估价管理办法》；

4.《关于扣押追缴没收及收缴财物价格鉴定管理的补充通知》；

5.《××省涉案物价格鉴证管理条例》；

6.《××省涉案物价格鉴证工作规范》。

（二）委托方提供的有关资料

1.××县公安局价格鉴定聘请书；

2. 委托鉴定物品清单；

3.××省有色金属质量监督检验授权站出具的《检验报告》；

4. 询问笔录复印件。

（三）鉴定方收集的有关资料

1. 实物勘验资料；

2. 市场调查资料；

3. 其他相关资料。

## 六、价格鉴定方法

市场法。

## 七、价格鉴定过程

（一）价格鉴定标的概况

我单位接受委托后，成立了价格鉴定小组，制定了价格鉴定作业方案，并指派2名价格鉴定人员于2012年11月28日对粗铅进行了实物勘验。重量和品位由委托方认可并提供的××省有色金属质量监督检验授权站出具的检验报告等相关资料确定。鉴定标的的具体情况如下：

品名：粗铅；重量：14吨；其中含：①铅（Pb），品位为97.3%；②银（Ag），品位为每吨5416克；③金（Au），品位为每吨3.05g。标的于2012年9月19日被职务侵占。

（二）计算过程

价格鉴定小组人员根据国家有关规定和标准，严格按照价格鉴定的程序和原则，通过认真分析研究现有资料和价格调查，对价格鉴定标的在价格鉴定基准日的价格进行了客观公正的分析测算。计算过程如下：

采用市场价格法进行价格鉴定，鉴定价格 = 铅的市场价格 - 铅的加工费 + 银的市场价格 × 对应的计价系数 + 金的市场价格 × 对应的计价系数。

①铅（Pb）：品位为97.3%，根据铅的市场中准价格减去加工费确定所含铅的市场价格为每吨13700元；

②银（Ag）：品位为每吨5416克，根据白银市场中准价格乘以对应金银系数确定所含银的市场价格为每克6.606元；

③金（Au）：品位为每吨3.05克，根据黄金市场中准价格乘以对应金银系数确定所含金的市场价格为每克320.40元。

$$鉴定价格 = 14 \times 97.3\% \times 13700 + 14 \times 5416 \times 6.606 + 14 \times 3.05 \times 320.40$$
$$= 701196（元）$$

## 八、价格鉴定结论

价格鉴定标的在价格鉴定基准日的价格为人民币柒拾万零壹仟壹佰玖拾陆元整（￥701196.00）。

## 九、价格鉴定限定条件

（一）委托人提供的资料真实客观；

（二）鉴定结论是在××省有色金属质量监督检验授权站出具的检验报告等相关资料所确定的重量和品位的前提下作出的，只有在该前提成立的情况下，鉴定结论才能成立；

（三）未考虑国家宏观经济政策发生重大变化、遇有不可抗力及某些特殊交易方式对鉴定结论的影响。

## 十、声明

（一）价格鉴定结论受结论书所述限定条件限制。

（二）委托方对其提供资料的真实性、客观性负责。

（三）价格鉴定结论仅对本次委托有效，不做他用。未经我单位同意，不得向委托方和有关当事人之外的任何单位和个人提供，结论书的内容不得发表于任何公开媒体上。

（四）价格鉴定机构和价格鉴定小组人员与该价格鉴定标的没有利害关系，也与当事人没有利害关系。

（五）如对本价格鉴定结论有异议，可向本鉴定机构提出重新鉴定，或委托省级以上政府价格主管部门设立的价格鉴定机构复核裁定。

## 十一、价格鉴定作业日期

（略）。

## 十二、价格鉴定人员

（略）。

## 十三、附件

1. 价格鉴定机构资质证复印件（略）
2. 价格鉴定人员资格证复印件（略）

（公章）

2012 年 11 月 29 日

## 测算说明

### 一、鉴定思路

本案例是对职务侵占粗铅进行价格鉴定，案例主要特点：

（1）粗铅的重量和品位由委托方鉴定。

（2）粗铅是矿石经鼓风炉冶炼出来的含有 1% ~4% 的杂质和贵金属的铅，粗铅需经过精炼除去杂质，回收贵金属才能广泛使用。回收的贵金属价值常超过铅的价值；鉴定价格 = 铅的市场价格 - 铅的加工费 + 银的市场价格 × 对应的计价系数 + 金的市场价格 × 对应的计价系数。

（3）铅、金、银市场价格，根据专业网站公布的价格确定。铅的加工费根据市场平均行情确定，金、银计价系数，根据黄金中间产品及白银产品系数表对应的系数确定。

### 二、价格鉴定标的概况

品名：粗铅。重量：14 吨，其中含：①铅（Pb），品位为 97.3%；②银（Ag），品位为每吨 5416 克；③金（Au），品位为每吨 3.05 克。标的于 2012 年 9 月 19 日被职务侵占。

### 三、价格鉴定过程

本中心接受委托后，组成价格鉴定工作小组，经实物勘验和市场调查，根据委托鉴定目的、相关资料收集情况，确定采用市场法对标的进行价格鉴定。

鉴定价格＝铅的市场价格－铅的加工费＋银的市场价格×对应的计价系数＋金的市场价格×对应的计价系数。

①铅（Pb）：2012年9月19日每吨精铅市场价格为15700元，每吨铅加工费市场价格为2000元，15700元－2000元＝13700元；

②银（Ag）：2012年9月19日每克白银市场价格为7.18元，计价系数为0.92，7.18×0.92＝6.606元；

③金（Au）：2012年9月19日每克黄金市场价格为360元，计价系数为0.89，360×0.89＝320.40元。

鉴定价格＝14×97.3%×13700＋14×5416×6.606＋14×3.05×320.4＝701196（元）。

### ◆ 案例评析

一、该案例是对刑事涉案财物进行的价格鉴定，程序合法，依据较充分，方法恰当，结论合理。

二、采用市价法鉴定，计算中考虑了所含贵金属的价值，思路正确，铅、金、银的市场价格采用专业网站报价，可信度高，说服力强。

三、重量和品位应聘请专业机构鉴定，并由委托方鉴定。

四、该案例如能说明计价系数的来源或出处会更有说服力。

# （五）故意毁坏财物罪

**【刑法】第二百七十五条** 故意毁坏公私财物，数额较大或者有其他严重情节的，处三年以下有期徒刑、拘役或者罚金；数额巨大或者有其他特别严重情节的，处三年以上七年以下有期徒刑。

**【解释】** 本条是对故意毁坏财物罪及其刑事处罚的规定。

根据本条规定，故意毁坏财物罪，是指故意毁灭或者损坏公私财物，数额较大或者有其他严重情节的行为。

这里所说的"故意毁坏公私财物"，是指出于某种个人动机和目的，非法毁灭或者损坏公共财物或者公民私人所有财物的行为。"毁坏"，是指毁灭和损坏。"毁灭"，是指使用各种方法故意使公私财物的价值和使用价值全部丧失。"损坏"，是指将某项公私财物部分毁坏，使其部分丧失价值和使用价值。

根据本条规定，构成故意毁坏财物罪，必须符合下列条件：

（1）故意毁坏财物罪主观上必须是故意，包括直接故意和间接故意，同时，犯罪目的只是毁坏公私财物，不具有非法占有的目的，这也是本罪与其他侵犯财产罪的本质区别。过失毁坏公私财物的，不构成本罪。

（2）行为人客观上实施故意毁坏公私财物数额较大或者有其他严重情节的行为。所采用的方式主要是毁灭和损坏。如果用放火、爆炸等危险方法毁坏公私财物，而且足以危及公共安全的，则应以放火罪、爆炸罪等危害公共安全罪论处。同时，故意毁坏公私财物必须达到数额较大或者有其他严重情节的程度。如果情节轻微或者数额较小，不构成犯罪。"其他严重情节"，一般是指以下几种情况：毁灭重要财物或者物品，损失严重的；造成严重后果的；动机和手段特别恶劣的等。

（3）本罪侵犯的客体是公私财物所有权，侵犯对象是各种公私财物。但是破坏某些特定的公私财物，侵犯了其他客体，则不能以毁坏财物罪论处，例如，故意毁坏使用中的交通设备、交通工具、电力煤气易燃易爆设备，危害公共安全的，以危害公共安全罪中的有关犯罪论处；故意毁坏机器设备、残害耕畜破坏生产经营的，以破坏生产经营罪论处。

根据本条规定，犯故意毁坏财物罪，处 3 年以下有期徒刑、拘役、管制或者罚金；数额较大或者有其他特别严重情节的，处 3 年以上 7 年以下有期徒刑。

在实际执行中，要注意故意毁坏财物罪与其他侵犯财产罪的界限：其他侵犯财产罪并不损害公私财物本身，而是通过非法手段将公私财物所有权非法转移，而故意毁坏财物罪则通过毁坏公私财物本身，侵犯公私财物所有权。

## 案例六十五

# 涉嫌故意毁坏财物罪案件中
# 被损坏物品的价格鉴定

 **案例背景情况**

2012 年 12 月 11 日凌晨，嫌疑人在醉酒状态下与 ×× 市总医院工作人员因琐事发生争执，嫌疑人故意损坏该医院公用打印机、计算机主机各一台，后医院工作人员报警。嫌疑人在××市公安局××分局××派出所被约束至酒醒后，对以上事实供认不讳。公安机关以其涉嫌故意毁坏财物罪，于2012年12月15日委托××市××区价格认证中心对以上被损坏物品的损失进行鉴定。

 **价格鉴定结论书**

# 关于惠普牌打印机、戴尔牌计算机损失的价格鉴定结论书

××市公安局××分局：

根据你局委托，我中心遵循合法、公正、科学的原则，按照规定的标准、程序和方法，依法对委托书所列指的被毁坏惠普牌P1007型打印机及戴尔牌FX160型主机的损失进行了价格鉴定，现将价格鉴定情况综述如下：

## 一、价格鉴定标的

被毁坏的惠普牌P1007型打印机、戴尔牌FX160型主机各一台的损失。

## 二、价格鉴定目的

为公安机关办理涉嫌故意毁坏财物罪案件提供鉴定标的的价格依据。

## 三、价格鉴定基准日

2012年12月11日。

## 四、价格定义

价格鉴定结论所指价格是：被毁坏的惠普牌P1007型打印机、戴尔牌FX160型主机各一台在价格鉴定基准日，采用公开市场价值标准确定的损失。

## 五、价格鉴定依据

（一）法律法规及规范性文件

1.《中华人民共和国价格法》；

2.《扣押、追缴、没收物品价格管理规定》；

3.《关于扣押追缴没收及收缴财物价格鉴定管理的补充通知》；

4. 《价格鉴定行为规范》（2010年版）；

5. 《关于××市涉案财物价格鉴证管理办法》；

6. 《××市涉案财物价格鉴证操作规程》。

（二）委托方提供的有关资料

1. 价格鉴定委托书；

2. 价格鉴定物品明细表。

（三）鉴定方收集的有关资料

1. 实物勘验材料；

2. 市场调查资料。

## 六、价格鉴定方法

市场法。

## 七、价格鉴定过程

我中心接受委托后，成立了价格鉴定小组，制定了价格鉴定作业方案。价格鉴定人员于2012年12月16日对被毁坏的惠普牌P1007型打印机、戴尔牌FX160型主机各一台进行了实物勘验。

经实物勘验：惠普牌黑白激光式打印机一台，型号为P1007型，2009年12月17日购置，有购买发票，现已无法正常使用；戴尔牌计算机主机一台，型号为FX160型，2010年5月19日购置，有购买发票，现已无法正常使用。

价格鉴定人员根据国家有关规程和标准，严格按照价格鉴定的程序和原则，通过认真分析研究和广泛的市场调查，确定采用市场法对标的进行价格鉴定。

惠普牌P1007型打印机、戴尔牌FX160型主机为3年前旧型号电子设备，目前为市场淘汰产品，由于配件等方面的原因，维修价格较高，二手市场价格相对较低，根据具体情况，结合残值情况，通过对维修费用及二手市场价格进行综合分析，确定其损失。

计算过程如下：

（1）维修费用。

××市鞍山西道电子一条街赛博数码广场、颐高数码广场、时代数码广场等地区电子设备维修业务相对活跃，根据对维修市场的实际维修费用资料的收集、调查，选取三个计算机及配套专业维修部门对标的设备具体换件、调试维修价格报价作为维修费用的价格测算依据。

维修价格为：

惠普牌打印机维修价格 =（1000 + 950 + 900）÷ 3 = 950（元）

戴尔主机维修价格 = (1300 + 1400 + 1500) ÷ 3 = 1400（元）

（2）设备的二手市场价格。

通过××市鞍山西道电子数码一条街中赛博数码广场、颐高数码广场、时代数码广场等地区相关市场调查，该地区电子设备交易业务相对活跃，有充分发育的市场，根据对二手市场的实际二手价格资料的收集、调查，选取三个与标的设备相同型号、配置、新旧程度且能够正常工作的二手设备市场价格，作为价格依据。

惠普牌打印机二手市场价格 = (300 + 210 + 270) ÷ 3

= 260（元）

戴尔主机二手市场价格 = (450 + 400 + 350) ÷ 3

= 400（元）

（3）设备损失残值。

根据市场法鉴定两台电子设备维修价格均大于二手市场价格，标的设备无修复经济价值，应定为全损。鉴定基准日残余完好零部件在当前××市鞍山西道电子数码一条街中赛博数码广场、颐高数码广场、时代数码广场的回收价格为惠普牌打印机为60元、戴尔主机为100元。

鉴定价格 = 设备二手市场价格 - 残值

惠普牌打印机鉴定价格 = 260 - 60 = 200（元）

戴尔主机残值 = 400 - 100 = 300（元）

鉴定价格合计 = 200元 + 300元 = 500元

## 八、价格鉴定结论

被毁坏的惠普牌P1007型打印机、戴尔牌FX160型主机各一台在基准日的损失为人民币伍佰元整（￥500.00）。

## 九、价格鉴定限定条件

委托方提供资料客观真实。

## 十、声明

（一）价格鉴定结论受结论书中已说明的限定条件限制。

（二）委托方提供资料的真实性由委托方负责。

（三）价格鉴定结论仅对本次委托有效，此外，除可以用于××市总医院进行财务处理之外，不做他用。未经我中心同意，不得向委托方和有关当事人之外的任何单位和个人提供。结论书的全部或部分内容，不得发表于任何公开媒体上。

（四）鉴定机构和鉴定人员与价格鉴定标的没有利害关系，也与有关当事人没有利害关系。

（五）如对结论有异议，可依程序向本鉴定机构提出重新鉴定，或委托省级政府价格主管部门设立价格鉴定机构复核裁定。

## 十一、价格鉴定作业日期

（略）。

## 十二、价格鉴定人员

（略）。

## 十三、附件

1. 价格鉴定机构资质证复印件（略）
2. 价格鉴定人员资格证复印件（略）

（公章）

2012 年 12 月 20 日

## 测算说明

### 一、鉴定思路

本案例是对毁坏公私财物案件的两台被损电子办公设备的损失进行价格鉴定。案例的主要特点：一是电子类产品随时间推移价格变动较大，不能仅凭发票价格确认市场价值，需实际市场询价；二是委托书与机身上的品牌、型号等需仔细核对，不能遗漏；三是因为维修方式为换件、调试维修，所以经过市场询价得出的维修价格不能按照配件价格进行测算，而应当考虑包括配件、调试等全部费用；四是维修单价计算出来后，如大于其自身二手价值需推定全损，以设备自身二手价值为依据确定鉴定价值；五是如果设备推定全损，应当考虑损坏设备变卖价值，在设备自身二手价值的基础上还应扣减变卖价值，最终得出设备的损失。

### 二、价格鉴定标的状况

惠普牌黑白激光式打印机一台，型号为 P1007 型，2009 年 12 月 17 日购置，有购买发票，现已无法正常使用。

戴尔牌计算机主机一台，型号为 FX160 型，2010 年 5 月 19 日购置，有购买发票，现已无法正常使用。

### 三、价格鉴定过程

同价格鉴定结论书，略。

 **案例评析**

一、电子类产品随时间推移价格变动较大，不能仅凭发票价格，需实际市场询价。

二、该案例的要点在于因为维修方式为换件维修，所以经过市场询价得出的维修价格需乘以其成新率才能确定为维修单价。维修单价计算出来后，如大于其自身二手价值需推定全损，以设备自身二手价值确定鉴定价值。并且如果设备推定全损，在以设备自身二手价值确定鉴定价值的基础上还应扣减设备残值。

三、该案例是对刑事案件涉案办公设备损失进行的价格鉴定，程序合法，依据较充分，方法恰当，结论较合理。

## 案例六十六

# 涉嫌故意毁坏财物罪案件中 被毁坏光碟损失的价格鉴定

### 案例背景情况

2011 年 4 月 14 日，犯罪嫌疑人故意将位于××区××大街×××音像店内的待售光碟砸毁。××市公安局立案后，以涉嫌故意毁坏财物罪立案，于 2011 年 4 月 26 日委托××市价格认证中心对被毁坏光碟损失进行价格鉴定。

 **价格鉴定结论书**

# 关于被毁光碟损失的价格鉴定结论书

××市公安局：

根据你局委托，本中心遵循合法、公正、科学的原则，按照规定的标准、程序和方法，依法对委托书所列指的被毁光碟的损失进行了价格鉴定。现将有关情况综述如下：

## 一、价格鉴定标的

鉴定标的为毁坏程度不同的待售光碟 2600 套的损失。

## 二、价格鉴定目的

为你局办理涉嫌故意毁坏财物罪案件提供鉴定标的的价格依据。

## 三、价格鉴定基准日

2011 年 4 月 14 日。

## 四、价格定义

价格鉴定结论所指价格是：被毁坏 2600 套光碟在价格鉴定基准日，采用公开市场价值标准确定的损失。

## 五、价格鉴定依据

（一）法律法规及规范性文件

1.《中华人民共和国价格法》；

2.《××省涉案资产价格鉴证管理条例》；

3.《扣押、追缴、没收物品估价管理办法》；

4.《关于扣押追缴没收及收缴财物价格鉴定管理的补充通知》；

5.《××省涉案财产价格鉴定操作规程（试行）》；

6.《价格鉴定行为规范》（2010 年版）。

（二）委托方提供的有关资料

1. 价格鉴定委托书；

2. 有关证明材料等。

（三）鉴定方收集的有关资料

1. 实物勘验资料；

2. 市场调查资料；

3. 其他相关资料。

## 六、价格鉴定方法

对被完全毁坏的光碟的损失采用市场法鉴定；对部分被毁坏的光碟的损失采用成本法鉴定。

## 七、价格鉴定过程

我中心接受委托后，成立了价格鉴定小组，制定了价格鉴定作业方案，并指派 2 名价格鉴定人员于 2011 年 4 月 27 日对标的进行了实物勘验。实物勘验后，价格鉴定人员根据国家有关规程和标准，严格按照规定的程序和原则，通过认真分析研究和广泛的市场调查，确定采用市场法对全损光碟的损失进行鉴定，采用成本法对部分损坏光碟的损失进行鉴定。

（一）价格鉴定标的概述

毁坏程度不同的待售光碟 2600 套（光碟名称、规格、数量和损坏程度等略），按损坏程度分为全损、外包装损坏、外包装和内装部分光碟均有损坏三种类型。委托书载明，被毁坏光碟经鉴定全部为合法音像制品。

（二）测算过程

1. 采用市场法鉴定全损光碟的损失。

（1）计算公式。

损失价格 = ∑（各类全损光碟的数量 × 该类光碟的购进价格）

（2）测算全损光碟的损失。

与全损光碟同品牌、同规格的光碟市场交易活跃，易于获得价格鉴定基准日的购进价格。

全损光碟的损失 = ∑（各类全损光碟的数量 × 该类光碟的购进价格）

= 29860（元）

2. 采用成本法鉴定部分损坏光碟的损失。

部分损坏光碟的损失 = ∑ 部分损坏光碟的修复费用

= 14400（元）

3. 确定鉴定价格。

损失 = 全损光碟的损失 + 部分损坏光碟的损失

= 29860 + 14400

= 44260（元）

## 八、价格鉴定结论

被毁坏 2600 套光碟在价格鉴定基准日的损失为人民币肆万肆仟贰佰陆拾元整（￥44260.00）。

## 九、价格鉴定限定条件

（一）委托方提供资料客观真实。

（二）当上述条件发生变化时，鉴定结论会失效或部分失效，鉴定机构不承担由于这些条件的变化而导致鉴定结果失效的相关法律责任。

## 十、声明

（一）价格鉴定结论受结论书中已说明的限定条件限制。

（二）委托方提供资料的真实性由委托方负责。

（三）价格鉴定结论仅对本次委托有效，不做他用。未经我中心同意，不得向委托方和有关当事人之外的任何单位和个人提供。结论书的全部或部分内容，不得发表于任何公开媒体上。

（四）鉴定机构和鉴定人员与价格鉴定标的没有利害关系，与有关当事人也没有利害关系。

（五）如对本结论有异议，可向本鉴定机构提出重新鉴定，或委托省级政府价格主管部门设立的价格鉴定机构复核裁定。

## 十一、价格鉴定作业日期

（略）。

## 十二、价格鉴定人员

（略）。

## 十三、附件

1. 价格鉴定委托书复印件（略）
2. 价格鉴定机构资质证复印件（略）
3. 价格鉴定人员资格证复印件（略）

（公章）

2011 年 4 月 29 日

## 测算说明

### 一、鉴定思路

本案例是对毁坏程度不同的光碟损失进行价格鉴定。案例主要特点：

（1）被毁坏光碟为音像店待销商品，尚未完全实现市场价值，在价格鉴定时需要考虑购销环节等因素。

（2）被毁坏光碟种类和规格型号多，损坏程度差异大，标的进货渠道复杂，准确鉴定损失价格存在一定难度。

（3）在办理涉嫌故意毁坏财物罪刑事案件价格鉴定中，根据标的受损状况，能够修复的，应鉴定修复价格。

（4）知识产权在音像制品价格构成中占有很大的权重，合法音像制品和非法音像制品的制作成本和市场价格差别很大。在鉴定音像制品价格时，应由委托方明确鉴定标的生产销售的合法性。

### 二、价格鉴定标的概况

鉴定标的为毁坏程度不同的 2600 套光碟（光碟名称、规格、数量和损坏程度等略）。按损坏程度分为全损、外包装损坏、外包装和内装部分光碟均有损坏三种类型。

### 三、价格鉴定过程

我中心接受委托后，成立了价格鉴定工作小组，制定了价格鉴定作业方案，经实物勘验和市场调查，根据委托鉴定标的、结合所收集的相关资料，确定采用市场法对全损光碟的损失进行鉴定，采用成本法对部分损坏光碟的损失进行价格鉴定。

（一）采用市场法鉴定全损光碟的损失

1. 计算公式。

损失价格 = $\sum$（各类全损光碟的数量 × 该类光碟的购进价格）

2. 测算全损光碟的损失。

与全损光碟同品牌、同规格的光碟市场交易活跃，易于获得价格鉴定基准日的购进价格。

全损光碟的损失 = $\sum$（各类全损光碟的数量 × 该类光碟的购进价格）

$$= 29860 （元）$$

（二）采用成本法鉴定部分损坏光碟的损失

部分损坏光碟的损失 = $\sum$ 部分损坏光碟的修复费用

$$= 14400 （元）$$

（三）确定鉴定价格

损失＝全损光碟的损失＋部分损坏光碟的损失

　　　＝29860＋14400

　　　＝44260（元）

 **案例评析**

一、该案例是对被毁坏光碟等音像制品的损失进行价格鉴定，程序合法，依据充分，方法恰当，结论合理。

二、该案例的要点在于鉴定方法的选择。采用市场法对全损光碟的损失进行鉴定，采用成本法对部分损坏光碟的损失进行价格鉴定，保证了结论的客观性、准确性和合理性。

三、音像制品市场是一个特殊的交易市场，进货渠道和音像制品的市场滞销、热销程度对价格影响相对较大，在采用市场法对全损音像制品进行价格鉴定时，应对相关差异调整情况进行必要的说明。

四、该案例考虑了被毁坏光碟为待售商品价值实现的环节因素，采用了光碟的购进价格。建议在实际工作中，就环节因素与委托方充分沟通，由委托方予以确认。

## 案例六十七

# 涉嫌故意毁坏财物罪案件中
# 被毁桃树损失的价格鉴定

**案例背景情况**

2012 年 12 月 26 日，××县××乡××村杨某某发现自家果园种植的桃树部分树枝被人锯断。××县公安局接到报案后，将案件迅即侦破，并以涉嫌故意毁坏财物罪立案，于 2012 年 12 月 27 日委托××县价格认证中心对被毁桃树损失进行价格鉴定。

## 价格鉴定结论书

# 关于被毁桃树损失的价格鉴定结论书

××县公安局：

根据你局委托，我中心遵循合法、公正、科学的原则，按照规定的标准、程序和方法，依法对委托书所列指的被毁桃树损失进行了价格鉴定。现将价格鉴定情况综述如下：

### 一、价格鉴定标的

鉴定标的为被锯断部分树枝的 8 棵 8 年树龄桃树和被锯断树干的 4 棵 2 年树龄桃树的损失。

### 二、价格鉴定目的

为你局办理涉嫌故意毁坏财物罪案件提供鉴定标的的价格依据。

### 三、价格鉴定基准日

2012 年 12 月 26 日。

### 四、价格定义

价格鉴定结论所指价格是：被毁坏的桃树在价格鉴定基准日，采用公开市场价值标准确定的损失。

### 五、价格鉴定依据

（一）法律法规及规范性文件

1.《中华人民共和国价格法》；

2.《××省涉案资产价格鉴证管理条例》；

3.《扣押、追缴、没收物品估价管理办法》；

4.《关于扣押追缴没收及收缴财物价格鉴定管理的补充通知》；

5.《××省涉案财产价格鉴定操作规程（试行）》；

6.《价格鉴定行为规范》（2010 年版）。

（二）委托方提供的有关资料

1. 价格鉴定委托书；

2. 有关证明材料等。

（三）鉴定方收集的有关资料

1. 实物勘验资料；

2. 市场调查资料；

3. 其他相关资料。

## 六、价格鉴定方法

采用市场法对 2 年树龄桃树损失进行价格鉴定；采用收益法对 8 年树龄桃树损失进行价格鉴定。

## 七、价格鉴定过程

我中心接受委托后，成立了价格鉴定小组，制定了价格鉴定作业方案，并指派 2 名价格鉴定人员于 2012 年 12 月 29 日对标的进行了实物勘验。实物勘验后，价格鉴定人员根据国家有关规程和标准，严格按照规定的程序和原则，通过认真分析研究和广泛的市场调查，确定采用成本法对 2 年树龄的桃树损失进行价格鉴定；采用收益法对 8 年树龄的桃树损失进行价格鉴定。

（一）价格鉴定标的概述

被毁坏桃树为××县××乡××村杨某某果园被锯断部分树枝的 8 棵 8 年树龄桃树和被锯断树干的 4 棵 2 年树龄桃树，其中：8 年树龄的桃树每棵有 3 个大枝，其中 1 枝大枝被锯断；4 棵 2 年树龄的桃树，树干被锯断。

（二）测算过程

1. 采用市场法鉴定 2 年树龄桃树的损失。

2 年树龄桃树树干被锯断，桃树不再具有恢复价值，损失为 2 年树龄桃树的市场价格。损失计算公式：

损失 = 每棵价格 × 棵数

据调查，价格鉴定基准日 2 年树龄桃树市场价格为每棵 8 元，则：2 年树龄桃树的损失 = 8 元 × 4 棵 = 32 元。

2. 采用收益法鉴定 8 年树龄桃树损失。

（1）收益法计算公式。

桃树损失 = 预期收益损失现值

（2）确定损失年限和预期收益损失现值。

据调查，被锯断大枝的 8 年树龄桃树被锯断一枝后，会造成桃树减产，通过嫁接幼枝可使被毁坏桃树枝恢复至正常产果。经咨询农业专家，嫁接幼枝后 1~3 年不产果，收益损失 100%；第 4 年收益损失 70%~80%；第 5 年收益损失 40%~50%；

第 6 年收益损失 20% ~ 30% ；第 4 ~ 6 年平均年收益损失 50% ，第 7 年恢复正常产果，不再产生收益损失。预期收益损失现值计算模型为：

损失价格 = 第 1 ~ 3 年收益损失 + 第 4 ~ 6 年收益损失

$$= \frac{a}{r} \times \left[ 1 - \frac{1}{(1+r)^3} \right] + \frac{a}{r} \times \left[ 1 - \frac{1}{(1+r)^3} \right] / (1+r)^3$$

（3）确定损失期内各年纯损失。

价格鉴定标的为被损桃树收益损失。被损桃树未被彻底破坏，对果树各项投入（管理、施肥、浇水、用电等）不会因失去部分树枝而减少，此外除了嫁接费用之外也不需另追加成本投入，而嫁接费用在果树管理投入中所占比例很小，可以忽略不计，所以被毁坏桃树损失即为实际减少产量的价格。经专业咨询，8 年树龄桃树每棵平均商品果年产量 300 斤，在恢复期内，1 ~ 3 年商品果年损失产量为：300 斤 ÷ 3 × 8 棵 = 800 斤；4 ~ 6 年商品果损失产量为：300 斤 ÷ 3 × 50% × 8 棵 = 400 斤。

桃树被毁前三年，当地桃子上门收购价格每 500 克 1.50 元左右，预计未来 6 年市场波动范围不大，上门收购价格可以维持每 500 克 1.50 元不变。

则，桃树恢复期内 8 年树龄桃树各年纯损失：

1 ~ 3 年收益损失为：800 斤 × 1.50 元 = 1200 元；

4 ~ 6 年收益损失为：400 斤 × 1.50 元 = 600 元。

（4）确定折现率。

参考当地类似果园投资回报率，综合确定本次鉴定折现率为 8% 。

（5）计算第 1 ~ 3 年收益损失。

$$V_1 = \frac{a}{r} \times \left[ 1 - \frac{1}{(1+r)^3} \right] = \frac{1200}{8\%} \times \left[ 1 - \frac{1}{(1+8\%)^3} \right] = 3093（元）$$

（6）第 4 ~ 6 年收益损失。

$$V_2 = \frac{a}{r} \times \left[ 1 - \frac{1}{(1+r)^3} \right] / (1+r)^3 = \frac{600}{8\%} \times \left[ 1 - \frac{1}{(1+8\%)^3} \right] / (1+8\%)^3$$
$$= 1227（元）$$

（7）计算被毁坏 8 年树龄桃树损失。

损失价格 = $V_1 + V_2$ = 3093 + 1227 = 4320 （元）。

3. 确定损失。

损失 = 2 年树龄桃树的损失 + 8 年树龄桃树的损失

= 32 + 4320 = 4352 （元）

## 八、价格鉴定结论

被毁坏桃树在价格鉴定基准日的损失为人民币肆仟叁佰伍拾贰元整

（￥4352.00）。

## 九、价格鉴定限定条件

（一）委托方提供资料客观真实；

（二）采用收益法鉴定时预期产量、预期价格、预期收益和选取折现率与未来实际情况基本一致；

（三）未考虑其他不可预见因素对鉴定标的价格的影响。

当上述条件发生变化时，鉴定结论会失效或部分失效，鉴定机构不承担由于这些条件的变化而导致鉴定结果失效的相关法律责任。

## 十、声明

（一）价格鉴定结论受结论书中已说明的限定条件限制。

（二）委托方提供资料的真实性由委托方负责。

（三）价格鉴定结论仅对本次委托有效，不做他用。未经我中心同意，不得向委托方和有关当事人之外的任何单位和个人提供。结论书的全部或部分内容，不得发表于任何公开媒体上。

（四）鉴定机构和鉴定人员与价格鉴定标的没有利害关系，与有关当事人也没有利害关系。

（五）如对本结论有异议，可向本鉴定机构提出重新鉴定，或委托省级政府价格主管部门设立的价格鉴定机构复核裁定。

## 十一、价格鉴定作业日期

（略）。

## 十二、价格鉴定人员

（略）。

## 十三、附件

1. 价格鉴定委托书复印件（略）
2. 价格鉴定机构资质证复印件（略）
3. 价格鉴定人员资格证复印件（略）

（公章）

2012 年 12 月 22 日

# 测算说明

## 一、鉴定思路

本案例是对被锯断不同树龄的桃树的损失进行价格鉴定。案例具有以下特点：

（1）鉴定标的为树龄不同的多年生桃树，树龄较小的桃树存在市场交易，可采用市场法进行价格鉴定；对于树龄较大的桃树，可采用收益法进行价格鉴定。

（2）采用收益法鉴定时，预测产量、预期成本费用和未来时期的价格水平具有一定难度。确定预期收益和折现率是收益法鉴定的难点，特别是选择使用的折现率会对鉴定价格产生重大影响，在刑事案件价格鉴定时应重点考虑，慎重分析。

## 二、价格鉴定标的概况

被毁坏桃树为××县××乡××村杨××果园被锯断部分树枝的 8 年树龄桃树 8 棵和被锯断树干的 2 年树龄桃树 4 棵，其中：8 年树龄的桃树每棵有三个大枝，其中一枝被锯断；2 年树龄的桃树 4 棵，树干被锯断。据林木专家意见：2 年树龄桃树树干被锯断，桃树不具有恢复价值；被锯断大枝的 8 年树龄桃树被锯断一枝后，通过嫁接幼枝可使被毁坏桃树枝恢复至正常产果，嫁接幼枝后 1~3 年不产果，收益损失 100%，第 4 年收益损失 70%~80%，第 5 年收益损失 40%~50%，第 6 年收益损失 20%~30%，4~6 年平均年收益损失 50%，第 7 年恢复正常产果，不再产生收益损失。

## 三、价格鉴定过程

我中心接受委托后，成立了价格鉴定小组，经实物勘验、专业咨询和市场调查，根据委托鉴定标的、结合收集的相关资料，确定采用成本法对 2 年树龄的桃树损失进行价格鉴定；采用收益法对 8 年树龄的桃树损失进行价格鉴定。

（一）采用成本法鉴定 2 年树龄桃树的损失

2 年树龄桃树树干被锯断，桃树不再具有恢复价值，损失为 2 年树龄桃树的市场价格。损失计算公式：损失 = 每棵价格 × 棵数。

据调查，价格鉴定基准日 2 年树龄桃树市场价格为每棵 8 元，则：2 年树龄桃树的损失 = 8 元 × 4 棵 = 32 元。

（二）采用收益法鉴定 8 年树龄桃树的损失

1. 收益法计算公式。

桃树损失 = 预期收益损失现值

2. 确定损失年限和预期收益损失现值计算模型。

据调查：被锯断大枝的 8 年树龄桃树被锯断一枝后，会造成桃树减产，通过嫁接幼枝可使被毁坏桃树枝恢复至正常产果。经咨询农业专家，嫁接幼枝后第 1 ~ 3 年不产果，收益损失 100%；第 4 年收益损失 70% ~ 80%；第 5 年收益损失 40% ~ 50%；第 6 年收益损失 20% ~ 30%；第 4 ~ 6 年平均年收益损失 50%，第 7 年恢复正常产果，不在产生收益损失。则：预期收益损失现值计算模型为：

损失价格 = 第 1 ~ 3 年收益损失 + 第 4 ~ 6 年收益损失

$$= \frac{a}{r} \times \left[ 1 - \frac{1}{(1+r)^3} \right] + \frac{a}{r} \times \left[ 1 - \frac{1}{(1+r)^3} \right] / (1+r)^3$$

3. 确定损失期内各年纯损失。

价格鉴定标的为被毁坏桃树收益损失。被毁坏桃树未被彻底破坏，对果树各项投入（管理、施肥、浇水、用电等）不会因失去部分树枝而减少，此外除了嫁接费用之外也不需另追加成本投入，而嫁接费用在果树管理投入中所占比例很小，可以忽略不计，所以被毁坏桃树损失即为实际减少产量的价格。经专业咨询，8 年树龄桃树每棵平均年商品果产量 300 斤，在恢复期内，1 ~ 3 年年商品果损失产量为：300 斤 ÷ 3 × 8 棵 = 800 斤；4 ~ 6 年商品果损失产量为：300 斤 ÷ 3 × 50% × 8 棵 = 400 斤。

桃树被毁前三年，当地桃子上门收购价格为每 500 克 1.50 元左右，预计未来 6 年市场波动范围不大，上门收购价格可以维持 1.50 元不变。

则，桃树恢复期内 8 年树龄桃树各年纯损失：

1 ~ 3 年收益损失为：800 斤 × 1.50 元 = 1200 元；

4 ~ 6 年收益损失为：400 斤 × 1.50 元 = 600 元。

4. 确定折现率。

参考当地类似果园投资回报率，综合确定本次鉴定折现率为 8%。

5. 计算 1 ~ 3 年收益损失。

$$V_1 = \frac{a}{r} \times \left[ 1 - \frac{1}{(1+r)^3} \right] = \frac{1200}{8\%} \times \left[ 1 - \frac{1}{(1+8\%)^3} \right] = 3093 (元)$$

6. 计算 4 - 6 年收益损失。

$$V_2 = \frac{a}{r} \times \left[ 1 - \frac{1}{(1+r)^3} \right] / (1+r)^3 = \frac{600}{8\%} \times \left[ 1 - \frac{1}{(1+8\%)^3} \right] / (1+8\%)^3$$

$$= 1227 (元)$$

7. 被毁坏 8 年树龄桃树损失 = $V_1$ + $V_2$ = 3093 + 1227 = 4320（元）。

（三）计算损失

损失 = 2 年树龄桃树的损失 + 8 年树龄桃树的损失

= 32 + 4320 = 4352（元）

**案例评析**

一、该案例是对刑事涉案桃树损失的价格鉴定，程序合法，依据较充分，方法恰当，结论较为合理。

二、该案例根据实际情况，区别树龄和损坏程度，分别采用市场法和收益法进行鉴定，保证了结论的客观准确性。

三、采用收益法鉴定时，预测产量、预期成本费用和未来时期的价格水平具有一定难度，确定预期收益是个关键点，特别是选择使用的折现率会对鉴定价格产生重大影响，在刑事案件价格鉴定时应重点考虑，慎重分析。

## 案例六十八

# 涉嫌故意毁坏财物罪案件中被毁蘑菇大棚及棚内种植蘑菇损失的价格鉴定

**案例背景情况**

2012 年 2 月 11 日，××县××镇 A、B 两座蘑菇大棚被人纵火烧毁。案件侦破后，××县公安局以涉嫌故意毁坏财物罪立案，于 2012 年 2 月 17 日委托××县价格认证中心对被烧毁蘑菇大棚及棚内种植蘑菇损失进行价格鉴定。

**价格鉴定结论书**

### 关于被烧毁蘑菇大棚及棚内种植蘑菇损失的价格鉴定结论书

××县公安局：

根据你局委托，我中心遵循合法、公正、科学的原则，按照规定的标准、程序和方法，依法对委托书所列指的被烧毁蘑菇大棚及棚内种植蘑菇损失进行了价格鉴定。现将价格鉴定情况综述如下：

## 一、价格鉴定标的

被烧毁的××县××镇 A、B 两座蘑菇大棚及棚内种植蘑菇的损失。

## 二、价格鉴定目的

为你局办理涉嫌故意毁坏财物罪案件提供鉴定标的的价格依据。

## 三、价格鉴定基准日

2012 年 2 月 11 日。

## 四、价格定义

价格鉴定结论所指价格是：被烧毁的××县××镇 A、B 两座蘑菇大棚及棚内种植蘑菇在价格鉴定基准日，采用公开市场价值标准确定的损失。

## 五、价格鉴定依据

（一）法律法规及规范性文件

1.《中华人民共和国价格法》；

2.《××省涉案资产价格鉴证管理条例》；

3.《扣押、追缴、没收物品估价管理办法》；

4.《关于扣押追缴没收及收缴财物价格鉴定管理的补充通知》；

5.《价格鉴定行为规范》（2010 年版）；

6.《××省涉案财产价格鉴定操作规程（试行）》。

（二）委托方提供的有关资料

1. 价格鉴定委托书；

2. ××市农业环境与农产品质量监督管理站被烧毁蘑菇大棚及棚内种植蘑菇损失鉴定意见；

3. 有关证明材料等。

（三）鉴定方收集的有关资料

1. 实地勘验资料；

2. 市场调查资料；

3. 其他相关资料。

## 六、价格鉴定方法

成本法。

## 七、价格鉴定过程

我中心接受委托后，成立了价格鉴定工作小组，制定了价格鉴定作业方案，并指派 2 名价格鉴定人员于 2012 年 2 月 17 日对标的进行了实地勘验。实地勘验后，价格鉴定人员根据国家有关规程和标准，严格按照价格鉴定的程序和原则，通过认真分析研究和广泛的市场调查，确定采用成本法进行价格鉴定。

（一）价格鉴定标的概况

鉴定标的为××县××镇被烧毁的 A、B 两个蘑菇大棚及棚内种植蘑菇的损失。

1. A 大棚建于 2009 年 10 月，长 17 米，宽 8.20 米，高 1.70 米，内有蘑菇袋 4200 个，被烧毁前已收获一茬蘑菇。

2. B 大棚建于 2010 年，长 12.50 米，宽 8.60 米，高 1.70 米，内有蘑菇袋 3865 个，被烧毁前一茬蘑菇还未收获。

3. A、B 蘑菇大棚棚内种植蘑菇品种均为平菇。

（二）测算过程

1. 成本法鉴定计算公式。

鉴定价格 = 蘑菇大棚损失 + 棚内种植蘑菇损失

2. 测算蘑菇大棚损失。

蘑菇大棚损失 = A 大棚损失 + B 大棚损失

= A、B 大棚修建工料费用

根据××市农业环境与农产品质量监督管理站被烧毁蘑菇大棚及棚内种植蘑菇损失鉴定意见，A 大棚损坏项目如下：大竹竿 12 根，草衫子 22 个，小竹尖 80 根，竹片 80 根，塑料布，立柱 5 根；B 大棚损坏项目如下：大竹竿 6 根，草衫子 17 个，小竹尖 40 根，竹片 20 根，塑料布，立柱 2 根。

按市场调查的价格鉴定基准日修建蘑菇大棚的工料费价格计算，则：

（1）A 大棚损失为 3135 元。

（2）B 大棚损失为 2350 元。

（3）A、B 蘑菇大棚损失 = 3135 + 2350 = 5485（元）。

3. 测算棚内种植蘑菇损失。

根据××市农业环境与农产品质量监督管理站被烧毁蘑菇大棚及棚内种植蘑菇损失鉴定意见：A 大棚减产鲜菇约 1260 千克；B 大棚减产鲜菇约 1680 千克。经市场调查，确认鉴定基准日当地平菇上门收购价格为每千克 5 元。则棚内种植蘑菇损失为：

（1260 + 1680）× 5 = 14700（元）

（三）确定鉴定价格

鉴定价格 = 蘑菇大棚损失 + 棚内种植蘑菇损失

$$= 5485 + 14700$$
$$= 20185 （元）$$

## 八、价格鉴定结论

被烧毁的××县××镇 A、B 两个蘑菇大棚及棚内种植蘑菇在价格鉴定基准日的损失为人民币贰万零壹佰捌拾伍元整（￥20185.00）。

## 九、价格鉴定限定条件

（一）委托方提供资料客观真实；

（二）当上述条件发生变化时，鉴定结论会失效或部分失效，鉴定机构不承担由于这些条件的变化而导致鉴定结果失效的相关法律责任。

## 十、声明

（一）价格鉴定结论受结论书中已说明的限定条件限制。

（二）委托方提供资料的真实性由委托方负责。

（三）价格鉴定结论仅对本次委托有效，不做他用。未经我中心同意，不得向委托方和有关当事人之外的任何单位和个人提供。结论书的全部或部分内容，不得发表于任何公开媒体上。

（四）鉴定机构和鉴定人员与价格鉴定标的没有利害关系，与有关当事人也没有利害关系。

（五）如对本结论有异议，可向本鉴定机构提出重新鉴定，或委托省级政府价格主管部门设立的价格鉴定机构复核裁定。

## 十一、价格鉴定作业日期

（略）。

## 十二、价格鉴定人员

（略）。

## 十三、附件

1. 价格鉴定机构资质证复印件（略）

2. 价格鉴定人员资格证复印件（略）

（公章）

2012 年 3 月 21 日

## 测算说明

### 一、鉴定思路

本案例是对被烧毁的蘑菇大棚及棚内种植蘑菇的损失进行价格鉴定。案例主要特点：蘑菇大棚及棚内种植蘑菇的损失情况依据委托方提供的××市农业环境与农产品质量监督管理站《蘑菇大棚及棚内种植蘑菇损失鉴定意见》确定。

### 二、价格鉴定标的概况

鉴定标的为××县××镇被烧毁的 A、B 两个蘑菇大棚及棚内种植蘑菇的损失。A 大棚建于 2009 年 10 月，长 17 米，宽 8.20 米，高 1.70 米，内有蘑菇袋 4200 个，被烧毁前已收获一茬蘑菇；B 大棚建于 2010 年，长 12.50 米，宽 8.60 米，高 1.70 米，内有蘑菇袋 3865 个，被烧毁前一茬蘑菇还未收获。

A、B 蘑菇大棚棚内种植蘑菇蘑菇品种均为平菇。

### 三、价格鉴定过程

本中心接受委托后，成立了价格鉴定工作小组，制定了价格鉴定作业方案，经实地勘验和市场调查，根据委托鉴定标的、结合所收集的相关资料，确定采用成本法进行价格鉴定。

（一）成本法鉴定计算公式

鉴定价格 = 蘑菇大棚损失 + 棚内种植蘑菇损失

（二）测算蘑菇大棚损失

蘑菇大棚损失 = A 大棚损失 + B 大棚损失

= A、B 大棚修建工料费用

根据××市农业环境与农产品质量监督管理站被烧毁蘑菇大棚及棚内种植蘑菇损失鉴定意见，A 大棚损坏项目如下：大竹竿 12 根，草衫子 22 个，小竹尖 80 根，竹片 80 根，塑料布，立柱 5 根；B 大棚损坏项目如下：大竹竿 6 根，草衫子 17 个，小竹尖 40 根，竹片 20 根，塑料布，立柱 2 根。

按市场调查的价格鉴定基准日修建蘑菇大棚的工料费价格计算，则：

1. A 大棚损失为：大竹竿 12 根 ×50 元 = 600 元，草衫子 22 个 ×40 元 = 880 元，小竹尖 80 根 ×4 元 = 320 元，竹片 80 根 ×2 元 = 160 元，塑料布 300 元（16 米 ×12

米），立柱 5 根 × 15 元 = 75 元，工费 80 元/天 × 5 天 × 2 人 = 800 元，A 大棚损失小计 3135 元。

2. B 大棚损失为：大竹竿 6 根 × 50 元 = 300 元，草衫子 17 个 × 40 元 = 680 元，小竹尖 40 根 × 4 元 = 160 元，竹片 20 根 × 2 元 = 40 元，塑料布 500 元（12 米 × 23 米），立柱 2 根 × 15 元 = 30 元，工费 80 元/天 × 4 天 × 2 人 = 640 元，B 大棚损失小计 2350 元。

3. A、B 蘑菇大棚损失 = 3135 + 2350 = 5485（元）。

（三）测算棚内种植蘑菇损失

根据 × × 市农业环境与农产品质量监督管理站被烧毁蘑菇大棚及棚内种植蘑菇损失鉴定意见：A 大棚减产鲜菇约 1260 千克；B 大棚减产鲜菇约 1680 千克。经市场调查，确认鉴定基准日当地每千克平菇上门收购价格为 5 元。则棚内种植蘑菇损失为：

（1260 + 1680）× 5 = 14700（元）

（四）确定鉴定价格

鉴定价格 = 蘑菇大棚损失 + 棚内种植蘑菇损失

$$= 5485 + 14700$$
$$= 20185（元）$$

### 案例评析

一、该案例是对刑事涉案被烧毁蘑菇大棚及棚内种植蘑菇损失的价格鉴定，程序合法，依据较为充分，方法恰当。

二、该案例鉴定过程的描述有些简单，没有叙述实地勘验情况，以及实地勘验结果与委托鉴定标的状况是否一致，缺乏说服力。

三、该案例测算蘑菇大棚及棚内种植蘑菇损失时，因素分析不全面：一是没有分析不可预见因素对预期蘑菇产量和市场价格的影响；二是没有考虑损失折现和分析说明蘑菇理论产量与商品量的差别关系；三是在用成本法计算大棚损失时没有考虑被毁坏大棚的折旧。

案例六十九

# 涉嫌故意毁坏财物罪案件中清淤造陆项目中采集与吹填海淤泥直接成本的价格鉴定

## 案例背景情况

2012 年 5 月 26 日，某建设集团五公司承建的普某区清淤造陆项目 S9 区的一个海参养殖圈的围坝被人为挖开一个缺口，导致施工方从海底吹吸上来的淤泥大量外泄流回大海，造成经济损失。2012 年 6 月 3 日，A 市公安局国内安全保卫大队委托 A 市价格认证中心对淤泥外泄事件中部分清淤造陆工程的直接成本进行价格鉴定。

价格鉴定结论书

## 关于部分清淤造陆工程直接成本的价格鉴定结论书

A 市公安局：

根据你单位委托，我中心遵循合法、公正、科学的原则，按照规定的标准、程序和方法，依法对委托书所指的清淤造陆工程中吹吸海淤泥直接成本进行了价格鉴定。现将价格鉴定情况综述如下：

### 一、价格鉴定标的

清淤造陆工程中采集与吹填海淤泥 19.7 万立方米、施工作业长度 1 千米的直接成本。

### 二、价格鉴定目的

确定价格鉴定标的在价格鉴定基准日的直接成本，为委托方办理案件提供价格依据。

## 三、价格鉴定基准日

2012 年 5 月 26 日。

## 四、价格定义

价格鉴定结论所指价格是：价格鉴定标的在价格鉴定基准日，采用公开市场价值标准确定的直接成本，不包括管理费、利润、风险金和税金。

## 五、价格鉴定依据

（一）法律法规及规范性文件

1.《中华人民共和国价格法》；

2.《××省涉案物品估价管理条例》；

3.《扣押、追缴、没收物品估价管理办法》；

4.《关于扣押追缴没收及收缴财物价格鉴定管理的补充通知》；

5.《××省涉案财物价格鉴定操作规程（试行）》；

6.《价格鉴定行为规范》（2010 年版）。

（二）委托方提供的有关资料

1. 价格鉴定委托书；

2. A 市公安局现场勘验检查记录复印件。

（三）鉴定方收集的有关资料

1. 实地勘验资料；

2. 市场调查资料；

3. 其他相关资料。

## 六、价格鉴定方法

根据价格鉴定标的具体情况，本次价格鉴定采用成本法。

## 七、价格鉴定过程

我中心接受委托后，成立了价格鉴定工作小组，制定了价格鉴定工作方案，并指派 2 名价格鉴定人员于 2012 年 6 月 4 日与委托方共同前往普某区清淤造陆项目 S9 区进行了实地勘验。实地勘验后，价格鉴定人员根据国家有关规程和标准，严格按照价格鉴定的程序和原则，通过认真分析研究和广泛的市场调查，确定采用成本法对标的进行价格鉴定。

（一）价格鉴定标的概况

普某区清淤造陆项目 S9 区被人为破坏已造成海淤泥外泄，外泄海淤泥数量共计 19.7 万立方米，海淤泥采集区与吹填区相距 1 千米。该工程招标时确定工况等级为四级，土质为二级。采集与吹填海淤泥施工工艺，是用接力绞吸船采用钢桩定位扇形横挖法施工，由离心式泥泵利用负压将铰刀铰松的泥土吸入泥泵，再通过排泥管线将泥土水力输送至吹填区。

（二）施工设备及条件调查

海淤泥采集与吹填所需机械设备有 400m/h 搅吸式挖泥船、175kw 锚艇、30kw 机艇、50 - 70 住宿船、437kw 接力泵、浮管、潜管、暗管。清淤区域工况等级为四级，土质为二级。

（三）确定鉴定价格

通过对采集与吹填海淤泥直接工程成本的分析、测算，确定了鉴定标的每立方米直接工程成本为 8.05 元，则：

$$鉴定价格 = 外泄海淤泥数量 \times 单位成本$$
$$= 197000\ 立方米 \times 8.05\ 元$$
$$= 1585850\ 元$$

## 八、价格鉴定结论

价格鉴定标的在鉴定基准日时的价格为人民币壹佰伍拾捌万伍仟捌佰伍拾元整（￥1585850.00）。

## 九、价格鉴定限定条件

（一）委托方提供资料客观真实；

（二）本次鉴定结论是在清淤区域工况等级为四级、土质为二级前提下作出的；

当上述条件发生变化时，鉴定结论会失效或部分失效，鉴定机构不承担由于这些条件的变化而导致鉴定结果失效的相关法律责任。

## 十、声明

（一）价格鉴定结论受结论书中已说明的限定条件限制。

（二）委托方提供资料的真实性由委托方负责。

（三）价格鉴定结论仅对本次委托有效，不做他用。未经我中心同意，不得向委托方和有关当事人之外的任何单位和个人提供。结论书的全部或部分内容，不得发表于任何公开媒体上。

（四）鉴定机构和鉴定人员与价格鉴定标的没有利害关系，与有关当事人也没有利害关系。

（五）如对本结论有异议，可向本鉴定机构提出重新鉴定，或委托省级政府价格主管部门设立的价格鉴定机构复核裁定。

## 十一、价格鉴定作业日期

（略）。

## 十二、价格鉴定人员

（略）。

## 十三、附件

1. 价格鉴定委托书复印件（略）
2. 价格鉴定机构资质证复印件（略）
3. 价格鉴定人员资格证复印件（略）

（公章）

2012 年 6 月 12 日

## 测算说明

### 一、鉴定思路

本案例是对因淤泥外泄造成的直接工程成本进行价格鉴定。案例主要特点是：

（1）由委托方确定直接工程成本的价格类型，按委托方确定的鉴定范围开展工作。

（2）实地勘验难度大，价格鉴定人员必须在专业人员的协助下，对吹填海淤泥的情况进行了解，对施工条件、施工环境、施工工艺、施工装备使用台班、成本项目、施工人数等资料有一定掌握。

（3）成本资料收集范围广、难度大，需要收集多家施工企业的成本资料。对异地成本价格调查时，必须考虑并调整成本各项目的地区差异。

### 二、工程概况

（一）工程情况

清淤造陆工程中采集与吹填海淤泥 19.7 万立方米，海淤泥采集区与吹填区相距 1 千米，工况等级为四级，土质为二级。

（二）施工工艺

绞吸船采用钢桩定位扇形横挖法施工，由离心式泥泵利用负压将铰刀绞松的泥土吸入泥泵，再通过排泥管线将泥土水力输送至吹填区。

**三、鉴定价格确定**

（一）参数确定

按照疏浚工程预算定额（交通部交水发〔1997〕246 号），采集与吹填海淤泥工程所用设备有：200～1250m³/h（型号不等）绞吸式挖泥船；175kw 锚艇；交通艇；住宿船；排泥管线（包括浮管、潜管和岸管，管径 650～700mm 不等）；每班配备定员 27 人。

工程直接成本包括设备折旧费、检修费、小修费、保修费、人工费、材料费、柴油等直接工程费。

（二）价格测算过程

1. 调查外埠及本地三家施工单位在类似施工条件下，采用相同施工工艺，相同的施工作业长度，使用相同的设备和人力，采集与吹填 1 万立方米海淤泥所需的直接工程成本。具体情况如表 1、表 2、表 3。

表1　　　　某地 B 工程局吹填造陆直接工程成本分析表（已调整地区差异）

| 调查事项 | 吹填造陆 | | 价格类型 | 直接工程成本 | |
|---|---|---|---|---|---|
| 调查方式 | 书面证明 | | 调查时间 | 2012 年 6 月 13 日 | |
| 被调查单位 | 南京航道工程局 | | 联系电话 | 13951892×××（陈） | |
| 编号 | 项目 | 单位 | 数量 | 单价（元） | 合价（元） | 备注 |
| 1 | 400m³/h 绞吸式挖泥船 | 艘班 | 6.1250 | 12282.00 | 75227.25 | |
| 2 | 175kw 锚艇 | 艘班 | 2.8325 | 1862.00 | 5274.12 | |
| 3 | 30kw 机艇 | 艘班 | 2.7215 | 460.00 | 1251.89 | |
| 4 | 50－70 住宿船 | 艘班 | 5.0610 | 546.00 | 2765.00 | |
| 5 | 接力泵 437kw | 台班 | 0.24 | 4089.85 | 987.29 | 燃油按每吨 9000 元计算。 |
| 6 | 岸排泥管 | 百米 | 15 | 25.20 | 378.00 | |
| 7 | 浮管 | 百米 | 5 | 85.35 | 426.75 | |
| 8 | 潜管 | 百米 | 8 | 58.10 | 464.80 | |
| 9 | 设备调遣、开工展布、收工集合、管线安拆 | 次 | 1 | 9500.00 | 9500.00 | |
| 10 | 人工费 | 工日 | 12.00 | 45.00 | 540.00 | |
| | 合计 | 立方 | 10000 | | 96815.10 | |
| | 单价 | 立方 | 1 | | 9.68 | |

表2　　　　　　某局A市疏浚工程公司吹填造陆的直接工程成本分析表

| 调查事项 | 吹填造陆 | | 价格类型 | 直接工程成本 | |
|---|---|---|---|---|---|
| 调查方式 | 书面证明 | | 调查时间 | 2012年6月15日 | |
| 被调查单位 | 中交上航局大连疏浚工程有限公司 | | 联系电话 | 0411-83639×××（于） | |
| 编号 | 项目 | 单位 | 数量 | 单价（元） | 合价（元） | 备注 |
| 1 | 400m³/h 绞吸式挖泥船 | 艘班 | 5.0610 | 12282.00 | 62159.00 | 燃油按每吨9000元计算。 |
| 2 | 175kw 锚艇 | 艘班 | 2.5305 | 1862.00 | 4712.00 | |
| 3 | 30kw 机艇 | 艘班 | 2.5305 | 460.00 | 1164.00 | |
| 4 | 50-70 住宿船 | 艘班 | 5.0610 | 546.00 | 2765.00 | |
| 5 | 接力泵 437kw | 台班 | 0.24 | 4089.85 | 987.29 | |
| 6 | 岸排泥管 | 百米 | 15 | 22.14 | 332.00 | |
| 7 | 浮管 | 百米 | 5 | 80.05 | 400.00 | |
| 8 | 潜管 | 百米 | 8 | 51.20 | 410.00 | |
| 9 | 设备调遣、开工展布、收工集合、管线安拆 | 次 | 1 | 7000.00 | 7000.00 | |
| 10 | 人工费 | 工日 | 12.00 | 45.00 | 540.00 | |
| | 合计 | 立方 | 10000 | | 80469.29 | |
| | 单价 | 立方 | 1 | | 8.05 | |

表3　　　　　　　　B疏浚工程有限公司吹填造陆直接工程成本分析表

| 调查事项 | 吹填造陆 | | 价格类型 | 直接工程成本 | |
|---|---|---|---|---|---|
| 调查方式 | 书面证明 | | 调查时间 | 2012年6月16日 | |
| 被调查单位 | 营口港一疏浚工程有限公司 | | 联系电话 | 0417-6282×××（宋） | |
| 编号 | 项目 | 单位 | 数量 | 单价（元） | 合价（元） | 备注 |
| 1 | 400m³/h 绞吸式挖泥船 | 艘班 | 4.8550 | 12282.00 | 59629.11 | 燃油按每吨9000元计算。 |
| 2 | 175kw 锚艇 | 艘班 | 2.4560 | 1862.00 | 4573.07 | |
| 3 | 30kw 机艇 | 艘班 | 2.4750 | 460.00 | 1138.50 | |
| 4 | 50-70 住宿船 | 艘班 | 5.0610 | 546.00 | 2765.00 | |
| 5 | 接力泵 437kw | 台班 | 0.24 | 4089.85 | 987.29 | |
| 6 | 岸排泥管 | 百米 | 15 | 21.50 | 322.50 | |
| 7 | 浮管 | 百米 | 5 | 78.15 | 390.75 | |
| 8 | 潜管 | 百米 | 8 | 50.10 | 400.00 | |
| 9 | 设备调遣、开工展布、收工集合、管线安拆 | 次 | 1 | 6500.00 | 6500.00 | |
| 10 | 人工费 | 工日 | 12.00 | 45.00 | 540.00 | |
| | 合计 | 立方米 | 10000 | | 77246.22 | |
| | 单价 | 立方米 | 1 | | 7.72 | |

经分析、比较、计算，三家工程单位每立方米的直接成本分别为9.68元、8.05元、7.72元。

按中等水平确定，鉴定标的直接工程每立方米成本为8.05元，则鉴定价格＝外泄海淤泥数量×单位成本＝197000立方米×8.05元＝1585850元。

■ 案例评析

一、随着沿海经济带的快速发展，建设用地大幅增加，本就紧张的城市土地就显得更加捉襟见肘。填海造陆工程更加符合沿海城市国际化发展战略要求，通过填海（盐池、养殖圈等）造陆利于城市空间的拓展和城市发展。该案例可作为政府填海造陆工程预算和价格鉴定提供借鉴。

二、该案例只对采集与吹填海淤泥19.7万立方米所需的直接工程成本进行价格鉴定，因此，在价格鉴定限定条件中对此作出说明是必要的。要注意到，直接工程成本与直接经济损失是不同的，必须由委托方来确定。若是对直接经济损失进行价格鉴定，则应包括直接工程成本、管理费用、其他费用、利润、税金。

三、该案例要点在于详细分析直接工程成本构成。直接成本是由形成产品实体的各种材料、人工、机械台班消耗量，以及为形成建筑产品而实施的施工组织、管理和协调等方面所消耗的人、材、物构成。

四、采用由行业主管部门制定的工程定额标准作为价格鉴定的依据时，要注意所采用定额标准的适用范围是否适用于价格鉴定标的。

五、该案例直接采用了一家的成本单价，要注意价格鉴定工作与招标工作不同，中标是最后要采用一家投标单位的价格，鉴定工作是确定一个客观合理的价格。鉴定中可对价格调查的结果采用取众数、取中位数、加权平均、简单平均等不同的计算方法进行测算。

## 案例七十

# 涉嫌故意毁坏财物罪案件中西瓜秧苗
# 被毁损失的价格鉴定

 案例背景情况

2012年5月23日，犯罪嫌疑人将××农业生态有限公司种植大棚西瓜秧苗毁坏960株。公安机关为办案需要，委托××区价格认证中心对涉案大棚西瓜秧苗的损失进行鉴定。

 **价格鉴定结论书**

## 关于西瓜秧苗被毁损失的价格鉴定结论书

××市公安局××分局：

　　根据你单位的委托，我中心遵循合法、公正、科学的原则，按照规定的标准、程序和方法，依法对委托书所列指的西瓜秧苗被毁损失进行了价格鉴定。现将价格鉴定情况综述如下：

### 一、价格鉴定标的

价格鉴定标的为遭到人为喷药受损的960株（2.74亩）大棚西瓜秧苗的损失。

### 二、价格鉴定目的

为委托单位办理涉嫌故意毁坏财物罪案件提供鉴定标的的价格依据。

### 三、价格鉴定基准日

2012年5月23日。

### 四、价格定义

价格鉴定结论所指价格是：受损的960株（2.74亩）大棚西瓜秧苗在价格鉴定基准日，采用公开市场价值标准确定的损失。

### 五、价格鉴定依据

（一）法律法规及规范性文件

1.《中华人民共和国价格法》；

2.《扣押、追缴、没收物品估价管理办法》；

3.《关于扣押追缴没收及收缴财物价格鉴定管理的补充通知》；

4.《××省涉案财产价格鉴证条例》；

5.《××省涉案财产价格鉴证操作规程》；

6.《价格鉴定行为规范》(2010 年版);

7.《××市涉案财产价格鉴证办法》。

(二)委托方提供的有关资料

1. 价格鉴定委托书;

2. 委托方提供的相关材料。

(三)鉴定方收集的有关材料

1. 实物勘验资料;

2. 市场调查资料;

3. 其他相关资料。

## 六、价格鉴定方法

成本法。

## 七、价格鉴定过程

接受委托后,我中心成立了鉴定工作小组,制定了鉴定工作方案,审核了委托方提供的各项资料,进行了实物勘验。经实地勘验,涉案大棚西瓜秧苗已坐果,因遭到人为喷药导致损失。鉴定人员结合××镇农业服务中心出具"关于涉案大棚西瓜种植情况的调查材料",查阅了相关资料。派员走访××镇农业服务中心和西瓜种植户,对西瓜种植成本费用进行市场调查。根据委托鉴定目的和要求、价格鉴定的特性和鉴定方收集的资料,确定采用成本法进行鉴定。计算公式为:

鉴定标的价格 =(每亩种植成本×成本分摊比例+每亩土地租金+每亩大棚折旧费)×受损亩数

1. 受损大棚西瓜秧苗种植成本的测算。测算出受损大棚西瓜秧苗在基准日的平均每亩种植成本为 3882.67 元。

2. 成本分摊比例确定。经调查测算确定分摊比例为 65%。

3. 土地租金及大棚折旧费测算。测算出每亩大棚折旧费为 419.66 元。

4. 价格鉴定结论的确定。

鉴定标的价格 =(每亩种植成本×成本分摊比例+每亩土地租金+每亩大棚折旧费)×受损亩数

$$=(3882.67×65\%+91.67+419.66)×2.74$$

$$=8316.09(元)$$

## 八、价格鉴定结论

价格鉴定标的在价格鉴定基准日的价格为人民币捌仟叁佰壹拾陆元零玖分

（￥8316.09）。

## 九、价格鉴定限定条件

（一）委托方提供的资料客观真实；

（二）当上述条件发生变化时，鉴定结论一般会失效或部分失效，鉴定机构不承担由于这些条件的变化而导致鉴定结果失效的相关法律责任；

（三）本次价格鉴定是为了委托方办理案件提供价格依据，不作为民事赔偿的依据。

## 十、声明

（一）价格鉴定结论受结论书中已说明的限定条件限制。

（二）委托方提供资料的真实性由委托方负责。

（三）价格鉴定结论仅对本次委托有效，不做他用。未经我中心同意，不得向委托方和有关当事人之外的任何单位和个人提供。结论书的全部或部分内容，不得发表于任何公开媒体上。

（四）鉴定机构和鉴定人员与价格鉴定标的没有利害关系，也与有关当事人没有利害关系。

（五）如对本结论有异议，可向本鉴定机构提出重新鉴定或委托省级政府价格主管部门设立的价格鉴定机构复核裁定。

## 十一、价格鉴定作业日期

（略）。

## 十二、价格鉴定人员

（略）。

## 十三、附件

1. 价格鉴定委托书复印件（略）
2. 价格鉴定机构资质证复印件（略）
3. 价格鉴定人员资格证复印件（略）

（公章）

2012 年 7 月 26 日

# 测算说明

## 一、鉴定思路

本案例是刑事案件涉及的受损农作物损失的价格鉴定。涉案的 2.74 亩大棚西瓜秧苗经××镇农业服务中心调查鉴定，系遭到人为破坏，当时瓜苗已坐果。

鉴定人员根据委托方提供的资料，本着实事求是的态度，首先进行实物勘验，核实了涉案标的受损数据和受损程度等相关情况。继而走访了××区农业局、××镇农业服务中心和西瓜种植户，与这三家有关专业人士进行交流，对大棚西瓜秧苗种植成本进行调查，取得相关材料。最后收集了大棚建造合同和土地租赁合同，通过测算，得出鉴定结论。

本案例的难点是受损大棚西瓜秧苗种植成本占第一茬瓜分摊比例的确定。经调查，一季西瓜一般能结 2~3 茬瓜，我们计算大棚西瓜秧苗种植成本是从秧苗定植到坐果这个阶段的投入总成本，由于它对后期几茬瓜都有影响，因此要进行成本分摊，通过走访××区农业局、××镇农业服务中心和西瓜种植户，与这三家有关专业人士进行交流，最终确定分摊比例。

## 二、价格鉴定标的概况

××农业生态有限公司 2012 年 4 月种植大棚 8424 西瓜秧苗 960 株（2.74 亩）因遭到犯罪嫌疑人喷药导致的损失。

## 三、价格鉴定结论的测算

计算公式为：

鉴定标的价格 =（每亩种植成本 × 成本分摊比例 + 每亩土地租金 + 每亩大棚折旧费）× 受损亩数

（一）受损大棚西瓜秧苗种植成本的测算

经调查，受损大棚西瓜秧苗种植成本主要包含种子成本、肥料成本、农药成本、农膜成本、人工成本。通过走访××镇农业服务中心和西瓜种植户，对西瓜种植成本费用进行市场调查，收集到相关资料，测算出受损大棚西瓜秧苗在基准日的平均每亩种植成本为 3882.67 元。

（二）成本分摊比例确定

经调查，每亩种植成本占第一茬瓜分摊比例为 60%~70%，经测算确定分摊比例为 65%。

（三）土地租金及大棚折旧费测算

收集到××农业生态有限公司与××村签订的土地承包合同，根据该合同测算出每亩土地租金为 91.67 元。根据收集到的 ×× 农业生态有限公司 GP - 8332 型单体温室钢骨架大棚建造合同和该大棚国家规定使用年限，测算出每亩大棚折旧费为 419.66 元。

（四）价格鉴定结论的确定

鉴定标的价格 =（每亩种植成本 × 成本分摊比例 + 每亩土地租金 + 每亩大棚折旧费）× 受损亩数

$$= (3882.67 \times 65\% + 91.67 + 419.66) \times 2.74$$

$$= 8316.09 \ (\text{元})$$

### 案例评析

一、该案例是对农作物被人为破坏造成损失的价格鉴定，程序合法，依据比较充分，方法较为恰当。

二、对于受损大棚西瓜秧苗种植成本占第一茬瓜分摊比例，该案例鉴定在结论书没有说明其数据来源。

三、该案例未考虑已投入成本的当期合理利润，欠妥。

## 案例七十一

# 涉嫌故意毁坏财物罪案件中被毁小区沙盘模型损失的价格鉴定

### 案例背景情况

2012 年 11 月 15 日，犯罪嫌疑人将 ×× 小区沙盘模型毁坏。公安机关为办案需要，委托 ×× 市价格认证中心对被毁坏的 ×× 小区沙盘模型的直接损失进行价格鉴定。

**价格鉴定结论书**

## 关于被毁坏××小区沙盘模型直接损失的价格鉴定结论书

××市公安局××分局：

根据你单位的委托，我中心遵循合法、公正、科学的原则，按照规定的标准、程序和方法，依法对委托书所列指的被毁坏的××小区沙盘模型直接损失的价格进行了鉴定。现将价格鉴定情况综述如下：

### 一、价格鉴定标的

××市××房地产开发公司被毁坏的××小区沙盘模型（包括建筑房屋模型、小区景观模型、小区道路模型、小区周边环境模型）损失，被损坏的沙盘包括：

1. ××小区的8栋多层建筑模型；

2. ××小区一期区内1栋18层建筑模型；

3. ××小区二期区内13栋多层建筑模型，1栋营业房建筑模型；

4. 表示河道水面的有机玻璃板3块；

5. 楼盘中××小区周边的部分建筑物的简易模型。

其中：第1~4项全部损坏，第5项部分损坏。

### 二、价格鉴定目的

为委托单位办理涉嫌故意毁坏财物罪案件提供鉴定标的价格依据。

### 三、价格鉴定基准日

2012年11月15日。

### 四、价格定义

价格鉴定结论所指价格是：××市××房地产开发公司被毁坏的××小区沙盘模型在价格鉴定基准日采用公开市场价值标准确定的直接损失。

### 五、价格鉴定依据

（一）法律法规及规范性文件

1. 《中华人民共和国价格法》；

2. 《扣押、追缴、没收物品估价管理方法》；

3.《关于扣押追缴没收及收缴财物价格鉴定管理的补充通知》；

4.《××省价格鉴证管理规定》；

5. 国家及地方有关价格鉴定方面的其他政策、法规等。

（二）委托方提供的有关资料

1. 价格鉴定委托书；

2. ××小区沙盘模型制作合同书及发票复印件；

3. 毁坏模型的维修协议及发票复印件。

（三）鉴定方收集的有关资料

1. 实物勘验资料；

2. 市场调查资料；

3. 其他相关资料。

## 六、价格鉴定方法

成本法。

## 七、价格鉴定过程

我中心接受委托后，成立了价格鉴定小组，制定了价格鉴定作业方案，对委托方提供的有关资料进行了认真分析，并指派 2 名价格鉴定人员对鉴定标的进行了实物勘验。实物勘验后，价格鉴定人员根据国家有关规程和标准，严格按照价格鉴定的程序和原则，结合本次鉴定目的，通过认真分析研究和广泛的市场调查，确定采用成本法进行价格鉴定。计算过程如下：

计算公式：鉴定价格＝重置成本×综合成新率

经调查，此模型的重置成本＝18000 元。

综合成新率＝75％，则：

$$\begin{aligned} 鉴定价格 &= 重置成本 \times 综合成新率 \\ &= 18000 \times 75\% \\ &= 13500（元） \end{aligned}$$

## 八、价格鉴定结论

被毁坏的××小区沙盘模型在价格鉴定基准日的损失为人民币壹万叁仟伍佰元整（￥13500.00）。

## 九、价格鉴定限定条件

（一）委托方提供资料客观真实；

（二）受损沙盘模型维修恢复原状，按原用途继续使用；

（三）本次鉴定结论不作为民事赔偿使用。

当上述条件发生变化时，鉴定结论一般会失效或部分失效，鉴定机构不承担由于这些条件的变化而导致鉴定结果失效的相关法律责任。

## 十、声明

（一）价格鉴定结论受结论书中已说明的限定条件限制。

（二）委托方提供资料的真实性由委托方负责。

（三）价格鉴定结论仅对本次委托有效，不做他用。未经我中心同意，不得向委托方和有关当事人之外的任何单位和个人提供。结论书的全部或部分内容，不得发表于任何公开媒体上。

（四）鉴定机构和鉴定人员与价格鉴定标的没有利害关系，与有关当事人也没有利害关系。

（五）如对本结论有异议，可向本鉴定机构提出重新鉴定，或委托省级以上（含省级）政府价格主管部门设立的价格鉴定机构复核裁定。

## 十一、价格鉴定作业日期

（略）。

## 十二、价格鉴定人员

（略）。

## 十三、附件

1. 价格鉴定委托书复印件（略）
2. 价格鉴定机构资质证复印件（略）
3. 价格鉴定人员资格证复印件（略）

（公章）

2012 年 12 月 3 日

## 测算说明

### 一、鉴定思路

（1）本次价格鉴定是对毁损物品损失的鉴定，关键点是毁损范围的确定。价格鉴定人员与模型制作单位的专业人员一起进行实物勘验，确定被毁损沙盘模型的毁损程度，比较客观公正地反映小区开发模型毁损的实际状况，排除以个人意志确定毁损范围的现象发生。

（2）鉴定毁损沙盘模型的直接损失，影响因素为毁损沙盘模型重置成本和成新率。

（3）鉴定直接损失时可采用修复法，被毁损的小区开发模型的损失鉴定按照可修复的进行修复、不能修复的按毁坏前净值计算的原则进行，但修复费用不一定等于损失价格，应针对不同物品的特点进行适当调整。鉴定时应注意：一是如修复后不能达到毁坏前物品的原有功能技术指标时，应考虑修复后的功能损失，且在鉴定过程中给予说明；二是如果修复费用大于毁坏前价值，损失价格应按毁坏前价格计算。本案例中损坏的沙盘模型为不可修复，故采用成本法进行鉴定。价格鉴定人员在鉴定过程中调查被毁坏小区开发模型的重置成本，再根据沙盘模型实际使用年限计算其综合成新率，由于沙盘模型使用年限没有可以依据的规定，通过收集该市同类小区的开发年限平均得出的使用年限作为依据。

### 二、价格鉴定标的的概况

被毁坏的为某楼盘沙盘模型包括建筑房屋模型、小区景观模型、小区道路模型、小区周边环境模型。具体为：

1. ××小区的 8 栋多层建筑模型；

2. ××小区一期区内 1 栋 18 层建筑模型；

3. ××小区二期区内 13 栋多层建筑模型，1 栋营业房建筑模型；

4. 表示河道水面的有机玻璃板 3 张；

5. 楼盘中××小区周边的部分建筑物的简易模型。

其中：第 1～4 项全部毁灭，第 5 项部分损坏。

### 三、价格鉴定过程

我中心接受委托后，成立了价格鉴定小组，制定了价格鉴定作业方案，审核了委托方提供的各项资料，对鉴定标的状况进行了确认，鉴定人员结合本次鉴定目的，遵循价格鉴定的基本原则，按照价格鉴定程序作出鉴定结论。

经调查，此模型的重置成本为 18000 元。该沙盘模型制作使用于 2011 年 5 月，至价格鉴定基准日已使用 1.5 年，参照类似沙盘的使用情况，确定其综合成新率为 75%，则：

鉴定价格 = 重置成本 × 综合成新率

$$= 18000 \times 75\%$$

$$= 13500 \text{（元）}$$

**案例评析**

一、该案例是对被毁坏沙盘模型的直接损失进行价格鉴定，程序合法，依据比较充分，方法较为恰当，结论较为合理。

二、模型成新率的分析要考虑两点：一是模型的物理寿命；二是模型使用周期，一般模型使用周期会小于其物理寿命。该案例通过收集当地同类小区的销售年限而不是小区的开发年限作为计算综合成新率的依据，比较合适。

三、该案例不足之处：

（1）鉴定结论的标的概况中应包含模型面积大小、材质、损坏状况，附件中应附模型整体及损坏部位照片资料。

（2）该案例对恢复费用的构成未列出明细资料。一般而言，恢复费用应考虑材料费、人工费、合理税费等项目，鉴定结论应列出明细。

（3）该案例的委托方只提供了一家施工单位核算的修复费用，应该调查其他同类施工单位修复费用，并进行核实对比。

**案例七十二**

# 涉嫌故意毁坏财物罪案件中
# 汉白玉石狮子损失的价格鉴定

**案例背景情况**

2012年4月10日，××市××有限公司立在厂区门口的一对汉白玉石狮子被泼了红色油漆。××市公安局以涉嫌故意毁坏财物罪立案，于2012年4月12日委托××市价格认证中心对该对汉白玉石狮子的损失进行鉴定。

## 价格鉴定结论书

# 关于被毁坏汉白玉石狮子损失的价格鉴定

××市公安局：

　　根据你局的委托，遵循合法、公正、科学的原则，按照规定的标准、程序和方法，我中心依法对涉案物品进行价格鉴定，现将价格鉴定的具体情况综述如下：

## 一、价格鉴定标的

××市××有限公司被毁坏的一对汉白玉石狮子的损失。

## 二、价格鉴定目的

为委托方办理涉嫌故意毁坏财物罪案件提供价格依据。

## 三、价格鉴定基准日

2012 年 4 月 10 日。

## 四、价格定义

　　价格鉴定结论所指价格是：被毁坏的一对汉白玉石狮子在价格鉴定基准日采用公开市场价值标准确定的损失。

## 五、价格鉴定依据

（一）法律法规及规范性文件

1.《中华人民共和国价格法》；

2.《扣押、追缴、没收物品价格管理办法》；

3.《关于扣押追缴没收及收缴财物价格鉴定管理的补充通知》；

4.《××省价格鉴定工作规程》。

（二）办案机关提供的有关资料

1.××市公安局价格鉴定协助书；

2. 办案机关提供的有关标的资料。

（三）鉴定方收集的有关资料

## 六、价格鉴定方法

成本法。

## 七、价格鉴定过程

我中心接受委托后,即组成价格鉴定小组对标的进行实物勘验:标的为位于×
×有限公司门前的汉白玉石狮子一对,2012 年 4 月 10 日被他人用红色油漆大面积
污染,每只石狮子的外形尺寸为高 180 厘米 × 长 130 厘米 × 宽 73 厘米。

(一)通过市场调查并咨询有关专业人员,确定标的石狮可以采用机械打磨将
油漆及表层被渗色石材去除的方法进行修复,打磨修复后的石狮形态不变,仍具备
原使用功能。修复费用为 3000 元。

(二)考虑到打磨会造成标的石狮尺寸整体缩小(具体缩小程度视油漆渗入石
材深度而定),即实体性贬值。经鉴定小组集体审议,确定以标的石狮现值(毁损
前)的 10% 作为该部分金额。计算方法为:

石狮现值 = 全新石狮市场价 × 实物成新率 = 29500 元 × 90% = 26550 元
实体性贬值 = 石狮现值 × 贬值率 = 26550 元 × 10% = 2655 元。

(三)确定标的石狮被油漆污染造成的损失。

计算公式: 损失 = 修复费用 + 实体性贬值
= 3000 元 + 2655 元 = 5655 元

## 八、价格鉴定结论

被毁坏的一对汉白玉石狮子的损失为人民币伍仟陆佰伍拾伍元整
(￥5655.00)。

## 九、价格鉴定限定条件

(一)办案机关提供资料客观真实;
(二)标的在案发时能以原功能或用途正常使用;
(三)本鉴定仅为委托方办理刑事案件提供价格依据,不作为民事赔偿依据。

## 十、声明

(一)价格鉴定结论受结论书中已载明的限定条件限制。
(二)办案机关对其提供资料的真实性负责。
(三)价格鉴定结论仅对本次办理案件有效,不做他用。未经本中心同意,不
得向办案机关和有关当事人之外的任何单位和个人提供。结论书的内容不得发表于
任何公开媒体上。
(四)价格鉴定机构和鉴定人员与价格鉴定标的没有利害关系,与有关当事人
没有利害关系。

（五）如对本结论有异议，可向本鉴定机构提出重新鉴定，或委托省级政府价格主管部门设立的价格鉴定机构复核裁定。

## 十一、价格鉴定作业日期

（略）。

## 十二、价格鉴定人员

（略）。

## 十三、附件

1. 价格鉴定委托复印件（略）
2. 价格鉴定标的照片（略）
3. 价格鉴定机构资质证复印件（略）
4. 价格鉴定人员资格证复印件（略）

（公章）

2012 年 4 月 20 日

## 测算说明

### 一、鉴定思路

案例主要特点是案中毁坏手段非常特殊，在当地无先例可循。在进行鉴定作业时，应做到：一是实物勘验要严谨，对标的具体毁坏程度有个准确的把握，必要时需进行化学洗剂、砂纸、清水等清洗试验；二是必须要进行详尽的市场调查，尽可能多地咨询专业人士意见，确定鉴定价格时依据的毁坏后果或者修复方法必须是业内普遍认可的，在技术上、经济上可行的；三是因毁损修复后造成标的贬值的，对贬值或折损金额计算尽量科学、客观，程序上必须经集体审议；四是标的石狮用途比较特殊，不仅有美观装饰的作用，更有镇宅避邪的宗教和精神层面方面的用途，采用泼红油漆的毁损方法，给标的石狮造成实体毁坏的同时，还对受害人造成了一定的精神伤害，但因精神损害不在价格鉴定范围之内，以及受害人会因此而弃用标的石狮，这些因素在进行价格鉴定时均不作考虑。

### 二、价格鉴定标的概况

涉案的汉白玉石狮子一对，每只尺寸为高 180 厘米 × 长 130 厘米 × 宽 73 厘米，受害人于 2005 年购入，至案发时已使用 7 年。

鉴定人员于 2012 年 4 月 13 日对标的进行了实物勘验，现场情况是石狮造型完整无破损，狮头、狮身被红色油漆大面积污染，未被污染部分洁白光亮，实物成新有 90%。现场协同委托机关、受害人一起对石狮进行清洗试验，使用清洁剂、砂纸、汽油、酒精、清水等方法均无法将油漆彻底清除。

### 三、价格测算过程

本中心接受委托后，组成价格鉴定小组，根据标的特殊情况，制定了以市场法、专家咨询相结合的作业方案。

（一）制定作业方案

1. 我市素有"石雕之乡"之称，石雕从业人员众多，利用这一有利条件，尽可能多地进行市场调查，咨询专业人士意见。

2. 本案中毁坏方式非常特殊，毁坏对标的造成的后果以及修复补救方法需由专业人士实物勘验后提出意见。并预设以下两个方案：一是标的石狮无法修复，即以全损计算。以目前市场上同样材质、大小的石狮市场价格，按照使用折旧后计算损失。如标的存在残值，则需相应扣除。二是标的石狮能修复有补救方法。如修复的结果是能完全恢复原状，比如用某种清洁剂可以完全清除污迹，即以修复的费用作为损失；如修复补救的方法无法完全恢复原状，但能恢复其基本的原使用功能，则还需考虑修复前后的差异给标的石狮造成的贬值或折损。

（二）市场调查

我中心进行广泛的市场调查，并先后邀请了 5 位在业内有一定知名度、资深的专家对标的进行了实物勘验。勘验意见概括如下：

| | 现行价（元/对） | 修复方法及费用 | 残值 | 修复前后是否有差异及贬值 |
|---|---|---|---|---|
| 调查一 | 普通汉白玉，市场价 35000 元 | 无法清洗，可用机械打磨的方法修复，费用 3000 元 | 用途特殊，只要是使用过的，即使是完整无损伤的石狮子也没人购买，更不要说被红油漆污染的了。不存在残值。 | 打磨深度取决于油漆渗入石材的深浅，一般在 2～3 毫米，最多不超 4 毫米。打磨后外观、形态不变。因整体尺寸缩小造成的损失数额难以量化，但损失肯定是存在的。 |
| 调查二 | 普通汉白玉，市场价 30000 元 | 无法清洗，可用机械打磨的方法修复，费用 3500 元 | | |
| 调查三 | 普通汉白玉，市场价 26000～30000 元 | 无法清洗，可用机械打磨的方法修复，费用 3000 元 | | |
| 调查四 | 普通汉白玉，市场价在 25000 元 | 无法清洗，可用机械打磨的方法修复，费用 2500 元 | | |
| 调查五 | 普通汉白玉，市场价 29000～30000 元 | 无法清洗，可用机械打磨的方法修复，费用 3000 元 | | |
| 平均值 | 29500 元 | 3000 元 | / | / |

（三）测算过程

综合市场调查结果和专业人士意见，经集体审议，形成如下意见，并确定标的石狮的损失。

1. 市场调查结果和专业人士意见均为可以修复，修复方法也全部一致，即采用机械打磨的方法去除油漆及表层被渗色石材，打磨后的石狮外观、形态不变，仍具备原使用功能。但打磨会造成石狮整体尺寸缩小，所以除了修复费用本身，还要考虑因尺寸缩小而给标的石狮造成的影响。

2. 尺寸缩小造成的损失应属实体性贬值，标的情况特殊，专业人士也无法提供这方面意见。现经集体审议，认为可以按石狮价值的一定比例来确定，但这个比例不宜过高，过低又不足以反映此次毁坏对标的造成的损害。综合考虑后最终认为，以标的石狮毁坏前价值即现值的 10% 作为实体性贬值是比较合理的。

3. 确定计算公式。

损失 = 修复费用 + 实体性贬值

实体性贬值 = 石狮现值 × 贬值率

石狮现值 = 全新石狮市场价 × 成新率

（1）全新石狮市场价的确定。市场调查的结果比较接近，均在 30000 元左右，现以调查的平均值 29500 元作为其全新市场价。

（2）成新率的确定。国家、省、市各级部门均未对石狮之类特殊用途商品的使用年限作出明确说明，在使用过程中又基本不产生损耗，某种意义上其基本使用功能的保有延续是无限的。经集体审议，决定直接以实物成新率作为标的石狮成新率。

（3）贬值率的确定。即实体性贬值 10%。

（4）修复费用的确定。市场调查的结果比较接近，现以调查的平均值 3000 元作为修复费用。

4. 计算得出标的石狮的损失。

石狮现值 = 全新石狮市场价 × 成新率 = 29500 元 × 90% = 26550 元

实体性贬值 = 石狮现值 × 贬值率 = 26550 元 × 10% = 2655 元

损失 = 修复费用 + 实体性贬值 = 3000 元 + 2655 元 = 5655 元

## 案例评析

一、该案例属故意毁财案件，但毁坏方式和被毁坏标的较为特殊。价格鉴定人员在工作中进行了大量的市场调查与咨询，掌握了较为详实的基础资料，价格鉴定思路清晰，方法得当。

二、理论上，损失＝被毁坏前价格＋修复费用－毁坏财物经修复后的价格，但实际上对被毁坏财物经修复后价格的确定较为困难，因此，该案例中鉴定人员利用当地此类商品市场交易充分、从业人员众多的有利条件，聘请了多位专业人士参与勘验，并综合专业意见后确定以实体性贬值作为损失的依据，具有较强的说服力。

三、由于标的用途特殊，该案例中毁坏行为造成实体损伤的同时，更多的是给受害人了带来了精神伤害，因此鉴定人员在结论中声明"本鉴定仅为委托方办理刑事案件提供价格依据，不作为民事赔偿依据"是非常必要的。

四、掩卷思，案非亲历不知难。该案例短小精悍，思路清晰，程序严谨，价格鉴定人员深入市场，走访专业人士，积极探寻处置和解决疑难案件的路径，为价格鉴定职能化、程序弥补技术的发展趋势提供了有益实践与探索。

## 案例七十三

# 涉嫌故意毁坏财物罪案件中机动车损失的价格鉴定

 **案例背景情况**

某县公安机关破获一起涉嫌故意毁坏公私财物罪案件，一辆东风雪铁龙DC7205型轿车被犯罪嫌疑人损坏，该县公安局委托本县价格认证中心对该机动车的损失价格进行鉴定。

 **价格鉴定结论书**

## 关于被毁坏机动车损失的价格鉴定结论书

××县公安局：

根据你局委托，我中心遵循合法、公正、科学的原则，按照规定的标准、程序

和方法，依法对委托书所列指的机动车的损失进行了价格鉴定。现将价格鉴定情况综述如下：

## 一、价格鉴定标的

被损坏的东风雪铁龙 DC7205 型轿车的损失。车牌号：××1668；发动机号：7008×××；车辆识别代号：LDCC43X3X6041×××；使用性质：非营运。2007 年 2 月 13 日登记入户。损坏部位主要有车窗玻璃、前后挡玻璃、保险杠等，损坏部位及损坏程度详见价格鉴定明细表。

## 二、价格鉴定目的

为公安机关为办理涉嫌毁坏财物罪案件提供价格依据。

## 三、价格鉴定基准日

2011 年 1 月 14 日。

## 四、价格定义

价格鉴定结论所指价格是：被毁坏的东风雪铁龙 DC7205 型轿车在价格鉴定基准日采用公开市场价值标准确定的损失。

## 五、价格鉴定依据

（一）法律法规及规范性文件

1.《中华人民共和国价格法》；

2.《××省涉案财产价格鉴定条例》；

3.《扣押、追缴、没收物品估价管理办法》；

4.《关于扣押追缴没收及收缴财物价格鉴定管理的补充通知》；

5.《××省涉案财产价格鉴定操作规范》。

（二）委托方提供的有关资料

1. 价格鉴定委托书及明细表；

2. 询问笔录复印件。

（三）鉴定方收集的有关资料

1. 实物勘验资料；

2. 市场调查资料；

3. 其他相关资料。

## 六、价格鉴定方法

修复费用加和法。

## 七、价格鉴定过程

价格鉴定人员在实物勘验和广泛市场调查的基础上，综合分析，确定运用修复费用加和法进行价格鉴定，测算过程如下：

机动车损失＝配件价格×综合成新率＋辅料价格＋工时费＋其他费用－残值

（一）配件价格及工时费确定

依据委托机关提供的资料，该车质保期为两年，案发时，已超过两年质保期，故配件价格及工时费应按照行业平均水平确定。即车辆配件根据市场询价确定，工时费按照省物价局、省交通厅《××省汽车维修行业工时定额》等文件规定，结合市场调查，确定工时费为930元。

（二）综合成新率确定

根据委托机关提供的材料，该车辆初始购买日期为2007年2月13日，案发时间为2011年1月14日，已使用年限为47个月，参照《××省涉案财产价格鉴定相关技术参数参照标准》的有关规定，该类车辆经济使用年限为15年。采用使用年限法确定综合成新率为73.89%。

（三）辅料价格确定

根据市场调查，结合维修实际情况，确定辅料价格为130元。

（四）残值确定

更换玻璃、太阳膜和前保险杠，残值忽略不计。

（五）价格鉴定值确定

$$价格鉴定值＝配件价格×综合成新率＋辅料价格＋工时费＋其他费用－残值$$
$$＝6235×73.89\%＋130＋930－0$$
$$≈5667（元）$$

以上计算过程详见价格鉴定明细表。

## 八、价格鉴定结论

被损坏的东风雪铁龙DC7205型轿车在价格鉴定基准日的损失为人民币伍仟陆佰陆拾柒元整（￥5667.00）。

**价格鉴定明细表**

| 车种类型 | 东风雪铁龙 DC7205 | | | 车牌号码 | | 皖×1668 | |
|---|---|---|---|---|---|---|---|
| 发动机号 | 7008553 | | | 价格鉴定基准日 | | 2011 年 1 月 14 日 | |
| 更换配件价格 | | | | 车辆识别代码 | | LDCC43X3X60411283 | |
| 序号 | 配件名称 | 单位 | 数量 | 金额（元） | 修理项目 | 维修方式 | 工时费（元） |
| 1 | 前挡风玻璃 | 件 | 1 | 1150 | 前杠右饰盖 | 校正 | 40 |
| 2 | 前挡风玻璃胶条 | 件 | 1 | 125 | 前杠右饰盖 | 喷漆 | 200 |
| 3 | 后挡风玻璃 | 件 | 1 | 820 | 前保险杠 | 喷漆 | 200 |
| 4 | 后挡风玻璃胶条 | 件 | 1 | 70 | 后盖 | 校正 | 80 |
| 5 | 前挡风玻璃雷硼纸 | 件 | 1 | 1400 | 后盖 | 喷漆 | 200 |
| 6 | 后挡风玻璃雷硼纸 | 件 | 1 | 1000 | 更换配件 | 拆装 | 210 |
| 7 | 左前门玻璃 | 件 | 1 | 260 | | | |
| 8 | 左前门玻璃胶条 | 件 | 1 | 150 | | | |
| 9 | 左后门玻璃 | 件 | 1 | 260 | | | |
| 10 | 左后门玻璃胶条 | 件 | 1 | 150 | | | |
| 11 | 左前门玻璃太阳膜 | 件 | 1 | 100 | | | |
| 12 | 左后门玻璃太阳膜 | 件 | 1 | 100 | | | |
| 13 | 前保险杠 | 件 | 1 | 650 | | | |
| | | | | | | | |
| | | | | | | | |
| 配件价格 | 6235 | 残值 | | 0 | | 工时费 | 930 |
| 综合成新率（%） | 73.89 | 辅料费 | | 130 | | 价格鉴定值 | 5667 |

## 九、价格鉴定限定条件

（一）委托方提供资料客观真实；

（二）当上述条件发生变化时，鉴定结论会失效或部分失效，鉴定机构不承担由于这些条件的变化而导致鉴定结果失效的相关法律责任。

## 十、声明

（一）价格鉴定结论受结论书中已说明的限定条件限制。

（二）委托方提供资料的真实性由委托方负责。

（三）价格鉴定结论仅对本次委托有效，不做他用。未经我中心同意，不得向委托方和有关当事人之外的任何单位和个人提供。结论书的全部或部分内容，不得发表于任何公开媒体上。

（四）鉴定机构和鉴定人员与价格鉴定标的没有利害关系，与有关当事人也没有利害关系。

（五）如对本结论有异议，可向本鉴定机构提出重新鉴定，或委托省级政府价格主管部门设立的价格鉴定机构复核裁定。

## 十一、价格鉴定作业日期

（略）。

## 十二、价格鉴定人员

（略）。

## 十三、附件

1. 价格鉴定委托书复印件（略）
2. 价格鉴定机构资质证复印件（略）
3. 价格鉴定人员资格证复印件（略）

（公章）

2011 年 1 月 21 日

### 测算说明

国家发展改革委价格认证中心《关于印发〈机动车价格鉴定有关问题的指导意见〉的通知》规定，涉及刑事案件的损毁机动车更换配件的价格和工时费的确定原则为：一是损毁机动车在质保期内，配件价格及工时费应以 4S 店标准确定；二是损毁机动车超过质保期，配件价格及工时费按照行业平均水平确定。高档机动车若超过质保期，在保证维修质量的前提下，可根据实际情况仍按 4S 店标准确定。本案例中的配件价格及工时费应按照行业平均水平确定。

测算过程见价格鉴定结论书，略。

### 案例评析

一、该案例是对车辆被毁损失进行的价格鉴定，程序合法，依据较充分，方法恰当，结论合理。

二、该案例价格鉴定中，对标的更换配件价格考虑成新率问题，显然是合理的。根据国家发展改革委价格认证中心《关于印发〈机动车价格鉴定有关问题的指导意见〉的通知》规定：在刑事案件中，机动车损失是指受损机动车功能、外观恢复或基本恢复到损坏前的状态所必须承担的费用。如果机动车全损，则机动车损失是指机动车受损前的价值扣减残值后的余额。所以，更换配件价格应根据车辆的实际使用状况考虑综合成新率。

---

**案例七十四**

# 涉嫌故意毁坏财物罪案件中
# 股票资金账户损失的价格鉴定

 **案例背景情况**

2006 年 8 月 23 日—2008 年 3 月 14 日期间，犯罪嫌疑人冯某某多次侵入受害人芦某某股票资金账户，在受害人不知情的情况下，将受害人账户原持有的三只股票（民生银行、ST 天仪、中关村）抛售，并通过该账户多次进行其他股票的交易操作。由于受害人一直未对其股票资金账户进行任何交易操作及查询，给犯罪嫌疑人提供了可乘之机。案发后，××区公安分局以涉嫌故意毁坏财物罪立案侦查，于 2008 年 7 月 15 日委托××区价格认证中心对犯罪嫌疑人私自侵入受害人股票资金账户给受害人造成的直接损失进行价格鉴定，鉴定基准日为2008 年 3 月 14 日。

 **价格鉴定结论书**

## 关于××股票资金账户损失的价格鉴定结论

××市××区公安分局：

根据你单位委托，我中心遵循合法、公正、科学的原则，按照规定的标准、程序和方法，依法对委托书所列指的××股票资金账户损失进行了价格鉴定。现将价格鉴定情况综述如下：

## 一、价格鉴定标的

价格鉴定标的为受害人芦某某股票资金账户的损失。

## 二、价格鉴定目的

为公安机关办理涉嫌故意毁坏财物罪案件提供价格依据。

## 三、价格鉴定基准日

2008 年 3 月 14 日。

## 四、价格定义

价格鉴定结论所指价格是：受害人芦某某股票资金账户在鉴定基准日，采用公开市场价值标准确定的损失。

## 五、价格鉴定依据

（一）法律法规及规范性文件

1.《中华人民共和国价格法》；

2.《××省涉案物品价格鉴证条例》；

3.《扣押、追缴、没收物品估价管理办法》；

4.《关于扣押追缴没收及收缴财物价格鉴定管理的补充通知》；

5.《××省价格鉴证操作规范》；

6.《价格鉴定行为规范》；

7.《涉案有价证券评估操作规程》；

8. 其他相关法律、法规等。

（二）委托方提供的有关材料

1. 价格鉴定委托书；

2. 2002 年 1 月 1 日至 2007 年 11 月 1 日受害人股票资金账户的资金对账单复印件；

3. 2007 年 11 月 9 日至 2008 年 6 月 18 日 ××营业部客户查询资金流水资料复印件；

4. ××营业部出具的 2006 年 7 月—2008 年 3 月 14 日期间鉴定标的累计分红配送股票数量及 2008 年 3 月 14 日股票收盘价复印件。

（三）鉴定方收集的有关材料

1. 市场调查资料；

2. 2006—2008 年的银行活期存款利率；

3. 其他相关资料。

## 六、价格鉴定方法

市场法。

## 七、价格鉴定过程

接受委托后，我中心成立了价格鉴定小组，制定了价格鉴定作业方案。经对委托方提供的有关资料进行认真审核，该账户被侵入前原持有民生银行 46981 股、中关村 1000 股、ST 天仪 700 股，现金余额 1839.26 元。2006 年 8 月 23 日—2008 年 3 月 14 日期间三只股票均有分红配送。其中：民生银行累计送股 8926 股，中关村累计送股 160 股，ST 天仪累计送股 266 股。该账户在基准日本应持有股票及资金余额为：民生银行 55907 股、中关村 1160 股、ST 天仪 966 股及现金 1839.26 元。该账户在基准日实际持有利欧股份 4100 股，现金余额 97461.99 元。

根据涉案标的具体情况，价格鉴定人员根据国家有关规定和标准，严格按照价格鉴定的程序和原则，通过调查和认真分析研究，采用市场法对标的进行价格鉴定。计算过程如下：

股票账户损失＝基准日账户应有资产总额－基准日账户实际资产总额

（一）基准日账户应有资产总额

基准日账户应有资产总额＝基准日应有股票市值＋基准日应有现金余额

（1）基准日该账户应持有股票：民生银行 55907 股，中关村 1160 股，ST 天仪 966 股。基准日每股收盘价：民生银行：12.34 元，中关村：14.76 元（停牌之日价格），ST 天仪：10.74 元。

基准日账户应有股票市值＝55907 股×12.34 元＋1160 股×14.76 元＋966 股×10.74 元＝717388.82 元。

（2）该账户原有现金余额 1839.26 元。2006 年 7 月—2007 年 6 月活期存款利率为 0.72%，利息税率为 20%；2007 年 7 月—2007 年 12 月活期存款利率为 0.81%，利息税率为 5%；2008 年 1 月—2008 年 3 月 14 日活期存款利率为 0.72%，利息税率为 5%，应计利息总额为 20.25 元，则：

基准日账户应有现金余额＝1839.26 元＋20.25 元
　　　　　　　　　　　＝1859.51 元

基准日账户应有资产总额＝717388.82 元＋1859.51 元
　　　　　　　　　　　＝719248.33 元

（二）基准日股票账户实际资产总额

基准日股票账户实际总资产＝基准日实际持有股票市值＋基准日实际现金余额

基准日该账户实际持有利欧股份 4100 股、每股收盘价 30.84 元，现金余额 97461.99 元。则：

$$基准日账户实际总资产 = 4100 股 \times 30.84 元 + 97461.99 元$$
$$= 223905.99 元$$

（三）鉴定价格

即：

$$股票账户损失 = 719248.33 元 - 223905.99 元$$
$$= 495342.34 元$$

## 八、价格鉴定结论

芦某某股票资金账户在鉴定基准日（2008 年 3 月 14 日）的损失为人民币肆拾玖万伍仟叁佰肆拾贰元整（￥495342.00）。

## 九、价格鉴定限定条件

（一）委托方提供资料客观真实；

（二）基准日股票价格均以基准日收盘价格或停牌之日价格为计算依据；

（三）鉴定基准日标的股票数量以委托方鉴定为依据。

当上述条件发生变化时，鉴定结论一般会失效或部分失效，价格鉴定机构不承担由于这些条件发生变化而导致鉴定结论失效的相关法律责任。

## 十、声明

（一）鉴定时以委托方提供资料为依据，委托方提供的资料的真实性由委托方负责。

（二）价格鉴定结论受结论书中已说明的限制条件的限制。

（三）鉴定机构和鉴定人员与价格鉴定标的没有利害关系，与有关当事人也没有个人利害关系。

（四）价格鉴定结论仅对本次委托有效，不做他用。未经我中心同意，不得向委托机关和当事人之外的任何单位和个人提供。结论书的全部或部分内容，不得发表于任何公开媒体上。

（五）如对本鉴定结论有异议，可向本鉴定机构提出重新鉴定，或委托省级政府价格主管部门设立的价格认证机构复核裁定。

## 十一、价格鉴定作业日期

（略）。

## 十二、价格鉴定人员

（略）。

## 十三、附件

1. 价格鉴定委托书复印件（略）
2. 价格鉴定机构资质证复印件（略）
3. 价格鉴定人员资格证复印件（略）

（公章）

2008 年 7 月 25 日

### 测算说明

### 一、鉴定思路

目前像这种私自侵入他人股票账户进行股票操作的案例在全国比较少，可参照的案例也极少。在进行损失鉴定的过程中，遇到的问题、难点也较多，本案例主要考虑以下几个方面：

（1）要考虑损失具体包括哪些内容。委托方要求确定由于股票账户被侵入而发生的损失，是指基准日股票账户的总资产额的损失。根据此次鉴定目的、标的特点、鉴定要求和案件实际情况，确定以基准日账户应持有股票、资金的账户总资产额与实际总资产额的差额为该股票账户被侵入而发生的损失。因此，委托方委托鉴定账户损失时，应要求其提供如下内容：证明该账户的涉案交易股票是在违背受害人意愿进行的交易；账户被侵入前，实际持有股票的相关证据（包括购入、卖出、分红派息及资金余额的相关记录等）；账户被侵入期间，该账户股票的所有交易记录（包括购入、卖出、分红派息及资金余额的相关记录等）；账户被侵入期间，原有股票的分红派息的相关记录等。

（2）如何将损失加以量化。目前我国有公开、透明的股票市场，基准日股票价格可通过调查取得，相关的银行存款利率均可通过调查取得。结合市场情况及委托方要求，最终确定以市场法确定标的基准日鉴定价格。股票价格具有波动性，即使在一个交易日之内，股票的交易价格也是上下波动，不是唯一确定的，基准日以何种价格（收盘价、均价、开盘价）作为计算损失的依据，通过分析案件的具体情况并与委托方沟通，由委托方根据案件实际情况最终确定。本案例中委托方要求按收盘价计算。

（3）由于涉及时间较长，考虑到账户被侵害之前有部分资金余额。按照股票市场的规定，这一部分资金应该按不同时段的利率、利息税分别计算应计利息。因此，股票账户被侵害之前实际存有的现金余额，应按不同期间不同利率计算调整基准日账户应有总资产额。特别是在资金额较大、涉案时间较长的情况下，测算损失结果时应当包括这一部分利息。

**二、价格鉴定标的概况**

鉴定标的为芦某某股票资金账户的损失。自 2004 年 5 月 11 日至案发，受害人一直未对其股票资金账户进行交易，账户被侵入前持有民生银行 46981 股、中关村 1000 股、ST 天仪 700 股，现金余额 1839.26 元。如未发生该案，根据股票分红配送方案，至基准日该账户应持有民生银行 55907 股、中关村 1160 股、ST 天仪 966 股及部分现金。

犯罪嫌疑人于 2006 年 8 月 23 日开始侵入被害人股票资金账户，在此期间进行了频繁的股票交易，先后将账户原持有的民生银行、中关村、ST 天仪三只股票全部卖出，基准日该账户实际持有利欧股份 4100 股、现金余额 97461.99 元。

**三、价格鉴定过程**

接受委托后，我中心成立了价格鉴定小组，在对委托方提供的有关资料进行认真审核的基础上，根据委托方的要求，结合鉴定标的具体情况，通过调查和认真分析研究，采用市场法对标的进行价格鉴定。

股票账户损失 = 基准日股票账户应有资产总额 - 基准日股票账户实际资产总额

基准日股票账户应有资产总额 = 基准日应有股票市值 + 基准日应有现金余额 = 基准日应有股票份数 × 基准日该股票的收盘价格 + 基准日应有现金余额基准日股票账户实际总资产额 = 基准日实际持有股票市值 + 基准日实际现金余额 = 基准日实际持有股票份数 × 基准日该股票的收盘价格 + 基准日实际现金余额

（一）基准日账户应有资产总额的确定

1. 基准日股票账户应有股票市值。

该股票账户原持有股份（2006 年 8 月 23 日前）包括民生银行 46981 股、中关村 1000 股、ST 天仪 700 股。2006 年 8 月 23 日—2008 年 3 月 14 日期间，该账户原持有的三只股票均有累计分红送股。根据委托方提供的市场成交资料及收集、调查取得的材料，通过对持有股票数、分红配送方案、银行活期存款利率的综合分析、测算如下：

（1）民生银行。原持有 46981 股，2006 年 8 月 23 日—2008 年 3 月 14 日期间每股累计送股 0.19 股，2008 年 3 月 14 日每股收盘价为 12.34 元。若持有该股至 2008

年 3 月 14 日收盘，累计可持有该股：

46981 股 × 0.19 股 + 46981 股 = 55907

以基准日收盘价计算的股票市值为：55907 股 × 12.34 元 = 689892.38 元

（2）中关村。原持有 1000 股，2006 年 8 月 23 日—2007 年 10 月 8 日期间累计送股 160 股，该股因公司有重大事项需讨论，鉴于方案存在重大不确定性，自 2007 年 10 月 8 日起停牌至 2008 年 3 月 14 日未恢复交易，因此收盘价格按照停牌之日价格计算，每股收盘价为 14.76 元。若持有该股至 2008 年 3 月 14 日收盘，累计可持有该股：

1000 股 + 160 股 = 1160 股

以 2007 年 9 月 28 日收盘价计算的股票市值为：

1160 股 × 14.76 元 = 17121.60 元

（3）ST 天仪。原持有 700 股，2006 年 8 月 23 日—2008 年 3 月 14 日期间累计送股 266 股，2008 年 3 月 14 日每股收盘价为 10.74 元。若持有该股至 2008 年 3 月 14 日收盘，累计持有该股：

700 股 + 266 股 = 966 股

以基准日收盘价计算的股票市值为：

966 股 × 10.74 元 = 10374.84 元

基准日股票账户应有股票市值 = 689892.38 元 + 17121.60 元 + 10374.84 元

= 717388.82 元

2. 基准日应有现金余额 = 基准日原有现金余额 + 应计利息总额。

2006 年 6 月 30 日账户原有现金余额 1839.26 元。

2004 年—2007 年 6 月银行活期存款利率 0.72%，利息税 20%；2007 年 7 – 12 月银行活期存款利率 0.81%，利息税 5%；2008 年 1 – 3 月银行活期存款利率 0.72%，利息税 5%，分段计息：应计利息 = 本金 × 年利率 × 存期。

（1）2006 年 7 月—2007 年 6 月：

1839.26 元 × 0.72% × 1 年 = 13.24 元，扣除利息税：2.65 元，余：10.59 元。

（2）2007 年 7 月—2007 年 12 月：

（1839.26 元 + 10.59 元）× 0.81% × （1/2）年 = 7.49 元，扣除利息税：0.37 元，余：7.12 元。

（3）2008 年 1 月—2008 年 3 月 14 日：

（1839.26 元 + 10.59 元 + 5.99 元）× 0.72% × （1/5）年 = 2.67 元，扣除利息税：0.13 元，余：2.54 元。

应计利息总额 = 10.59 元 + 7.12 元 + 2.54 元 = 20.25 元

基准日应有现金余额 = 1839.26 + 20.25 = 1859.51 元

基准日账户应有资产总额 = 717388.82 元 + 1859.51 元 = 719248.33 元

（二）基准日股票账户实际总资产的确定

基准日实际股票市值 = 4100 股 × 30.84 元 = 126444.00 元

基准日账户总资产 = 基准日实际股票市值 + 基准日实际现金余额
            = 126444.00 元 + 97461.99 元 = 223905.99 元

（三）股票账户损失的确定

股票账户损失 = 基准日股票账户应有资产总额 – 基准日股票账户实际总资产额
          = 719248.33 元 – 223905.99 元 = 495342.34 元

## 案例评析

一、该案例是对刑事涉案股票账户的损失进行价格鉴定，程序合法，依据较充分，方法恰当，结论较为合理。

二、目前我国有公开、透明的股票市场，基准日股票价格可通过调查取得，相关的银行存款利率均可通过调查取得。结合市场情况及委托方要求，最终确定以市场法确定标的基准日鉴定价格。

三、在测算过程中，结合股票这种有价证券的特点，考虑到股票价格的波动性，为保证结论的客观合理，鉴定人员根据案情，与委托方沟通协调，最终由委托方确定以基准日收盘价或停牌之日价格进行鉴定，从而规避了风险，也使鉴定的结果能让委托方和当事人容易理解和接受。

四、由于涉及时间较长，对于账户现金余额部分，鉴定人员按股票市场规定，对这一部分的资金按时段、利率、利息税分别计算应计利息，保证了结论的客观准确性。现金余额利息的计算容易被忽视，在资金额较大、涉案时间较长的情况下，这部分金额也是损失额的一部分。

五、股票账户损失与一般的财物相比，欠缺固定的营运方式和稳定收益，收益的不确定性导致收益难以量化。该案例鉴定人员通过充分的市场调查，取得了涉案账户涉及股票的相关资料，据此核算损失，增强了说服力。

案例七十五

# 涉嫌故意毁坏财物罪案件中
# 速生杨树损失的价格鉴定

 **案例背景情况**

2011 年 3 月 24 日，××村殷某某种植的 214 速生杨树被人为破坏，××县公安局治安大队以维护社会治安，维护当事人的合法权益为由，于 2011 年 3 月 26 日委托××县价格认证中心对被毁的 100 棵 214 速生杨树的损失进行鉴定。

 **价格鉴定结论书**

## 关于 100 棵 214 速生杨树损失的价格鉴定结论书

××县公安局治安大队：

根据你队委托，我中心遵循合法、公正、科学的原则，按照规定的标准、程序和方法，依法对委托书所列指的被毁坏的 100 棵 214 速生杨树的损失进行了鉴定。现将价格鉴定情况综述如下：

### 一、价格鉴定标的

价格鉴定标的为被毁坏的 100 棵 214 速生杨树的损失。该批速生杨树位于××县××村以西，××路北，2004 年春栽种，树间距在 1.50 米左右，生长状况正常，胸径平均约 23 厘米，基本成材。

### 二、价格鉴定目的

为公安机关办理涉嫌毁坏财物罪案件提供价格依据。

## 三、价格鉴定基准日

2011 年 3 月 24 日。

## 四、价格定义

价格鉴定结论所指是：被毁坏的 100 棵 214 速生杨树在价格鉴定基准日，采用公开市场价值标准确定的损失。

## 五、价格鉴定依据

（一）法律法规及规范性文件

1.《中华人民共和国价格法》；

2.《××省涉案物品价格鉴证条例》；

3.《扣押、追缴、没收物品估价管理办法》；

4.《关于扣押追缴没收及收缴财物价格鉴定管理的补充通知》；

5.《价格鉴定行为规范》（2010 年版）；

6.《××省价格鉴证操作规范》；

7. 其他相关法律、法规。

（二）委托方提供的有关资料

1. 价格鉴定委托书；

2. 询问笔录复印件。

（三）鉴定方收集的有关资料

1. 实地勘验资料；

2. 市场调查资料；

3. 专家小组意见书；

4. 其他相关资料。

## 六、价格鉴定方法

市场法。

## 七、价格鉴定过程

我中心接受委托后，成立了价格鉴定小组，制定了价格鉴定作业方案，并对委托书及相关资料进行了审核。2011 年 3 月 30 日，2 名价格鉴定人员和 3 名由专业收购速生杨树及木材加工方面的专业人员组成的专家组，会同委托方及双方当事人对 100 棵 214 速生杨树被毁坏情况进行了实地勘验。实地勘验后，价格鉴定人员根据国家有关规定和标准，严格按照价格鉴定的程序和原则，对当地的 7 年生 214 速生杨树市场行情进行了调查。根据委托鉴定目的和标的具体状况，结合所收集的相关材料，通过认真分析研究和广泛的市场调查，确定采用市场法对被毁坏的 100 棵 214 速生杨树在鉴定基准日的损失进行鉴定。

（一）100 棵 214 速生杨树被损毁前的价格

经调查，鉴定标的 214 速生杨树的同类市场交易比较活跃，根据对速生杨树市场成交资料的搜集、调查，选取殷家村及其附近三个交易可比实例作为参考，进行对比分析，确定 7 年生 214 速生杨树，胸径约 23 厘米，每棵的市场价格为 100 元，经计算鉴定标的在鉴定基准日被毁坏前的价格为 10000.00 元。

（二）100 棵 214 速生杨树被毁坏后的价格

价格鉴定人员依据专家小组共同商讨的意见，对 100 棵速生杨树的受损程度进行了分类分别测算，求取了鉴定标的在鉴定基准日被损毁坏后的价格为 9180.00 元。

100 棵 214 速生杨树在鉴定基准日的损失为被毁坏前的价格与被毁坏后的价格之差，则 100 棵 214 速生杨树损失 = 10000.00 − 9180.00 = 820.00（元）。

## 八、价格鉴定结论

被毁坏的 100 棵 214 速生杨树在鉴定基准日的损失为人民币捌佰贰拾元整（￥820.00）。

## 九、价格鉴定限定条件

（一）委托方提供资料客观真实；

（二）鉴定基准日标的杨树实物状况以委托方鉴定为准；

当上述条件发生变化时，鉴定结论一般会失效或部分失效，价格鉴定机构不承担由于这些条件发生变化而导致鉴定结论失效的相关法律责任。

## 十、声明

（一）价格鉴定结论受结论书中已说明的限定条件的限制。

（二）委托方提供资料的真实性由委托方负责。

（三）价格鉴定结论仅对本次委托有效，不做他用。未经我中心同意，不得向委托方和有关当事人之外的任何单位和个人提供。结论书的全部或部分内容，不得发表于任何公开媒体上。

（四）鉴定机构和鉴定人员与价格鉴定标的没有利害关系，与有关当事人也没有利害关系。

（五）如对本结论有异议，可向本鉴定机构提出重新鉴定，或委托省级政府价格主管部门设立的价格认证机构复核裁定。

## 十一、价格鉴定作业日期

（略）。

## 十二、价格鉴定人员

（略）。

## 十五、附件

1. 价格鉴定委托书复印件（略）
2. 价格鉴定机构资质证复印件（略）
3. 价格鉴定人员资格证复印件（略）

（公章）

2011 年 4 月 20 日

## 测算说明

### 一、鉴定思路

近几年来，我县木材加工行业发展迅速，木材需求量大，粗放式的木片加工、压板已形成一定规模，带动本地速生杨树种植面积呈逐年扩大趋势，市场交易比较活跃。一般 6 年生的速生杨树即可出售，超过 7 年的速生杨树生长速度会减缓，此次被毁坏的 214 速生杨树自 2004 年春栽种至案发日已经 7 年，到了最佳出售时机，所以同类木材在鉴定基准日的市场价格比较容易确定。但根据此次鉴定目的和标的被毁坏情况，考虑到标的被毁坏对销售价格的影响，我们确定聘请专业收购或木材加工人员采用市场法进行价格鉴定。首先，调查鉴定基准日当地 7 年生 214 速生杨树的市场收购平均价格，确定其在鉴定基准日被毁前的价格；其次，聘请专业的速生杨树收购人员及木材加工人员一起进行实地勘验，根据杨树被毁的不同情况进行分析、核算，确定破坏对这 100 棵 214 速生杨树正常销售价格产生的影响；最后，通过正常销售价格和被毁后的销售价格相比较，计算得出的差价即为损失。

## 二、价格鉴定标的概况

鉴定标的 100 棵 214 速生杨树于 2004 年春天栽种，生长状况正常，胸径平均约 23 厘米，基本成材。其中，2 棵杨树树干距离根部约 1 米处被锐器周圈砍裂；49 棵杨树树干距离根部约 1 米处被周圈剥皮 15 厘米左右，伤及树干约 1 厘米；1 棵杨树在距离根部 1 米处的位置被砍伐折断；48 棵杨树树干距离根部约 1 米处被部分刮皮，并轻微伤及树干。

## 三、价格鉴定过程

我中心接受委托后，成立了价格鉴定小组，制定了价格鉴定作业方案，并对委托书及相关资料进行了审核。2011 年 3 月 30 日，2 名价格鉴定人员与由专业收购速生杨和木材加工人员组成的专家组会同委托方及双方当事人对速生杨被毁情况进行了实地勘验。

实地勘验后，价格鉴定人员根据国家有关规定和标准，严格按照价格鉴定的程序和原则，对当地的 7 年生速生杨树市场行情进行了调查，根据委托鉴定目的和标的的具体状况，结合所收集的相关材料，通过认真分析研究和广泛的市场调查，确定采用市场法确定鉴定标的在鉴定基准日被毁前后的价格。

（一）市场法确定被损前的价格

标的杨树的同类市场交易比较活跃，根据对速生杨树市场成交资料的搜集、调查，选取殷家村及其附近三个交易可比实例作为参考。

1. 选取可比实例。

可比实例一：××村马某某 2004 年春种植的 150 棵 108 速生杨树（××村南约 100 处），胸径约 22 厘米，于 2011 年 3 月 20 日以每棵 99 元的价格销售；

可比实例二：××村宋某某（××村邻村）2004 年春种植的 120 棵 214 速生杨树（位于××村以西，老滩高路路南，在××所种树的位置隔路相望），胸径约 23 厘米，于 2011 年 3 月 22 日以每棵 100 元的价格销售；

可比实例三：×××村张某某（××村邻村）2004 年春种植的 140 棵 214 速生杨树（位于××村西北，×××所种树的位置以北约 300 米处），胸径 23～24 厘米之间，于 2011 年 3 月 27 日以每棵 100.50 元的价格销售。

2. 求取比准价格。

将选取实例与标的杨树价格进行对比分析，通过比较速生杨品种、数量、交易时间、种植地域与鉴定标的的非常相似，经修正求得比准价格，再进行算术平均计算，求取鉴定标的在鉴定基准日的市场价格为每棵 100 元。具体计算情况见下表。

| 修正因素<br>可比实例 | 交易价格<br>（人民币元/棵） | 交易时间修正 | 速生杨胸径修正 | 比准价格<br>（人民币元/棵） |
|---|---|---|---|---|
| 可比实例一 | 99.00 | 1 | 1.01 | 100.00 |
| 可比实例二 | 100.00 | 1 | 1 | 100.00 |
| 可比实例三 | 100.50 | 1 | 0.995 | 100.00 |
| 鉴定标的在鉴定基准日的市场价格 | | | | 100.00 |

3. 在鉴定基准日被损前的价格。

100 元 × 100 棵 = 10000.00 元

（二）市场法确定被毁坏后的价格

经过咨询长期从事速生杨收购及木材加工的专业人员，当地种植的速生杨树主要是制作木片为胶合板加工企业提供原料，一般的工艺流程是：先将树皮剥落，根据订货商要求的规格长度将主干分段切割，然后在专用设备上制作成小片，再根据订货商要求的规格宽度进行粘连、压制，最后出售给胶合板加工企业，进行深加工。木片的长度规格一般不会小于 1 米或者大于 3 米。受制作工艺及水平的限制，当地一般只制作长度为 1 ~ 1.20 米长的木片。杨树的销售价格主要受胸径及主干形状的影响。

我们所聘请的专家组经过共同商讨，根据树木的受损程度对受损杨树进行了分类，并对其销售价格的影响分别提出如下意见：

（1）2 棵杨树在离根部 1 米处被锐器周圈砍入。采伐一般离根部 3 ~ 5 厘米，树干自离根部 1 米处被锐器周圈砍入，且砍伐口不规则，即树干自根部至 1 米处无法达到木片制作的最低规格要求，影响了制作木片的数量及成本，销售价格降低 30%；

（2）49 棵杨树树干距离根部约 1 米处被周圈剥皮 15 厘米左右，伤及树干约 1 厘米。损坏影响了树木制作木片的数量及成本，销售价格降低 10%；

（3）1 棵杨树在距离根部 1 米处的位置被伐倒，影响了树木制作木片的数量及成本，销售价格降低 30%；

（4）48 棵杨树树干距离根部约 1 米处被部分刮皮，并轻微伤及树干，损坏影响了树木制作木片的数量及成本，销售价格降低 5%。

据此计算 100 棵 214 速生杨树在鉴定基准日被毁坏后的价格 = 2 × 100 × （1 − 30%）+ 49 × 100 × （1 − 10%）+ 1 × 100 × （1 − 30%）+ 48 × 100 × （1 − 5%）= 9180.00 （元）。

（三）100 棵 214 速生杨树在鉴定基准日的损失

100 棵 214 速生杨树在鉴定基准日的损失为：

10000.00 − 9180.00 = 820.00 （元）

## 案例评析

一、该案例是对治安案件中涉及的杨树损失进行的价格鉴定，程序合法，依据较充分，方法恰当，结论较为合理。

二、该案例的重点在于鉴定方法的选择和鉴定标的杨树被毁坏状况对其销售价格影响度的确定。

该案例涉及的是治安案件，结合标的杨树的特点，价格鉴定人员采用市场法，用在当事人身边发生的比较熟悉的实例作为参考，并聘请由专业的从业人员组成专家组提供专业的理论、实践支持，综合考虑各方面的因素确定损失价格，保证了结论的客观合理。

实物勘验时标的杨树的状况与鉴定基准日时相比无明显变化，但由于杨树毁坏程度不同，价格鉴定一定要以基准日的毁坏棵数、毁坏程度分别进行鉴定。

三、该案例的难点在于杨树被毁坏对销售价格影响的确定和市场法比对实例的选择确定。

杨树被毁坏对销售价格影响的确定，应结合实地实际勘验情况，借鉴专家组的实际工作经验进行综合分析确定。

杨树的市场销售价格通过对鉴定标的杨树和可比实例的杨树品种、种植区域、交易时间、交易点等影响因素，确定最相似的交易实例作为参考，确定价格。

四、这起对毁坏杨树进行损失鉴定的案例，是因村两委换届选举，在竞争过程中产生矛盾，而引发的破坏生产的治安案件。双方当事人之间的矛盾比较尖锐，受害人到处上访，要求严惩犯罪嫌疑人，所在镇政府也高度重视，多次找局领导沟通，希望能尽快地、公正地处理这件案子，维护社会稳定及村两委换届工作的顺利进行。而局领导也要求价格鉴定人员工作中一定不能出现纰漏，既要注意工作的方式方法让双方当事人及委托机关满意，又要注意规避风险。

经过认真研究，价格鉴定人员主要从做好"三个利用"入手：

（一）利用当地速生杨树种植面积较大、市场交易较活跃的特点，走访附近收购速生杨的商户，了解同类树木在鉴定基准日前后一周的价格变化情况和殷家村及其附近邻村同期内出售速生杨树的农户姓名、品种、树龄、数量、价格等情况，调查掌握基础资料，为确定客观、合理的市场价格打下良好基础。

（二）利用村民之间或者邻村之间相互熟悉、信息沟通渠道畅通的特点，就近选择他们熟悉的近邻在近期出售杨树的交易实例，经过综合比较，将最相似的交易价格作为参考，使双方当事人都比较容易接受。

（三）利用附近从事速生杨收购、木片加工人员较多，并且经常在一些交易场合就树木的收购、木片的加工与村民们进行过沟通、讨论，他们的话语比较容易被双方当事人所接受的优势，聘请附近专门从事收购、加工行业的人员组成专家组，实地查勘并分析、确定损失程度及对销售价格的影响，让双方当事人在完全透明、熟识的状态下见证整个价格鉴定过程，消除了他们对价格鉴定人员价格鉴定公平、公正的怀疑。

## 案例七十六

# 涉嫌故意毁坏财物罪案件中
# 被毁坏建筑物损失的价格鉴定

### 案例背景情况

2012 年 5 月 25 日，开发区神农庄园内的仿古六角亭 4 座、仿古四角亭 3 座、操作间 1 座被毁坏。受公安机关的委托，××市价格认证中心对被毁坏建筑物的损失进行了价格鉴定。

### 价格鉴定结论书

## 关于被毁坏建筑物损失的价格鉴定结论书

××市公安分局：

根据你局的委托，我中心遵循合法、公正、科学的原则，按照规定的标准、程序和方法，依法对委托书所列指的被毁坏建筑物损失进行了价格鉴定，现将价格鉴定情况综述如下：

### 一、价格鉴定标的

1. 仿古六角亭 4 座，每座 13.16 平方米，砖木结构、仿古木窗、六角挑檐饰件；

2. 仿古四角亭 3 座，每座 18 平方米，砖木结构、仿古木窗、四角挑檐饰件；

3. 操作间 1 座，19.55 平方米，砖木结构，仿古稻草屋面。

上述建筑于 2006 年 10 月建成，本次价格鉴定标的为上述建筑被毁损失。

## 二、价格鉴定目的

为公安机关办理涉嫌故意毁坏财物罪案件提供价格依据。

## 三、价格鉴定基准日

2012 年 5 月 25 日。

## 四、价格定义

价格鉴定结论所指价格是：被毁坏建筑物在价格鉴定基准日，采用公开市场价值标准确定的客观合理的损失。

## 五、价格鉴定依据

（一）法律法规及规范性文件

1. 《中华人民共和国价格法》；

2. 《扣押、追缴、没收物品估价管理办法》；

3. 《关于扣押追缴没收及收缴财物价格鉴定管理的补充通知》；

4. 《价格鉴定行为规范》（2010 年版）；

5. 《××省赃物罚没物管理条例》；

6. 《××省价格鉴证操作规范》。

（二）委托方提供的有关资料

1. 价格鉴定委托书；

2. 委托方提供的其他材料。

（三）鉴定方收集的有关资料

1. 实地勘验资料；

2. 市场调查资料。

## 六、价格鉴定方法

成本法。

## 七、价格鉴定过程

我中心接受委托后，成立了价格鉴定小组，首先，鉴定人员对案件材料进行了认真审阅；其后，我们携同专业机构的人员共同到现场进行了实地勘验和拍照。经勘验，鉴定标的已被完全毁坏，现场一片废墟。随后，进行了市场行情的调查，在实地勘验和市场调查的基础上，我们按照国家有关价格鉴定的规程和标准，对鉴定标的进行了测算。

计算公式：损失＝屋重置成本×成新率＋现场清理费用－残值

（一）建筑物重置成本的确定

鉴定标的为仿古建筑，砖木结构。建筑物的重置成本测算如下：

**重置成本计算表**

建筑物名称：仿古六角亭

| 序号 | 费用名称 | 金额（元） |
|---|---|---|
| 1 | 定额人工费 | 3049.53 |
| 2 | 定额材料费 | 8648.41 |
| 3 | 定额机械费 | 70.87 |
| 4 | 技术措施费 | 170.90 |
| 5 | 安全文明措施费（基本费） | 252.27 |
| 6 | 人工费价差 | 1548.86 |
| 7 | 材料费价差 | 2193.60 |
| 8 | 未计价材 | 469.13 |
| 9 | 企业管理费 | 1224.40 |
| 10 | 住房公积金 | 125.38 |
| 11 | 意外伤害保险 | 44.25 |
| 12 | 利润 | 852.82 |
| 13 | 税金 | 648.48 |
| | 总计 | 19299.00 |

建筑物名称：仿古四角亭

| 序号 | 费用名称 | 金额（元） |
|---|---|---|
| 1 | 定额人工费 | 3583.32 |
| 2 | 定额材料费 | 10690.29 |
| 3 | 定额机械费 | 94.83 |
| 4 | 技术措施费 | 221.79 |
| 5 | 安全文明措施费（基本费） | 297.76 |
| 6 | 人工费价差 | 1828.05 |
| 7 | 材料费价差 | 2692.26 |
| 8 | 未计价材 | 473.34 |
| 9 | 企业管理费 | 1366.73 |

续表

| 序号 | 费用名称 | 金额（元） |
|------|----------|-----------|
| 10 | 住房公积金 | 147.99 |
| 11 | 意外伤害保险 | 52.23 |
| 12 | 利润 | 960.71 |
| 13 | 税金 | 779.17 |
| 总计 | | 23188.00 |

建筑物名称：操作间

| 序号 | 费用名称 | 金额（元） |
|------|----------|-----------|
| 1 | 定额人工费 | 2103.47 |
| 2 | 定额材料费 | 4438.39 |
| 3 | 定额机械费 | 71.36 |
| 4 | 技术措施费 | 111.14 |
| 5 | 安全文明措施费（基本费） | 175.88 |
| 6 | 人工费价差 | 1079.82 |
| 7 | 材料费价差 | 1896.21 |
| 8 | 未计价材 | 726.61 |
| 9 | 企业管理费 | 547.76 |
| 10 | 住房公积金 | 87.42 |
| 11 | 意外伤害保险 | 30.85 |
| 12 | 利润 | 380.91 |
| 13 | 税金 | 405.06 |
| 总计 | | 12055.00 |

经测算，仿古六角亭每座重置价格19299元，4座共77196元；仿古四角亭每座重置价格23188元，三座共69564元；操作间重置价格12055元，鉴定标的重置价格合计158815元。

（二）成新率的确定

被毁建筑物属于砖木结构，已使用年限为67个月，参照《××省价格鉴定操作规范及常用参数》的有关规定，确定鉴定标的经济使用年限为30年，采用年限法确定成新率为81%。

（三）残值的确定

结合被毁建筑物的实际状况，按照国家关于砖木结构房屋残值率的相关规定，经勘验计算综合确定标的残值为3176元。

（四）现场清理费用的确定

现场清理费用指房屋被毁产生的渣土清理外运费用，根据鉴定基准日市场行情和工作量确定现场清理费用为3500元。

（五）建筑物被毁损失确定

鉴定价格 $= 158815 \times 81\% - 3176 + 3500 = 128964$（元）

## 八、价格鉴定结论

价格鉴定标的在鉴定基准日的损失为人民币壹拾贰万捌仟玖佰陆拾肆元整（￥128964.00）。

## 九、价格鉴定限定条件

（一）委托方提供的资料客观真实；

（二）本次价格鉴定只包括被毁建筑物的直接损失。

## 十、声明

（一）价格鉴定结论受结论书中已说明的限定条件限制。

（二）委托方提供资料的真实性由委托方负责。

（三）价格鉴定结论书仅对本次委托有效，不做他用。未经我中心同意，不得向委托方和有关当事人之外的任何单位和个人提供。结论书的全部或部分内容，不得发表于任何公开媒体上。

（四）鉴定机构和鉴定人员与价格鉴定标的没有利害关系，也与有关当事人没有利害关系。

（五）如对本结论书有异议，可向本鉴定机构提出重新鉴定，或委托省级政府价格主管部门设立的价格鉴定机构复核裁定。

## 十一、价格鉴定作业日期

（略）。

## 十二、价格鉴定人员

（略）。

## 十三、附件

1. 价格鉴定委托书复印件（略）
2. 价格鉴定人员资格证复印件（略）
3. 价格鉴定机构资质证复印件（略）

（公章）

2012 年 6 月 21 日

## 测算说明

### 一、鉴定思路

本案例是对毁坏建筑物损失进行价格鉴定。案例特点是：被毁坏的标的属仿古建筑，对其成本的确定，需要多行业知识相结合，有一定难度。

### 二、价格鉴定过程

接受委托后，中心领导非常重视，立即选派鉴定人员组成鉴定小组，通过审核案卷材料，了解到被毁建筑物为仿古建筑，毁坏程度十分严重，已无法修复。实地勘验邀请房地产专业人员参加，通过勘验，要求委托机关对委托物品明细表进行了重新填写，并对标的进行了详细描述，同时确认鉴定标的已无修复价值。大家经过认真讨论认为该案属刑事案件，鉴定标的损失价格应由折旧后的建筑物重置价格、被毁建筑物残值和现场清理费用几部分构成。

具体过程同价格鉴定结论书，略。

## 案例评析

一、该案例是对涉案被毁坏建筑物损失进行价格鉴定，程序合法，依据较充分，方法恰当。

二、在测算重置成本过程中，运用相关法律规范适当，结合仿建筑结构的复杂性，聘请专业人士参与重置价格确定及计算，并集体讨论进行价格修正，鉴定工作较为细致。

三、该案例是涉嫌刑事毁财案件，价格鉴定时考虑了成新率。对是否考虑现场清理费用，需要进行思考，必要时应与委托方沟通，由委托方具体明确损失的内涵。

四、该案例存在的不足之处：

（1）由于标的的残值率及现场清理费用没有明确的规定，进行价格鉴定作业时只能依据相关文件规定和市场调查来确定，不是十分严谨。

（2）该案例在计算和出具结论时把损毁标的合在一起出具总的损失价格，应单个出具鉴定价格。

案例七十七

# 涉嫌故意毁坏财物罪案件中
# 菩萨雕像修复费用的价格鉴定

 **案例背景情况**

2009 年 3 月 29 日，刘某某家供奉的众多菩萨雕像因邻里纠纷被段某某损毁。2010 年 5 月 12 日，××市公安局委托××省价格认证中心对菩萨雕像修复费用进行了价格鉴定。

 **价格鉴定结论书**

## 关于菩萨雕像修复费用的价格鉴定结论书

××市公安局：

根据你局委托，遵循合法、公正、科学的原则，按照规定的标准、程序和方法，我中心依法对 10 尊被毁坏菩萨雕像的修复费用进行价格鉴定。现将价格鉴定情况综述如下：

**一、价格鉴定标的**

被毁坏的 10 尊菩萨雕像（详见价格鉴定明细表）。

**二、价格鉴定目的**

为你局办理涉嫌故意毁坏财物罪案件提供价格参考依据。

**三、价格鉴定基准日**

2009 年 3 月 29 日。

## 四、价格定义

价格鉴定结论所指价格是：鉴定标的在价格鉴定基准日，采用公开市场价值标准确定的客观合理的修复价格。

## 五、价格鉴定依据

（一）法律法规及规范性文件

1.《中华人民共和国价格法》；

2.《扣押、追缴、没收物品估价管理办法》；

3.《关于扣押追缴没收及收缴财物价格鉴定管理的补充通知》；

4.《××省涉案财物价格鉴证管理条例》；

5.《××省涉案财物价格鉴证工作规范》。

（二）委托方提供的有关资料

1. ××市公安局×公刑聘字〔2010〕004号《鉴定聘请书》；

2. 其他相关材料。

（三）鉴定方收集的有关资料

1. 市场调查资料；

2. 其他相关资料。

## 六、价格鉴定方法

成本法。

## 七、价格鉴定过程

我中心接受委托后，于2010年6月8日安排价格鉴定人员，对被损标的进行了实物勘验：标的购置于1992年，材质为普通樟木，雕工粗糙，表面油漆不均匀，毁坏部位各不相同（详见价格鉴定明细表）。

根据委托方明确委托，本次价格鉴定是对被毁坏菩萨雕像的修复费用进行鉴定。经综合分析、测算后，形成本价格鉴定结论，具体如下：

价格鉴定明细表

| 序号 | 品名 | 规格（cm） | 数量 | 单位 | 鉴定金额（元） | 损毁程度及修复建议 |
|---|---|---|---|---|---|---|
| 1 | 财神菩萨 | 55×25×15 | 1 | 尊 | 253 | 左脚、左耳损坏，胸身局部小损点。刮底灰二遍并打磨，做油漆二遍，恢复至正常使用的其他费用。 |

续表

| 序号 | 品名 | 规格cm | 数量 | 单位 | 鉴定金额（元） | 损毁程度及修复建议 |
|---|---|---|---|---|---|---|
| 2 | 家主菩萨 | 45×18×13 | 1 | 尊 | 623 | 右手、头冠、背下部木质损坏，座基裂损。建议新置菩萨，恢复至正常使用的其他费用。 |
| 3 | 玉皇大帝 | 53×28×15 | 1 | 尊 | 253 | 胡须全掉，安邦护国牌松动，背部掉灰脱漆，后脑有损伤。刮底灰二遍并打磨，做油漆二遍，恢复至正常使用的其他费用。 |
| 4 | 金甲将军 | 42×15×13 | 1 | 尊 | 293 | 右手持斧斧头及木斧柄损坏，右手臂损伤。重制木质斧头斧柄，刮底灰二遍并打磨，做油漆二遍，恢复至正常使用的其他费用。 |
| 5 | 金甲将军 | 42×15×13 | 1 | 尊 | 253 | 左手微损，基座损坏，背部局部脱漆。刮底灰二遍并打磨，做油漆二遍，恢复至正常使用的其他费用。 |
| 6 | 送子观音 | 43×15×14 | 1 | 尊 | 253 | 头后部损伤，左腿损伤，基座及莲瓣松动。胶粘稳固，刮底灰二遍并打磨，做油漆二遍，恢复至正常使用的其他费用。 |
| 7 | 王母娘娘 | 38×15×13 | 1 | 尊 | 623 | 头冠、双脚部损坏，执牌丢失，背部藏药挡板破损，下身躯多处破损，基座多处小损。建议新置菩萨，恢复至正常使用的其他费用。 |
| 8 | 南岳圣帝 | 45×20×13 | 1 | 尊 | 253 | 头顶、右耳损伤，基座开裂，双脚损伤，背部少处损伤。刮底灰二遍并打磨，油漆二遍，恢复至正常使用的其他费用。 |
| 9 | 观世音 | 38×15×16 | 1 | 尊 | 273 | 三瓣莲花破损，披衫略损，基座部分掉灰脱漆，背部有损伤，万年披红破烂。新置披红布，刮底灰二遍并打磨，做油漆二遍，恢复至正常使用的其他费用。 |
| 10 | 观音坐莲 | 50×20×18 | 1 | 尊 | 623 | 颈、右耳、眼损坏，基座损坏，莲花全部松动。建议新置菩萨，恢复至正常使用的其他费用。 |
| | 合计 | | | | 3700 | |

## 八、价格鉴定结论

鉴定标的在价格鉴定基准日的修复费用为人民币叁仟柒佰元整（￥3700.00）。

## 九、价格鉴定限定条件

委托方提供的资料客观真实。

## 十、声明

（一）本价格鉴定结论受结论书中已说明的限定条件的限制。

（二）委托人对所提供的资料的真实性、合法性负责。

（三）价格鉴定结论仅对本次委托有效，不做他用。

（四）价格鉴定机构和价格鉴定人员与价格鉴定标的、委托方、犯罪嫌疑人没有利害关系。

（五）如对本价格鉴定结论有异议，可向本鉴定机构提出重新鉴定，或委托省级以上政府价格主管部门设立的价格鉴定机构复核裁定。

## 十一、价格鉴定作业日期

（略）。

## 十二、价格鉴定人员

（略）。

## 十三、附件

1. 价格鉴定机构资质证复印件（略）
2. 价格鉴定人员资格证复印件（略）

（公章）

2010 年 6 月 30 日

### 测算说明

同价格鉴定结论书，略。

### 案例评析

一、该案例是对刑事涉案被毁坏菩萨雕像的修复费用进行价格鉴定，由于奉主为师道法派，强调供奉侍拜之物价值连城，意向理赔玄虚，后经认证中心办案人员多方沟通，奉主同意按修复方式计价。

二、经调查，该批菩萨雕像出自奉主相邻乡镇的张某某之手，并征询其雕琢工艺、维修耗材、工时费等，测算出其恢复正常使用相关费用。

## 案例七十八

# 涉嫌故意毁坏财物罪案件中
# 彩色陶瓷脊瓦的价格鉴定

 **案例背景情况**

2010 年 7 月 6 日，××省××市××区×××镇发生一起故意损坏财物案。白某某及其女儿、两个儿子、母亲五人来到被害人官某某租住处，砸坏了官某某已生产好的 217 片彩色陶瓷脊瓦。××市公安局××分局刑警大队以涉嫌故意毁坏财物罪为由，于 2011 年 1 月 11 日委托××省价格认证中心对被毁坏的 217 片彩色陶瓷脊瓦进行价格鉴定。

 **价格鉴定结论书**

## 关于被毁坏的 217 片彩色陶瓷脊瓦的价格鉴定结论书

××市公安局××分局：

根据你局的委托，本中心遵循合法、公正、科学的原则，按照规定的标准、程序和方法，依法对你队委托被毁坏的 217 片彩色陶瓷脊瓦进行了价格鉴定。现将价格鉴定情况综述如下：

### 一、价格鉴定标的

鉴定标的为被毁坏的 217 片彩色陶瓷脊瓦，规格均为长 23 厘米、宽 13 厘米、高 19 厘米，被毁坏时为刚生产的全新物品。

## 二、价格鉴定目的

为委托方办理涉嫌故意毁坏财物罪案件提供价格鉴定标的的价格依据。

## 三、价格鉴定基准日

2010 年 7 月 6 日。

## 四、价格定义

价格鉴定结论所指价格是：鉴定标的在价格鉴定基准日，采用公开市场价值标准确定的客观、合理的市场价格。

## 五、价格鉴定依据

（一）法律法规及规范性文件

1. 《中华人民共和国价格法》；
2. 《扣押、追缴、没收物品估价管理方法》；
3. 《关于扣押追缴没收及收缴财物价格鉴定管理的补充通知》；
4. 《××省价格鉴证管理规定》；
5. 国家及地方有关价格鉴定方面的其他政策、法规等。

（二）委托方提供的资料

1. 委托鉴定书；
2. 价格鉴定标的照片。

（三）鉴定方收集的有关资料

1. 实地勘验资料；
2. 市场调查资料；
3. 其他相关资料。

## 六、价格鉴定方法

成本法和市场法。

## 七、价格鉴定过程

我中心接受委托后，成立了价格鉴定工作小组，制定了价格鉴定作业方案，并指派 2 名价格鉴定人员于 2011 年 1 月 13 日进行了实地勘验。实地勘验后，价格鉴定小组人员根据国家有关规定和标准，严格按照价格鉴定的程序和原则，通过认真分析研究现有资料和广泛的市场调查，对价格鉴定标的在价格鉴定基准日的价格进行了客观公正的分析，确定采用成本法和市场法两种方法对标的进行价格鉴定。

（一）采用成本法鉴定

鉴定标的被毁坏时为刚生产的全新物品，据被害人称，该标的系其分别从福建省晋江市和广东省购进陶瓷坯型和陶瓷水花彩纸等原料，再由其雇工加工成彩色陶瓷脊瓦。本次鉴定依据彩色陶瓷脊瓦的加工流程的特点，采用成本法进行鉴定。成本法的适用公式：

鉴定价格 = （陶瓷坯型价格 + 花纸价格 + 黑釉价格 + 电费 + 人工费 + 运费 + 生产利润）÷（1 - 损耗率）

彩色陶瓷脊瓦的加工流程：陶瓷坯型→贴花纸→喷黑釉→电烘干→电高温烧制→彩色陶瓷脊瓦，彩色陶瓷脊瓦的成本包括陶瓷坯型、陶瓷水花彩纸、黑釉、电费、人工费、运费、生产利润等费用。经调查，加工成一片彩色陶瓷脊瓦平均需要半张陶瓷水花彩纸（每张规格：长 55 厘米，宽 40 厘米），0.03 千克黑釉，耗电平均约 2.4 度。

1. 陶瓷坯型鉴定价格的确定。

经调查××市×××镇陶瓷坯型市场价格行情，确定于价格鉴定基准日，规格为长 23 厘米、宽 13 厘米、高 19 厘米陶瓷坯型的鉴定单价为每片 4.25 元（含运费）。

2. 陶瓷水花彩纸鉴定价格的确定。

通过调查陶瓷水花彩纸市场价格行情，确定于价格鉴定基准日，规格为长 55 厘米、宽 40 厘米陶瓷水花彩纸的鉴定单价为每张 4 元（含运费），制成一片彩色陶瓷脊瓦需要半张陶瓷水花彩纸，则每片彩色陶瓷脊瓦所需水花彩纸的成本为 2 元（含运费）。

3. 黑釉鉴定价格的确定。

经对××市×××镇黑釉市场调查，至价格鉴定基准日，每千克黑釉的中准市场价格为 18 元，制成一片彩色陶瓷脊瓦平均需要 0.03 千克黑釉，即需 0.54 元。

4. 电费的确定。

经调查，制成一片彩色陶瓷脊瓦平均耗电 2.4 千瓦时，按价格鉴定基准日当地电费水平每千瓦时电 0.836 元计，即每片的电费成本为 2 元。

5. 人工费和生产利润。

经对××市×××镇脊瓦加工市场调查，确定至价格鉴定基准日，制成一片彩色陶瓷脊瓦平均需要人工费和生产利润合计 2 元。

6. 损耗率。

本次鉴定根据鉴定标的的实际情况，损耗率按 15% 计。

7. 采用成本法确定陶瓷彩色脊瓦鉴定的价格。

陶瓷彩色脊瓦鉴定单价 = （4.25 + 2 + 0.54 + 2 + 2）÷（1 - 15%）

$$= 10.79 ÷ 85\%$$

$$= 12.69 （元）$$

217 片陶瓷彩色脊瓦鉴定总价格 = 12.69 × 217 = 2754（元）（取个位为整）

（二）采用市场法鉴定

考虑到市场上与价格鉴定标的相同或类似的参照物的交易较为活跃的实际情况，本次鉴定采用市场法。其基本公式：

鉴定价格（含利润、运输费等） = 鉴定单价 × 数量

通过对 ×× 市陶瓷市场的全新彩色陶瓷脊瓦成交资料的收集、调查，根据鉴定标的的具体情况，遵循用途相同、规格相同或相近、性能和质量相同或相近、所在地区相同或相近的原则，选择以下三个可比实例。将选取实例与鉴定标的进行对比分析，作各项差异因素的量化、调整以确定各比准价格分别为每片 18 元、17.53 元、19.61 元。

采用算术平均法求取鉴定价格：

（18 + 17.53 + 19.61）÷ 3 = 18.38（元/片）

以上求取的鉴定价格为正常市场价格，包括销售利润及从生产地运往销售地的运输费等费用。本次鉴定的是被毁坏物品的直接损失价格，确定鉴定标的价格时要进行价格调整，扣除销售利润和运输费等。通过对 ×× 市及周边地区彩色陶瓷脊瓦从生产到销售所取得的利润及发生的运输费用的市场状况调查，结合行业平均利润标准，本次鉴定根据鉴定标的的实际情况，利润及运输费率等按 30% 计，则采用市场法确定陶瓷彩色脊瓦鉴定的价格为：

18.38 ×（1 - 30%）= 12.87（元/片）

217 片陶瓷彩色脊瓦鉴定总价格：

12.87 × 217 = 2793（元）（取个位为整）

（三）鉴定的价格

采用成本法的鉴定单价为每片 12.69 元，采用市场法的鉴定单价为每片 12.87 元，两种价格相差不大，按算术平均求取鉴定标的的鉴定单价：

（12.69 + 12.87）÷ 2 = 12.78（元/片）

鉴定总价格 = 12.78 × 217 = 2773（元）

## 八、价格鉴定结论

鉴定标的被毁坏的 217 片彩色陶瓷脊瓦在价格鉴定基准日每片的鉴定单价 12.78 元，鉴定总价格为人民币贰仟柒佰柒拾叁元整（￥2773.00）。

## 九、价格鉴定限定条件

（一）委托方提供资料客观真实；

（二）因价格鉴定工作日距价格鉴定基准日较远，鉴定人员无法通过实物勘验确定鉴定标的在鉴定基准日的状况。本鉴定报告被毁坏物品的规格等有关数据取自××市公安局××分局刑警大队的委托鉴定书所载，如与实际不符，则本鉴定结论无效。

## 十、声明

（一）本次鉴定受本报告中的"价格鉴定限定条件"的限制。鉴定结论为鉴定标的在价格鉴定基准日，采用公开市场价值标准确定的客观、合理的直接损失价格。

（二）委托方提供资料的真实性由委托方负责。

（三）价格鉴定结论仅对本次委托有效，不做他用。未经我中心同意，不得向委托方和有关当事人之外的任何单位和个人提供，结论书的内容不得发表于任何公开媒体上。

（四）鉴定机构和鉴定人员与价格鉴定标的没有利害关系，与有关当事人也没有利害关系。

（五）如对本结论有异议，可向本鉴定机构提出重新鉴定，或委托上级政府价格主管部门设立的价格鉴定机构复核裁定。

## 十一、价格鉴定作业日期

（略）。

## 十二、价格鉴定人员

（略）。

## 十三、附件

1. 价格鉴定机构资质证复印件（略）
2. 价格鉴定人员资格证复印件（略）

（公章）

2011 年 1 月 18 日

## 测算说明

### 一、鉴定思路

本案例是对被毁坏物品进行价格鉴定。案例主要特点如下：

（1）鉴于价格鉴定标的已完全被毁坏，不能进行修复，其损失价格应按毁坏前价格计算。考虑到鉴定标的被毁坏时为刚生产的全新物品，用成本法计算鉴定价格时，按其加工流程测算其加工过程中发生的相关成本费用，并考虑损耗率，不考虑成新率。

（2）鉴定的是被毁坏物品的直接损失价格，本案市场法中所选用的三个交易案例均为市场上正常成交的可比实例，通过修正后所得出的比准价格均已包括销售利润和运输费等，确定鉴定标的价格时要进行价格调整，扣除利润和运输费等。两种方法求取的价格，按算术平均法得出鉴定标的鉴定单价。

### 二、价格鉴定标的概况

鉴定标的为 217 片彩色陶瓷脊瓦，因离案发日较久，鉴定人员实物勘验时案发现场已清理。委托方提供的案发照片显示，被毁坏的彩色陶瓷脊瓦为全新物品，已完全被损，无法利用。根据委托鉴定书，本次鉴定的 217 片彩色陶瓷脊瓦规格均为长 23 厘米、宽 13 厘米、高 19 厘米。据被害人称，本次鉴定标的系其分别从福建省晋江市和广东省购进陶瓷坯型和陶瓷水花彩纸等原料，再由其雇工加工成彩色陶瓷脊瓦。彩色陶瓷脊瓦的加工流程：陶瓷坯型→贴花纸→喷黑釉→电烘干→电高温烧制→彩色陶瓷脊瓦。

### 三、价格鉴定过程

我中心接受委托后，成立了价格鉴定工作小组，经实地勘验和市场调查，价格鉴定小组人员根据国家有关规定和标准，严格按照价格鉴定的程序和原则，通过认真分析研究现有资料和广泛的市场调查，对价格鉴定标的在价格鉴定基准日的价格进行了客观公正的分析，确定采用成本法和市场法两种方法对标的进行价格鉴定。

（一）采用成本法鉴定

鉴定标的被毁坏时为刚生产的全新物品，本次鉴定依据彩色陶瓷脊瓦的加工流程，采用成本法进行鉴定。成本法的适用公式：

鉴定价格 =（陶瓷坯型价格 + 花纸价格 + 黑釉价格 + 电费 + 人工费 + 运费 + 生产利润）÷（1 - 损耗率）

根据彩色陶瓷脊瓦的加工流程，彩色陶瓷脊瓦的成本包括陶瓷坯型、陶瓷水花彩纸、黑釉、电费、人工费、运费、生产利润等费用。经调查，加工成一片彩色陶瓷脊瓦平均需要半张陶瓷水花彩纸（每张规格：长55厘米，宽40厘米），0.03千克黑釉，耗电平均约2.4千瓦时。

1. 陶瓷坯型鉴定价格的确定。

鉴定人员通过调查××市×××镇陶瓷坯型市场价格行情，确定于价格鉴定基准日，规格为长23厘米、宽13厘米、高19厘米陶瓷坯型的鉴定单价为每片4.25元（含运费）。

2. 陶瓷水花彩纸鉴定价格的确定。

鉴定人员通过调查陶瓷水花彩纸市场价格行情，确定于价格鉴定基准日，规格为长55厘米、宽40厘米陶瓷水花彩纸的鉴定单价为每张4元（含运费），制成一片彩色陶瓷脊瓦需要半张陶瓷水花彩纸，即每片的水花彩纸成本为：

$$4 \times 0.5 = 2 （元）（含运费）$$

3. 黑釉鉴定价格的确定。

经对××市×××镇黑釉市场调查，至价格鉴定基准日，每千克黑釉的中准市场价格为18元，制成一片彩色陶瓷脊瓦平均需要0.03千克黑釉，即每片的黑釉成本为：

$$0.03 \times 18 = 0.54 （元）$$

4. 电费的确定。

经调查，制成一片彩色陶瓷脊瓦平均耗电2.4千瓦时，按价格鉴定基准日当地电费水平每千瓦时电0.836元计，则每片的电费成本为：

$$0.836 \times 2.4 = 2 （元）$$

5. 人工费和生产利润。

经对××市×××镇脊瓦加工市场调查，确定至价格鉴定基准日，制成一片彩色陶瓷脊瓦平均需要人工费和生产利润，合计每片2元。

6. 损耗率。

有少部分彩色陶瓷脊瓦经烘干浇制后会有一定的损坏，经调查，其损耗率会达到10%～30%，本次鉴定根据鉴定标的的实际情况，损耗率按15%计。

7. 采用成本法确定陶瓷彩色脊瓦鉴定的价格。

陶瓷彩色脊瓦鉴定单价 = （4.25 + 2 + 0.54 + 2 + 2）÷ （1 - 15%）

$$= 10.79 \div 85\%$$

$$= 12.69 （元）$$

217片陶瓷彩色脊瓦鉴定总价格：

$$12.69 \times 217 = 2754 （元）（取个位为整）$$

（二）采用市场法鉴定

考虑到市场上与价格鉴定标的相同或类似的参照物的交易较为活跃的实际情况，本次鉴定采用市场法。市场法是指通过市场调查，选择一个或几个与价格鉴定标的相同或类似的参照物作为比较对象，分析比较价格鉴定标的与参照物之间的差异并进行调整，从而确定价格鉴定标的的价格的方法。其适用公式：

鉴定价格（含利润、运输费等）＝鉴定单价×数量

1. 选取可比实例。

通过对××市陶瓷市场的全新彩色陶瓷脊瓦成交资料的收集、调查，根据鉴定标的的具体情况，遵循用途相同、规格相同或相近、性能和质量相同或相近、所在地区相同或相近的原则，选择以下三个可比实例，建立鉴定标的与可比实例的比较因素条件说明表，详见表1。

表1　　　　　　　　　　　　　比较因素条件说明表

| 比较因素 | | 鉴定标的物<br>彩色陶瓷脊瓦 | 可比实例A<br>彩色陶瓷脊瓦 | 可比实例B<br>彩色陶瓷脊瓦 | 可比实例C<br>彩色陶瓷脊瓦 |
|---|---|---|---|---|---|
| 交易单价（元/片） | | 待鉴定 | 18 | 17 | 20 |
| 交易日期 | | 价格鉴定基准日：<br>2010－07－06 | 2010－07－01 | 2010－03－16 | 2010－07－20 |
| 交易情况 | | 正常 | 正常成交 | 正常成交 | 正常成交 |
| 区域因素<br>（交易地点） | | ××市×××镇 | ××市××镇<br>××陶瓷市场<br>百特专卖店 | ××市××镇<br>吉尔斯陶瓷城 | ××市××镇<br>××陶瓷市场<br>宏利建材 |
| 个别因素 | 用途 | 脊瓦 | 脊瓦 | 脊瓦 | 脊瓦 |
| | 规格（厘米） | 长23厘米，<br>宽13厘米，<br>高19厘米 | 长23厘米，<br>宽13厘米，<br>高19厘米 | 长23厘米，<br>宽13厘米，<br>高19厘米 | 长24厘米，<br>宽13厘米，<br>高20厘米 |
| | 档次 | 普通 | 普通 | 普通 | 普通 |
| | 性能和质量 | 一般 | 一般 | 一般 | 一般 |
| | 新旧程度 | 全新 | 全新 | 全新 | 全新 |
| | 交易数量 | 217 | 200 | 250 | 210 |
| 备注：以上交易价格包括销售利润及从生产地运往销售地的运输费等费用。 | | | | | |

2. 鉴定标的的价格测算。

（1）以鉴定标的的各因素条件为基础，相应指数为100，将可比实例与鉴定标的进行对比分析，确定相应的指数，详见表2。

表2                         比较因素条件指数表

| 比较因素 | | 鉴定标的物<br>彩色陶瓷脊瓦 | 可比实例A<br>彩色陶瓷脊瓦 | 可比实例B<br>彩色陶瓷脊瓦 | 可比实例C<br>彩色陶瓷脊瓦 |
|---|---|---|---|---|---|
| 交易日期 | | 100 | 100 | 97 | 100 |
| 交易情况 | | 100 | 100 | 100 | 100 |
| 区域因素<br>（交易地点） | | 100 | 100 | 100 | 100 |
| 个别因素 | 用途 | 100 | 100 | 100 | 100 |
| | 规格（厘米） | 100 | 100 | 100 | 102 |
| | 档次 | 100 | 100 | 100 | 100 |
| | 性能和质量 | 100 | 100 | 100 | 100 |
| | 新旧程度 | 100 | 100 | 100 | 100 |
| | 交易数量 | 100 | 100 | 100 | 100 |

因素修正说明：

1）交易日期修正。因可比实例A、C的交易日期与价格鉴定基准日接近，故可比实例A和C不作修正；考虑到实例B的交易日期与价格鉴定基准日之间的时间差距中商品价格变动指数，确定其时间因素调整系数为-3%，即可比实例A、B、C的条件指数分别取100、97、100。

2）交易情况修正。因可比实例A、B、C均为正常成交价，故可比实例不作修正。

3）区域因素修正。因可比实例A、B、C与鉴定标的物的区域因素相同，故可比实例不作修正。

4）个别因素修正。

以价格鉴定标的的各因素条件为基准，将比较实例与鉴定标的物的个别因素逐项进行比较，找出由于个别因素优劣所造成的价格差异，并进行打分，详见表3。

表3                         个别因素修正表

| 个别因素 | 实例A | | 实例B | | 实例C | |
|---|---|---|---|---|---|---|
| | 判断 | 差率 | 判断 | 差率 | 判断 | 差率 |
| 用途 | 相同 | 0 | 相同 | 0 | 相同 | 0 |
| 规格（厘米） | 相同 | 0 | 相同 | 0 | 稍好 | +2 |
| 档次 | 相近 | 0 | 相近 | 0 | 相近 | 0 |
| 性能和质量 | 相近 | 0 | 相近 | 0 | 相近 | 0 |
| 新旧程度 | 相近 | 0 | 相近 | 0 | 相近 | 0 |
| 交易数量 | 相近 | 0 | 相近 | 0 | 相近 | 0 |
| 总分值 | | 0 | | 0 | | +2 |

经过上表的比较对照，可确定个别因素修正率为：

实例A：100/100；

实例 B：100/100；

实例 C：100/102。

（2）编制比较因素修正系数表及计算比准价格。

在比较因素条件指数表的基础上，将鉴定标的与可比实例进行比较，得到修正系数表，并计算得出可比实例经过因素修正后达到或接近鉴定标的条件时的比准价格，详见表4。

表4　　　　　　　　　　比较因素条件指数表

| 比较因素 | | 可比实例 A | 可比实例 B | 可比实例 C |
|---|---|---|---|---|
| 交易单价（元/片） | | 18.00 | 17.00 | 20.00 |
| 交易日期 | | 100/100 | 100/97 | 100/100 |
| 交易情况 | | 100/100 | 100/100 | 100/100 |
| 区域因素（交易地点） | | 100/100 | 100/100 | 100/100 |
| 个别因素 | 用途 | 100/100 | 100/100 | 100/100 |
| | 规格（厘米） | 100/100 | 100/100 | 100/102 |
| | 档次 | 100/100 | 100/100 | 100/100 |
| | 性能和质量 | 100/100 | 100/100 | 100/100 |
| | 新旧程度 | 100/100 | 100/100 | 100/100 |
| | 交易数量 | 100/100 | 100/100 | 100/100 |
| 修正后的比准价格（元/片） | | 18.00 | 17.53 | 19.61 |
| 备注：以上交易价格包括销售利润及从生产地运往销售地的运输费等费用。 | | | | |

（3）确定比准价格的单价和总价。

三个比准单价比较接近，因此采用简单算术平均法计算得出鉴定标的物比准价格的单价为：

（18 + 17.53 + 19.61）÷3 = 18.38（元）

以上求取的鉴定价格为正常市场价格，包括销售利润及从生产地运往销售地的运输费等费用。本次鉴定的是被毁坏物品的直接损失价格，确定鉴定标的价格时要进行价格调整，扣除利润和运输费等。通过对××市及周边地区彩色陶瓷脊瓦从生产到销售所取得的利润及发生的运输费用的市场状况调查，结合行业平均利润标准，本次鉴定根据鉴定标的的实际情况，利润及运输费率等按30%计，则采用市场法确定陶瓷彩色脊瓦鉴定的鉴定单价为：

18.38 × （1 - 30%）= 12.87（元/片）

217 片陶瓷彩色脊瓦鉴定总价格为：

12.87 × 217 = 2793（元）（取个位为整）

（三）鉴定的价格

采用成本法的鉴定单价为每片 12.69 元，采用市场法鉴定单价为每片 12.87 元，两种价格相差不大，按算术平均求取鉴定标的鉴定单价为：

$(12.69 + 12.87) \div 2 = 12.78$（元）

鉴定总价格 $= 12.78 \times 217 = 2773$（元）

## 案例评析

一、该案例是对故意毁坏财物案中涉案彩色陶瓷脊瓦进行的价格鉴定。涉案物品的价格鉴定按照委托方的要求一般只计算直接损失，因此本次鉴定只包括直接财产损失，在限定条件和声明中对此作出了说明。

二、该案例价格鉴定程序合法，依据较充分，方法适当，思路清楚，分类细致，步骤完整，结论较为合理。

三、该案例的要点在于鉴定方法的选择。鉴于价格鉴定标的已完全被毁坏，不能进行修复，其损失价格应按毁坏前价格计算。考虑到鉴定标的被毁坏时为刚生产的全新物品，本次鉴定依据彩色陶瓷脊瓦的加工制作流程的特点以及市场上与价格鉴定标的相同或类似的参照物的交易的实际情况，结合价格鉴定目的，采用成本法和市场法，相互验证，最终将成本法及市场法求取的结果采用算术平均，确定鉴定标的价格，保证了鉴定结论的客观准确性。

四、因离案发日较久，鉴定人员实地勘验时案发现场已清理，鉴定人员无法确定鉴定标的在价格鉴定基准日的实体状况，应提请委托方对鉴定标的基准日状态、规格、数量等进行鉴定。

五、值得关注的问题：

（1）成本法中加工成一片彩色陶瓷脊瓦所需的原材料数量、相关费用及损耗率的确定是否很精准，需要充分的市场调查。

（2）市场法中通过修正后所得出的比准价格已包括销售利润及从生产地运往销售地的运输费等费用。本次鉴定的是被毁坏物品的直接损失价格，确定鉴定标的价格时应进行价格调整，扣除利润和运输费等。

案例七十九

# 涉嫌故意毁坏财物罪案件中被损毁大棚西瓜苗损失的价格鉴定

 **案例背景情况**

2012 年 2 月 15 日 21 时许，犯罪嫌疑人张某出于报复，趁赵某种植的大棚西瓜苗无人看管之际，钻入大棚内，用脚踩、手拔等手段毁坏西瓜苗 8000 余株。因案件办理需要，2012 年 2 月 16 日××市公安局委托××市价格认证中心对损毁大棚西瓜苗的损失进行价格鉴定。

 **价格鉴定结论书**

## 关于被损毁大棚西瓜苗损失的价格鉴定结论书

××市公安局：

根据你局委托，我中心遵循合法、公正、科学的原则，按照规定的标准、程序和方法，依法对赵某家被损毁大棚西瓜苗的损失进行了价格鉴定。现将价格鉴定情况综述如下：

### 一、价格鉴定标的

鉴定标的为××区××乡××村二组赵某家被损毁大棚西瓜苗，毁苗面积为 65 平方米；损毁苗株数：8151 株；播种日期：2012 年 1 月 31 日；育苗天数：15 天；西瓜苗品种：抗重荐惠农三号。

### 二、价格鉴定目的

为公安机关办理涉嫌故意毁坏财物罪案件提供鉴定标的的价格依据。

### 三、价格鉴定基准日

2012 年 2 月 15 日。

### 四、价格定义

价格鉴定结论所指价格是：被损毁大棚西瓜苗在鉴定基准日，采用公开市场价值标准确定的损失。

### 五、价格鉴定依据

（一）法律法规及规范性文件

1. 《中华人民共和国价格法》；

2. 《××省涉案财产价格鉴定条例》；

3. 《扣押、追缴、没收物品估价管理办法》；

4. 《关于扣押追缴没收及收缴财物价格鉴定管理的补充通知》；

5. 《××省涉案财产价格鉴定操作规程（试行)》。

（二）委托方提供的有关资料

1. 价格鉴定委托书；

2. 公安机关询问笔录复印件。

（三）鉴定方收集的有关资料

1. 实物勘验资料：实地照片及实物勘验笔录；

2. 市场调查资料：西瓜苗销售调查表及农户种植成本调查资料各三份；

3. 其他相关资料。

### 六、价格鉴定方法

市场法、成本法。

### 七、价格鉴定过程

我中心接受委托后，成立了鉴定工作小组，制定了价格鉴定作业方案，并指派 3 名价格鉴定人员于 2012 年 2 月 16 日对损毁大棚西瓜苗进行实物勘验后，价格鉴定人员根据国家有关规定和标准，严格按照价格鉴定程序和原则，通过认真分析研究和广泛的市场调查，结合当地当时西瓜苗市场销售价格及种植成本费用等实际情况，依据该标的的受损程度，确定采用市场法和成本法两种方法对标的进行价格鉴定。计算过程如下：

（一）标的基本情况描述

××区××乡××村二组赵某家被损毁的大棚西瓜苗，毁苗面积为 65 平方米；损毁苗株数：8151 株；播种日期：2012 年 1 月 31 日；育苗天数：15 天；西瓜苗品种：抗重荐惠农三号。

（二）测算过程

1. 采用市场法价格鉴定。

价格鉴定人员在实物勘验的基础上在周边选择相同西瓜苗市场 3 个，进行了市场调查，最后确定西瓜苗的市场价格为每株 0.48 元。则：

市场法鉴定价格 = 数量 × 单价 = 8151 株 × 0.48 元 = 3912 元

2. 采用成本法价格鉴定。

2012 年 2 月 16 日，价格鉴定人员对大棚西瓜苗受损情况进行实物勘验并走访了解农户种植成本，结合当地农业部门近一年调查统计的农业生产经营成本数据，依据勘验及调查等情况，对损毁大棚西瓜苗进行价格鉴定。

（1）土地承包费。

土地承包费 = （800 元 / 667$m^2$）× 65$m^2$ = 78 元；

（2）田间水费 = 40 元；

（3）机械费 = 65 元；

（4）农药费 = （100 元 / 667 平方米）× 65 平方米 = 10 元；

（5）农具费 = （100 元 / 667 平方米）× 65 平方米 × 15 天 = 150 元；

（6）化肥费 = （180 元 / 667 平方米）× 65 平方米 = 28 元；

（7）农家鸡肥费 = （240 元 × 2 车）× 65 平方米 = 47 元；

（8）温室大棚费 = （2125 元/21 × 6 米）× 65 平方米 = 1096 元；

（9）西瓜种子费 = 30 元 × 2 包 ÷ 80% = 75 元；

（10）育种及播种人工费 = 8 人 × 2 天 × 50 元 = 800 元；

（11）田间管理费 = 2 人 × 50 元 × 15 天 = 1500 元。

成本法鉴定价格 = 土地承包费 + 田间水费 + 机械费 + 农药费 + 农具费 + 化肥费 + 农家鸡肥费 + 温室大棚费 + 西瓜种子费 + 育种及播种人工费 + 田间管理费 = 78 + 40 + 65 + 10 + 150 + 28 + 47 + 1096 + 75 + 800 + 1500 = 3889（元）

3. 鉴定结果。

由于该生产活动用于西瓜大田生产用苗，苗床管理阶段所花费的成本费用与市场法计算结果基本相近，故采用算术平均法计算出鉴定价格为：（3889 + 3912）÷ 2 = 3901（元）。

## 八、价格鉴定结论

赵某家被损毁大棚西瓜苗在鉴定基准日的损失为人民币叁仟玖佰零壹元

整（￥3901.00）。

## 九、价格鉴定限定条件

（一）委托方提供的资料客观真实；

（二）因价格鉴定工作日距鉴定基准日较近，现场保护较好，鉴定人员以实物勘验并经当事人签字认可的记录资料确定标的在鉴定基准日的状况。

## 十、声明

（一）价格鉴定结论受结论书中已说明的限定条件限制。

（二）委托方提供资料的真实性由委托方负责。

（三）价格鉴定结论仅对本次委托有效，不做他用。未经我中心同意，不得向委托方和有关当事人之外的任何单位和个人提供。结论书的全部或部分内容，不得发表于任何公开媒体上。

（四）鉴定机构和鉴定人员与价格鉴定标的没有利害关系，与有关当事人也没有利害关系。

（五）如对本结论有异议，可向本鉴定机构提出重新鉴定，或委托省级政府价格主管部门设立的价格鉴定机构复核裁定。

## 十一、价格鉴定作业日期

（略）。

## 十二、价格鉴定人员

（略）。

## 十三、附件

1. 价格鉴定机构资质证复印件（略）
2. 价格鉴定人员资格证复印件（略）

（公章）

2012 年 2 月 28 日

# 测算说明

## 一、鉴定思路

本案例是对损毁农作物的损失进行价格鉴定。案例主要特点：

（1）大棚西瓜苗是被脚踩及手拔等手段损毁，损毁面积极不规则，测量困难。

（2）案发地是西瓜大量种植之地，市场比较活跃，采用市场法比较合适。如果采用成本法进行价格鉴定，各种数据的调查困难重重，尤其是农业生产的各种成本对种植户来说，他们从来就不关心这些。这些数据大多来源于当地农业部门的专家们。

（3）价格鉴定人员不仅仅要熟悉各种法律、法规、条例，还要熟悉各类专业知识。因为在价格鉴定工作领域面对各行各业，要求价格鉴定人员不断丰富专业知识，开阔视野，博览群书。

## 二、价格鉴定标的概况

××区××乡××村二组赵某家被损毁的大棚西瓜苗，毁苗面积65平方米；损毁苗株数：8151株；播种日期：2012年1月31日；育苗天数：15天；西瓜苗品种：抗重荐惠农三号。

## 三、价格鉴定过程

我中心接受委托后，成立了鉴定工作小组，制定了价格鉴定作业方案，并指派3名价格鉴定人员于2012年2月16日对损毁大棚西瓜苗进行实物勘验后，价格鉴定人员根据国家有关规定和标准，严格按照价格鉴定程序和原则，通过认真分析研究和广泛的市场调查，结合当地当时西瓜苗市场销售价格及种植成本费用等实际情况，依据该标的的受损程度，确定采用市场法和成本法两种方法对标的进行价格鉴定。计算过程如下：

（一）标的基本情况描述

××区××乡××村二组赵某家被损毁的大棚西瓜苗，毁苗面积65平方米；损毁苗株数：8151株；播种日期：2012年1月31日；育苗天数：15天；西瓜苗品种：抗重荐惠农三号。

（二）测算过程

1. 采用市场法价格鉴定。

价格鉴定人员在实物勘验的基础上在周边选择相同西瓜苗市场3个，进行了市场调查，该品种的西瓜苗每株市场价格分别为0.45元、0.48元、0.50元，最后确定被毁西瓜苗每株的市场价格为：（0.45 + 0.48 + 0.50）÷3 = 0.48（元）。

市场法鉴定价格 = 数量 × 单价 = 8151 株 × 0.48 元 = 3912 元

2. 采用成本法价格鉴定。

2012 年 2 月 16 日，价格鉴定人员对大棚西瓜苗受损情况进行实物勘验并走访了解农户种植成本，结合当地农业部门近一年调查统计的农业生产经营成本数据，依据勘验及调查等情况，对损毁大棚西瓜苗进行价格鉴定。

价格鉴定人员实物勘验测量和广泛的市场调查，损毁西瓜苗面积 65 平方米。每亩西瓜子播种、育苗等各种成本费分别为：土地承包费 800 元，田间浇水及温室保湿用水费 40 元，机械费 65 元，农具费 100 元，化肥费 180 元，农家鸡肥 480 元，大棚费 2125 元，抗重荐惠农三号西瓜种子每袋 30 元（出苗率 80%），育种及播种费 8 人 × 50 元 × 2 天 = 800 元，田间管理费 2 人 × 50 元 = 100 元。鉴定标的的成本如下：

（1）土地承包费 = （800 元 / 667 平方米）× 65 平方米 = 78 元；

（2）田间水费 = 40 元；

（3）机械费 = 65 元；

（4）农药费 = （100 元 / 667 平方米）× 65 平方米 = 10 元；

（5）农具费 = （100 元 / 667 平方米）× 65 平方米 × 15 天 = 150 元；

（6）化肥费 = （180 元 / 667 平方米）× 65 平方米 = 28 元；

（7）农家鸡肥费 = 240 元 × 2 车 × 65 平方米 = 47 元；

（8）温室大棚费 = 2125 元/21 × 6 米 × 65 平方米 = 1096 元；

（9）西瓜种子费 = 30 元 × 2 包 ÷ 80% = 75 元；

（10）育种及播种人工费 = 8 人 × 2 天 × 50 元 = 800 元；

（11）田间管理费 = 2 人 × 50 元 × 15 天 = 1500 元。

成本法鉴定价格 = 土地承包费 + 田间水费 + 机械费 + 农药费 + 农具费 + 化肥费 + 农家鸡肥费 + 温室大棚费 + 西瓜种子费 + 育种及播种人工费 + 田间管理费 = 78 + 40 + 65 + 10 + 150 + 28 + 47 + 1096 + 75 + 800 + 1500 = 3889（元）。

3. 鉴定结果。

由于该生产活动用于西瓜大田生产用苗，苗床管理阶段所花费的成本费用与市场法计算结果基本相近，故采用算术平均法计算出鉴定价格为：（3889 + 3912）÷ 2 = 3901（元）。

◢◣ **案例评析**

一、该案例是对刑事涉案毁坏西瓜苗的损失进行价格鉴定，程序合法，依据较充分，方法恰当，结论较为合理。

二、在测算的过程中，采用了市场法和成本法，相互验证，综合后得出的价格鉴定结论，保证了结论的客观准确性。在交易市场活跃的情况下应首选市场法。

# （六）破坏生产经营罪

【刑法】第二百七十六条　由于泄愤报复或者其他个人目的，毁坏机器设备、残害耕畜或者以其他方法破坏生产经营的，处三年以下有期徒刑、拘役或者管制；情节严重的，处三年以上七年以下有期徒刑。

【解释】本条是对破坏生产经营罪及其刑事处罚的规定。

破坏生产经营罪，是指由于泄愤报复或者其他个人目的，毁坏机器设备、残害耕畜或者以其他方法破坏生产经营的行为。

根据本条规定，构成破坏生产经营罪，必须符合下列条件：

1. 行为人为一般主体，即达到刑事责任年龄具有刑事责任能力的自然人。

2. 行为人必须具有毁坏机器设备、残害耕畜或者以其他方法破坏生产经营的行为。这里所说的“其他方法”，是指除本条所列的方法以外的其他任何方法。例如切断水源、颠倒生产程序、砸坏机器设备等破坏生产经营的方法。

3. 行为人主观上是故意犯罪，并且具有泄愤报复或者其他个人目的。这里所说的“其他个人目的”，主要是指为了称霸一方、打击竞争对手或者牟取其他不正当的利益，例如意图通过破坏设备而达到其怠工、停工不劳动的目的。

根据本条规定，对破坏生产经营的，处三年以下有期徒刑、拘役或者管制；情节严重的，处三年以上七年以下有期徒刑。这里所说的“情节严重”，是指手段特别恶劣，引起生产停顿，间接造成巨大经济损失的；直接造成较大的经济损失，后果严重的等。

案例八十

# 涉嫌破坏生产经营罪案件中水稻秧苗
# 损失的价格鉴定

 **案例背景情况**

因邻里间纠纷积怨，××村民于 2010 年 4 月 23 日用除草剂喷杀同村村民 3 亩水稻秧苗，致使秧苗全部枯死。××市××区公安局以办理涉嫌破坏生产经营罪案件为目的，委托××价格认证中心对上述青苗损失进行价格鉴定。

 **价格鉴定结论书**

## 关于被毁水稻秧苗损失的价格鉴定结论书

××市××区公安局：

根据你局委托，本中心遵循合法、公正、科学的原则，按照规定的标准、程序和方法，依法对委托书所列指的被破坏水稻秧苗的损失进行了价格鉴定。现将价格鉴定情况综述如下：

### 一、价格鉴定标的

鉴定标的为 3 亩岗优 6.5 水稻秧苗被破坏造成的损失，基准日苗成活，高20～30 厘米。

### 二、价格鉴定目的

为公安机关办理涉嫌破坏生产经营罪案件提供鉴定标的的价格依据。

## 三、价格鉴定基准日

2010 年 4 月 23 日。

## 四、价格定义

价格鉴定结论所指价格是：在价格鉴定基准日，采用公开市场价值标准确定 3 亩岗优 6.5 水稻秧苗被破坏造成的损失。

## 五、价格鉴定依据

（一）法律法规及规范性文件

1.《中华人民共和国价格法》；

2.《扣押、追缴、没收物品估价管理办法》；

3.《关于扣押追缴没收及收缴财物价格鉴定管理的补充通知》；

4.《××市涉案财产价格鉴证条例》；

5.《××市涉案财物价格鉴定操作规程》。

（二）委托方提供的有关资料

1. 价格鉴定委托书；

2. 询问笔录复印件和现场照片。

（三）鉴定方收集的有关资料

1. 实物勘验资料；

2. 市场调查资料；

3. ××镇农技站情况介绍资料；

4. ××区中籼稻费用和用工表、成本收益表；

5. 其他相关资料。

## 六、价格鉴定方法

成本法、收益法。

## 七、价格鉴定过程

我中心接受委托后，成立了价格鉴定工作小组，制定了价格鉴定作业方案。价格鉴定人员根据国家有关规定和标准，严格按照价格鉴定的程序和原则，在实物勘验和广泛的市场调查基础上，确定采用成本法和收益法两种方法进行价格鉴定。

（一）价格鉴定标的概述

岗优 6.5 水稻秧苗 3 亩，2010 年 2 月 28 日栽种，2010 年 4 月 23 日被除草剂喷杀，致使秧苗全部枯死。该秧苗致死前生长正常，苗高 20~30 厘米。

（二）测算过程

1. 采用成本法鉴定。

计算公式：鉴定价格 = 物质费用 + 人工费用 + 其他费用 + 合理收益。

根据××乡镇农技站提供的该乡镇中籼稻科学合理的栽种要点（时节、生产方式、技术要领、田间管理）和××区中籼稻费用统计数据，以及××区中籼稻费用和用工表、成本收益表等资料，分析价格鉴定标的从播种至基准日生长状况所需投入的客观成本和应得收益如下：

（1）物质费用。每亩物质费用为种子费用 35.35 元、化肥 70.19 元、农家肥 5.13 元、农药 23.75 元、农膜 8.18 元、工具材料费 6.17 元，维护修理费 2.17 元。小计 150.94 元。

（2）人工费用。小计 462.90 元。

（3）其他费用。每亩 9.28 元。

（4）合理收益。按照××区 2007—2009 年中籼稻成本收益表计算，2007—2009 年中籼稻的平均成本收益率为 20%，故：亩合理收益 =（150.94 元 + 9.28 元 + 462.90 元）× 20% = 124.60 元。

（5）成本法计算的价格为：

3 亩 ×（151.48 元 + 9.28 元 + 462.9 元 + 124.73 元） = 2243 元

2. 采用收益法鉴定。

计算公式：鉴定价格 = 预期产值 - 预期后期成本费用。

同样根据××乡镇农技站和××区提供的中籼稻费用和用工表、成本收益表等资料，测算如下：

（1）预期产值。

××区×乡镇属丘陵地带，海拔 500~800 米，该村组岗优水稻近年平均亩产量为 485.09 千克，基准日每千克平均销售价格为 1.86 元，其预期亩产值为：485.09 × 1.86 = 902.27（元）。

（2）预期后期成本费用。

假设水稻秧苗未被破坏致死，后期管理费用主要有田间管理（引水浇灌、打药、酌情施肥）、租赁收割机收割、随机运输、晒谷除杂物、空壳、进仓、销售等费用。根据统计和市场调查情况，后期每亩的成本费用为：农药 24.25 元、机械收割 100 元、自用工费用等费用 140.85 元，计 265.10 元。

（3）收益法计算的价格 = 3 ×（902.27 - 265.10） = 1912.00（元）。

（三）鉴定方法的确定

本次鉴定确定采用两种方法计算结果的算术平均数作为鉴定价格。

鉴定价格 = (2243 + 1912)/2 = 2078.00（元）

## 八、价格鉴定结论

3 亩岗优 6.5 水稻秧苗被破坏造成的在价格鉴定基准日的损失为人民币贰仟零柒拾捌元整（￥2078.00）。

## 九、价格鉴定限定条件

（一）委托方提供的资料客观真实；

（二）被破坏的青苗不能继续生长；

（三）当上述条件发生变化时，鉴定结论会失效或部分失效，鉴定机构不承担由于这些条件的变化而导致鉴定结果失效的相关法律责任。

## 十、声明

（一）价格鉴定结论受结论书中已说明的限定条件限制。

（二）委托方提供资料的真实性由委托方负责。

（三）价格鉴定结论仅对本次委托有效，不做他用。未经我中心同意，不得向委托方和有关当事人之外的任何单位和个人提供。结论书的全部或部分内容，不得发表于任何公开媒体上。

（四）鉴定机构和鉴定人员与价格鉴定标的没有利害关系，与有关当事人也没有利害关系。

（五）如对本结论有异议，可向本鉴定机构提出重新鉴定或补充鉴定，也可以委托上一级政府价格主管部门设立的价格鉴定机构复核裁定。

## 十一、价格鉴定作业日期

（略）。

## 十二、价格鉴定人员

（略）。

## 十三、附件

1. 价格鉴定委托书复印件（略）

2. 价格鉴定机构资质证复印件（略）

3. 价格鉴定人员资格证复印件（略）

（公章）

2010 年 9 月 20 日

## 测算说明

一、案发地属丘陵地带，农业耕作为传统作业，农户间因生产技术、体力、管理能力等差异会导致成本费用不同，收益出现差异，本次鉴定以当地科学合理栽种的正常的、客观的费用水平进行测算。

二、测算数据主要来源：生产技术要点、物耗量来源于农技部门，成本费用数据来源于价格部门的统计数据，物料单价于市场采集。

具体测算过程同价格鉴定结论书，略。

### ◆ 案例评析

一、该案例是对破坏生产经营毁坏的水稻秧苗的死亡损失进行价格鉴定，价格鉴定目的明确，价格定义准确。

二、该案例价格鉴定人员采用成本法和收益法分别进行鉴定，相互验证，一方面保证了结论的客观准确性，同时也增强了价格鉴定结果的说服力。

三、本案例存在的问题：

1. 成本法测算时，成本费用项目中漏算了"土地承包费用"。鉴定标的于 2010 年 2 月 28 日栽种，2010 年 4 月 23 日被破坏，生长时间近 2 个月，按照农作物的生长周期，该水稻秧苗死亡后就不能再补种了，正所谓"耽误一时就是耽误一季"。因此，被破坏秧苗所分摊的土地承包费应当计入成本费用，作为损失价格的内容进行计算。

2. 收益法测算时，稻草收入没有计入预期产值。水稻产值包括稻谷产值（主产品产值）和稻草产值（副产品产值），本案例未计稻草产值又未说明理由，存有瑕疵。

## 案例八十一

# 涉嫌破坏生产经营罪案件中人参减产损失的价格鉴定

### 案例背景情况

2012 年 5 月 25 日 5 时左右，A 市××镇××村六组村民孔某发现，他在山上种植的人参被其雇工用镰刀将参杆割断。A 市公安局刑事侦查大队调查后，确定涉嫌破坏生产经营罪。参杆被割断的有四年生半砟帘鲜园参 2716 棵、五年生半砟帘鲜畦趴参 1472 棵。A 市公安局委托 A 市价格认证中心对参杆被割断导致人参减产损失进行价格鉴定。

### 价格鉴定结论书

## 关于人参减产损失的价格鉴定结论书

××市公安局：

根据你单位委托，遵循合法、公正、科学的原则，按照规定的标准、程序和方法，我中心依法对委托书所指定的人参杆被割断导致人参减产损失进行了价格鉴定。现将价格鉴定情况综述如下：

### 一、价格鉴定标的

鉴定标的是 A 市××镇××村六组村民孔某种植的 4188 棵园参和畦趴参产量减少的损失，其中：四年生半砟帘园参 2716 棵，五年生半砟帘畦趴参 1472 棵。

### 二、价格鉴定目的

为你局办理涉嫌破坏生产经营罪案件提供价格依据。

### 三、价格鉴定基准日

2012 年 5 月 25 日。

### 四、价格定义

价格鉴定结论所指价格是：A 市××镇××村六组村民孔某种植的 4188 棵园参和畦趴参在价格鉴定基准日，采用市场公开价值标准，由于参杆的损伤造成人参减产的损失。

### 五、价格鉴定依据

（一）法律法规及规范性文件

1. 《中华人民共和国价格法》；

2. 《××省涉案财产价格鉴定条例》；

3. 《扣押、追缴、没收物品估价管理办法》；

4. 《关于扣押追缴没收及收缴财物价格鉴定管理的补充通知》；

5. 《价格鉴定行为规范》（2010 版）；

6. 《××省涉案财产价格鉴定操作规程（试行）》。

（二）委托方提供的有关资料

1. 价格鉴定委托书；

2. 询问笔录复印件；

3. 其他相关资料。

（三）鉴定方收集的有关资料

1. 实物勘验资料；

2. 市场调查资料；

3. 其他相关资料。

### 六、价格鉴定方法

成本法。

### 七、价格鉴定过程

我中心接受委托后，成立了价格鉴定工作小组，制定了价格鉴定作业方案，并指派 2 名价格鉴定人员于 2012 年 5 月 30 日进行实物勘验。实物勘验后，价格鉴定人员根据国家有关规程和标准，严格按照价格鉴定的程序和原则，进行认真分析研究和广泛的市场调查，确定采用成本法对人参减产的损失进行价格鉴定。

（一）价格鉴定标的概述

1. 标的情况。

（1）园参：为四年生半荗帘园参，参杆均被割断，共 2716 棵。

（2）畦趴参：为五年生半荗帘畦趴参，参杆均被割断，共 1472 棵。

2. 人参的生长情况。

（1）园参：参杆被割断后，无法进行光合作用，将导致园参当年不再生长，对参体和重量有较大影响。

（2）畦趴参：被损坏的畦趴参已种植了五年半，当年 10 月就可收获。参杆被割断后，无法进行光合作用，将导致畦趴参当年不再生长，但对人参的形态影响有限。

（二）测算过程

由于被损坏的人参已接近收获期，因此，鉴定价格 = 减少的鲜人参产量 × 市场收购价格 − 剩余生长期内生产管理费用。

1. 减少的鲜人参产量。

经 A 市人参研究所专业人员及当地人参种植户提供的数据测算，五年生的园参单棵平均重 23.7 克，六年生的畦趴参单棵平均重 11 克；参杆被割断后，人参当年就无法生长，园参产量将比正常产量减少 40%，畦趴参产量将减少 10%，则：

园参减少的产量 = 23.7 × 2716 × 40% = 25748（克）= 25.75（千克）

畦趴参减少的产量 = 11 × 1472 × 10% = 1619（克）= 1.62（千克）

2. 市场收购价格。

鲜参的收购有很强的季节性，每年均在秋季收购。鉴定基准日不是人参的收购季节，因此，以 2011 年秋季 A 市人参交易市场鲜参统货（不分等级）收购价作为此次价格鉴定的依据。经调查，2011 年五年生园参统货收购价平均每千克 42 元；六年生畦趴参统货收购价每千克 100 元。

3. 剩余生长期内田间管理费用。

按当地人参生产实际情况，田间管理费用的支出主要发生在冬季和土壤解冻时节，5 月下旬到 9 月中旬的田间管理费用可忽略不计。因此，鉴定标的剩余生长期内田间管理费用本次鉴定不再计算。

4. 确定鉴定价格。

园参损失价格 = 42 元/千克 × 25.75 千克 = 1082 元

畦趴参损失价格 = 100 元/千克 × 1.62 千克 = 162 元

鉴定价格合计 = 1082 + 162 = 1244（元）

## 八、价格鉴定结论

A 市 × × 镇 × × 村六组村民孔某种植的 4188 棵园参和畦趴参在鉴定基准日的损

失为人民币壹仟贰佰肆拾肆元整（￥1244.00）。

## 九、价格鉴定限定条件

委托方提供的资料客观真实。

## 十、声明

（一）价格鉴定结论受结论书中已说明的限定条件限制。

（二）委托方提供资料的真实性由委托方负责。

（三）价格鉴定结论仅对本次委托有效，不做他用。未经我中心同意，不得向委托方和有关当事人之外的任何单位和个人提供。结论书的全部或部分内容，不得发表于任何公开媒体上。

（四）鉴定机构和鉴定人员与价格鉴定标的没有利害关系，与有关当事人也没有利害关系。

（五）如对本结论有异议，可向本鉴定机构提出重新鉴定，或委托省级政府价格主管部门设立的价格鉴定机构复核裁定。

## 十一、价格鉴定作业日期

（略）。

## 十二、价格鉴定人员

（略）。

## 十三、附件

1. 价格鉴定委托书复印件（略）
2. 价格鉴定机构资质证复印件（略）
3. 价格鉴定人员资格证复印件（略）

（公章）

2012 年 6 月 10 日

## 测算说明

## 一、鉴定思路

本案例是对涉嫌破坏生产经营罪案件中人参减产损失进行价格鉴定。案例主要特点：

1. 要了解破坏生产经营罪的立案标准，准确作出价格定义。该案件的立案标准为：（1）造成公私财物损失 5000 元以上的；（2）破坏生产经营三次以上的；（3）纠集三人以上公然破坏生产经营的；（4）其他破坏生产经营应予追究刑事责任的情形。因此，本价格鉴定所要确定的是由于破坏的发生而造成公私财物的损失。

2. 本案例中损伤的是参杆，但造成的财物损失是人参减产损失。

3. 由于人参已接近收获期，因此，鉴定价格 = 减少的鲜人参产量 × 市场收购价格 – 剩余生长期内田间管理费用。

## 二、价格鉴定标的概况

1. 四年生半荫帘鲜园参 2716 棵，参杆被割断，无光合作用，导致人参当年不再生长。

2. 五年生半荫帘鲜畦趴参 1472 棵，参杆被割断，无光合作用，导致人参当年不再生长。

## 三、价格鉴定过程

本中心接受托后，组成价格鉴定工作小组，经现场勘验和市场调查，根据委托鉴定标的，结合所收集的相关资料，确定采用成本法对标的进行价值鉴定。

（一）了解人参生产周期

人参生长发育从播种出苗到开花结果需经历 3 年时间。3 年以后年年开花结果。每年从出苗到苗枯萎大体可分为出苗期、展叶期、开花期、绿果期、红果期、果后参根生长期、枯萎休眠期，全生育期约 120 ~ 180 天。A 市的人参种植在 5 月中下旬为展叶期，在 5 月末 6 月初为开花期，9 月至 10 月间收获。

园参是指采用人工栽培的方法种植的人参，种植时间为 5 ~ 7 年，根据当地的自然条件，园参参体和重量的主要生长时间在每年的 8 ~ 9 月。收获后可加工成生晒参、红参、保鲜参等不同商品。园参主要以参体和重量确定其质量等级。被损坏的园参已种植了四年半，当年 9 月至 10 月就可收获。

畦趴参是采用野植的方法种植的人参，一般在人工培土管护下生长，经十几年或几十年后下山作货。畦趴参是按长芦、体、纹、须、丁等形态确定其价格。畦趴参可收获的最少生长时间为 6 年。生长时间超过 15 年的畦趴参质量等级可参照野山参的标准。

（二）实地勘验，核实损失数量

由鉴定人员、委托方和人参研究所的专业技术人员共同对受损人参进行实地勘验并确认：

1. 四年生半荫帘园参：被损坏的参畦总长 97 米，畦宽 1.50 米。

取四块样地，每块样地长 1 米，种植 5 档参，损坏参杆棵数分别为：31 棵、25 棵、27 棵、29 棵，则平均每块样地上损失人参棵数是 28 棵，共损失 2716 棵（97 米 × 28 棵）。

2. 五年生半荭帘畦趴参：被损坏的参畦长 32 米，畦宽 1.50 米。

取四块样地，每块样地长 1 米，种植 5 档参，被割断的参杆棵数分别为：37 棵、55 棵、40 棵、52 棵，则平均每块样地损失的人参棵数是 46 棵，共计损失 1472 棵（32 米 × 46 棵）。

（三）鉴定价格确定

由于被损坏的人参已接近收获期，因此，鉴定价格 = 减少的鲜人参产量 × 市场收购价格 − 剩余生长期内生产管理费用。

1. 预计减少的人参产量。

在正常的生长情况下，四年生半荭帘园参到秋天就是五年生园参，五年生园参单棵平均重 23.7 克；五年生半荭帘畦趴参到秋天就是六年生畦趴参，六年生畦趴参单棵平均重 11 克。

根据我市人参研究所专业技术人员及当地人参种植户估算，以当地的自然条件，参根生产期为 8 ～ 9 月。参杆被割断后，无法进行光合作用，导致人参当年不再生长。对受损园参来说，当年将不再增加参体的重量，因此，与正常情况下的五年生园参相比，产量预计会减少 40%。对受损畦趴参来说，参杆被割断后对其形态生长影响较轻，而畦趴参的生长期较长，所以，与正常的六年生畦趴参相比，产量将减少 10%。

园参减少的产量 = 23.7 × 2716 × 40% = 25748（克）= 25.75（千克）

畦趴参减少的产量 = 11 × 1472 × 10% = 1619（克）= 1.62（千克）

2. 市场交易价格调查。

鉴定基准时间为 2012 年 5 月，由于人参交易的特殊性，新一年市场价格未形成，因此，以 2011 年秋季人参统货平均交易价格来测算。

随机抽取的 6 份 2011 年 A 市人参交易市场鲜人参交易资料，资料显示，每千克五年生园参统货价格分别是 40 ～ 44 元、40 ～ 50 元、38 ～ 44 元，则平均市场价格为 42 元；每千克六年生畦趴参统货价格分别是 80 ～ 100 元、100 ～ 120 元、100 元，则平均市场价格为 100 元。

3. 剩余生长期内田间管理费用。

按当地人参生产实际情况，田间管理费用的支出主要发生在冬季和土壤解冻时节，5 月下旬到 9 月中旬的田间管理费用可忽略不计。

4. 鉴定价格。

五年生园参鉴定价格 = 25.76 × 42 = 1082（元）

六年生畦趴参鉴定价格 $=1.62\times100=162$（元）

鉴定价格合计：1244 元

## 案例评析

一、该案例是对因人参参杆被损伤后人参产量减少所造成的损失进行价格鉴定。减产量的确定需要咨询专业人员，并由委托方确定。

二、由于鲜人参的储存有很大的难度，以及人参生产的特殊性，因此，每年鲜人参的交易只有在人参的收获季节才发生。在新一年的价格未形成之前，为了保证价格鉴定的客观、公正，对于受损人参参考上年度市场鲜人参的平均交易价格是可行的；同时，鲜人参的价格与人参的品种和等级有很大的关系，鉴定中均按统货进行计算也是可行的。

# 四、妨害社会管理秩序罪中涉案财物价格鉴定

## （一）故意损毁文物罪

【刑法】第三百二十四条　故意损毁国家保护的珍贵文物或者被确定为全国重点文物保护单位、省级文物保护单位的文物的，处三年以下有期徒刑或者拘役，并处或者单处罚金；情节严重的，处三年以上十年以下有期徒刑，并处罚金。

故意损毁国家保护的名胜古迹，情节严重的，处五年以下有期徒刑或者拘役，并处或者单处罚金。

过失损毁国家保护的珍贵文物或者被确定为全国重点文物保护单位、省级文物保护单位的文物，造成严重后果的，处三年以下有期徒刑或者拘役。

【解释】本条是关于损毁国家保护的珍贵文物、全国重点文物保护单位、省级文物保护单位、名胜古迹罪的犯罪及刑事处罚的规定。

本条第一款是关于故意损毁文物的犯罪及其刑事处罚的规定。本条中的"珍贵文物"主要是指可移动文物。根据《中华人民共和国文物保护法》和《文物藏品定级标准》的规定，凡属一、二级的文物均属珍贵文物，部分三级文物也属珍贵文物。三级文物中需要定为珍贵文物的，应经国家文物鉴定委员会确认。珍贵文物主要包括：历史上各时代珍贵的艺术品；工艺美术品；重要的革命文献资料以及具有历史、艺术、科学价值的手稿；古旧图书资料；反映历史上各时代、各民族社会制度、社会生产、社会生活的代表性实物，比如货币、舆服、器具、名画等。"文物保护单位"是指人民政府按照法定程序确定的，具有历史、艺术、科学价值的革命遗址、纪念建筑物、古文化遗址、古墓葬、古建筑、石窟寺、石刻等不可移动的文物。如宋庆龄故居、清东陵、燕旧都遗址等。文物保护单位分为全国重点文物保护

单位、省级文物保护单位、县（市）级文物保护单位。文物保护单位根据其级别分别由国务院、省级人民政府和县（市）级人民政府核定公布。"故意损毁"，指故意将国家保护的珍贵文物毁坏；将全国重点文物保护单位、省级文物保护单位破坏的行为。其中"损毁"包括打碎、涂抹、拆散、烧毁等使文物失去文物价值的破坏行为。本条第一款对故意损毁国家保护的珍贵文物或被确定为全国重点文物保护单位、省级文物保护单位的文物的，处三年以下有期徒刑或者拘役，并处或者单处罚金；对"情节严重的"，处三年以上十年以下有期徒刑，并处罚金。"情节严重的"，主要是指损毁特别珍贵的文物或者是有特别重要价值的文物保护单位的；损毁多件或者多次损毁国家保护的珍贵文物，使之无法补救、修复；多次损毁或者损毁多处全国重点文物保护单位、省级文物保护单位，使之难以恢复原状，给国家文物财产造成不可弥补的损失的情形等等。

本条第二款是关于故意损毁国家保护的名胜古迹的犯罪及其刑事处罚的规定。本款中的"名胜古迹"是指可供人游览的著名的风景区以及虽未被人民政府核定公布为文物保护单位但也具有一定历史意义的古建筑、雕塑、石刻等历史陈迹。对故意损毁国家保护的名胜古迹，情节严重的，处五年以下有期徒刑或者拘役，并处或者单处罚金。"情节严重的"，一般是指多次损毁名胜古迹；损毁多处名胜古迹；损毁重要名胜古迹；损毁名胜古迹造成严重不良社会影响；不听劝阻或者警告，率众损毁名胜古迹；损毁结果严重，致使名胜古迹遭到毁灭性破坏等等。

本条第三款是关于过失损毁文物的犯罪及其刑事处罚的规定。"过失损毁国家保护的珍贵文物或者被确定为全国重点文物保护单位、省级文物保护单位的文物"，主要是指因疏忽大意或者轻信能够避免，而致使珍贵文物或者全国重点文物保护单位、省级文物保护单位造成损毁。如在进行基建工程时，没有在施工前进行必要的调查与勘探，在施工中造成古文化遗址或古墓葬及珍贵文物的破坏等。过失损毁全国重点文物保护单位和省级文物保护单位或者国家保护的珍贵文物的，只有造成严重后果的才追究刑事责任。"造成严重后果"，主要是指被损毁的珍贵文物数量较大；损毁非常重要的文物保护单位，使其无法恢复原状，给国家文物财产造成无法弥补的严重损失。本款对这种过失损毁文物的行为，造成严重后果的，处三年以下有期徒刑或者拘役。

**案例八十二**

# 涉嫌故意损毁文物罪案件中古建筑物 "××桥" 损失的价格鉴定

 **案例背景情况**

　　2011 年 9 月，犯罪嫌疑人洪某用吊车将 ×× 区某村跨竹沥港上的一座古建筑 "×× 桥" 的 16 块石板盗走。2012 年 1 月 11 日，警方以涉嫌故意损毁文物罪，委托 ×× 价格中心对 "×× 桥" 被损价格进行鉴定。

 **价格鉴定结论书**

## 关于对古建筑 "×× 桥" 损失的价格鉴定结论书

×× 市公安局：

　　根据你局委托，本局遵循合法、公正、科学的原则，按照规定的标准、程序和方法，依法对委托书所列指的古建筑 "×× 桥" 被损毁造成的损失进行了鉴定。现将价格鉴定情况综述如下：

### 一、价格鉴定标的

　　鉴定标的为古建筑 "×× 桥" 被损毁造成的损失。古建筑 "×× 桥" 为不可移动文物，于 2009 年 12 月被列入第三次全国文物普查登录名单，编号为 310120 - 0 × × ×。

### 二、价格鉴定目的

　　为你局办理涉嫌故意损毁文物罪案件提供鉴定标的的价格依据。

## 三、价格鉴定基准日

2011 年 9 月 16 日。

## 四、价格定义

价格鉴定结论所指价格是：被损毁古建筑"××桥"在鉴定基准日，采用公开市场价值标准确定的客观合理的损失。

## 五、价格鉴定依据

（一）法律法规及规范性文件

1.《中华人民共和国价格法》；

2.《中华人民共和国文物保护法》；

3.《扣押、追缴、没收物品估价管理办法》；

4.《关于扣押追缴没收及收缴财物价格鉴定管理的补充通知》；

5.《××市涉案财物价格鉴证相关技术参数参照标准》；

6.《价格鉴定行为规范》（2010 年版）；

7.《××市物品财产估价鉴定工作程序的规定》；

8.《××市物品财产估价鉴定管理实施办法》。

（二）委托方提供的有关资料

1. 价格鉴定委托书；

2. 询问笔录；

3. 标的照片；

4. ××区博物馆出具的《不可移动文物认定表》；

5. 第三次全国文物普查资料中，编号为 310120 - 0×××的照片复印件。

（三）鉴定方收集的有关资料

1. 实物勘验资料；

2. 市场调查资料；

3. 其他相关资料。

## 六、价格鉴定方法

成本法。

## 七、价格鉴定过程

我价格鉴证机构接受委托后，成立了价格鉴定小组，制定了价格鉴定作业方案，并指派 2 名价格鉴定人员于 2012 年 1 月 13 日对标的进行了实物勘验。古建筑"××桥"为不可移动文物，于 2009 年 12 月被列入第三次全国文物普查登录名单，编号为 310120 - 00××。"××桥"始建于清光绪三十三年（1907）。该地曾开设过当铺，故又名"典当桥"。××桥东西跨竹沥港，三跨双拼平梁桥，立壁桥墩，花岗石磊叠桥基，桥长 17.50 米，宽 1.20 米，原东西有 6 级台阶。勘验后，价格鉴定人员根据国家有关规程和标准，严格按照价格鉴定的程序和原则，通过分析研究和广泛的市场调查，确定采用成本法对标的进行价格鉴定。

（一）鉴定思路

古建筑指具有历史意义的古代民用和公共建筑。古建筑作为祖先留给我们的遗产，作为唯一体现古代建筑风格的遗产，其价格是无法测算的，也就是说古建筑被损毁前的实际价格是没有的。按委托方要求，本次价格鉴定用其复原的成本来代替损失。

（二）复原成本的确定

根据《中华人民共和国文物保护法》的要求，一是对不可移动文物进行修缮、保养、迁移，必须遵守不改变文物原状的原则；二是必须由取得文物保护工程资质证的单位承担。复原成本即为修复成本。

（三）计算过程

鉴定人员分别聘请了××古建园林建设集团有限公司和××创物建筑设计有限公司的相关专家参与鉴定，根据文物修缮相关规定，结合本案具体情况，编制修复预算，其价格分别为 498950 元和 455000 元，其均价为（498950 元 + 455000 元）/2 = 476975 元。则标的鉴定价格为 476975 元。

## 八、价格鉴定结论

古建筑"××桥"在基准日被损毁造成的损失为人民币肆拾柒万陆仟玖佰柒拾伍元整（￥476975.00）。

## 九、价格鉴定限定条件

（一）委托方提供的资料客观真实；

（二）本鉴定结论依据委托方确定的案件性质、标的属性得出；

（三）本次结论仅为本次鉴定目的服务，不做他用；如目的变化，鉴定结论需调整；

（四）由于古建筑"××桥"是不可移动的古建筑，按委托方要求，其被损毁造成的损失以复原价格代替，是以价格鉴定基准日时的修复工艺进行测算的价格。

## 十、声明

（一）价格鉴定结论受结论书中已说明的限定条件限制。

（二）委托方提供资料的真实性由委托方负责。

（三）价格鉴定结论仅对本次委托有效，不做他用。未经我中心同意，不得向委托方和有关当事人之外的任何单位和个人提供。结论书的全部或部分内容，不得发表于任何公开媒体上。

（四）价格鉴定机构和鉴定人员与价格鉴定标的没有利害关系，也与有关当事人没有利害关系。

（五）如对本结论有异议，可向本鉴定机构提出重新鉴定，或委托省级政府价格主管部门设立的价格鉴定机构复核裁定。

## 十一、价格鉴定作业日期

（略）。

## 十二、价格鉴定人员

（略）。

## 十三、附件

1. 价格鉴定委托书复印件（略）
2. 价格鉴定机构资质证复印件（略）
3. 价格鉴定人员资格证复印件（略）

（公章）

2012 年 1 月 31 日

## 测算说明

### 一、鉴定思路

（一）主要特点

1. 标的特殊。标的是一座荒废在田间的清代石板桥，已被列入第三次全国文物普查登录名单，被定为不可移动文物，因盗窃而损坏。

2. 提前介入。警方破获古建筑"××桥"被损毁案后，第一时间与我们联系，就如何开展价格鉴定进行沟通。我们在进行实物勘验后，提醒警方准备价格鉴定所需的相关材料，如古建筑等级认定等。

（二）鉴定口径

本案是以涉嫌故意损毁文物罪鉴定，标的是古建筑"××桥"的被损毁造成的损失，以复原成本代替，复原成本以古建筑修复成本代替。

**二、价格鉴定标的概况**

古建筑"××桥"是不可移动文物，于 2009 年 12 月被列入第三次全国文物普查登录名单，编号为 310120-0×××。"××桥"始建于清光绪三十三年（1907）。该地曾开设过当铺，故又名"典当桥"。××桥东西跨竹沥港，三跨双拼平梁桥，立壁桥墩，花岗石磊叠桥基，桥长 17.5 米，宽 1.2 米，原东西有 6 级台阶。

价格鉴定人员于 2012 年 1 月 13 日对标的进行了实物勘验。标的荒废在田间，西侧是一临时工地，桥的架空桥板及河中央的立壁桥墩已被盗走，被追回的桥板堆放在西侧工地上桥头边，花岗石磊叠桥基尚在，没有东西台阶。

**三、价格鉴定过程**

接受委托后，我们组成价格鉴定工作小组，经实物勘验和市场调查，根据委托鉴定标的，结合所收集的相关资料，确定采用成本法进行价格鉴定。

1. 古建筑"××桥"被损前价格的确定。古建筑指具有历史意义的古代民用和公共建筑。古建筑作为祖先留给我们的遗产，作为唯一体现古代建筑风格的遗产，其价格是无法测算的，也就是说古建筑被损毁前的实际价格是没有的，按委托方要求我们用其复原的成本来代替。根据《中华人民共和国文物保护法》的要求，一是对不可移动文物进行修缮、保养、迁移，必须遵守不改变文物原状的原则；二是必须由取得文物保护工程资质证的单位承担。复原成本即为修复成本。

2. 修复成本的确定。鉴定人员分别聘请了××古建园林建设集团有限公司和××创物建筑设计有限公司的相关专家参与鉴定，根据文物修缮相关规定，结合本案具体情况，编制修复预算，取其均值为修复成本。其均价为（498950 + 455000）/2 = 476975（元）。则标的鉴定价格为 476975 元。

## ◆ 案例评析

一、该案例中，价格鉴定机构提前介入，协助委托方为价格鉴定提供合理的充足的资料，极大地提高了办案效率。

二、作为文物被损毁的鉴定案例，就如何确定被损前价格进行探讨，确定按《中华人民共和国文物保护法》规定的修复方法，以修复价格为文物被损前价格。

三、该案例中，××古建园林建设集团有限公司和××创物建筑设计有限公司编制的修复预算是价格鉴定的重要依据，应在测算说明中予以列示。

# （二）重大环境污染事故罪

【刑法】第三百三十八条　违反国家规定，向土地、水体、大气排放、倾倒或者处置有放射性的废物、含传染病病原体的废物、有毒物质或者其他危险废物，造成重大环境污染事故，致使公私财产遭受重大损失或者人身伤亡的严重后果的，处三年以下有期徒刑或者拘役，并处或者单处罚金；后果特别严重的，处三年以上七年以下有期徒刑，并处罚金。

【解释】本条是关于违反国家规定，向土地、水体、大气排放、倾倒或者处置有放射性的废物、含传染病病原体的废物、有毒物质或者其他危险废物，造成重大环境污染事故，致使公私财产遭受重大损失或者人身伤亡的严重后果罪的犯罪及其刑事处罚的规定。

本条中"违反国家规定"是指违反国家关于环境保护的法律和法规。"土地"包括耕地、林地、草地、荒地、山岭、滩涂、河滩地及其他陆地。"水体"是指中华人民共和国领域的江河、湖泊、运河、渠道、水库等地表水体以及地下水体，还包括内海、领海以及中华人民共和国管辖的一切其他海域。"大气"指包围地球的空气层总体。"排放"指将本条所指的危险废物排入水体的行为，包括泵出、溢出、泄出、喷出和倒出等行为。"倾倒"是指通过船舶、航空器、平台或者其他运载工具，向水体处置放射性废物、含传染病原体的废物、有毒物质或者其他危险废物的行为。"处置"主要是指以焚烧、填埋等方式处理废物的活动。这里有一点需要加以说明的是，本条所指的排放、倾倒、处置行为本身都是法律允许进行的行为。因为水体、土地、大气是全人类的财富，是人类赖以生存的物质基础，每一个人都有合理利用的权利。为了保证人类对环境的永续利用，必须对人类的行为有所限制，即向环境中排放、倾倒、处置废物要符合国家规定的标准。如果超过国家规定的标准向环境中排放、倾倒、处置废物，这些超标准废物就有可能污染环境，进而造成环境污染事故。所以本条用"违反国家规定"限定了排放、倾倒、处置行为。

本条中放射性废物、含传染病病原体的废物、有毒物质或者其他危险废物，都可以称为危险废物。其中"废物"包括废气、废渣、废水、污水等多种形态的废弃物。"放射性的废物"指放射性核素含量超过国家规定限值的固体、液体和气体废弃物。"含传染病病原体的废物"是指含有传染病病菌的污水、粪便等废弃物。"有毒物质"主要指对人体有毒害，可能对人体健康和环境造成严重危害的固体、泥状及液体废物。"危险废物"是指列入国家危险废物名录或者根据国家规定的危险废物鉴别标准和鉴别方法认定的具有危险特性的废物。目前，我国尚未颁布国家危险废物名录，实践中主要参考《控制危险废物越境转移及其处置巴塞尔公约》所列的危险废物名录。根据本条规定，有本条所列行为，造成重大环境污染事故，致使公私财产遭受重大损失或者人身伤亡的严重后果的，处三年以下有期徒刑或者拘役，并处或者单处罚金。后果特别严重的，处三年以上七年以下有期徒刑，并处罚金。其中"重大环境污染事故"是指违反国家规定，向土地、水体、大气排放、倾倒或者处置放射性的废物、含传染病病原体的废物、有毒物质或者其他危险废物，给环境造成巨大损失的情形，主要包括：（1）由于污染行为造成直接经济损失在5万元以上；（2）人员发生明显中毒症状、辐射伤害或可能导致伤残后果；（3）人群发生中毒症状或辐射危害；（4）因环境污染使社会安定和当地经济、社会的正常活动受到影响；（5）对环境造成较大危害；等等。"后果特别严重的"指环境污染事故造成多人重伤或者死亡、污染事故造成的直接经济损失特别巨大等。

## 案例八十三

# 涉嫌重大环境污染事故罪案件中公私财产损失的价格鉴定

 **案例背景情况**

　　20××年×月×日，被告人蒋某将剩余废油残液全部倾倒在其开设的公司空地上，并用水冲洗，废油残液遂通过下水道排入公司旁的×河内，造成河道污染、水厂紧急停运的重大环境污染事故。×公安局××分局以涉嫌重大环境污染事故罪为由，于20××年×月×日委托×区价格认证中心，对该案所造成的公私财产损失进行价格鉴定。

**价格鉴定结论书**

# 污染事故造成公私财产损失的价格鉴定结论书

×公安局××分局：

根据你分局的委托，遵循合法、公正、科学的原则，按照规定的标准、程序和方法，我单位依法进行了价格鉴定。现将有关情况综述如下：

## 一、价格鉴定标的

×区×河重大环境污染事故涉及的公私财产损失，具体项目如下：

（1）应急监测费用（市区二级）；

（2）紧急调水费用；

（3）环境风险预测和评估费用；

（4）河道水域去污、保洁费用；

（5）水质应急检测费。

## 二、价格鉴定目的

为委托方办理涉嫌重大环境污染事故罪案件提供价格依据。

## 三、价格鉴定基准日

20××年×月×日。

## 四、价格定义

价格鉴定结论所指价格是：×区×河重大环境污染事故在鉴定基准日，采用政府定价标准及公开市场价值标准确定的客观合理的公私财物损失。

## 五、价格鉴定依据

（一）法律法规及规范性文件

1. 《中华人民共和国价格法》；

2. 《扣押、追缴、没收物品估价管理办法》；

3. 《关于扣押追缴没收及收缴财物价格鉴定管理的补充通知》；

4. 《关于审理环境污染刑事案件具体应用法律若干问题的解释》；

5. 《价格鉴定行为规范》（2010年版）；

6.《关于调整本市部分环保行政事业性收费项目及收费标准的通知》；

7.《×市物品财产估价鉴定管理实施办法》；

8.《×市物品财产估价鉴定工作程序的规定》。

（二）委托方提供的有关资料

×市公安局××分局价格鉴定委托书及相关资料。

（三）鉴定方收集的有关资料

1. 实地勘验资料；

2. 市场调查资料；

3. 其他相关资料。

## 六、价格鉴定方法

成本法。

## 七、价格鉴定过程

我中心接受委托后，成立了价格鉴定小组，制定了鉴定作业方案，参加了委托方及应急处置工作单位的联席会议，听取环境污染事故调查及应急处置工作情况介绍。事故发生后，市、区有关部门及时启动应急处置预案，开展应急处置工作。环保部门对受到污染的河道进行跟踪监测，锁定污染源。水务部门立即关闭水厂取水口阀门，水厂停止生产，同时加强水厂取水口附近的水质检测，密切跟踪水质变化。水利部门开展河道调水工作，采取促进污染物质排出等措施。海事部门进行现场清污。区绿化和市容等部门对污染河道及周边河道水域环境进行突击整治。公安部门已立案侦查，确定该起事故涉嫌重大环境污染事故。

根据本案性质，结合本次价格鉴定目的和要求，依据《最高人民法院关于审理环境污染刑事案件具体应用法律若干问题的解释》（法释〔2006〕4号），确定以委托书载明的应急处置工作项目为本次价格鉴定标的，并对其进行价格鉴定。

价格鉴定小组人员根据国家有关规定和标准，按照价格鉴定的程序和原则，在实地勘验、调查取证的基础上，对有关单位申报的费用进行分类、归集、审核，通过分析研究现有资料和价格调查，采用成本法，确定鉴定标的于基准日的价格。

## 八、价格鉴定结论

鉴定标的于基准日的价格为人民币叁拾捌万柒仟壹佰元整（￥387100.00），具体如下：

价格鉴定明细表

| 序　号 | 项　目 | 鉴定价格（元） |
|---|---|---|
| 1 | 应急监测费用（市区二级） | 208480 |
| 2 | 紧急调水费用 | 46344 |
| 3 | 环境风险预测评估费用 | 74000 |
| 4 | 河道水域去污、保洁费用 | 14603 |
| 5 | 水质应急检测费 | 43680 |
| 合　计（取整） | | 387100 |

## 九、价格鉴定限定条件

（一）委托方提供的资料真实、完整；

（二）本次价格鉴定标的范围由委托方根据本案事实及涉嫌罪名确定；

（三）本价格鉴定结论所指公私财产损失，按照相关司法解释的口径，仅适用于办理刑事案件，不作为本案民事赔偿的依据；

（四）本价格鉴定结论基于委托书载明的、列入本次鉴定范围的应急处置工作所产生的费用为基础进行综合分析得出，并不代表恢复原状所需费用。

## 十、声明

（一）价格鉴定结论受结论书所述限定条件限制。

（二）委托方对其提供资料的真实性负责。

（三）价格鉴定结论仅对本次委托有效，不做他用。未经我单位同意，不得向委托方和有关当事人之外的任何单位和个人提供，结论书的内容不得发表于任何公开媒体上。

（四）本单位及价格鉴定小组人员与该鉴定标的没有利益关系，与当事人没有利害关系。

（五）委托方如对价格鉴定结论有异议，可向原价格鉴定机构提出补充鉴定、重新鉴定或向×市价格认证中心提出复核裁定。

## 十一、作业日期

（略）。

## 十二、价格鉴定小组人员

（略）。

## 十三、附件

1.××市公安局××分局价格鉴定委托书复印件（略）

　　2. 价格鉴定机构资质证复印件（略）

　　3. 价格鉴定人员资格证复印件（略）

（公章）

××××年×月××日

## 测算说明

### 一、鉴定思路

本案是对因环境污染事故造成的公私财产损失进行价格鉴定。案件主要特点如下：

（1）财产损失的鉴定范围及环境污染所造成的损失程度的界定。

（2）本案价格鉴定中，对不符合有关规定或不合理的项目费用，予以剔除或调整。

（3）对污染所造成损失的鉴定中，应剔除原正常运营前提下常规检测项目及频次，只考虑为防止污染扩大以及消除污染而采取的新增检测项目，以及增加的检测频次所发生的费用。

（4）相关项目费率标准的确定，政府有关部门有相关规定或标准的，按其规定或标准确定；无相关规定或标准的，则采用行业水平或市场中等标准予以确定。

### 二、价格鉴定标的概况

根据本案性质，结合本次价格鉴定目的和要求，确定以委托书载明的应急处置工作项目为本次价格鉴定标的，列入本次鉴定范围的项目为：应急监测费用（市区二级），紧急调水费用，环境风险预测和评估费用，河道水域去污、保洁等费用，水质应急检测费用。

价格鉴定小组人员根据国家有关规定和标准，按照价格鉴定程序和原则，在实地勘验、调查取证的基础上，对有关单位申报的费用进行分类、归集、审核。通过分析研究现有资料和价格调查，采用成本法，确定鉴定标的于基准日的价格。

### 三、价格鉴定过程

（一）应急监测费用（市区二级）

应急监测工作由环保部门所属市环境监测中心和区环境监测站承担，主要任务是对受到污染的河道进行密切跟踪监测，在第一时间锁定污染源，为后续工作的开展提供了详尽科学决策依据。区环境监测站主要负责事发点附近水域的水质监测及所有点位的水样采集工作，分析项目以常规污染物等指标为主。×市监测中心负责对水厂区域范围的水质监测，分析项目主要以挥发性有机物、半挥发性有机物及发光菌急性毒性等指标为主。市区二级监测工作持续7天。

1. ×市环境监测中心监测费用明细表。

| 序 号 | 项 目 | 收费标准 | 数量（项、个） | 金额（元） |
| --- | --- | --- | --- | --- |
| 1 | 挥发性有机物 | 700 | 104 | 72800 |
| 2 | 半挥发性有机物 | 700 | 38 | 26600 |
| 3 | 化学需氧量（HACH 比色法） | 80 | 16 | 1280 |
| 4 | 发光菌急性毒性 | 200 | 12 | 2400 |
| 5 | 监测车辆使用费（7 天） | 200 | 14 | 2800 |
| 6 | 专家咨询费 | 800 | 5 | 4000 |
| | 合 计 | | | 109880 |

2. ×区环境监测站监测费用明细表。

| 序 号 | 项 目 | 收费标准 | 数量（次、项） | 金额（元） |
| --- | --- | --- | --- | --- |
| 1 | 采样费 | 20 | 93 | 1860 |
| 2 | 化学需氧量（CODcr 滴定法） | 70 | 92 | 6440 |
| 3 | 石油类 | 100 | 92 | 9200 |
| 4 | 苯 | 100 | 45 | 4500 |
| 5 | 甲苯 | 100 | 45 | 4500 |
| 6 | 二甲苯 | 100 | 45 | 4500 |
| 7 | 挥发酚 | 50 | 92 | 4600 |
| 8 | 挥发性有机物 | 700 | 74 | 51800 |
| 9 | 监测用车（4 部车） | 400 元/天/车 | 4 车×7 天 | 11200 |
| | 合 计 | | | 98600 |

3. 据调查，基准日期间，×市环境监测服务列入×市行政事业性收费项目目录，其收费标准应执行《×市物价局 ×市财政局关于调整本市部分环保行政事业性收费项目及收费标准的通知》（×价费〔20××〕0×号、×财预联〔20××〕×号）。经对申报项目的收费标准审核，符合上述文件规定，故予认定。

4. ×市环境监测中心针对污染事故开展了发光菌急性毒性监测。由于发光菌急性毒性监测目前仅有 ISO 标准，尚未出台相应的国标方法和评价标准，×市环境监测中心组织了市疾病预防控制中心等单位的专家进行了会商，对检测和评价方法的有效性作进一步确认，为此，支付专家咨询费4000元。经核，反映此项费用的材料齐全，情况属实，予以确认。

（二）紧急调水费用

该项工作由水利部门承担，利用水闸引排水条件，开展引清调水工作，使污染水体尽快排出，以减少污染影响等。该项工作投入的费用标准基本符合行业平均水平，鉴定价格如下：

| 序号 | 项目 | 计算过程 | 金额（元） | 备注 |
|---|---|---|---|---|
| 1 | ×泵闸水泵使用费 | 250 千瓦×2 台×48 小时×0.91 元/千瓦·时×110% | 24024 | 投入 2 台水泵，功率 250 千瓦/台，连续工作 48 小时，考虑损耗及设备使用费等因素，取 110% 系数。 |
| 2 | 引排水管理区域照明费 | 10 千瓦×11 小时×48 小时×0.91 元/千瓦·时 | 200 | 上下游各增 5 千瓦照明，照明时间 2 天，每天 11 小时。 |
| 3 | 河道巡查人工费 | 4 人×3 天×400 元 | 4800 | |
| 4 | 河道巡查车辆费 | 2 辆×3 天×400 元 | 2400 | |
| 5 | ×泵闸开泵人工费 | 3 人×2 天×3 班/天×300 元 | 5400 | |
| 6 | ×水闸增加人员 | 2 人×3 天×3 班/天×300 元 | 5400 | |
| 7 | ×水闸增加引排水管理区照明费 | 6 千瓦×11 小时×48 小时×0.91 元 | 120 | |
| 8 | 节制闸进水侧临时安全措施费 | 2 天×2000 元 | 4000 | 租巡逻艇（120 匹马力） |
| | 合　计 | | 46344 | |

（三）环境风险预测和评估费用

为对污染事故影响进行分析预测，×市环保局组织市环境科学研究院开展事故环境影响的实时预测和风险评估工作，该院成立了以教授级高工为首的 7 人事故应急处置小组，分别开展项目技术路线制定、区域环境概况分析、现场观测与实时跟踪调查、河网水文气象资料收集整理、河网水动力模型模拟方案研究、特征污染物输移扩散模拟方案研究、事故应急和处置方案研究、事故环境风险分析等研究分析工作，对事故的性质、影响程度运用水动力、水质模型软件进行模拟分析。全部研究分析预测工作历时 8 天（含双休日两天），其费用情况如下：

| 序号 | 研究人员职级 | 人数（人） | 工作日 | | 双休日 | | 金额（元） |
|---|---|---|---|---|---|---|---|
| | | | 天数（天） | 单价（元/天） | 天数（天） | 单价（元/天） | |
| 1 | 教授级高工 | 1 | 6 | 1200 | 2 | 2400 | 12000 |
| 2 | 高级工程师 | 2 | 6 | 1200 | 2 | 2400 | 24000 |
| 3 | 工程师 | 3 | 6 | 1000 | 2 | 2000 | 30000 |
| 4 | 助理工程师 | 1 | 6 | 800 | 2 | 1600 | 8000 |
| | 合　计 | 7 | | | | | 74000 |

调查分析，该项工作主要基于专家组的专业素质和经验，结合其专用软件等设备，对环境风险作出预测和评估，为事故的应急处置及时提供科学的决策依据。经查，申报的人工费用系参照国家发展计划委员会、国家环境保护局文件（计价格〔2002〕125号）规定，其参照的取费标准基本体现了专家组的智力投入，故予认定。

（四）河道水域去污、保洁等费用

1. 海事抢险费用。

区地方海事处调用2艘船艇进行现场处置，采用吸油毡、围油栏打捞油污，并在事发水域现场及周边区域加强巡航，其费用鉴定如下：

| 序号 | 项　目 | 计算过程 | 金额（元） |
|---|---|---|---|
| 1 | 吸油毡 | 4包×1200元/包 | 4800 |
| 2 | 33号船艇油耗 | 45升×6小时×7.70元 | 2079 |
| 3 | 95号船艇油耗 | 20升×6小时×7.70元 | 924 |
| | 合　计 | | 7803 |

2. 周边河道水域环境突击整治费。

河道水域环境突击整治由区绿化和×市容管理局组织，××公司及河道保洁社具体实施，主要任务是开展河面油污清理和巡视监察，控制河面污染物蔓延，整治周边环境等。其费用鉴定如下：

| 序号 | 实施单位 | 项目 | 计算过程 | 金额（元） |
|---|---|---|---|---|
| 1 | ×公司 | 人工费 | 30人×100元 | 3000 |
| 2 | ×公司 | 油料费 | 6艘船×400元 | 2400 |
| 3 | ×保洁社 | 人工费 | 2人×100元 | 200 |
| 4 | ×河道保洁社 | 监察艇 | 1艘船×1200元 | 1200 |
| | 合　计 | | | 6800 |

（五）水质应急检测费用

水质应急检测工作由×市自来水公司承担，主要任务系对×水厂取水口及附近水域的原水水质进行监测。从其申报的资料分析：一是该项目费用主要由进口检测用试剂和进口耗材组成，尚未考虑检测人工费用；二是由于环境污染事故检测时间紧、任务重，需检测的水样数较多，同时来样水质污染严重，经高温燃烧并连续使用后燃烧管和冷凝管均附着了大量残留杂质，无法继续使用，故只能作报废处理。

针对该起环境污染事故检测情况，工作小组对该公司进行实地勘察，对其检测流程、采用的试剂及耗材的使用情况进行调查，并进行抽样核实。综合以上情况，

经综合分析,确定以下鉴定原则:

1. 对试剂及一次性耗材按其实际使用量确定。

2. 对可多次使用的耗材(燃烧管、冷凝管),综合考虑上述因素,确定以基准日剩余价值为基础进行摊销核算。

据调查,用于环境污染事故检测的耗材(燃烧管、冷凝管)系20××年×月更新投入使用,至20××年×月前已使用约400次(主要用于饮用水检测)。此类物品正常可使用约1000次。截至基准日,耗材(燃烧管、冷凝管)成新率为$(1 - 400/1000) \times 100\% = 60\%$。即用于环境污染事故检测的燃烧管、冷凝管成新率为60%。则:

燃烧管鉴定价格 $= 6900$ 元 $\times 60\% = 4140$(元)

冷凝管鉴定价格 $= 4650$ 元 $\times 60\% = 2790$(元)

| 序号 | 名称 | 型号及出厂编号 | 用量 | 单位 | 单价(元) | 总价(元) | 鉴定值(元) |
|---|---|---|---|---|---|---|---|
| 1 | 砷 CQC 标准（美国进口） | | 5 | 安瓿瓶 | 1850 | 9250 | 9250 |
| 2 | 汞 CQC 标准（美国进口） | | 5 | 安瓿瓶 | 1850 | 9250 | 9250 |
| 3 | 氰化物 CQC 标准（美国进口） | | 5 | 安瓿瓶 | 800 | 4000 | 4000 |
| 4 | 总有机碳 CQC 标准（美国进口） | | 9 | 安瓿瓶 | 500 | 4500 | 4500 |
| 5 | 铂催化剂（德国进口） | 402 – 810.059 | 50 克 | 100 克 | 11700 | 5850 | 5850 |
| 6 | 燃烧管（德国进口） | 402 – 885.010 | 1 | 根 | 6900 | 6900 | 4140 |
| 7 | 冷凝管（德国进口） | 402 – 886.317 | 1 | 根 | 4650 | 4650 | 2790 |
| 8 | 进样瓶（1 包 120 只,一次性使用）（德国进口） | 402 – 886.318 | 1 | 包 | 3900 | 3900 | 3900 |
| | 合　计 | | | | | 48300 | 43680 |

(六)价格鉴定结论

鉴定标的于基准日的价格为人民币叁拾捌万柒仟壹佰元整(¥387100.00)。具体如下:

| 序号 | 项　目 | 鉴定价格（元） |
|---|---|---|
| 1 | 应急监测费用（市区二级） | 208480 |
| 2 | 紧急调水费用 | 46344 |
| 3 | 环境风险预测评估费用 | 74000 |
| 4 | 河道水域去污、保洁费用 | 14603 |
| 5 | 水质应急检测费 | 43680 |
| | 合　计（取整） | 387100 |

**案例评析**

一、该案例是对环境污染刑事案件造成的公私财产损失进行的价格鉴定，程序合法，依据较充分，方法恰当，结论较为合理。

二、该案的鉴定范围虽由委托方确定，但鉴定机构仍应充分考虑该案系刑事案件价格鉴定，需准确理解把握直接损失，间接损失则不予考虑。在价格鉴定限定条件中明确，"本价格鉴定结论仅适用于办理刑事案件，不作为本案民事赔偿的依据，符合本案性质"。

三、由于环境污染所造成危害的损失，除显现部分能直观考量外，不排除存在潜在的、隐性的或需一定时间才能显现的危害所造成的损失，因此该价格鉴定结论并不代表消除影响、恢复原状所需费用。

四、此类案件系涉及公共安全的突发事件，启动应急预案后，消除污染是首要任务，对投入的人、财、物等通常不计成本。在价格鉴定中，对实际投入发生的成本费用的合理性认定难以用常规的行业标准来考量。因此如何准确理解把握司法解释中"为防止污染扩大以及消除污染而采取的必要的、合理的措施而发生的费用"是此类案件鉴定的难题之一。


# （三）非法占用耕地罪


【刑法】第三百四十二条　违反土地管理法规，非法占用耕地、林地等农用地，改变被占用土地用途，数量较大，造成耕地、林地等农用地大量毁坏的，处五年以下有期徒刑或者拘役，并处或者单处罚金。

**【解释】** 本条是关于非法占用耕地、林地等农用地，造成耕地、林地等农用地大量毁坏罪的犯罪及其刑事处罚的规定。

2001年8月31日九届全国人大常委会第23次会议通过《中华人民共和国刑法修正案（二）》，对本条进行了修改，增加了对非法占用林地等农用地行为追究刑事责任的规定。

本条中的"违反土地管理法规"是指违反土地管理法、森林法、草原法、矿产资源法等法律和国务院行政法规中有关土地管理的规定。根据土地管理法的规定，土地按用途分为农用地、建设用地和未利用地。"农用地"是指直接用于农业生产的土地，包括耕地、林地、草地、农田水利地、养殖水面等。"耕地"是指种植农作物的土地，也包括菜地、园地。其中园地包括苗圃、花圃、茶园、果园、桑园和其他种植经济林木的土地。"林地"主要包括郁闭度0.2以上的乔木林地以及竹林地、灌木林地、疏林地、采伐迹地、火烧迹地、未成林造林地、苗圃地和县级以上人民政府规划的宜林地。"非法占用耕地、林地等农用地"是指违反土地利用总体规划或计划，未经批准或骗取批准擅自将耕地改为建设用地或者作其他用途，或者擅自占用林地进行建设或者开垦林地进行种植、养殖以及实施采石、采沙等活动。"改变被占用土地用途"是指未经依法办理农用地转用批准手续、土地征用、占用审批手续，非法占用耕地、林地、草地等农用地，在被占用的农用地上从事建设、采矿、养殖等活动，改变土地利用总体规划规定的农用地的原用途，如占用耕地建设度假村，开垦林地、草地种植庄稼，占用林地挖塘养虾等。"造成耕地、林地等农用地大量毁坏的"主要是指非法占用耕地、林地、草地等农用地，致使耕地、林地、草地等农用地原有的农用条件遭到破坏，功能丧失或者质量严重下降，无法或者难以恢复等情形，如：将耕地改作垃圾场，使耕地的水源被严重污染，种植层被破坏，即使退耕也无法再耕作；林地、草地改作耕地，造成植被毁坏，土地荒漠化、水土流失，使生态环境的遭到破坏，即使退耕还林、还草，也很难再恢复原有植被。"数量较大"是区分非法占用农用地的行为是否构成犯罪的重要界限。至于具体非法占用多少农用地就属于犯罪，考虑到土地资源的情况差别很大，农用地包括耕地、林地、草地等各种农业用途的土地，因此，在法律中无法就数量作出过于具体的规定，需要由司法机关在实践中不断总结经验，通过司法解释具体规定。犯本罪的，处五年以下有期徒刑或者拘役，并处或者单处罚金。

案例八十四

# 涉嫌非法占用耕地罪案件中被毁耕地的损失及出售土方的价格鉴定

 **案例背景情况**

　　2010年10月至2011年3月间，××市××镇×××等人违法用地，私自改变土地使用性质，把基本农田改为砖厂取土用地，致使20746平方米（合31.12亩）基本农田耕地被挖，出售土方68303立方米（实方，下同），所得款项部分个人侵占，耕地的耕层、亚耕层已全部破坏。××市人民检察院以涉嫌非法占用耕地罪预提起公诉，为办理此刑事案件，委托××市价格认证中心对非法占用土地案件毁坏耕地的损失及出售土方的价格进行鉴定。委托鉴定时间为2011年3月7日，鉴定目的是为检察院办理非法占用耕地案件中，对被坏耕地的损失价格及出售土方的价格提供依据。受理此案后，××市价格认证中心对鉴定标的进行了初步了解和实地勘验，并提出需补充提供如下鉴定资料：

　　1. 被毁坏耕地的详细测绘资料（面积、体积等）；

　　2. 所处地块是否是耕地及等级的证明资料。

　　检察院及时提供了以上材料，××市价格认证中心依法进行了价格鉴定。

## 价格鉴定结论书

### 关于被毁坏耕地的损失及出售土方的价格鉴定结论书

××市人民检察院：

　　根据你院委托，本中心遵循合法、公正、科学的原则，按照规定的标准，程序和方法，依法对委托书所指的被毁坏耕地损失和出售土方进行了价格鉴定，现将价格鉴定情况综述如下：

## 一、价格鉴定标的

根据委托方聘请专业测绘部门的测绘数据确定。

1. 耕地毁坏的面积20746平方米，合31.12亩被毁耕地的损失；

2. 挖取土的体积为68303立方米，土方的销售价格。

## 二、价格鉴定目的

为委托方办理涉嫌非法占用耕地罪案件提供价格依据。

## 三、价格鉴定基准日

2011年3月7日。

## 四、价格定义

价格鉴定结论所指被毁坏耕地的损失是：在鉴定基准日，采用当地公开市场价值标准确定的，恢复原有土地使用性质、地貌、基本恢复原地力的合理费用和恢复期间的粮食减产的客观合理的价格。

价格鉴定结论所指出售土方的价格是：在鉴定基准日，采用当地公开市场价值标准确定的，不含挖掘装运费用的土方的合理价格；

## 五、价格鉴定依据

（一）法律法规及规范性文件

1. 《中华人民共和国价格法》；

2. 《扣押、追缴、没收物品估价管理办法》；

3. 《关于扣押追缴没收及收缴财物价格鉴定管理的补充通知》；

4. 《价格鉴证行为规范》（2010年版）；

5. 《××省涉案物品价格鉴证条例》；

6. 《××省价格鉴证操作规范》；

7. 《土地复垦规定》；

8. 《××省土地开发整理项目预算定额标准》；

9. 其他相关法律、法规。

（二）委托方提供的有关资料

1. ××市人民检察院鉴定委托书；

2. 委托方提供的专业测绘资料；

3. 土地性质证明等相关资料。

（三）鉴定方收集的有关资料

1. 实地勘验资料；

2. 市场调查资料；

3. 聘请农业专家对土地复垦方案、地力恢复措施及产量等出具的评估报告；

4. 通过联系其他部门取得的相关资料。

## 六、价格鉴定方法

市场法、成本法。

## 七、价格鉴定过程

接受委托方委托后，我中心进行了认真研究，成立了有专业人员组成的工作组，制定了价格鉴定作业方案。对鉴定标的进行了实地勘验，鉴定标的为违法毁坏的土地，位于××市××镇××村西北，是××村、××村、××村和××村所属耕地。现种有冬小麦，是相邻的两块地，分属不同村庄。两地块共计南北长 250 米、东西宽 320 米，均为基本农田。两地块中分别挖有一个 1212 平方米，一个 19534 平方米，挖土深度 2~4 米，形状不规则，耕层、亚耕层已全部破坏的大坑，在未挖掘地面上种植着冬小麦，所挖的土方出售给了距此 2 千米的××砖厂，已被使用。根据委托方聘请专业测绘部门测绘数据确定：耕地毁坏的面积 20746 平方米，合 31.12 亩；挖取土的体积为 68303 立方米。

价格鉴定人员根据国家有关规定和标准，严格按照价格鉴定的程序和原则，通过认真分析、多次研究，在广泛的市场调查和聘请专家评估基础上，确定采用市场法和成本法进行价格鉴定。计算过程如下：

（一）根据市场调查情况采用市场法鉴定被卖土方价格

首先根据实地勘验及委托方提供被毁地块土方量，价格鉴定人员对鉴定基准日期间当地出售土方价格情况进行了调查，当地市场每立方米土方购买成交价格大部分为 5 元（买方自己挖取土地，不包含挖取、装卸、运输等费用），按该价格计算的售土方的鉴定价格为：

鉴定价格 = 出售土方数量 × 土方价格
        = 68303 × 5 = 341515（元）

（二）根据土地复垦规定、××省土地开发整理项目预算定额标准和聘请专家对土地复垦评估报告，采用成本法鉴定耕地损失价格

毁坏耕地损失价格鉴定分为两部分：

1. 土地复垦费用。

土地复垦费用 = 购、装、运、整平压实土方工程量 × 土方直接工程费每立方价格

根据土地被破坏情况，合理确定购取、运输、回填土方量和整平压实被毁地块工程量。参照市土地整理中心调查取得的《××省土地开发整理项目预算定额标准（试行）》相关定额，本着就近取土费用最低的原则，经计算购取、运输、回填及整平压实土方量，按运距3千米、挖掘机挖装、8吨自卸车运输、推土机推距30米测算，每立方米费用定额为18.70元。

土地复垦费 = 18.70元 × 68303立方米 = 1277266元

2. 土地损失补偿费。

土地损失补偿费 = 耕地地力恢复费用 + 粮食减产损失

对上述两项费用的鉴定，鉴定小组经向农业局了解咨询，聘请有资质的专家组对土地复垦地力恢复费用和粮食减产损失进行了评估，并出具了评估报告。专家组认为，通过回填压实恢复地貌，大量增施有机肥料，3年后基本上达到被毁前地力。

按第一年每亩增施商品有机肥5吨，第二、第三年各3吨，当地有机肥每吨平均800元计算，则：

一亩耕地恢复地力费用 = (5 + 3 + 3) × 800 = 8800（元）

粮食减产损失按照耕地地力恢复进程，当地该区域种植小麦、玉米一年两作，根据该镇前三年的统计资料，按专家组评估报告测算第一年减产70%，第二年40%，第三年20%。经计算，三年共减产小麦569.4千克、玉米574.6千克，小麦的当地平均价格每千克2.24元，每千克玉米2.10元，则：

三年累计粮食减产损失 = (569.4 × 2.24 + 574.6 × 2.10) = 2482.12（元/亩）

两项费用合计 = 8800 + 2482.12 = 11282.12（元/亩）

土地损失补偿费 = 11282.12元 × 31.12亩 = 351100元

被毁地块土地损失 = 土地复垦费用 + 土地损失补偿费

$$= 1277266 + 351100$$

$$= 1628366（元）$$

## 八、价格鉴定结论

鉴定被毁地块土地在鉴定基准日的土地损失为人民币壹佰陆拾贰万捌仟叁佰陆拾陆元整（￥1628366.00）；鉴定出售土方在鉴定基准日的价格为人民币叁拾肆万壹仟伍佰壹拾伍元整（￥341515.00）。总价格为人民币壹佰玖拾陆万玖仟捌佰捌拾壹元整（￥1969881.00）。

## 九、价格鉴定限定条件

（一）委托方提供的相关资料真实可靠；

（二）本结论以聘请的专家组对土地复垦出具的评估报告结果为前提条件；

（三）回填土坑采用挖掘机挖装自卸汽车，土方运距不超 3000 米，8 吨自卸汽车、推土机推压等机械化操作；

（四）未挖掘土地因不影响耕种，种植农作物的损失未加考虑；

（五）该地块以继续种植小麦、玉米粮食作物不变为前提条件。

当上述条件发生变化时，鉴定结论会失效或部分失效，价格鉴定机构不承担由于这些条件发生变化而导致鉴定结论失效的相关法律责任。

## 十、声明

（一）委托方提供资料的真实性由委托方负责。

（二）本价格鉴定结论受已说明的假设和限定条件的限制。

（三）我们与本价格鉴定结论中的价格鉴定标的没有利害关系，也与有关当事人没有个人利害关系。

（四）价格鉴定结论仅对本次委托有效，不做他用。未经价格鉴定机构同意，不得向委托机关和当事人之外的任何单位和个人提供。结论书的全部内容或部分内容，不得发表于任何公开媒体上。

（五）如对本结论有异议，可向本鉴定机构提出重新鉴定，或委托省级政府价格主管部门设立的价格鉴定机构复核裁定。

## 十一、价格鉴定作业日期

（略）。

## 十二、价格鉴定人员

（略）。

## 十三、附件

1. 价格鉴定委托书复印件（略）
2. 价格鉴定机构资质证复印件（略）
3. 价格鉴定人员资质证复印件（略）

（公章）

2011 年 3 月 22 日

# 测算说明

## 一、价格鉴定思路

对被毁坏耕地损失进行鉴定，是比较少见的，在以往的价格鉴定中未曾遇见过。接受委托后，为办理好此案，××市价格认证中心进行了专门研究，成立了以分管局领导、认证中心主任和副主任参加的三人价格鉴定小组，小组成员均为价格鉴定师。鉴定小组人员经多次讨论，先后向××市国土资源局、××市土地整理中心、××市农业局进行咨询了解，并查阅了《中华人民共和国土地管理法》和《土地复垦规定》等有关法律法规后，逐步形成了毁坏耕地的损失价格及出售土方的价格鉴定思路：

1. 由于被挖取土地块很不规则，不能简单丈量计算，首先告知委托方聘请专业测绘部门对被毁地块进行测量，确定被毁地块坐标、面积、出售土方量等数据。

2. 出售土方的价格鉴定比较简单：调查鉴定基准日的土方市场出售价格，根据出售土方数量，用市场法鉴定出售土方价格。

3. 毁坏耕地的损失价格鉴定比较繁琐，可分为两部分：

（1）土地复垦费用。根据土地被破坏程度、复垦标准、复垦方案和复垦工程量合理确定，采用成本法进行鉴定。

（2）土地损失补偿费。考虑到被毁地块耕层、亚耕层已全部破坏，被毁地块土坑回填整平后，地力达到破坏前水平需经过一个过程，可分为两部分计算：一是耕地地力恢复所需增施有机肥料的费用，二是地力恢复进程中的粮食减产损失，对上述两部分分别进行鉴定。

## 二、价格鉴定测算过程

在对委托方提供的有关资料进行认真审核的基础上，首先根据实地勘验及委托方提供被毁地块土方量，价格鉴定人员对鉴定基准日期间当地出售土方价格情况进行了调查，当地市场每立方米土方购买成交价格大部分为5元（买方自己挖取土地，不包含挖取、装卸、运输等费用），确定出售土方的鉴定价格为：5元×68303立方米=341515元。

对土地损失价格鉴定，首先根据该土地所处位置，到土地管理部门核实土地使用性质，确定被毁地块为基本农田。毁坏耕地损失价格鉴定分为两部分：

1. 土地复垦费用。

土地复垦费用=购、装、运、整平压实土方工程量×每立方土方直接工程费

根据土地被破坏情况，合理确定购取、运输、回填土方量和整平压实被毁地块

工程量。参照市土地整理中心调查取得的《山东省土地开发整理项目预算定额标准（试行）》相关定额，本着就近取土费用最低的原则，经计算购取、运输、回填及整平压实土方量，按运距 3 千米、挖掘机挖装、8 吨自卸车运输、推土机推距 30 米定额，每立方米 18.70 元测算，则：

土地复垦费鉴定价格 = 18.70 元 ×68303 立方米 = 1277266 元

2. 土地损失补偿费。

土地损失补偿费 = 耕地地力恢复费用 + 粮食减产损失

对这两项费用的鉴定，鉴定小组经向农业局了解咨询，聘请有资质的专家组对土地复垦地力恢复费用和粮食减产损失进行了评估，并出具了评估报告。专家组一致认为，通过回填压实恢复地貌，大量增施有机肥料，3 年后基本上达到被毁前地力，按第一年每亩增施商品有机肥 5 吨，第二、第三年各 3 吨，当地每吨有机肥平均价格 800 元计算，则：

耕地恢复地力费用 = （5 + 3 + 3）×800 = 8800（元/亩）

粮食减产损失按照耕地地力恢复进程，当地该区域种植小麦、玉米一年两作，根据该镇前三年的统计资料，按专家组评估报告第一年减产 70%，第二年 40%，第三年 20% 计算。3 年共减产小麦 569.4 千克、玉米 574.6 千克，当地每千克小麦的平均价格 2.24 元，玉米 2.10 元，则：

3 年累计粮食减产损失 = （569.4 ×2.24 + 574.6 ×2.10） = 2482.12（元/亩）

两项费用合计 = 8800 + 2482.12 = 11282.12（元/亩）

土地损失补偿费 = 11282.12 元 ×31.12 亩 = 351100 元

鉴定被毁地块耕地损失价格 = 土地复垦费用 + 土地损失补偿费

= 1277266 元 +351100 元

= 1628366 元

### 三、价格鉴定结论

鉴定被毁地块土地在鉴定基准日的土地损失价格为：人民币壹佰陆拾贰万捌仟叁佰陆拾陆元整（￥1628366.00）；鉴定出售土方在鉴定基准日期间的价格为：人民币叁拾肆万壹仟伍佰壹拾伍元整（￥341515.00）。总价格为：人民币壹佰玖拾陆万玖仟捌佰捌拾壹元整（￥1969881.00）。

### 四、重点难点分析

1. 确定被挖掘地块的坐标、面积和土方数量。因被挖掘地块形状不规则、深度不一，不能进行简单测量，我们要求委托方协调有资质的测绘部门进行了测绘。

2. 确定该地块使用性质、等级。我们多次联系国土管理部门，出于某种原因国土管理部门不愿提供该地块的实际性质、等级。通过委托方协调，国土管理部门根据取该地块的测绘坐标和该镇 2006—2020 年总体规划图，才出具了该地块为基本农田的证明。

3. 计算耕地损失价格。此次价格鉴定结论的准确与否，关系到当事人定罪的轻重，因此，小组对此次价格鉴定多次进行认真的讨论研究，查阅学习了《中华人民共和国土地管理法》、《土地复垦规定》等大量法规资料，同时向市国土局、农业局的管理人员多次咨询、请教，根据相关法律法规规定及咨询情况，确定鉴定被毁地块土地损失价格应由土地复垦费用和土地损失补偿费两部分构成是该案的重点：

（1）确定土地复垦费用。土地复垦费用应当根据土地被破坏程度、复垦标准和复垦工程量确定。破坏程度和工程量依据××市人民检察院委托测绘单位提供的情况确定。复垦费用经向市土地整理中心请教和了解，参照土地整理项目中执行的《××省土地开发整理项目预算定额标准（试行）》，结合复垦方案、标准确定。

（2）确定土地损失补偿费用。种庄稼的老百姓都知道，种庄稼地面要有熟土层，复垦后熟土层遭到破坏，庄稼基本上不生长或生长很差，恢复地力需要一个过程，这期间种植的粮食比正常地块产量低。恢复地力需要几年？粮食减产又是多少？这些我们都没数，要由权威部门或者有资质的单位作出评估。我中心委托农业局聘请××市有关专家组对土地损失补偿费进行了评估，确定了耕地地力恢复措施、费用和粮食减产损失。

### 案例评析

一、案例点评：

（1）尽管该案例比较少见，以前没有遇到过，没有可以借鉴的经验，但该案鉴定程序合法，依据较充分，方法恰当，结论较为合理。

（2）案例中使用的相关法律法规、标准较多，需要进行大量的查阅、搜集。

（3）案例中牵扯使用的数据比较多，如地力恢复的年限、每年使用有机肥料的数量及肥料价格，粮食减产的年限、每年减产的产量及粮食价格，该受损地块区域粮食产量前三年统计资料，被毁地块土方、面积、深度等，这些数据的采用，直接关系到鉴定结果的准确性，本次鉴定过程中，除了调查取得外，注重采用有权威有资质单位提供的相关数据和专家组评估数据，增强了鉴定结论的科学性和说服力。

（4）案例中的结论受限定条件限制，如购运土方运距 3 千米以内，现实执行中购土运距存在不确定性。

二、可供借鉴的经验与相关知识：

（1）被损毁坏地块在取土过程中挖出的两个大坑形状很不规则，深浅不一，不能进行简单测量，必须由测绘单位进行准确测量，这样的数据才可作为鉴定依据采用。

（2）做好该案例标的的鉴定，需要很多相关单位（农业、统计、土管、供销等）的配合，合作的好坏直接影响鉴定结论的准确性和进程。

（3）对该案进行价格鉴定，需要熟悉《中华人民共和国土地管理法》、《土地复垦规定》等相关法律法规。

《中华人民共和国土地管理法》第四章第三十一条规定：国家保护耕地，严格控制耕地转为非耕地，确保行政区域内耕地总量不减少。第四十二条规定：因挖损、塌陷、压占等造成土地破坏，用地单位和个人应当按照国家规定负责复垦。第七十四条规定：违反本法规定，占用耕地建窑、建坟或者擅自在耕地上建房、挖沙、采石、采矿、取土等，破坏种植条件的，或者因开发土地造成土地荒漠化、盐渍化的，由县级以上人民政府土地行政主管部门责令限期改正或者治理，可以并处罚款；构成犯罪的追究刑事责任。

《土地复垦规定》第四条规定：土地复垦，实行"谁破坏、谁复垦"的原则。第十三条规定：土地复垦费用，应当根据土地被破坏程度、复垦标准和复垦工程量合理确定。第十四条规定：土地损失补偿费，分为耕地的损失补偿费，林地的损失补偿费和其他土地的损失补偿费。耕地的损失补偿费实际造成减产以前三年平均年产量为计算标准。

# （四）非法采矿罪

【刑法】第三百四十三条　违反矿产资源法的规定，未取得采矿许可证擅自采矿的，擅自进入国家规划矿区、对国民经济具有重要价值的矿区和他人矿区范围采矿的，擅自开采国家规定实行保护性开采的特定矿种，经责令停止开采后拒不停止开采，造成矿产资源破坏的，处三年以下有期徒刑、拘役或者管制，并处或者单处罚金；造成矿产资源严重破坏的，处三年以上七年以下有期徒刑，并处罚金。

违反矿产资源法的规定，采取破坏性的开采方法开采矿产资源，造成矿产资源严重破坏的，处五年以下有期徒刑或者拘役，并处罚金。

【解释】本条是关于违反矿产资源法的规定，未取得采矿许可证擅自采矿，擅自进入国家规划矿区、对国民经济具有重要价值的矿区和他人矿区范围采矿，擅自开采国家规定实行保护性开采的特定矿种，经责令停止开采后拒不停止开采行为，以及采取破坏性开采方法开采矿产资源罪的犯罪及其刑罚的规定。

本条第一款是关于非法采矿的犯罪及其刑事处罚的规定。"未取得采矿许可证擅自采矿"是指未取得国务院、省、自治区、直辖市人民政府、国务院授权的有关主管部门颁发的采矿许可证而开采矿产资源的行为。采矿许可证是法律规定由国家行政机关颁发的一种特许许可证。没有采矿许可证无权开采矿产资源。"国家规划矿区"是指在一定时期内,根据国民经济建设长期的需要和资源分布情况,经国务院或国务院有关主管部门依法定程序审查、批准,确定列入国家矿产资源开发长期或中期规划的矿区以及作为老矿区后务资源基地的矿区。"对国民经济具有重要价值的矿区"是指经济价值重大或经济效益很高,对国家经济建设的全局性、战略性有重要影响的矿区。"国家规定实行保护性开采的特定矿种"是指黄金、钨、锡、锑、离子型稀土矿产。其中,钨、锡、锑、离子型稀土是我国的优质矿产,在世界上有举足轻重的地位。但是,近年来对这些矿产资源乱采滥挖现象很严重,因此根据矿产资源法的规定,国务院决定将钨、锡、锑、离子型稀土矿列为国家实行保护性开采的特定矿种,以加强保护。

本条对违反矿产资源法,造成矿产资源破坏的行为规定了三种情况:(1)未取得采矿许可证擅自采矿的;(2)擅自进入国家规划矿区,对国民经济具有重要价值的矿区和他人矿区范围采矿的;(3)擅自开采国家规定实行保护性开采的特定矿种。"造成矿产资源破坏的"是指由于不合理的开采方法造成矿产资源的开采回采率下降,本来可以利用的共生矿、伴生矿和尾矿遭到破坏等情形。依照本条规定,有以上三种行为之一的,经责令停止开采后拒不停止开采,造成矿产资源破坏的,处三年以下有期徒刑、拘役或者管制,并处或者单处罚金。"造成矿产资源严重破坏的"是指造成矿产资源破坏的面积大,致使重要矿产资源几乎完全不能开采以及造成珍贵稀有的矿产资源破坏的情况。对造成矿产资源严重破坏的,处三年以上七年以下有期徒刑,并处罚金。

本条第二款是关于采取破坏性的开采方法开采矿产资源的犯罪及其刑事处罚的规定。"破坏性的开采方法开采矿产资源"是指在开采矿产资源过程中,违反矿产资源法及有关规定,采易弃难,采富弃贫,严重违反开采回采率、采矿贫化率和选矿回收率的指标进行采矿的行为。矿产资源是不可再生的资源,一旦被破坏,几乎是难以补救的。有些矿种在世界范围内都是稀有矿种,如铌、钽、铍一旦被破坏,对人类的财富都是一项损失;还有些矿种虽然不是稀有的矿种,比如煤、石油,但过度的破坏性的开采也会造成矿产资源的破坏和损耗。因此,本款规定,采取破坏性的开采方法开采矿产资源,造成矿产资源严重破坏的,处五年以下有期徒刑或者拘役,并处罚金。

案例八十五

# 涉嫌非法开采罪案件中原煤的价格鉴定

 **案例背景情况**

2008 年 2 月至 7 月期间，××公司在未取得有关开采手续的情况下，非法进行露天开采作业，共非法开采原煤 77195.81 吨。××市人民检察院以涉嫌非法采矿罪为由，于 2011 年 3 月 9 日委托××市价格认证中心对基准日期内涉及原煤的市场零售价格进行价格鉴定。

 **价格鉴定结论书**

## 关于原煤的价格鉴定结论书

××市人民检察院：

根据你院的委托，我中心遵循合法、公正、科学的原则，按照规定的标准、程序和方法，依法对委托书委托标的进行了价格鉴定。现将价格鉴定情况综述如下：

### 一、价格鉴定标的

77195.81 吨原煤。

### 二、价格鉴定目的

为你院办理涉嫌非法采矿罪案件提供鉴定标的的价格依据。

### 三、价格鉴定基准日期

2008 年 2—7 月。

### 四、价格定义

价格鉴定结论所指价格是：鉴定标的在价格鉴定基准日期内，采用公开市场价值标准确定的客观合理的当地市场含税价格。

### 五、价格鉴定依据

（一）法律法规及规范性文件

1. 《中华人民共和国价格法》；
2. 《××省涉案财产价格鉴定条例》；
3. 《扣押、追缴、没收物品估价管理办法》；
4. 《关于扣押追缴没收及收缴财物价格鉴定管理的补充通知》；
5. 《××省涉案财产价格鉴定操作规程》；
6. 《关于审理非法采矿、破坏性采矿刑事案件具体应用法律若干问题的解释》。

（二）委托方提供的资料

1. 价格鉴定委托书；
2. 原煤分析化验单；
3. 原煤出库单。

（三）鉴定方收集的资料

1. 市场调查资料；
2. 其他相关资料。

### 六、价格鉴定方法

市场法。

### 七、价格鉴定过程

我中心接受委托后，成立了价格鉴定小组，制定了价格鉴定作业方案，并指派2名价格鉴定人员于2011年3月9日与检察院委托人员共同核实并确定价格鉴定所需资料。由于标的已灭失，且时间跨度较大，价格鉴定人员根据《最高人民法院关于审理非法采矿、破坏性采矿刑事案件具体应用法律若干问题的解释》，严格按照价格鉴定的程序和原则，通过认真分析研究和大量的市场调查，确定应用市场法对标的进行价格鉴定。

（一）价格鉴定标的概述

鉴定标的已灭失，检察机关提供了侦查确定的资料：（1）原煤具体产地。产地为××市××镇××村。（2）非法开采的原煤数量。共计77195.81吨。（3）原煤指标化验单 4 份。通过对提供化验单加权分析，标的的基本特征指标为：硫分为 1.12%；灰分为 8.94%；挥发分为 25.08%；黏结指数为 84.18；回收率为 43.08%。

（二）测算过程

标的属于适合当地炼焦专业用煤，属于焦煤范围，在炼焦行业有很好的市场。因此，标的的价格受原煤供应能力、焦化消耗量以及焦炭市场供求状况的影响较大，价格波动幅度较大，价格稳定时间较短。经市场调查，标的指标质量的原煤在 2008 年 2—7 月期间每月平均含税价格呈现上涨趋势，按照委托方提供的原煤逐月产量，以每个月平均含税价格为基准单价计算标的的价格详见价格鉴定明细表。

价格鉴定明细表

| 序号 | 月份 | 基准单价（元/吨） | 产量（吨） | 鉴定价格（元） |
|---|---|---|---|---|
| 1 | 2 月 | 328 | 12800.25 | 4198482 |
| 2 | 3 月 | 410 | 13000.42 | 5330172 |
| 3 | 4 月 | 445 | 12763.24 | 5679642 |
| 4 | 5 月 | 527 | 13205.71 | 6959409 |
| 5 | 6 月 | 608 | 12320.14 | 7490645 |
| 6 | 7 月 | 679 | 13106.05 | 8899008 |
| 合 计 | | | | 38557358 |

## 八、价格鉴定结论

价格鉴定标的在价格鉴定基准日期的鉴定价格为人民币叁仟捌佰伍拾伍万柒仟叁佰伍拾捌元整（￥38557358.00）。

## 九、价格鉴定限定条件

（一）委托方提供的资料客观真实；

（二）基准价为标的所属当地市场月平均含税销售价格；

（三）标的鉴定价格均为煤台的市场零售价格，不含装卸费和运输费用。

## 十、声明

（一）价格鉴定结论受结论书中已说明的限定条件限制。

（二）委托方提供资料的真实性由委托方负责。

（三）价格鉴定结论仅对本次委托有效，不做他用。未经我中心同意，不得向委托方和有关当事人之外的任何单位和个人提供。结论书的全部或部分内容，不得发表于任何公开媒体上。

（四）鉴定机构和鉴定人员与价格鉴定标的没有利害关系，与有关当事人也没有利害关系。

（五）如对本结论有异议，可向本鉴定机构提出重新鉴定，或委托省级政府价格主管部门设立的价格鉴定机构复核裁定。

## 十一、价格鉴定作业日期

（略）。

## 十二、价格鉴定人员

（略）。

## 十三、附件

1. 价格鉴定机构资质证复印件（略）
2. 价格鉴定人员资格证复印件（略）

（公章）

2011 年 3 月 26 日

## 测算说明

### 一、鉴定思路

本案例是对涉嫌非法采矿罪案件的原煤进行价格鉴定。案例主要特点：

（1）鉴定标的已灭失，鉴定主要依据委托方提供的相关资料及市场搜集资料进行鉴定。

（2）鉴定日期不是某一时点而是一段时间。由于价格鉴定基准日期内价格波动频繁、幅度较大，因此要根据当时市场供求状况确定科学合理的基准价。

### 二、价格鉴定标的概况

鉴定标的已灭失，检察机关提供了侦查确定的资料：（1）原煤具体产地。产地为××市××镇××村。（2）非法开采的原煤数量。共计 77195.81 吨。（3）原煤指标化验单 4 份。通过对提供化验单加权分析，标的的基本特征指标为：硫分 1.12%；灰分 8.94%；挥发分 25.08%；黏结指数 84.18；回收率 43.08%。

### 三、价格鉴定过程

我中心接受委托后，成立了价格鉴定小组，制定了价格鉴定作业方案，并指派

2 名价格鉴定人员于 2011 年 3 月 9 日与检察院委托人员共同核实并确定价格鉴定所需资料。由于标的已灭失，且时间跨度较大，价格鉴定人员根据《最高人民法院关于审理非法采矿、破坏性采矿刑事案件具体应用法律若干问题的解释》，严格按照价格鉴定的程序和原则，通过认真分析研究和大量的市场调查，确定应用市场法对标的进行价格鉴定。分析和计算过程如下：

（一）分析过程

价格鉴定标的为原煤，属于工业生产资料。基准日期价格形式为市场调节价。其价格形成主要由市场供求、质量指标等因素确定。

1. 分析标的物质量指标。我中心人员通过咨询当地洗煤、焦化行业的专业技术人员，查阅《炼焦工艺》专业技术书籍后，分析结果如下：

（1）硫分 St. ad（%）1 ~ 1.15，平均为 1.12 属于当地炼焦用煤硫分含量要求上限。

（2）灰分 Aad（%）8 ~ 10，平均为 8.94。符合炼焦用煤灰分 8% － 10% 的要求。

（3）挥发分 Vad（%）23 ~ 26，平均为 25.08。在常规炼焦时，配合煤料适宜的挥发分要求为 24% ~ 26%，此时焦炭的气孔率和比表面积最小，焦炭的强度最好。

（4）黏结指数（G）83 ~ 91，平均为 84.18。配合煤的黏结性指标是影响焦炭强度的重要因素。一般要求黏结指数为 58 ~ 72。

（5）回收率平均为 43.08，属于中等回收率的原煤。

综上指标分析，标的属于适合当地炼焦专业用煤，属于焦煤范围，在炼焦行业有很好的市场。因此，标的的价格受原煤供应能力、焦化消耗量以及焦炭市场供求状况的影响较大，价格波动幅度较大，价格稳定时间较短。

2. 分析其市场供求状况。中心人员通过参调当时的档案开发信息，同时对当时原煤市场状况进行调查，标的在基准日期内，影响其价格的供求因素主要有：一是原煤需求量在当地焦化行业属于上升趋势；二是由于"6·13"事故矿井关停对原煤产量有影响，这两种主要因素导致基准日期内原煤价格波动频繁且幅度较大。

3. 经市场调查，每吨标的指标质量的原煤在 2008 年 2—7 月期间内的平均含税价格分别为：2 月 328 元；3 月 410 元；4 月 445 元；5 月 527 元；6 月 608 元；7 月 679 元。

（二）计算过程

按照委托方提供的原煤逐月产量，以每个月平均单价为基准单价计算标的的价格。

鉴定值 = 基准期单月鉴定值之和

单月鉴定值 = 单月基准单价 × 单月产量

**价格鉴定明细表**

| 序号 | 月份 | 基准单价（元/吨） | 产量（吨） | 鉴定价格（元） |
|------|------|------------------|-----------|---------------|
| 1 | 2月 | 328 | 12800.25 | 4198482 |
| 2 | 3月 | 410 | 13000.42 | 5330172 |
| 3 | 4月 | 445 | 12763.24 | 5679642 |
| 4 | 5月 | 527 | 13205.71 | 6959409 |
| 5 | 6月 | 608 | 12320.14 | 7490645 |
| 6 | 7月 | 679 | 13106.05 | 8899008 |
| 合　计 | | | | 38557358 |

## 案例评析

一、该案例是对涉嫌非法采矿案件中原煤进行的价格鉴定，程序合法，依据比较充分，方法恰当，结论合理。

二、在确定基准价过程中，主要通过分析基准日期当地市场该种原煤的供求状况，以基准日期原煤的生产环境、产量、质量决定需求状况为基础，通过广泛的市场调查核定标的基准日期内同质量原煤的月平均含税销售价格，从而核算出鉴定标的合理的市场价格。

三、该案例的特点在于市场价格的确定。仅在基准日期内采用一种价格，有失偏颇。鉴于当时的市场供求状况，价格人员经过认真调查分析，确定了每个月的平均市场价格，最大程度上保证了价格的真实性、准确性，保证了结论的客观准确。

四、由于标的已灭失，在鉴定时主要以委托方提供的相关资料如过磅单、原煤质量化验单等作为鉴定基本条件，其真实性应由委托方负责。

# 五、贪污贿赂罪中涉案财物价格鉴定

## （一）贪污受贿罪

### 1. 贪污罪

【刑法】第三百八十二条　国家工作人员利用职务上的便利，侵吞、窃取、骗取或者以其他手段非法占有公共财物的，是贪污罪。

受国家机关、国有公司、企业、事业单位、人民团体委托管理、经营国有财产的人员，利用职务上的便利，侵吞、窃取、骗取或者以其他手段非法占有国有财物的，以贪污论。

与前两款所列人员勾结，伙同贪污的，以共犯论处。

【解释】本条是关于什么是贪污罪的规定。

本条第一款是关于贪污罪定义的规定。根据这一规定，构成贪污罪，必须具备以下条件：（1）贪污罪的主体是国家工作人员，即本法第九十三条规定的"国家机关中从事公务的人员"，"国有公司、企业、事业单位、人民团体中从事公务的人员和国家机关、国有公司、企业、事业单位委派到非国有公司、企业、事业单位、社会团体从事公务的人员，以及其他依照法律从事公务的人员，以国家工作人员论"。2000年4月29日第九届全国人民代表大会常务委员会第十五次会议通过的《全国人民代表大会常务委员会关于〈中华人民共和国刑法〉第九十三条第二款的解释》中，规定了村民委员会等村基层组织人员协助人民政府从事下列行政管理工作，属于刑法第九十三条第二款规定的"其他依照法律从事公务的人员"："（一）救灾、抢救、防汛、优抚、扶贫、移民、救济款物的管理；（二）社会捐助公益事业款物的管理；（三）国有土地的经营和管理；（四）土地征用补偿费用的管理；（五）代征、代缴税款；（六）有关计划生育、户籍、征兵工作；（七）协助人民政府从事的其他行政管理工作。"并同时规定："村民委员会等村基层组织人员从事前款规定的公务，利用职务上的便利，非法占有公共财物、挪用公款、索取他人财物或者非法收受他人财物，构成犯罪的，适用刑法第三百八十二条和第三百八十三条贪污罪、第三百八十四条挪用公款罪、第三百八十五条和第三百八十六条受贿罪的规定"。即村委会等村基层组织人员从事协助人民政府进行有关管理工作，属于刑法第九十三条第二款规定的"其他依照法律从事公务的人员，可以成为贪污罪和受贿罪的犯罪主体"。(2)贪污罪侵犯的对象是公共财物。刑法第九十一条对公共财产的范围作了规定。主要包括："（一）国有财产；（二）劳动群众集体所有的财产；（三）用于扶贫和其他公益事业的社会捐助或者专项基金的财产。""在国家机关、国有公司、企业集体企业和人民团体管理、使用或者运输中的私人财产，以公共财产论"。(3)贪污罪在行为上主要表现为利用职务上的便利，侵吞、窃取、骗取或者以其他手段非法占有公共财物的行为。这里所说的"利用职务上的便利"，是指利用自己职务范围内的权力和地位所形成的主管、管理、经手公共财物的便利条件。"侵吞"，是指利用职务上的便利，将自己主管、管理、经手的公共财物非法占为己有的行为。"窃取"，是指利用职务上的便利，用秘密获取的方法，将自己主管、管理、经手的公共财物占为己有的行为，即通常所说的"监守自盗"。"骗取"，是指行为人利用职务上的便利，使用欺骗的方法，非法占有公共财物的行为，如会计、出纳员伪造、涂改单据，虚报冒领等等。所谓"其他手段"是指侵吞、窃取、骗取以外的利用职务上的便利非法占有公共财物的手段。

本条第二款是关于受国家机关、国有公司、企业、事业单位、人民团体委托管理、经营国有财产的人员，利用职务上的便利，侵吞、窃取、骗取或者以其他手段非法占有国有财物的以贪污论的规定。这里规定的"国有财物"，与第一款规定的"公共财产"是有区别的。前者只限定于国家所有（或全民所有）的财产，后者还包括集体所有的财产、用于社会公益事业的财产等等。

本条第三款是对与前两款所列人员勾结、伙同贪污，以共犯论处的规定。这里所说的"伙同贪污"，是指伙同国家工作人员进行贪污，其犯罪性质是贪污罪，对伙同者，应以贪污罪的共犯论处。

**【刑法】第三百八十三条** 对犯贪污罪的，根据情节轻重，分别依照下列规定处罚：

（一）个人贪污数额在十万元以上的，处十年以上有期徒刑或者无期徒刑，可以并处没收财产；情节特别严重的，处死刑，并处没收财产。

（二）个人贪污数额在五万元以上不满十万元的，处五年以上有期徒刑，可以并处没收财产；情节特别严重的，处无期徒刑，并处没收财产。

（三）个人贪污数额在五千元以上不满五万元的，处一年以上七年以下有期徒刑；情节严重的，处七年以上十年以下有期徒刑。个人贪污数额在五千元以上不满一万元，犯罪后有悔改表现、积极退赃的，可以减轻处罚或者免予刑事处罚，由其所在单位或者上级主管机关给予行政处分。

（四）个人贪污数额不满五千元，情节较重的，处二年以下有期徒刑或者拘役；情节较轻的，由其所在单位或者上级主管机关酌情给予行政处分。

对多次贪污未经处理的，按照累计贪污数额处罚。

【解释】本条是关于对贪污罪如何进行处罚的规定。

本条第一款规定了贪污罪的具体量刑标准，其中规定了四个量刑档次。处理贪污案件，贪污数额是量刑的主要依据，但同时也要考虑其他情节。根据本款规定，贪污数额虽在五千元以下，情节较重的，也应当定罪判刑。这里所说的"情节较重"，主要是指贪污的情节较严重，如贪污党、团费，贪污扶贫、救灾款，或者贪污后拒不退赃等。"情节较轻"，一般是指贪污的数额很小，系初犯，或者在案发前退赃，有悔改表现，社会危害性不大，不需要判处刑罚的。对于情节较轻的，由其所在单位或者上级主管部门酌情给予行政处分。本款第（一）、（二）项规定的"情节特别严重"，通常是指因贪污犯罪使国家利益遭受特别重大损失的，或者贪污后拒不退赃、销毁罪证、订立攻守同盟等等。

本条第二款是对多次贪污未经处理的如何计算贪污数额的规定。根据本款规定，多次贪污未经处理，是指两次以上的贪污行为，以前既没有受过刑事处罚，也没有受过行政处埋，追究其刑事责任时，应当累计计算贪污数额。

### 2. 受贿罪

【刑法】第三百八十五条　国家工作人员利用职务上的便利，索取他人财物的，或者非法收受他人财物，为他人谋取利益的，是受贿罪。

国家工作人员在经济往来中，违反国家规定，收受各种名义的回扣、手续费，归个人所有的，以受贿论处。

【解释】本条是关于什么是受贿罪的规定。

2000年4月29日第九届全国人民代表大会常务委员会第十五次会议通过的《全国人民代表大会常务委员会关于〈中华人民共和国刑法〉第九十三条第二款的解释》，其中规定村民委员会等基层组织人员在协助人民政府从事行政管理工作时，属于刑法第九十三条第二款规定的"其他依照法律从事公务的人员。即如果利用职务上的便利，索取他人财物或者非法收受他人财物，构成犯罪的，适用刑法第三百八十五条和第三百八十六条受贿罪的规定。

本条第一款规定了什么是受贿罪。根据这一规定，构成受贿罪必须具备以下几项条件：（1）受贿罪的主体是国家工作人员。（2）受贿罪在客观方面表现为利用职务上的便利，索取他人财物，或者非法收受他人财物，为他人谋取利益。这里所说的"利用职务上的便利"，是指利用本人职务范围内的权力，即自己职务上主管、负责或者承办某种公共事务的职权所造成的便利条件。"索取他人财物"，是指行为人在职务活动中主动向他人索要财物。索贿是严重的受贿行为，比一般受贿具有更大的主观恶性和社会危害性，因此对索取他人财物的，法律没有规定要以"为他人谋取利益"为条件，不论是否为他人谋取利益，均可构成受贿罪。"非法收受他人财物"，是指行贿人向受贿人主动给予财物时，受贿人非法收受他人财物的行为。"为他人谋取利益"，是指受贿人利用职权为行贿人办事，即进行"权钱交易"。至于为他人谋取的利益是否正当，为他人谋取的利益是否实现，不影响受贿罪的成立。

本条第二款是对国家工作人员在经济往来中，违反国家规定收受各种名义的回扣、手续费，归个人所有，以受贿论处的规定。这里所说的"违反国家规定"，是指违反全国人大及其常委会制定的法律，国务院制定的行政法规和行政措施、发布的决定和命令。如《中华人民共和国反不正当竞争法》、1986年发布的《国务院办公厅关于严禁在社会经济活动中牟取非法利益的通知》等，对在经济往来中禁止收受回扣以及各种名义的手续费都作了规定。其主要内容是：严禁在账外暗中给对方或者收受对方的回扣。所谓账外暗中，是指未在依法设立的财务账目上按照财物会计制度如实记载。在账外暗中给予对方回扣的，以行贿论；在账外暗中收受回扣的，以受贿论。"手续费"是指在经济活动中，除回扣以外，违反国家规定支付给对方的各种名义的钱或物，如佣金、信息费、顾问费、劳务费、辛苦费、好处费。根据本款规定，收受回扣或者各种名义的手续费归个人所有的，就应以受贿罪论处。

### 3. 受贿罪量刑

【刑法】第三百八十六条　对犯受贿罪的，根据受贿所得数额及情节，依照本法第三百八十三条规定处罚。索贿的从重处罚。

【解释】本条是关于对受贿罪如何进行处罚的规定。

根据本款规定，对犯受贿罪的，根据本法第三百八十三条规定的贪污罪的量刑标准处罚，即对个人受贿的处罚也分为四个量刑档次，根据受贿数额及其情节分别按照有关档次进行处罚。根据本条规定，对索贿的，应当从重处罚。

**案例八十六**

# 涉嫌受贿罪案件中房屋装修工程的价格鉴定

## 案例背景情况

2010年3月1日，犯罪嫌疑人利用职务之便，要求利害关系人装修其位于××区××街的住房1套，未支付相关房屋装修费用。××省人民检察院以涉嫌受贿为由，于2012年10月15日要求对涉案的房屋装修费用进行价格鉴定。

## 价格鉴定结论书

### 关于房屋装修工程的价格鉴定结论书

××省人民检察院：

根据你单位的协助请求及要求，遵循合法、公正、科学的原则，按照规定的标准、程序、方法，我中心依法对涉案的房屋装修工程进行了价格鉴定。现将价格鉴定情况综述如下：

#### 一、价格鉴定标的

本次价格鉴定标的为位于××区××街房屋装修工程，属旧房改造装修。具体内容详见附表。

#### 二、价格鉴定目的

为你单位办理涉嫌受贿罪案件提供价格鉴定标的的价格依据。

## 三、价格鉴定基准日

2010 年 3 月 1 日。

## 四、价格定义

价格鉴定结论所指价格是：鉴定标的在鉴定基准日，采用公开市场中低档装修价值标准确定的××市的市场价格。

## 五、价格鉴定依据

（一）法律法规及规范性文件

1.《中华人民共和国价格法》；

2.《扣押、追缴、没收物品估价管理办法》；

3.《关于扣押追缴没收及收缴财物价格鉴定管理的补充通知》；

4.《××省涉案物品价格评估管理办法》；

5.《××省涉案财物价格鉴证条例》；

6.《××省涉案财物价格鉴证操作规程》；

7.《关于进一步做好涉案物品价格鉴证工作的通知》；

8.《××省物价局成本监审价格认定分局价格认定操作细则（试行）》；

9.《××省物价局成本监审价格认定分局价格认定文书格式规范（试行）》。

（二）办案方提供的有关资料

1. ××省人民检察院价格鉴定委托书；

2. 委托方提供的相关资料复印件。

（三）鉴定方收集的有关资料

1. 实物勘验记录；

2. 市场收集的相关资料；

3. 其他相关资料。

## 六、价格鉴定方法

成本法。

## 七、价格鉴定过程

受理协助请求后，我中心成立了鉴定小组，制定了价格鉴定作业方案，并指派 2 名价格鉴定人员于 2012 年 10 月 18 日对标的进行了实物勘验。

本次价格鉴定标的为位于××区××街的住房装修工程，简易装修，属旧房改造装修。房屋由 2 间卧室、1 间客厅、1 间厨房、1 间储物室、1 间卫浴室和 1 个封闭式阳台组成，装修内容包括 5 个窗口、7 扇门、2 个木制暗柜、1 个鞋柜、插座开关若干、橱柜、厨房地砖及墙砖、墙面乳胶漆、简易照明灯具等。

实物勘验后，价格鉴定人员根据委托方提供的有关材料及要求，根据国家有关规程和标准，严格按照价格鉴定的程序和原则，通过认真分析研究和广泛的市场调查，确定运用成本法对涉案的房屋装修工程进行价格鉴定，具体鉴定过程详见《价格鉴定技术报告》。

## 八、价格鉴定结论

价格鉴定标的在鉴定基准日的价格为人民币叁万贰仟贰佰伍拾壹元整（￥32251.00）。

## 九、价格鉴定限定条件

（一）委托方提供的资料客观真实；

（二）根据实物勘验情况及委托方要求，装修工程量按一般正常装修情况确定，装修材料的品牌参照中低档一般品牌确定，其他材料按勘验测算标准确定；

（三）本鉴定结论仅为本次鉴定目的使用，如鉴定目的发生变化，鉴定结论需要重新调整。

## 十、声明

（一）价格鉴定结论受结论书中已说明的限定条件限制。

（二）委托方提供资料的真实性由委托方负责，因资料失实造成价格鉴定结论有误的，价格鉴定机构和人员不承担相应的责任。

（三）价格鉴定结论仅对本次协助请求有效，不做他用。未经我中心同意，不得向委托机关及有关当事人之外的任何单位和个人提供。结论书的全部或部分内容，不得发表于任何公开媒体上。

（四）价格鉴定机构和价格鉴定人员与价格鉴定标的没有利害关系，也与有关当事人没有利害关系。

（五）如对本结论有异议，可向本鉴定机构提出重新鉴定，或办案省级政府价格主管部门设立的价格鉴定机构复核裁定。

## 十一、价格鉴定作业日期

（略）。

## 十二、价格鉴定人员

（略）。

## 十三、附件

1. 价格鉴定委托书复印件（略）
2. 价格鉴定技术报告
3. 价格鉴定机构资质证复印件（略）
4. 价格鉴定人员资格证复印件（略）

（公章）

2012 年 12 月 1 日

附件 2

# 价格鉴定技术报告

受理 ×× 省人民检察院价格鉴定协助请求后，我中心依法组成案件鉴定工作小组，制定了作业方案，及时与委托方共同对涉案鉴定标的进行了实物勘验，并制作了实物勘验记录。根据委托方提供的价格鉴定委托书及相关材料，按 × 价认证〔2012〕130 号文件规定，经集体研究讨论，我中心运用成本法确定涉案鉴定标的在鉴定基准日 2010 年 3 月 1 日 ×× 市场中低档装修标准的市场价格。具体情况综述如下：

一、房屋概况

房屋坐落：×× 区 ×× 街 × 号；结构：混合；所在楼层：1 层；设计用途：住宅，建筑面积：×× 平方米（实用面积：×× 平方米）。

二、鉴定过程

根据实物勘验情况及委托方要求，装修工程量按一般正常装修情况确定，具体鉴定项目见下表。

### 价格鉴定明细表

| 序号 | 项目（商品）名称 | 数量单位 | 鉴定单价（元） | 鉴定值（元） | 材料及工艺说明 |
|---|---|---|---|---|---|
| 一 | 水电安装工程 | | | | |
| 1 | 强弱电路布线（双色管） | 252 米 | 16.00 | 4032.00 | 强电采用参照武汉电线二厂单芯铜芯线，弱电采用一般品牌弱电线路，采用 16 毫米或 20 毫米 PVC 阻燃管，照明 1.5 平方电线、电源插座 2.5 平方电线、空调或大功率电器 4 平方电线，含人工费。 |

续表

| 序号 | 项目（商品）名称 | 数量单位 | 鉴定单价（元） | 鉴定值（元） | 材料及工艺说明 |
|---|---|---|---|---|---|
| 2 | 改进水管 | 32.20 米 | 25.00 | 805.00 | 采用国际免检 PP–R 管，含水管及配件，价格不含洁具、阀门、软管，含人工费。 |
| 3 | 110 改下水管 | 3 米 | 35.00 | 105.00 | 采用国标产品下水管，专用 PVC 胶水连接，价格含配件材料及人工费。 |
| 4 | 50 改下水管 | 8 米 | 20.00 | 160.00 | 采用国标产品下水管，专用 PVC 胶水连接，价格含配件材料及人工费。 |
| 二 | | | | 防水涂刷工程 | |
| 5 | 卫生间地面挖掘回填 | 3.29 平方米 | 40.00 | 132.00 | 旧房改造，现场渣土回填，采用优质华新 325#水泥，中粗沙，1:3 水泥黄沙比例，粉平。 |
| 6 | 卫生间地面防水处理 | 3.29 平方米 | 45.00 | 148.00 | 旧房改造，地面采用专业防水施工、防腐密封涂料，涂二遍处理。 |
| 三 | | | | 泥工粘贴工程 | |
| 7 | 贴厨房墙面砖 | 15.63 平方米 | 35.00 | 547.00 | 贴到 2.4 米高，采用优质华新 325#水泥，水泥浆湿贴法施工。 |
| 8 | 贴卫生间墙面砖 | 17.85 平方米 | 35.00 | 625.00 | 贴到 2.4 米高，采用优质华新 325#水泥，水泥浆湿贴法施工。 |
| 9 | 铺厨房地砖 | 4.35 平方米 | 35.00 | 152.00 | 采用优质华新 325#水泥，水泥浆湿贴法施工。 |
| 10 | 铺客厅地砖 | 20 平方米 | 35.00 | 700.00 | 采用优质华新 325#水泥，水泥浆湿贴法施工。 |
| 11 | 铺卫生间地砖 | 3.46 平方米 | 35.00 | 121.00 | 采用优质华新 325#水泥，水泥浆湿贴法施工。 |
| 12 | 铺储物间地砖 | 4.2 平方米 | 35.00 | 147.00 | 采用优质华新 325#水泥，水泥浆湿贴法施工。 |
| 13 | 铺卧室地砖 | 31 平方米 | 35.00 | 1085.00 | 采用优质华新 325#水泥，水泥浆湿贴法施工。 |
| 14 | 铺阳台地砖 | 8 平方米 | 35.00 | 280.00 | 采用优质华新 325#水泥，水泥浆湿贴法施工。 |
| 15 | 贴踢脚线 | 68 米 | 8.00 | 544.00 | 采用优质华新 325#水泥，水泥浆湿贴法施工。 |
| 四 | | | | 木工框架工程 | |
| 16 | 木龙骨石膏板墙 | 8.63 平方米 | 60.00 | 518.00 | 采用 25 厘米×40 厘米木方，轻钢龙骨，优质 9 毫米纸面石膏饰面。 |
| 17 | 鞋柜及壁柜 | 3.25 平方米 | 400.00 | 1300.00 | E1 级木芯板做框，木饰面板做饰板、木条线收口，环保夹板做背板。 |
| 五 | | | | 油漆 | |
| 18 | 铲墙皮 | 246 平方米 | 2.00 | 492.00 | 旧房改造，人工铲除。 |
| 19 | 墙面基层处理 | 246 平方米 | 1.50 | 369.00 | 旧房改造，墙面补洞、抹灰。 |
| 20 | 金房乳胶漆人工及辅料 | 246 平方米 | 16.00 | 3936.00 | 环保腻子 2~3 遍、水砂纸打磨，价格含乳胶漆。 |

续表

| 序号 | 项目（商品）名称 | 数量单位 | 鉴定单价（元） | 鉴定值（元） | 材料及工艺说明 |
|---|---|---|---|---|---|
| 21 | 木柜油漆人工及辅料 | 2.55 平方米 | 45.00 | 115.00 | 环保腻子 2～3 遍、水砂纸打磨，价格含清水漆。 |
| 六 | | | | 安装工程 | |
| 22 | 灯具安装费 | — | 150.00 | 150.00 | 包干，两室一厅标准。 |
| 23 | 洁具安装费 | — | 150.00 | 150.00 | 包干，两室一厅标准。 |
| 24 | 五金挂件安装费 | — | 100.00 | 100.00 | 包干，两室一厅标准。 |
| 25 | 运杂费 | — | 500.00 | 500.00 | 包干，两室一厅标准，含出渣费、材料力资费和运输费等。 |
| 七 | | | | 主材 | |
| 26 | 卫生间地砖 | 3.46 平方米 | 36.00 | 125.00 | 参照"京山"品牌 300×300 地砖。 |
| 27 | 卫生间墙砖 | 17.85 平方米 | 36.00 | 643.00 | 参照"京山"品牌 300×450 地砖。 |
| 28 | 客厅地砖 | 20 平方米 | 45.00 | 900.00 | 参照"京山"品牌 500×500 地砖。 |
| 29 | 厨房地砖 | 4.35 平方米 | 36.00 | 157.00 | 参照"京山"品牌 300×300 地砖。 |
| 30 | 厨房墙砖 | 15.63 平方米 | 36.00 | 563.00 | 参照"京山"品牌 300×450 地砖。 |
| 31 | 卧室地砖 | 31 平方米 | 40.00 | 1240.00 | 参照"京山"品牌 300×300 地砖。 |
| 32 | 阳台地砖 | 8 平方米 | 36.00 | 288.00 | 参照"京山"品牌 300×300 地砖。 |
| 33 | 储物间地砖 | 4.2 平方米 | 36.00 | 151.00 | 参照"京山"品牌 300×300 地砖。 |
| 八 | | | | 其他 | |
| 34 | 成品套装房门 | 5 套 | 500.00 | 2500.00 | 木门，含门套，207 厘米×90 厘米。 |
| 35 | 成品套装卫生间门 | 1 套 | 280.00 | 280.00 | 玻璃伸缩门，普通玻璃贴纸，195 厘米×80 厘米。 |
| 36 | 厨房、储物间和卫生间吊顶 | 12 平方米 | 65.00 | 780.00 | 集成 PVC 吊顶，含阴脚线、木龙骨架。 |
| 37 | 厨柜 | 4 直米 | 400.00 | 1600.00 | 不含上柜，含人造大理石台面，内延长 52 厘米。 |
| 38 | 116 型开关插座 | 20 个 | 15.00 | 300.00 | "飞雕"品牌。 |
| 39 | 卧室方形吸顶灯 | 2 盏 | 80.00 | 160.00 | 参照"小白羊"品牌灯具。 |
| 40 | 客厅照明日光灯 | 1 盏 | 20.00 | 20.00 | 一般品牌。 |
| 41 | 卫生间方形浴霸 | 1 套 | 350.00 | 350.00 | 参照"欧普"品牌灯具。 |
| 42 | 厨房照明吸顶灯 | 1 盏 | 50.00 | 50.00 | 参照"欧普"品牌灯具。 |
| 43 | 阳台照明吸顶灯 | 1 盏 | 50.00 | 50.00 | 参照"欧普"品牌灯具。 |
| 44 | 储物间吸顶照明灯 | 1 盏 | 50.00 | 50.00 | 参照"欧普"品牌灯具。 |
| 45 | 不锈钢压条 | 4 根 | 12.00 | 48.00 | 每根 2 米，一般品牌。 |
| 46 | 陶瓷蹲便器及配套水箱 | 1 套 | 150.00 | 150.00 | 参照"小熊猫"品牌洁具（卫生间）。 |
| 47 | 不锈钢洗菜盆 | 1 套 | 120.00 | 120.00 | 一般品牌（厨房）。 |
| 48 | 菜盆龙头 | 1 个 | 20.00 | 20.00 | 一般品牌（厨房）。 |
| 49 | 沐浴花洒套装 | 1 套 | 240.00 | 240.00 | 参照"鑫源"品牌（卫生间）。 |
| 50 | 门槛石 | 3 米 | 60.00 | 180.00 | 一般品牌（卫生间、厨房、储物间）。 |
| 51 | 踢脚线 | 65 米 | 2.50 | 163.00 | 一般品牌。 |
| 52 | 地漏 | 3 个 | 13.00 | 39.00 | 一般品牌（卫生间、厨房、储物间）。 |

续表

| 序号 | 项目（商品）名称 | 数量单位 | 鉴定单价（元） | 鉴定值（元） | 材料及工艺说明 |
|---|---|---|---|---|---|
| 53 | 水龙头 | 3 个 | 15.00 | 45.00 | 参照"鑫源"品牌（卫生间、储物间）。 |
| 54 | 陶瓷面盆（含墙面镜） | 1 套 | 270.00 | 270.00 | 白釉，一般品牌（卫生间）。 |
| 55 | 塑钢窗户 | 17.02 平方米 | 120.00 | 2042.00 | 含玻璃（阳台、卧室、卫生间、厨房、储物间）。 |
| 56 | 阳台防盗门 | 1 扇 | 700.00 | 700.00 | 铁制，196 厘米×93.5 厘米，一般品牌。 |
| 57 | 阳台防盗窗 | 8.6 平方米 | 90.00 | 774.00 | 室外安装，采用 Φ5 毫米钢筋。 |
| 58 | 沟缝剂 | 5 包 | 8.00 | 40.00 | 一般品牌。 |
| 以上鉴证标的鉴证值合计为人民币叁万贰仟贰佰伍拾壹元整（￥32251.00） | | | | | |

# 测算说明

## 一、鉴定思路

本案例是对受贿的房屋装修工程进行价格鉴定。本次价格鉴定工作应做好如下工作：

（1）充分做好实物勘验工作，及时填写勘验记录，如有条件，可全程对涉案房屋装修情况进行摄像取证，以备及时校对，以弥补实地勘验时的不足；

（2）及时与委托方进行现场沟通，因房屋装修与其他鉴定标的不一样，有隐蔽项目，也有事后装修等情况，需要委托方予以确认，以便对装修材料及工艺进行甄别；

（3）装修材料的价格及人工费等的调查，因价格鉴定基准日与委托方协助请求之日相差有两年，材料价格及人工费用等是否与现有价格存在差别，需要及时对市场进行充分调查，进而核定其价格和费用。

## 二、标的概况

本次价格鉴定标的为位于××区××街的住房装修工程，简易装修，属旧房改造装修。房屋由 2 间卧室、1 间客厅、1 间厨房，1 间储物室，1 间卫浴室和 1 个封闭式阳台组成，装修内容包括 5 个窗口、7 扇门、2 个木制暗柜、1 个鞋柜、插座开关若干、橱柜、全房地砖及墙砖、墙面乳胶漆、简易照明灯具等。

## 三、鉴定过程

受理××省人民检察院价格鉴定协助请求后，我中心依法组成案件鉴定工作小组，制定了作业方案，及时与委托方共同对涉案鉴定标的进行了实物勘验，并制作了实物勘验记录。根据委托方提供的相关材料及要求，按×价认证〔2012〕130 号文件规定，经集体研究讨论，我中心运用成本法确定涉案鉴定标的在鉴定基准日 2010 年 3 月 1 日××市场中低档装修标准的市场价格。

根据实物勘验情况及委托方要求，装修工程量按一般正常装修情况确定，装修材料的品牌参照中低档一般品牌确定，其他材料按勘验测算标准确定。

具体过程同价格鉴定结论书，略。

## 案例评析

一、价格鉴定标的、目的决定价格鉴定的方法、思路，对刑事案件的价格鉴定，一定要做到程序合法，鉴定方法恰当，依据充分，充分考虑市场因素与案件的差异，剔除外界因素的影响，使鉴定结论更为科学、合理、合法。

二、该价格鉴定，房屋装修材料及工艺采用实地勘验与委托方掌握材料进行确定，考虑了房屋装修的必要损耗，调整了不合理项目。

三、由于该价格鉴定标的的特殊性，仅采用一种鉴定方法，但价格鉴定人员进行了充分的市场调查，做足了基本功，能客观公正地保证鉴定结论的真实性、客观性和准确性。

四、通过实物勘验时的状态来反映价格鉴定基准日时的状态的案例，要充分与委托方进行沟通，让委托方提供更多与鉴定标的有关的信息，进而确定标的在基准日时的状况，让价格鉴定结论更有公正性和说服力。

## 案例八十七

# 涉嫌贪污罪案件中奇骏小型轿车的价格鉴定

 **案例背景情况**

2012 年 3 月 8 日，犯罪嫌疑人将××公司一辆奇骏小型轿车过户其名下，申领车牌号××××。××市人民检察院以涉嫌贪污为由，于 2012 年 8 月 8 日委托××市价格认证中心对奇骏小型轿车进行价格鉴定。

 **价格鉴定结论书**

# 关于奇骏小型轿车的价格鉴定结论书

××市人民检察院：

　　根据你院委托，我中心遵循合法、公正、科学的原则，按照规定的标准、程序和方法，依法对委托书所列指的奇骏小型轿车进行了价格鉴定。现将价格鉴定情况综述如下：

## 一、价格鉴定标的

　　鉴定标的为东风日产牌 DFL7250VEC 小型轿车，号牌号码为××××，车架号为LGBM2DE4X8Y00××××，发动机号为 67447××，排气量为 2.5L，车身颜色为灰色，2008 年 12 月 2 日初始注册登记。

## 二、价格鉴定目的

为你院办理涉嫌贪污罪案件提供鉴定标的的价格依据。

## 三、价格鉴定基准日

2012 年 3 月 8 日。

## 四、价格定义

　　价格鉴定结论所指价格是：鉴定标的在价格鉴定基准日，采用公开市场价值标准确定的市场价格。

## 五、价格鉴定依据

（一）法律法规及规范性文件

1.《中华人民共和国价格法》；

2.《扣押、追缴、没收物品估价管理办法》；

3.《关于扣押追缴没收及收缴财物价格鉴定管理的补充通知》；

4.《价格鉴定行为规范》（2010 年版）；

5.《关于进一步做好违法犯罪案件涉案物价格鉴定工作的意见》；

6.《××省涉案财产价格鉴定相关技术参数参照标准》；

7.《关于调整汽车报废标准若干规定的通知》；

8. 其他相关价格鉴定的法律、法规、政策。

（二）委托方提供的有关资料

1. 价格鉴定委托书；

2. 机动车登记证书、行驶证复印件。

（三）鉴定方收集的有关资料

1. 实物勘验资料；

2. 市场调查资料；

3. 其他相关资料。

## 六、价格鉴定方法

成本法、市场法。

## 七、价格鉴定过程

我中心接受委托后，成立价格鉴定工作小组，制定了价格鉴定作业方案，并指派 2 名价格鉴定人员于 2012 年 8 月 8 日对标的小型轿车进行了实物勘验：标的为东风日产牌 DFL7250VEC 小型轿车，号牌号码为 ××××，车架号为 LG-BM2DE4X8Y00××××，发动机号为 67447××，排气量为 2.5L，车身颜色为灰色，2008 年 12 月 2 日初始注册登记。配置情况：该车为中高配置，手自一体变速系统，真皮座椅，自动恒温空调，四轮驱动越野车型，ABS、BA、EBD、TCS（牵引力控制系统）等各种安全系统。该车原为 ×× 公司自用，2012 年 3 月 8 日过户给犯罪嫌疑人。

根据车辆勘验情况和国家有关规程和标准，严格按照价格鉴定的程序和原则，通过认真分析研究和广泛的市场调查，确定采用成本法和市场法两种方法对标的进行价格鉴定。计算过程如下：

（一）采用成本法鉴定

计算公式为：

鉴定价格 = 重置成本 × 年限成新率 × 综合调整系数 × 市场波动系数

1. 经市场调查确定重置成本为 276795 元。

2. 根据国家有关车辆报废年限规定，确定年限成新率为 78.33%。

3. 根据委托方提供车辆使用相关资料并结合实物勘验结果，确定综合调整系数为 92.5%。

4. 根据标的车辆已使用时间、同车型市场交易活跃度及市场需求实际等情况，分析确定市场波动系数为 80%。

5. 成本法鉴定价格 = 276795 × 78.33% × 92.5% × 80% = 160442（元）。

（二）采用市场法鉴定

根据对二手车交易市场同类或类似车型成交资料的搜集、调查，选取三个可比实例，将选取实例与标的车辆进行对比分析，作各项差异因素的量化、调整以确定各比准价格分别为 161160 元、149940 元、144840 元。

市场法鉴定价格 =（161160 + 149940 + 144840）÷3 = 151980（元）

采用成本法鉴定价格为 160442 元，采用市场法鉴定的价格为 151980 元，两种价格相差不太大，按算术平均计算，结果四舍五入、取至百位，则鉴定价格 =（160442 + 151980）÷2 = 156200（元）。

## 八、价格鉴定结论

鉴定标的东风日产牌 DFL7250VEC 小型轿车在价格鉴定基准日的价格为人民币壹拾伍万陆仟贰佰元整（￥156200.00）。

## 九、价格鉴定限定条件

（一）委托方提供的资料客观真实；

（二）因价格鉴定工作日距鉴定基准日较远，鉴定人员无法通过实物勘验确定标的在鉴定基准日的状况，鉴定基准日标的车辆的实物状况以委托方认定为准。

当上述条件发生变化时，鉴定结论会失效或部分失效，鉴定机构不承担由于这些条件的变化而导致鉴定结果失效的相关法律责任。

## 十、声明

（一）价格鉴定结论受结论书中已说明的限定条件限制。

（二）委托方提供资料的真实性由委托方负责。

（三）价格鉴定结论仅对本次委托有效，不做他用。未经我中心同意，不得向委托方和有关当事人之外的任何单位和个人提供。结论书的全部或部分内容，不得发表于任何公开媒体上。

（四）鉴定机构和鉴定人员与价格鉴定标的没有利害关系，与有关当事人也没有利害关系。

（五）如对本结论有异议，可向本鉴定机构提出重新鉴定，或委托省级政府价格主管部门设立的价格鉴定机构复核裁定。

## 十一、价格鉴定作业日期

（略）。

## 十二、价格鉴定人员

（略）。

## 十三、附件

1. 价格鉴定委托书复印件（略）
2. 机动车登记证书、行驶证复印件（略）
3. 价格鉴定机构资质证复印件（略）
4. 价格鉴定人员资格证复印件（略）

（公章）

2012 年 8 月 11 日

## 测算说明

### 一、鉴定思路

本案例是对贪污车辆进行价格鉴定。案例主要特点：

（1）鉴定基准日该车型已停产，用成本法计算时，重置成本的估算要考虑替代车型与标的车型不同配置之间的价格调整。

（2）实物勘验时标的车辆状况与鉴定基准日相比发生了变化。经委托方补充调查后认定，由于车辆动态使用的特点，价格鉴定一定要以基准日的行驶里程、外观状况、技术性能等车况为准。

（3）鉴定价格为半年前的历史价格，对于新车和二手车交易实例的选取有一定难度。因此，必须认真细致地进行调查咨询。

### 二、价格鉴定标的的概况

鉴定标的为东风日产牌 DFL7259VEC 小型轿车。车辆登记资料显示：车牌号码为×××，车架号为 LGBM2DE4X8Y00×××，发动机号为 67447××，排气量 2.5L，2008 年 12 月 2 日初始注册登记，2012 年 3 月 8 日由××公司转移过户给 ××。

鉴定人员于 2012 年 8 月 8 日对标的车辆进行了实物勘验，该车车架号、发动机号与登记信息相符，三厢五座，车身颜色为灰色，表显行驶里程 681100 千米，配置情况：该车为中高配置，手自一体变速系统，真皮座椅，自动恒温空调、ABS、BA、EBD、TCS（牵引力控制系统）等各种安全系统。静态检测，该车外观现状较好，车身漆层完好有光泽，门缝隙、前盖板缝隙均称，四车门开启平顺，室内的装饰板、仪表板、坐垫皮面均完好，电动门窗升降平滑，门锁防盗系统正常，前后灯光完好，四轮胎状况一般；动态检测，发动机动力性能较好，提速快、无噪音、怠速运转平稳。底盘部分的传动系，转向系、行驶系的工作机械性能正常，行驶平顺性好。但制动系工作性能较差，紧急制动时产生偏左现象，右前轮制动片磨损、制动力小、制动效果较差。电器线路、音响、空调制冷效果正常。

### 三、价格鉴定过程

本中心接受委托后，组成价格鉴定工作小组，经实物勘验和市场调查，根据委托鉴定标的，结合所收集相关资料，确实采用成本法和市场法两种方法对标的进行价格鉴定。

（一）采用成本法鉴定

计算公式为：

鉴定价格 = 重置成本 × 年限成新率 × 综合调整系数 × 市场波动系数

1. 重置成本的确定。

经市场调查，该车型小型轿车现已停产，替代为新奇骏，市场实际售价为265000元，与标的的车型相比，增加新一代的无级变速机及全景天窗，经咨询销售厂商，估算新、老款配置差价为10000元，确定鉴定基准日的轿车新车价为：2650000 − 10000 = 255000（元）。

重置成本 = 新车价 + 车辆购置附加税
$$= 255000 + 255000 ÷ (1 + 17\%) × 10\% = 276795（元）$$

2. 年限成新率的确定。

根据国家有关车辆报废年限规定，标的车辆使用年限为15年，折合180个月，从初次登记之日至鉴定基准日已使用39个月，年限成新率计算为：（180 − 39）÷180 × 100% = 78.33%。

3. 综合调整系数的确定。

根据委托方提供的车辆使用相关资料并结合实物勘验结果，对标的车辆技术状况、维护、制造质量、工作性质、工作条件等影响因素进行综合评定，并按所占权重计算综合调整系数。

车况较好，技术状况调整系数取 K1 = 1；定期维护、保养较好，取车辆使用与维护状态系数 K2 = 0.9；日产奇骏为国产名牌车，品牌调整系数 K3 = 0.9；工作性质为商务，取车辆工作性质系数 K4 = 0.8；该车主要在市内使用，取车辆工作条件系数 K5 = 1。

综合调整系数 = K1 × 30% + K2 × 25% + K3 × 20% + K4 × 15% + K5 × 10% = 92.5%

4. 市场波动系数的确定。

根据标的车辆已使用时间、使用性能、同类车型市场交易活跃程度及市场需求等情况，分析确定市场波动系数为80%。

5. 成本法鉴定价格 = 276795 × 78.33% × 92.5% × 80% = 160442（元）。

（二）采用市场法鉴定

根据对二手车交易市场同类或类似车型成交资料的收集、调查，选取三个可比实例。

实例一：2011年4月转让成交一辆奇骏DFL7250VEC小型轿车，该车2008年4月登记，交易前为私家车，行驶里程42000公里，车况好，交易价格158000元。

实例二：2012年1月转让成交一辆奇骏DFL7250VEC小型轿车，该车2008年11月登记，交易前为公务用车，行驶里程48000公里，车况较好，交易价格153000元。

实例三：2012年5月转让成交一辆奇骏DFL7250VEC小型轿车，该车2008年12月登记，交易前为公务用车，行驶里程85000公里，车况一般，交易价格142000元。

将选取实例与标的车辆进行对比分析，作各项差异因素的量化、调整以确定各比准价格：

比准价格一：实例一车型相同，车况、使用年限短3个月，成新率差异调整系数为+2%，则比准价格 = 158000 × （1 + 2%） = 161160（元）。

比准价格二：实例二车型相同，交易时间与标的车辆相似，使用性质相似，使用年限短1个月，成新率差异调整系数为 - 2%，则比准价格 = 153000 × （1 - 2%） = 149940（元）。

比准价格三：实例三使用性质与标的车相似，交易时间与标的车辆相近，使用年限长2个月，则成新率差异调整系数为 + 2%，则比准价格 = 142000 × （1 + 2%） = 144840（元）。

市场鉴定价格 = （161160 + 149940 + 144840）÷ 3 = 151980（元）。

（三）鉴定的价格

采用成本法鉴定价格为160442元，采用市场法鉴定的价格为151980元，两种价格相差不太大，按算术平均计算，结果四舍五入、取至百位，则鉴定价格 = （160442 + 151980）÷ 2 = 156200（元）。

◆◆ 案例评析

一、该案件是对刑事涉案车辆进行的价格鉴定，程序合法，依据较充分，方法恰当，结论较为合理。

二、在测算重置成本过程中，考虑了同类或类似车型和价格鉴定标的之间的配置差异，并做了相应调整。

三、该案例的要点在于鉴定方法的选择。仅采用一种方法鉴定，有失偏颇。鉴于车辆鉴定特点，价格人员采用成本法和市场法分别进行鉴定，相互验证，综合确定鉴定价格，保证了结论的客观准确性。

四、委托鉴定时标的实体状况与鉴定基准日发生变化时，要提请委托方对基准日状态进行认定。


# （二）私分国有资产罪


【刑法】第三百九十六条　国家机关、国有公司、企业、事业单位、人民团体，违反国家规定，以单位名义将国有资产集体私分给个人，数额较大的，对其直接负责的主管人员和其他直接责任人员，处三年以下有期徒刑或者拘役，并处或者单处罚金；数额巨大的，处三年以上七年以下有期徒刑，并处罚金。

司法机关、行政执法机关违反国家规定，将应当上缴国家的罚没财物，以单位名义集体私分给个人的，依照前款的规定处罚。

【解释】本条是关于私分国有资产罪及其处罚的规定。

根据本条的规定，构成私分国有资产罪应当具备以下几个条件：（1）犯罪主体是国家机关、国有公司、企业、事业单位、人民团体。（2）本罪在客观方面表现为，违反国家规定，以单位名义将国有资产集体私分给个人。这里所说的"违反国家规定"，是指违反国家有关管理、使用、保护国有资产方面的法律、行政法规规定。"以单位名义将国有资产集体私分给个人"是指由单位负责人决定，或者单位决策机构集体讨论决定，分给单位所有职工。如果不是分给所有职工，而是几个负责人暗中私分，则不应以本条定罪处罚，而应以贪污罪追究私分者的刑事责任。（3）集体私分国有资产必须达到数额较大，才能构成犯罪。法律对"数额较大"没有具体规定，应当由司法机关根据实际情况作出司法解释。

本条第二款是对第一款所作的补充性规定，即司法机关、行政执法机关违反国家规定，将应当上缴国家的罚没财物，以单位名义集体私分给个人的，依照前款的规定处罚。这里所说的"司法机关"，是指人民法院、人民检察院、公安机关。"行政执法机关"，主要是指依照行政处罚法的规定，对公民和单位有行政处罚权的政府机关，如工商、税务、海关、环保、林业、交通等有关政府行政部门。"罚没财物"，包括人民法院对犯罪分子判处的罚金、没收的财产；行政执行机关对违法行为给予的罚款；司法机关、行政执法机关在执法中没收违法犯罪人用于违法犯罪行为的金钱、物品及各种违法所得。

根据本条规定，单位犯私分国有资产罪的，对单位的直接负责的主管人员和其他直接责任人员，处三年以下有期徒刑或者拘役，并处或者单处罚金。数额巨大的，处三年以上七年以下有期徒刑，并处罚金。

## 案例八十八

# 涉嫌私分国有资产罪案件中香港住宅的价格鉴定

 **案例背景情况**

2007 年 9 月 30 日，××市××区法院在审理×××等私分国有资产一案中，因涉及一套香港住宅市场价格，要求××市××区人民检察院补充侦查，××市××区人民检察院于 2008 年 4 月 10 日委托××市物价局价格认证中心对位于香港××区××号住宅一套进行价格鉴定，基准日是 2008 年 4 月 10 日。

 **价格鉴定结论书**

## 关于一套香港住宅的价格鉴定结论书

××市人民检察院：

根据你院的委托，我中心遵循合法、公正、科学的原则，按照规定的标准、程序和方法，依法对你院委托的一套香港住宅进行了价格鉴定。价格鉴定情况如下：

## 一、价格鉴定标的

位于香港××路××号××大厦 12 楼 F 室一套实用面积为 55.7 平方米（599平方尺）的住宅。

## 二、价格鉴定目的

为你院办理涉嫌私分国有资产罪案件提供价格依据。

## 三、价格鉴定基准日

2008 年 4 月 10 日。

## 四、价格定义

价格鉴定结论所指价格是：鉴定标的在鉴定基准日，采用公开市场价值标准确定的市场价格。

## 五、价格鉴定依据

（一）法律法规及规范性文件

1.《中华人民共和国价格法》；

2.《扣押、追缴、没收物品估价管理办法》；

3.《关于扣押追缴没收及收缴财物价格鉴定管理的补充通知》；

4.《××省涉案物价格鉴定操作规程》；

5.《关于进一步做好违法犯罪案件涉案物价格鉴定工作的意见》；

6. 其他有关价格鉴定的法律、法规、政策。

（二）委托方提供的有关资料

1. 价格鉴定委托书；

2. 价格鉴定标的有关资料。

（三）鉴定方收集的有关资料

1. 香港差饷物业估价署和田土厅提供的权属状况、交易记录、楼龄及面积等有关资料；

2. 香港房地产市场行情及市场交易调查资料。

## 六、价格鉴定方法

市场法。

## 七、价格鉴定过程

我中心接受委托后，成立了价格鉴定小组，制定了鉴定作业方案，根据价格鉴定标的的实际情况，确定采用市场法对价格鉴定标的进行价格鉴定。

具体价格鉴定过程见《价格鉴定技术报告》。

## 八、价格鉴定结论

价格鉴定标的在价格鉴定基准日的总鉴定价格为贰佰壹拾捌万肆仟贰佰元港币（2184200元港币），折合人民币壹佰玖拾陆万叁仟捌佰元整（￥1963800.00）。

## 九、价格鉴定限定条件

（一）委托方提供的资料客观真实。

（二）本价格鉴定结论书的价格鉴定结论以价格鉴定标的可在公开市场上自由转让为前提。

（三）本价格鉴定报告中房地产的实用面积是指个别单位独立使用的楼面面积，包括露台及其他类似设施，但不包括公用地方，是量度至外墙表面或共用墙的中线所包括的面积。本结论书的实用面积采用了香港差饷物业估价署提供的面积数据。

（四）本价格鉴定报告的结论为房地产的完整权属价格。

（五）价格鉴定结论不包括办理过户手续时应交纳的有关税费。

## 十、声明

（一）价格鉴定结论受结论书中已说明的限定条件限制。

（二）委托方提供资料的真实性由委托方负责。

（三）价格鉴定结论仅对本次委托有效，不做他用。未经我中心同意，不得向委托方和有关当事人之外的任何单位和个人提供。结论书的全部或部分内容，不得发表于任何公开媒体上。

（四）价格鉴定机构和价格鉴定人员与价格鉴定标的没有利害关系，也与有关当事人没有利害关系。

（五）如对本结论有异议，可向本鉴定机构提出重新鉴定，或委托省级政府价格主管部门设立的价格鉴定机构复核裁定；

（六）鉴定结论使用的是2008年4月10日中国人民银行公布的人民币基准汇率：100港币兑换人民币89.91元。

## 十一、价格鉴定作业日期

（略）。

## 十二、价格鉴定人员

（略）。

## 十三、附件

1. 价格鉴定技术报告
2. 价格鉴定机构资质证复印件（略）
3. 价格鉴定人员资格证复印件（略）

（公章）

2008 年 4 月 30 日

附件 1

# 价格鉴定技术报告

## 一、房地产概况

（一）权属状况

根据香港差饷物业估价署和田土厅的有关资料显示，价格鉴定标的于价格鉴定基准日的权属状况如下：

价格鉴定标的：香港××路××号××大厦 12 楼 F 室的一套住宅房地产。

产权人：××。

地理位置：香港××路××号。

房屋实用面积：55.7 平方米。

使用年限：香港政府对该房地产最早发出入伙（登记）文件的日期是 1958 年 12 月 31 日，没有明确规定使用年限。

（二）建筑物概况

香港××路××号××大厦是一幢 13 层钢筋混凝土结构住宅楼房，建成于 1958 年。价格鉴定标的位于顶层，间隔为一厅、二房、一厨、一厕、一露台。建筑装修概况如下：

大楼公共装修情况：外立面贴墙面砖，安装铝合金玻璃窗，内墙面贴普通瓷片，楼梯为木扶手铁栏杆铺马赛克梯级。

室内装修情况：简单装修，铺柚木地板，厅房墙面及天花贴墙纸，户门外安装防盗不锈钢门。

## 二、价格鉴定方法选用

通过市场调查和认真分析鉴定标的的具体情况，确定采用市场法对标的进行价格鉴定。

## 三、价格鉴定测算过程

根据价格鉴定标的的实际情况，同时考虑由于在同一供求范围内与鉴定标的相类似的比较案例较多，故采用市场法对其进行价格鉴定。

（一）选取比较案例

A 例：××大厦，2 楼 E 室，望景楼，实用面积 599 尺，每平方尺价格 3873 元港币，2008 年 2 月交易。

B 例：××大厦，8 楼 F 室，望景楼，实用面积 599 尺，每平方尺价格为 3505 元港币，2008 年 4 月交易。

C 例：××大厦，10 楼 A 室，望景楼，全新豪华装修，实用面积 808 尺，每平方尺 4827 元港币，2008 年 4 月交易。

（二）进行比较分析

1. 交易情况：所选案例均为正常情况公开的市场交易，无须进行修正。

2. 交易时间：所选案例虽均为与价格鉴定基准日相近时段发生的交易，受人民币升值对香港的影响及消费价格指数上升的影响，香港房地产市场向好。根据香港经济年鉴的统计数据，案例 A、B、C 的交易时间调整系数分别取 0.95、1.00、1.00。

3. 区域因素：见表 1。

表 1

| 项　目 | A 例 | B 例 | C 例 |
|---|---|---|---|
| 地理位置 | 相近 | 相近 | 相近 |
| 交通情况 | 相近 | 相近 | 相近 |
| 道路条件 | 相近 | 相近 | 相近 |
| 卫生条件 | 相近 | 相近 | 相近 |
| 噪音影响 | 相近 | 相近 | 相近 |
| 配套设施 | 相近 | 相近 | 相近 |
| 公共设施 | 相近 | 相近 | 相近 |
| 城市规划 | 相近 | 相近 | 相近 |
| 发展前景 | 相近 | 相近 | 相近 |

4. 个别因素：见表2。

表2

| 项　　目 | A 例 | B 例 | C 例 |
|---|---|---|---|
| 建筑结构 | 相同 | 相同 | 相同 |
| 装修情况 | 稍好 | 相近 | 很好 |
| 实用率 | 相近 | 相近 | 相近 |
| 景观 | 较好 | 相近 | 较好 |
| 大厦大堂 | 相同 | 相同 | 相同 |
| 座向 | 较好 | 相同 | 较好 |
| 面积 | 相同 | 相同 | 稍大 |
| 楼层 | 稍低 | 较好 | 较好 |
| 新旧程度 | 相近 | 相近 | 相近 |

（三）进行区域因素和个别因素修正，确定区域因素和个别因素修正系数

1. 区域因素修正：见表3。

表3

| 比较因素 | A 例 | B 例 | C 例 |
|---|---|---|---|
| 地理位置 | 100 | 100 | 100 |
| 交通情况 | 100 | 100 | 100 |
| 道路条件 | 100 | 100 | 100 |
| 卫生条件 | 100 | 100 | 100 |
| 噪音影响 | 100 | 100 | 100 |
| 配套设施 | 100 | 100 | 100 |
| 公共设施 | 100 | 100 | 100 |
| 城市规划 | 100 | 100 | 100 |
| 发展前景 | 100 | 100 | 100 |
| 合计 | 100 | 100 | 100 |

2. 个别因素修正：见表4。

表4

| 项　　目 | A 例 | B 例 | C 例 |
|---|---|---|---|
| 建筑结构 | 100 | 100 | 100 |
| 装修情况 | 102 | 100 | 105 |
| 实用率 | 100 | 100 | 100 |
| 景观 | 102 | 100 | 102 |
| 大厦大堂 | 100 | 100 | 100 |
| 座向 | 102 | 100 | 102 |
| 面积 | 100 | 100 | 102 |
| 楼层 | 98 | 102 | 102 |
| 新旧程度 | 100 | 100 | 100 |
| 合计 | 104 | 102 | 113 |

（四）计算确定比较案例的修正价格

A 例每平方尺比准价格 = HK＄3873×1.0×0.95×100/100×100/104

＝HK＄3538

B 例每平方尺比准价格 = HK＄3505×1.0×1.00×100/100×100/102

＝HK＄3436

C 例每平方尺比准价格 = HK＄4827×1.0×1.0×100/100×100/113

＝HK＄4272

（五）根据 A、B、C 三例的比准价格及实际情况，取其加权平均数作为鉴定值

A、B、C 三例比准价格的权数分别为 0.4、0.4、0.2，则有：

1 平方尺鉴定价格 = HK＄3538×0.4＋HK＄3436×0.4＋HK＄4272×0.2

＝HK＄3643

1 平方米 = 10.764 平方尺，价格鉴定标的实用面积为 55.7 平方米，则：

鉴定价格 = HK＄3643×55.7×10.764 = HK＄2184178 ≈ HK＄218.42 万元

价格鉴定基准日 100 元港币兑换人民币 89.91 元。则，鉴定价格折合人民币为：

HK＄218.42 万元×0.8991 ≈ ￥196.38 万元

## 四、价格鉴定结论

价格鉴定标的在价格鉴定基准日的总鉴定价格为贰佰壹拾捌万肆仟贰佰元港币
（2184200 元港币），折合人民币壹佰玖拾陆万叁仟捌佰元人民币（￥1963800.00）。

## 测算说明

见价格鉴定技术报告，略。

### ▌案例评析

一、该案例采用市场法，是基于鉴定标的所处位置及附近楼宇的二手楼买卖比
较活跃，因此所调查的交易数据也比较容易取得。

二、鉴定标的位于香港，所需要收集的资料与国内有所不同，经到香港实地了
解情况，香港的房地产买卖比较公开透明，对房屋的以往买卖资料、房屋的买卖费
用在中介或者通过网上都比较容易了解得到。

三、要注意香港的面积内涵，香港房地产的面积计算单位是平方尺，与国内面
积计算单位不同，需要注意转换。香港的房屋政府查询面积登记的是实用面积，并
不显示建筑面积。香港的房屋买卖并没有房地产证、土地证之类的权属证明，只有
买卖合约，只要到律师楼在律师见证下签署就能生效。

# 六、渎职罪中涉案财物价格鉴定

## （一）滥用职权和玩忽职守罪

【刑法】第三百九十七条　国家机关工作人员滥用职权或者玩忽职守，致使公共财产、国家和人民利益遭受重大损失的，处三年以下有期徒刑或者拘役；情节特别严重的，处三年以上七年以下有期徒刑。本法另有规定的，依照规定。

国家机关工作人员徇私舞弊，犯前款罪的，处五年以下有期徒刑或者拘役；情节特别严重的，处五年以上十年以下有期徒刑。本法另有规定的，依照规定。

【解释】本条是关于国家机关工作人员滥用职权罪和玩忽职守罪的规定，以及因徇私舞弊，犯滥用职权罪或者玩忽职守罪如何处罚的规定。共分两款。

第一款是关于滥用职权罪和玩忽职守罪及其处罚的规定。

本条所称的"滥用职权罪"，是指国家机关工作人员违反法律规定的权限和程序，滥用职权或者超越职权，致使公共财产、国家和人民利益遭受重大损失的犯罪。"玩忽职守罪"是指国家机关工作人员不履行、不正确履行或者放弃履行其职责，致使公共财产、国家和人民利益遭受重大损失的犯罪。

滥用职权行为和玩忽职守行为是渎职犯罪中最典型的两种行为，两种行为的构成要件，除客观方面不一样以外，其他均相同，在实践中正确认定和区分这两种犯罪具有重要意义。

滥用职权罪和玩忽职守罪具有以下共同特征：

（1）滥用职权罪和玩忽职守罪侵犯的客体均是国家机关的正常管理活动。虽然滥用职权和玩忽职守的行为往往还同时侵犯了公民的权利或者社会主义市场经济秩序，但两罪所侵犯的主要还是国家机关的正常管理活动，因为滥用职权罪和玩忽职守罪从其引起的后果看可能侵犯了公民的人身权利，引起人身伤亡，或者使公共财产、国家和人民财产造成重大损失，但这些都属于这两种罪的社会危害性的客观表现，其本质仍然属于侵犯了国家机关的正常管理活动。

（2）两罪的犯罪主体均为国家机关工作人员。这里所称"国家机关工作人员"，是指在国家机关中从事公务的人员。"国家机关"是指国家权力机关、行政机关、司法机关、军事机关。2002年12月28日第九届全国人民代表大会常务委员会第三十一次会议通过了关于《中华人民共和国刑法》第九章渎职罪主体适用问题的解释，根据解释的规定，下列人员在代表国家机关行使职权时，有渎职行为构成犯罪的，也依照刑法关于渎职罪的规定追究刑事责任：①在依照法律、法规规定行使国家行政管理职权的组织中从事公务的人员；②在受国家机关委托代表国家行使职权的组织中从事公务的人员；③虽未列入国家机关人员编制但在国家机关中从事公务的人员。

（3）滥用职权和玩忽职守的行为只有"致使公共财产、国家和人民利益遭受重大损失"的，才能构成犯罪。是否造成"重大损失"是区分罪与非罪的重要标准，未造成重大损失的，属于一般工作过失的渎职行为，可以由有关部门给予批评教育或者行政处分。所谓"致使公共财产、国家和人民利益遭受重大损失"，主要是指造成重大经济损失，包括使公共财产遭受重大损失的，也包括使公民合法财产遭受重大损失。

两罪在客观方面有明显的不同：

滥用职权罪客观方面表现为违反或者超越法律规定的权限和程序而使用手中的职权，致使公共财产、国家和人民利益遭受重大损失的行为。滥用职权的行为，必须是行为人手中有"权"，并且滥用权力，与危害结果有直接的因果关系，如果行为人手中并无此权力，或者虽然有权但行使权力与危害结果没有直接的因果关系，则不能构成本罪，而应当按照其他规定处理。

玩忽职守罪客观方面表现为不履行、不正确履行或者放弃履行职责，致使公共财产、国家和人民利益遭受重大损失的行为。玩忽职守的行为，必须是违反国家的工作纪律和规章制度的行为，通常表现是工作马虎草率，极端不负责任；或是放弃职守，对自己应当负责的工作撒手不管等等。

根据本款规定，国家机关工作人员犯滥用职权罪和玩忽职守罪的，处三年以下有期徒刑或者拘役；情节特别严重的，处三年以上七年以下有期徒刑。这里的"情节特别严重"，主要是指造成的经济损失数额特别巨大；造成公民死亡或者多人重伤的特别严重后果的；造成特别严重政治影响的，如严重损害国家信誉、形象、威望、地位等情形。

本款还规定，"本法另有规定的，依照规定"，这是指除本条的一般规定外，刑法规定的其他犯罪中也有滥用职权和玩忽职守的情况，对于本法另有特别规定的，一律适用特别规定，而不按本条定罪处罚。如本法第四百零三条关于国家有关主管部门的国家机关工作人员，对不符合法律规定条件的公司设立、登记申请或者股票、债券发行、上市申请，予以批准或者登记的滥用职权的规定；第四百条第二款关于司法工作人员由于玩忽职守的行为，致使在押的犯罪嫌疑人、被告人或者罪犯脱逃的规定等等。

第二款是关于国家机关工作人员徇私舞弊，犯第一款罪如何处罚的规定。

国家机关工作人员担负着管理国家事务的职责，必须秉公守法，任何徇私舞弊的行为都应当予以惩处。这里的"徇私舞弊"是指为徇个人私利或者亲友私情的行为。由于这种行为是从个人利益出发，置国家利益于不顾，所以主观恶性要比第一款的规定严重，本款规定了较重的处罚，即对行为人处五年以下有期徒刑或者拘役；情节特别严重的，处五年以上十年以下有期徒刑。另外，本款同时也规定了"本法另有规定的，依照规定"，对此理解也应与第一款的理解相同。

# 案例八十九

# 涉嫌滥用职权罪案件中超面积建筑楼面地价的价格鉴定

 **案例背景情况**

上海××置业有限公司（后成立××有限公司）于2003年10月31日通过挂牌方式摘牌获得位于××镇××地段地块的土地使用权128715.5平方米。又于2008年1月16日竞得632.9平方米，总面积129348.4平方米，用途为商住办，合同约定容积率为不超过0.98和1.023，后经县政府〔2007〕35号专题会议纪要同意容积率调整为1.023；按规定可建建筑面积126788.6467平方米，实际建筑面积达到131650.5平方米，实际容积率为1.0178，超建筑面积4861.8533平方米。2010年4月经两家中介评估机构评估，县土地委投票表决，该地块所增加的建筑面积楼面地价为每平方米 1603.38 元（评估基准日 2010 年 2 月 11 日），总计需补交地价 7795393 元。××省××市人民检察院以涉嫌滥用职权、受贿为由，于 2012 年 7 月 30 日向××市价格认证中心提出价格鉴定协助，对××置业有限公司超面积建筑楼面地价进行价格鉴定。

 **价格鉴定结论书**

# 关于××公司超面积建筑楼面地价的价格鉴定结论书

××省××市人民检察院：

根据你院委托，遵循合法、公正、科学的原则，按照规定的标准、程序和方法，我中心依法进行了价格鉴定。现将有关情况综述如下：

## 一、价格鉴定标的

整个项目建筑超面积 4861.8533 平方米的楼面地价。

## 二、价格鉴定目的

为办案机关办理涉嫌滥用职权罪案件提供价格依据。

## 三、价格鉴定基准日

2010 年 2 月 11 日。

## 四、价格定义

价格鉴定结论所指价格是指鉴定标的在鉴定基准日，采用公开市场价值标准确定的该地块现实建筑容积率下的市场中等楼面地价。

## 五、价格鉴定依据

（一）法律法规及规范性文件

1. 《中华人民共和国价格法》；
2. 《中华人民共和国土地管理法》；
3. 《中华人民共和国城市房地产管理法》；
4. 《城镇土地估价规程》；

5.《扣押、追缴、没收物品估价管理办法》;

6.《关于扣押追缴没收及收缴财物价格鉴定管理的补充通知》;

7.《××省价格鉴定工作规程》;

8.《××市人民政府关于加强建设用地管理的若干意见》;

9.《××市区经营性建设用地建筑容积率调整管理办法》。

（二）委托机关提供的资料

1. 价格鉴定委托书;

2. 价格鉴定标的明细表;

3. 鉴定标的的有关资料复印件。

（三）价格鉴定方收集的有关资料

1. 市场调查获取的资料;

2. ××县基准地价相关资料;

3. 价格鉴定人员收集的有关资料。

## 六、价格鉴定方法

根据价格鉴定标的特点和鉴定目的，确定采用剩余法（假设开发法）及相应的计价标准进行价格鉴定。

## 七、价格鉴定过程

受理后，我中心依照《××省价格鉴定工作规程》组织了本次价格鉴定，并对鉴定标的进行了实地勘察。

（一）价格鉴定标的概况

价格鉴定标的为××城小区，在价格鉴定基准日的法定用途为商住办，建筑物所占用的土地已开发完毕，宗地红线外"五通"（供水、排水、通路、通电、通讯）及红线内项目开发完毕，实际用途商住办。宗地地处××镇一级用地区。

根据价格鉴定标的的土地利用特点和价格鉴定目的，本次价格鉴定标的的楼面地价定义为：在 2010 年 2 月 11 日，设定用途为商住办，整个项目建筑超面积 4861.8533 平方米（按竣工实测面积），剩余使用年限商业 36 年、办公 46 年、住宅 66 年条件下的出让土地使用权楼面地价。

××城由××置业有限公司开发建设，2003 年 10 月 31 日上海××置业有限公司通过挂牌出让方式（每平方米 1820 元）获得位于××镇××地段地块（2001 - 5 - 2 号、2001 - 6 - 1 号、2001 - 7 号、2001 - 8 号地块）土地使用权，用途为商业、办公、住宅，土地面积 128715.5 平方米，容积率 0.98；2008 年 1 月 21 日××置业有限公司通过挂牌出让方式（每平方米 5510 元）获得位于××镇××地段地块

（2007 - 29 号、2007 - 30 号地块），用途为住宅，土地面积632.9 平方米，容积率1.023。××城在建设开发方案设计、评审和实施过程中与拆迁问题规划调整容积率而使整个项目建筑超面积 131650.5 -（128715.5 × 0.98 + 632.9 × 1.023） = 4861.8533 平方米（131650.5 平方米为项目开发完成后实测总面积）。

（二）价格鉴定过程

受理后，我中心鉴定人员根据协助书载明内容进行了市场调查和价格咨询及实地了解。

（1）区域因素：本次价格鉴定标的位于××镇××地段，属于××县的一级区域。

（2）交通条件：价格鉴定标的南临××城区的主综合型干道，交通条件良好。

（3）基础设施条件：价格鉴定标的的供电、供水、电讯、道路等基础设施良好。

（4）环境条件：价格鉴定标的北为环城河，河北为公园。具有的良好的环境条件。

（5）产业聚集：价格鉴定标的附近主要为商业居住区，附近无大型的工业聚集。

××城综合容积率 = 131650.5 ÷（128715.5 + 632.9） = 1.017797669 ≈ 1.018 < 1.023。

价格鉴定方法：根据《城镇土地估价规程》，通行的土地价格鉴定方法有市场比较法、收益还原法、剩余法、成本逼近法、基准地价系数修正法等，价格鉴定方法应按照地价价格鉴定的技术规程，根据当地房地产市场发育情况并结合价格鉴定标的的具体特点及价格鉴定目的等进行适当选择。本次价格鉴定标的为整个项目建筑超面积4861.8533 平方米的楼面地价，宜采用剩余法进行地价的价格鉴定，其他鉴定方法作参考。价格鉴定人员结合价格鉴定标的的具体特点及价格鉴定目的，本次价格鉴定结合实际情况仅采用剩余法一种方法进行价格鉴定。

（三）价格鉴定方法——剩余法

剩余法是指预计价格鉴定标的开发完成后的价值，扣除预计的正常开发成本、税费和利润等，以此计算价格鉴定标的的客观合理价格或价值的方法。其计算公式为：

土地价格 = 房屋的预期售价 - 建筑总成本 - 利润 - 税收 - 利息 - 不可预见费

楼面地价 = 土地价格 ÷ 容积率

（四）价格鉴定结果

1. 地价的确定方法。

根据土地地价估价技术规程及价格鉴定标的的具体情况，本次价格鉴定采用剩余法测算该宗用地地价。

2. 价格鉴定结果。

经过价格鉴定人员的实地勘查、调查和对宗地所在区域的土地市场分析，按照地价鉴定的基本原则和价格鉴定程序，选择合适的价格鉴定方法，确定鉴定宗地在价格鉴定设定用途、使用年期、土地开发程度及规划利用、无他项权利条件下，价格鉴定基准日为 2010 年 2 月 11 日的出让土地使用权的楼面地价为：每平方米 4371 元。

整个项目建筑超面积为 4861.8533 平方米，则总楼面地价为：

4861.8533 平方米 × 4371 元 ≈ 2125 万元（取整）

## 八、价格鉴定结论

价格鉴定标的在价格鉴定基准日的楼面地价为人民币贰仟壹佰贰拾伍万元整（￥21250000.00）。

## 九、价格鉴定限定条件

委托机关提供的资料客观真实。

## 十、声明

（一）价格鉴定结论受结论书中已载明的限定条件限制。

（二）委托机关应对提供资料的真实性负责。

（三）价格鉴定结论仅对本次鉴定有效，不做他用。未经本中心同意，不得向委托机关或有关当事人以外的其他任何人提供，也不得发表于任何公开媒体上。

（四）鉴定机构和鉴定人员与价格鉴定标的无利害关系，也与有关当事人无利害关系。

（五）如对本结论有异议，可向本鉴定机构提出重新鉴定，或委托省级政府价格主管部门设立的价格鉴定机构复核裁定。

## 十一、价格鉴定作业日期

（略）。

## 十二、价格鉴定人员

（略）。

## 十三、附件

1. 价格鉴定委托书复印件（略）

2. 价格鉴定机构资质证复印件（略）

3. 价格鉴定人员资格证复印件（略）

（公章）

2012 年 9 月 17 日

## 测算说明

### 一、鉴定思路

根据《城镇土地估价规程》，通行的土地价格鉴定方法有市场比较法、收益还原法、剩余法（假设开发法）、成本逼近法、基准地价系数修正法等，价格鉴定方法应按照地价价格鉴定的技术规程，根据当地房地产市场发育情况并结合价格鉴定标的的具体特点及价格鉴定目的等进行适当选择。本次价格鉴定标的为整个项目建筑超面积 4861.8533 平方米的楼面地价，宜采用剩余法进行地价的价格鉴定，其他鉴定方法作参考。价格鉴定人员结合价格鉴定标的的具体特点及价格鉴定目的，本次价格鉴定结合实际情况仅采用剩余法一种方法进行价格鉴定。

具体步骤如下：按剩余法原理，取得价格鉴定标的的开发价值、建筑总成本、投资利息、利润、税费等，求取土地价格。再确定在 2010 年 2 月 11 日，整个项目建筑超面积 4861.8533 平方米的出让土地使用权楼面地价。

剩余法（假设开发法），是指预计价格鉴定标的开发完成后的价值，扣除预计的正常开发成本、税费和利润等，以此估算价格鉴定标的的客观合理价格或价值的方法。其计算公式为：

土地价格 = 房屋的预期售价 - 建筑总成本（建安成本 + 配套设施建设费 + 勘察设计、前期费用 + 管理费用 + 专业规费）- 利润 - 税收及附加 - 利息 - 销售费用 - 不可预见费

楼面地价 = 土地价格 ÷ 容积率

### 二、价格鉴定标的概况

鉴定标的为××城小区，在价格鉴定基准日的法定用途为商住办，建筑物所占用的土地已开发完毕，宗地红线外"五通"（供水、排水、通路、通电、通讯）及红线内项目开发完毕，实际用途商住办。宗地地处××镇一级用地区。根据价格鉴定标的的土地利用特点和价格鉴定目的，本次价格鉴定标的的楼面地价定义为：在 2010 年 2 月 11 日，设定用途为商住办用途，整个项目建筑超面积 4861.8533 平方米，剩余使用年限商业 36 年、办公 46 年、住宅 66 年条件下的出让土地使用权楼面地价。

　　××城由××置业有限公司开发建设，2003 年 10 月 31 日上海××置业有限公司通过挂牌出让方式（每平方米地价 1820 元）获得位于××镇××地段地块（2001 - 5 - 2 号、2001 - 6 - 1 号、2001 - 7 号、2001 - 8 号地块）土地使用权，用途为商业、办公、住宅，土地面积 128715.5 平方米，容积率 0.98；2008 年 1 月 21 日××置业有限公司通过挂牌出让方式（每平方米地价 5510 元）获得位于××镇××地段地块（2007 - 29 号、2007 - 30 号地块），用途住宅，土地面积 632.9 平方米，容积率 1.023。××城在建设开发方案设计、评审和实施过程中与拆迁问题规划调整容积率而使整个项目建筑超面积 131650.5 - (128715.5 × 0.98 + 632.9 × 1.023) = 4861.8533 平方米（131650.5 平方米为项目开发完成后实测总面积）。根据竣工实测面积，多层建筑面积 60300.25 平方米，占整体项目的 45.83%；小高层建筑面积 20050.32 平方米，占整体项目的 15.24%；别墅建筑面积（独体及联排）18398.83 平方米，占整体项目的 13.98%；商业建筑面积 32827.53 平方米，占整体项目的 24.95%；公厕 73.57 平方米（所占比微小，忽略不计）。

　　地理位置：宗地地处××镇××地段，××县一级用地区。用途：商业、办公、住宅用地。使用权类型：出让。使用年限：商业 40 年，办公 50 年，住宅 70 年，使用期限从 2006 年 1 月 1 日起，终止日期 2078 年 12 月 16 日；其土地使用权系以出让方式获得，至价格鉴定基准日土地剩余使用年限商业约 36 年、办公约 46 年、住宅约 66 年。

　　××城小区位于××镇××地段，交通便利。××城小区内规划有商业用房（商办）、多层住宅（叠加式）、低层住宅（别墅）及小高层住宅。

**三、价格测算过程**

　　受理后，价格鉴定人员根据委托书载明内容进行了市场调查和价格咨询及实地了解，标的物基本情况如下：

　　(1) 区域因素：本次价格鉴定标的位于××镇××地段，属于××县的一级区域。

　　(2) 交通条件：价格鉴定标的南临××城区的主综合型干道，交通条件良好。

　　(3) 基础设施条件：价格鉴定标的的供电、供水、电讯、道路等基础设施良好。

　　(4) 环境条件：价格鉴定标的北为环城河，河北为公园。具有一定的良好的环境条件。

　　(5) 产业聚集：价格鉴定标的附近主要为商业居住区，附近无大型的工业聚集。

　　××城综合容积率 = 131650.5 ÷ 129348.4 = 1.017797669 ≈ 1.018 < 1.023。

　　价格鉴定方法：根据《城镇土地估价规程》，通行的土地价格鉴定方法有市场比较法、收益还原法、剩余法、成本逼近法、基准地价系数修正法等，价格鉴定方法应按照地价价格鉴定的技术规程，根据当地房地产市场发育情况并结合价格鉴定标的的具体特点及价格鉴定目的等进行适当选择。本次价格鉴定标的为整个项目建筑超面积 4861.8533 平方米的楼面地价，宜采用剩余法进行地价的价格鉴定，其他鉴定方法作参考。价格鉴定人员结合价格鉴定标的的具体特点及价格鉴定目的，本次价格鉴定结合实际情况仅采用剩余法一种方法进行价格鉴定。

具体步骤如下：按剩余法原理，取得价格鉴定标的的开发价值、建筑总成本、投资利息、利润、税费等，求取土地价格。再确定在 2010 年 2 月 11 日，整个项目建筑超面积 4861.8533 平方米的出让土地使用权楼面地价。

剩余法（假设开发法），是指预计价格鉴定标的开发完成后的价值，扣除预计的正常开发成本、税费和利润等，以此估算价格鉴定标的的客观合理价格或价值的方法。其计算公式为：

土地价格 = 房屋的预期售价 − 建筑总成本（建安成本 + 配套设施建设费 + 勘察设计、前期费用 + 管理费用 + 专业规费）− 利润 − 税收及附加 − 利息 − 销售费用 − 不可预见费

楼面地价 = 土地价格 ÷ 容积率

（一）求取开发价值

价格鉴定标的房地产项目为商住房地产，整个项目建筑超面积 4861.8533 平方米，价格鉴定人员调查 ×× 县同类地区、相近物业、用途相近、建造时间（鉴定基准日）相近、结构相似物业的开发商平均售价中心城区多层住宅、小高层住宅、商业及别墅。参照市场价格运用简单市场比较法确定价格鉴定标的的开发完成后房地产市场价值。

根据影响房地产价格的主要因素，结合价格鉴定标的和可比实例（四季江南）的实际情况，所选择的比较因素主要有交易日期、交易情况、区域因素及个别因素等。区域因素主要有繁华度、交通便捷度、环境、景观公共设施配套完备程度、城市规划限制。个别因素主要有结构、朝向、房型、临街状况、景观等。

每平方米价格多层取 7000 元，小高层取 6800 元，别墅取 13000 元，商业取 8500 元。多层建筑占整体项目的 45.83%；小高层建筑占整体项目的 15.24%；别墅建筑占整体项目的 13.98%；商业建筑占整体项目的 24.95%；公厕一座 73.57 平方米（所占比微小，忽略不计）。据市场调查情况，建安成本每平方米 2010 年多层约为 1000 元；小高层建安成本每平方米约为 1200 元；别墅建安成本每平方米约为 1600 元；商业建安成本每平方米约为 1000 元。专业费率、税费率根据有关规定取 3%、5.65%。利息率按一年期贷款利息率 5.31% 计算。根据现时房地产市场行情，利润率约为 15%。则计算如下：

多层住宅面积 60300.25 平方米，占整体项目的 45.83%；小高层住宅面积 20050.32 平方米，占整体项目的 15.24%；别墅面积 18398.83 平方米，占整体项目的

13.98%；商业面积 32827.53 平方米，占整体项目的 24.95%；公厕 73.57 平方米。

根据市场调查情况，该项目每平方米平均销售价格多层为 7000 元，小高层为 6800 元，别墅为 13000 元，商业为 8500 元。则各项销售价格分别为：

多层：60300.25 × 7000 = 422101750（元）；

小高层：20050.32 × 6800 = 136342176（元）；

别墅：18398.83 × 13000 = 239184790（元）；

商业：32827.53 × 8500 = 279034005（元）。

（二）测算各项楼面地价

1. 多层。

（1）总销售价格 = 60300.25 × 7000 = 422101750（元）。

（2）建安成本。每平方米 1000 元，$60300.25 \times 1000 \div (1 + 5.31\%)^{1.5} = 55781915$（元）。

（3）配套设施建设费。每平方米 200 元，$60300.25 \times 200 \div (1 + 5.31\%)^{3} = 10326194$（元）。

（4）勘察设计、前期费用 =（建安成本 + 配套设施建设费）× 6% = 66108109 × 6% = 3966487（元）。

（5）管理费用 = 建安成本 × 3% = 55781915 × 3% = 1673457（元）。

（6）专业规费 = 26.5 × 60300.25 = 1597957（元）。

（7）投资利息。开发期 3 年，贷款利率 5.31%，土地一次性投入，其他费用在开发期内均匀投入，总地价为 P，则利息 $= P \times [(1 + 5.31\%)^{3} - 1] + (55781915 + 10326194 + 3966487 + 1673457 + 1597957) \times [(1 + 5.31\%)^{1.5} - 1] = 0.168P + (55781915 + 10326194 + 3966487 + 1673457 + 1597957) \times (1.081 - 1) = 0.168P + 5941027$。

（8）投资利润。按基准日房地产开发的平均利润率 15% 确定，即：（P + 55781915 + 3966487）× 15% = 0.15P + 8962260。

（9）销售费用。考虑楼盘情况按销售额的 1.5% 计算，即：422101750 × 1.5% = 6331526（元）。

（10）销售税金及附加。按销售额的 5.65% 计算；即：422101750 × 5.65% = 23848749（元）。

（11）不可预见费。按（建安成本 + 配套设施建设费 + 勘察设计、前期费用）× 2% 计算，即：（55781915 + 10326194 + 3966487）× 2% = 1401492（元）。

（12）求取鉴定价格。

地价 = 房屋的预期售价 − 建筑总成本（建安成本 + 配套设施建设费 + 勘察设计、前期费用 + 管理费用 + 专业规费）− 利息 − 利润 − 销售费用 − 税收及附加 − 不

可预见费

按照公式，计算如下：P = 422101750 – （55781915 + 10326194 + 3966487 + 1673457 + 1597957）–（0.168P + 5941027）–（0.15P + 8962260）– 6331526 – 23848749 – 1401492

1.318P = 302270686

P = 229340429（元）

每平方米面积地价 = 229340429 ÷ 60300.25 = 3803（元）

则每平方米楼面地价 = 3803 ÷ 1.023 = 3718（元）

2. 小高层。

（1）测算开发价格。

小高层住宅面积 20050.32 平方米。

配套地下车库：根据楼盘实际情况，小高层 1 号、2 号楼地下车库面积 3170.69 平方米。

根据市场调查情况，该小高层平均每平方米销售价格为 6800 元，其地下车库销售价格为 2500 元。

小高层总销售价格 = 20050.32 × 6800 = 136342176（元）

车库总销售价格 = 3170.69 × 2500 = 7926725（元）

小高层、车库总销售价格 = 136342176 + 7926725 = 144268901（元）

（2）测算各项建造成本。

①建安成本。每平方米 1200 元，$20050.32 \times 1200 \div (1 + 5.31\%)^{1.5} = 22257525$（元）；

②配套设施建设费。每平方米 315 元，$20050.32 \times 315 \div (1 + 5.31\%)^{3} = 5407870$（元）；

③勘察设计、前期费用：（① + ②）× 6% = 1659924（元）；

④管理费用。（建安成本）× 3% = 22257525 × 3% = 667726（元）；

⑤专业规费。26.5 × 20050.32 = 531333 元；

⑥投资利息。开发期 3 年，贷款利率 5.31%，土地一次性投入，其他费用在开发期内均匀投入，地价为 P，则利息 = $P \times [(1 + 5.31\%)^{3} - 1] + (22257525 + 5407870 + 1659924 + 667726 + 531333) \times [(1 + 5.31\%)^{1.5} - 1]$ = 0.168P + (22257525 + 5407870 + 1659924 + 667726 + 531333) × (1.081 – 1) = 0.168P + 2472475；

⑦投资利润。按基准日房地产开发的平均利润率 15% 确定，即：（P + 22257525 + 1659924）× 15% = 0.15P + 3587617；

⑧销售费用。考虑楼盘情况按销售额的 1.5% 计算，即：144268901 × 1.5% = 2164034（元）；

⑨销售税金及附加。按销售额的 5.65% 计算，即：144268901 × 5.65% = 8151193（元）；

⑩不可预见费：按"（建安成本 + 配套设施建设费 + 勘察设计、前期费）× 3%"计算；即：（22257525 + 5407870 + 1659924）×2% = 586506（元）。

（3）配套地下车库成本。小高层 1 号、2 号楼地下车库面积 3170.69 平方米；每平方米造价 1700 元，总价 = 1700 ×3170.69 = 5390173（元）。

（4）求取鉴定价格。

地价 = 房屋的预期售价 - 建筑总成本（建安成本 + 配套设施建设费 + 勘察设计、前期费用 + 管理费用 + 专业规费）- 利息 - 利润 - 销售费用 - 税收及附加 - 不可预见费

按照公式，计算如下：P = 144268901 - （22257525 + 5390173 + 5407870 + 1659924 + 667726 + 531333）- （0.168P + 2472475）- （0.15P + 3587617）- 2164034 - 8151193 - 586506

1.318P = 91392525

P = 69341825（元）

每平方米地价 = 69341825 ÷ 20050.32 = 3458（元）

则每平方米楼面地价 = 3458 ÷ 1.023 = 3380（元）

3. 别墅。

（1）总销售价格 = 18398.83 × 13000 = 239184790（元）。

（2）建安成本。每平方米 1600 元，$18398.83 × 1600 ÷ (1 + 5.31\%)^{1.5}$ = 27232311（元）

（3）配套设施建设费。每平方米 700 元，$18398.83 × 700 ÷ (1 + 5.31\%)^3$ = 11027560（元）。

（4）勘察设计、前期费用 = （建安成本 + 配套设施建设费）×6% = 38259871 ×6% = 2295592（元）。

（5）管理费用 = 建安成本 ×3% = 27232311 ×3% = 816969（元）。

（6）专业规费 = 26.5 ×18398.83 = 487569（元）。

（7）投资利息。开发期 3 年，贷款利率 5.31%，土地一次性投入，其他费用在开发期内均匀投入，总地价为 P，则利息 = $P × [(1 + 5.31\%)^3 - 1]$ + （27232311 + 11027560 + 2295592 + 816969 + 487569）× $[(1 + 5.31\%)^{1.5} - 1]$ = 0.168P + （27232311 + 11027560 + 2295592 + 816969 + 487569）× （1.081 - 1）= 0.168P + 3390660。

（8）投资利润。按基准日房地产开发的平均利润率 15% 确定，即：（P + 27232311 + 2295592）×15% = 0.15P + 4429185。

（9）销售费用。考虑楼盘情况按销售额的 1.5% 计算，即：239184790×1.5% =3587772（元）。

（10）销售税金及附加。按销售额的 5.65% 计算，即：239184790×5.65% = 13513941（元）。

（11）不可预见费：按（建安成本＋配套设施建设费＋勘察设计、前期费用）×2% 计算，即：（27232311＋11027560＋2295592）×2% =811109（元）。

（12）求取鉴定价格。

地价＝房屋的预期售价－建筑总成本（建安成本＋配套设施建设费＋勘察设计、前期费用＋管理费用＋专业规费）－利息－利润－销售费用－税收及附加－不可预见费

按照公式，计算如下：

P＝239184790－（27232311＋11027560＋2295592＋816969＋487569）－（0.168P ＋3390660）－（0.15P＋4429185）－3587772－13513941－811109

1.318P＝171592122

P＝130191291 元

每平方米面积地价＝130191291÷18398.83＝7076 元

则每平方米楼面地价＝7076÷1.023＝6917 元

4. 商业建筑。

（1）总销售价格＝32827.53×8500＝279034005（元）。

（2）建安成本。每平方米 1000 元，32827.53×1000÷（1＋5.31%）$^{1.5}$＝30367743（元）。

（3）配套设施建设费。每平方米 200 元，32827.53×200÷（1＋5.31%）$^3$＝5621152（元）。

（4）勘察设计、前期费用＝（建安成本＋配套设施建设费）×6%＝35988895×6%＝2159334（元）。

（5）管理费用＝建安成本×3%＝30367743×3%＝911032（元）。

（6）专业规费＝26.5×32827.53＝869930（元）。

（7）投资利息。开发期 3 年，贷款利率 5.31%，土地一次性投入，其他费用在开发期内均匀投入，总地价为 P，则利息＝P×［（1＋5.31%）$^3$－1］＋（30367743＋5621152＋2159334＋911032＋869930）×［（1＋5.31%）$^{1.5}$－1］＝0.168P＋（30367743＋5621152＋2159334＋911032＋869930）×（1.081－1）＝0.168P＋3234264。

（8）投资利润。按基准日房地产开发的平均利润率 15% 确定，即：（P＋30367743＋2159334）×15%＝0.15P＋4879062。

（9）销售费用。考虑楼盘情况按销售额的 1.5% 计算，即：279034005×1.5%

=4185510（元）。

（10）销售税金及附加：按销售额的 5.65% 计算，即：279034005 × 5.65% = 15765421（元）。

（11）不可预见费。按（建安成本 + 配套设施建设费 + 勘察设计、前期费用）×2% 计算，即：（30367743 + 5621152 + 2159334）×2% = 762965（元）。

（12）求取鉴定价格。

地价 = 房屋的预期售价 – 建筑总成本（建安成本 + 配套设施建设费 + 勘察设计、前期费用 + 管理费用 + 专业规费）– 利息 – 利润 – 销售费用 – 税收及附加 – 不可预见费

按照公式，计算如下：

P = 279034005 –（30367743 + 5621152 + 2159334 + 911032 + 869930）–（0.168P + 3234264）–（0.15P + 4879062）– 4185510 – 15765421 – 762965

1.318P = 210277592

P = 159542938（元）

每平方米面积地价 = 159542938 ÷ 32827.53 = 4860（元）

则每平方米楼面地价 = 4860 ÷ 1.023 = 4751（元）。

根据以上计算结果，结合各项所占比例，每平方米楼面地价计算如下：

多层 3718 × 45.83% + 小高层 3380 × 15.24% + 别墅 6917 × 13.98% + 商业 4751 × 24.95% = 4371（元）。

### 三、价格鉴定结果

价格鉴定标的经剩余法测算，楼面地价为每平方米 4371 元。

价格鉴定标的整个项目建筑超面积 4861.8533 平方米应分摊土地使用权楼面地价总价 = 4861.8533 × 4371 ≈ 2125 万元（精确到万元）。

### 📖 案例评析

一、对于房地产开发项目增加建筑容积率，一般各地人民政府都有相应的调整管理办法，价格认证机构应将此作为价格鉴定的重要依据之一。该案例依据当地的有关规定，采用剩余法进行鉴定，依据充分，方法得当，结论客观合理。当事方对价格鉴定结论未提异议。

二、该房地产开发项目建筑总量大，结构复杂，开发期间长，价格鉴定需要收集的数据资料较多，各价格影响因素对最终结论的敏感性也较强，要求价格鉴定人员具有扎实的理论功底和丰富的操作经验。该案例价格鉴定过程全面细致，测算严谨翔实，技术含量高，值得肯定。

案例九十

# 涉嫌玩忽职守罪案件中房地产的价格鉴定

 **案例背景情况**

2009 年 6 月 28 日受××市人民检察院委托，××市价格认证中心依法对位于××市胜利路与怀远路交叉口西北角的××宾馆一至四层中的 789.03 平方米房地产的价格（含地价）进行了鉴定。本案是一起房管部门两名公务人员在办理房产证过程中为当事人多办出 789.03 平方米产权，并因此导致国有资产流失的刑事案件。××市人民检察院为提起这两名公务人员涉嫌玩忽职守罪，特委托××市价格认证中心对涉案的房地产进行价格鉴定，为司法机关定罪量刑提供价格依据。

 **价格鉴定结论书**

## 关于涉案房地产的价格鉴定结论书

××市人民检察院：

根据你院委托，我中心遵循合法、公正、科学的原则，按照规定的标准、程序和方法，依法对委托书所列指的涉案房地产进行了价格鉴定。现将价格鉴定情况综述如下：

### 一、价格鉴定标的

委托鉴定标的为位于××市胜利路与怀远路交叉口西北角的××宾馆一至四层中的 789.03 平方米房地产（含地价），原产权属××市粮食经营服务总公司所有，目前价格鉴定标的无土地使用权证书。

## 二、价格鉴定目的

为××市人民检察院办理涉嫌玩忽职守罪案件提供价格依据。

## 三、价格鉴定基准日

2008 年 11 月 6 日。

## 四、价格定义

价格鉴定结论所指的价格是：价格鉴定标的在价格鉴定基准日，采用公开市场价值标准确定的客观合理的市场价格。

## 五、价格鉴定依据

（一）法律法规及规范性文件

1.《中华人民共和国价格法》；

2.《××省涉案财产价格鉴定条例》；

3.《扣押、追缴、没收物品估价管理办法》；

4.《关于扣押追缴没收及收缴财物价格鉴定管理的补充通知》；

5.《××省涉案财产价格鉴定操作规范》。

（二）委托方提供的有关资料

1. 价格鉴定委托书及明细表；

2. 询问笔录复印件。

（三）鉴定方收集的有关资料

1. 实地勘验资料；

2. 市场调查资料；

3. 其他相关资料。

## 六、价格鉴定方法

针对鉴定标的实际状况、特点及鉴定目的，综合考虑各种因素，确定采用收益法和市场法进行价格鉴定。

## 七、价格鉴定过程

由于委托鉴定房地产属于一栋四层楼的一部分，委托方提供的房地产的界址不详。接受委托后，我中心指派 2 名价格鉴证师进行实地勘验，经与委托方、原产权人代表共同丈量，将委托房地产建筑面积细化到每一层，同时把建筑物以及用地范围及其四至画出平面图进行共同确认。经实地勘验，该幢楼建成于 1977 年，1995—1996 年进行再次装修。整体为 4 层，均为营业用房，混合结构，朝向南。外墙为水泥砂浆抹灰，南立面为玻璃幕墙。室内地坪：花岗岩、地板砖、水磨石、木地板及水泥地坪。内墙：普通抹灰，部分内墙 1 米以下为木质墙裙。部分为塑料扣板吊顶。木质门，铝合金推拉门及钢窗。预埋电线，日光灯和射灯照明。室内楼梯，踏步为地板砖。一层水平高度为 4.20 米，二层层高 3.45 米，三层层高为 4 米，四层层高为 3.35 米。该营业用房建筑布局一般，一至三层装饰陈旧，四层为近期装修，室内楼梯和公共通道占用面积较大，得房率低。目前使用状况：一层为宾馆大厅、小超市等；二层办公；三层闲置；四层为培训中心。鉴定标的地理位置优越，属于一级区段，毗邻火车站广场，商服繁华程度较好，环境质量较优，交通便捷。委托鉴定标的为该幢楼其中的建筑面积为 789.03 平方米的房地产，其中一层建筑面积为194.665 平方米，二、三、四层均为 198.122 平方米。用地情况：无土地使用权证书，2006 年挂牌出让，用地性质为商业，土地尚无使用年限限制。界址：东至怀远北路路缘石，南至胜利路路缘石，北至北墙以北至 1.80 米处，西至西墙。

经价格鉴定人员市场调查，综合考虑委托鉴定标的的周边环境、目前使用状况、交易等情况，确定分别采用收益法和市场法测算出每层营业用房市场单价，然后用简单算术平均法计算得出各层营业用房的市场平均单价，结合各层建筑面积，最终测算得出鉴定标的的总鉴定价格。

（一）采用收益法和市场法鉴定一层营业用房的价格

技术路线：首先收集租赁交易资料，选择 3 个可比实例，求出在同一供求范围内同类营业用房各层年平均净收益。然后测算同类营业用房的资本化率，结合鉴定标的的剩余使用年限，测算得出鉴定标的客观合理的市场价格。

1. 用收益法鉴定一层营业用房的市场价格。

收益法是运用适当的资本化率（投资回报率），将预期收益的鉴定标的的房地产的未来各期的正常净收益折算到鉴定基准日的价值，求其之和得出鉴定标的客观合理的市场价格。计算公式为：

$$V = a \times [1 - 1/(1+r)^n]/r$$

式中，a 为年净收益，r 为资本化率或投资回报率，假设 r 每年不变且大于零，收益年限为 n，V 为市场价格。

（1）估算年净收益。

年净收益应以客观收益为依据，即以该鉴定标的的社会平均水平的净收益为依据。根据近年来 ××市城区同区域同类营业用房租金调查，比较确定鉴定标的客观租金水平。

①经过价格鉴定人员的市场调查了解，故根据鉴定标的的鉴定基准日，选取同一供求范围内一层营业用房的净租金作为三个可比租赁实例，详见表 1。

实例 A：怀远北路西侧××配件；

实例 B：胜利路××面馆；

实例 C：怀远北路西侧××机电。

表 1　　　　　　　　　　　　　　可比实例概况

| 可比实例<br>项目 | A | B | C | 鉴定标的 |
|---|---|---|---|---|
| 承租日期 | 2008 年度 | 2008 年度 | 2008 年度 | 2008 年 11 月 6 日 |
| 地理位置 | 一级区段 | 一级区段 | 一级区段 | 一级区段 |
| 交通条件 | 位于主干道 | 位于主干道 | 位于主干道 | 位于主干道 |
| 环境 | 环境较好，商业集聚规模较好 | 环境较好，商业集聚规模较好 | 环境较好，商业集聚规模较好 | 环境较优，商业集聚规模较优 |
| 基础设施 | 一般 | 一般 | 一般 | 齐全 |
| 用途 | 商业（配件） | 商业（饮食） | 商业（配件） | 商业（宾馆） |
| 繁华程度 | 繁华 | 繁华 | 繁华 | 较繁华 |
| 结构 | 框架结构 | 混合结构 | 框架结构 | 混合结构 |
| 朝向 | 东 | 南 | 东 | 南 |
| 综合成新率（%） | 60 | 40 | 60 | 40 |
| 承租情况 | 正常交易 | 正常交易 | 正常交易 | 正常交易 |
| 月承租单价（元/平方米） | 70 | 68 | 62 | |

②以鉴定标的各项因素条件指数为 100，用鉴定标的的各项因素与可比实例进行比较，得出如下比较因素条件表，见表 2，求取比准单价。

表 2　　　　　　　　　　　　　　比较因素修正表

| | 可比实例<br>项目 | A | B | C | 鉴定标的 |
|---|---|---|---|---|---|
| | 月承租单价（元/平方米） | 70 | 68 | 62 | |
| | 交易情况修正 | 100/100 | 100/100 | 100/100 | 100/100 |
| | 交易日期修正 | 100/100 | 100/100 | 100/100 | 100/100 |
| 区域因素修正 | 地理位置 | −2 | −2 | −2 | 100/100 |
| | 交通便利度 | −2 | −2 | −2 | 100/100 |
| | 商业繁华度 | −2 | −1 | −2 | 100/100 |
| | 环境 | −1 | −1 | −1 | 100/100 |
| | 小　计 | 100/93 | 100/94 | 100/93 | 100/100 |
| 个别因素修正 | 人气状况 | −2 | −3 | −2 | 100/100 |
| | 设施完善度 | +0 | −1 | +0 | 100/100 |
| | 房屋布局 | +0 | −1 | −1 | 100/100 |
| | 装修程度 | −1 | −2 | −1 | 100/100 |
| | 综合成新率 | +1 | +0 | +1 | 100/100 |
| | 建筑结构 | +1 | +0 | +1 | 100/100 |
| | 临街状况 | −2 | −2 | −2 | 100/100 |
| | 小　计 | 100/97 | 100/91 | 100/96 | 100/100 |
| | 比准单价（元/平方米） | 77.60 | 79.50 | 69.45 | |

③确定鉴定标的月净租金。

用简单算术平均法计算鉴定标的的客观租金，即有：

鉴定标的一层营业用房月净租金

$= (77.60 + 79.50 + 69.45) \div 3$

$= 75.52$（元/平方米）

④估算年净收益。

根据××市营业用房出租情况调查，空置率较低，故每平方米年净收益为：$75.52 \times 12 = 906.24$（元）

（2）确定投资收益率。

采用安全利率加风险调整值法确定投资收益率，主要考虑两个因素：一是安全无风险利率，一般采用中国人民银行公布的一年期定期存款利率，在鉴定基准日国家公布的一年期定期存款利率为3.6%；二是风险调整值，风险投资回报率是对鉴定标的的房地产自身及其所在区域、行业、市场等所有风险的补偿，由行业风险报酬率、经营风险报酬率、财务风险报酬率和其他风险报酬率组成，相应的风险调整值分别0%~2%，2%~5%，5%~8%，8%以上。根据本次鉴定标的的具体特点及××市城区房地产市场状况，综合确定风险调整值取3%。

投资收益率 = 安全利率 + 风险调整值

$= 3.6\% + 3\% = 6.6\%$

（3）确定收益年限。

鉴定标的土地用途为营业，根据委托方提供的资料，该标的土地尚无使用年限限制。该营业用房建成于1977年，混合结构，根据《房地产估价规范》有关规定，该类房屋的经济耐用年限参考值为50年，因此确定鉴定标的的剩余使用年限为19年。

（4）求取鉴定标的一层营业用房的市场价格。

依据收益法计算公式，测算如下：

$V = a \times [1 - 1/(1+r)^n]/r$

$= 906.24 \times [1 - 1/(1+6.6\%)^{19}]/6.6\%$

$= 906.24 \times 10.653$

$= 9654.17$（元/平方米）

即鉴定标的的每平方米单价为9654.17元。

2. 采用市场法鉴定一层商业用房市场价格。

技术路线：首先收集与鉴定标的在同一供求范围内的交易资料，选择3个可比实例，通过各项因素修正得出在同一供求范围内同类营业用房的比准单价，然后用鉴定算术平均法测算鉴定标的的市场单价。

（1）收集交易资料，选择3个可比实例，见表3。

实例 A：怀远北路西侧××配件；

实例 B：怀远北路西侧××小吃部；

实例 C：胜利路××快捷宾馆。

表3 可比实例概况

| 项目 \ 可比实例 | A | B | C | 鉴定标的 |
|---|---|---|---|---|
| 交易日期 | 2009 年 8 月 | 2009 年 9 月 | 2008 年底 | 2008 年 11 月 |
| 地理位置 | 一级区段 | 一级区段 | 一级区段 | 一级区段 |
| 交通条件 | 位于主干道 | 位于主干道 | 位于主干道 | 位于主干道 |
| 基础配套设施 | 一般 | 一般 | 一般 | 较好 |
| 用途 | 商业（配件） | 商业（餐饮） | 商业（宾馆） | 商业（宾馆） |
| 建筑结构 | 混合结构 | 混合结构 | 混合结构 | 混合结构 |
| 环境质量 | 一般 | 一般 | 一般 | 较好 |
| 朝向 | 东 | 东 | 北 | 南 |
| 成新率（%） | 38 | 38 | 38 | 38 |
| 交易情况 | 正常交易 | 正常交易 | 正常交易 | 正常交易 |
| 交易单价（元/平方米） | 10280 | 10070 | 10720 | |

（2）进行各项因素修正，求取比准单价，见表4。

表4 比较因素修正表

| 项目 \ 可比实例 | | A | B | C | 鉴定标的 |
|---|---|---|---|---|---|
| 交易单价（元/平方米） | | 10280 | 10070 | 10720 | |
| 交易情况修正 | | 100/100 | 100/100 | 100/100 | 100/100 |
| 交易日期修正 | | 100/100 | 100/100 | 100/100 | 100/100 |
| 区域因素修正 | 地理位置 | −2 | −1 | −2 | 100/100 |
| | 交通便利度 | −2 | −1 | −2 | 100/100 |
| | 商业繁华度 | +0 | +0 | −2 | 100/100 |
| | 人气状况 | −1 | +0 | −1 | 100/100 |
| | 环境条件 | +0 | +0 | +0 | 100/100 |
| | 小　计 | 100/95 | 100/98 | 100/93 | 100/100 |
| 个别因素修正 | 成新程度 | 0 | 0 | 0 | 100/100 |
| | 设施完善度 | −1 | −1 | +2 | 100/100 |
| | 房屋布局 | +1 | +1 | +2 | 100/100 |
| | 建筑结构 | +2 | +1 | +2 | 100/100 |
| | 综合利用率 | +2 | +1 | +2 | 100/100 |
| | 小　计 | 100/104 | 100/102 | 100/108 | 100/100 |
| 比准单价（元/平方米） | | 10404.86 | 10074.03 | 10673.04 | |

（3）采取算术平均法求取一层营业用房的比准单价。

一层营业用房比准单价 =（10404.86 + 10074.03 + 10673.04）÷3

= 31151.93 ÷3

$$= 10383.98 （元/平方米）$$

3. 采用简单算术平均法鉴定一层营业用房的市场价格。

$$一层营业用房市场单价 = （9654.17 + 10036.98）÷ 2$$

$$= 9846 （元/平方米）$$

$$一层营业用房的鉴定总价 = 9846 × 194.665$$

$$= 1916672 （元）$$

（二）采用收益法和市场法鉴定二、三、四层营业用房的市场价格

1. 采用收益法鉴定二、三、四层营业用房的市场平均价格。

收益法是运用适当的资本化率（投资回报率），将预期收益的鉴定标的房地产的未来各期的正常净收益折算到鉴定基准日的价值，求其之和得出鉴定标的客观合理的市场价格。计算公式为：

$$V = a × [1 - 1/(1+r)^n] /r$$

式中，a 为年净收益，r 为资本化率或投资回报率，假设 r 每年不变且大于零，收益年限为 n，V 为市场价格。

（1）估算年净收益。

年净收益应以客观收益为依据，即以该鉴定标的社会平均水平的收益为依据。根据近年来××市城区同区域同类营业用房租金调查，采用市场法比较确定鉴定标的客观租金水平。

①经过价格鉴定人员的市场调查了解，鉴定标的周边同类营业用房的租金均为 7 ~ 10 年前的水平，无可比性，故根据鉴定标的鉴定基准日，选取同一供求范围内二、三、四层营业用房的平均净租金作为三个可比租赁实例，具体见表5。

实例 A：胜利路××接待站；

实例 B：怀远北路××宾馆；

实例 C：汴河中路××商城办公用房。

表5　　　　　　　　　　　　　　可比实例概况

| 项目＼可比实例 | A | B | C | 鉴定标的 |
|---|---|---|---|---|
| 承租日期 | 2008 年度 | 2009 年度 | 2008 年度 | 2008 年 11 月 6 日 |
| 地理位置 | 一级区段 | 一级区段 | 一级区段 | 一级区段 |
| 交通条件 | 位于主干道 | 位于主干道 | 位于主干道 | 位于主干道 |
| 环境 | 环境较好，商业集聚规模较好 | 环境较好，商业集聚规模较好 | 环境较好，商业集聚规模较优 | 环境较优，商业集聚规模较优 |
| 基础设施 | 一般 | 一般 | 较优 | 较好 |
| 用途 | 商业（宾馆） | 商业（宾馆） | 商业（办公） | 商业（宾馆、办公） |
| 繁华程度 | 一般 | 繁华 | 较繁华 | 繁华 |
| 结构 | 混合结构 | 混合结构 | 混合结构 | 混合结构 |

续表

| 可比实例<br>项目 | A | B | C | 鉴定标的 |
|---|---|---|---|---|
| 朝向 | 北 | 东 | 南 | 南 |
| 综合成新率（%） | 50 | 60 | 50 | 38 |
| 承租情况 | 正常交易 | 正常交易 | 正常交易 | 正常交易 |
| 月承租单价（元/平方米） | 9.00 | 18.43 | 12.00 | |

②以鉴定标的各项因素条件指数为100，用鉴定标的的各项因素与可比实例进行比较，比较因素修正结果表见表6。

表6　　　　　　　　　　　　比较因素修正表

| 可比实例<br>项目 | | A | B | C | 鉴定标的 |
|---|---|---|---|---|---|
| 月承租单价（元/平方米） | | 9.00 | 18.43 | 12.00 | |
| 交易情况修正 | | 100/100 | 100/100 | 100/100 | 100/100 |
| 交易日期修正 | | 100/100 | 100/115 | 100/100 | 100/100 |
| 区域<br>因素<br>修正 | 地理位置 | −2 | −2 | +1 | 100/100 |
| | 交通便利度 | −2 | −1 | −3 | 100/100 |
| | 商业繁华度 | −4 | 0 | −2 | 100/100 |
| | 环境质量 | −2 | −1 | +0 | 100/100 |
| | 小　计 | 100/90 | 100/96 | 100/96 | 100/100 |
| 个别<br>因素<br>修正 | 人气状况 | −4 | −2 | +1 | 100/100 |
| | 设施完善度 | +1 | +1 | +2 | 100/100 |
| | 房屋布局 | −1 | −1 | +1 | 100/100 |
| | 装修程度 | +0 | +0 | +1 | 100/100 |
| | 综合成新率 | +1 | +2 | +4 | 100/100 |
| | 建筑结构 | +2 | +2 | +3 | 100/100 |
| | 临街状况 | −3 | −3 | −3 | 100/100 |
| | 小　计 | 100/96 | 100/99 | 100/106 | 100/100 |
| 比准价格（元/平方米） | | 10.42 | 16.86 | 11.79 | |

③确定鉴定标的月净租金。

用简单算术平均法计算价格鉴定标的月净租金，即有：

鉴定标的二、三、四层营业用房月净租金 =（10.42 + 16.86 + 11.79）÷3

= 13.02（元/平方米）

④估算年净租金（收益）。

根据××市营业用房出租情况调查，空置率约为2%，故年净收益为 = 13.02 × 12 ×（1 − 2%）= 153.12（元/平方米）。

（2）确定投资收益率。

采用安全利率加风险调整值法确定投资收益率，主要考虑两个因素：一是安全无风险利率，一般采用中国人民银行公布的一年期定期存款利率，在鉴定基准日国家公布的一年期定期存款利率为3.6%；二是风险调整值，风险投资回报率是对鉴定标的房地产自身及其所在区域、行业、市场等风险的补偿，由行业风险报酬率、经营风险报酬率、财务风险报酬率和其他风险报酬率组成，相应的风险调整值分别0%~2%，2%~5%，5%~8%，8%以上。根据本次鉴定标的的具体特点及××市城区房地产市场状况，综合确定风险调整值取2%。

投资收益率 = 安全利率 + 风险调整值
$$= 3.6\% + 2\% = 5.6\%$$

（3）确定收益年限。

鉴定标的土地用途为营业，根据委托方提供的资料，该标的土地尚无使用年限限制。该营业用房建成于1977年，混合结构，根据《房地产估价规范》规定，该营业用房的经济耐用年限参考值为50年，因此确定鉴定标的的剩余使用年限为19年。

（4）求取鉴定标的二、三、四层营业用房的市场单价。

依据收益法计算公式，测算如下：

$$V = a \times [1 - 1/(1+r)^n]/r$$
$$= 153.12 \times [1 - 1/(1 + 5.6\%)^{19}]/5.6\%$$
$$= 153.12 \times 11.516$$
$$= 1763.33 \text{（元/平方米）}$$

即鉴定标的的每平方米单价为1763.33元。

2. 采用市场法鉴定二、三、四层营业用房市场价格。

技术路线：首先收集与鉴定标的在同一供求范围内的交易资料，但鉴定标的二、三、四层营业用房的市场交易实例较少，综合考虑鉴定标的的实际使用状况和市场价格水平，因其市场价格与住宅交易价格相当，故确定选择3个住宅可比实例，通过各项因素修正得出在同一供求范围内类似房地产的比准单价；然后用简单算术平均法测算鉴定标的的市场单价，最后得出鉴定标的的二、三四、层的市场价格。

（1）先收集交易资料，选择3个可比实例，见表7。

实例A：胜利路××××综合楼；

实例B：怀远北路西侧×××花园27#楼；

实例C：怀远路东侧××花园小区6#楼。

表7 可比实例概况

| 可比实例<br>项目 | A | B | C | 鉴定标的 |
|---|---|---|---|---|
| 交易日期 | 2007年底 | 2008年10月 | 2008年12月 | 2008年11月 |
| 地理位置 | 一级区段 | 二级区段 | 二级区段 | 一级区段 |

续表

| 可比实例<br>项目 | A | B | C | 鉴定标的 |
|---|---|---|---|---|
| 交通条件 | 位于主干道 | 位于次干道 | 位于主干道 | 位于主干道 |
| 基础配套设施 | 较好 | 较好 | 较好 | 一般 |
| 用途 | 办公 | 办公 | 办公 | 营业、办公 |
| 建筑结构 | 混合结构 | 混合结构 | 混合结构 | 混合结构 |
| 建筑质量 | 较好 | 较好 | 较好 | 一般 |
| 朝向 | 南 | 南 | 南 | 南 |
| 成新率（%） | 38 | 38 | 38 | 38 |
| 交易情况 | 正常交易 | 正常交易 | 正常交易 | 正常交易 |
| 交易单价（元/平方米） | 2395 | 2376 | 2589 | |

（2）进行各项因素修正，求取比准单价，修正情况见表8。

表8                  比较因素修正表

| | 可比实例<br>项目 | A | B | C | 鉴定标的 |
|---|---|---|---|---|---|
| | 交易单价（元/平方米） | 2395 | 2376 | 2589 | |
| | 交易情况修正 | 100/100 | 100/100 | 100/100 | 100/100 |
| | 交易日期修正 | 100/100 | 100/100 | 100/100 | 100/100 |
| 区域<br>因素<br>修正 | 地理位置 | −1 | −2 | −2 | 100/100 |
| | 交通便利度 | −1 | −2 | −2 | 100/100 |
| | 环境质量 | +1 | +2 | +2 | 100/100 |
| | 人气状况 | −1 | +1 | −1 | 100/100 |
| | 配套设施 | +1 | +2 | +2 | 100/100 |
| | 小　计 | 100/99 | 100/101 | 100/99 | 100/100 |
| 个别<br>因素<br>修正 | 用途 | 0 | 0 | 0 | 100/100 |
| | 成新程度 | 0 | 0 | 0 | 100/100 |
| | 设施完善度 | +2 | +3 | +3 | 100/100 |
| | 房屋布局 | +2 | +2 | +2 | 100/100 |
| | 建筑结构 | +2 | +2 | +2 | 100/100 |
| | 建筑质量 | +2 | +2 | +2 | 100/100 |
| | 综合利用率 | +2 | +2 | +2 | 100/100 |
| | 小　计 | 100/110 | 100/111 | 100/111 | 100/100 |
| | 比准单价（元/平方米） | 2199.27 | 2119.34 | 2356.00 | |

（3）采取算术平均法求取二、三、四层营业用房的比准单价。

二、三、四层营业用房比准单价 = (2199.27 + 2119.34 + 2356.00) ÷ 3

$$= 6675.11 ÷ 3$$

$$= 2225.04（元/平方米）$$

3. 采用算术平均法测算二、三、四层营业用房的鉴定单价。

二、三、四层营业用房的鉴定单价 = (1763.33 + 2225.04) ÷ 2

$$= 1994.19 （元/平方米）$$

二、三、四层营业用房的市场总价 = 1994.19 元 × 198.122 平方米 × 3 层

$$= 1185279 元$$

（三）确定鉴定标的总价格

鉴定总价格 = 1916672 元 + 1185279 元

$$= 3101951 元$$

## 八、价格鉴定结论

价格鉴定标的在价格鉴定基准日的鉴定价格为人民币叁佰壹拾万壹仟玖佰伍拾壹元整（￥3101951.00）。

## 九、价格鉴定限定条件

（一）委托方提供的资料客观真实；

（二）当上述条件发生变化时，鉴定结论会失效或部分失效，鉴定机构不承担由于这些条件的变化而导致鉴定结果失效的相关法律责任。

## 十、声明

（一）价格鉴定结论受结论书中已说明的限定条件限制。

（二）委托方提供资料的真实性由委托方负责。

（三）价格鉴定结论仅对本次委托有效，不做他用。未经我中心同意，不得向委托方和有关当事人之外的任何单位和个人提供。结论书的全部或部分内容，不得发表于任何公开媒体上。

（四）鉴定机构和鉴定人员与价格鉴定标的没有利害关系，与有关当事人也没有利害关系。

（五）如对本结论有异议，可向本鉴定机构提出重新鉴定，或委托省级政府价格主管部门设立的价格鉴定机构复核裁定。

## 十一、价格鉴定作业日期

（略）。

## 十二、价格鉴定人员

（略）。

## 十三、附件

1. 价格鉴定委托书复印件（略）
2. 价格鉴定机构资质证复印件（略）
3. 价格鉴定人员资格证复印件（略）

（公章）

2009 年 7 月 11 日

## 测算说明

### 一、鉴定方法的选择

接受委托后，我中心成立了价格鉴定小组，拟定价格鉴定作业方案。首先价格鉴定人员与委托方代表进行了实地勘验，对与价格鉴定标的在同一供求范围内的类似房地产的市场价格及其在客观市场状况下的净收益进行了调查了解，然后价格鉴定人员与委托方到相关部门进行调查和咨询，目前价格鉴定标的无土地使用权证书，于 2006 年挂牌出让，且所在区域已在鉴定基准日前列入××市城市改造拆迁范围，而且仅鉴定整幢楼的部分房地产的价格，故首先排除用成本法进行价格鉴定。价格鉴定人员通过实地勘验和对相邻地区的调查、了解和咨询，在认真分析研究委托方提供资料和相关文件的基础上，针对鉴定标的实际状况、特点及鉴定目的，综合考虑以上因素，确定采用收益法和市场法进行价格鉴定，得出委托鉴定标的的客观合理的市场价格。

### 二、成本法鉴定房地产价格相关参数的确定分析

1. 土地使用权重置成本的确定。以成本法鉴定土地的重置价格，除在农村地区、城乡接合部、新开发地区以及旧城改造地区外，一般不宜采用。鉴定土地的重置价格，要特别注意标的在鉴定基准日的状况，以便于准确确定其价格构成。当不便采用成本法时，可酌情选用市场法、基准地价修正法等方法鉴定土地的价格。

价格鉴定人员可通过以下方法获得土地的重置价格：一是根据国土资源部门公布的城镇基准地价表和图，进行分级、修正测算得出；二是通过国土资源部门国有建设用地使用权出让公告信息获得土地取得成本，同时应注意相关税费，如土地使用权出让金、手续费、契税等；三是根据土地取得费用的测算获得，包括征地和房屋拆迁安置补偿费、地价款或土地使用权出让金、相关手续费及税金。以成本法求取土地的重置价格时，还应注意土地的剩余使用年限，并进行年期修正。例如，以

有偿方式取得的土地使用权，在以成本法得出重置价格后，还应扣除鉴定基准日已使用年限的价格，得出剩余年限的土地使用权价格。

2. 建筑物重置或重建成本的确定。建筑物重置或重建价格，可采用成本法、市场法或通过政府公布的房地产基准价格扣除土地价格后的比较修正求取，也可按工程造价估算的方法具体计算。即价格鉴定人员可根据掌握的具体情况从以下几个方面获得建筑物的重置或重建成本：一是当地建设主管部门公布的各类建筑物的现行重置成本；二是工程造价管理部门公布的信息价；三是按工程造价估算法具体测算；四是价格鉴定人员根据市场调查资料，进行建筑形式、层高、建造地点、规模大小等影响因素系数修正获得。特别要注意的是对建筑物价格中是否包含附属物以及装潢价格应给予说明。

3. 建筑物的成新率的确定。建筑物的耐用年限分为自然耐用年限和经济耐用年限，价格鉴定时一般应采用经济耐用年限，即应根据建筑物的建筑结构、用途和维修保养情况，结合市场状况、周围环境、经营收益状况等综合判断。

### 三、收益法鉴定房地产价格相关参数数据的确定分析

1. 估算年净收益。年净收益应以客观收益为依据，即以价格鉴定标的社会平均水平的净收益为依据。根据对市场租金的调查，分析确定价格鉴定标的客观年净收益（扣除各种税费、空置率）。

2. 确定投资收益率。采用安全利率加风险调整值法确定投资收益率，主要考虑两个因素：一是安全无风险利率，一般采用中国人民银行公布的一年期定期存款利率，在鉴定基准日国家公布的一年期定期存款利率为 3.6%；二是风险调整值，风险投资回报率是对鉴定标的房地产自身及其所在区域、行业、市场等所有风险的补偿，由行业风险报酬率、经营风险报酬率、财务风险报酬率和其他风险报酬率组成，相应的风险调整值分别 0%～2%，2%～5%，5%～8%，8% 以上。根据鉴定标的的具体特点及××省部分城区房地产市场状况，目前投资收益率可以确定为 3%～5%，5%～8%，8%～11%，11% 以上。投资收益率 = 安全利率 + 风险调整值。

3. 确定收益年限。根据土地使用权证书、房地产权证等相关材料，可确定鉴定标的合法的土地使用权剩余使用年限。另根据《房地产估价规范》选取该建筑物的经济耐用年限参考值，扣除合理的建造期，由此确定认定标的建筑物剩余使用年限。

收益年限的确定：

（1）建筑物的建设期不计入耐用年限，即建筑物的耐用年限应从建筑物竣工验收合格之日起计；

（2）建筑物耐用年限短于土地使用权年限时，应按建筑物耐用年限确定收益年限；

（3）建筑物耐用年限长于土地使用权年限时，应按土地使用权年限确定收益

年限；

（4）建筑物出现于补办土地使用权出让手续之前，其耐用年限早于土地使用权年限而结束时，应按建筑物耐用年限确定收益年限；

（5）建筑物出现于补办土地使用权出让手续之前，其耐用年限晚于土地使用权年限而结束时，应按建筑物已使用年限加上土地使用权剩余年限确定收益年限。

### 四、房地产价格鉴定应注意的问题

1. 根据《××省价格鉴证操作规范》，土地、房地产价格鉴证方法可分别参照国家标准《城镇土地估价规程》、《房地产估价规范》的规定。

2. 应注明每次房地产价格鉴定所遵循的原则。房地产价格鉴定原则具体包括：一是合法原则；二是最高最佳使用原则；三是替代原则；四是价格鉴定时点原则。注明价格鉴定原则是为了对同一房地产的价格鉴定结论有同一口径，从而使不同的价格鉴定人员易于达成一致。

3. 对于没有相关的产权登记的房地产，或登记建筑面积与实际不相符的房地产，或分割房地产界址不详时，必须经委托方以及当事人签字确认后，方可进行价格鉴定，同时还要慎重考虑其使用的合法性前提。

4. 对于没有相关的土地使用权登记或登记与实际不相符的房地产，其土地使用权面积的确定要综合考虑建筑红线、公共通道、近邻等界址，并应经四邻或委托方签字确认。

5. 明确房地产价格鉴定涉及的税费负担问题。不同用途、不同流转环节的房地产，其权属登记过程中的税费负担也不尽相同。涉及的税费主要有土地使用权出让金、契税、维修基金、营业税、城市维护建设税、教育附加费、土地增值税、印花税、交易手续费等。以上税费应由买卖双方按相关规定分别承担，而在现实交易过程中，价格鉴定人员应注意买卖双方税费转嫁问题，以客观合理的确定鉴定价格。

### 五、价格鉴定过程

同价格鉴定结论书，略。

## 🔖 案例评析

一、该案例是对一幢楼房的部分房地产进行的价格鉴定，且各楼层的建筑面积不同、价格不一，因此必须分层进行价格鉴定，故其中参数和数据较繁杂，篇幅也较长，为简化计算过程，该案综合考虑其价格的差异性和可比性，最后确定结论书采用一层单独鉴定，二、三、四层采用平均价格进行鉴定，这样既可简化文书，又不影响鉴定结果。

二、因该案例部分基础资料不完善，故价格鉴定结论是在假设其土地使用权年限无使用年限限制的前提下的，另其中还有些内容尚待进一步探讨和完善，如剩余使用年限的计算、资本化率或投资回报率 r 的确定、修正系数的选取等，价格鉴定人员应根据案件的实际情况进行适当调整。

三、该案例中涉案人员为申请人多办出 789.03 平方米的产权，但该标的所占用土地自 2006 年出让直至委托日，仍未办理土地使用权转移登记手续，而检察机关委托鉴定的标的中包含土地使用权价格，尽管价格鉴定人员已向委托方提醒，但是委托方仍坚持鉴定土地使用权价格。在委托书有明确要求的情况下，价格鉴定人员按照委托意见进行价格鉴定是正确的，但是需要在结论书中进行披露说明。

四、该案例价格鉴定过程虽经简化处理，但仍显内容繁多。可考虑附用技术鉴定报告或者将计算过程放到工作底档的测算说明中予以解决。

五、该案例在用收益法鉴定二、三、四层营业厅用房时，对租金进行了日期修正，说明近几年租金在上涨，而计算采用年收益不变的公式有待商榷。

## 案例九十一

# 涉嫌玩忽职守罪案件中经营木材应得利润的价格鉴定

**案例背景情况**

2011 年 8 月 4 日××县公安局办理×××国有公司人员玩忽职守造成国有资产损失案，委托××县价格认证中心对经营 5804 立方米木材的应得利润进行价格鉴定。

# 价格鉴定结论书

## 关于对××山场经营 5804 立方米木材应得利润的价格鉴定结论书

××县公安局：

根据你局的委托，遵循合法、公正、科学的原则，按规定的标准、程序和方法，我中心依法对经营 5804 立方米木材的应得利润进行了价格鉴定。现将鉴定情况综述如下：

### 一、价格鉴定标的

××山场经营 5804 立方米杉条木的应得利润。

### 二、价格鉴定目的

为公安机关办理涉嫌玩忽职守罪案件提供标的的价格参考依据。

### 三、价格鉴定基准日

2011 年 8 月 4 日。

### 四、价格定义

价格鉴定结论所指价格是：鉴定标的在鉴定基准日以公开价值标准确定的××县市场客观合理的利润。

### 五、价格鉴定依据

（一）法律法规及规范性文件

1.《中华人民共和国价格法》；

2.《中华人民共和国森林法》；

3.《扣押、追缴、没收物的估价管理办法》；

4.《扣押追缴没收及收缴财物价格鉴定管理的补充通知》；

5.《××省涉案物价格鉴证管理条例》；

6.《××省涉案物价格鉴定工作规范》；

7.《森林资源资产评估技术规范（试行）》。

（二）委托方提供的有关资料

1.××县公安局公刑聘字〔2012〕××号价格鉴定委托书；

2. 木材销售合同书复印件；

3. ××县××采育场供销股证明、生产工资结算单复印件；

4. 2011 年度××采育场 1、2、3 号山场木材利润情况；

5. 询问笔录复印件；

6. 砍伐工区设计表复印件。

（三）鉴定方收集有关资料

1. 实物勘验资料；

2. 市场调查资料；

3. 其他相关资料。

## 六、价格鉴定方法

成本法。

## 七、价格鉴定过程

我中心接受委托后，成立了价格鉴定小组，派出价格鉴定人员于 2011 年 8 月 5 日对价格鉴定标的进行了实地勘验。鉴定标的为××林场五工区经营共计 5804 立方米杉条木木材的应得利润。然后根据委托方提供的资料和实地勘验获取的相关资料进行了广泛的市场调查。在广泛调查收集木材售价等有关市场资料的基础上，运用木材市场销售价格倒算法对鉴定标的进行价格鉴定。

## 八、价格鉴定结论

5804 立方米杉条木木材在价格鉴定基准日的应得利润为人民币伍拾伍万壹仟叁佰捌拾元整（￥551380.00）。

## 九、价格鉴定限定条件

（一）委托方提供的资料客观真实；

（二）价格鉴定标的价格以××县内市场中等价格确定的，费用为县内价格。

## 十、声明

（一）委托方提供资料的真实性由委托方负责。

（二）价格鉴定结论受结论书中已说明的限定条件限制。

（三）鉴定机构和人员与价格鉴定标的没有利害关系，也与当事人没有利害关系。

（四）价格鉴定结论仅对本次委托有效。

（五）如对本价格鉴定结论有异议，可向本鉴定机构提出重新鉴定，或委托省级以上政府价格主管部门设立的价格鉴定机构复核裁定。

## 十一、价格鉴定作业日期

（略）。

## 十二、价格鉴定人员

（略）。

## 十三、附件

1. 价格鉴定机构资质证复印件（略）
2. 价格鉴定人员资格证复印件（略）

（公章）

2011 年 8 月 20 日

## 测算说明

### 一、鉴定思路

本案例是对国有林木资产的应得利润进行价格鉴定。案例主要特点如下：

（1）对林木资产应得利润的价格鉴定，××县公安局在价格鉴定委托书上明确了产生利润的木材数量、规格，并附有木材销售合同书、××县××采育场供销股证明、生产工资结算单、××采育场山场木材利润情况等；

（2）本案例的难点在于砍伐工资、出山、肩运、归堆、装车及前期修路、工具、山地租赁等费用的预算。

### 二、价格鉴定标的概况

本次价格鉴定标的为××林场五工区林班××106、10a、2a、2、13、14、16、36 小班生产的工业原料林；树种：杉阔；权属：国有林；林权证号：××××；采伐强度 100%；面积 12.9 公顷；出材量：杉条木 5804 立方米。

### 三、价格鉴定过程

本中心接受委托后，组成价格鉴定小组，经实地勘验和市场调查，根据委托鉴定标的、委托鉴定目的，结合所收集的相关资料，确定采用市场销售价格倒算的方法对标的进行价格鉴定。

其计算公式为：

$$F = W - E - C$$

式中：F——木材经营合理利润；

W——销售总收入；

E——山地租赁费用；

C——木材经营成本，包括采运成本、管理费用、销售费用、财务费用、育林基金、国税、地税、价格调节基金。

价格鉴定标的为××山场经营5804立方米杉条木木材的应得利润。经广泛调查，收集到木材市场销售价格等有关资料。

1. 基准日时木材市场每立方米木材的销售价格为710元。

2. 费用部分：

（1）每立方米杉木的砍伐、出山、肩运、归堆、装车、短途运输、工具、修路等费用为215元（包括杉木费用另加制材费）。

（2）每立方米杉木的税费包括育林基金、国税、地税、价格调节基金为每立方米320元。

3. 每立方米杉木的山地租赁费用每立方米80元。

×××山场应得利润为：

$$5804 \times (710 - 215 - 320 - 80) = 551380 （元）$$

## 案例评析

一、该案例是对刑事涉案木材利润进行价格鉴定，程序合法，依据充分，结论较合理。

二、该案例的要点在于鉴定方法的选择。根据该案例价格鉴定标的的特点，即标的已经销售，各项技术资料容易调查取证，加上在标的采伐地周边有另外两处山场上年也进行砍伐，可比性较强，得出结论比较准确等情况该案鉴定人员依市场调查所收集得到资料，结合实际情况，采用了市场销售价格倒算法，鉴定方法选择较适当，是成熟林林木资产鉴定的首选方法。该方法技术资料、价格等都较易获得，结果最贴近市场。

三、该山场是全部砍伐后重新造林的人工林场，故各项成本开支按木材材积分摊。

四、××县公安局在价格鉴定委托书上明确了产生利润的木材数量、规格，并附有木材销售合同书、××县××采育场供销股证明、生产工资结算单、××采育场山场木材利润情况等，保证了结论的客观准确性。

# 第三部分　涉税及行政执法涉及财物价格认定

案例九十二

# 涉税案件中××铁矿详查探矿权的价格认定

## 案例背景情况

    ××矿业股份有限公司以自有资金收购××有限公司股东持有的大宝公司70%股权，作价12350.7万元。大宝公司及其全资子公司拥有××铁矿有限公司××铁矿详查（勘验许可证号×××）探矿权。该公司购买的70%的股权，主要是为了取得被投资企业所拥有的探矿权，表面上是股权交易，实质上是探矿权的转让，购买股权企业要比直接购买探矿权操作容易。

    但是，税务执法部门在执法时发现，这一交易的背后还涉及偷逃税收等重大问题。××市税务局经研究，委托××市价格认证中心对××铁矿详查探矿权在交易日的公允市场价格进行认定。

## 价格认定结论书

### 关于××铁矿详查探矿权的价格认定结论书

××市税务局：

    根据你单位出具的价格认定协助书，遵循合法、公正、科学的原则，按照规定的程序，我单位对××铁矿探矿权进行了价格认定。现将有关情况综述如下：

### 一、价格认定标的

    ××铁矿详查探矿权。根据××国土资源厅颁发的勘验许可证（证号×××××），勘验区面积：4.88平方千米。矿区范围由8拐点圈定，各拐点坐标如下表（表略）。

## 二、价格认定目的

为税务机关查办案件提供价格参考依据。

## 三、价格认定基准日

2007 年 4 月 30 日。

## 四、价格定义

价格认定结论所指价格是：价格认定标的在价格认定基准日，采用公开市场价值标准确定的客观合理价格。

## 五、价格认定依据

（一）法律法规及规范性文件

1. 《中华人民共和国价格法》；

2. 《中华人民共和国矿产资源法》；

3. 《矿产资源开采登记管理办法》；

4. 《探矿权采矿权转让管理办法》；

5. 《中华人民共和国资源税暂行条例》；

6. 《矿产资源补偿费征收管理规定》；

7. 《国土资源部关于施行矿业权评估准则的通告》；

8. 《中国矿业权评估准则》；

9. 《矿业权评估参数确定指导意见》（CMV 30800—2008）；

10. 《铁、锰、铬矿地质勘验规范》（DZ/T 0200—2002）；

11. 《固体矿产资源/储量分类》（GB/T 17766—1999）；

12. 《财政部 国土资源部关于探矿权采矿权有偿取得制度有关问题的补充通知》；

13. 《国家发展改革委 国家税务总局关于开展涉税财物价格认定工作的指导意见》；

14. 其他相关法律、法规、规范等。

（二）委托方提供的有关资料

1. 税务机关涉税财物价格认定委托书；

2. ××铁矿价款价格认定的基础资料；

3. 勘验许可证（证号：××××××）；

4. ××地质队 2009 年 7 月编制提交的《××××铁矿详查地质报告》；

5. ××地质队 2008 年 3 月编制提交的《××铁矿普查阶段性工作总结》；

6. ××铁矿预查探矿权关于探矿权权属状况、已缴纳使用费和完成最低勘验投入等证明；

7. ××铁矿探矿权转让申请书及审批通知书；

8. ××地质队 2006 年 12 月编写提交的《××铁矿详查（中间）报告》；

9. ××铁矿详查探矿权关于探矿权权属状况、已缴纳使用费和完成最低勘验投入等证明；

10. ×××铁矿探矿权转让申请书及审批通知书。

（三）价格认定机构收集的有关资料

1. 实地勘验资料；

2. 市场价格调查资料等。

## 六、价格认定方法

可比销售法。

## 七、价格认定过程

（一）价格认定标的概述

××铁矿床位于××镇西 5.5 千米长山村范围内。

矿区西侧 1.5 千米是××国道，沿国道向北 18 千米达××河，向南 110 千米与××国道和××铁路相通，东侧至××县城 25 千米。

根据××地质队编制的《××铁矿详查地质报告》，探矿许可证范围内保有资源储量全区共获铁矿（332）＋（333）类矿石量 4492.89 万吨，平均品位 TFe32.37%。其中：（332）类铁矿石量 2006.05 万吨，工业铁矿石量 1836.80 万吨，平均品位 TFe33.36%；低品位铁矿石量 169.25 万吨，平均品位 23.58%。（333）类铁矿石量 2486.84 万吨，工业铁矿石量 2424.96 万吨，平均品位 TFe32.83%；原生低品位铁矿石量 53.48 万吨，平均品位 23.26%；氧化工业铁矿石量 8.40 万吨，平均品位 TFe28.01%。

具体情况详见附件 1：《××铁矿详查探矿权价格认定技术报告》。

（二）价格认定测算过程

我中心接受委托后，成立了价格认定小组，聘请了具有矿业权价格认定资格、矿产资源储量评审资格的专家参与探矿权价格认定工作。价格认定小组制订了价格认定作业方案，在对××铁矿详查报告中的资源储量与相邻地区已成交的探矿权的有关资料进行认真的核实、分析、研究、对比的基础上，确定运用可比销售法对×related××铁矿详查探矿权价格进行认定。其计算公式为：

$$P_s = \frac{\sum\limits_{i=1}^{n}(P_x \cdot \mu \cdot \omega \cdot \varphi \cdot \tau)i}{n}$$

式中：$P_s$——待价格认定探矿权价格认定价值；

$P_x$——参照的矿业权成交值；

$\mu$——可采储量调整系数；

$\omega$——品位调整系数；

$\varphi$——价格调整系数；

$\tau$——差异调整系数；

$n$——参照矿业权个数。

具体测算过程详见附件 1：《××铁矿详查探矿权价格认定技术报告》。

## 八、价格认定结论

价格认定标的在价格认定基准日的客观合理价格为人民币（大写）壹亿捌仟柒佰零伍万陆佰元整（¥187050600.00）。

## 九、价格认定限定条件

（一）委托方提供的资料客观真实；

（二）本价格认定结论将评价和估算的条件设定为该探矿权在公开的矿业权交易平台上竞卖，竞买人自由竞价为条件，这是一种特定的交易环境条件，价格认定结果为公开市场自由竞价且能够成交的市场价格类型；

（三）本价格认定结论所用公开市场价值的定义是，探矿权在价格认定基准日进行的公开的无限制的市场交易中能够获得的、并被竞买人接受的价格。交易中的各方都是充分拥有相关知识、信息畅通、谨慎行事、行为独立的，交易不受任何强制压迫。它的市场条件是一种假设的、理想的环境。

## 十、声明

（一）价格认定结论受结论书中已说明的限定条件限制。

（二）委托方提供资料的真实性由委托方负责。

（三）价格认定结论仅对本次委托有效，不做他用。未经我中心同意，不得向委托方和有关当事人之外的任何单位和个人提供结论书的全部或部分内容，也不得发表于任何公开媒体上。

（四）价格认定机构和价格认定人员与价格认定标的无利害关系，也与有关当事人无利害关系。

（五）如对本结论有异议，可向本鉴定机构提出重新鉴定，或委托上级政府价格主管部门设立的价格鉴定机构复核裁定。

## 十一、价格认定作业日期

（略）。

## 十二、价格认定小组人员

（略）。

## 十三、附件

1. ××铁矿详查探矿权价格认定技术报告
2. 价格认定机构资质证复印件（略）
3. 价格认定人员资格证复印件（略）

（公章）

2013 年 7 月 1 日

附件 1

## ××铁矿详查探矿权价格认定技术报告

### 一、价格认定标的

××铁矿详查探矿权。根据××国土资源厅颁发的勘验许可证（证号×××××××），勘验区面积：4.88 平方千米。矿区范围由 8 拐点圈定，各拐点坐标如下表（表略）。

### 二、矿产资源勘验和开发概况

（一）详查区位置及其交通、自然地理与经济概况

1. 详查区位置与交通。

××铁矿床位于××镇西 5.5 千米长山村范围内。

矿区西侧 1.5 千米××国道，沿国道向北 18 千米达××河，向南 110 千米与××国道和××铁路相通，东侧至××县城 25 千米。

2. 详查区自然地理与经济概况。

本区地处××河流域中上游冲积平原区，地势平坦，海拔标高：30 ~ 39 米；主

要水系北有××河，西有××，东有××县××蓄洪区。山系有四十里长山丘陵，南部主峰××大山海拔高度420米，其余为100~200米，向北绵延于××河南岸平原中。

本区气温近5年年平均温度为摄氏16.4，年平均降雨量900~1300毫米，霜冻天达60天。

经济以农业为主，主要有水稻，次为麦、豆、棉麻。四十里长山为国有林场，××湖与××湖为国营水产养殖场。

工业方面，××河北岸为××煤矿。区内用电由××电网供给，电力充沛。矿区西南为××水泥集团中型水泥生产基地。近年来，该地区铁矿开发蓬勃兴起。地方经济有县办小水泥厂、小化肥厂、乡镇办砖瓦厂、石灰厂、中型采石场，以及多种手工加工业和水蓄养殖业等。

（二）详查区地质工作概况及所取得的地质勘验成果

1. 以往勘验工作。

1957年，××航测队进行1∶100万航测时发现××磁异常。××地质局物探大队在航磁成果的基础上于1959年进行了1∶5万、1∶2.5万地面磁测和局部1∶1万地面磁测检查，以△Z0r圈定厂××异常，异常长1200米、宽50米，呈南北方向宽敞的不规则形展布。

1978—1980年，原××队进行了地面磁法、重力及电测深等工作。面积0.4平方千米，圈出磁异常，异常值为0r。

70年以后，先后有××地矿局测试中心等单位，先后对××铁矿开展了多方面的研究。原××地质队也先后开展了该地区1∶5万区域地质调查工作、××铁矿远景区划和铁矿资源总量预测。1990—1993年313队完成了××铁矿典型矿床的研究工作，对××铁矿区铁矿成矿规律、含矿变质岩层的原岩恢复、不同期次构造、岩浆活动与成矿作用做了进一步总结。

2. 普查和详查工作情况。

××铁矿野外工作分为两个阶段：第一阶段，2006年验证磁异常及普查施工3045.70米/8孔；第二阶段，2007年至2009年4月，详查阶段施工15614.50米/28孔；总计完成钻探工作量18660.20米/36孔，采取各类样品625个，矿石加工试验室流程试验样1个，抽水试验2层/1孔。

通过勘验研究，在探矿权范围内，××铁矿总资源/储量为4492.89万吨，平均品位：TFe32.37%。

其中：（332类）2006.5万吨，占44.65%。其中工业品位矿石量1836.80万吨，平均品位：TFe33.36%；低品位矿石量169.25万吨，平均品位：TFe23.58%。

（333类）2486.84万吨，占55.35%。其中原生工业品位矿石量2424.96万吨，平均品位：TFe32.83%；原生低品位矿石量 53.48 万吨，平均品位：TFe23.26%；氧化工业矿石量 8.40 万吨，平均品味：TFe25.50%。

全矿床工业品位矿石量 4270.16 万吨，平均品位：TFe：33.19%；低品位矿石量 222.73 万吨，平均品位：TFe23.50%。

预测 −1000 米以上潜在资源量 2600.00 万吨。主要为边缘孔平推 50 米以外，向上平推至古地表，深部外推，在外缘孔平推 50 米基础上外推 150 米。

（三）详查区地质概况

1. 地层。

（1）青白口系刘老碑组（Qn1）。

分布在矿区的中西部，不整合覆盖在××岩组之上。揭露最大厚度 125.36 米。主要岩性为：上部为青灰、土黄色薄层状含粉砂泥灰岩，夹黄绿色页岩及青灰色灰岩；中部为青灰色薄—中厚层泥灰岩，夹灰白色白云质灰岩及肝紫、土黄色页岩；下部为紫红、浅紫红色钙质页岩及粉砂质页岩、石英岩及白云质灰岩，底部见 0.65 ~ 3.26 米杂色钙质（铁质）胶结砂砾岩，局部为赤铁矿薄层。

（2）××群××组（Ar4Z）。

在本矿区发育不全，根据岩石组合和韵律界线，划分为五个岩性段，从下而上（平面上自西向东）为：

1）黑云斜长片麻岩（变粒岩）混合岩段（Ar4Z1）。

分布在××矿床西侧，呈倒转形态分布，总体走向 330 ~ 360°，倾向西，倾角 40 ~ 25 ~ 5°。主要岩性有条纹 ~ 条痕状混合岩、少量眼球状混合岩、二云斜长片麻岩，局部夹斜长角闪岩、黑云角闪片岩、黑云石英片岩等。

2）含磁铁矿岩段（Ar4Z2）。

在详查区内为 1、Ⅲ 号矿体及含矿层位。岩性有石英磁铁矿石、石英磁铁镜铁矿石和石英镜铁矿石。其上下（或顶底板及夹石）多为黑云母角闪片岩、石榴石角闪铁闪片岩，少量二云斜长片麻岩、白云斜长片麻岩、石榴石斜长黑云片岩、阳起铁闪片岩等，局部夹斜长角闪岩、黑云角闪片岩、黑云石英片岩、长石石英云母片岩等。该岩段在××矿床内呈尖灭、再现，厚度小而不稳定分布。

3）含铁大理岩段（Ar4Z3）。

岩石主要为大理岩、蛇纹石白云石大理岩，次为黑云透辉大理岩、含金云母白云石大理岩等。其特点是含少量磁铁矿，但分布不均，厚度 40 ~ 110 米，受构造影响，厚度变化较大，一般在近矿部位，磁铁矿含量相对增高。

4）磁铁、镜铁石英（闪石类）片岩段（Ar4Z4）。

该岩段在本矿床内为 Ⅱ 号矿体及含矿层位。视厚度 14 ~ 125 米。包括在邻区矿床，其岩石主要为含铁镁硅酸盐类矿物（铁闪石、直闪石、透闪石、角闪石、石榴子石等）的石英磁铁镜铁矿石，此外还有石榴子石铁闪片岩、含石榴子石石英铁闪片岩、含石榴子石黑云角闪片岩和少量透辉角闪岩、阳起片岩等，普遍含磁铁矿。本岩段含主矿体2~4层，在本矿床内含一层主矿体，两层零星矿体。

5）白云石大理岩段（$Ar_4Z^5$）。

主要分布在矿区东侧，总体走向360°，倾向西，倾角25~65°。主要岩性为白云石大理岩、含金云母白云石大理岩、含透闪石白云石大理岩组成。厚度100余米，出露古地表宽度约300米，其特征为灰白色质纯。

（3）××群××集组（$Ar_4W$）。

主要分布在本矿床东侧的××铁矿床内，其岩性有：

1）条痕状、条纹状~眼球状混合岩段（$Ar_4W^1$）。

岩石呈灰红色，基本为片麻岩（黑云斜长片麻岩、二云斜长片麻岩、斜长角闪岩）类。厚度大于200米。出露古地表宽度约500米。脉基含量比为5∶5~8∶2，眼球状长英质集合体呈左旋25~55°定向排列。总体走向360°，倾向西，倾角45°。

2）含磁铁矿岩段（$Ar_4Z^2$）。

为主要含矿层位，岩性有石英磁铁矿矿石、（石榴石）角闪石英磁铁矿矿石，含石榴石棕色云母斜长片麻岩，夹斜长角闪岩薄层及4层矿体，倾向西，倾角15~70°，出露古地表宽度50~110米。

3）黑云斜长片麻岩（变粒岩）段（$Ar_4Z^3$）。

为含矿岩段顶板岩石，岩石呈棕灰色，主要岩性有中粒状结构的棕色云母斜长片麻岩、含榴石棕色云母斜长片麻岩，夹变粒岩和斜长角闪岩薄层，出露古地表宽度30~65米不等，与含矿岩段基本呈协调产出。

（4）第四系（Q）。

详查区内广泛分布，钻孔揭露厚度220~260米，主要为黏土（钙质黏土）、粉土质黏土、粉砂土，夹3~4层中粗砂，单层厚度2.28~28.59米不等，底部普遍发育一层砾石层，厚度不等，大部分在5~15米，部分为黏土黏结，呈半松散状态，富含承压水。

2. 构造。

（1）褶皱。

根据矿体内含矿层位展布特点，Ⅰ号、Ⅲ号矿体及含矿岩层为中细粒结构黑云角闪斜长片麻岩和角闪片岩，底部为条痕状及眼球状混合岩，属周集岩组（$Ar_4Z^1$ ~ $Ar_4Z^2$），Ⅱ号矿体及含矿岩层为含阳起片岩薄层及条带状白云石大理岩，属周集岩组（$Ar_4Z^3$ ~ $Ar_4Z^5$），钻孔揭露两者呈顺片理较协调接触，其含矿岩层属周集倒转向斜的倒转翼部分，整体呈向西倾斜的似层状产出。

（2）断层。

$F_{26}$：依据 ZK35 标高 – 320 米，周集岩组含黑云母磁铁矿阳起白云石大理岩（$Ar_4Z^3$），与吴集岩组混合岩化黑云（角闪）斜长片 4 麻岩（$Ar_4Z^2$）直接接触，在吴集铁矿山第 33 号穿脉也揭露该断层，具有挤压构造透镜体出现，属压扭性兼平移力学性质。

$F_{18}$：根据碎裂岩带边部岩中发育的密集劈理产状特征，反映断层产状——走向300～330°，断层面弯曲，以倾向北东 20°左右，倾角 70～80°，北东盘向南东位移，断距约 150 米，推测断层长度大于 2000 米，破坏了 I 矿带矿体及含矿层位在纵、横向上的连续性。该断层性质为张扭性。

3. 岩浆岩。

详查区内岩浆岩不发育，是以酸性脉岩为主，少量基性脉岩，时代为新元古界和中生界，岩脉与变质岩层接触面显高低起伏，总体分为顺沿片理面、反切片理面穿插。

（1）酸性岩。

主要有混合花岗岩和斑状混合花岗岩，少量云英岩化伟晶岩，其时代早于青白口系，为成矿后的产物。这类岩石的生成可能是在温度和压力作用下重熔的"再生岩浆"沿断裂构造贯入，穿切、断截了矿体，破坏矿体的完整性。

（2）基性岩脉。

区内所见有辉绿岩、辉绿玢岩均呈脉状产出，其视厚度为 0.80～48.41 米，多呈反向斜切片理侵入（当片理面倾向 270°时），岩脉倾向为 60°及 240°，倾角45°～65°，均为成矿后的产物，其形成时期最晚，为侏罗～白垩世以后的产物。

4. 详查区地球物理场特征。

在××铁矿区，南北长 40 千米，东西宽 1～8 千米的范围内，由铁矿引起的南北走向的高磁异常带，并且局部磁异常规则，正负伴生，排列有序，并呈向西突出的弧形带状展布。××异常属重、磁异常吻合，范围小的低缓磁异常。经过详查工作证实，该磁异常是由磁铁矿体引起，异常形态与磁铁矿体空间分布基本吻合。当铁矿体增厚时，磁异常峰值增高，异常面积增大。

（四）矿产资源概况

1. 矿体特征。

I 号矿体：分布于矿床中部，沿走向和倾向（似透镜状）不稳定分布。矿体赋存于周集岩组 $Ar_4Z^2$ 片岩～片麻岩内，经钻探工程揭露单层厚度 2.55～24.25 米，由2～3 个矿层组成，分布在标高 –360 米和 –670 米，规模较小，呈似层状～透镜状尖灭再现，倾向西，倾角为 45°～60°。在倾向上呈单斜构造。推测矿体最大斜长 500 米左右，走向长 200～450 米。矿体全铁含量最高 43.35%，最低 20.00%，平均 33.92%，

TFe20%~24.99%的边界品位矿石占13.66%，25%~34.99%的工业品位矿石占74.64%，35%~44.99%的工业品位矿石占11.70%，大于45%的工业品位矿石为零。

Ⅱ号矿体：为一层主矿体（在4线出现零星矿体），走向南北，贯纵全矿床，走向长1400米，呈线型展布。常出现膨胀、分支复合，最大厚度沿走向和倾向均为稳定层状分布，最大宽度达620米。最大斜长1020米，最大真厚度29.12米。浅部出露古地表，矿体在2、4、6线向深部延伸至标高-720~-910米（推测向深部延伸-1200米处，矿体斜长达1500米）。矿体全铁含量最高52.00%，最低20.05%，平均31.64%，TFe20%~24.99%的边界品位矿石占10.57%，25%~34.99%的工业品位矿石占63.33%，35%~44.99%的工业品位矿石占24.07%，大于45%的工业品位矿石占2.03%。

Ⅲ号矿体：分布于矿床最西侧，赋存于周集岩组$Ar_4Z^2$片岩~片麻岩内，赋存标高-255米和-700米，推测矿体斜长140米左右，走向长400米。单层厚度1.80~15.02米，由2~3个矿层组成，分布在标高-360米和-670米，规模较小，呈似层状~透镜状不稳定分布，与上下岩性段片理面产状协调，倾向西，倾角为45°~55°。矿体全铁含量最高33.35%，最低23.65%，平均27.71%，TFe20%~24.99%的边界品位矿石占11.72%，25%~34.99%的工业品位矿石占88.28%，35%~44.99%的工业品位矿石和大于45%的工业品位矿石均为零。

2. 矿石质量。

（1）氧化矿石。

1）氧化矿石的矿物成分。

矿石金属矿物：以半假象赤铁矿为主，次为假象赤铁矿，局部见有褐铁矿。脉石矿物主要为石英和硅酸盐类矿物（角闪石、透闪石、阳起石和云母等），自下而上，随着氧化程度加深，逐渐变为粘土类矿物。

2）氧化矿石的化学成分。

矿石被氧化后，由于部分硅酸盐矿物融解流失，铁质含量有所增高。伴生有用有害组分的含量甚少。

3）氧化矿石的结构构造。

氧化矿石多呈交代结构，交代完全时形成假象赤铁矿，交代不完全时形成半假象结构；呈块状~碎块状构造。

4）氧化矿石的物理性能。

氧化的石英假象赤铁矿一般为钢灰~铁灰红色，闪石类石英假象赤铁矿为褐黄色，自上向下，随氧化程度减弱，矿石呈疏松粘土状~砂土状~碎块状~块状。抗压、抗拉、抗剪能力极低，总之，氧化矿石铁质含量比原生矿石铁质含量高10%左右，由于矿石结构松散，富含承压水，加之氧化矿石无磁性，对采、选工艺要求较高，增加采、选成本。

（2）原生矿石。

1）原生矿石类型的划分。

①根据矿石的矿物组合分为：

a. 阳起石—（直闪石）—石英—磁铁镜铁矿石；

b. 石榴石—角闪石—石英—磁铁镜铁矿石；

c. 氧起—石英—镜铁矿石；

d. 石英—镜铁矿石；

e. 黑云（白云）母—石英—镜铁矿石。

②按矿石中全铁含量分为：

低品位（边界）矿石：TFe20%～24.99%，占11.30%。

中品位（工业）矿石：TFe 大于或等于25%～44.99%，占87.23%。

高品位矿石：TFe 大于45%，占1.47%。

2）原生矿石类型的特征及其分布。

原生矿石主要为石英镜铁矿石，包括闪石类石英磁铁镜铁矿石，局部有石英磁铁矿石和极少量的云母类和榴石类石英磁铁矿石，分布于全矿床，矿石主要为条纹状～条痕状构造，条带状、浸染状构造次之，少量粒度以细粒为主的致密块状。镜铁矿含量一般为20%～35%，少部分大于35%；脉石矿物以石英和硅酸盐类矿物为主，石英含量一般在35%～50%，硅酸盐类矿物含量在5%～20%，局部两者互有主次，黑云母，透闪石和透辉石少量。

3）原生矿石矿物成分。

组成矿石矿物成分，主为镜铁矿、磁铁矿，局部地段（氧化带内）为赤铁矿、褐铁矿等。脉石矿物以石英、角闪石为主，次为阳起石、石榴子石、黑云母，白云母，少量～微量绿泥石、绿帘石、十字石、兰晶石、和堇青石等。

4）原生矿石结构构造。

矿石结构：根据矿石的矿物成分及形态、相互组合关系、粒度大小等，基本可分为变晶结构、他形～半自形晶结构、包含结构、交代结构、压碎结构、重结晶结构等几种。

矿石的构造：矿床中的矿石构造比较简单，以条带状构造，细纹状、条痕状、浸染状构造为主，其次为斑点状、皱纹状、片状、瘤状构造等。

5）原生矿石的化学成分。

根据岩石化学全分析结果，矿床内 Tfe 最高含量52.00%，最低含量20.05%，平均含量33.11%；mFe 最高含量24.72%，最低含量20%，平均含量3.58%，磁性铁平均占有率11.06%。

3. 矿体顶、底板及夹石。

按垂直分布层序，自上而下（或自西向东）分别为Ⅰ、Ⅲ号矿体、Ⅱ号矿体。

（1）Ⅰ、Ⅲ号矿体。

Ⅰ、Ⅲ号矿体分别由3~5层矿层组成，赋存于周集岩组（$Ar_4Z^2$）含矿片岩和片麻岩内，其矿层顶底板及夹石无明显的标志岩性层，离矿体（20米）以外为厚达65~130米混合岩化黑云角闪斜长片麻岩，脉基比为1∶3~1∶4，多为条带和条痕状构造、夹厚度不等的斜长角闪片岩、角闪斜长片麻岩。

（2）Ⅱ号矿体。

Ⅱ号矿体赋存于周集岩组（$Ar_4Z^4$）含铁阳起石英片岩内，为主要含矿层位。由于地层倒转，矿体底板岩性层为（$Ar_4Z^5$），岩性为含黑云母、磁铁矿阳起透辉白云石大理岩；矿体顶板岩性层为（$Ar_4Z^3$），底板岩性为灰—灰白色白云石大理岩。

（3）夹石。

在矿体中的夹石分布较少，单层厚度0.65~3.11米，主要岩性为石英二云片岩、阳起石英片岩和阳起透辉岩，夹少量阳起透辉大理岩，与上、下矿层呈薄层状互层过渡。

（五）矿石加工技术性能

本次详查进行了实验室可选性试验，样品采集本次施工的4条勘探线14个钻孔的1/2岩心。将两个矿体中基本相同的矿石自然类型（角闪石英镜铁矿、石英镜铁矿、阳起石英镜铁矿）采综合试验样一个按单个基本分析样品长度系统采取。矿体顶底板围岩各配置一个单样，配置比例15.64%，配置后样品重量300千克。试验样品TFe平均品位29.30%，低于矿床平均品位4.61%，具有一定的代表性。试验方法采用磨矿—弱磁—强磁—浮选试验流程来回收铁矿物。采用二段磨矿（一段磨矿细度为-200目占55%；二段磨矿细度为-200目占90%），一粗二精单一弱磁选流程，可获得TFe65.86%的铁精矿，铁精矿产率34.75%，回收率76.52%。综上所述，本矿床的铁矿石属低品位较易选矿石。

（六）矿床开采技术条件

1. 水文地质。

该矿床为隐伏型裂隙充水矿床，矿床位于当地侵蚀基准面及地下水位以下，赋存在周集组的第二、四岩性段（$Ar_2Z^2$、$Ar_2Z^4$）内，矿体顶底板为片岩及白云石大理岩，基岩风化带和第四系底部是影响矿床充水的主要含水层。矿区内无大的地表水体，第四系覆盖全区，厚41.56~76.45米，其底部由中下更新统下部砂、砂砾石层和泥灰岩、钙土等组成的含水层，较富水；矿体及顶板岩性为铁矿体、片岩、片麻岩和混合岩等，含基岩裂隙水，富水性弱。第四系含量水层间水力联系较弱；局部第四系含水层与风化层直接接触，水力联系可仍较为密切。估算的矿坑涌水量第四系为7047.11m³/d，基岩及风化带合计为3899.44m³/d。矿床水文地质勘验类型为简单偏中等类型。

2. 工程地质。

矿体及顶底板围岩、风化带以下稳固性较好。岩石呈片状—块状，属坚硬岩石，岩石质量较好，岩体质量属中等，硐室稳定性较好。风化带及部分顶板，岩石抗压强度低，岩石完整性差，岩体稳定性差。矿床工程地质条件为中等类型。

3. 环境地质。

本区地震区划地震动峰值加速度为0.05g，抗震设防裂度为6度。矿床属地温正常增温区，岩石不易分解出有害组分。未来矿山"三废"若管理不力，对环境状况有影响；开采方法不当，易形成地面变形、塌陷。矿床环境地质条件为中等类型。

总体认为：矿床开采技术条件属以水文地质、工和地质、环境地质复合问题为主的中等复杂类型（Ⅱ-4型）。

### 三、价格认定方法

根据《矿业权价格认定管理办法（试行）》和《中国矿业权价格认定准则》及探矿权的特点，价格认定标的为详查探矿权，委托方提供了由××地质队编写的《××详查报告》与相邻地区铁矿探矿权转让有关资料。

价格认定项目组审查认为：《××详查报告》勘验的范围与价格认定范围完全一致，不重不漏，资源储量估算符合《铁、锰、铬矿地质勘验规范》要求，估算结果基本可靠，可以作为价格认定储量参数选取依据。该矿区周边有数个经公开市场自由竞价成交的探矿权，可以进行类比，具备采用"可比销售法"价格认定的条件，价格认定采用可比销售法。其计算公式为：

$$P = \frac{\sum_{i=1}^{n} \left[ P_i \cdot (P_a \cdot \xi \cdot \omega \cdot \varphi \cdot \delta) \right] i}{n}$$

式中：$P$——价格认定对象的价格认定价值；

$\quad\quad P_i$——相似参照物的成交价格；

$\quad\quad P_a$——勘验投入调整系数；

$\quad\quad \xi$——资源储量调整系数；

$\quad\quad \omega$——矿石品位调整系数；

$\quad\quad \varphi$——地质环境与矿化类型调整系数；

$\quad\quad \delta$——区位与基础设施条件调整系数；

$\quad\quad n$——参照矿业权个数。

### 四、价格认定参数的选取和计算

（一）价格认定所依据资料评述

价格认定指标和参数的取值主要参考××地质矿产勘验局××地质队编制的

《××铁矿详查地质报告》，未见矿产资源储量评审备案证明。

××省地质矿产勘验局××地质队编制的《××铁矿详查地质报告》（以下简称"《详查地质报告》"），通过对以往勘验资料的分析研究，对矿区范围内地层、构造活动特征，工程控制范围内矿体特征、形态、产状及规模、矿石质量等进行了较全面的论述；对矿区水文地质、工程地质、环境地质等矿床开采技术条件做了较为大致的阐述。资源储量估算方法正确，估算参数确定基本合理，资源储量估算结果可靠。该《详查地质报告》编制符合有关规范要求，根据价格认定准则要求，可作为价格认定依据。

（二）价格认定主要指标和参数的选取

1. 《详查地质报告》批准的保有资源储量。

价格认定指标和参数选取主要根据地质矿产勘验局××地质队编制的《详查地质报告》，探矿许可证范围内保有资源储量全区共获铁矿（332）＋（333）类矿石量4492.89万吨，平均品位TFe32.37%。

其中：（332）类铁矿石量2006.05万吨，工业铁矿石量1836.80万吨，平均品位TFe33.36%；低品位铁矿石量169.25万吨，平均品位23.58%。

（333）类铁矿石量2486.84万吨，工业铁矿石量2424.96万吨，平均品位TFe32.83%；原生低品位铁矿石量53.48万吨，平均品位23.26%；氧化工业铁矿石量8.40万吨，平均品位TFe28.01%。

全矿床工业品位铁矿石量4270.16万吨，平均品位TFe33.19%，低品位铁矿石量222.73万吨，平均品位TFe23.50%。

2. 价格认定利用的资源储量。

价格认定利用的资源储量依据中国矿业权价格认定协会《中国矿业权价格认定准则》（2008年8月）、《矿业权价格认定参数确定指导意见》（2008年10月）、《固体矿产资源/储量分类》进行计算，对控制的经济内蕴资源量（332）全部参与价格认定计算，对推断的内蕴经济资源量（333）以0.9（该铁矿为沉积变质型铁矿）的可信度系数进行调整后参与价格认定计算。对不同类型的低品位铁矿石亦参加同类型资源量价格认定计算，则价格认定利用的资源储量为：

价格认定利用的储量＝控制的内蕴资源量＋推断资源量×可信度系数

＝2006.05＋2486.84×0.9＝4244.21（万吨）

（三）开采方案

根据《矿床开发经济意义预可行性研究》，采用地下开采，竖井开拓。采矿方法为机械化盘区点柱自下而上水平分层充填法。

（四）产品方案

产品方案为65%铁精矿。

（五）技术指标

根据《详查地质报告》，价格认定时应考虑的资源储量、生产规模、服务年限相匹配原则，价格认定时确定矿井设计年生产能力为 120 万吨。

采矿指标：根据《详查地质报告》，矿石综合回采率为 85%，采矿损失率 15%，矿石贫化率 10%。

选矿指标：根据《详查地质报告》，选矿设计指标为铁精矿品位 TFe65%，回收率 73%。

（六）可采储量

1. 采矿损失量。

《详查地质报告》探矿权范围内的矿体，设计损失量为零，综合回采率为 85%，则综合损失率为 15%，则采矿损失量为：

采矿损失量 =（价格认定利用资源储量 – 设计损失量）× 采矿损失率

$$=（4244.21 – 0）× 15\% = 636.63（万吨）$$

2. 可采储量。

可采储量 = 价格认定利用的资源储量 – 设计损失量 – 采矿损失量

$$=4244.21 – 0 – 636.63 = 3607.58（万吨）$$

（七）生产规模及矿山服务年限

1. 生产规模。

根据《详查地质报告》，依据储量、生产规模、报务年限相匹配原则，矿井设计的年生产规模为 120 万吨，本次价格认定确定矿山年生产规模为 120 万吨。

2. 矿山服务年限。

根据以上确定的可采储量、矿井生产能力，按以下公式确定矿山服务年限，具体计算如下：

$$T = \frac{Q}{A \times (1 - \rho)}$$

式中：$T$—合理的矿山服务年限（年）；

$A$—矿山生产规模（120 万吨/年）；

$Q$—矿床可采储量（3607.58 万吨）；

$\rho$—综合开采贫化率（10%）

$$T = 3607.58 ÷ （120 × 90\%）≈ 33.40（年）$$

**五、参照矿业权概况**

参照的探矿权是选择 ×× 省国土资源投资发展限公司于 2007 年 7 月 9 日转让的《××坊铁矿详查（中间）》探矿权和 2008 年 4 月 8 日转让的《××庄铁详查预查》探矿权。它们彼此相邻，矿床成因类型相同，矿床规模（查明资源量）均为中型，各类参数资料较全，且有可比性，能满足可比销售法的应用条件。

（一）××坊铁矿详查探矿权

1. 详查区位置及其交通、自然地理与经济概况。

详查区位于××镇郊，地跨××村与××村，北距××镇约 1 千米处。

详查区西侧有南北向 105 国道，最近处距矿区 1 千米，矿区北有××河自东向西流过，最近处距矿区 7 千米，交通方便。

本区地处××河平原，海拔标高 30 米左右，地势低平。

本区气候属暖温带半湿润气候，年平均气温摄氏 15.4 度，年平均降雨量 10300 毫米左右，雨季多集中在 6、7、8 三个月，降雨量占全年的 50%，12 月至次年 1 月雨水稀少，降雨不足 100 毫米，霜冻期自 11 月至次年 3 月，冻结深度 1~11 厘米。

区内经济以农业为主，主要有水稻等农作物，经济作物不多，工业不发达，周边有两座较大的铁矿山和两座水力发电站。经济状况属中等偏下。

2. 详查区地质工作概况。

××坊铁矿原先为××铁矿区的一部分。1962—1979 年××地质队在××一带作铁矿普查，重点是对矿区西侧的"××铁矿床"进行探查，其中有一条施工线向东延伸至刘塘坊铁矿区，施工 4 个钻孔，有 3 个钻孔见矿。同期进行了 1∶1 万地面磁测、水文地质与工程地调查。

2006 年 1 月 18 日，签订《××坊铁矿详查》工程施工合同书，开展详查工作。

通过本次详查工作，基本查明了矿区地特征、成矿条件与赋矿层位，矿体的数量、形态、产状与规模，矿石质量及其变化规律，大致了解了水文地质与工程地质条件，估算了资源量。

3. 详查区地质特征。

勘验区位于"长山穹褶断束"东段，浅部第四系松散沉积物分布广泛；其下为太古界变质岩系，为勘验区主要含矿层位。构造比较简单，"周集向斜"为矿区主要构造，矿床位于向斜构造的一翼。岩浆岩不发育，沿有大面积侵入体，仅发现一些基性岩脉（墙），对矿体有破坏作用。

区内出露地层主要为第四系与上太古界××群两套地层。第四系分布于矿区浅部 250 米深度以内，主要由黏土、亚黏土、砂与粉砂层等组成。与下伏地层呈角度不整合接触。上太古界霍邱群分为周集组、吴集组、花园组。周集组岩性主要为白云石大理岩类。吴集组分为三个岩性段，三段主要岩性为黑云斜长片麻岩夹斜长角闪岩与石英岩，含铁矿层位 4 层；二段岩性为灰、灰绿色变粒岩及混合岩化黑云斜长片麻岩夹斜长角闪岩，含矿 6 层；一段岩性顶部为石榴黑云斜长片麻岩与黑云斜长变粒岩；中部为黑云斜长片麻岩夹二云石英片岩，含阳起石英磁铁矿 2 层。

岩浆岩不发育，仅在个别钻孔中见到 7 位段基性岩脉，岩石类型为辉绿岩、辉绿玢岩、杏仁状辉绿岩等。

4. 矿产资源概况。

通过详查，已查明××坊铁矿赋存于新太古界××群吴集组第一、第二、第三岩性段内，吴集组二段为主含矿段。全区共圈出矿体14个，1、2号矿体位于吴集组一段，3~8号六个矿体赋存于吴集组二段，9~14号六个矿体分布于吴集组三段。其中以3号为主矿体，还有5、7、8三个较大矿体。

3号主矿体：长约2700米，倾向延深大于800米，呈层状产出，其中钻孔控制段长800米，倾向延深480米，矿体厚度3.31~38.96米，平均厚度11.27米，厚度变化系数$K_m = 0.83$，变化程度中等，资源量估算矿石量6976万吨，占总量的84%。

较大矿体（5、7、8号）：由2个或2个以上钻孔控制，它们在走向与倾向两度空间均有一定的延伸。

5号矿体：分布于1线以西，由2孔控制。矿体长 >750米，倾向延深385米，厚度5.52~9.33米，平均7.43米，矿体产状基本与3号矿体一致，走向290°~110°，倾向北，倾角30°~35°。矿体形态呈似层状，厚度变化不大，埋深260~360米，相应标高 -230~430米之间。估算资源量417万吨，占总量的5%。

7号矿体：分布于0线以西，有3个钻孔控制，矿体长 >900米，钻孔控制长540米，倾向延深340米，厚度8.38~10.60米，平均9.26米，厚度变化小。矿体形态呈似层状，分布范围长820米，宽220米，面积0.18平方千米。矿体埋深260~445米，相应标高 -415~-230米。估算资源量640万吨，占总量的7.7%。

8号矿体：位于0线以东，由2个钻孔控制，矿体长 >600米，钻孔控制长度230米，倾向延深 >500米，面积0.15平方千米，矿体走向在柳树庄以西为290°~110°，倾向北，倾角15°~20°；柳树庄附近矿体走向向偏北方急转，至李营子塘南，变为北北东向，倾向西，倾角中等。埋深265~400米，相应标高 -235~370米，估算资源量180万吨，占总量的2.2%。

5. 矿床开采技术条件。

本矿床以空隙及裂隙含水层充水为主，其中前者为顶板间接进水，局部因"天窗"存在，与下伏基岩裂隙含水层（风化带矿体）直接接触，局部形成直接进水，充水含水层富水性弱—中等；后者为顶板直接进水，充水含水层富水性弱。

矿体直接顶、底板围岩多为岩石质量等级Ⅲ级，岩石质量中等，岩体中等完整的半坚硬—坚硬层状结构岩石类，除古风化带外，裂隙一般不发育；片理发育，未发现构造断层及软弱夹层分布；但矿区第四系覆盖较厚，地下水静水压力极大，风化带局部风化作用较强。

矿区现状地质环境良好，若采矿方法选择得当，一般不会对地质环境产生大的影响和破坏，矿坑排水引起区域地下水位下降和局部地面变形，但对地质环境影响不大。

本矿床开采技术条件勘验类型属以水文地质问题为主的开采技术条件中等的矿床（Ⅱ-Ⅰ）。

6. 矿山开发利用现状。

该矿权为详查探矿权，尚未开发利用。

7. 资源储量。

详查（中间）报告提交的资源量。

根据安徽省地质矿产勘验局 326 队编写、安徽国土资源投资发展有限公司提交的《安徽省霍邱县刘塘坊铁矿详查（中间）报告》，截至评审基准日 2006 年 12 月 31 日，刘塘坊铁矿查明资源储量（332＋333）铁矿石量 1813.06 万吨，TFe 平均品位 26.96%。其中：（332）铁矿石量 409.55 万吨，TFe 平均品位 27.37%；（333）铁矿石量 1403.51 万吨，TFe 平均品位 26.84%；（334）资源量 6451.42 万吨，TFe 平均品位 26.79%。

8. 探矿权转让价格。

转让价格 18600 万元。

（二）××庄铁矿预查

1. 预查区位置及其交通、自然地理与经济概况。

××庄铁矿勘验区距××镇南 2.5 千米××村范围内。

本区地处淮河流域中上游冲积平原区，地势平坦，海拔标高 37~50 米，仅西南部四十里红家岗一带属丘陵地区，主峰海拔高度 419 米，其余为 100~200 米。主要水系北有淮河，西有史河，东有霍邱县城西湖蓄洪区。本区属亚热带季风性气候，四季分明，雨量充沛，年平均温度摄氏 16.38，年平均降雨量 1059.36 毫米，雨量集中在 5~9 月份。无霜期一般在 210~230 天。冻结最大深度达 9 厘米，积雪最大厚度达 16 厘米。

地方经济以农业为主，工业有县办水泥厂、化肥厂、乡镇砖瓦厂、采石场、加工业以及正在兴起的矿业企业等，劳动力资源丰富，供水供电充足。

2. 预查区地质工作概况。

（1）以往勘验工作。

1957 年，××航测队，进行 1/100 万航磁测量，发现××地区磁异常带。

1959 年，××地质局物探队进行 1/5 万、1/2.5 万地面磁测和局部 1/1 万地面磁测检查，以△Z50r 圈定了付老庄异常范围：长 1200 米，宽 450 米，异常面积 5.4 平方千米。

1978—1980 年，××地质局 337 队进行了地面磁法、重力及电测深等工作，面积 5.4 平方千米。经钻探验证，确定该磁异常系前震旦纪沉积变质铁矿引起。

（2）本次普查工作情况。

本次工作主要是在勘验区内进行物探测量和钻探工程，共完成 1：5000 高精度磁法测量面积 5 平方千米和钻探 7047 米。

3. 预查区地质概况。

预查区地处华北地台南缘，Ⅳ级构造单元属红家岗穹褶断束，东为××拗陷，西邻横川拗陷，南以肥中断裂为界，北与××向斜相接，处于秦岭东西向构造带、新华夏系和淮阳山字形脊柱的复合部位，区内构造较为复杂。构造线方向以南北为主，次为近东西向。

含矿岩系为张庄与周集复式倒转向斜的倒转翼，沿倾向呈宽缓褶皱形态，浅部陡峻，深部平缓，总体表现为一单斜构造。矿区含矿岩系为新太古界霍邱群周集组和吴集组，矿区范围内均被第四系所覆盖，厚 220～260 米。吴集组是霍邱群的第一含矿层位，下段岩性为条带 - 条痕状混合岩、黑云斜长片岩等；上段为兰晶石石榴石黑云斜长片麻岩；周集组自西向东分为五个岩性段：①角闪黑云变粒岩、混合岩段；②含磁铁、镜铁矿岩段；③含量铁大理岩段；④含磁铁矿岩段；⑤白云石大理岩段。上述④、⑤两岩段在付老庄铁矿地层中因构造作用缺失。

区内岩浆岩不发育，主要分为基性岩和酸性岩两类。基性岩呈岩脉产出，主要有辉绿岩、辉绿玢岩、煌斑岩等；酸性岩主要有混合花岗岩、斑状混合花岗岩等。

××庄磁异常，走向 350°，以 200 伽玛等值线圈闭，长 0.8 千米，宽 4 千米，异常平面形态呈葫芦状，沿走向有两个高峰值，以 0 伽玛等值线连成一片，最高值达到 870 伽玛。根据钻探验证：矿体走向与该异常长轴走向基本吻合，矿体出露古地表部位位于异常高值的东侧和西侧，是由上部磁性铁矿体引起，其异常形态反映矿体的颁布特征，矿体最浅部位以大于 200 伽玛等值线的分布范围相对应。

4. 矿产资源概况。

矿区内有上下两个含矿带：上部Ⅰ矿带属××群吴集组含量矿层位，由 1 层主矿体和 4 平层小透镜状矿体组成；下部Ⅱ矿带属霍邱群周集组含矿层位，由 1 层主矿体组成；两矿带之间为Ⅰ号矿体底板棕色云母斜长片麻岩、变粒岩和Ⅱ号矿体顶板角闪斜长片麻岩、黑云变粒岩所隔，宽度 280 米，矿带长 1300～1700 米，宽175～270 米，面积 2.2 平方千米。

Ⅰ矿带内的矿体位于矿床西侧，主矿体南北全长约 900 米，东西方向最大宽度58 米，沿走向呈倾角 15°向北倾伏，北端被走向 70°断层所截。向南至 2～4 线之间出露古地表，Zk02 孔见矿 5 层，主矿体编号为 $I_1$，其余由上而下依次为 $I_2 \sim I_5$，厚度 2.81～6.49 米，品位均达 30% 以上。Ⅱ矿带矿体分布于矿床东侧，与西侧矿体呈平行分布。南北方向长 1400 米，东西方向宽 8 米，目前见矿最大厚度 35.75 米，品位 31.71%，两矿体之间距离 280 米左右。

矿石矿物主要为磁铁矿，在氧化带可见赤铁矿、褐铁矿。脉石矿物主要为石英、角闪石、阳起石、石榴石，少量黑云母、绿泥石和硫化物。矿石结构主要为变晶结构，次为他形—半自形晶结构、交代结构、压碎结构、重结晶结构等。矿石构造以条带状构造为主，其次为条纹、条痕、细纹状构造等。

5. 矿床开采技术条件。

××庄铁矿床位于××河中上游南岸Ⅱ级阶地，四十里长山北端，自然地理划为沿淮平原区，地势较平坦，海拔标高20.10~32.00米。矿体埋藏于当地侵蚀基准面及地下水位以下，矿体上部被松散充水岩层覆盖，并伴有岩溶裂隙水，特别是断裂破碎带发育部位，易引起矿坑突水。矿床水文地质类型以基岩裂隙水直接充水为主，水文地质条件为中等偏简单。矿床为松散软弱层—坚硬半坚硬层状矿床工程地质类型，工程地质条件为中等。故矿床水文地质工程地质条属中等类型的矿床。

6. 矿山开发利用现状。

该矿权为详查探矿权，尚未开发利用。

7. 资源储量。

普查报告提交的资源量。

根据××地质队于2008年3月编写提交的《××庄铁矿普查阶段性工作总结》，在勘验证范围内查明铁矿（332+333）矿石量4200万吨，其中：（332）1900万吨，（333）2300万吨。平均品位30%左右。

8. 探矿权转让价格。

协议转让价格28420万元。

## 六、参数选择与计算

本价格认定项目根据待价格认定探矿权的特征，对于所选择的两个参照探矿权成交时间均在3年之内，均为同一矿种、相同成因类型的铁矿，用于相比较的参数均可搜集到，且按《矿业权价格认定指南》及《矿业权价格认定准则》，可比参数差异不超过100%，所选择参照物可比性强。因该探矿权的参照对象为详查及预查（达到普查阶段），主要在勘验程度较低阶段，故本次价格认定时主要调整以下参数。

价格认定标的探矿权与参照探矿权的资源储量、勘验投入、矿石品位及探矿权价值如下表：

| 序号 | 项目 | 单位 | 甲探矿权（××坊） | 乙探矿权（××庄） | 价格认定标的探矿权（××） |
|---|---|---|---|---|---|
| 1 | 勘验投入 | 万元 | 353.91 | 422.70 | 223.96 |
| 2 | 资源储量 | 万吨 | 8264.48 | 4200.00 | 4492.89 |
| 3 | 品位 | % | 26.96 | 30.00 | 32.37 |
| 4 | 获利临界品位 | % | 20.00 | 28.00 | 28.00 |

（一）勘验投入调整系数

根据公式：

$$Pa = \frac{Pac}{Pad}$$

计算：①与甲探矿权可比：$Pa = \frac{223.96}{353.91} = 0.6328$

②与乙探矿权可比：$Pa = \frac{223.96}{422.70} = 0.5298$

（二）资源储量调整系数

根据公式：

$$\xi = \frac{Q_s}{Q_x}$$

式中：$Q_s$——价格认定对象探明的资源储量；

　　　$Q_x$——参照的矿业权探明的资源储量。

计算：①与甲探矿权可比：$\xi = \frac{4492.89}{8264.48} = 0.5436$

②与乙探矿权可比：$\xi = \frac{4492.89}{4200.00} = 1.0697$

（三）品位调整系数

根据公式：

$$\omega = \frac{\alpha rs - \alpha bj}{\alpha rx - \alpha bj}$$

式中：$\alpha rs$——待价格认定探矿权矿种地质品位；

　　　$\alpha rx$——参照探矿权矿种地质品位；

　　　$\alpha bj$——该类矿种获利临界品位。

计算：①与甲探矿权可比：$\omega = \frac{32.37 - 28}{26.96 - 20} = 0.6279$

②与乙探矿权可比：$w = \frac{32.37 - 28}{30.00 - 28} = 2.1850$

（四）差异调整系数

公式中地质环境与矿化类型调整系数和区位与基础设施条件调整系数为差异调整系数。根据价格认定对象和参照的探矿权各自差异要素的特征，经现场调查和查阅地方统计年鉴，并请专家评判出各自要素的值。因价格认定对象和参照的探矿权均属于黑色金属矿产，差异要素各类的权重分别为：交通条件为25%；自然条件为25%；经济环境为20%；地质采选条件为30%。各探矿权差异要素评判总值如下表：

**参照探矿权与待价格认定探矿权差异要素评判总值计算表**

| 要素 | 权重 | 项目 | 认定标的（××） | 参照的探矿权 | |
|---|---|---|---|---|---|
| | | | | 甲探矿权（××坊） | 乙探矿权（××庄） |
| 交通条件 | 25% | 公路类型 | 4 | 4 | 4 |
| | | 与国道接距 | 9 | 10 | 10 |
| | | 距火车站距离 | 8 | 8 | 8 |
| | | 距市中心距离 | 8 | 7 | 7 |
| | | 距公共设施距离 | 9 | 10 | 10 |
| | | 合计 | 38 | 39 | 39 |
| 自然条件 | 25% | 地形环境 | 9 | 9 | 9 |
| | | 水源状况 | 10 | 10 | 10 |
| | | 合计 | 19 | 19 | 19 |
| 经济环境 | 20% | 劳动力状况 | 9 | 9 | 9 |
| | | 供电供气状况 | 7 | 7 | 7 |
| | | 农业状况 | 7 | 7 | 7 |
| | | 所在地国民收入 | 2 | 2 | 4 |
| | | 合计 | 25 | 25 | 27 |
| 地质采选条件 | 30% | 埋藏深度 | 4 | 6 | 6 |
| | | 矿床勘验类型 | 7 | 7 | 7 |
| | | 矿石选冶性能 | 7 | 10 | 7 |
| | | 水文、地质条件 | 7 | 7 | 7 |
| | | 开采方式 | 1 | 1 | 1 |
| | | 合计 | 26 | 31 | 28 |

1. 价格认定标的。

$A_s = 38 \times 0.25 + 19 \times 0.25 + 25 \times 0.20 + 26 \times 0.3 = 27.05$

2. 参照的探矿权。

（1）甲（××坊铁矿）探矿权的差异要素评判总值（$A_{xf}$）：

$A_{xf} = 39 \times 0.25 + 19 \times 0.25 + 25 \times 0.20 + 31 \times 0.3 = 28.80$

（2）乙（××庄铁矿）探矿权的差异要素评判总值（$A_{xJ}$）：

$A_{xJ} = 39 \times 0.25 + 19 \times 0.25 + 27 \times 0.20 + 28 \times 0.3 = 28.30$

根据公式：

$$\tau = \frac{A_s}{A_x}$$

式中：$A_s$——价格认定对象差异要素评判总值；

$A_x$——参照的矿业权差异要素评判总值。

计算：①与甲探矿权可比：$\tau = \dfrac{27.05}{28.80} = 0.9392$

②与乙探矿权可比：$\tau = \dfrac{27.05}{28.30} = 0.9558$

3. ××铁矿探矿权类比价值计算。

在与两个探矿权类比之后，获得各项调整系数，再与参照的两个探矿权价格认定价值（详见下表）进行类比计算。

| 项　目 | 刘塘坊 | 付老庄 | ×× |
|---|---|---|---|
| 勘验投入调整系数 | 0.6328 | 0.5298 | |
| 资源储量调整系数 | 0.5436 | 1.0697 | |
| 矿石品位调整系数 | 0.6279 | 2.1850 | |
| 差异调整系数 | 0.9392 | 0.9558 | |
| 参照的探矿权转让价格（万元） | 18600 | 28420 | |
| 价格认定标的可比价值（万元） | 3773.18 | 33636.94 | 18705.06 |

(1) 与甲（××坊铁矿）探矿权类比价值：

$P = 18600 \times 0.6328 \times 0.5436 \times 0.6279 \times 0.9392 = 3773.18$（万元）

(2) 与乙（××庄铁矿）探矿权类比价值：

$P = 28420 \times 0.5298 \times 1.0697 \times 2.1850 \times 0.9558 = 33636.94$（万元）

(3) 认定标的（××铁矿）探矿权类比价值：

$P = (3773.18 + 33636.94) \div 2 = 18705.06$（万元）

## 七、价格认定假设

本报告所称探矿权价格认定值是基于以下所列价格认定目的、价格认定基准日及下列基本假设而提出的公允价值意见：

1. 本价格认定报告将评价和估算的条件设定为该探矿权在公开的矿业权交易平台上转让，竞买人自由竞价为条件，这是一种特定的交易环境条件，价格认定结果为公开市场自由竞价且能够成交的市场价格类型。

2. 本次价格认定以假定能够成交为前提条件，未考虑和参照流拍等不能成交的情况。委托方在使用参考本价格认定报告的价格认定结果时，应充分考虑市场环境条件的差异性。

3. 本价格认定报告所用公平市场价值的定义是，探矿权在价格认定基准日进行的公开的无限制的市场交易中能够获得的并被竞买人接受的价格。交易中的各方都是充分拥有相关知识、信息畅通、谨慎行事、行为独立的，交易不受任何强制压迫。它的市场条件是一种假设的、理想的环境。

4. 以设定的资源储量、生产方式、生产规模、产品结构及开发技术水准为基准且持续经营。

5. 所遵循的有关政策、法律、制度仍如现状而无重大变化，所遵循的有关社会、政治、经济环境以及开发技术和条件等仍如现状而无重大变化。

6. 不考虑将来可能承担的抵押、担保等他项权利或其他对产权的任何限制因素以及特殊交易方可能追加付出的价格等对其价格认定价值的影响。

7. 无其他不可抗力及不可预见因素造成的重大影响。

## 八、价格认定结果

价格认定标的在价格认定基准日的客观合理价格为人民币（大写）壹亿捌仟柒佰零伍万零陆佰元整（￥18705.06 万元）。

### 测算说明

详见技术报告，略。

### 案例评析

一、矿业权价格认定具有专业性强、行业跨度大、技术难度高等特点，复杂的矿业权价格认定需要矿产资源储量、地质勘验、矿山设计、企业财会等多方面专业相互配合才能完成。该案例属于中型铁矿详查探矿权价格认定，价格认定机构组织了价格鉴证师、矿业权评估师、矿产资源储量评审师、地质工程师、会计师等专业人员组成的价格认定小组，人员配备合理，且十分必要。

二、按照国家矿产资源管理部门发布的《矿业权评估指南》规定，矿业权评估方法包括收益途径、成本途径、市场途径评估方法，这实质上与全国价格认证系统规定使用的收益法、成本法、市场比较法的原理是一致的。该案例使用可比销售法其实就是我们通常使用的市场比较法。

## 案例九十三

# 涉税店面租金的价格认定

### 案例背景情况

A 市地方税务局为了税收征管工作的需要，委托 A 市价格认证中心对位于 A 市上某路柏莲花园店面的单位租金进行价格认定。

### 价格认定结论书

# 关于柏莲花园店面单位租金的价格认定结论书

A 市地方税务局：

根据你局委托，本中心遵循合法、公正、科学的原则，按照规定的标准、程序和方法，依法对委托书所列指的柏莲花园店面单位租金进行了价格认定。现将价格认定情况综述如下：

## 一、价格认定标的

认定标的为江某区上三路××号柏莲花园 16#店面，建筑面积为 134.59 平方米，房屋所有权人是 A 市海盛信托投资有限公司。

## 二、价格认定目的

为你局税收征管提供价格依据。

## 三、价格认定基准日

2013 年 7 月 1 日。

## 四、价格定义

价格认定结论所指价格是：认定标的在价格认定基准日，采用公开市场价值标准确定的市场价格。

## 五、价格鉴定依据

（一）法律法规及规范性文件

1. 《中华人民共和国价格法》；

2. 《中华人民共和国城市房地产管理法》

3. 《国家发展改革委 国家税务总局关于开展涉税财物价格认定工作的指导意见》；

4. 《××省抵税（应税）财物价格鉴证管理办法》；

5. 国家其他有关法律、法规。

（二）委托方提供的有关资料

1. 涉税财物价格认定协助书；

2. 房屋所有权证复印件。

（三）认定方收集的有关资料

1. 实地勘验资料。

2. 市场调查资料。

3. 其他相关资料。

## 六、价格认定方法

市场法。

## 七、价格认定过程

我中心接受委托后，成立了价格认定工作小组，制定了价格认定作业方案，并指派 2 名价格认定人员于 2013 年 7 月 1 日对标的房产进行了实地勘验。实地勘验后，价格认定人员根据国家有关规程和标准，严格按照价格认定的程序和原则，通过认真分析研究和广泛的市场调查，确定采用市场法对标的进行价格认定。

（一）价格认定标的概述

柏莲花园坐落于江某区上三路××号，认定标的所在建筑物为 1 幢 9 层钢混框架结构商住楼，底层为商业店面，2~9 层为住宅，2000 年交付使用。认定标的在 1 层，建筑面积 134.29 平方米，现为服装专卖店，店面门为对开玻璃门，室内瓷砖地面，内墙及天棚为涂料粉刷。房屋所有权人是 A 市海盛信托投资公司，权属来源为 1995 年 9 月 5 日买受某房地产开发有限公司。

（二）确定认定价格

采用市场比较法，在综合分析影响房地产租金价格各种因素的基础上进行分析计算，确定认定标的的单每平方米每月租金为 67 元。具体见《价格认定技术报告》。

## 八、价格认定结论

认定标的在价格鉴定基准日的单位租金为每平方米每月人民币陆拾柒元整（￥67.00）。

## 九、价格鉴定限定条件

（一）委托方提供资料客观真实。

（二）认定标的没有受抵押等他项权利限制。

（三）认定标的随着宏观经济和房地产市场、周围环境的变化，房地产租金价格也会发生变化，认定结论应作相应修改或调整。

（四）价格认定人员对认定标的仅限于对认定标的的外观和使用状况的勘验。价格认定定人员不承担对认定标的的建筑结构质量进行调查的责任，也不承担对建筑物被遮盖、未暴露及难于接触到的部分进行检视的责任。

（五）由于委托方未提供国有土地使用证，本次价格认定标的的土地使用权类型为国有出让，地类（用途）为商住，若认定标的的土地使用权类型及地类（用途）与假定的前提不一致，则认定结论应作修改或调整。本认定结论包含标的分摊的土地使用权价值。

（六）标的房地产具有完全的产权，能保持现状继续正常使用，并产生相应的房地产收益。

当上述条件发生变化时，认定定结论会失效或部分失效，认定机构不承担由于这些条件的变化而导致认定结果失效的相关法律责任。

## 十、声明

（一）价格认定结论受结论书中已说明的限定条件限制。

（二）委托方提供资料的真实性由委托方负责。

（三）价格认定结论仅对本次委托有效，不做他用。未经我中心同意，不得向委托方和有关当事人之外的任何单位和个人提供。结论书的全部或部分内容，不得发表于任何公开媒体上。

（四）认定机构和认定人员与价格认定标的没有利害关系，与有关当事人也没有利害关系。

（五）如对本结论有异议，可向本认定机构提出重新认定，或委托省级政府价格主管部门设立的价格认定机构复核裁定。

## 十一、价格认定作业日期

（略）。

## 十二、价格认定人员

（略）。

## 十三、附件

1. 价格认定技术报告
2. 价格认定协助书复印件（略）
3. 价格认定机构资质证复印件（略）
4. 价格认定人员资格证复印件（略）

公章

2013 年 7 月 2 日

**附件1**

# 价格认定技术报告

## 一、个别因素分析

个别因素是构成房地产本身的使用功能、质量好坏的因素。对于商业用房，主要包括项目品牌、楼宇档次、临街状态、结构质式、面积、楼层、平面形状、朝向、采光、通风、成新、装修、设备，以及土地使用权性质和年限等。

柏莲花园16#店面所在楼宇为1幢9层框架结构商住楼，底层为商业店面，2～9层为住宅，建筑外墙为马赛克贴面。认定标的为该楼宇底层中间的商业店面，为服装专卖店，店面门为对开玻璃门，室内瓷砖地面，内墙及天棚为涂料粉刷。

## 二、区域因素分析

区域因素是房地产一定范围的外部环境对房地产价格有所影响的因素，主要包括繁华程度、交通便捷程度、环境质量、景观、公共设施配套完备程度、城市规划限制等。

柏莲花园位于A市江某区上三路，区域内交通便捷，城市基础设施及公共配套设施完善，区位条件优越，根据《A市人民政府关于公布四城区土地级别与基准地价调整结果的通知》（×政综〔2013〕××号）文件规定，该楼宇的土地处于上三路东段（首山路至三江路）路线价范围内。

## 三、市场背景分析

认定标的所在地交通便捷度一般，城市基础设施及公共配套设施完善。区域内商业店面密集较大，人流量中等，但商业氛围一般，主要为独立商业店面，以各类个体商户为主，各类店面经营状况一般，店面市场需求量一般，租金水平一般，租赁市场行情一般。

## 四、最高最佳使用分析

根据价格认定人员的实地勘验，分析认定标的所处地域的交通便捷程度以及周围环境，经过充分合理的论证，考虑到在法律上允许、技术上可能、经济上可行的前提下，价格认定人员认为应以保持现状继续使用最为有利，因此，本次价格认定以保持现状用途继续使用为前提。

## 五、价格认定方法选用

在实地勘验和对周边情况进行调查后，根据认定标的的特点和实际情况，在认定基准日相近的时间段内，在认定标的的同一地区、同一供求范围内有较多的租金交易实例可供参考，因此采用市场法进行价格认定。

### 六、测算过程

（一）比较实例选取

在认定标的相似区域、同一供求范围内选取 3 个交易时间与认定基准日相近且成交价格为正常价格的商业用房租金进行比较。实例如表 1 所示。

表1

| 项目名称 | 可比实例 A | 可比实例 B | 可比实例 C |
|---|---|---|---|
| | 六一南路花艺店面 | 金辉莱茵城店面 | 三山街新村店面 |
| 房屋坐落 | 六一南路 | 三山街（南段） | 三山街（北段） |
| 建筑结构 | 钢混结构 | 钢混结构 | 钢混结构 |
| 建筑面积 | 50 平方米 | 76 平方米 | 65 平方米 |
| 租金单价 | 80 元/平方米·月 | 63 元/平方米·月 | 54 元/平方米·月 |
| 出租时间 | 2013 年 6 月 21 日 | 2013 年 7 月 1 日 | 2013 年 6 月 15 日 |
| 装修情况 | 普通装修 | 普通装修 | 普通装修 |
| 店面层高 | 4.00 米 | 4.50 米 | 4.00 米 |
| 店面面宽 | 3.20 米 | 5.00 米 | 4.50 米 |
| 宽深比 | 0.21 | 0.33 | 0.31 |
| 所处楼层 | 地上 1 层 | 地上 1 层 | 地上 1 层 |
| 备注：3 个案例租金均不包括房产税、营业税及附加。 | | | |

（二）建立比较基准

可比实例 A、B、C 租金的支付方式均为一年一次收取，租金的面积内涵均为建筑面积，租金不包括房产税、营业税及附加，币种、租金支付方式等均已统一，因此，建立比较基准后的租金单价分别每月每平方米是：可比实例 A 为 80 元；可比实例 B 为63 元；可比实例 C ＝54 元。

（三）各可比实例与认定标的店面的比较、分析

1. 比较因素的选择。

根据认定标的店面与各可比实例实际情况，选择影响房地产价值的比较因素，主要包括交易情况、市场状况、区位状况、权益状况及实物状况，详见表2。

表2　　　　　　　　　　　比较因素条件说明表

| 项目 | | 认定标的 | 可比实例 A | 可比实例 B | 可比实例 C |
|---|---|---|---|---|---|
| 交易情况 | | 正常 | 正常 | 正常 | 正常 |
| 区位状况 | 交通条件 | 交通条件便捷 | 交通条件比认定标的略好 | 交通条件与认定标的相似 | 交通条件与认定标的相似 |
| | 商服繁华程度 | 沿街商店聚集度较高，人流量中等，购买力一般，繁华度一般 | 商服繁华度、人流量比认定标的略好 | 商服繁华度、人流量与认定标的相似 | 商服繁华度、人流量比认定标的略差 |

续表

| | 项目 | 认定标的 | 可比实例 A | 可比实例 B | 可比实例 C |
|---|---|---|---|---|---|
| 区位状况 | 市场专业度 | 经营差异化程度较小(以服装店、饮食店为主),专业度一般 | 市场专业度与认定标的相似 | 市场专业度与认定标的相似 | 市场专业度与认定标的相似 |
| 权益状况 | 房屋权利性质 | 商品房 | 商品房 | 商品房 | 商品房 |
| | 权利设定情况 | 无 | 无 | 无 | 无 |
| 实物状况 | 结构质式 | 条状、钢混结构 | 条状、钢混结构 | 条状、钢混结构 | 条状、钢混结构 |
| | 楼宇档次 | 中档 | 楼宇档次与认定标的相同 | 楼宇档次与认定标的相似 | 楼宇档次与认定标的相似 |
| | 所处楼层 | 地上1层 | 地上1层 | 地上1层 | 地上1层 |
| | 建筑面积(平方米) | 134.59 | 50 | 76 | 65 |
| | 层高（米） | 4 | 4 | 4.5 | 4 |
| | 面宽（米） | 8.0 | 3.2 | 5 | 4.5 |
| | 宽深比（米） | 0.48 | 0.21 | 0.33 | 0.31 |
| | 临街状况 | 一面临街,店面标高与路面标高适宜 | 一面临街,店面标高与路面标高适宜 | 一面临街,店面标高与路面标高适宜 | 一面临街,店面标高与路面标高适宜 |
| | 街道性质 | 临上某路,为综合型主干道 | 临六一南路,为综合型主干道 | 临三山街,为综合型主干道 | 临三山街,为综合型主干道 |
| | 拐角状况 | 无 | 无 | 无 | 无 |
| | 店面配套设施 | 较齐全 | 较齐全 | 较齐全 | 较齐全 |

2. 交易情况修正。可比实例A、B、C均为正常租赁交易,故可进行修正。

3. 市场状况调整。

各可比实例出租时间与认定基准日接近,故可比实例A、B、C市场状况不必进行调整,市场状况调整系数均为100/100。

4. 区位、权益及实物状况的调整。

以认定标的店面条件为100,各可比实例分别与认定标的店面的区位、权益及实物状况进行比较,比认定标的店面好的,调整值为"+",反之为"-"。得出各可比实例的区位、权益及实物状况的调整系数。详见表3。

表3　　　　　　　　　区位、权益及实物状况调整系数表

| | 项目名称 | 可比实例 A | 可比实例 B | 可比实例 C |
|---|---|---|---|---|
| 区位状况 | 交通条件 | +2 | 0 | 0 |
| | 商服繁华程度 | +3 | 0 | -3 |
| | 市场专业度 | 0 | 0 | 0 |
| | 区位状况调整值小计 | +5 | 0 | -3 |
| | 区位状况调整系数 | 100/105 | 100/100 | 100/97 |

续表

|  | 项目名称 | 可比实例A | 可比实例B | 可比实例C |
|---|---|---|---|---|
| 权益状况 | 房屋权利性质 | 0 | 0 | 0 |
|  | 权利设定情况 | 0 | 0 | 0 |
|  | 权益状况调整值小计 | 0 | 0 | 0 |
|  | 权益状况调整系数 | 100/100 | 100/100 | 100/100 |
| 实物状况 | 结构质式 | 0 | 0 | 0 |
|  | 楼宇档次 | 0 | 0 | 0 |
|  | 所处楼层 | 0 | 0 | 0 |
|  | 建筑面积（平方米） | +5 | +3 | +3 |
|  | 层高 | 0 | 0 | 0 |
|  | 面宽（约） | −3 | −2 | −2 |
|  | 宽深比 | −6 | −3 | −3 |
|  | 临街状况 | 0 | 0 | 0 |
|  | 街道性质 | 0 | 0 | 0 |
|  | 拐角状况 | 0 | 0 | 0 |
|  | 店面配套设施 | 0 | 0 | 0 |
|  | 实物状况调整值小计 | −4 | −2 | −2 |
|  | 实物状况调整系数 | 100/96 | 100/98 | 100/98 |

（四）认定标的客观租金比准单价的求取。

租金单价＝可比实例建立比较基准后的租金单价×交易情况修正系数×市场状况调整系数×区位状况调整系数×权益状况调整系数×实物状况调整系数。计算过程详见表4。

表4　　　　　　　　　　客观租金比准单价计算表

| 项目 | 可比实例A | 可比实例B | 可比实例C |
|---|---|---|---|
| 建立比较基准后的租金单价（元/平方米·月） | 80 | 63 | 54 |
| 交易情况修正系数 | 100/100 | 100/100 | 100/100 |
| 市场状况调整系数 | 100/100 | 100/100 | 100/100 |
| 区位状况调整系数 | 100/105 | 100/100 | 100/97 |
| 权益状况调整系数 | 100/100 | 100/100 | 100/100 |
| 实物状况调整系数 | 100/96 | 100/98 | 100/98 |
| 比准单价（元/平方米·月） | 79 | 64 | 57 |

由于各可比实例的租金比准单价较接近，各可比实例所采用的修正体系相同，且调整值的绝对累加数相差较小，故采用简单算术平均数求取认定标的的比准租金，则：

比准单位租金＝（79＋64＋57）÷3＝67（元/平方米·月）

## 七、认定价格确定

经测算，确定 A 市江某区上某路××号柏莲花园 16#店面在 2013 年 7 月 1 日的单位租金为每月每平方米人民币陆拾柒元整（￥67 元/平方米·月）。

## 测算说明

### 一、认定思路

本案例是对商业店面租金进行价格认定。案例主要特点：

（1）对于市场交易活跃的房地产租金，应采用市场法进行价格认定。

（2）由于区位、商业楼宇、周边环境等因素对商业店面的租金水平影响很大，因而，可比实例应尽量选取同一商圈、商业规模一致的房产。

（3）价格认定时，首先要求价格认定人员必须到实地，亲身感受认定标的的位置、周围环境的优劣，再对标的的外观、建筑结构、装修等状况进行勘察。不仅要对认定标的进行详细的实地勘察，而且对选取的可比实例及周边情况也要详细实地勘察。

### 二、测算过程

具体见《价格认定技术报告》。

### 案例评析

一、该案例是对涉税的商业店面租金进行价格认定，依据充分，采用方法适当，结论较合理。

二、对房地产租金价格进行认定，采用市场法是比较有说服力的。案例中对修正因素的选择考虑到商业店面的特点，有一定的针对性。

三、该案例对个别因素的修正主要体现在商业店面面积、宽深比方面。店面面积过大或过小都会直接影响其使用的适宜性和效益，在采用市场法对商业店面进行价格认定（鉴定）时，要按当地实际情况设定修正系数，该案例所在地区的商业店面面积为 40~50 平方米时，店面单位出租价格最高。另外，在当前绝大部分商业店面的形状以矩形为主的情况下，商业店面形状对价格的影响主要体现在宽深比上，但要注意不能对店面的面宽和宽深比进行重复修正，商铺修正宽深比更恰当。

案例九十四

# 涉税多晶硅 T1 边角料的价格认定

 **案例背景情况**

　　××赛维 LDK 太阳能高科技有限公司是一家进口原生硅料（含多晶硅和单晶硅），经过铸锭之后切割成硅锭柱，再将硅锭柱切割成硅片的生产厂家。在将原生硅料经过铸锭切割成硅锭柱的生产过程中，长方体硅锭六个面切割下来的边角料（又称 T1 边角料）由于含有大量的杂质，如回炉生产太阳能级硅片，会影响电池片的转换效率，缩短组件的使用寿命，因此不再适用太阳能级硅片的生产。处理边角料的方法有两种：一是退回国外，这种方法不仅费用高，而且生产原生硅料的国家都属经济发达国家，环保意识强，退回基本不可能；二是将边角料视为冶金级的工业硅，作为生产原生硅料的原料，但其价格远远低于原生硅料价格，边角料价格一旦经有关部门确定，海关就要按原生硅料进口价格所征关税和以边角料的价格计征关税的差价部分退回给原生硅料进口单位。

　　2012 年 4 月 5 日，××海关以办理多晶硅 T1 边角料退税为由，对××赛维 LDK 太阳能高科技有限公司将开厂以来生产过程中产生的 T1 多晶硅边角料 323148.28 千克，委托××市价格鉴定监测管理局进行价格认定。

 **价格认定结论书**

## 关于多晶硅 T1 边角料的价格认定结论书

××海关：

　　根据你单位的委托，遵循合法、公正、科学的原则，按照规定的计价标准、程序和方法，依法对委托书所指的多晶硅 T1 边角料进行了价格认定。现将价格认定情况综述如下：

## 一、价格认定标的

价格认定标的物为××赛维 LDK 太阳能高科技有限公司生产过程中产生的不可直接回炉使用的块状多晶硅 T1 边角料 323148.28 千克。

## 二、价格认定目的

为海关办理退税提供价格认定标的价格的价值依据。

## 三、价格认定基准日

2012 年 4 月 5 日。

## 四、价格定义

价格认定结论所指价格是：认定标的在认定基准日，采用公开市场价值标准确定的按冶金及工业硅使用的市场价格。

## 五、价格认定依据

（一）法律法规及规范性文件

1.《中华人民共和国价格法》；

2.《扣押、追缴、没收物品估价管理办法》；

3.《关于扣押追缴没收及收缴财物价格鉴定管理的补充通知》；

4.《价格鉴定行为规范》；（2010 年版）

5.《国家发展改革委 国家税务总局关于开展涉税财物价格认定工作的指导意见》；

6.《××市涉案财物价格鉴证相关技术参数参照标准》；

7.《××市物品财产估价鉴定工作程序的规定》；

8.《××市物品财产估价鉴定管理实施办法》。

（二）委托方提供的有关资料

涉案物品价格鉴定委托书及物品清单。

（三）鉴定方收集的有关资料

市场价格行情资料。

## 六、价格认定方法

市场法。

## 七、价格认定过程

我局接受委托后，成立了价格认定小组，制定了认定方案。价格认定标的物为××赛维 LDK 太阳能高科技有限公司在对原生硅料铸锭后切割成硅锭柱时，将两头杂质含量较高的部分切除所产生的块状 T1 边角料 323148.28 千克。价格认定基准日为 2012 年 4 月 5 日。从委托单位了解到，上述边角料含硅量约为 99.9%，而生产太阳能硅片的硅含量要求达到 99.9999%。由于边角料杂质碳和磷的含量较高，如重新回炉铸锭再生产太阳能硅片，将影响硅片的转换效率和组件的使用寿命，因此，这些边角料只能作为冶金级工业硅的生产原料。而冶金级工业硅原料要求为细颗粒状，总的要求直径在 140～250 微米之间，大于 250 微米的颗粒所占比例不超过 15%（其中大于 500 微米的颗粒所占比例不超过 0.1%），小于 140 微米的颗粒所占比例不超过 15%。因此在将这些块状边角料进行粉碎加工成冶金级工业硅原料时，要符合上述质量要求，就会有一定的损耗。据了解，损耗率为 10% 左右。本次边角料的价格认定，是将冶金级工业硅原料的价格减去加工费用，再扣除损耗之后计算标的价值总额。通过市场调查，冶金级工业硅原料价格为每千克 15 元，块状边角料加工成细颗粒状的费用每千克为 1 元，因此，块状边角料认定基价为每千克 14 元，损耗率确定为 10%。我局依据上述情况和有关规定，决定对标的物采用市场法进行价格认定。计算公式如下：

$$标的物价格认定值 = 标的物认定基价 \times 数量 \times （1 - 损耗率）$$
$$= 14\ 元 \times 323148.28\ 千克 \times （1 - 10\%）$$
$$= 4071668\ 元$$

## 八、价格认定结论

标的价格为人民币肆佰零柒万壹仟陆佰陆拾捌元整（￥4071668.00）。

## 九、价格认定限定条件

（一）委托方提供的资料客观真实；

（二）多晶硅 T1 边角料按冶金级工业硅，作为生产原生硅料的原料使用。

## 十、声明

（一）价格认定结论受结论书中已说明的限定条件限制。

（二）委托方提供资料的真实性由委托方负责。

（三）价格认定结论仅对本次委托有效，不做他用。未经我局同意，不得向除海关外的任何单位和个人提供结论书。

（四）认定机构和鉴定人员与价格认定标的没有利害关系，也与有关当事人没有利益关系。

（五）如对本结论有异议，可向本认定机构提出重新认定，或委托省级政府价格主管部门设立的价格认定机构复核裁定。

## 十一、价格认定作业日期

（略）。

## 十二、价格认定人员

（略）。

## 十三、附件

1. 价格认定委托书和不可回收 T1 边角料不能消耗的情况说明各 1 份（略）
2. 多晶硅锭、块状边角料和冶金级粉末料照片各 1 张（略）
3. 价格认定委托书复印件（略）
4. 价格认定机构资质证复印件（略）
5. 价格认定人员资格证复印件（略）

（公章）

2012 年 4 月 10 日

测算说明

## 一、认定思路

本案例是对退税原材料价格进行认定，其主要特点：一是多晶硅 T1 边角料杂质含量较高，其纯度达不到生产硅锭的要求，不能直接回炉生产，只能作为冶金级工业原料使用，但其价格与进口原生硅料价格相差悬殊，两者进口关税也相差悬殊，故海关在办理退税时，需要政府价格部门对多晶硅边角料价格进行认定。二是作为冶金级工业硅原料，要求为细颗粒状，总的要求直径在 140~250 微米之间，大于 250 微米的颗粒所占比例不超过 15%（其中大于 500 微米的颗粒所占比例不超过 0.1%），小于 140 微米的颗粒所占比例不超过 15%。因此在将这些块状边角料加工成冶金级工业硅原料时，要符合上述质量要求，就会有一定的损耗，所以，不能将块状多晶硅边角料数量全部计算为冶金级工业硅原料数量。三是将块状多晶硅边料加工成符合要求的细颗粒状要考虑合理的加工费用。

通过调查了解，多晶硅边角料至今尚无形成交易市场，而冶金级工业硅原料市场交易普遍。本次边角料的价格认定，是将冶金级工业硅原料的价格减去加工费用，再扣除损耗之后计算标的价值总额。

## 二、价格认定标的概况

多晶硅 T1 边角料为长方体硅锭六个面切割下来的边角料，属块状，规格为 12.5 厘米×12.5 厘米，厚度为 2～4 厘米，有的在加工时成碎块。其硅含量约为 99.9%，其余含量为碳、磷等杂质。

## 三、价格认定过程

我局接收委托后，成立价格认定工作小组，经过现场勘验和市场调查，根据标的概况及价格认定有关规定，确定采用市价法对标的进行价格认定，计算公式为：

标的物价格认定值 = 标的物认定基价 × 数量 × （1 − 损耗率）

（一）认定基价的确定

经过市场调查，含量为 99.9% 的冶金级工业硅在基准日每千克价格为人民币 15 元，将块状多晶硅加工成细颗粒状每千克加工费用为 1 元，因此块状多晶硅的认定基价为每千克人民币 14 元。

（二）损耗率的确定

根据市场调查，将块状多晶硅加工成细颗粒状损耗一般在 10% 左右，本次认定确定损耗率为 10%。

（三）计算标的认定价值

标的物价格认定值 = 标的物认定基价 × 数量 × （1 − 损耗率）
　　　　　　　　　 = 14 元 × 323148.28 千克 × （1 − 10%）
　　　　　　　　　 = 4071668 元

### 案例评析

一、该案例是涉及海关退税的进口原材料价格认定，程序合法，依据较充分，方法恰当，结论较为合理。

二、该价格认定充分体现了政府价格主管部门在价格认定中的权威性，同时也体现了价格认定在社会经济活动中的服务性作用。

三、将多晶硅边角料视为冶金级工业硅原材料，考虑加工过程中合理的损耗和加工费用是认定结论是否准确的关键。

案例九十五

# 涉税商业用房的价格认定

 **案例背景情况**

2008 年 5 月 29 日，××县××局为盘活资产，减少新建办公楼的资金压力，将职工宿舍楼下五间门面房所有权转让。××县地方税务局为确定该门面房契税应税价格，于 2008 年 7 月 23 日委托××县价格认证中心对其进行价格认定。

 **价格认定结论书**

## 关于涉税门面房的价格认定结论书

××县地方税务局：

根据你局的委托，本中心遵循合法、公正、科学的原则，按照规定的标准，程序和方法，依法对委托书所列指的××门面房进行了价格认定。现将价格认定情况综述如下：

### 一、价格认定标的

认定标的××门面房。该房位于××县××镇××街。土地取得方式为国有出让，土地用途为商业，土地取得时间是 2000 年；房屋建筑年代为 2000 年，砖混结构，总层数七层，该门面房所在位置为一层，共 5 间，建筑面积 135.45 平方米。

### 二、价格认定目的

为税务机关征收契税提供价格依据。

### 三、价格认定基准日

2008 年 7 月 23 日。

## 四、价格定义

价格认定结论所指价格是：认定标的在价格认定基准日，采用公开市场价值标准确定的市场价格。

## 五、价格认定依据

（一）法律法规及其规范性文件。

1.《中华人民共和国价格法》；

2.《中华人民共和国城市房地产管理法》；

3.《中华人民共和国土地管理法》；

4.《中华人民共和国契税暂行条例》；

5.《中华人民共和国契税暂行条例细则》；

6.《国家发展改革委、国家税务总局关于开展涉税财物价格认定工作的指导意见》；

7.《××省涉案财物价格认定操作规程（试行)》；

8.《××省契税实施办法》。

（二）委托方提供的相关资料。

1. 价格认定委托书；

2. 房屋所有权证（复印件）；

3. 房屋买卖合同；

4. ××局关于竞卖××门面房的请示（复印件）；

5. 关于××局修建新办公楼及处置资产的批复（复印件）；

6. ××局的组织机构代码证（复印件）；

7. 购买方提供的中华人民共和国居民身份证（复印件）。

（三）认定方收集的资料

1. 实地勘验资料；

2. 市场调查资料；

3. 其他相关资料。

## 六、价格认定方法

市场法、收益法。

## 七、价格认定过程

我中心接受委托后，成立了价格认定工作小组，制定了价格认定作业方案，并指派2名价格认定人员于2008年7月23日对标的进行了实物勘验。价格认定人员根据有关规定、规程和标准，严格按照价格认定的程序和原则，通过认真分析研究和广泛的市场调查，确定采用市场法和收益法两种方法对标的进行价格认定。

## 八、价格认定结论

认定标的××门面房在价格认定基准日的价格为人民币壹佰肆拾柒万壹仟壹佰元整（￥1471100.00）。

## 九、价格认定限定条件

委托方提供资料客观真实。

## 十、声明

（一）价格认定结论受结论书中已说明的限定条件的限制。

（二）委托方提供的资料的真实性由委托方负责。

（三）价格认定结论仅对本次委托有效，不做他用。未经我认证中心同意，不得向委托方有关当事人之外的任何单位和个人提供结论书的全部或部分内容，不得发表于任何公开媒体上。

（四）鉴证机构和价格认定人员与价格认定标的没有利害关系，也与有关当事人没有利害关系。

（五）如对本结论有异议，可向本鉴定机构提出重新认定，或委托省级政府价格主管部门设立的价格鉴定机构复核裁定。

## 十一、价格认定作业日期

（略）。

## 十二、价格认定人员

（略）。

## 十三、附件

1. 价格认定委托书复印件（略）
2. 价格认定机构资质证复印件（略）
3. 价格认定人员资格证复印件（略）

（公章）

2008 年 7 月 24 日

# 测算说明

## 一、采用市场法认定

根据房地产交易中替代原则，收集交易资料，从中选取了与标的类似的 3 间门面房交易实例进行比较。

### （一）比较因素条件表

| 比较因素 | | 认定标的 | 实例（一） | 实例（二） | 实例（三） |
|---|---|---|---|---|---|
| 建筑物用途 | | 商业 | 商业 | 商业 | 商业 |
| 交易情况 | | 正常 | 正常 | 正常 | 正常 |
| 交易日期 | | 2008 年 7 月 | 2008 年 7 月 | 2008 年 7 月 | 2008 年 7 月 |
| 交易方式 | | 涉税价 | 市场价 | 市场价 | 市场价 |
| 区域因素 | 交通条件 | 交通条件较好 | 交通条件较好 | 交通条件一般 | 交通条件一般 |
| | 环境质量 | 环境一般 | 环境一般 | 环境较好 | 环境稍差 |
| | 区域发展趋势 | 较好 | 较好 | 一般 | 一般 |
| | 区域繁华度 | 较好 | 较好 | 较好 | 较好 |
| 个别因素 | 门面进深 | 正常 | 较深 | 较深 | 较浅 |
| | 门面层高 | 正常 | 较高 | 较高 | 正常 |

### （二）进行各项因素修正，求取认定值

以认定标的各因素条件为基础，将比较实例相应条件与认定标的相比较，确定相应的指数，并进行各项指数修正，确定认定值。

| 比较因素 | | 认定标的 | 实例（一） | 实例（二） | 实例（三） | 备注 |
|---|---|---|---|---|---|---|
| 建筑物用途 | | 100/100 | 100/100 | 100/100 | 100/100 | |
| 交易情况 | | 100/100 | 100/100 | 100/100 | 100/100 | |
| 交易日期 | | 100/100 | 100/100 | 100/100 | 100/100 | |
| 交易方式 | | 100/100 | 100/105 | 100/105 | 100/105 | |
| 区域因素修正 | 交通条件 | 100/100 | 100/100 | 100/98 | 100/98 | |
| | 环境质量 | 100/100 | 100/100 | 100/102 | 100/99 | |
| | 区域发展趋势 | 100/100 | 100/100 | 100/99 | 100/99 | |
| | 区域繁华度 | 100/100 | 100/100 | 100/100 | 100/100 | |

| 比较因素 | | 认定标的 | 实例（一） | 实例（二） | 实例（三） | 备注 |
|---|---|---|---|---|---|---|
| 个别因素修正 | 门面深度 | 100/100 | 100/95 | 100/95 | 100/102 | |
| | 门面层高 | 100/100 | 100/102 | 100/102 | 100/100 | |
| 交易单价（元/m²） | | | 12000 | 11500 | 10500 | |
| 比准价格（m²/元） | | 11141 | 11794 | 11422 | 10207 | 标的价格为比准价格的算术平均值 |

$$\times\times 门面房总价 = 11141 \times 135.45$$
$$= 1509048（元）$$

## 二、采用收益法认定

由于门面房收入是连续的，收益期长，其产生的纯收益能够在未来连续获得，可以将门面房纯收益按一定折现率折现，故采用收益法进行价格认定。

1. 确定折现率。

按本年度一年期贷款年利率 7.56% 作本次认定折现率。

2. 纯收益。

门面房维修和税金在签约时约定由租赁方支付，所以该门面房纯收益＝租金收入＝12 万元。

3. 确定收益年限

按规定该房产耐用年限为 60 年，现已使用 8 年，而商业土地使用权年限国家规定最高为 40 年，则剩余使用年限按 32 年计算。

4. 门面房总价（假定未来收益有限年且年收益保持不变）。

$$P = A/r \times [1 - 1/(1+r)^n]$$
$$= 12/7.56\% \times [1 - 1/(1+7.56\%)^{32}]$$
$$= 1433175（元）$$

## 三、认定价格（按两种方法所得算术平均结果四舍五入，取至百位）

认定价格 ＝（1509048 + 1433175）/2 = 1471100（元）

**案例评析**

一、结论书中应当说明价格认定方法的选用理由。

房地产价格认定应根据价格认定标的、认定目的、当地房地产市场状况以及估价资料情况选择恰当的价格认定方法，并说明理由。该案例对涉税门面房的价格认定选用市场法和收益法是恰当的，但没有说明理由。根据认定标的是涉税商业用房的特点，该类物业在市场上交易行为较为活跃，市场交易案例较多，采用市场比较法能够比较客观反映认定标的的市场价值；同时，该类房地产有稳定、持续、正常收益，经营或出租等价格认定的资料充足可靠，因此，适合采用收益法进行价格认定。上述方法选用的理由应当在结论书中加以说明。

二、应当正确使用市场比较法进行房地产价格认定。

市场比较法是依据替代原理将认定标的在基准日近期交易的类似房地产进行比较，对类似房地产的成交价格进行交易情况、交易时间、区域以及个别因素等修正，以估算认定标的的客观合理的价格。在实际操作中，选择交易实例必须是真实交易，与认定标的的功能相同、标准相近且处于同一供需圈内的多个实际成交实例；交易情况修正看是否为正常、客观、公正的交易；交易日期修正宜采用类似房地产的价格变动率或指数进行调整；区域因素修正主要有交通便捷度、距市中心距离、基础设施状况、繁华程度、产业聚集规模等指标；个别因素修正主要有建筑结构类型、层次/总楼层、设施与设备、装修、朝向、布局、建成年代、物业管理、面积等因素指标。营业用房和住宅用房的修正因素侧重点不同，因为营业用房侧重于位置和繁华程度等，而住宅用房侧重于位置、环境（区域环境和小区环境）和公共、基础配套设施等。因此，在罗列修正因素时应予以区别。

从该案例的测算说明看，在市场比较法运用中存在以下问题：

1. 没有具体说明所选择的 3 个交易实例的具体名称、具体位置等情况。

2. 交易情况、交易方式修正系数的确定未说明理由。

3. 个别因素修正指标太少。

三、应当正确使用收益法进行房地产价格认定。

收益法是指通过测算价格认定标的预期客观收益的现值，来判断其客观合理价格的一种价格鉴定方法。它服从于将利求本的思路，即采用资本化和折现途径及其方法来判断和测算价格认定标的的客观合理价格。收益法中参数的确定非常重要，估算年净收益应以客观收益为依据，根据市场租金的调查分析确定（扣除各种税费、空置率）；折现率一般采用安全利率加风险调整值法确定，主要考虑两个因素：一是安全无风险利率，一般采用鉴定基准日中国人民银行公布的一年期定期存款利率；二是风险调整值，风险投资回报率是对鉴定标的的房地产自身及其所在的区域、行业、市场等所在风险的补偿，由行业风险报酬率、经营风险报酬率、财务风险报酬率和其他风险报酬率组成；收益年限要根据土地使用权证书、房地产权证等相关材料确定。

从该案例的测算说明看，在收益法运用中存在以下问题：

1. 收益的测算采用的是实际收益，而不是采取客观年收益，且费用扣除项不全面，没有说服力。

2. 按本年度一年期贷款年利率确定折现率的做法是错误的。

## 案例九十六

# 涉税居民住宅的价格认定

 **案例背景情况**

　2011 年 12 月，张××购买李××位于××县××路××小区的×栋×室的住宅房产，双方签有房屋买卖合同。2012 年 3 月，张××将购买的住宅房产过户于其个人名下，在申领办理房产登记手续时，××县财政局城区财政所以未上房产契税为由，于 2012 年 3 月 16 日委托××价格认定局对张××的住宅房产进行价格认定。

 **价格认定结论书**

## 关于一套住宅房产的价格认定结论书

××县财政局××财政所：

根据你所 2012 年 3 月 16 日涉税财物价格认定协助书，我局遵循合法、公正、科学的原则，按照规定的标准、程序和方法，依法对位于××县××路××小区的×栋×室的住宅房产进行价格认定，现将价格认定情况综述如下：

## 一、价格认定标的

××县××路××小区的×栋×室的住宅房产一套。

## 二、价格认定目的

为××县财政局××财政所提供认定标的计税价格依据。

## 三、价格认定基准日

2012 年 3 月 16 日。

## 四、价格定义

价格认定结论所指价格是：认定标的在认定基准日，采用公开市场价值标准确定的客观合理价格。

## 五、价格认定依据

（一）法律法规及规范性文件

1. 《中华人民共和国价格法》；

2. 《中华人民共和国城市房地产管理办法》；

3. 中华人民共和国国家标准《房地产估价规范》；

4. 《国家发展改革委、国家税务总局关于开展涉税财物价格认定工作的指导意见》；

5. 《××省价格鉴定操作规范（试行）》；

6. 《××省涉税财物价格认定管理办法》；

7. 《××县涉税财物价格认定实施办法》。

（二）委托方提供的资料

1. 涉税财物价格认定协助书；

2. 房产买卖合同复印件；

3. 房产证复印件。

（三）认定方提供的资料

1. 价格认定受理通知书；

2. 实地勘验笔录及照片。

3. 市场调查资料

## 六、价格认定方法

市场法。

## 七、价格认定过程

我局接受委托后，成立了价格认定小组，制定了价格认定作业方案，并派认定人员于 2012 年 3 月 16 日对认定标的进行了实地勘验，此后，价格认定人员根据国家有关规程和标准，严格按照价格认定的程序和原则，通过认真分析研究现有资料和广泛的市场走访调查，确定采用市场法对价格认定标的在基准日的市场价格进行认定。

（一）价格认定标的概述

认定标的为××县××路××小区的×栋×室的住宅房产。该单元房为 1 栋 7 层的楼房，该标的所属楼层在 4 楼，三室两厅格局结构，总建筑面积为 118.90 平方米。房屋结构为砖混结构。该房屋室外墙体为水泥砂浆刷涂料抹面；室内墙体为水泥砂浆乳胶漆刷白抹面。塑钢窗、内木门、门窗套、外防盗门、吊顶、室内地面为地板砖、踢脚线、卧室木地板、踢脚线，包暖气，厨房 PVC 吊顶、瓷砖墙面，钛镁合金推拉门，卫生间 PVC 吊顶、玻璃门、瓷砖墙面、面盆、坐便器水、电、暖、气齐全。竣工时间为 2007 年。

（二）测算过程

具体测算过程详见附件《价格认定技术报告》。

## 八、价格认定结论

价格认定标的在价格认定基准日的价格为人民币肆拾玖万贰仟陆佰零陆元整（￥492606.00）。

## 九、价格认定限定条件

（一）委托方提供资料客观、真实；

（二）价格认定标的可继续使用；

（三）本报告认定结论未考虑认定标的的未来升值或贬值对房产的影响；

（四）根据国家现行规定，本房产认定报告有效期为一年（2012 年 3 月 16 日至 2013 年 3 月 16 日）。当认定目的在有效期内实现时，应以认定结论作为核实房产价格的参考。超过一年，需重新进行房产价格认定。

## 十、声明

（一）价格认定结论受结论书中已说明限定条件限制；

（二）委托方提供资料的真实性由委托方负责；

（三）价格认定结论仅对本次委托有效，不做他用，未经我局同意，不得向委托方和有关当事人之外的任何人提供，结论书的全部或部分内容，不得发表于任何公开媒体上；

（四）认定机构和认定人员与认定标的没有利害关系，也与当事人没有利害关系；

（五）如对本结论有异议，可向我中心提出重新认定、补充认定或委托省级价格认定机构复核裁定。

### 十一、价格认定作业日期

（略）。

### 十二、价格认定人员

（略）。

### 十三、附件：

1. 关于××县××路××小区的×栋×室的住宅房产的价格认定技术报告
2. 价格认定机构资质证复印件（略）
3. 价格认定人员资质证复印件（略）

（公章）

2012 年 3 月 18 日

附件 1

## 关于××县××路××小区的×栋×室住宅房产的价格认定技术报告

### 一、价格认定标的概况

认定标的位于××县××路××小区×栋×室张××的住宅单元房。经我局现场勘验，该单元房为 1 栋 7 层的楼房，该标的所属楼层在 4 楼，总建筑面积为 118.90 平方米；房屋结构为砖混结构；现场勘验该房屋室外墙体为水泥砂浆刷涂料抹面；室内墙体为水泥砂浆乳胶漆刷白抹面。塑钢窗、内木门、门窗套、外防盗门、吊顶，室内地面为地板砖、踢脚线，卧室木地板、踢脚线、包暖气，厨房 PVC 吊顶、瓷砖墙面、钛镁合金推拉门，卫生间 PVC 吊顶、玻璃门、瓷砖墙面、面盆、坐便器水，电、暖、气齐全。竣工时间为 2007 年。

## 二、个别因素分析

1. "四至"情况：东靠××路，西靠××路，南靠××，北靠××。

2. 工程地质条件：认定对象用地地势较为平坦，工程地质条件较好。

3. 市政基础设施条件：该认定标的所在地区市政基础设施条件较为完备，达到"七通"条件，即：通上水、通下水、通电、通讯、通路、通暖、通天然气。交通便利，地理位置较好。

4. 建筑物现状：该住宅房产为 7 层砖混结构的房屋，该房屋建筑于 2005 年开工建设，2007 年竣工并交付使用。

价格认定对象内装修状况见下表。

|  | 顶棚 | 地面 | 墙面 | 门窗 | 其他 |
|---|---|---|---|---|---|
| 客厅 | 大白 | 地板砖 | 大白、水泥踢脚 | 塑钢窗 |  |
| 卧室 | 大白 | 木地板 | 大白、水泥踢脚 | 木门、塑钢窗 |  |
| 厨房 | PVC 吊顶 | 地板砖 | 贴墙砖 | 塑钢窗、钛镁合金推拉门 |  |
| 卫生间 | PVC 吊顶 | 地板砖 | 贴墙砖 | 玻璃门、面盆、坐便器 |  |

## 三、区域因素分析

1. 位置与环境。该认定标的位于××县××路××小区院内，属县城中心繁华区域范围内。东靠××路，西靠××，南靠××，北靠××。距县城中心街广场较近，周围超市、饭店、理发等店铺较多，购物休闲方便，地理位置较好。

2. 交通条件。该房屋东侧紧临县城××路，交通条件较为便利。

## 四、认定采用的方法、技术路线及测算过程

（一）认定采用的方法

根据认定对象的实际情况，采用市场比较法作为本次认定的基本方法。

（二）测算过程

我局接受委托后，根据国家有关房产认定的规程和标准，严格依据《房地产认定规范》和国家有关价格认定政策、法规有关规定，对上述房产的正常现实价格进行客观公正的认定。

具体认定步骤如下：

1. 交易案例比较。

认定标的市场交易相对活跃，根据对二手房产交易市场成交资料的收集、调查，选取三个可比实例。

实例一：2012 年 1 月转让××小区居住单元一套，建筑面积 98.33 平方米，交易时该房屋装修情况好，交易单价为每平方米 4250 元；

实例二：2012 年 2 月转让××小区居住单元一套，建筑面积 69.20 平方米，交

易时该房屋装修情况好，交易单价为每平方米 4500 元；

实例三：2012 年 3 月转让××小区居住单元一套，建筑面积 121.50 平方米，交易时该房屋装修情况好，交易单价为每平方米 4400 元；

将选取实例与认定标的进行对比分析，对个别因素、区域因素进行比较修正，调整出各种因素的系数，以确定认定比准价格。

根据房产交易中的替代原则，在同一供需圈内选取与认定对象房产类似的房产交易案例进行比较如表1。

表1　　　　　　　交易实例与价格认定标的情况对比分析表

| 项　目 | 实例1 | 实例2 | 实例3 | 认定标的 |
|---|---|---|---|---|
| 所处地段 | 县城 | 县城 | 县城 | ××小区 |
| 建筑结构 | 砖混 | 砖混 | 砖混 | 砖混 |
| 建筑面积（平方米） | 98.33 | 69.20 | 121.50 | 118.90 |
| 装修情况 | 好 | 好 | 好 | 较好 |
| 交易情况 | 正常交易 | 正常交易 | 正常交易 | 正常交易 |
| 交易时间 | 2012 年 | 2012 年 | 2012 年 | 2012 年 |
| 交易价格（元/平方米） | 4250.00 | 4500.00 | 4400.00 | ×× |
| 用途 | 住宅 | 住宅 | 住宅 | 住宅 |

2. 比较因素条件指数的确定。

根据表1所述情况进行系数修正，以认定标的的各因素条件为基础，将比较实例相应条件与认定标的相比较，确定相应的指数，各指数具体修正情况如表2、表3。

表2　　　　　　　　　个别因素调整系数表

| 个别因素 | 实例1 | 实例2 | 实例3 |
|---|---|---|---|
| 建筑结构 | 100/100 | 100/100 | 100/100 |
| 临街状况 | 100/104 | 100/104 | 100/102 |
| 装修标准 | 100/102 | 100/102 | 100/102 |
| 新旧程度 | 100/98 | 100/98 | 100/99 |
| 建筑朝向 | 100/101 | 100/101 | 100/101 |
| 修正系数 | 100/105 | 100/105 | 100/104 |

表3　　　　　　　　　区域因素调整系数表

| 区域因素 | 实例1 | 实例2 | 实例3 |
|---|---|---|---|
| 地理位置 | 100/102 | 100/103 | 100/98 |
| 繁华程度 | 100/103 | 100/101 | 100/99 |
| 离县城中心距离 | 100/100 | 100/100 | 100/98 |
| 周围环境 | 100/100 | 100/100 | 100/100 |
| 交通通达程度 | 100/100 | 100/100 | 100/100 |
| 修正系数 | 100/105 | 100/104 | 100/95 |

表4 价格认定测算表 单元：元/平方米

| 实例 | 实例1 | 实例2 | 实例3 |
|---|---|---|---|
| 交易价格 | 4250.00 | 4500.00 | 4400.00 |
| 交易情况修正系数 | 100/100 | 100/100 | 100/100 |
| 交易日期修正系数 | 100/100 | 100/100 | 100/100 |
| 区域因素修正系数 | 100/105 | 100/105 | 100/95 |
| 个别因素修正系数 | 100/105 | 100/104 | 100/104 |
| 比准单价 | 3854.75 | 4121.10 | 4453.24 |

比准实例一：实例一与认定标的相比，各种因数修正后比准价格为：90.70% × 4250 = 3854.75（元/平方米）；

比准实例二：实例二与认定标的相比，各种因数修正后比准价格为：91.58% × 4500 = 4121.10（元/平方米）；

比准实例三：实例三与认定标的相比，各种因数修正后比准价格为：101.21% × 4400 = 4453.24（元/平方米）；

每平米认定价格 = (3854.75 + 4121.10 + 4453.24)/3
= 4142.03（元/平方米）

房产总价 = 4142.03 元/平方米 × 118.90 平方米
= 492606.27 ≈ 492606.00（元）

## 测算说明

### 一、认定思路

本案例是对涉税的住宅房产进行价格认定。案例主要特点：

（1）在房产认定时，由于国内房产交易市场比较活跃，参照物易于选取，同时又具备运用市场法进行价格认定的其他条件时，应首选使用市场法。

（2）运用市场法在价格认定时，应选择与价格认定标的建筑结构相同、用途相同、位置相近的参照物，并对参照物在交易情况、交易时间、区域因素、个别因素等方面进行修正比较后，采用算术平均法得出的认定结果。

### 二、价格认定标的概况

认定标的为××县××路××小区的×栋×室的住宅房产。该单元房为1栋7层的楼房，该标的所属楼层在4楼，三室两厅格局结构，总建筑面积为118.90平方米。房屋结构为砖混结构。该房屋室外墙体为水泥砂浆刷涂料抹面；室内墙体为水泥砂浆乳胶漆刷白抹面。塑钢窗、内木门、门窗套、外防盗门、吊顶，室内地面为地板砖、踢脚线，卧室木地板、踢脚线、包暖气，厨房PVC吊顶、瓷砖墙面、钛镁合金推拉门，卫生间 PVC 吊顶、玻璃门、瓷砖墙面、面盆、坐便器，水、电、暖、气齐全。竣工时间为 2007 年。

### 三、价格认定过程

我局接受委托后，成立了价格认定小组，制定了价格认定作业方案，并派认定人员于 2012 年 3 月 16 日对认定标的进行了实地勘验，此后，价格认定人员根据国家有关规程和标准，严格按照价格认定的程序和原则，通过认真分析研究现有资料和广泛的市场走访调查，确定采用市场法对价格认定标的在基准日的市场价格进行认定。

具体测算过程同《价格认定技术报告》，略。

### 案例评析

一、该案例是对××居住单元房进行价格认定，程序合法，交易实例较为准确、真实，选用方法恰当，认定结论较为合理，与市场实际交易价格相吻合。

二、运用市场法的关键，在于选择与价格认定标的建筑结构相同、用途相同、位置相近的参照物，并对参照物的交易情况、交易时间、区域因素、个别因素等方面进行修正。

三、市场法中比较因素未有完整的文字说明，欠妥。

## 案例九十七

# 交通事故赔偿案件中旅游骑乘用马的价格认定

### 案例背景情况

2011 年 8 月 26 日，××镇××村××马术俱乐部两匹骑乘用马被旅游车辆撞伤致死，××县交警大队以调解处理交通事故损失为由，于 2011 年 8 月 27 日委托××价格认证中心对被撞旅游骑乘用马进行价格认定。

## 价格认定结论书

# 关于旅游骑乘用马的价格认定结论书

××县公安交通警察大队：

根据你队委托，我中心遵循合法、公正、科学的原则，按照规定的标准、程序和方法，依法对委托书中所列指的被撞旅游骑乘马进行了价格认定。现将价格认定情况综述如下：

## 一、价格认定标的

认定标的为××镇××村××马术俱乐部 2 匹被撞至死的旅游骑乘用马。

## 二、价格认定目的

为委托单位办理交通事故赔偿案件提供认定标的的价格依据。

## 三、价格认证基准日

2011 年 8 月 26 日。

## 四、价格定义

价格认定结论所指价格是：认定标的在价格鉴证基准日，采用公开市场价值标准确定的市场价格。

## 五、价格认定依据

（一）法律法规及规范性文件

1.《中华人民共和国价格法》；

2.《××省涉案资产价格鉴证管理条例》；

3.《扣押、追缴、没收物品估价管理办法》；

4.《关于扣押追缴没收及收缴财物价格鉴定管理的补充通知》；

5.《价格鉴定行为规范》（2010 年版）；

6.《××省涉案财产价格鉴定操作规程（试行）》。

（二）委托方提供的有关资料

1. 价格认定委托书；

2. 询问笔录复印件；

3. ××县农牧局出具的《技术认定报告》;

4. 其他有关证明材料等。

（三）认定方收集的有关资料

1. 市场调查资料;

2. 其他相关资料。

## 六、价格认定方法

专家咨询法、市场比较法。

## 七、价格认定过程

我中心接受委托后,聘请了有关专家,成立了价格认定小组,制定了作业方案,并指派 2 名价格认定人员于 2011 年 8 月 27 日对标的马匹的情况进行了实地调查了解。因被撞马匹尸体已被掩埋处理,无法进行实物勘验,马匹的详细情况由委托方在价格认定委托书中载明,价格认定人员在实地调查时予以了核实。实地调查后,价格认定人员根据国家有关规程和标准,严格按照价格认定的程序和原则,通过认真分析研究和广泛的市场调查,确定采用专家咨询法和市场比较法两种方法对标的进行价格认定。

（一）价格认定标的概述

认定标的为××镇××村××马术俱乐部 2 匹被撞至死的旅游骑乘马。品种为苏高血马,其中:一匹 8 岁,黑色,骟马,体高 155 厘米,胸围 165 厘米,额部有流星,曾荣获××镇××村首届乡村赛马节第一名（获××村颁发证书）和××草原"5A"赛马第六名;另一匹 2 岁,栗色,公马,体高 156 厘米,体斜长 155 厘米,胸围 160 厘米。

（二）测算过程

1. 采用专家咨询法认定。

根据认定标的情况,价格认定人员在当地聘请了三位畜牧师进行价格咨询,咨询价格分别为:

（1）8 岁苏高血马为 35000 元、36000 元、35500 元,平均价格 35500 元。

（2）2 岁苏高血马为 26000 元、23000 元,30000 元,平均价格 26333 元。

（3）专家咨询法测算的标的价格 = 35500 + 26333 = 61833（元）。

2. 采用市场法认定。

价格鉴证人员根据委托方确定的标的状况,经向当地村民和马术俱乐部参加比赛的马主进行调查,分别选取了三个可比实例,将选取实例与标的马匹进行对比分析,作各项差异因素的量化、调整,综合分析确定了标的马匹的市场价格为:8 岁苏高血马 35000 元，2 岁苏高血马 27000 元。

认定价格 = 35000 + 27000 = 62000（元）

3. 确定认定价格。

专家咨询法认定价格为 61833 元，市场比较法认定价格为 62000 元，两种价格相差不大，按算术平均计算，结果四舍五入，价格取至百位。因马匹尸体腐烂被掩埋处理，本次认定不考虑残值。则：

认定价格 = (61833 + 62000) ÷ 2

= 61900（元）

## 八、价格认定结论

认定标的在价格认定基准日的价格为人民币陆万壹仟玖佰元整（￥61900 元）。

## 九、价格认定限定条件

（一）委托方提供的资料客观真实；

（二）因被撞马匹尸体已被掩埋处理，无法进行实物勘验，马匹的详细情况由委托方在价格认定委托书中载明，价格认定人员在实地调查时予以了核实；

（三）当上述条件发生变化时，认定结论会失效或部分失效，认定机构不承担由于这些条件的变化而导致认定结果失效的相关法律责任。

## 十、声明

（一）价格认定结论受结论书中已说明的限定条件限制。

（二）委托方提供资料的真实性由委托方负责。

（三）价格认定结论仅对本次委托有效，不做他用。未经我中心同意，不得向委托方和有关当事人之外的任何单位和个人提供。结论书的全部或部分内容，不得发表于任何公开媒体上。

（四）认定机构和认定人员与价格认定标的没有利害关系，与有关当事人也没有利害关系。

（五）如对本结论有异议，可向本认定机构提出重新认定，或委托省级政府价格主管部门设立的价格认定机构复核裁定。

## 十一、价格认定作业日期

（略）。

## 十二、价格认定人员

（略）。

## 十三、附件

1. 价格认定机构资质证复印件（略）
2. 价格认定人员资格证复印件（略）

（公章）

2011 年 8 月 31 日

## 测算说明

### 一、认定思路

本案例是交通事故赔偿案件中对被撞至死的马术俱乐部骑乘用马进行价格认定。案例主要特点：

（1）认定基准日认定马匹已因尸体腐烂被埋葬处理，认定残值不予考虑。

（2）认定标的为被撞至死的动物，基准日时相同或相近品相的同类马匹不宜寻找，准确确定认定标的价格存在一定困难。

### 二、价格认定标的概况

认定标的为××镇××村××马术俱乐部 2 匹被撞至死的旅游骑乘马，品种为苏高血马，其中：一匹 8 岁，黑色，骟马，体高 155 厘米，胸围 165 厘米，额部有流星，曾荣获××镇××村首届乡村赛马节第一名（获××村颁发证书）和××草原"5A"赛马第六名；另一匹 2 岁，栗色，公马，体高 156 厘米，体斜长 155 厘米，胸围 160 厘米。

价格认定时，被撞马匹尸体已经被掩埋处理。

### 三、价格认定过程

本中心接受委托后，聘请专家，成立了价格认定小组，经实地调查了解和市场调查，确定采用专家咨询法和市场比较法对标的进行价格认定。

（一）采用专家咨询法认定

根据认定标的情况，价格认定人员在当地聘请了三位畜牧师进行价格咨询，咨询价格分别为：

（1）8 岁苏高血马为 35000 元、36000 元、35500 元，简单平均价格 35500 元。

（2）2 岁苏高血马为 26000 元、23000 元，30000 元，简单平均价格 26333 元。

（3）专家咨询法测算的标的价格 = 35500 + 26333 = 61833（元）。

（二）采用市场比较法认定

价格鉴证人员根据委托方确定的标的状况，经向当地村民和马术俱乐部参加比赛的马主进行调查，分别选取了三个可比实例，将选取实例与标的马匹进行对比分析，作各项差异因素的量化、调整，综合分析确定了标的马匹的市场价格为：8 岁苏高血马 35000 元，2 岁苏高血马 27000 元。

市场比较法认定价格 = 35000 + 27000 = 62000（元）

（三）确定认定价格

专家咨询法认定价格为 61833 元，市场比较法认定价格为 62000 元，两种价格相差不大，按算术平均计算，结果四舍五入，价格取至百位，则：

认定价格 = (61833 + 62000) ÷ 2

= 61900（元）

因两匹马未经检疫，已被掩埋处理，残值为 0。

▶ 案例评析

一、该案例是对被撞至死的马术俱乐部骑乘用马进行价格认定，程序合法，依据较为充分；方法恰当，结论较为合理。

二、该案例的要点在于认定方法选择。鉴于被撞马匹的特点，价格认定人员采用专家咨询法和市场比较法两种方法进行认定，相互验证，综合确定认定价格，保证了认定结论的相对客观性和合理性。

## 案例九十八

# 水上交通事故处理中船舶损失的价格鉴定

 案例背景情况

2012 年 6 月，"×××"号轮船在长江××段×××水域发生水上交通事故，××海事部门为处理水上交通事故，委托××认证中心对船舶损失进行价格鉴定。

 **价格鉴定结论书**

## 关于"×××"号船舶损失的价格鉴定结论书

××海事局：

受贵单位委托，我中心遵循合法、公正、科学的原则，按照规定的标准、程序和方法，依法对"×××"号船舶损失进行了价格鉴定，现将价格鉴定情况综述如下：

### 一、价格鉴定标的

价格鉴定标的为水上交通事故中的"×××"号轮船损失。

### 二、价格鉴定目的

为你局处理水上交通事故提供鉴定标的的价格依据。

### 三、价格鉴定基准日

2012 年 6 月 22 日。

### 四、价格定义

价格鉴定结论中所指价格是：水上交通事故中的"×××"号轮船在鉴定基准日，采用公开市场价值标准确定的客观合理损失。

### 五、价格鉴定依据

（一）法律法规及规范性文件

1.《中华人民共和国价格法》；

2.《扣押、追缴、没收物品估价管理办法》；

3.《关于扣押追缴没收及收缴财物价格鉴定管理的补充通知》；

4.《××省涉案财产价格鉴证条例》；

5.《××省涉案财产价格鉴定操作规程》。

（二）委托方提供的有关资料

1. 价格鉴定委托书；

2. 标的船舶检验证书。

（三）鉴定方收集的有关资料

1. 实物勘验记录；

2. 市场调查资料；

3. 有关船舶报废管理相关规定。

## 六、价格鉴定方法

成本法。

## 七、价格鉴定过程

我中心接受委托后，委派价格鉴定人员和船舶工程专业技术人员成立了价格鉴定小组，制定了作业方案，并进行实物勘验。受损船舶"×××"号轮2002年11月25日由××省××轮船公司船舶修造厂制造，为一般干货船，受事故碰撞损坏严重，船舶主体钢架结构严重变形，主要设备设施损毁，无修复价值，损失程度确定为全损。在实物勘验和市场调查的基础上，根据标的船舶损坏状况，采用成本法进行价格鉴定，详见《价格鉴定技术报告》。

## 八、价格鉴定结论

"×××"号轮船事故损失为人民币柒拾柒万玖仟伍佰伍拾元整（￥779550.00）。

## 九、价格鉴定限定条件

（一）委托方提供的资料客观真实；

（二）标的船舶的受损前价格测算以其自登记之日起至鉴定基准日期间性能状况、使用情况正常、未发生重大事故为前提；

（三）根据委托方委托，本次仅对船舶损失进行价格鉴定。

## 十、声明

（一）价格鉴定结论受结论书中已说明的限定条件限制。

（二）委托方提供资料的真实性由委托方负责。

（三）价格鉴定结论仅对本次委托有效，不做他用。未经我中心同意，不得向委托方和有关当事人之外的任何单位和个人提供。结论书的全部或部分内容，不得

发表于任何公开媒体上。

（四）鉴定机构和鉴定人员与价格鉴定标的没有利害关系，也与有关当事人没有利害关系。

（五）如对本结论有异议，可向本鉴定机构提出重新鉴定，或委托省级政府价格主管部门设立的价格鉴定机构复核裁定。

## 十一、价格鉴定作业日期

（略）。

## 十二、价格鉴定人员

（略）。

## 十三、附件

1. 价格鉴定技术报告
2. 价格鉴证机构资质证复印件（略）
3. 价格鉴定人员资格证复印件（略）

（公章）

2012 年 7 月 26 日

## 附件 1

# 价格鉴定技术报告

## 一、价格鉴定标的概况

（一）标的船舶基本情况

船名："×××"号轮，2002 年 11 月 25 日由××省××轮船公司船舶修造厂制造。

1. 主要技术参数：

总长：44.30 米；船宽：8.00 米；型深 3.00 米。

航区：A 级；主机：6160A－17 一台；功率：202KW。

船质：钢质；船舶种类：一般干货船；结构形式：横骨架。

总吨：297 吨；净吨：166 吨。

2. 船舶主要设备配置情况：

300 型齿轮箱、XSF125 – 30 舵机、STC – 12 型发电机、350 型 9.7KW 锚机、油水分离器、霍尔锚二只及灯光通信设备等。

（二）标的船舶事故受损情况

标的船舶受事故碰撞下沉，后打捞至码头，经勘验，船体主体钢架结构严重变形，轮机等主要设备设施已损毁，已无修复价值，损失程度确定为全损。

## 二、价格鉴定方法

根据委托鉴定目的和损失价格鉴定原则，考虑标的船舶受损状况，本次鉴定按全损计价，以受损前价格扣减损后残值计算确定损失价格，受损前价格采用成本法进行鉴定测算。

## 三、价格鉴定过程

（一）标的船舶受损前价格测算

采用成本法，以鉴定基准日标的船舶重置价格，考虑成新率、残值因素计算确定。计算公式为：

船舶受损前价格 =（重置价格 – 净残值）× 成新率 + 净残值

1. 重置价格测算。

按鉴定基准日重新建造标的船舶所需船体、轮机、电器等工程费用及管理费、税金等计算重置价格，具体见下表：

| 序号 | 项目名称 | 单位 | 数量 | 单价（元） | 价格（元） |
|---|---|---|---|---|---|
| 一 | 船体工程 | | | | |
| 1 | 建造图纸：送审批准结束 | | | | 4000.00 |
| 2 | 建造场地费 | | | | 10000.00 |
| 3 | 船台胎架耗用费用 | | | | 3500.00 |
| 4 | 放样下料，样板耗用 | | | | 2800.00 |
| 5 | 耗用 t = 8、6、5、4 CCSA 钢板 | 吨 | 110 | 4400.00 | 484000.00 |
| 6 | 耗用∟ 75 × 50 × 6、∟ 56 × 36 × 4 不等边角铁 | 千克 | 5800 | 4.00 | 23200.00 |
| 7 | 护舷材槽钢和舱口围板槽钢 16#、18# | 千克 | 3900 | 4.10 | 15990.00 |
| 8 | 钢管和钢圆 | 千克 | 950 | 4.30 | 4085.00 |
| 9 | 拖泥、保险架、尾柱等厚材和机座面板 | 千克 | 1500 | 4.50 | 6750.00 |
| 10 | 船体加工费：按民用船常规做法，每吨加工费为 1800 元，含补助材料 | 吨 | 122.15 | 1800.00 | 219870.00 |
| 11 | 起吊费 | | | | 4500.00 |
| 12 | 船体焊缝探伤摄片，密性检查 | | | | 3000.00 |
| 13 | 后生活区内部装潢，人工费及材料费，为简易装潢（原驾驶室为升高驾驶室，后侧为单层生活区、卫生间及厨房设施），长 10 米，含铺位 2 张，衣橱及桌子、凳子配齐 | | | | 34000.00 |

续表

| 序号 | 项目名称 | 单位 | 数量 | 单价 | 价格（元） |
|---|---|---|---|---|---|
| 14 | 航行照明灯具配妥，一般民用电缆（见现状实际用料）布放，桅杆架子及左右舷灯架子、探照灯等 | | | | 4000.00 |
| 15 | 液压舵机一台 XSF105 - 30KN.m（兴化产），包括安装调试，液压管路及应急油泵组合件及机驾合一操纵器和软轴 | | | | 17000.00 |
| 16 | 柴动卧室锚机功率 9.7KW 链轮走 Φ17.5 有档链条 | 台 | 1 | | 7000.00 |
| 17 | 霍尔锚 300 千克二只 | 千克 | 600 | 6.80 | 4080.00 |
| 18 | 有档锚链 Φ17.5，长 230 米，AM2 级 | 千克 | 1541 | 7.20 | 11095.20 |
| 19 | 末端卸克 2 只，转接环 8 只，转环组 2 只 | | | | 850.00 |
| 20 | 消防救生按要求配妥 | | | | |
| (1) | 原 135 型消防泵一台，配消防栓及水龙带和水龙带箱、水露嘴及管路 | | | | 920.00 |
| (2) | 干粉灭火器 2 只，泡沫灭火器 2 只 | | | | 450.00 |
| (3) | 太平桶 2 只，太平斧 2 把，黄砂箱 2 只 | | | | 400.00 |
| (4) | 救生圈 | 只 | 4 | 84.00 | 336.00 |
| (5) | 救生衣 | 件 | 6 | 38.00 | 228.00 |
| 21 | 测深仪 LS - 4100，包括安装费，含探头管子法兰 | | | | |
| 22 | 雷达：古野 | 台 | 1 | | 15000.00 |
| 23 | 望远镜 | 台 | 1 | 760.00 | 760.00 |
| 24 | 探照灯 | 台 | 1 | 3150.00 | 3150.00 |
| 25 | 甚高频 156 - 174MHZ | 台 | 1 | 2200.00 | 2200.00 |
| 26 | 污油水分离设备：污油水柜 0.5 立方米 | 台 | 1 | | 800.00 |
| 27 | 对外扩音机 JK50 及高音喇叭 | 套 | 1 | | 950.00 |
| 28 | 舵杆 Φ115、35#钢，含舵套管、上下舵承 | 套 | 1 | 6500.00 | 6500.00 |
| 29 | 船体喷砂油漆，外壳 830 二度，831 二度，里口铁红防锈漆二度，面漆二度，材料及人工费 | | | | 28000.00 |
| 30 | 船舶下水费 | | | | 12000.00 |
| | 小计 | | | | 931414.20 |
| 二 | 机舱内设备、电器等工程 | | | | |
| 1 | 尾轴 Φ117 一根，中间轴 Φ117 一根，45#钢，包括尾轴套管和铜套，前后密封装置，花鼓筒四只 | 套 | 1 | 20000.00 | 20000.00 |
| 2 | 主机 X6160A - 17、功率 202KW、1000r/min、含启动空气瓶及空气压缩机、仪表控制箱 | 台（套） | 1 | 114000.00 | 114000.00 |
| 3 | 齿轮箱 Z300，3∶1 | 台（套） | 1 | 15000.00 | 15000.00 |
| 4 | 钳工安装费：油水管路及压油润滑油路 | 组 | 1 | 12000.00 | 12000.00 |
| 5 | 阀门、管件法兰材料 | | | | 4000.00 |

续表

| 序号 | 项目名称 | 单位 | 数量 | 单价 | 价格（元） |
|---|---|---|---|---|---|
| 6 | 附机发电机 S110 二台及驱动发电机一台及 135 水泵 | 套 | 1 | | 4200.00 |
| 7 | 机舱内配电屏：主配一台，充放电屏一台及电器安装工程费（挂式） | | | | 5300.00 |
| 8 | 蓄电池 6Q200（2 组） | 只 | 4 | 800.00 | 3200.00 |
| 9 | 大油箱、日用油箱自闭式液位器 | 根 | 2 | 380.00 | 760.00 |
| 10 | 试车、试航费用（满足顶滩、试车、试航、调试的油品费用） | | | | |
| （1） | 机油（尾轴润滑，齿轮箱和柴油机使用） | 千克 | 400 | 6.50 | 2600.00 |
| （2） | 耐磨液压油 | 千克 | 80 | 11.00 | 880.00 |
| （3） | 柴油 | 吨 | 2 | 6000.00 | 12000.00 |
| （4） | 试车、试航检测调试人工费 | | | | 4000.00 |
| 11 | 申报船检验费 | | | | 20000.00 |
| 12 | 舱面缆绳、跳板、工属具 | | | | 5000.00 |
| 13 | 铸钢推进器 Φ1500、四叶型（含备用） | 只 | 2 | 1500.00 | 3000.00 |
| | 小计 | | | | 225940.00 |
| 三 | 管理费、运输费和税金 | 按一、二项之和 15% 计 | | | 173603.00 |
| 四 | 重置价格 | 一至三项合计 | | | 1330957.00 |

2. 成新率的估算。

根据标的船舶已使用年限和国家规定报废年限计算年限成新率为 78%，考虑同类二手船舶市场交易价格调整系数 -15%，成新率确定为：78% ×（1 - 15%）=67%。

3. 船舶净残值估算。

按报废船舶可回收废钢、废设备价格扣减拆解等相关费用计算确定，测算见下表：

| 一 | 项目名称 | 单位 | 数量 | 单价 | 可回收价格 |
|---|---|---|---|---|---|
| 1 | 废钢 | 吨 | 122.15 | 2295 | 280330 |
| 2 | 废设备 | | | | 13000 |
| | 小计 | | | | 293330 |
| 二 | 相关费用 | | | | |
| 1 | 浮吊作业费 | | | | 40000 |
| 2 | 拆解费 | 吨 | 357 | | 15880 |
| 3 | 上坡起吊费 | | | | 50000 |
| 4 | 防污费 | | | | 20000 |
| | 小计 | | | | 125880 |
| 三 | 净残值 | | | | 167450 |

4. 船舶受损前价格。

船舶受损前价格 $= (1330957 - 167450) \times 67\% + 167450 = 947000$（元）。

（二）标的船舶损失价格

按船舶受损前价格扣减损后净残值计算，即：船舶损失价格 $= 947000 - 167450 = 779550$（元）。

## 四、价格鉴定结论

"×××"号轮船事故损失为人民币柒拾柒万玖仟伍佰伍拾元整（¥779550.00）。

## 测算说明

### 一、鉴定思路

1. 船舶鉴定专业技术性较强，损失项目范围、受损程度、是否可修复应聘请专门机构或相关专家进行技术鉴定、分析。本次鉴定标的船舶事故受损严重，船舶主体钢架结构严重变形，轮机等主要设施设备损坏，已无修复价值，确定为全损，按受损前价格扣减损后残值计算确定损失价格。

2. 船舶受损前价格的测算，由于同类二手船舶交易不多，缺乏可参照可比实例详细资料，难以直接采用市场法测算。本次鉴定采用成本法，同时，结合二手船舶市场交易价格因素对年限成新率进行了调整。重置价格按鉴定基准日重新建造标的船舶所需船体、轮机、电器等工程费用及相关管理费、运输费和税金之和计算；成新率的确定，先根据标的船舶已使用年限和国家规定报废年限计算年限成新率，再考虑二手船舶市场交易价格因素进行修正调整，确定综合成新率。

3. 事故损失价格测算需考虑残值因素，本次鉴定按报废船舶可回收废钢、废设备价格扣减拆解等相关费用计算确定。

### 二、计算过程

根据委托鉴定目的和损失价格鉴定原则，考虑标的船舶受损状况，本次鉴定按全损计价，以受损前价格扣减损后残值计算确定损失价格，受损前价格采用成本法进行鉴定测算，详见上述技术报告。

### 三、价格鉴定结论

经测算，"×××"号轮船事故损失为人民币柒拾柒万玖仟伍佰伍拾元整（¥779550.00）。

**案例评析**

一、对船舶事故损失进行价格鉴定，要注意根据船舶受损程度区分可修理还是判定全损，由于其专业技术性较强，损失项目范围的确定、受损程度、是否可修复应聘请专门机构或相关专家进行技术鉴定、分析。

二、根据最高院《关于审理船舶碰撞和触碰案件财产损害赔偿的规定》司法解释规定，船舶全损事故损失赔偿包括船舶价值损失、打捞救助费用、船员工资、遣返费及其他费用，本次鉴定仅计算了船舶价值损失，应予以说明。

三、船舶造价与船舶本身、建造单位资质等级、利润率水平及市场需求有关，重置价格测算中有关作价方法、参数的选取应注意考虑影响船舶造价相关因素。

四、同类二手船舶市场交易价格对年限成新率的调整系数为 –15% 缺乏来源说明，依据不充分。

五、如条件允许，从××省××轮船公司船舶修造厂获取相同吨位、相同或近似配置的轮船价格，调整后作为重置价格应当更易操作。

## 案例九十九

# 交通事故处理中被损坏通信线路
# 修复费用的价格鉴定

**案例背景情况**

2011 年 9 月 6 日，一辆车牌号为××的重型半挂牵引型货车，在××县××镇××路段上因交通事故造成中国电信股份有限公司××分公司通信线路损坏。根据《中华人民共和国道路交通安全法》、《中华人民共和国道路交通安全法实施条例》和《交通事故处理程序规定》及《××省道路交通事故车物损失价格鉴定管理办法》的有关规定，当地公安交通管理部门委托××价格认证中心对本次事故中造成的通信线路损坏的修复费用进行价格鉴定。

 **价格鉴定结论书**

# 关于通信线路修复费用的价格鉴定结论书

××县公安局交通警察大队：

　　根据你单位委托，遵循合法、公正、科学的原则，按照规定的标准、程序和方法，我中心依法对交通事故中造成的××县××镇××路段上中国电信股份有限公司××分公司通信线路损坏的修复费用进行了价格鉴定。现将价格鉴定情况综述如下：

## 一、价格鉴定标的

　　××县××镇××路段通信线路损坏的修复费用。

## 二、价格鉴定目的

　　为公安交警大队处理事故提供通信线路损坏修复费用的价格依据。

## 三、价格鉴定基准日

2011 年 9 月 6 日。

## 四、价格定义

　　价格鉴定结论所指价格是：鉴定标的在鉴定基准日，采用电信分公司的供应价格为基价，并根据中华人民共和国工业和信息化部《通信建设工程预算定额》中相关规定和市场实际调查相结合确定的被损坏通信线路的修复费用。

## 五、价格鉴定依据

（一）法律法规及规范性文件

1.《中华人民共和国价格法》；

2.《扣押、追缴、没收物品估价管理办法》；

3.《关于扣押追缴没收及收缴财物价格鉴定管理的补充通知》；

4.《××省涉案财物价格鉴定条例》；

5.《通信建设工程预算定额》；

6.《通信建设工程概算预算编制办法》、《通信建设工程费用定额》、《通信建设工程施工机械仪表台班费用定额》；

7. 《××省价格鉴证操作规范（试行）》；

8. 《××省电信有限公司长途光缆线路实施细则（暂行)》。

（二）委托方提供的有关资料

1. 价格鉴定委托书；

2. 事故现场勘验记录及事故当事人询问笔录复印件等相关资料。

（三）鉴定方收集的有关资料

1. 实地勘验资料；

2. 与鉴定标的有关的市场调查资料。

## 六、价格鉴定方法

成本法。

## 七、价格鉴定过程

我中心接受委托后，成立了价格鉴定工作小组，制定了价格鉴定作业方案，聘请专业技术人员，在公安交通管理部门的陪同下，和鉴定标的所属单位工作人员、肇事车辆所有人共同进行了实物勘验、拍照，并对事故造成损坏的通信材料逐一进行了测试、测量、测算和清点，填写了××省道路交通事故车物损失现场勘验记录，并由参加勘察的现场相关人员签字确认。实地勘验后，价格鉴定人员根据国家有关规定和标准，严格按照价格鉴定的程序和原则，通过认真分析和市场调查，确定采用成本法对标的进行价格鉴定。

（一）价格鉴定标的概述

价格鉴定标的为因交通事故造成某段通信线路损坏的修复费用金额。根据事故现场勘验结果，在这起交通事故中损坏需要更换的主要通信材料有：

（1）2根8米长的水泥电杆折断损毁，已不能使用；

（2）安装在电杆上1根7/2.2钢绞线、1根HYA30×2×0.4电缆、1根HYA20×2×0.4电缆、3根GYTS24芯室外光缆、1根GYTS12芯室外光缆、1根GYTS8芯室外光缆、1根GYTS6芯室外光缆等不同程度扯断撕裂。另外与安装上述钢绞线、电缆及光缆所需的D164双吊线抱箍、三眼单槽夹板、五股拉线衬环、3.0毫米和4.0毫米铁线、三眼双槽夹板、24芯光缆接头盒、10对电缆分线箱、3M两芯接线子、45毫米挂钩、RSBF42/15-300热缩套管等辅助材料都有不同程度损坏。

根据专业技术人员实地测试和测量，以上材料中的电缆和光缆，每根更换长度都以200米确定，其他架接这些电缆和光缆的辅助材料，需要更换的数量分别为：7/2.2钢绞线177.6千克、D164双吊线抱箍10付、三眼单槽夹板10付、五股拉线衬环20个、3.0毫米铁线50千克、4.0毫米铁线20千克、8米长水泥电杆2根、三眼双槽夹板 10 付、24 芯光缆接头盒 8 个、10 对电缆分线箱 3 个、3M 两芯接线子 200 个、45 毫米挂钩 1236 个、RSBF42/15 - 300 热缩套管 4 套。

经鉴定人员走访并询问附近群众和使用该条通信线路的用户得知,交通事故损坏的通信线路是 2010 年更换的新线路,事故前这段通信线路使用正常,没有发生过故障。

（二）测算过程

在进行了事故现场勘察之后,价格鉴定工作人员又拿着部分鉴定标的样品,在市场进行了调查。因市场销售的通信材料与价格鉴定标的不论从外观或是内在质量上都存在很大差异,且市场销售价格也与上级电信公司配送的价格没有可比性,所以,我们确定以本地区电信分公司的供应价格为基价,并根据中华人民共和国工业和信息化部《通信建设工程预算定额》中相关规定,加合理运杂费、运输保险费和采购及保管费,扣除适当残值,结合实际材料用量,计算出需要更换材料的鉴定价格。

根据委托机关价格鉴定目的,结合鉴定人员收集的相关资料,采用成本法,按恢复成本或直接损失计算,包含更换材料和维修等其他费用两方面,以公式:维修费 = 更换材料鉴定价格 + 维修等其他费用,确定损坏通信线路的最终维修费用,不计算其他间接损失。

具体计算过程详见附件 1:××省道路交通事故中通信线路修复费用价格鉴定清单。

## 八、价格鉴定结论

价格鉴定标的在价格鉴定基准日的鉴定价格为人民币贰万玖仟壹佰贰拾陆元整（￥29126.00）。

## 九、价格鉴定限定条件

（一）委托方提供的资料客观真实;

（二）更换材料涉及的数据按照相关规定和专业技术人员实际测算为准;

（三）更换材料中运杂费率、运输保险费率、采购及保管费率和人工费中的工日定额、通信线路工程增加额和工程施工机械使用台班定额以中华人民共和国工业和信息化部《通信建设工程预算定额》中相关规定确定;

（四）人工费标准及其他费率以中华人民共和国工业和信息化部《通信建设工程概算预算编制办法》、《通信建设工程费用定额》、《通信建设工程施工机械仪表台班费用定额》中相关规定并结合当地实际执行情况确定;

（五）施工机械台班费标准 400 元和光缆接续费每芯以 50.00 元计费是经市场调

查，以当地实际执行标准确定的。

## 十、声明

（一）价格鉴定结论受结论书中已说明的限定条件限制。

（二）委托方提供资料的真实性由委托方负责。

（三）价格鉴定结论仅对本次委托有效，不做他用。未经我中心同意，不得向委托方和有关当事人之外的任何单位和个人提供。结论书的全部或部分内容，不得发表于任何公开媒体上。

（四）鉴定机构和鉴定人员与价格鉴定标的没有利害关系，与有关当事人也没有利害关系。

（五）如对本结论有异议，可向本鉴定机构提出重新鉴定，或委托省级政府价格主管部门设立的价格鉴定机构复核裁定。

## 十一、价格鉴定作业日期

（略）。

## 十二、价格鉴定人员

（略）。

## 十三、附件

1. ××省道路交通事故中通信线路修复费用价格鉴定清单
2. 价格鉴定机构资质证复印件（略）
3. 价格鉴定人员资格证复印件（略）

（公章）

2011 年 9 月 12 日

**附件 1**

## ××省道路交通事故中通信线路修复费用价格鉴定清单

鉴定标的所属单位：中国电信股份有限公司××分公司。

**一、更换材料：12532.72 元**

（一）7/2.2 钢绞线：以电信××地区分公司供应价格每千克 8.38 元为基价，

加3.6%运杂费、0.1%运输保险费和1.1%采购及保管费，扣除残值3%，实际用量177.6千克，则鉴定价格为1512.95元；

（二）HYA30×2×0.4电缆：以电信××地区分公司供应价格每米6.51元为基价，加1.5%运杂费、0.1%运输保险费和1.1%采购及保管费，扣除残值3%，实际用量200米，则鉴定价格为1297.04元；

（三）HYA20×2×0.4电缆：以电信××地区分公司供应价格每米5.70元为基价，加1.5%运杂费、0.1%运输保险费和1.1%采购及保管费，扣除残值3%，实际用量200米，则鉴定价格为1135.66元；

（四）D164双吊线抱箍：以电信××地区分公司供应价格每付18.50元为基价，加3.6%运杂费、0.1%运输保险费和1.1%采购及保管费，扣除残值3%，实际用量10付，则鉴定价格为188.06元；

（五）三眼单槽夹板：以电信××地区分公司供应价格每付9.12元为基价，加3.6%运杂费、0.1%运输保险费和1.1%采购及保管费，扣除残值3%，实际用量10付，则鉴定价格为92.71元；

（六）五股拉线衬环：以电信××地区分公司供应价格每个1.08元为基价，加3.6%运杂费、0.1%运输保险费和1.1%采购及保管费，扣除残值3%，实际用量20个，则鉴定价格为21.96元；

（七）3.0毫米铁线：以电信××地区分公司供应价格每千克8.15元为基价，加3.6%运杂费、0.1%运输保险费和1.1%采购及保管费，扣除残值3%，实际用量50千克，则鉴定价格为414.25元；

（八）4.0毫米铁线：方法和供应价格同上，实际用量20千克，则鉴定价格为165.70元；

（九）8米水泥电杆：以电信××地区分公司供应价格每根338.00元为基价，加18%运杂费、0.1%运输保险费和1.1%采购及保管费，实际用量2根，则鉴定价格为805.80元；

（十）三眼双槽夹板：以电信××地区分公司供应价格每付11.59元为基价，加3.6%运杂费、0.1%运输保险费和1.1%采购及保管费，扣除残值3%，实际用量10付，则鉴定价格为117.82元；

（十一）24芯光缆接头盒：以电信××地区分公司供应价格每个140.00元为基价，加4.3%运杂费、0.1%运输保险费和1.1%采购及保管费，扣除残值2%，实际用量8个，则鉴定价格为1158.00元；

（十二）10对电缆分线箱：以电信××地区分公司供应价格每个22.00元为基价，加4.3%运杂费、0.1%运输保险费和1.1%采购及保管费，扣除残值2%，实际用量3个，则鉴定价格为68.20元；

（十三）3M 两芯接线子：以电信××地区分公司供应价格每只 0.14 元为基价，加 4.3% 运杂费、0.1% 运输保险费和 1.1% 采购及保管费，扣除残值 2%，实际用量 200 个，则鉴定价格为 28.90 元；

（十四）GYTS24 芯室外光缆：以电信××地区分公司供应价格每米 6.00 元为基价，加 1% 运杂费、0.1% 运输保险费和 1.1% 采购及保管费，实际用量 600 米，则鉴定价格为 3679.20 元；

（十五）GYTS12 芯室外光缆：以电信××地区分公司供应价格每米 2.73 元为基价，加 1% 运杂费、0.1% 运输保险费和 1.1% 采购及保管费，实际用量 200 米，则鉴定价格为 558.00 元；

（十六）GYTS8 芯室外光缆：以电信××地区分公司供应价格每米 2.43 元为基价，加 1% 运杂费、0.1% 运输保险费和 1.1% 采购及保管费，实际用量 200 米，则鉴定价格为 496.70 元；

（十七）GYTS6 芯室外光缆：以电信××地区分公司供应价格每米 2.14 元为基价，加 1% 运杂费、0.1% 运输保险费和 1.1% 采购及保管费，实际用量 200 米，则鉴定价格为 437.40 元；

（十八）45 毫米挂钩：以电信××地区分公司供应价格每个 0.18 元为基价，加 3.6% 运杂费、0.1% 运输保险费和 1.1% 采购及保管费，扣除残值 3%，实际用量 1236 个，则鉴定价格为 226.17 元；

（十九）RSBF42/15 - 300 热缩套管：以电信××地区分公司供应价格每套 31.00 元为基价，加 4.3% 运杂费、0.1% 运输保险费和 1.1% 采购及保管费，扣除残值 2%，实际用量 4 套，则鉴定价格为 128.20 元。

以上更换材料费用合计 12532.72 元。

**二、维修等其他费用：16593.37 元。**

（一）人工费：4984.72 元。

1. 立 9 米以下水泥杆（综合土）。单位定额值（工日，下同）为技工 0.61、普工 0.61，则 2 根水泥杆计：技工 1.22 工日，普工 1.22 工日。

2. 拆除 9 米以下水泥杆（综合土）。单位定额值以立同高水泥杆 0.3 系数取值，则 2 根水泥杆计：技工 0.36 工日，普工 0.36 工日。

3. 平原架设吊线（7/2.2）。单位定额值为技工 5.42、普工 5.64，则 0.2 千米计：技工 1.08 工日，普工 1.13 工日。

4. 平原拆除吊线（7/2.2）。单位定额值以架设同长度吊线 0.3 系数取值，则：技工 0.32 工日，普工 0.34 工日。

5. 平原架设架空光缆（12 芯、8 芯、6 芯为同一标准）。单位定额值为技工 10.35、普工 8.43，则 0.6 千米计：技工 6.21 工日，普工 5.06 工日。

6. 平原拆除架空光缆（12 芯、8 芯、6 芯为同一标准）。单位定额值以架设同长度架空光缆 0.3 系数取值，则 0.6 千米计：技工 1.86 工日，普工 1.52 工日。

7. 平原架设架空光缆（24 芯）。单位定额值为技工 11.79、普工 9.60，则 0.6 千米计：技工 7.07 工日，普工 5.76 工日。

8. 平原拆除架空光缆（24 芯）。单位定额值为技工 11.79、普工 9.60，则 0.6 千米计：技工 2.1 工日，普工 1.73 工日。

9. 吊线式架空电缆（100 对以下）。单位定额值为技工 9.05、普工 10.63，则 0.4 千米计：技工 3.62 工日，普工 4.25 工日。

10. 拆除电缆（100 对以下）。单位定额值以吊线式同长度架空电缆 0.3 系数取值，则 0.4 千米计：技工 1.09 工日，普工 1.28 工日。

11. 封焊热可缩套（包）管。单位定额值为技工 0.56、普工 .14，则 4 套计：技工 2.24 工日，普工 0.56 工日。

12. 市话电缆接续（12 芯）。单位定额值为技工 3.50，则 0.5 百对计：技工 1.75 工日。

13. 市话光缆中继段测试（12 芯以下）。单位定额值为技工 6.72，则 7 中继段计：技工 47.04 工日。

14. 配线电缆全程测试。单位定额值为技工 1.5，则 0.5 百对计：技工 0.75 工日。

15. 制装塑缆分线盒（10 对以下）。单位定额值为技工 0.78、普工 0.19，则 3 个计：技工 2.34 工日，普工 0.57 工日。

16. 拆除分线盒（10 对以下）。单位定额值以制装同类型分线盒 0.3 系数取值，则 3 个计：技工 0.69 工日，普工 0.18 工日。

17. 安装拉线。单位定额值为技工 0.84、普工 0.6，则 1 条计：技工 0.84 工日，普工 0.6 工日。

以上小计技工 80.58 工日，普工 24.56 工日。根据通信线路工程规模较小时，人工工日以 100 工日以下增加 15% 进行调整的规定，核定本次通信线路修复工程人工工日共计为：技工 92.67，普工 28.24。则鉴定人工费用为：

技工：92.67 人工 × 48 元 = 4448.16 元

普工：28.24 人工 × 19 元 = 536.56 元

人工费合计为：4984.72 元。

（二）其他直接费：1744.65 元。

1. 冬雨季施工增加费：

以人工费的 2% 取值，计 99.69 元；

2. 夜间施工增加费：

以人工费的3%取值，计149.54元；

3. 工程干扰费：

以人工费的6%取值，计299.08元；

4. 生产工具用具使用费：

以人工费的3%取值，计149.54元；

5. 工程车辆使用费：

以人工费的6%取值，计299.08元；

6. 工地器材搬运费：

以人工费的5%取值，计249.24元；

7. 工程点交、场地清理费：

以人工费的5%取值，计249.24元；

8. 临时设施费：

以人工费的5%取值，计249.24元；

以上合计1744.65元。

（三）安装工程施工机械使用及光缆接续费：9864.00元。

1. 安装工程施工机械使用费。

拆除和立9米以下水泥杆（综合土），使用5吨下汽车起重机，单位定额值为0.04台班，每台班以400元为标准，拆除和立两根水泥杆合计开支64.00元。

2. 光缆接续费。

以3根24芯、1根12芯、1根8芯和1根6芯共计98芯计算，两段接续共196芯，每芯以50.00元计费，合计开支9800.00元。

## 测算说明

### 一、鉴定思路

本案例是对交通事故中通信线路维修费用的价格鉴定结论。案例主要有以下几方面特点：

（1）采用成本法对损坏电信材料在价格鉴定基准日以本地区电信分公司的供应价格为基价，并根据中华人民共和国工业和信息化部《通信建设工程预算定额》中相关规定，加合理运杂费、运输保险费和采购及保管费，扣除适当残值，结合实际材料用量，计算出需要更换材料的鉴定价格。而没有经过市场调查，在本地区取相应材料的中等销售价格为计价标准，是因为电信专用材料一般在当地市场销售很少，或者市场销售材料质量达不到国家相关生产标准，其价格没有代表性。另外，为保证质量，电信部门对损坏后的线路修复也是以上级配送的材料进行更换，而非在当地市场自主购进。所以，采用上级分公司供应价格进行计算更能体现客观真实性原则。

（2）对损坏电信材料的更换，采用成本法进行计算，没有进行折旧，是因为在本次事故的前一年，这段损坏的通信设施刚经过更新，基本属于全新的通信设施，且委托方明确要求对修复费用进行鉴定，所以，在本次价格鉴定时，省略了更换材料的折旧因素，扣除了其损坏后的残值价值。

（3）损坏的通信设备设施的修复费用，包含更换材料和维修费用两方面，不计算其他间接损失，符合有关规定。

（4）鉴定结论中对损坏光缆长度的确定和更换材料中运杂费率、运输保险费率、采购及保管费率和人工费中的工日定额、通信线路工程增加额和工程施工机械使用台班定额及其他费率以通信行业相关规定进行确定。

### 二、价格鉴定标的概况

价格鉴定标的为因交通事故造成某段通信线路损坏的修复费用金额。根据事故现场勘验结果，在这起交通事故中损坏需要更换的主要通信材料有：

（1）2根8米长的水泥电杆折断损毁，已不能使用；

（2）安装在电杆上1根7/2.2钢绞线、1根HYA30×2×0.4电缆、1根HYA20×2×0.4电缆、3根GYTS24芯室外光缆、1根GYTS12芯室外光缆、1根GYTS8芯室外光缆、1根GYTS6芯室外光缆等不同程度扯断撕裂。另外与安装上述钢绞线、电缆及光缆所需的D164双吊线抱箍、三眼单槽夹板、五股拉线衬环、3.0毫米和4.0毫米铁线、三眼双槽夹板、24芯光缆接头盒、10对电缆分线箱、3M两芯接线子、45毫米挂钩、RSBF42/15-300热缩套管等辅助材料都有不同程度损坏。

根据专业技术人员现场测试和测量，以上材料中的电缆和光缆，每根更换长度都以200米确定；其他架接这些电缆和光缆的辅助材料，需要更换的数量分别为：7/2.2钢绞线177.6千克、D164双吊线抱箍10付、三眼单槽夹板10付、五股拉线衬环20个、3.0毫米铁线50千克、4.0毫米铁线20千克、8米长水泥电杆2根、三眼双槽夹板10付、24芯光缆接头盒8个、10对电缆分线箱3个、3M两芯接线子200个、45毫米挂钩1236个、RSBF42/15-300热缩套管4套。

经鉴定人员走访并询问附近群众和使用该条通信线路的用户得知，交通事故损坏的通信线路是2010年更换的新线路，事故前这段通信线路使用正常，没有发生过故障。

### 三、价格鉴定过程

在进行了事故现场勘验之后，价格鉴定工作人员又拿着部分鉴定标的样品，在市场进行了调查。因市场销售的通信材料与价格鉴定标的不论从外观或是内在质量上都存在很大差异，且市场销售价格也与上级电信公司配送的价格没有可比性，所以，我们确定以本地区电信分公司的供应价格为基价，并根据中华人民共和国工业和信息化部《通信建设工程预算定额》中相关规定，加合理运杂费、运输保险费和采购及保管费，扣除适当残值，结合实际材料用量，计算出需要更换材料的鉴定价格。

根据委托机关价格鉴定目的，结合鉴定人员收集的相关资料，采用成本法，按恢复成本或直接损失计算，包含更换材料和维修等其他费用两方面，以公式：维修费＝更换材料鉴定价格＋维修等其他费用，确定损坏通信线路的最终维修费用，不计算其他间接损失。

具体计算过程详见附件1：《××省道路交通事故中通信线路修复费用价格鉴定清单》。

### 📖 案例评析

一、该案例是交通事故中保险手续齐全的车辆撞断路边电杆，造成电杆及在电杆上安装的通信线路损坏，对损坏的通信设备、设施进行修复的价格鉴定的结论书，程序合法，依据充分，方法恰当，结论较为合理。

二、在确定鉴定材料价格时，以上级电信分公司的供应价格为基价，并根据中华人民共和国工业和信息化部《通信建设工程预算定额》中相关规定，加合理运杂费、运输保险费和采购及保管费，扣除适当残值，结合实际材料用量，计算出需要更换材料的鉴定价格。案例对没有采用当地市场销售价格并进行相应的差异调整做了说明，较为必要。但以2%~3%分别确定损坏通信材料残值，与市场实际残值价值相比略显偏低，应该以废品回收市场实际价值确定。

三、在该价格鉴定结论中，对更换材料中运杂费率、运输保险费率、采购及保管费率和人工费中的工日定额、通信线路工程增加额和工程施工机械使用台班定额及维修等其他费用以通信行业相关规定进行确定。在实际市场中如能调取到价格的，应以实际价格为准。

四、该案例在计算维修费用时，将损坏电杆及电缆、光缆、分线盒的拆除费用同时包含在内，客观真实，合情合理。

## 案例一百

# 行政调解处理案件中被毁坏房屋损失的价格认定

 **案例背景情况**

　　××工程公司在××行政村附近开工建设一座二级水电站。2011年4月13日，由于施工放炮将××村民一套住宅房震毁。因当事双方赔偿金额意见不一，产生纠纷，该镇人民政府出面负责调解。镇人民政府在征得双方当事人同意的情况下，先委托县房屋安全鉴定办公室对被毁坏房屋的毁坏范围和毁坏程度进行了鉴定，再委托某建筑设计单位提出了被毁坏房屋的维修方案，在此基础上，委托县价格认证中心对被毁坏房屋的损失进行认定。

 **价格认定结论书**

### 关于被毁坏的××村民房屋损失的价格认定结论书

××镇人民政府：

　　根据你单位委托，我中心遵循合法、公正、科学的原则，按照规定的标准、程序和方法，依法对委托书所列指的被毁坏的××行政村××村民的房屋损失进行了价格认定。现将价格认定情况综述如下：

#### 一、价格认定标的

　　被毁坏的××行政村××村民房屋的损失。该房屋用途为住宅，建筑年代为1991年，两层，砖混结构，建筑面积180.58平方米。毁坏范围主要在二层阳台和一层雨板（详见价格认定标的概述）。

## 二、价格认定目的

为委托机关办理行政调解提供价格参考依据。

## 三、价格认定基准日

2011 年 4 月 13 日。

## 四、价格定义

价格认定结论所指价格是：被毁坏的××村民房屋在价格认定基准日，采用公开市场价值标准确定的客观合理的损失。

## 五、价格认定依据

（一）法律法规及规范性文件

1. 《中华人民共和国价格法》；

2. 《××省涉案财产价格鉴定条例》；

3. 《××市 2008 年房屋修缮定额、土建定额》；

4. 其他有关法律法规及规范性文件。

（二）委托方提供的有关资料

1. 价格认定委托书；

2. ××县房屋安全鉴定办公室出具的房屋质量鉴定报告书；

3. ××建筑设计单位出具的被毁房屋的维修方案设计书。

（三）认定方收集的有关资料

1. 实地勘验资料；

2. ××市建设工程造价信息 2011 第 3 期；

3. 市场调查资料。

## 六、价格认定方法

成本法。

## 七、价格认定过程

我中心接受委托后，成立了价格认定工作小组，制定了价格认定作业方案，价格认定人员根据国家有关规程和标准，严格按照价格认定的程序和原则，在实地勘验、市场调查基础上，对被毁损失价格进行了认定。

（一）价格认定标的概述

被毁房屋位于××行政村，为××村民所有的住宅房，建筑年代为1991年，两层，砖混结构，整个房屋宽10.26米，进深8.8米，建筑面积180.58平方米。该房屋于2011年4月13日被附近工地施工放炮震毁，根据××县房屋安全认定办公室出具的房屋质量认定报告书和实物勘验，确定毁坏情况：顶楼现浇遮雨板全损，第一、二层阳台现浇楼板、护栏、挑梁全损。

（二）测算过程

根据××建筑设计单位出具的被毁房屋的维修方案设计书确定的修复方案，由于该房屋主体结构为砖混结构，梁、柱为砖砌体，不具备植筋修复条件，因此需要另行设置基础，对阳台进行加固处理，对上部墙体和雨板进行拆除重建，并做好屋面防水处理。价格认定人员根据《××市2008年房屋修缮定额、土建定额》、××市建设工程造价信息2011第3期等资料，采用成本法确定以修复价格扣减残值做为房屋的损失，计算公式：

修复价格 = 建筑工程费用 + 人工土石方工程费用 + 土建工程费用 − 残值

（1）建筑工程费用。直接费12928.08元（人工费、材料费、机械费、组织措施费、允许按实计算费用及价差）、间接费1412.72元（企业管理费、规费）、利润279.15元、税金470.76元，计15090.71元。

（2）人工土石方工程。直接费260.33元（人工费、材料费、机械费、组织措施费、允许按实计算费用及价差）、间接费114.54元（企业管理费、规费）、利润24.24元、税金12.85元，计411.96元。

（3）房屋土建工程。直接费23705.38元（人工费、材料费、机械费、组织措施费、允许按实计算费用及价差）、间接费2545.77元（企业管理费、规费）、利润618.57元、税金865.20元，计27734.92元。

（4）残值：修复时拆除的现浇板、护栏等不计残值，为零。

修复价格 = 15090.71 + 411.96 + 27734.92 − 0 = 43238（元）

## 八、价格认定结论

被毁坏的××村民的房屋在价格认定基准日的损失为人民币肆万叁仟贰佰叁拾捌元整（￥43238.00）。

## 九、价格认定限定条件

（一）委托方提供的资料客观真实；

（二）当上述条件发生变化时，认定结论会失效或部分失效，认定机构不承担由于这些条件的变化而导致认定结果失效的相关法律责任。

## 十、声明

（一）价格认定结论受结论书中已说明的限定条件限制。

（二）委托方提供资料的真实性由委托方负责。

（三）价格认定结论仅对本次委托有效，不做他用。未经我中心同意，不得向委托方和有关当事人之外的任何单位和个人提供。结论书的全部或部分内容，不得发表于任何公开媒体上。

（四）认定机构和认定人员与价格认定标的没有利害关系，与有关当事人也没有利害关系。

（五）如对本结论有异议，可向本认定机构提出重新认定，或委托省级政府价格主管部门设立的价格认定机构复核裁定。

## 十一、价格认定作业日期

（略）。

## 十二、价格认定人员

（略）。

## 十三、附件

1. 价格认定委托书复印件（略）
2. 价格认定机构资质证复印件（略）
3. 价格认定人员资格证复印件（略）

（公章）

2011 年 4 月 21 日

## 测算说明

建筑物（构筑物）被毁坏程度分为全损和部分损坏可修复两类。全损是指被全部毁坏，或者主要结构遭受破坏，通过技术认定需要全部拆除重建的，或者能够修复但是修复费用大于该建筑物（构筑物）毁坏前价值的，都应当按照建筑物（构筑物）全损的价格认定思路进行。部分毁坏可修复是指建筑物（构筑物）局部毁坏，在技术上可以通过局部修理恢复原状。

在民事赔偿案件价格认定中，部分毁坏可修复的损失价格按其恢复到被毁坏前状态的修复费用减除拆除物残值计算，即：损失价格 = 修复费用 - 残值。

修复费用（拆除、修缮、恢复工程费用），即在确定合理修复方案的前提下，采取工程措施进行修缮以恢复建筑物（构筑物）原状所发生的各项费用，主要包括直接费、间接费、利润、税金等。直接费包括材料费、人工费、机械设备使用费和措施费，间接费包括规费和企业管理费。直接费应当参照房屋修缮工程预算定额进行测算，间接费、利润、税金以定额规定的基数按照合理的费率测算。

具体测算过程同价格认定结论书，略。

### 案例评析

一、该案例是对被毁坏房屋损失进行价格认定，价格认定人员依据委托方提供的××县房屋安全认定办公室出具的房屋质量认定报告书确定房屋毁坏情况，依据委托方提供的××建筑设计单位出具的被毁房屋的维修方案设计书确定修复方案，依据《××市2008年房屋修缮定额、土建定额》确定修复费用，完全符合对房屋损失价格认定的技术思路要求，程序合法，依据充分，方法恰当。

二、该案例用建筑工程预算法计取规费和税金欠妥。由于建筑物的实际状况、现场施工条件、施工复杂程度等不同，取费标准应根据具体情况适当调整。特别是在农村建房一般都是普通施工队承揽施工，对专业技术人员的要求不是很高，施工费用普遍低于定额标准，特别是管理费、利润和税金的取费标准应酌情考虑，使认定结论符合当地市场客观水平为宜。

## 案例一百零一

# 以处置为目的的报废船舶的价格鉴定

###  案例背景情况

2010年9月5日，××省公安边防总队海警支队在××市××港依法查获一艘船名为"闽福州货××号"的非法改装船舶，并予以没收，该船现停泊在

××市××港内，停航将近一年，目前船体已锈迹斑斑。省公安边防总队海警支队于 2010 年 11 月 26 日委托××市价格认证中心对"闽福州货××号"船舶按报废船舶作废铁处置进行价格鉴定。

 **价格鉴定结论书**

## 关于报废"闽福州货××号"船舶的价格鉴定结论书

××省公安边防总队海警支队：

根据你支队委托，我中心遵循合法、公正、科学的原则，按照规定的标准、程序和方法，依法对委托书所列指的作废铁处置的"闽福州货××号"涉案报废船舶进行了价格鉴定。现将价格鉴定情况综述如下：

### 一、价格鉴定标的

鉴定标的为作废铁处置的"闽福州货××号"船舶。船舶种类：散货船；建成日期：2002 年 6 月 20 日；船体材料：钢质；总吨位：370 吨；净吨位：207 吨；型深：2.80 米；结构型式：横骨架式；主机种类：内燃机；船长 43.5 米，船宽 8.85 米，吃水深：1.41 米。

### 二、价格鉴定目的

为委托方处置涉案报废船舶提供价格参考依据。

### 三、价格鉴定基准日

2010 年 11 月 26 日。

### 四、价格定义

价格鉴定结论所指价格是：鉴定标的在鉴定基准日采用市场公开价值标准确定的客观合理的废品价格。

### 五、价格鉴定依据

（一）法律法规及规范性文件

1. 《中华人民共和国价格法》；

2.《扣押、追缴、没收物品估价管理办法》；

3.《关于扣押追缴没收及收缴财物价格鉴定管理的补充通知》；

4.《价格认证中心工作管理办法》；

5.《××省涉案物品价格鉴证规定》。

（二）委托方提供的有关资料

1. ××省公安边防总队海警第二支队的价格鉴定委托书；

2. "闽福州货××号"船的船舶证书。

（三）鉴定方收集的资料

1. 实物勘验资料；

2. 市场调查资料；

3. 其他相关资料。

## 六、价格鉴定方法

市场法。

## 七、价格鉴定过程

我中心接受委托后，成立了价格鉴定工作小组，制定了价格鉴定作业方案，并指派 2 名价格鉴定人员于 2010 年 11 月 26 日对标的船舶进行了实物勘验。

鉴定标的为"闽福州货××号"船舶。船舶种类：散货船；建成日期：2002 年 6 月 20 日；船体材料：钢质；总吨位：370 吨；净吨位：207 吨；型深：2.80 米；结构型式：横骨架式；主机种类：内燃机；船长 43.5 米，船宽 8.85 米，吃水深：1.41 米。船舶前甲板安装有 36 个大型螺旋机及其他辅助采矿设备，以及原船体具有的动力设备、操纵设备、装卸设备和安全设备等船舶的主要设备。

价格鉴定人员根据国家有关规定标准，严格按照价格鉴定的程序和原则，通过认真分析研究和广泛的市场调查，确定采用市场法对标的进行价格鉴定。计算过程如下：

采用市场法鉴定，计算公式：

鉴定价值（船舶残值）＝拆船常吨×废船体市场收购单价

其中：拆船常吨＝拆船公吨÷1.016

拆船公吨＝船舶空载排水量

或：拆船公吨＝长×宽×吃水×方模系数÷0.9756

"闽福州货××号"船体的废铁的拆船常吨为：

拆船常吨＝拆船公吨÷1.016

＝长×宽×吃水×方模系数÷0.9756÷1.016

$$= 43.5 \times 8.85 \times 1.41 \times 0.2652 \div 0.9756 \div 1.016$$
$$= 145.23 \ (吨)$$

经市场调查,本地区废铁在鉴定基准日每吨的市场收购价格为 2500~2800 元每吨,结合标的船舶的实际情况,经综合分析,确定该船在鉴定基准日作为废铁的市场收购价格为每吨 2600 元,根据计算公式:

$$“闽福州货××号”船体的鉴定价值 = 拆船常吨 \times 市场单价$$
$$= 145.23 \ 吨 \times 2600 \ 元$$
$$= 377598 \ 元$$

## 八、价格鉴定结论

鉴定标的在价格鉴定基准日的价格为人民币叁拾柒万柒仟伍佰玖拾捌元整(¥377598.00)。

## 九、价格鉴定限定条件

(一)委托方提供的资料客观、真实;

(二)本次鉴定是根据委托方的要求,假设标的船为报废船舶进行鉴定;

(三)本结论书所确定标的船的长、宽、吃水深是依据委托方提供的数据,如与实际不符,以实际为准,本结论将作相应的调整;

(四)当上述条件发生变化时,鉴定结论会失效或者部分失效,鉴定机构不承担由于这些条件的变化而导致鉴定结果失效的相关法律责任。

## 十、声明

(一)价格鉴定结论受结论书中已说明的限定条件限制。

(二)委托方提供资料的真实性由委托方负责。

(三)价格鉴定结论仅对本次委托有效,不做他用。经委托方确认,可作为处置鉴定标的的价格参考依据。

(四)未经鉴定方同意,不得向委托方和有关当事人之外的任何单位和个人提供结论的全部或部分内容,不得发表于任何公开媒体上。

(五)鉴定机构和鉴定人员与价格鉴定标的没有利害关系,也与有关当事人没有利害关系。

(六)如对本结论有异议,可向本鉴定机构提出重新鉴定,或委托省级政府价格主管部门设立的价格鉴定机构复核裁定。

## 十一、价格鉴定作业日期

(略)。

## 十二、价格鉴定人员

（略）。

## 十三、附件

1. ××省公安边防总队海警支队的价格鉴定委托书（略）
2. 价格鉴定机构资质证复印件（略）
3. 价格鉴定人员资格证复印件（略）

（公章）

2010 年 12 月 22 日

## 测算说明

### 一、鉴定思路

本案例是对作报废处置的"闽福州货××号"涉案船舶进行价格鉴定。案例主要特点是：根据实物勘察，该涉案船舶"闽福州货××号"停航将近一年，船体已锈迹斑斑，相关部门已经禁止该船继续正常使用，委托书也明确按报废船舶作废铁进行价格鉴定。所以，我们采用市场法对标的进行价格鉴定。

### 二、价格鉴定标的概况

涉案船只为非法改装船舶，船名为"闽福州货××号"；船舶种类：散货船；建成日期：2002 年 6 月 20 日；船体材料：钢质；总吨位：370 吨；净吨位：207 吨；型深：2.80 米；结构型式：横骨架式；主机种类：内燃机；船长 43.5 米，船宽 8.85 米，吃水深：1.41 米。

鉴定人员于 2010 年 11 月 26 日对标的船只进行了实物勘验，船舶前甲板安装有 36 个大型螺旋机及其他辅助采矿设备，具有原船体具有的动力设备、操纵设备、装卸设备和安全设备等船舶的主要设备，停航将近一年，船体已锈迹斑斑。

### 三、价格鉴定过程

我中心接受委托后，组成价格鉴定工作小组，经实物勘验和市场调查，根据委托鉴定标的、结合所收集的相关资料，确定采用市场法对标的进行价格鉴定。

采用市场法鉴定，计算公式：

鉴定价值（船舶残值）＝拆船常吨×废船体市场收购单价

其中：拆船常吨＝拆船公吨÷1.016

拆船公吨＝船舶空载排水量

或：拆船公吨 = 长 × 宽 × 吃水 × 方模系数 ÷ 0.9756

确定标的船的鉴定价值。根据委托方的要求，本次鉴定标的船舶按废铁价格进行鉴定，具体鉴定过程如下：

"闽福州货××号"船体的废铁的拆船常吨为：

拆船常吨 = 拆船公吨 ÷ 1.016

　　　　 = 长 × 宽 × 吃水 × 方模系数 ÷ 0.9756 ÷ 1.016

　　　　 = 43.5 × 8.85 × 1.41 × 0.2652 ÷ 0.9756 ÷ 1.016

　　　　 = 145.23（吨）

经市场调查，本地区废铁在鉴定基准日每吨市场收购价格为 2500～2800 元，结合标的船舶的实际情况，经综合分析，确定该船在鉴定基准日作为废铁的市场收购价格为每吨 2600 元，故根据计算公式：

"闽福州货××号"船体的鉴定价值 = 拆船常吨 × 市场单价

　　　　　　　　　　　　　　　 = 145.23 吨 × 2600 元

　　　　　　　　　　　　　　　 = 377598 元

### 案例评析

一、该案例是对涉案船舶的处置价进行鉴定，程序合法，方法恰当，结论较符合市场。

二、在计算船舶残骸废铁净重时，鉴定人员参照了国际上通用的拆船常吨和拆船公吨之间的换算公式，结果较为客观。

# 第四部分　民事案件涉案财物价格鉴定

## 案例一百零二

# 合同纠纷案件中建筑物及混凝土
# 地台的价格鉴定

 **案例背景情况**

2007年11月5日，因××市××县××矿业有限公司与××港××仓储公司租赁合同纠纷，受××市中级人民法院的委托，需对××市××区出海通道北面的地上建筑物及混凝土地台等进行价格鉴定。

 **价格鉴定结论书**

## 关于××市××区出海通道北面的地上建筑物及混凝土
## 地台价格鉴定结论书

××市中级人民法院：

根据你院的委托，遵循合法、公正、科学的原则，按照规定的标准、程序和方法，我中心依法对位于××市××区出海通道北面的地上建筑物及混凝土地台等价格进行了鉴定。现将鉴定情况综述如下：

**一、价格鉴定标的**

鉴定标的为位于××市××区出海通道北面的地上建筑物及混凝土地台等（包括混凝土硬化地面、砖混结构办公楼、配电房、围墙、排水沟及大门等六项）。

**二、价格鉴定目的**

为你院办理合同纠纷案件提供鉴定标的价格依据。

## 三、价格鉴定基准日

2007 年 9 月 30 日。

## 四、价格定义

价格鉴定结论所指价格是鉴定标的在鉴定基准日，采用公开市场价值标准确定的市场价格。

## 五、价格鉴定依据

（一）法律法规及规范性文件

1. 《中华人民共和国价格法》；

2. 《中华人民共和国城市房地产管理法》；

3. 《中华人民共和国土地管理法》；

4. 《扣押、追缴、没收物品估价管理办法》；

5. 《关于扣押追缴没收及收缴财物价格鉴定管理的补充通知》；

6. 全国统一建筑工程基础定额××省单位估价表；

7. 《××省涉案资产价格鉴证技术规程》；

8. 其他有关价格鉴定的法律、法规、政策。

（二）委托方提供的资料

1. ××市中级人民法院价格鉴定委托书；

2. 委托人提供的相关资料。

（三）鉴定方收集的有关资料

1. 实物勘验的资料；

2. 调查获取的资料；

3. 其他相关资料。

## 六、价格鉴定方法

成本法。

## 七、价格鉴定过程

接受委托后，价格鉴定人员于 2007 年 10 月 16 日与委托方及原、被告双方代表共同对鉴定标的进行了实地勘验、丈量。

鉴定标的为混凝土地台、办公楼、围墙、排水沟等，均已竣工使用 8 年（详见价格鉴定技术报告）。

实地勘验后，我们到有关部门进行调查咨询和市场调查，采用成本法对标的进行价格鉴定，详见《价格鉴定技术报告》。

## 八、价格鉴定结论

价格鉴定标的在价格鉴定基准日的价格为人民币贰佰捌拾肆万壹仟捌佰零贰元整（￥2841802.00）。

## 九、价格鉴定限定条件

（一）委托方提供的资料客观真实；

（二）价格鉴定标的能够继续使用；

（三）由于受鉴定本身性质所限制，我们对鉴定标的状况仅进行了一般性的勘验，对其内在结构未作测定；

（四）本报告鉴定结果未考虑鉴定标的未来升值或贬值对鉴定结果的影响。

## 十、声明

（一）本价格鉴定结论受结论书中已说明的限定条件限制。

（二）委托方提供资料的真实性由委托方负责。

（三）价格鉴定结论仅对本次委托有效，不做他用。未经我中心同意，不得向委托方和有关当事人之外的任何单位和个人提供。结论书的全部或部分内容，不得发表于任何公开媒体上。

（四）价格鉴定机构和价格鉴定人员与价格鉴定标的没有利害关系，也与有关当事人没有利害关系。

（五）如对本结论有异议，可向本鉴定机构提出重新鉴定，或委托省级政府价格主管部门设立的价格鉴定机构复核裁定。

## 十一、价格鉴定作业日期

（略）。

## 十二、价格鉴定人员

（略）。

## 十三、附件

1. 价格鉴定技术报告
2. 价格鉴定委托书复印件（略）
3. 价格鉴定机构资质证复印件（略）
4. 价格鉴定人员资格证复印件（略）

（公章）

2007 年 11 月 22 日

**附件 1**

# 价格鉴定技术报告

### 一、鉴定标的概况

鉴定标的为位于××市××区出海通道北面的地上建筑物及混凝土地台等，根据委托方的价格鉴定要求和提供的有关资料及实地勘验资料，本次价格鉴定标的包括混凝土地台、砖混结构办公楼、配电房、围墙、排水沟及大门等六项。

1. 鉴定标的建筑物包含办公楼一栋及配电房一间，均为 1999 年底竣工使用。

（1）办公楼。位于混凝土硬化地面东南角，根据委托方和有关当事人提供的有关资料及现场勘验，该标的建筑面积 590 平方米，砖混结构，外墙贴劈离砖，铝合金玻璃门窗，办公楼天面部分渗水。

（2）配电房。位于混凝土地面东北角，由于委托方及有关当事人没能提供相关资料，故鉴定人员与双方当事人代表共同对该鉴定标的进行实地勘验，得知该标的为砖混结构，长 5.25 米，宽 3.25 米，高 3.37 米，建筑面积为 17.06 平方米。

2. 鉴定标的其他构筑物包含堆场大院内混凝土地台、堆场大院四周砖砌围墙、排水沟一条及砖混结构大门一座，均为 1999 年底竣工使用。

（1）混凝土地台。位于大院内，由于委托方及相关当事人没能提供有关资料，故经鉴定人员与双方当事人代表共同对该鉴定标的进行实地勘验，得知该标的为 C20 砼结构，厚 25 厘米，面积 50903 平方米（总面积 51287 平方米 – 办公楼占地面积 384 平方米），所处地块开阔平整，交通便利。

（2）围墙。位于所在堆场大院的四周，由于委托方及有关当事人没能提供相关资料，故鉴定人员与双方当事人代表共同对该鉴定标的进行实地勘验，得知该标的为砖结构，砂浆墙面，墙厚 24 厘米，平均高度 2.60 米，总长 911.40 米。

（3）排水沟。位于堆场大院东面围墙脚，由于委托方及有关当事人没能提供相关资料，故鉴定人员与及双方当事人代表共同对该鉴定标的进行实地勘验，得知该标的为砖砌明沟，三面水泥砂浆，水沟宽、深均为 40 厘米，长 250 米。

（4）大门。位于所在堆场大院的南面，由于委托方及有关当事人没能提供相关资料，故鉴定人员与双方当事人代表共同对该鉴定标的进行实地勘验，得知该标的为砖混结构墙体，墙面贴红色陶瓷墙面砖共计 39.25 立方米。

### 二、价格鉴定方法及过程

（一）地上建（构）筑物的鉴定方法及过程

1. 鉴定方法。

成本法。

2. 鉴定过程。

接受委托后，价格鉴定人员于 2007 年 10 月 16 日与鉴定标的原告方和被告方代表共同对该鉴定标的进行了现场实物勘验、丈量，并到有关部门进行调查咨询和市场调查，采用成本法进行评估。

3. 地上建（构）筑物价格的鉴定。

鉴定标的位于××市××区出海通道北面的公路旁，货物运输极为便利，道路通达，宽敞平坦，供水、供电、通讯等各基础设施齐全。鉴定标的近似于一块长方形地块，土地平整，四周与已开发的道路、工厂用地相连。鉴定标的适合作货物堆场用地。

建（构）筑物价值鉴定采用成本法。根据鉴定标的房屋结构、位置、装修等因素，参照当地现行同类房屋实际造价水平，经综合评定估算确认。

计算公式为：

房产价格 = 重置价格 × 成新率

重置价格 = 建安装饰工程费 + 各种税费 + 投资工程费利息 + 合理利润

成新率按使用年限法进行鉴定。

（1）办公楼的价格鉴定。

A. 重置价格的计算。

a. 建安工程费：

根据鉴定标的房产结构及设施、装修情况等因素，以全国统一建筑工程基础定额××省单位估价表为基础，结合当地同类房屋实际造价水平，经综合分析计算，确定鉴定房产的建安工程造价为每平方米 480 元。则：

建安工程费 = 建筑面积 × 单位造价
$$= 590 \times 480$$
$$= 283200 （元）$$

b. 各种税费：

在正常情况下，规划费、施工设计费、人防费、质监费、市政配套费、营业税及附加费等占建安装饰工程费的 15%，则：

各种税费 = 建安工程费 × 15%
$$= 283200 \times 15\%$$
$$= 42480 （元）$$

c. 资金成本：

确定建设周期为一年，资金均匀投入。银行一年期固定贷款利率为 4.95%，则：

资金成本 = （建安工程费 + 税费） × $[(1 + 利率)^{1/2} - 1]$
$$= (283200 + 42480) \times [(1 + 4.95\%)^{1/2} - 1]$$
$$= 7963 （元）（取整）$$

d. 合理利润：

按照国家有关规定，建筑行业合理利润率为8%～12%，根据鉴定标的状况及当地实际情况，在此取合理利润率为10%，则：

$$合理利润 = (建安工程费 + 税费) \times 合理利润率$$
$$= (283200 + 42480) \times 10\%$$
$$= 32568（元）$$

e. 重置价值合计：

$$重置价值 = 建安工程费 + 各种税费 + 资金成本 + 合理利润$$
$$= 283200 + 42480 + 7963 + 32568$$
$$= 366211（元）$$

B. 房屋成新率。

按年限法计算，根据委托方提供有关资料可知，鉴定标的为1999年9月竣工使用，至今已使用8年，按照国家有关规定，砖混结构办公用房最长使用年限为50年，则：

$$成新率 = (1 - 8 \div 50) \times 100\%$$
$$= 84\%$$

C. 办公楼房产鉴定价格。

$$房产评估价格 = 重置价格 \times 成新率$$
$$= 366211 \times 84\%$$
$$= 307617（元）（取整）$$

（2）配电房价格评估。

A. 配电房重置价格。

配电房位于混凝土地面东北角，为简易砖混结构，长5.25米，宽3.25米，高3.37米，建筑面积为17.06平方米。

根据房产结构及设施、装修情况等因素，以及鉴定人员对当地同类房屋建造价格的调查咨询了解，确定该房产的综合建造价格为每平方米450元，则：

$$重置价格 = 建筑面积 \times 建造单价$$
$$= 17.06 \times 450$$
$$= 7677（元）$$

B. 成新率确定。

按年限法计算成新率。根据委托方提供有关资料可知，鉴定标的为1999年9月竣工使用，至今已使用8年，按照国家有关规定，砖混结构生产用房最长使用年限为40年，则：

$$成新率 = (1 - 8 \div 40) \times 100\%$$
$$= 80\%$$

C. 配电房价格鉴定。

$$鉴定价格 = 重置价格 × 成新率$$
$$= 7677 × 80\%$$
$$= 6142（元）（取整）$$

（3）排水沟价格鉴定。

A. 排水沟重置价格鉴定。

排水沟位于堆场东面围墙脚，为砖砌明排水沟，三面水泥砂浆，水沟宽、深均为 40 厘米，长 250 米。根据鉴定标的结构情况，以全国统一建筑工程基础定额 × × 省单位估价表为基础，结合当地同类水沟实际造价水平，确定排水沟的综合建造价格为每米 78 元，则：

$$重置价格 = 工程量 × 建造单价$$
$$= 250 米 × 78 元$$
$$= 19500（元）$$

B. 排水沟成新率。

按年限法计算成新率。根据委托方提供有关资料可知，鉴定标的为 1999 年 9 月竣工使用，至今已使用 8 年，按照国家有关规定，砖砌水沟最长使用年限为 20 年，则：

$$成新率 = (1 - 8 ÷ 20) × 100\%$$
$$= 60\%$$

C. 排水沟价格鉴定。

$$鉴定价格 = 重置价格 × 成新率$$
$$= 19500 × 60\%$$
$$= 11700（元）$$

（4）围墙价格鉴定。

A. 围墙重置价格。

围墙位于所在堆场大院的四周，为砖混结构，砂浆墙面，墙厚 24 厘米，平均高度 2.60 米，总长 899.36 米（其中东面长 262.60 米，西面长 277.50 米，南面长 193.86 米，北面长 201.90 米，合计总长 935.86 米、扣除南面大门宽 21.50 米、场内铁路东面门宽 3.50 米、铁路西面门宽 11.50 米，合计 36.50 米），则：

$$围墙工程量 = 899.36 × 2.60 = 2338.34（平方米）$$

根据鉴定标的结构及设施、装修情况等因素，以全国统一建筑工程基础定额 × × × × × 区单位估价表为基础，结合当地同类围墙实际造价水平，确定围墙（含基础）的综合建造价格为每平方米 155 元，则：

$$围墙重置价格 = 围墙工程量 × 建造单价$$
$$= 2338.34 × 155$$
$$= 362443（元）（取整）$$

B. 围墙成新率。

按年限法计算成新率。根据委托方提供有关资料可知，鉴定标的为1999年9月竣工使用，至今已使用8年，按照国家有关规定，砖混结构露天砖墙最长使用年限为20年，则：

$$成新率 = (1 - 8 \div 20) \times 100\%$$
$$= 60\%$$

C. 围墙价格的鉴定。

$$鉴定价格 = 重置价 \times 成新率$$
$$= 362443 \times 60\%$$
$$= 217466（元）（取整）$$

（5）大门价格鉴定。

A. 大门重置价格鉴定。

大门位于所在堆场大院的南面，为砖混结构实体门，共计39.25平方米，墙面贴红色陶瓷墙面砖。根据鉴定标的结构及设施、装修情况等因素，以全国统一建筑工程基础定额××省单位估价表为基础，结合当地同类大门实际造价水平，确定大门（含基础）的综合建造价格为每平方米350元，则：

$$重置价格 = 大门工程量 \times 建造单价$$
$$= 39.25 \times 350$$
$$= 13737（元）（取整）$$

B. 大门成新率确定。

按年限法计算成新率。根据委托方提供有关资料可知，鉴定标的为1999年9月竣工，至今已使用8年，按照国家有关规定，砖混结构露天砖墙最长使用年限为20年，则：

$$成新率 = (1 - 8 \div 20) \times 100\%$$
$$= 60\%$$

C. 大门价格的鉴定。

$$鉴定价格 = 重置价 \times 成新率$$
$$= 13737 \times 60\%$$
$$= 8242（元）（取整）$$

（6）混凝土硬化地面的价格鉴定。

A. 混凝土硬化地面重置价格。

混凝土硬化地面为砼结构，厚25厘米，东面长262.60米，西面长277.50米，南面长193.86米，北面长201.90米。经测算，已硬化地面实际面积为50903平方米（原总面积51287平方米－办公楼占地面积384平方米）；尚未硬化地面有场内铁路专用线面积1514.25平方米、东面围墙脚排水沟面积100.04平方米、南面围墙脚草地面积 498. 25 平方米。

根据全国统一建筑工程基础定额××省单位估价表，结合实地勘察情况和鉴定人员对当地同类围墙建造价格的调查了解，确定混凝土硬化地面的建造价格为每平方米 75 元，则：

硬化地面重置价格 = 硬化地面工程量 × 建造单价

$$= 50903 \times 75$$

$$= 3817725 （元）（取整）$$

B. 硬化地面成新率确定。

按年限法计算房屋成新率，根据委托方提供有关资料可知，鉴定标的为 1999 年 9 月竣工，至今已使用 8 年，按照国家有关规定，砼结构做露天堆场最长使用年限为 20 年，则：

成新率 $= (1 - 8 \div 20) \times 100\%$

$$= 60\%$$

C. 混凝土硬化地面价格鉴定。

硬化地面鉴定价格 = 重置价格 × 成新率

$$= 3817725 \times 60\%$$

$$= 2290635 （元）（取整）$$

（三）鉴定结论

根据上述综合评定估算，鉴定标的价格为：

鉴定标的价格 = 办公楼价格 + 配电房价格 + 排水沟价格 + 围墙价格

　　　　　　 + 大门价格 + 硬化地面价格

$$= 307617 + 6142 + 11700 + 217466 + 8242 + 2290635$$

$$= 2841802 （元）$$

### 测算说明

见价格鉴定技术报告，略。

### 案例评析

一、该案例是对建筑物等进行的价格鉴定，程序合法，依据较充分，方法恰当。

二、标的的计算考虑投入的成本应计利润和建筑物行业合理投入至鉴定基准日时预期应得的收益。

三、该案例中，办公楼的重置价格计算比较详细，配电房、排水沟、围墙、大门、混凝土硬化地面的单方建造价格的确定没有过程介绍，欠妥。

**案例一百零三**

# 民事案件中建设工程建安工程费的价格鉴定

 **案例背景情况**

　　2005 年 2 月 21 日，××市××建筑公司以拖欠工程款为由将××市××中心起诉至××市××区人民法院。××市××区人民法院于 2005 年 2 月 24 日委托××市价格认证中心对××区公共卫生应急中心门诊楼相关工程建安工程费进行价格鉴定。

 **价格鉴定结论书**

## 关于××建设工程建安工程费的价格鉴定结论书

××市××区人民法院：

　　根据你院委托，我中心遵循合法、公正、科学的原则，按照规定的标准、程序和方法，依法对委托书所列指的××区公共卫生应急中心门诊楼建安工程费进行价格鉴定。现将鉴定情况综述如下：

### 一、价格鉴定标的

　　××区公共卫生应急中心门诊楼建安工程。其南临××××，西临××公路，东、北两侧为空地。该建安工程高 4 层，结构为砖混，设计建筑面积 1260 平方米，有双电源供电、上下水及暖气供暖，塑钢窗，墙面抹灰刷白（部分墙面贴瓷砖），花岗岩楼地面，楼梯间花岗岩踏步、不锈钢扶手，厕所磁砖墙地面。

### 二、价格鉴定目的

　　为你院办理民事案件提供鉴定标的的价格依据。

### 三、价格鉴定基准日

2004 年 3 月 12 日。

### 四、价格定义

价格鉴定结论所指价格是：鉴定标的在价格鉴定基准日，采用公开市场价值标准确定的市场价格。

### 五、价格鉴定依据

（一）法律法规及规范性文件

1.《中华人民共和国价格法》；

2.《扣押、追缴、没收物品价格管理规定》；

3.《关于扣押追缴没收及收缴财物价格鉴定管理的补充通知》；

4.《价格鉴定行为规范》（2010 年版）；

5.《关于××市涉案财物价格鉴证管理办法》；

6.《××市涉案财物价格鉴证操作规程》。

（二）委托方提供的有关资料

1. 价格鉴定委托书；

2. 建安工程相关设计、施工图纸资料；

3. 建安工程相关合同、协议资料（复印件）；

4. 建安工程相关变更设计及签字（复印件）。

（三）鉴定方收集的有关资料

1. 实物勘验资料；

2. 2000 年××市建筑安装工程预算基价；

3. ××市建设工程造价信息；

4. 相关市场调查资料；

5. 其他相关资料。

### 六、价格鉴定方法

成本法。

### 七、价格鉴定过程

我中心接受委托后，成立了价格鉴定小组，制定了价格鉴定作业方案，并指派 2 名价格鉴定人员与建设工程专业人员于 2005 年 5 月 25 日对鉴定标的进行了实物勘验。

鉴定标的系××区公共卫生应急中心门诊楼建安工程。其南临×××，西临××公路，东、北两侧为空地。该建安工程高4层，结构为砖混，设计建筑面积1260平方米，有双电源供电、上下水及暖气供暖，塑钢窗，墙面抹灰刷白（部分墙面贴瓷砖），花岗岩楼地面，楼梯间花岗岩踏步、不锈钢扶手，厕所磁砖墙地面。

实物勘验后，价格鉴定人员根据国家有关规程和标准，严格按照价格鉴定的程序和原则，通过认真分析研究和广泛的市场调查，确定采用成本法对鉴定标的进行价格鉴定，详见《价格鉴定技术报告》。

## 八、价格鉴定结论

鉴定标的××区公共卫生应急中心门诊楼建安工程工程费在价格鉴定基准日的价格为人民币壹佰壹拾伍万柒仟贰佰元整（￥1157200.00）。

## 九、价格鉴定限定条件

委托方提供的资料客观真实。

## 十、声明

（一）价格鉴定结论受结论书中已说明的限定条件限制。

（二）委托方提供资料的真实性由委托方负责。

（三）本次鉴定中，本中心未考虑相关标的中建筑物、构筑物的权属归属。

（四）价格鉴定结论仅对本次委托有效，不做他用。未经本中心同意，不得向委托方和有关当事人之外的任何单位和个人提供。结论书的全部或部分内容，不得发表于任何公开媒体上。

（五）鉴定机构和鉴定人员与价格鉴定标的没有利害关系，也与当事人没有利害关系。

（六）如对结论有异议，可向本鉴定机构提出重新鉴定，或委托上级政府价格主管部门设立价格鉴定机构复核裁定。

## 十一、价格鉴定作业日期

（略）。

## 十二、价格鉴定人员

（略）。

## 十三、附件

1. 价格鉴定技术报告

2. 价格鉴定机构资质证复印件（略）

3. 价格鉴定人员资格证复印件（略）

（公章）

2005 年 6 月 3 日

附件 1

# 价格鉴定技术报告

## 一、背景

2005 年 2 月 21 日，××市××建筑公司以拖欠工程款为由将××市××中心起诉至××市××人民法院。××市××人民法院于 2005 年 2 月 24 日委托××市价格认证中心对××区公共卫生应急中心门诊楼相关工程建安工程费进行价格鉴定。价格鉴定基准日为 2004 年 3 月 12 日。

## 二、鉴定标的概况

××区公共卫生应急中心门诊楼建安工程。其南临×××，西临××公路，东、北两侧为空地。该建安工程高 4 层，结构为砖混，设计建筑面积 1260 平方米，有双电源供电、上下水及暖气供暖，塑钢窗，墙面抹灰刷白（部分墙面贴瓷砖），花岗岩楼地面，楼梯间花岗岩踏步、不锈钢扶手，厕所磁砖墙地面。

## 三、鉴定价格的确定

通过我中心工作人员及其选用建筑、造价行业专家对鉴定标的现场情况查勘、相关建安工程设计和施工图图纸分析，进行造价分析，确定建安工程的建筑施工工程量及其相应的建造费用，并根据当地建筑市场情况进行相应的调整，计算鉴定价格。详见工程预算汇总表。

门诊楼工程预算汇总表

| 序号 | 单位工程名称 | 工程造价（元） | 建筑面积（平方米） | 单方造价（元/平方米） |
|------|--------------|----------------|--------------------|----------------------|
| 1 | 土建 | 1035326 | 1260.00 | 821.69 |
| 2 | 上下水 | 31560 | 1260.00 | 25.05 |
| 3 | 采暖 | 46799 | 1260.00 | 37.14 |
| 4 | 电 | 43470 | 1260.00 | 34.50 |
| | 合计 | 1157155 | | 918.38 |

## 附表1：土建

### 工程预算汇总表

单位：元

| 序号 | 名称 | 数量 | 单位 | 鉴定基价 | 鉴定价格 |
|------|------|------|------|----------|----------|
| 一 | 预算基价合计 | | | | 934073 |
| 二 | 利润 | 4.50 | % | 934073 | 42033 |
| 三 | 价差合计 | | | | 25661 |
| 四 | 合计 | | | | 1001767 |
| 五 | 税金 | 3.35 | % | 1001767 | 33559 |
| 六 | 含税造价 | | | | 1035326 |

### 土建工程预算表

单位：元

| 序号 | 定额编号 | 子目名称 | 工程量 | | 价值（元） | |
|------|----------|----------|--------|------|------------|------|
| | | | 单位 | 数量 | 单价 | 合计 |
| 1 | 1-6 | 人工回填土 | 10 立方米 | 47.62 | 94.80 | 4514 |
| 2 | 1-10 | 平整场地 | 100 平方米 | 4.01 | 281.75 | 1130 |
| 3 | 1-13 | 槽底钎探 | 100 平方米 | 4.00 | 206.40 | 826 |
| 4 | 1-23 | 运距在 1 千米以内挖土机挖土自卸汽车运土（一般土） | 1000 立方米 | 0.95 | 13210.03 | 12550 |
| 5 | 1-59 | C10 砼垫层［厚度在 10 厘米以内］（综合） | 10m 立方米 | 3.78 | 3145.49 | 11890 |
| 6 | 3-1 | 砌砖基础 | 10 立方米 | 8.23 | 2198.59 | 18094 |
| 7 | 3-4 | 砌砖墙 | 10 立方米 | 55.10 | 2389.04 | 131636 |
| 8 | 3-16 | 砌炉渣空心砌块墙 | 10 立方米 | 0.58 | 2267.81 | 1315 |
| 9 | 3-23 | 砌附墙烟囱、通风道水泥管 | 100 米 | 0.80 | 823.85 | 659 |
| 10 | 4-7 | 多层建筑综合脚手架（混合结构，檐高 20 米以内） | 100 平方米 | 12.60 | 1143.92 | 14413 |
| 11 | 5-7 | C30 现浇 19～25 钢筋砼有梁式带形基础（综合） | 10 立方米 | 0.55 | 6200.82 | 3410 |
| 12 | 5-11 | C30 现浇 25～38 钢筋砼无梁式带形基础（综合） | 10 立方米 | 9.35 | 4837.51 | 45231 |
| 13 | 5-21 | C30 现浇 25～38 钢筋砼独立基础（综合） | 10 立方米 | 0.34 | 5049.27 | 1717 |
| 14 | 5-79 | C20 现浇钢筋砼矩形柱［周长 1.80 米以内］（综合） | 10 立方米 | 0.70 | 12633.17 | 8843 |
| 15 | 5-95 | C20 现浇钢筋砼构造柱（综合） | 10 立方米 | 3.60 | 8429.56 | 30346 |
| 16 | 5-99 | C20 现浇钢筋砼基础梁、地圈梁、基础加筋带（综合） | 10 立方米 | 1.56 | 9892.32 | 15432 |
| 17 | 5-119 | C20 现浇钢筋砼直形圈［过］梁（综合） | 10 立方米 | 5.22 | 9064.97 | 47319 |
| 18 | 5-183 | C20 现浇钢筋砼有梁板［板厚 10 厘米以外］（综合） | 10 立方米 | 5.02 | 10888.27 | 54659 |

续表

| 序号 | 定额编号 | 子目名称 | 工程量 | | 价值（元） | |
|---|---|---|---|---|---|---|
| | | | 单位 | 数量 | 单价 | 合计 |
| 19 | 5－199 | C20 现浇钢筋砼平板 ［板厚 10 厘米以外］（综合） | 10 立方米 | 7.55 | 8129.08 | 61375 |
| 20 | 5－207 | C20 现浇钢筋砼直形楼梯（综合） | 10 平方米 | 10.47 | 2463.12 | 25789 |
| 21 | 5－651 | 砼水平运输 | 10 立方体 | 47.70 | 169.11 | 8067 |
| 22 | 6－107 | 纤维包镶板门（带亮点）安装及油漆 | 100 平方米 | 1.04 | 3559.02 | 3701 |
| 23 | 7－3 | 灰土夯实（3：7） | 10 立方米 | 4.50 | 1045.73 | 4706 |
| 24 | 7－12 | C15 现浇 19～25 无筋砼垫层 （厚 10 厘米以外） | 10 立方米 | 4.89 | 2716.96 | 13286 |
| 25 | 7－48 | 聚氨脂防潮层（二遍） | 100 平方米 | 0.45 | 2839.42 | 1278 |
| 26 | 7－49 | 油浸麻丝伸缩缝（平面） | 100 米 | 0.06 | 1278.60 | 77 |
| 27 | 7－50 | 油浸麻丝伸缩缝（立面） | 100 米 | 0.15 | 1435.79 | 215 |
| 28 | 7－53 | 铁皮盖板伸缩缝（平面） | 100 米 | 0.06 | 2704.84 | 162 |
| 29 | 7－54 | 铁皮盖板伸缩缝（立面） | 100 米 | 0.15 | 1197.92 | 180 |
| 30 | 7－62 | C20 细石有筋砼硬基层上 找平层（4 厘米厚） | 100 平方米 | 0.45 | 1805.58 | 813 |
| 31 | 7－63 | C20 细石砼硬基层上找平层 （每增减 0.5 厘米厚，单价×2） | 100 平方米 | 0.45 | 1814.52 | 817 |
| 32 | 7－76 | C15 砼台阶［水泥砂浆面］（20 毫米） | 100 立方米 | 0.21 | 9083.57 | 1908 |
| 33 | 7－84 | C15 砼坡道 | 10 立方米 | 0.83 | 3297.96 | 2737 |
| 34 | 7－85 | 水泥砂浆抹坡道姜礤 | 100 平方米 | 0.83 | 2685.75 | 2229 |
| 35 | 7－90 | C15 砼（60 毫米）散水 （随打随抹面层） | 100 平方米 | 0.68 | 2443.36 | 1661 |
| 36 | 7－91 | 散水沥青砂浆嵌缝 | 100 米 | 0.89 | 328.47 | 292 |
| 37 | 8－13 | 聚苯乙烯泡沫塑料板保温层 | 10 立方米 | 2.40 | 6234.65 | 14963 |
| 38 | 8－14 | 1：6 水泥焦渣泛水 | 10 立方米 | 3.25 | 1547.49 | 5029 |
| 39 | 8－17 | 1：3 水泥砂浆抹找平层 ［在填充材料上］（厚 2 厘米） | 100 立方米 | 4.60 | 877.39 | 4036 |
| 40 | 8－18 | 1：3 水泥砂浆抹找平层 ［在砼或硬基层上］（厚 2 厘米） | 100 平方米 | 7.65 | 754.78 | 5774 |
| 41 | 8－48 | 改性沥青卷材屋面 | 100 立方米 | 5.30 | 3353.34 | 17773 |
| 42 | 9－1 | 砼顶棚抹素水泥浆底纸筋灰浆面 （三遍以内） | 100 平方米 | 8.20 | 748.86 | 6141 |
| 43 | 9－17 | 砼内墙面抹混合砂浆底纸筋灰浆面 （三遍以内） | 100 平方米 | 15.40 | 1164.30 | 17930 |
| 44 | 9－19 | 砌块内墙面抹混合砂浆底纸筋灰浆面（三遍以内） | 100 平方米 | 1.40 | 1228.57 | 1720 |
| 45 | 9－28 | 砼方形柱抹素水泥浆、混合砂浆底纸筋灰浆面 | 100 平方米 | 0.70 | 1527.98 | 1070 |
| 46 | 9－43 | 砖外墙面抹 1：3 水泥砂浆 13 毫米 1：2.5 水泥砂浆 7 毫米 | 100 平方米 | 6.63 | 1394.01 | 9242 |

续表

| 序号 | 定额编号 | 子目名称 | 工程量 | | 价值（元） | |
|---|---|---|---|---|---|---|
| | | | 单位 | 数量 | 单价 | 合计 |
| 47 | 9 - 72 | 挑檐天沟抹素水泥浆底水泥砂浆面 | 100 平方米 | 2.25 | 2710.71 | 6099 |
| 48 | 9 - 91 | 楼梯底面抹灰及刷浆 | 100 平方米 | 1.05 | 1436.44 | 1508 |
| 49 | 9 - 99 | 零星抹灰（素水泥浆底水泥砂浆面） | 100 平方米 | 0.09 | 1998.49 | 180 |
| 50 | 10 - 25 | 花岗岩楼地面 | 100 平方米 | 4.08 | 9965.55 | 40659 |
| 51 | 10 - 26 | 花岗岩楼梯 | 100 平方米 | 1.04 | 15981.07 | 16620 |
| 52 | 10 - 36 | 彩釉砖楼地面（每块周长在 800 毫米以外） | 100 平方米 | 4.46 | 4803.49 | 21424 |
| 53 | 10 - 39 | 彩釉砖踢脚板 | 100 平方米 | 1.27 | 7932.01 | 10074 |
| 54 | 10 - 82 | 不锈钢管扶手（不锈钢栏杆） | 10 米 | 9.82 | 7858.87 | 77174 |
| 55 | 10 - 153 | 墙面、墙裙镶贴瓷板 | 100 平方米 | 1.64 | 6802.28 | 11156 |
| 56 | 10 - 222 | 活动塑料隔墙 | 100 平方米 | 1.05 | 9518.57 | 9995 |
| 57 | 10 - 359 | 塑钢门安装（平开门） | 100 平方米 | 0.75 | 3447.69 | 2586 |
| 58 | 10 - 360 | 塑料窗安装（推拉窗） | 100 平方米 | 2.38 | 2841.65 | 6763 |
| 59 | 10 - 561 | 抹灰面（墙、柱、顶棚面）刷底油一遍、调和漆两遍 | 100 平方米 | 9.56 | 693.63 | 6631 |
| 60 | 10 - 598 | 抹灰面喷（刷）106 涂料两遍 | 100 平方米 | 6.63 | 307.57 | 2039 |
| 61 | 10 - 600 | 抹灰面喷（刷）803 涂料两遍 | 100 平方米 | 18.26 | 283.16 | 5171 |
| 62 | 15 - 1 | 建筑物垂直运输（檐高 20 米以内） | 工日 | 4464.74 | 2.28 | 10180 |
| 63 | MC - 1 | 单槽平开纤维板门（有亮） | 平方米 | 104.00 | 127.92 | 13304 |
| 64 | MC - 50 | 塑钢双玻平门窗（不带纱）58 | 平方米 | 13.00 | 310.00 | 4030 |
| 65 | MC - 52 | 塑钢单玻平开门（不带纱）58 | 平方米 | 75.12 | 270.00 | 20282 |
| 66 | MC - 55 | 塑钢单玻推拉窗（带纱）80 | 平方米 | 224.50 | 215.00 | 48268 |
| 67 | 8:8 - 157 | 承插塑料排水管（零件粘接）公称直径 100 以门 | 10 米 | 8.96 | 332.06 | 2975 |
| 合　计 | | | | | | 934073 元 |

## 工程材料价差表

单位：元

| 序号 | 材料名称 | 单位 | 材料量 | 供应价 | 市场价 | 价差 | 价差合计 |
|---|---|---|---|---|---|---|---|
| 1 | 水泥 | 千克 | 246576.29 | 0.29 | 0.29 | 0.002 | 493 |
| 2 | 白水泥 | 千克 | 113.49 | 0.60 | 0.56 | - 0.044 | - 5 |
| 3 | 机砖 | 1000 块 | 329.77 | 183.20 | 200.24 | 17.040 | 5619 |
| 4 | 沙子 | 吨 | 712.63 | 44.86 | 50.15 | 5.290 | 3770 |
| 5 | 白灰 | 千克 | 29707.21 | 0.11 | 0.14 | 0.030 | 891 |
| 6 | 炉渣 | 立方米 | 34.48 | 25.00 | 43.00 | 18.000 | 621 |
| 7 | 石子 25 ~ 38 | 吨 | 135.04 | 35.00 | 39.50 | 4.500 | 608 |
| 8 | 石子 19 ~ 25 | 吨 | 319.02 | 36.00 | 39.90 | 3.900 | 1244 |
| 9 | 石子 13 ~ 19 | 吨 | 167.06 | 37.00 | 39.90 | 2.900 | 484 |
| 10 | 石子 6 ~ 13 | 吨 | 5.19 | 29.68 | 35.80 | 6.120 | 32 |
| 11 | 豆粒石 | 吨 | 0.20 | 53.00 | 65.20 | 12.200 | 2 |

续表

| 序号 | 材料名称 | 单位 | 材料量 | 供应价 | 市场价 | 价差 | 价差合计 |
|---|---|---|---|---|---|---|---|
| 12 | 炉渣砌块 400×200×200 | 立方米 | 5.29 | 90.00 | 123.40 | 33.400 | 177 |
| 13 | 石油沥青#10 | 千克 | 135.44 | 1.20 | 1.62 | 0.422 | 57 |
| 14 | 防腐油（煤焦油） | 千克 | 15.29 | 0.45 | 0.45 | 0.003 | 0 |
| 15 | C－NK－M－3 卷材 | 平方米 | 600.76 | 24.60 | 25.18 | 0.580 | 348 |
| 16 | 玻璃 3.0 | 平方米 | 15.14 | 14.28 | 14.20 | -0.080 | -1 |
| 17 | 水泥烟囱管 | 米 | 82.80 | 5.15 | 9.62 | 4.470 | 370 |
| 18 | 彩釉砖 200×100×10 | 平方米 | 129.95 | 32.00 | 32.03 | 0.030 | 4 |
| 19 | 彩釉砖 300×300×10 | 平方米 | 454.99 | 26.00 | 32.75 | 6.750 | 3071 |
| 20 | 木模板 | 立方米 | 11.56 | 1130.38 | 1199.78 | 69.400 | 802 |
| 21 | 钢筋 D10 以内 | 吨 | 8.53 | 2401.07 | 3180.00 | 778.930 | 6644 |
| 22 | 钢筋 D10 以外 | 吨 | 17.12 | 2416.78 | 3276.46 | 859.680 | 14718 |
| 23 | 冷拔钢丝 D4 | 吨 | 0.05 | 3158.50 | 3035.00 | -123.500 | -6 |
| 24 | 镀锌薄钢板 0.46 | 平方米 | 7.46 | 21.43 | 22.38 | 0.950 | 7 |
| 25 | 不锈钢 d20 | 米 | 104.05 | 31.00 | 20.58 | -10.420 | -1084 |
| 26 | 不锈钢 d32×1.5 | 米 | 558.82 | 47.70 | 32.72 | -14.980 | -8371 |
| 27 | 不锈钢 d89×2.5 | 米 | 104.05 | 182.00 | 136.33 | -45.670 | -4752 |
| 28 | 镀锌钢丝#8 | 千克 | 591.15 | 3.65 | 3.78 | 0.130 | 77 |
| 29 | 镀锌钢丝#22 | 千克 | 158.30 | 6.06 | 4.89 | -1.170 | -185 |
| 30 | 电焊条 | 千克 | 196.58 | 4.86 | 4.00 | -0.860 | -169 |
| 31 | 不锈钢电焊条 | 千克 | 12.47 | 41.00 | 44.90 | 3.900 | 49 |
| 32 | 调和漆 | 千克 | 136.27 | 12.00 | 12.98 | 0.980 | 134 |
| 33 | 大白粉 | 千克 | 69.00 | 0.30 | 0.47 | 0.170 | 12 |
| 合　计 | | | | | | | 25661 元 |

## 附表 2：上下水

### 工程预算汇总表

单位：元

| 序号 | 名称 | 鉴定基价 | 比例（%） | 鉴定价格 |
|---|---|---|---|---|
| 一 | 预算基价合计 | | | 25303 |
| 二 | 预算基价人工费合计 | | | 3076 |
| | 脚手架搭拆费 | 3076 | 5.00 | 154 |
| | 其中：人工费 | 154 | 25.00 | 38 |
| 三 | 费用 | 3230 | 101.30 | 3272 |
| 四 | 利润 | 3230 | 55.45 | 1791 |
| 五 | 合计 | | | 30520 |
| 六 | 税金 | 30520 | 3.41 | 1040 |
| 七 | 含税造价 | | | 31560 |

**工程预算表**

| 序号 | 定额编号 | 子目名称 | 工程量 单位 | 工程量 数量 | 主材/设备 单价 | 主材/设备 损耗 | 单位价值(元) 单价 | 单位价值(元) 人工费 | 其中 材料费 | 其中 机械费 | 总价值(元) 主材设备费 | 总价值(元) 合计 |
|---|---|---|---|---|---|---|---|---|---|---|---|---|
| 1 | 8-3005 | 室内铝塑复合管(管件连接)公称直径40毫米以内 | 10米 | 2.20 | 498.480 | | 543.04 | 44.56 | | | 1097 | 1195 |
| 2 | 8-3004 | 室内铝塑复合管(管件连接)公称直径32毫米以内 | 10米 | 10.30 | 430.140 | | 463.14 | 24.28 | 8.72 | | 4430 | 4770 |
| 3 | 8-3003 | 室内铝塑复合管(管件连接)公称直径25毫米以内 | 10米 | 6.50 | 275.070 | | 304.85 | 22.13 | 7.65 | | 1788 | 1982 |
| 4 | 8-3001 | 室内铝塑复合管(管件连接)公称直径15毫米以内 | 10米 | 2.60 | 130.450 | | 152.84 | 16.59 | 5.80 | | 339 | 397 |
| 5 | 8-8002 | 室内铝塑复合管(管件连接)公称直径20毫米以内 | 10米 | 1.10 | 174.870 | | 199.94 | 17.82 | 7.25 | | 192 | 220 |
| 6 | 8-158 | 承插塑料排水管(零件粘接)公称直径150毫米以内 | 10米 | 1.40 | 384.800 | | 521.18 | 100.49 | 35.64 | 0.25 | 539 | 730 |
| 7 | 8-157 | 承插塑料排水管(零件粘接)公称直径100毫米以内 | 10米 | 14.40 | 255.780 | | 365.84 | 71.29 | 38.52 | 0.25 | 3683 | 5268 |
| 8 | 8-156 | 承插塑料排水管(零件粘接)公称直径75毫米以内 | 10米 | 3.10 | 170.720 | | 258.60 | 63.92 | 23.71 | 0.25 | 529 | 802 |
| 9 | 8-155 | 承插塑料排水管(零件粘接)公称直径50毫米以内 | 10米 | 3.70 | 76.510 | | 141.01 | 47.02 | 17.23 | 0.25 | 283 | 522 |
| 10 | 8-240 | 螺纹阀公称直径40毫米以内 | 个 | 8.00 | 25.000 | | 39.48 | 7.68 | 6.80 | | 200 | 316 |
| 11 | 8-239 | 螺纹阀公称直径32毫米以内 | 个 | 11.00 | 15.000 | | 24.54 | 4.61 | 4.93 | | 165 | 270 |
| 12 | 8-238 | 螺纹阀公称直径25毫米以内 | 个 | 3.00 | 12.000 | | 19.14 | 3.69 | 3.48 | | 36 | 58 |
| 13 | 8-237 | 螺纹阀公称直径20毫米以内 | 个 | 8.00 | 8.990 | | 14.59 | 3.07 | 2.53 | | 72 | 117 |
| 14 | 8-383 | 洗脸盆肘式开关 | 10组 | 1.70 | 1711.950 | | 2193.80 | 192.37 | 289.48 | | 2910 | 3729 |

续表

| 序号 | 定额编号 | 子目名称 | 工程量 单位 | 工程量 数量 | 主材/设备 单价 | 主材/设备 损耗 | 单价 | 单位价值(元) 人工费 | 单位价值(元) 其中 材料费 | 单位价值(元) 其中 机械费 | 总价值(元) 主材设备费 | 总价值(元) 合计 |
|---|---|---|---|---|---|---|---|---|---|---|---|---|
| 15 | 8－377 | 洗脸盆普通冷水嘴 | 10组 | 0.30 | 499.950 | | 945.27 | 145.04 | 300.28 | | 150 | 284 |
| 16 | 8－386 | 洗脸盆单嘴 | 10组 | 0.30 | 900.000 | | 1555.48 | 133.06 | 522.42 | | 270 | 467 |
| 17 | 8－388 | 洗脸盆肘式开关单把 | 10组 | 0.30 | 2314.000 | | 2948.29 | 153.96 | 480.33 | | 694 | 884 |
| 18 | 8－406 | 蹲式大便器安装蹲式脚踏冲洗 | 10组 | 1.80 | 858.500 | | 1723.21 | 177.00 | 687.71 | | 1545 | 3102 |
| 19 | 8－442 | 地漏安装地漏50 | 10个 | 1.20 | 93.000 | | 158.52 | 49.17 | 16.35 | | 112 | 190 |
| 合 计 | | | | | | | | | | | | 25303 |

## 工程预算汇总表

单位:元

| 序号 | 名称 | 鉴定基价 | 比例(%) | 鉴定价格 |
|---|---|---|---|---|
| 一 | 预算基价合计 | | | 34073 |
| 二 | 预算基价人工费合计 | | | 6097 |
| 三 | 脚手架搭拆费 | 6097 | 5.00 | 305 |
| | 其中：人工费 | 305 | 25.00 | 76 |
| | 采暖系统调整 | 6097 | 15.00 | 915 |
| | | 915 | 20.00 | 183 |
| 四 | 费用 | 6356 | 101.30 | 6439 |
| 五 | 利润 | 6356 | 55.45 | 3524 |
| 六 | 合计 | | | 45256 |
| 七 | 税金 | 45256 | 3.41 | 1543 |
| 八 | 含税造价 | | | 46799 |

**附表3：采暖**

# 工程预算表

单位:元

| 序号 | 定额编号 | 子目名称 | 工程量 单位 | 数量 | 主材/设备 单价 | 损耗 | 单位价值(元) 单价 | 其中 人工费 | 材料费 | 机械费 | 总价设备费 主材设备费 | 合计 |
|---|---|---|---|---|---|---|---|---|---|---|---|---|
| 1 | 8-486 | 铸铁散热器组成安装型号柱型 | 10 片 | 91.90 | | | 41.77 | 12.72 | 29.05 | | | 3839 |
| | 主材 | (80-30333)铸铁散热器柱型 | 片 | 635.03 | 16.700 | 0.69 | 16.70 | | | | 10605 | 10605 |
| | 主材 | (8-30321)柱型散热器 813 足片 | 片 | 293.16 | 17.700 | 0.32 | 17.70 | | | | 5189 | 5189 |
| | 设备 | (SBFTZ)设备费调整 | 片 | | 1.000 | | 1.00 | | | | | |
| 2 | 8-88 | 镀锌钢管(螺纹连接)公称直径20毫米以内 | 10米 | 19.50 | | | 77.77 | 56.24 | 21.53 | | | 1517 |
| | 主材 | (8-30065)镀锌钢管 DN20 | 米 | 198.90 | 5.960 | 1.02 | 5.96 | | | | 1185 | 1185 |
| 3 | 8-89 | 镀锌钢管(螺纹连接)公称直径25毫米以内 | 10米 | 32.00 | | | 96.32 | 67.61 | 27.67 | 1.04 | | 3082 |
| | 主材 | (8-30066)镀锌钢管 DN25 | 米 | 326.40 | 8.690 | 1.02 | 8.69 | | | | 2836 | 2836 |
| 4 | 8-90 | 镀锌钢管(螺纹连接)公称直径32毫米以内 | 10米 | 8.30 | | | 100.53 | 67.61 | 31.88 | 1.04 | | 834 |
| | 主材 | (8-30067)镀锌钢管 DN32 | 米 | 84.66 | 11.160 | 1.02 | 11.16 | | | | 945 | 945 |
| 5 | 8-91 | 镀锌钢管(螺纹连接)公称直径40毫米以内 | 10米 | 5.60 | | | 108.88 | 80.51 | 27.33 | 1.04 | | 610 |
| | 主材 | (8-30068)镀锌钢管 DN40 | 米 | 57.12 | 13.490 | 1.02 | 13.49 | | | | 771 | 771 |
| 6 | 8-92 | 镀锌钢管(螺纹连接)公称直径50毫米以内 | 10米 | 5.10 | | | 127.26 | 82.36 | 41.98 | 2.92 | | 649 |
| | 主材 | (8-30069)镀锌钢管 DN50 | 米 | 52.02 | 17.080 | 1.02 | 17.08 | | | | 889 | 889 |
| 7 | 8-238 | 螺纹阀公称直径25毫米以内 | 个 | 37.00 | | | 7.17 | 3.69 | 3.48 | | | 265 |
| | 主材 | (8-3)螺纹阀门 DN25 | 个 | 37.37 | 11.880 | 1.01 | 11.88 | | | | 444 | 444 |
| 8 | 8-237 | 螺纹阀公称直径20毫米以内 | 个 | 1.00 | | | 5.60 | 3.07 | 2.53 | | | 6 |
| | 主材 | (8-4)螺纹阀门 DN20 | 个 | 1.01 | 8.900 | 1.01 | 8.90 | | | | 9 | 9 |

续表

| 序号 | 定额编号 | 子目名称 | 工程量 | | 主材设备 | | 单位价值（元） | | | | 总价值（元） | |
|---|---|---|---|---|---|---|---|---|---|---|---|---|
| | | | 单位 | 数量 | 单价 | 损耗 | 单价 | 人工费 | 其中 材料费 | 机械费 | 主材设备费 | 合计 |
| 9 | 8-241 | 螺纹阀公称直径50毫米以内 | 个 | 2.00 | | | 16.72 | 7.68 | 9.04 | | | 33 |
| | 主材 | （8-30193）螺纹阀门 DN50 | 个 | 2.02 | 31.800 | 1.01 | 31.80 | | | | 64 | 64 |
| 10 | 8-294 | 自动排气阀15 | 个 | 3.00 | | | 9.98 | 5.22 | 4.76 | | | 30 |
| | 主材 | （8-30338）自动排气阀 DN15 | 个 | 3.00 | 20.000 | 1.00 | 20.00 | | | | 60 | 60 |
| 11 | 8-178 | 管道支架制作安装一般管架 | 100千克 | 0.20 | | | 774.10 | 311.60 | 199.31 | 263.19 | | 155 |
| | 主材 | （8-30292）型钢 | 千克 | 21.20 | 2.470 | 1.06 | 2.47 | 2.77 | | | 52 | 52 |
| 12 | 8-174 | 镀锌铁皮套管制作公称直径80毫米以内 | 10米 | 0.90 | | | 4.90 | 2.77 | 2.13 | | | 4 |
| | 主材 | （ZCFTZ）主材费调整 | 元 | | 1.000 | | 1.00 | | | | | |
| | | 合　计 | | | | | | | | | 23049 | 34073 |

工程汇总表

单位：元

| 序号 | 名称 | 鉴定基价 | 比例（%） | 鉴定价格 |
|---|---|---|---|---|
| 一 | 预算基价合计 | 32302 | | 32302 |
| 二 | 预算基价人工费合计 | 5997 | | 5997 |
| | 脚手架搭拆费 | 240 | 4.00 | 240 |
| | 其中：人工费 | 6057 | | 60 |
| 三 | 费用 | 6057 | 101.3 | 6136 |
| 四 | 利润 | 6057 | 55.45 | 3359 |
| 五 | 合计 | 42037 | | 42037 |
| 六 | 税金 | 42037 | 3.41 | 1433 |
| 七 | 含税造价 | | | 43470 |

附表4：电

**工程预算表**

单位:元

| 序号 | 定额编号 | 子目名称 | 工程量 单位 | 工程量 数量 | 主材/设备 单价 | 主材/设备 损耗 | 单位价值(元) 单价 | 其中 人工费 | 其中 材料费 | 其中 机械费 | 总价值(元) 主材设备费 | 总价值(元) 合计 |
|---|---|---|---|---|---|---|---|---|---|---|---|---|
| 1 | 2-728 | 角钢接地极普通土 | 根 | 3.00 | | | 25.19 | 14.75 | 2.26 | 8.18 | | 76 |
| | 主材: | (ZCFTZ)主材费调整 | 元 | 102.00 | 1.00 | 34.00 | 1.00 | | | | 102 | 102 |
| 2 | 2-734 | 户内接地母线敷设 | 10米 | 4.80 | | | 59.17 | 42.10 | 12.07 | 5.00 | | 284 |
| | 主材: | (ZCFTZ)主材费调整 | 元 | 225.60 | 1.00 | 4.70 | 1.00 | | | | 226 | 226 |
| 3 | 2-999 | 砖,混凝土结构暗配硬质聚氯乙烯管公称口径(20平方毫米以下) | 100米 | 12.60 | | | 166.77 | 146.58 | 2.71 | 17.48 | | 2101 |
| | 主材: | (ZO21128)塑料管公称口径20平方毫米 | 米 | 1336.48 | 2.51 | 1.06 | 2.51 | | | | 3355 | 3355 |
| 4 | 2-1073 | 照明线路导线截面2.5平方米以下) | 100米单线 | 37.80 | | | 43.45 | 30.73 | 12.72 | | | 1642 |
| | 主材: | (ZO21186)绝缘导线钢芯公称口径2.5毫米 | 米 | 4384.80 | 0.895 | 1.16 | 0.90 | | | | 3924 | 3924 |
| 5 | 2-1286 | 半圆球吸顶灯单罩直径(300毫米以下) | 10套 | 3.10 | | | 132.07 | 66.38 | 65.69 | | | 409 |
| | 主材: | (ZO2124)半圆球吸顶灯罩顶直径300毫米 | 套 | 31.31 | 40.00 | 1.01 | 40.00 | | | | 1252 | 1252 |
| 6 | 2-1494 | 其他普通一般壁灯 | 套 | 1.70 | | | 107.87 | 62.07 | 45.8 | | | 183 |
| | 主材: | (ZO21212)一般壁灯 | 套 | 17.17 | 40.00 | 1.01 | 40.00 | | | | 687 | 687 |
| 7 | 2-1489 | 荧光灯具安装成套型吊链式单管 | 10套 | 6.90 | | | 103.77 | 66.68 | 37.09 | | | 716 |
| | 主材: | (ZO212207)荧光灯成套型吊链式单管 | 套 | 69.69 | 30.00 | 1.01 | 30.00 | | | | 2091 | 2091 |
| 8 | 2-1490 | 荧光灯具安装成套型吊链式双管 | 10套 | 0.20 | | | 120.98 | 83.89 | 37.09 | | | 24 |
| | 主材: | (ZO212208)荧光灯成套型吊链式双管 | 套 | 2.02 | 50.00 | 1.01 | 50.00 | | | | 101 | 101 |
| 9 | 2-1530 | 医院灯具安装紫外线杀菌灯 | 10套 | 5.10 | | | 106.69 | 70.37 | 36.32 | | | 544 |
| | 主材: | (ZO212248)紫外线杀菌灯 | 套 | 51.51 | 60.00 | 1.01 | 60.00 | | | | 3091 | 3091 |
| 10 | 2-1538 | 开关,按钮,插座安装暗开关及按钮扳式暗开关(单控)单联 | 10套 | 4.10 | | | 27.96 | 26.12 | 1.84 | | | 115 |
| | 主材: | (ZO212256)扳式暗开关(单控)单联 | 套 | 41.82 | 3.75 | 1.02 | 3.75 | | | | 157 | 157 |
| 11 | 2-1539 | 开关,按钮,插座安装暗开关及按钮扳式暗开关(单控)双联 | 10套 | 3.20 | | | 29.71 | 27.35 | 2.36 | | | 95 |

续表

| 序号 | 定额编号 | 子目名称 | 工程量 单位 | 工程量 数量 | 主材/设备 单价 | 主材/设备 损耗 | 单位价值（元） 单价 | 其中 人工费 | 其中 材料费 | 其中 机械费 | 总价值（元） 主材设备费 | 总价值（元） 合计 |
|---|---|---|---|---|---|---|---|---|---|---|---|---|
| 12 | 主材： | (ZO212257)扳式暗开关（单控）双联 | 套 | 32.64 | 4.90 | 1.02 | 4.90 | | | | 160 | 160 |
| | 2-1544 | 开关、按钮、插座安装开关及按钮扳式暗开关（双控）单联 | 10套 | 1.00 | | | 28.31 | 26.12 | 2.19 | | | 28 |
| 13 | 主材： | (ZO212262)扳式暗开关（双控）单联 | 套 | 10.20 | 5.00 | 1.02 | 5.00 | | | | 51 | 51 |
| | 2-1571 | 开关、按钮、插座安装插座单相暗插座15A5孔 | 10套 | 9.50 | | | 38.63 | 33.80 | 4.83 | | | 367 |
| 14 | 主材： | (ZO212288)单相暗插座15A5孔 | 套 | 96.90 | 3.00 | 1.02 | 3.00 | | | | 291 | 291 |
| | 2-1569 | 开关、按钮、插座安装插座单相暗插座15A3孔 | 10套 | 4.20 | | | 31.75 | 27.96 | 3.79 | | | 133 |
| 15 | 主材： | (ZO212286)单相暗插座15A3孔 | 套 | 42.84 | 3.00 | 1.02 | 3.00 | | | | 129 | 129 |
| | 2-264 | 成套配电箱安装悬挂嵌入式半周长1.0（米） | 台 | 8.00 | 1.00 | 900.00 | 91.47 | 55.31 | 36.16 | | | 732 |
| | 主材： | (ZCFTZ)主材费调整 | 元 | 7200.00 | 1.00 | | 1.00 | | | | 7200 | 7200 |
| 16 | 2-1443 | 标志、诱导灯具安装壁式 | 10套 | 0.70 | | | 103.46 | 74.67 | 28.79 | | | 72 |
| | 主材： | 标志、诱导灯具装饰灯壁式 | 套 | 7.07 | 60.00 | 1.01 | 60.00 | | | | 424 | 424 |
| 17 | 2-992 | 砖、混凝土结构明配硬质聚乙烯管公称口径（32毫米以下） | 100米 | 1.04 | | | 404.61 | 290.70 | 87.68 | 26.23 | | 421 |
| 18 | 主材： | (ZO21130)塑料管公称口径32毫米 | 米 | 110.68 | 4.10 | 1.06 | 4.10 | | | | 454 | 454 |
| | 3-3043 | 电话出线口普通型单联 | 个 | 65.00 | | | 1.59 | 1.23 | 0.36 | | | 103 |
| | 主材： | (050121)电话出线口普通型单联 | 个 | 66.30 | 3.00 | 1.02 | 3.00 | | | | 199 | 199 |
| 19 | 3-3042 | 成套电话组线箱暗装200对 | 台 | 1.00 | | | 47.50 | 39.95 | 6.92 | 0.63 | | 48 |
| | 主材： | (ZCFTZ)主材费调整 | 元 | 200.00 | 1.00 | 200.00 | 1.00 | | | | 200 | 200 |
| 20 | 3-3047 | 电话中途箱 | 台 | 1.00 | | | 35.42 | 18.44 | 16.48 | 0.50 | | 35 |
| | 主材： | (ZCFTZ)主材费调整 | 元 | 80.00 | 1.00 | 80.00 | 1.00 | | | | 80 | 80 |
| 合　计 | | | | | | | | | | | 24172 | 32302 |

以上合计为人民币1157155元。

## 测算说明

### 一、鉴定思路

本案例是对相关工程建安工程费进行价格鉴定。

（一）相关工程建安工程费价格鉴定的操作程序

1. 确定价格鉴定的目的为民事纠纷案件，主要矛盾点在具体工程费用的确定；

2. 需要鉴定的价格是工程建安工程费；

3. 确定价格鉴定标的的地点；

4. 确定相关工程建安工程设计、施工及其实物情况；

5. 确定相关工程费用取值依据；

6. 进行相应的市场调查和分析；

7. 确定鉴定涉及的具体专业，在专家库中选择相应的专家单位和专家协助相关专业工作。

（二）相关工程建安工程费价格鉴定的基本方法

价格鉴定人员通过对相关工程建安工程的特性、鉴定目的、资料收集情况等相关条件分析，本次主要是对具体建安工程的工程费用进行价格鉴定，鉴于该特点，并考虑到参照同类建安工程概算价格的调整误差，不考虑采用市场法。根据本市及当地建安工程相关费用容易确定，且标的建筑设计、施工图纸、实物等鉴定资料容易取得，据此测算得出的相关工程建安工程费易于被当事人及市场所认可，因此本中心决定采用成本法进行该价格鉴定工作。

（三）专家选择与配合

相关工程建安工程费价格鉴定主要涉及建筑工程各个专业，从实物认定及其施工工艺和质量考虑，需要不同的专业单位和专家支持，应当从建立的专家库中选择相应的专业单位和专家配合，以保证鉴定结论的客观、准确。

### 二、鉴定标的概况及测算过程

具体过程及内容见技术报告。

**案例评析**

该案例是对建设工程建安工程费进行的鉴定，价格鉴定技术报告全面反映了价格测算过程。工作中价格鉴定人员与选用的建筑、造价行业专家一同进行实地查勘，通过对相关建安工程涉及的施工图图纸分析，进行造价分析，确定建安工程的建筑施工工程量及其相应的建造费用，并根据当地建筑市场情况进行相应的调整，计算鉴定价格，这个过程十分必要。工作中积极与造价专家研究沟通，了解其他相关信息，及时发现问题，是化解风险的有效途径。

## 案例一百零四

# 民事赔偿案件中欧曼牵引车和挂车
# 修复费用的价格鉴定

 **案例背景情况**

2009 年 8 月 2 日，欧曼 BJ4171SKFJA – 3 型牵引车（车牌号×××）及其挂车（车牌号×××）在交通事故中受损，A 市人民法院因审理民事赔偿案件的需要，于 2010 年 5 月 17 日委托 A 市价格认证中心对该车的修复费用进行价格鉴定。

 **价格鉴定结论书**

### 关于涉案欧曼牵引车和挂车修复费用的价格鉴定结论书

A 市人民法院：

根据你院的委托，我中心遵循合法、公正、科学的原则，按照规定的标准、程序和方法，依法对委托书所指的欧曼牵引车和挂车的修复费用进行了价格鉴定。现将价格鉴定情况综述如下：

### 一、价格鉴定标的

鉴定标的为欧曼 BJ4171SKFJA – 3 型牵引车（车牌号×××）及其挂车（车牌号×××）的修复费用。

## 二、价格鉴定目的

为你院办理民事案件提供价格依据。

## 三、价格鉴定基准日

2009 年 8 月 2 日。

## 四、价格定义

价格鉴定结论所指价格是：欧曼牵引车在价格鉴定基准日，采用公开市场价值标准确定的合理修复费用。

## 五、价格鉴定依据

（一）法律法规及规范性文件

1. 《中华人民共和国价格法》；

2. 《扣押、追缴、没收物品估价管理办法》；

3. 《关于扣押追缴没收及收缴财物价格鉴定管理的补充通知》；

4. 《价格鉴定行为规范》（2010 年版）；

5. 《××省价格鉴证操作规程》。

（二）委托方提供的有关资料

1. 价格鉴定委托书；

2. 机车车登记证书、车辆行驶证复印件；

3. 车辆损坏情况有关资料。

（三）鉴定方收集的有关资料

1. 实物勘验资料；

2. 市场调查资料；

3. 其他有关资料。

## 六、价格鉴定方法

成本法。

## 七、价格鉴定过程

我中心接受委托后，成立价格鉴定工作小组，制定了价格鉴定作业方案，并指派 2 名价格鉴定人员于 2010 年 5 月 18 日对标的车辆进行了实物勘验。实物勘验时，车辆已维修完毕，正常使用。实物勘验后，价格鉴定人员根据国家有关规程和标准，严格按照价格鉴定的程序和原则，通过审核委托方提供的资料、走访维修厂、咨询专业人员，经过认真分析研究，确定采用成本法对标的进行价格鉴定。

（一）标的车辆概述

标的车辆为欧曼 BJ4171SKFJA - 3 型半挂牵引车（车牌号×××× ）及挂车（车牌号×××× ）；发动机号：B0301×××；车辆登记日期为 2003 年 7 月 15 日，检验有效日期至 2009 年 10 月。根据委托方提供的资料，标的车辆损坏情况为：牵引车的驾驶室总成、方向机总成、水泵总成损坏较严重，发动机缸体破裂，变速器主壳损坏，前左右轮胎爆裂，前右轮胎钢圈变形；挂车大梁变形；以及其他影响车辆正常使用的部件。

（二）测算过程

标的车辆已超过质保期，更换的配件价格、辅助材料费、工时费、其他费用等按照当地行业平均水平确定。具体详见《价格鉴定明细表》，其中，辅助材料主要指机油和齿轮油。

## 八、价格鉴定结论

欧曼 BJ4171SKFJA - 3 型牵引车（车牌号×××× ）及其挂车（车牌号×××× ）的修复费用在价格鉴定基准日的价格为人民币柒万零柒佰壹拾元整（￥70710.00）。

## 九、价格鉴定限定条件

（一）委托方提供的资料客观真实；

（二）因价格鉴定工作日距鉴定基准日较远，鉴定人员无法通过实物勘验确定标的在鉴定基准日的状况，鉴定基准日标的车辆的实物状况以委托方认定为准。

当上述条件发生变化时，鉴定结论会失效或部分失效，鉴定机构不承担由于这些条件的变化而导致鉴定结果失效的相关法律责任。

## 十、声明

（一）价格鉴定结论受结论书中已说明的限定条件限制。

（二）委托方提供资料的真实性由委托方负责。

（三）价格鉴定结论仅对本次委托有效，不做他用。未经我中心同意，不得向委托方和有关当事人之外的任何单位和个人提供。结论书的全部或部分内容，不得发表于任何公开媒体上。

（四）鉴定机构和鉴定人员与价格鉴定标的没有利害关系，与有关当事人也没有利害关系。

（五）如对本结论有异议，可向本鉴定机构提出重新鉴定，或委托省级政府价格主管部门设立的价格鉴定机构复核裁定。

## 十一、价格鉴定作业日期

（略）。

## 十二、价格鉴定人员

（略）。

## 十三、附件

1. 价格鉴定明细表
2. 价格鉴定委托书复印件（略）
3. 价格鉴定机构资质证复印件（略）
4. 价格鉴定人员资格证复印件（略）

（公章）

2010 年 5 月 28 日

**附件 1**

### 价格鉴定明细表

| 车牌号 | ××× | 车辆类别 | 牵引车、挂车 | 厂牌型号 | 欧曼 BJ4171SKFJA－3 | |
|---|---|---|---|---|---|---|
| 车身颜色 | 蓝色 | 发动机号 | B0301××× | VIN 码 | ××× | |
| 车辆登记日期 | | 2003 年 7 月 15 日 | | 鉴定基准日 | 2009 年 8 月 2 日 | |
| 更换配件项目 | 数量 | 配件费（元） | | 工时费（元） | | |
| | | 单价 | 金额 | 维修内容 | 金额 | |
| 挂车大梁总成 | 1 | 1900 | 1900 | 更换大梁总成 | 800 | |
| 驾驶室总成 | 1 | 36800 | 36800 | 拆装驾驶室总成 | 900 | |
| 右前转向节 | 1 | 640 | 640 | 拆装右前转向节 | 200 | |
| 方向机总成 | 1 | 2300 | 2300 | 拆装方向机 | 150 | |
| 前保险杠总成 | 1 | 650 | 650 | 拆装前保险杠 | 100 | |
| 发动机缸体 | 1 | 12000 | 12000 | 更换发动机缸体（含离合器压板、水泵、助力泵拆装） | 1700 | |
| 离合器压板 | 1 | 850 | 850 | | | |
| 水泵总成 | 1 | 710 | 710 | | | |
| 助力泵总成 | 1 | 610 | 610 | | | |
| 变速器主壳 | 1 | 1800 | 1800 | 更换变速箱壳 | 450 | |
| 前轮胎 | 2 | 2450 | 4900 | 其他拆装 | 200 | |
| 钢圈 | 1 | 480 | 480 | | | |

续表

| 更换配件项目 | 数量 | 配件费（元） | | 工时费（元） | |
| --- | --- | --- | --- | --- | --- |
| | | 单价 | 金额 | 维修内容 | 金额 |
| 水箱 | 1 | 1850 | 1850 | | |
| 配件费合计 | | | 65490 | 工时费合计 | 4500 |
| 其他费用（元） | 0 | | | 辅助材料费（元） | 720 |
| 价格鉴定金额合计 | | （大写）柒万零柒佰壹拾元整 | | ￥70710 | |

## 测算说明

本案例是对因交通事故造成的车辆修复费用进行价格鉴定，涉及的是民事赔偿案件。

道路交通事故赔偿案件的主要特点是：当事双方对于更换配件的数量、金额争议较大，因此，我们一般是以恢复车辆原有功能和外观所需支出的全部费用为依据。受损部件修复与配件更换范围由委托方确定，配件价格、工时费、其他费用等采用成本法进行价格鉴定。机动车更换配件的价格和工时费的确定原则为：一是损毁机动车在质保期内，配件价格及工时费以 4S 店标准确定；二是损毁机动车超过质保期，配件价格及工时费按照行业平均水平确定。公式为：

机动车修复费用 = 配件价格 + 辅料价格 + 工时费 + 其他费用

具体测算同价格鉴定结论书，过程略。

### 案例评析

一、民事赔偿案件的价格鉴定过程中，对于双方有争议项目，应会同委托方及当事人双方对损毁机动车进行详细勘验，对受损部件共同确认，保证各方的利益。若对受损部件修复或配件更换有争议，我们可向委托方建议，由有资质的技术检测部门进行检测。

二、根据案例特点，可采用成本法计算，保证结论的客观性。

三、在该案例中，若能在价格鉴定标的概述中体现牵引车和挂车的生产厂家、主要技术指标，在价格鉴定明细表中体现更换的配件编号，则更能说明价格鉴定人员进行市场调查的完整性。

四、若是刑事案件中涉及的损毁机动车损失价格鉴定，配件价格应根据车辆的实际使用状况考虑综合成新率，还要考虑损坏部件的残值，公式为：机动车损失 = 配件价格 × 综合成新率 + 辅料价格 + 工时费 + 其他费用 − 残值。

案例一百零五

# 民事赔偿案件中出租车停运损失的价格鉴定

 **案例背景情况**

2012 年 1 月，J 出租车在 A 市 ×× 路发生交通事故，该车辆因事故被交警大队扣留及车辆修理时间近 3 个月，交通事故处理意见显示，对方负事故全部责任，因此，出租车车主向人民法院提起诉讼，要求肇事方赔偿其 3 个月的车辆停运损失。法院以审理案件为由，于 2012 年 11 月 3 日委托 A 市价格认证中心对该出租车在 2012 年 1~3 月期间的日均停运损失进行价格鉴定。

 **价格鉴定结论书**

## 关于 J 出租车在 2012 年 1~3 月日均停运损失的价格鉴定结论书

×× 市人民法院：

根据你院委托，本中心遵循合法、公正、科学的原则，按照规定的标准、程序和方法，依法对委托书所列指的 J 出租车停运损失进行了价格鉴定。现将价格鉴定情况综述如下：

### 一、价格鉴定标的

J 出租车在 2012 年 1~3 月的日均停运损失。

### 二、价格鉴定目的

为法院审理民事赔偿案件提供价格依据。

### 三、价格鉴定基准日期

2012 年 1～3 月。

### 四、价格定义

价格鉴定结论所指价格是：J 出租车在鉴定基准日期，采用公开市场价值标准确定的营运车辆停运损失。

### 五、价格鉴定依据

（一）法律法规及规范性文件

1.《中华人民共和国价格法》；

2.《价格鉴定行为规范》（2010 年版）；

3.《××省价格鉴证操作规范》；

4.《××省道路交通事故车辆财产损失价格鉴证操作规程》。

（二）委托方提供的有关资料

1. 价格鉴定委托书；

2、出租车运输证复印件；

3. 机动车登记证书、行驶证复印件。

（三）鉴定方收集的有关资料

1. 实物勘验资料；

2. 市场调查资料；

3. 其他相关资料。

### 六、价格鉴定方法

市场法。

### 七、价格鉴定过程

我中心接受委托后，成立了价格鉴定工作小组，制定了价格鉴定作业方案，并指派 2 名价格鉴定人员于 2012 年 11 月 4 日对标的车辆进行了实物勘验。实物勘验后，价格鉴定人员根据国家有关规程和标准，严格按照价格鉴定的程序和原则，通过认真分析研究和广泛的市场调查，确定采用市场法对标的进行价格鉴定。

（一）标的车辆概述

J 属正常营运个体出租车，营运许可证号是 A 市字 22028233×××号。标的车辆为长安牌 SC71×××轿车，2011 年 4 月×日初始登记注册，发动机号为

B7DY08××9，车辆识别代号为 LS5H2CBR××××××××。该车辆使用天然气为燃料；总质量 1270 千克，发动机排量 1298 毫升；车身尺寸（长×宽×高）：4105 毫米×1590 毫米×1380 毫米；配置情况：单侧气囊，手动挡，仿皮座椅。

（二）测算过程

根据《××省道路交通事故车辆财产损失价格鉴证操作规程》的规定，出租车日均停运损失 = 日平均营运毛收入 – 日燃料消耗。

## 八、价格鉴定结论

J 出租车在 2012 年 1 ~ 3 月的日均停运损失为人民币贰佰伍拾贰元整（￥252.00）。

## 九、价格鉴定限定条件

（一）委托方提供的资料客观真实；

（二）标的车辆属于营运车辆的性质无异议。

## 十、声明

（一）价格鉴定结论受结论书中已说明的限定条件限制。

（二）委托方提供资料的真实性由委托方负责。

（三）价格鉴定结论仅对本次委托有效，不做他用。未经我中心同意，不得向委托方和有关当事人之外的任何单位和个人提供。结论书的全部或部分内容，不得发表于任何公开媒体上。

（四）鉴定机构和鉴定人员与价格鉴定标的没有利害关系，与有关当事人也没有利害关系。

（五）如对本结论有异议，可向本鉴定机构提出重新鉴定，或委托省级政府价格主管部门设立的价格鉴定机构复核裁定。

## 十一、价格鉴定作业日期

（略）。

## 十二、价格鉴定人员

（略）。

## 十三、附件

1. 价格鉴定委托书复印件（略）

2. 价格鉴定机构资质证复印件（略）

3. 价格鉴定人员资格证复印件（略）

（公章）

2012 年 11 月 10 日

## 测算说明

### 一、鉴定思路

本案例是对出租车停运损失进行价格鉴定。案例主要特点如下：

（1）因为出租车是营运车辆，事故责任方须对停运产生的损失赔偿。这个损失一般是指实际产生的直接经济损失。因此，出租车的停运损失一般为出租车的营运收入，即出租车停运期间可获得的毛收入扣除燃料费等支出后的差额。

（2）出租车行业因其职业的特殊性，收入因人而异、因车而异。其车型的优劣、司机的技术以及司机的勤奋或懒惰对于出租车的收入都有巨大影响。因此，在选取可比案例时，要尽量选择同车型的出租车，日均行驶里程差距也不宜过大，并且均为个体出租车。

### 二、价格鉴定标的概况

J 属正常营运出租车，营运许可证号是 A 市字 22028233×××号。标的车辆为长安牌 SC71×××轿车，2011 年 4 月×日初始登记注册，发动机号 B7DY08××9，车辆识别代号 LS5H2CBR×××××××××。该车辆使用天然气为燃料。

### 三、价格鉴定测算过程

我中心接受委托后，成立了价格鉴定工作小组，经实物勘验和市场调查，确定采用市场法对标的进行价格鉴定。

我们选取 3 辆同车型的出租车，对其在 2012 年 1～3 月的收入、支出情况进行调查，其中，日均营运毛收入按出租车计价器所记载的 1～3 月收入确定。具体情况如下：

1. 甲出租车。日均营运毛收入 400 元，日均行驶里程 350 公里，日均燃料费支出 164.50 元。

2. 乙出租车。日均营运毛收入 380 元，日均行驶里程 275 公里，日均燃料费支出 129.50 元。

3. 丙出租车。扣减燃料费支出后日均营运收入为 260～280 元。

（三）营运收入测算

1. 甲出租车日均营运收入 = 400 − 164.5 = 235.50（元）

2. 乙出租车日均营运收入 = 380 − 129.5 = 250.50（元）

3. 丙出租车日均营运收入 = (260 + 280)/2 = 270（元）

4. 采用简单算术平均，则标的车辆日均营运收入为 252 元。

（四）鉴定价格

出租车的日均停运损失，通常指出租车一天的营运收入，因此，标的车辆在 2013 年 1 ~ 3 月期间日均停运损失为 252 元。

## 案例评析

一、《最高人民法院关于交通事故中的财产损失是否包括被损车辆停运损失问题的批复》法释〔1999〕5 号规定："在交通事故损害赔偿案件中，如果受害人的被损车辆正用于货物运输或者旅客运输经营活动，要求赔偿被损车辆修复期间的停运损失的，交通事故责任者应当予以赔偿。"

二、应注意停运损失计算要点在于明确出租车停运损失的具体项目。

## 案例一百零六

# 非法拆迁损失赔偿案件中砖瓦保温厂房损失及装修损失的价格鉴定

 **案例背景情况**

2012 年 5 月 18 日，在未达成拆迁协议的情况下，某开发公司将原告 70 平方米私有砖瓦保温厂房完全推倒损坏，要对现场进行清理时，被房主发现。2012 年 5 月 22 日，法院委托当地价格认证中心对非法拆迁厂房的修复价格进行鉴定。

## 价格鉴定结论书

# 关于砖瓦保温厂房及装修损失的价格鉴定结论书

×××法院：

根据你单位的委托，我中心遵循合法、公正、科学的原则，按照规定的标准、程序和方法，依法对私有砖瓦保温厂房进行了价格鉴定，现将价格鉴定情况综述如下：

### 一、价格鉴定标的

鉴定标的为被拆毁的 70 平方米私有砖瓦保温厂房的修复价格（该房屋产权证号为×××号，坐落在××市××区××路××号，建成于 1992 年 10 月）。

### 二、价格鉴定目的

为法院办理非法拆迁损失赔偿案件提供鉴定标的的价格依据。

### 三、价格鉴定基准日

2012 年 5 月 18 日。

### 四、价格定义

价格鉴定结论所指价格是：在价格鉴定基准日，采用公开市场价值标准确定的被非法拆迁厂房的修复价格。

### 五、价格鉴定依据

（一）法律法规及规范性文件

1.《中华人民共和国价格法》；

2.《×××省涉案物价格鉴证条例》；

3.《价格鉴定行为规范》（2010 年版）；

4. 其他相关的法律、法规。

（二）委托方提供的资料

1.×××法院价格鉴定委托书；

2. 私有房屋权属证书复印件。

（三）鉴证机构收集的相关资料

1. ×××省建设工程计价定额（2010年）；

2. ×××省装饰装修工程计价定额（2010年）；

3. ×××省建设工程费用定额（2010年）；

4. ×××工程造价信息（2010年）；

5. 市场调查资料等。

## 六、价格鉴定方法

鉴于本次价格鉴定目的和标的现状，采用重置成本法进行价格鉴定。

房屋修复费用＝拆除损坏项目费用＋瓦片渣土等清理外运费用＋材料和人工费及机械费＋计取各项费用（管理费、利润、税金等）

## 七、价格鉴定过程

因鉴定标的已被全部推倒，依据委托方的鉴定要求和提供的房屋损坏各部位详细清单，我中心鉴定人员同委托方、房主到现场，对人字屋架、石棉瓦、檩木、黑天棚檩木及天棚板、门窗及门窗框等项目材质、品牌、规格型号、数量、新旧程度等一一进行详实的勘验、核对、记录、拍照。价格鉴定标的为被拆毁的70平方米私有砖瓦保温厂房。该房屋长10米，宽7米，高3.2米，为实心37红砖墙、9个白松方木屋架、石棉瓦、稻壳保温黑天棚、板条抹石灰砂浆天棚、混合砂浆墙面、涂料粉刷，1个室外木门和5个塑钢窗（2006年更换安装的），屋内没有墙体。房屋产权证号为×××号，坐落在××市××区××路××号，建成于1992年10月。按照编制预算要求，对各项新建项目进行数据计算，查找定额项目，根据×××工程造价信息及调查的市场价格，用Excel电子表格编制工程预算，按照先新建、再调整材料和人工价差，最后计取相关费用。

## 八、价格鉴定结论

被拆毁的70平方米私有砖瓦保温厂房恢复原状的修复价格为人民币肆万柒仟壹佰肆拾捌元整（￥47148.00），详见修复房屋损坏项目明细表、修复房屋材料差价明细表、修复房屋费用明细表。

## 九、价格鉴定限定条件

（一）委托方提供的资料合法、真实；

（二）价格鉴定基准日准确；

（三）由于价格鉴定标的已被完全推倒损坏，本结论依据委托方的鉴定要求和提供的房屋损坏各部位详细清单做出，如提供的情况虚假，价格鉴定结果无效；

（四）由于委托单位提供的价格鉴证委托明细表中没有房屋基础与地面损坏项目，也没有完全推倒的房屋建筑、装修材料清理、归堆、外运的委托项目，本次价格鉴定是假定房屋基础与地面均完好存在，不需要进行现场清理、归堆、外运的情况下，对房屋恢复原状的修复价格进行鉴定，如委托事项发生改变，价格鉴定结果将做相应调整；

（五）根据委托方委托，本次鉴定被损房屋的修复价格。

## 十、声明

（一）价格鉴定过程及结论受上述限定条件限制。

（二）委托方提供资料的真实性由委托方负责。

（三）价格鉴定机构及价格鉴定工作人员与价格鉴定标的及当事人无任何利害关系。

（四）本价格鉴定结论书仅对本次委托有效，不做他用。未经本中心同意，本结论不得向委托方和有关当事人之外的任何单位和个人提供，不得在任何公开媒体上发表。

（五）如对本结论有异议，可说明理由向本鉴定机构提出重新鉴证，或委托省级以上（含省级）政府价格主管部门设立的价格鉴定机构复核裁定。

## 十一、价格鉴定作业日期

（略）。

## 十二、价格鉴定人员

（略）。

## 十三、附件

1. 修复房屋损坏项目明细表、修复房屋材料差价明细表、修复房屋费用明细表（略）

2. 价格鉴定机构资质证复印件（略）

3. 价格鉴定人员资质证复印件（略）

（公章）

2012 年 7 月 20 日

# 测算说明

## 一、价格鉴定思路

1. 受理委托。要求委托方填写符合案情的委托事项，提供房屋使用权证、房屋损坏各部位详细清单（包括房屋高度、屋架高度、墙体厚度、门窗等各项用料材质、规格，以及装修等情况）、损坏的房屋现场照片等资料。

2. 实物勘验。根据推倒损坏的房屋实物和房屋损坏各部位详细清单，按照先清除后新建、先屋面后屋内、先房屋后装修的总体顺序，对房屋建筑面积、使用面积、房屋高度，木屋架用不同圆木或方木长度、规格，檩条用木方长度、规格、门窗用料等等建筑及装修用料进行详细的现场勘查、核对、测量、拍照，同时对未损坏的项目也要进行详细勘察、记录。

完全或部分推倒损坏的房屋，如建筑、装修材料未清理、外运，现场勘察时，完全推倒的房屋可根据委托方提供的房屋损坏各部位详细清单，结合现场残留的材料进行勘验，勘验结果要求委托方确认签字；部分推倒的房屋可根据未损坏的部分建筑、装修情况，对损坏部位进行勘验，勘验结果也要求委托方确认签字。

完全或部分推倒损坏的房屋如房屋基础部位及地面装修未损坏，重置价格就不应计算房屋基础及地面装修部分。

部分推倒损坏的房屋，要认真勘验推倒部分的材料可否经清理、修复后重新利用，如经清理、修复后可重新利用，要考虑清理、修复费用损失，不能重新利用的再考虑购买新材料修复。

完全推倒损坏的砖木结构房屋，虽有占造价3%～6%的残值，但建筑垃圾清理、装卸、外运会因城市的大小，运距从几千米到几十千米不等，费用一般较高，往往会与房屋残值相互抵消，在鉴定中要认真调查确定。

3. 市场价格调查。依据×××工程造价信息查找参考价格，×××工程造价信息中没有参考价格的品种，应进行市场价格调查，在按照建筑装修定额计算时，要计算市场价与定额材料差价，同时也要考虑计算人工差价。

4. 编制工程预算。按照工程预算的要求，对勘察核实的数据分别进行整理、归集，使用 Excel 电子表格编制工程预算。先重新建造，再调整人工和材料价差，最后计取相应费用。电子表格编制预算的应用，可大大地提高工作效率，无论增加、减少价格鉴定项目，调整定额单价、用料数量、市场单价，调整各项费率，只要增加、减少、调整的项目已确定，瞬间就会自动直接产生新的价格鉴定结果。最终价格鉴定结果的产生，可以说增加、减少、调整的项目发生了无数次，如采用计算器或算盘手工计算，每次都要花费大量时间，而且每次增加、减少、调整的项目都要两次以上的计算才能保证结果正确。

5. 鉴定结论要完备。对于完全推倒损坏又没有建筑施工图纸的房屋，在结论的声明中应注明是依据委托方的鉴定要求和提供的房屋损坏各部位详细清单进行价格鉴定，如提供的情况虚假，价格鉴定结果无效。

由于委托单位提供的价格鉴定委托明细表中没有房屋基础与地面损坏项目，也没有完全推倒的房屋建筑、装修材料清理、归堆、外运的委托项目，本次价格鉴定是假定房屋基础与地面均完好存在，不需要进行现场清理、归堆、外运的情况下，对房屋恢复原状的修复价格进行鉴定，如委托事项发生改变，价格鉴定结果将作相应调整。

### 二、价格鉴定标的概况

价格鉴定标的为被拆毁的 70 平方米私有砖瓦保温厂房。该房屋朝向南侧，东西长 10 米，南北宽 7 米，高 3.20 米，为实心 37 红砖墙、水泥口，所有墙体已全部推倒，9 个白松方木屋架、石棉瓦均不同程度损坏，稻壳保温黑天棚、木方天棚骨架、板条抹石灰砂浆天棚也全部损坏，混合砂浆内墙面，涂料粉刷，外墙红砖未抹灰，水泥砂浆勾凹缝，1 扇室外木门和 5 扇双层玻璃塑钢窗也不同程度，屋内没有墙体，由于现场未清理，水泥地面和房屋基础未见损坏。产权证号为×××号，坐落在××市××区××路××号，建成于 1992 年 10 月。

### 三、价格鉴定过程

因鉴定标的已被全部推倒，依据委托方的鉴定要求和提供的房屋损坏各部位详细清单，我中心鉴定人员同委托方、房主到现场，对人字屋架、石棉瓦、檩木、黑天棚檩木及天棚板、门窗及门窗框等项目材质、品牌、规格型号、数量、新旧程度等一一进行详实的勘验、核对、记录、拍照。

按照编制预算要求，对各项新建项目进行数据归集、整理、计算，查找定额项目，根据×××工程造价信息及调查的市场价格，用 Excel 电子表格编制工程预算，按照先新建、再调整材料和人工价差，最后计取相关费用。

价格鉴定详细过程如下：

1. 认定房屋恢复原状的修复材料用量。

（1）满堂脚手架。为室内净空水平投影面积 = (10 - 0.365 × 2) × (7 - 0.365 × 2) = 58.12（平方米）。

（2）一扇室外木门。宽 0.90 米，高 2.20 米，面积为 1.98 平方米。

（3）五扇塑钢窗。每个规格为 2 × 1.50 米 = 3 平方米，总面积为 15 平方米。属对外加工项目，直接按市场价格计算。

（4）实心红砖墙。墙体为37墙，即一砖半厚，房屋高3.20米，两侧山墙上部三角形高1.80米，墙体也为37墙。

红砖墙体体积＝房屋四周墙体体积＋两侧山墙上部墙体体积－门窗洞口占用的
　　　　　　　墙体体积

$$= [(10 - 0.365 \times 2) + 7] \times 2 \times 3.2 \times 0.365 + 7 \times 1.80/2 \times 0.365 - (1.98 + 15) \times 0.365$$

$$= (16.27 \times 6.4 + 6.3 - 16.98) \times 0.365$$

$$= 34.11 （立方米）$$

（5）白松方木屋架。每个屋架组成为2个上弦、1个下弦、1个中立人，中立人两侧依次排列为2个大三角支撑、2个小立人、2个小三角支撑和2个更小立人，用木料规格和数量分别如下：

①2个上弦长均为3.90米，1个下弦长7米，1个中立人高1.80米，用木方规格均为0.12×0.08米，用料量为（3.9×2＋7＋1.8）×0.12×0.08＝0.159（立方米）；

②2个大三角支撑长均为1.30米，2个小立人高均为1.20米，用木方规格均为0.06×0.04米，用料量为（1.30＋1.20）×2×0.06×0.04＝0.012（立方米）；

③2个小三角支撑长均为1.00米，2个更小立人高均为0.60米，用木方规格为0.05×0.03米，用料量为（1.00＋0.60）×2×0.05×0.03＝0.005（立方米）。

每个屋架以上三项合计用料量为0.176立方米，9个屋架总计为1.584立方米。

（6）白松方檩木。规格为0.06×0.04米，共计13道檩，总计用量＝0.06×0.04×10×13＝0.312（立方米）。

（7）小波石棉瓦。房屋每面坡长为3.95米，总计用量＝3.95×10×2＝79（平方米）。

（8）黑天棚。与满堂脚手架面积相当，即为58.12平方米。

（9）屋面干铺保温稻壳。与满堂脚手架面积相当，厚度为0.18米，总计用量＝58.12平方米×0.18米＝10.462立方米。

（10）方木棚龙骨、板条基层、板条抹石灰砂浆面层面积均与满堂脚手架面积相当，为58.12平方米。

（11）内墙面抹混合砂浆。

总面积＝四周墙面积（高3米，其他0.2米在棚里）－门窗洞口占有的墙面积＋门窗洞口里侧壁墙面积（侧壁墙宽为0.25米）＝（10－0.365×2＋7－0.365×2）×2×3－1.98－15＋[2.2×2＋0.9＋（2＋1.5）×2×5]×0.25＝15.54×6－16.98＋（4.4＋0.9＋3.5×10）×0.25＝93.24－16.98＋40.3×0.25＝76.26＋10.075＝86.34（平方

米）

（12）棚面、内墙面刷涂料。

总面积 = 顶棚面积 + 内墙面抹混合砂浆面积 = 58.12 + 86.34 = 144.46（平方米）

（13）外墙水泥砂浆勾凹缝。

总面积 = 外墙面 - 门窗洞口面积 = (10 + 7) × 2 × 3.2 + 7 × 1.8/2 × 2 - 1.98 - 15 = 17 × 6.4 + 12.6 - 16.98 = 108.8 + 12.6 - 16.98 = 104.42（平方米）

（14）黑天棚铺塑料布。塑料布铺在黑天棚板上面，以防稻壳漏下，由于有接缝，因此面积按建筑面积计算。由于定额中没有该项，故价格按市场价计算。

（15）照明线路安装。由于工程项目较小，市场价容易调查，直接按市场价计算。

2. 计算材料差价。在项目较多的情况下，一般先找出用量大、差价大的材料，再对不同项目的同种材料，按定额中规定的数量进行归集计算，把定额中的材料价格与×××工程造价信息的参考价格相比较，或与调查到的市场价格相比较，计算出差价。数量较少或差价较小的材料，可忽略不计算差价。用量大、差价大的材料项目和数量如下：

（1）屋架白松大方。按定额规定，制件安装 1 立方米屋架用白松大方为 0.506 立方米，即：1.584 立方米 × 0.506 立方米 = 0.802 立方米。

（2）屋架白松中方。按定额规定，制件安装 1 立方米屋架用白松中方为 0.44 立方米，即：1.584 立方米 × 0.44 立方米 = 0.697 立方米。

（3）屋架白松小方。按定额规定，制件安装 1 立方米屋架用白松小方为 0.114 立方米，即 1.584 立方米 × 0.114 立方米 = 0.181 立方米。

（4）檩木小方。按定额规定，制作安装檩木小方每立方米用料为 1.103 立方米，即 0.312 立方米 × 1.103 立方米 = 0.344 立方米。

（5）方木龙骨中、小方。按定额规定，每 100 平方米方木龙骨中、小方吊棚用料 2.3 立方米，即：58.12 平方米 × 2.3 立方米/100 平方米 = 1.337 立方米。

（6）小波石棉瓦。按定额规定，每 100 平方米屋面铺小波石棉瓦用料 102.55 块，即：79 平方米 × 102.55 块/100 平方米 = 81 块。

（7）实心红砖。按定额规定，砌实心红砖墙每 10 立方米实心红砖用料为 5.346 千块，即 34.11 立方米 × 5.346 千块/10 立方米 = 18.235 千块。

（8）普通水泥。按定额规定，砌实心红砖墙每 10 立方米水泥用料为 581.76 千克，即：34.11 立方米 × 581.76 千克/10 立方米 = 1984.38 千克；

内墙抹混合砂浆墙面每 100 平方米水泥用料为 528.96 千克，即：86.34 平方米 × 528.96 千克/100 平方米 = 456.7 千克；

外墙红砖水泥砂浆勾凹缝每 100 平方米水泥用料为 70.83 千克，即：104.42 平方米×70.83 千克/100 平方米 = 73.96 千克。

以上三项合计水泥用料为 2515.04 千克。

3. 计算人工差价。按照《关于发布 2011 年建筑安装等工程结算指导意见的通知》规定，人工费每工日（按 8 小时计算）为 90 元，定额中规定综合工日价格为 53 元，差价为 90 - 53 = 37（元）。

4. 根据建设工程费用定额有关规定，计算相关费用。相关费用分别是：一般措施费为定额人工费的 3.63%，企业管理费为定额人工费的 18%，利润为定额人工费的 30%，安全生产措施费为工程造价前五项（工程总价、一般措施费、企业管理费、利润、材料差价）的 2.2%，各项规费为工程造价前五项的 3.1%（不含人工差价），税金为工程造价前七项的 3.41%（也不含人工差价）。

5. 利用 Excel 电子表格，按照先新建、后调整材料和人工价差，再计取相关费用的顺序编制预算价格。

## 案例评析

一、非法拆迁损失赔偿价格鉴定往往比较复杂，也不易操作。实物勘验时不易测量面积，不易测算用工量和用料量，也不易勘察到材料品牌、规格，对于工程量较大的建筑、装修项目，采用预算定额法往往可使问题变得简单、明了。

二、按照先屋面后屋内、先房屋后装修的总体顺序，对房屋建筑面积、房屋高度，木屋架用不同方木长度、规格，檩条用木方长度、规格、门窗用料等等建筑及装修用料进行详细的现场勘查核对、测量、拍照；按照先新建、后调整材料和人工价差，再计取相关费用的顺序编制预算价格，方法得当，条理清晰。

三、在结论书的价格鉴定限定条件中限定，由于价格鉴定标的已被完全推倒损坏，本结论依据委托方的鉴定要求和提供的房屋损坏各部位详细清单做出，如提供的情况虚假，价格鉴定结果无效；同时还限定由于委托单位提供的价格鉴定委托明细表中没有房屋基础与地面损坏项目，也没有完全推倒的房屋建筑、装修材料清理、归堆、外运的委托项目，本次价格鉴定是假定房屋基础与地面均完好存在，不需要进行现场清理、归堆、外运的情况下，对房屋恢复原状的修复价格进行鉴定，如委托事项发生改变，价格鉴定结果将作相应调整。这些限定条款可大大降低价格鉴定风险。

四、在结论书的价格鉴定声明中声明，本价格鉴定结论书仅对本次委托有效，不作他用，可避免给工作带来一些麻烦。

**案例一百零七**

# 民事经济纠纷案件中货运汽车
# 停运损失的价格鉴定

**案例背景情况**

　　2011 年 5 月 2 日张××因借贷纠纷将李××经营的××号货运汽车强行扣押，××派出所出面平息事态，扣押人仍拒绝归还扣押车辆。2011 年 6 月 14 日李××向××县人民法院提起诉讼，要求被告张××返还车辆并赔偿 2.58 万元车辆停运期间损失及承担诉讼费等请求。2011 年 8 月 3 日××市中级人民法院委托××市价格认证中心对××号货运车辆停运期间损失进行价格鉴定。

**价格鉴定结论书**

## 关于××重型特殊结构载货汽车
## 停运损失的价格鉴定结论书

××中级人民法院：

　　根据你院委托，我中心遵循合法、公正、科学的原则，按照规定的标准、程序和科学方法，依法对××重型特殊结构载货汽车停运期间损失进行了价格鉴定。现将价格鉴定情况综述如下：

**一、价格鉴定标的**

××重型特殊结构载货汽车 2011 年 5 月 2 日—8 月 2 日（3 个月）的停运损失。

**二、价格鉴定目的**

为法院审理经济纠纷案件提供鉴定标的的价格依据。

### 三、价格鉴定基准日

2011 年 8 月 2 日。

### 四、价格定义

价格鉴定结论所指价格是：××重型特殊结构载货汽车在鉴定基准日期内，采用公开市场价值标准确定的停运损失。

### 五、价格鉴定依据

（一）法律法规及规范性文件

1. 《中华人民共和国价格法》；

2. 《××省涉案财产价格鉴定条例》；

3. 《扣押、追缴、没收物品估价管理办法》；

4. 《关于扣押追缴没收及收缴财物价格鉴定管理的补充通知》；

5. 《关于调整汽车报废标准若干规定的通知》；

6. 《××省涉案财产价格鉴定操作规程（试行）》；

7. 《汽车货物运输规则》。

（二）委托单位提供的有关资料

1. 价格鉴定委托书；

2. ××机动车辆行驶证复印件；

3. ××道路运输证书复印件；

4. 部分规费缴纳票据复印件。

（三）鉴定方收集的有关资料

1. 实物勘验资料；

2. 市场调查资料；

3. 其他相关资料。

### 六、价格鉴定方法

成本法。

### 七、价格鉴定过程

我中心接受委托后，成立了价格鉴定工作小组，制定了价格鉴定作业方案，并指派 2 名价格鉴定人员于 2011 年 9 月 2 日对标的车辆进行了实物勘验。实物勘验后，鉴定人员根据国家有关规程和标准，严格按照价格鉴定的程序和原则，通过认真分析和广泛的市场调查，确定采用成本法进行价格鉴定。

（一）价格鉴定标的概述

鉴定标的为××重型特殊结构载货汽车2011年5月2日—8月2日（共计3个月）停运损失。标的车辆为××重型特殊结构载货汽车，车辆行驶证载明系×××（挂靠××省××市××区第三汽车运输有限公司）所有车辆，2009年5月14日卖给××经营，未办理过户手续。2008年5月29日登记入户。品牌型号：十通牌STQ5127CLXY1；车辆识别号：LS3TCEi370280××；发动机号：720460××；核定载货重量30吨。使用性质：货运。用油：柴油。停运前行驶营运正常，手续齐全，有固定活源，主要往返于D市到E市运输货物，单程里程为1860千米，每月两个往返。

（二）测算过程

计算公式：鉴定价格＝营运毛收入－直接运营成本

1. 毛营运收入的确定。

鉴定人员经市场调查，选取了与标的车型与运营货物相同、运营线路一致的三个可比实例，对其在价格鉴定基准期内的毛营运收入进行核算。

（1）可比实例A。行驶路线往返D市到E市，行驶里程2053千米，运费14600.00元，每千米运费为7.11元。

（2）可比实例B。行驶路线往返D市到E市，行驶里程1860千米，运费16340.00元，每千米运费8.78元。

（3）可比实例C。行驶路线往返D市到E市，行驶里程2053千米，运费13000.00元，每千米运费6.33元。

平均每千米运费毛收入＝（7.11＋8.78＋6.33）/3＝7.41（元）

标的行驶路线往返D市到E市，里程1860千米、每月两个往返为基准，确定每月毛收入为：1860×4×7.41＝55130.00（元）

价格鉴定标的3个月毛收入为55130×3＝165390（元）

2. 直接运营成本的确定。

计算公式：直接运营成本＝燃油费＋人员工资＋过路费＋低值易耗支出

（1）每月燃油费。经调查测算，此期间0号柴油每计每升7.05元，鉴定标的每千米耗油0.34元，则每月燃油费＝1860×4×0.34×7.05＝17834.00（元）。

（2）每月人员工资＝3000.00×2＝6000.00（元）。

（3）每月公路收费＝超过15吨的车辆每千米1.60元，则：1860×4×1.60＝11904.00（元）。

（4）每月低值易耗支出：1000.00（元）。

3个月直接运营成本＝（17834＋6000＋11904＋1000）×3＝36738×3＝110214.00（元）。

3. 鉴定价格的确定。

鉴定价格 = 营运毛收入 − 直接运营成本 = 165390 − 110214 = 55176.00（元）

## 八、价格鉴定结论

价格鉴定标的××重型特殊结构载货汽车在 2011 年 5 月 2 日—8 月 2 日（3 个月）停运损失为人民币伍万伍仟壹佰柒拾陆元整（￥55176.00）。

## 九、价格鉴定限定条件

（一）委托单位提供的资料客观真实；

（二）车辆正常行驶并正常运营；

（三）鉴定结果精确到元。

## 十、声明

（一）价格鉴定结论受结论书中已说明的限定条件限制。

（二）委托单位提供资料的真实性由委托单位负责。

（三）价格鉴定结论仅对本次委托有效，不做他用。未经我中心同意，结论书的全部或部分内容，不得向委托单位和有关当事人之外的任何单位和个人提供，也不得发表于任何公开媒体上。

（四）价格鉴定机构和价格鉴定人员与价格鉴定标的没有利害关系，也与有关当事人没有利害关系。

（五）如对本结论有异议，可向本鉴定机构提出重新鉴定，或委托省级政府价格主管部门设立的价格鉴定机构复核裁定。

## 十一、价格鉴定作业日期

（略）。

## 十二、价格鉴定人员

（略）。

## 十三、附件

1. 行车执照复印件（略）
2. 价格鉴定机构资质证复印件（略）
3. 价格鉴定人员资格证复印件（略）

（公章）

2011 年 8 月 9 日

# 测算说明

## 一、鉴定思路

本案例是对营运货车的停运损失进行鉴定。案例主要特点如下：

（1）该营运货车运输线路相对固定，有利于参照物的选取及相关费用的核算。

（2）计算营运损失，在调取营运毛收入和营运费用时多数项目有很大的不确定性，调查对象一般也没有详实记录，全凭印象提供数据，市场调查难度较大。

## 二、价格鉴定标的概况

鉴定标的为××重型特殊结构载货汽车2011年5月2日—8月2日（共计3个月）停运损失。标的为××重型特殊结构载货汽车，证载系×××（挂靠××省××市××区第三汽车运输有限公司）所有车辆，2009年5月14日卖给××经营，未办理过户手续。2008年5月29日登记入户。品牌型号：十通牌STQ5127CLXY1；车辆识别号：LS3TCEi370280××；发动机号：720460××；核定载货重量30吨。使用性质：货运。用油：柴油。停运前行驶营运正常，手续齐全，有固定货源，主要往返于D市到E市运输货物，单程里程为1860千米，每月两个往返。

## 三、价格鉴定过程

我中心接受委托后，成立了价格鉴定工作小组，制订了价格鉴定作业方案，并指派2名价格鉴定人员于2011年9月2日对标的车辆进行了实物勘验。实物勘验后，鉴定人员根据国家有关规程和标准，严格按照价格鉴定的程序和原则，通过认真分析和广泛的市场调查，确定采用成本法进行价格鉴定。

计算公式：鉴定价格=营运毛收入-直接运营成本

（一）毛营运收入的确定

鉴定人员经市场调查，选取了与标的车型与运营货物相同，运营线路一致的三个可比实例，对其在价格鉴定基准期内的毛营运收入进行核算。

（1）可比实例A。行驶路线往返D市到E市，行驶里程2053千米，运费14600.00元，每千米运费为7.11元。

（2）可比实例B。行驶路线往返D市到E市，行驶里程1860千米，运费16340.00元，每千米运费8.78元。

（3）可比实例C。行驶路线往返D市到E市，行驶里程2053千米，运费13000.00元，每千米运费6.33元。

平均每千米运费毛收入=（7.11+8.78+6.33)/3=7.41（元）

标的行驶路线往返D市到E市，里程1860千米，每月两个往返为基准，确定

毛收入 = 1860 × 4 × 7.41 = 55130.00（元）。

价格鉴定标的三个月毛收入 55130 × 3 = 165390 元

（二）直接运营成本的确定

直接运营成本 = 燃油费 + 人员工资 + 过路费 + 低值易耗支出

（1）每月燃油费：经调查测算，此期间 0 号柴油每升 7.05 元，鉴定标的千米耗油 0.34 元。则鉴定标的月燃油费 = 1860 × 4 × 0.34 × 7.05 = 17834.00（元）。

（2）每月人员工资：3000.00 × 2 = 6000.00（元）。

（3）每月公路收费：超过 15 吨的车辆每千米 1.60 元。则鉴定标的每月公路费 = 1860 × 4 × 1.60 = 11904.00（元）。

（4）每月低值易耗支出：1000.00 元。

3 个月直接运营成本 =（17834 + 6000 + 11904 + 1000）× 3 = 36738 × 3 = 110214.00 元。

（三）鉴定价格的确定

鉴定价格 = 营运毛收入 - 直接运营成本 = 165390 - 110214 = 55176.00（元）

### 案例评析

一、该案例是对民事经济纠纷案件涉及的车辆停运损失的价格鉴定，程序合法，方法恰当，结论合理。

二、在测算过程中，对标的车辆状况、行驶时程等影响收益的因素考虑比较充分。

三、该案例对直接运营成本的确定准确。营运车辆费用一般包含固定费用和可变费用（直接运营成本）两部分，固定费用一般包含保险费、保养费、检车费等属固定支出费用，不以是否营运而改变，在计算营运损失时不应扣除。

案例一百零八

# 房屋租赁合同纠纷案件中 LHC0.7 - 0.7 型锅炉用煤、用水和用电费用的价格鉴定

 **案例背景情况**

　　2009 年 5 月×××药业有限公司与××市××浴池签订房屋租赁合同及供气协议，×××药业有限公司未履行合同约定，并停水、停电、停气。为不影响经营，××市××浴池自行安装了锅炉，××市中级人民法院委托我中心对××市××浴池在 2009 年 12 月 25 日至 2011 年 4 月 30 日期间使用的 LHC0.7 - 0.7 型锅炉的用煤、用水和用电费用进行价格鉴定。

 **价格鉴定结论书**

## 关于××浴池使用的 LHC0.7 - 0.7 型锅炉用煤、用水和用电费用的价格鉴定结论书

××省××市中级人民法院：

　　接受你院委托，遵循合法、公正、科学的原则，按照规定的标准、程序和方法，我中心依法对涉案的××省××市××浴池所使用的 LHC0.7 - 0.7 型锅炉在 2009 年 12 月 25 日至 2011 年 4 月 30 日的用煤、用水、用电及除尘器的排污用水费用进行了价格鉴定。现将有关情况说明如下：

### 一、价格鉴定标的

　　××省××市××浴池所使用的 LHC0.7 - 0.7 型锅炉在 2009 年 12 月 25 日至

2011 年 4 月 30 日的用煤、用水、用电及除尘器的排污用水费用。

## 二、价格鉴定基准日期

2009 年 12 月 25 日至 2011 年 4 月 30 日。

## 三、价格鉴定目的

为法院办理案件提供价格鉴定标的的价格依据。

## 四、价格定义

价格鉴定结论所指价格是：价格鉴定标的在鉴定基准日，期内采用公开市场价值标准确定的客观合理价格。

## 五、价格鉴定依据

（一）法律法规及规范性文件

1. 《中华人民共和国价格法》；

2. 《××省涉案财产价格鉴定条例》；

3. 《扣押、追缴、没收物品估价管理办法》；

4. 《关于扣押追缴没收及收缴财物价格鉴定管理的补充通知》；

5. 《××省涉案财产价格鉴定操作规范》。

（二）委托方提供的有关资料

1. 价格鉴定委托书；

2. 其他相关材料。

（三）价格鉴定方调查的有关资料

## 六、价格鉴定方法

成本法。

## 七、价格鉴定过程

接受委托后，我中心成立了价格鉴定小组，制定了作业方案，并于 2012 年 5 月 30 日对价格鉴定标的进行了实地勘验。

为确定××市××浴池所使用的 LHC0.7－0.7 型锅炉在 2009 年 12 月 25 日至 2011 年 4 月 30 日的用煤、用水、用电及除尘器的排污用水费用问题，价格鉴定人员对××浴池所使用的 LHC0.7－0.7 型锅炉用煤、用水、用电及除尘器的排污用水情况进行了调查，咨询了××大学等单位的有关专家。

根据委托方提供的资料及价格鉴定人员对××市××浴池现况的勘察，综合考虑××浴池的规模、营业状况及所使用锅炉的额定蒸发量、额定蒸汽压力、手烧炉等特性，对价格鉴定标的进行了客观公正的分析测算。具体测算过程如下：

1. 锅炉用煤费用。

××浴池所使用的LHC0.7-0.7型锅炉12月至3月中旬平均日用煤2.3吨；3月中旬至5月中旬平均日用煤1.8吨；5月中旬至9月中旬平均日用煤1.18吨；9月中旬至11月底平均日用煤1.8吨。

××浴池所使用的锅炉2009年12月25日至2011年4月30日的总用煤量为2.3吨×185日+1.8吨×180日+1.18吨×120日=891.1吨。其中2010年（含2009年12月25日至年底）用煤637.6吨，2011年用煤253.5吨。

××浴池所使用的锅炉2009年12月25日至2011年4月30日的用煤成本=（637.6吨×280元+253.5吨×415元）+891.1吨×（15元+6.5元+2元）=304671元。

2. 锅炉用水和除尘器的排污用水费用。

经测算，××浴池所使用的锅炉用水和除尘器的排污用水平均日用水量为18吨。

××浴池2009年12月25日至2011年4月30日锅炉用水和除尘器的排污用水的总用水量=18吨×485日=8730吨。其中2011年以前用水7110吨，2011年2月至4月用水1620吨。

用水成本=7110吨×1.50元+1620吨×2.48元=14683元。

3. 锅炉用电费用。

锅炉的平均日用电量为30千瓦时。

用电费用=1元×30千瓦时×485日=14550元。

## 八、价格鉴定结论

××浴池所使用的LHC0.7-0.7锅炉在2009年12月25日至2011年4月30日的用煤费用为人民币叁拾万肆仟陆佰柒拾壹元整（￥304671.00）；用水费用为人民币壹万肆仟陆佰捌拾叁元整（￥14683.00）；用电费用为人民币壹万肆仟伍佰伍拾元整（￥14550.00）。

## 九、价格鉴定限定条件

本次价格鉴定结论是以委托方提供的资料客观真实有效为前提。

## 十、声明

（一）价格鉴定结论受结论书中已说明的限定条件限制。

（二）委托方提供资料的真实性由委托方负责。

（三）本结论仅对本次委托有效，不做他用。未经我中心同意，不得向委托方和有关当事人之外的任何单位和个人提供。结论书中的全部和部分内容，不得发表于任何公开媒体上。

（四）价格鉴定机构和人员与有关当事人没有利益关系。

（五）如对本结论有异议，可向本鉴定机构提出重新鉴定，或委托省级政府价格主管部门设立的价格鉴定机构复核裁定。

## 十一、价格鉴定作业日期

（略）。

## 十二、价格鉴定人员

（略）。

## 十三、附件

1. 价格鉴定机构资质证复印件（略）
2. 价格鉴定人员资格证复印件（略）

（公章）

2012 年 6 月 29 日

## 测算说明

### 一、鉴定思路

××浴池锅炉的用水、用电、用气受淡季旺季、经营状况等诸多因素的影响。2012 年 5 月 30 日 ~6 月 1 日价格鉴定人员到××浴池就锅炉用煤、用水、用电情况咨询相关当事人，获取数据，并多次电话咨询××大学热能工程系的××教授，并当面就××浴池锅炉用煤、用水、用电的测算情况进行咨询，同时翻阅了有关资料。本次价格鉴定选取同等规模大小的 3 ~4 家浴池，综合用煤量等情况作为参考。

### 二、测算过程

××浴池使用的锅炉为四方牌 LHC0.7 – 0.7 蒸气锅炉，是立式、手烧、火管双层炉排锅炉，烧烟煤。

（一）关于用水量

0.7MW 的锅炉相当于用 1 吨的水来传递热，一小时用 1 吨水。浴池的体积为 2.05 × 4.6 × 1.55 = 14.62（立方米），水池注满水需用 14 立方米水，锅炉平均每天用水 18 吨在合理范围。

用水量 = 18 吨 × 485 天 = 8730 吨。

其中，2011 年 2 月以前用水 395 天 × 18 吨 = 7110 吨，2011 年 2 月—4 月用水量为 90 天 × 18 吨 = 1620 吨。2011 年 2 月以前的水费每吨为 1.50 元，2011 年 2 月—4 月的平均水费每吨为 2.48 元，则：

用水成本费用 = 7110 吨 × 1.5 元/吨 + 1620 吨 × 2.48 元/吨 = 14683 元

（二）关于用电量

该锅炉使用的是 5 千瓦的三项电机，每小时耗电 5 千瓦时，因手烧炉的风机在锅炉压火和火旺时不开，平均每天消耗 30 千瓦时电是合理的。每千瓦时经营用电电价为 1 元，则：

用电成本费用 = 30 千瓦时 × 485 天 × 1 元 = 14550 元

（三）关于用煤量的确定

首先确定用煤量。该型号锅炉的额定热功率为 0.7MW，允许工作压力为 0.7Mpa。对 0.7MW 的锅炉满负荷运转每小时的用煤量，按标煤计算燃烧值每千克 5000 千卡，一般工业燃煤锅炉热效能 η 在 60% ~ 82%，通常取 η = 80%，则：

$$\frac{0.7mw \times 860kcal/h}{5000kcal/kg \times \eta} = \frac{700kw \times 860kcal/h}{5000kcal/kg \times 0.8} = 150.5kg/h$$

确定用煤量后采用两种方法估算实际用煤量：

第一种方法，全年日平均用煤量。

按平均每天满负荷运转 6 小时计，则全年日平均用煤量为（150.5 千克 × 6h + 400）÷ 0.8 = 1628.75 千克 ≈ 1.63 吨。××浴池提供的日用煤量为（2.3 + 1.8 + 1.18）÷ 3 = 1.76 吨，误差为（1.76 – 1.63）÷ 1.63 × 100% = 8%。

第二种方法，分季节按 24 小时营业计算用煤量。

参数：每小时用煤量为 150.5 千克；热效能为 0.8；保持恒温，封煤用煤量为每天 400 千克。

1. 夏季：

打气 1.5 小时，日加热 4 次，每次 40 分钟，则：

日满负荷运转时间 = 1.5 + 4 × 40 ÷ 60 = 4.17（小时）

日用煤量 $= (150.5 \times 4.17 + 400) \div 0.8 = 1284.49$（千克）$\approx 1.28$ 吨

2. 春秋季：

打气 2 小时，日加热 6 次，每次 50 分钟，则：

日满负荷运转时间 $= 2 + 6 \times 50 \div 60 = 7$（小时）

日用煤量 $= (150.5 \times 7 + 400) \div 0.8 = 1816.88$（千克）$\approx 1.82$（吨）

3. 冬季：

打气 2 小时，日加热 8 次，每次 1 小时，则：

日满负荷运转时间 $= 2 + 8 \times 1 = 10$（小时）

日用煤量 $= (150.5 \times 10 + 400) \div 0.8 = 2381.25$（千克）$\approx 2.38$（吨）

表1        **实际调查数据与计算数据比较**

| | 调查的结论 | | 鉴定结论 | |
|---|---|---|---|---|
| | 运转时间（小时） | 用煤量（吨/天） | 运转时间（小时） | 用煤量（吨/天） |
| 夏季 | 4.17 | 1.18 | 4.17 | 1.28 |
| 春秋季 | 6.50 | 1.80 | 7.00 | 1.82 |
| 冬季 | 10.00 | 2.30 | 10.00 | 2.38 |

具体分时段用煤量的计算如下：

2009 年 12 月 25 日至 2011 年 4 月 30 日的总用煤量 $= 2.38 \times 185 + 1.82 \times 180 + 1.28 \times 120 = 921.5$（吨）。2011 年 1 月至 4 月为 120 天，其中日用煤量为 2.38 吨的天数为 75 天（30 + 30 + 15），日用煤量为 1.82 吨的天数为 45 天（30 + 15），则 2011 年的用煤量为 $2.38 \times 75 + 1.82 \times 45 = 260.4$（吨），2009 年 12 月—2011 年 12 月的用煤量 $= 921.5 - 260.4 = 661.1$（吨）。

表2        **鉴定结果比较**

| 年度 | 煤价（元/吨） | 测算结论 | | 鉴定结论 | |
|---|---|---|---|---|---|
| | | 用煤量（吨） | 价值（元） | 用煤量（吨） | 价值（元） |
| 2011 | 303.50 | 260.4 | 114185.40 | 253.5 | 111159.75 |
| 2009 – 2010 | 438.50 | 661.1 | 200643.90 | 637.6 | 193511.60 |
| 合计 | | | 314829.30 | | 304671.35 |
| 差额 | | | 8163.25 | | 1994.65 |

第三种方法，根据委托方提供的证据材料统计显示，2009 年 12 月至 2011 年 4 月送煤人张××给××浴池送煤共计 1289.93 吨。这期间××浴池包括锅炉用煤总的煤耗量在 1200 吨左右。

### 三、关于煤价及附加费的问题

根据在××煤矿销售科的调查统计，2010 年原煤的平均价格为每吨 280 ~ 300 元，2011 年每吨煤炭价格 1 月 340 元，3 月 380 元，4 月 460 元，4 月底以来 480 元，2011 年 1—4 月每吨原煤平均价格为 $(340 + 380 + 460 + 480) \div 4 = 415$（元）。根据调查，原煤的价格是要加上附加费的，即××至××每吨平均运费15元，装卸费6.5元，联运费2元。2010年每吨原煤的平均价格为280＋15＋6.50＋2＝303.5（元），2011年为415＋15＋6.50＋2＝438.50（元）。

根据委托方提供的证据材料统计显示，2009年12月至2011年4月送煤人张××给××浴池送煤共计1289.93吨，收取煤款450000元，每吨平均价格为348.86元。根据送煤人张××2011年4月21日的证明及2009年底至2011年4月的送煤统计，每吨煤的平均价格2009年12月至2010年底为（250＋300＋400）÷3＝316.67（元），2011年1—4月为（400＋500）÷2＝450（元）。

鉴定结论：

××浴池2009年12月25日至2011年4月30日：

（1）用煤费用为304671.35元；

（2）用水费用为14683元；

（3）用电费用为14550元。

### 案例评析

一、浴池锅炉的用水、用电、用气受淡季旺季、经营状况等诸多因素的影响，该案例以公式计算方法为基准，采用实际调查数据与之相印证，程序合法，方法得当，计算科学严谨，结论较为合理。

二、锅炉用煤量分时段来计算比较科学，但该数据的取得需要大量翔实的调查数据。该案鉴定人员采用分时段计算和专业计算公式两种方法确定用煤量，最后又采用浴池实际购煤数量来印证结论，方法正确，结论合理。鉴定人员在大量的调查、研究、学习的基础上，了解了锅炉的工作原理，得出了比较科学合理的结论，圆满地解决了各方争议。

案例一百零九

# 侵权案件中蛋鸡收益的价格鉴定

## 案例背景情况

2010 年 7 月，××市××区×××养鸡场发现饲养蛋鸡发生死亡率偏高、产蛋量下降的现象，并造成养鸡场亏损无法经营，经由有资质部门检测，其蛋鸡死亡率高、产蛋量减少造成亏损的原因为其附近后建的××区×××养牛场的环境污染所致。遂××区×××养鸡场起诉至××人民法院，法院于 2011 年 10 月 17 日委托××认证中心对中规模养鸡场每百只饲养蛋鸡在 2010 年度的平均收益进行价格鉴定。

## 价格鉴定结论书

### 关于蛋鸡收益的价格鉴定

×××人民法院：

根据你院的委托，我中心遵循合法、公正、科学的原则，按照规定的标准、程序和方法，依法对委托书所列指的每百只饲养蛋鸡在 2010 年度的平均收益进行了价格鉴定。现将有关情况综述如下：

### 一、价格鉴定标的

××区中规模蛋鸡饲养场每百只饲养蛋鸡在 2010 年度的平均收益。

### 二、价格鉴定目的

为你院办理案件提供鉴定标的的价格依据。

### 三、价格鉴定基准日期

2010 年度。

### 四、价格定义

价格鉴定结论所指价格是：价格鉴定标的在鉴定基准日期，采用公开市场价值标准确定的客观合理价格。

### 五、价格鉴定依据

（一）法律法规及规范性文件

1. 《中华人民共和国价格法》；

2. 《××省涉案财产价格鉴定条例》；

3. 《扣押、追缴、没收物品估价管理办法》；

4. 《关于扣押追缴没收及收缴财物价格鉴定管理的补充通知》；

5. 《××省涉案财产价格鉴定操作规范》。

（二）委托方提供的有关资料

1. 价格鉴定委托书；

2. ×××养鸡场概况。

（三）鉴定方收集的有关资料

1. 成本核算相关资料；

2. 其他相关资料。

### 六、价格鉴定方法

成本法。

### 七、价格鉴定过程

接受委托后，我中心成立了价格鉴定小组，制定了价格鉴定作业方案，并指派 2 名价格鉴定人员根据国家有关规程和标准，严格按照价格鉴定的程序和原则，通过认真分析研究，采用成本法对标的进行了价格鉴定。计算过程如下：

根据××市物价局工农业产品成本调查队编印的《2010 年××市农产品成本调查资料汇编》中全市规模蛋鸡成本收益表（中规模蛋鸡）记载：

（一）2010 年××区中规模蛋鸡每百只蛋鸡全年饲养期产值

2010 年××区中规模蛋鸡每百只蛋鸡全年饲养期主产品（鸡蛋）产量 1892.50 千克，2010 年每千克鸡蛋平均售价约为 7.93 元，即主产品总产值为 15007.53 元。

2010年每千克××区中规模蛋鸡每百只蛋鸡全年饲养期副产品（淘汰鸡、鸡粪等）产值约1746.58元，即2010年××区中规模蛋鸡每百只蛋鸡全年饲养期产值＝主产品产值＋副产品产值＝16754.11（元）。

（二）2010年××区中规模蛋鸡每百只蛋鸡全年饲养期总成本

1. 生产成本。包括物质服务费用和人工成本，其中物质服务费用如下表：

物质与服务费用表

| 直接费用（元/百只） | | | | | 间接费用（元/百只） | |
|---|---|---|---|---|---|---|
| 仔畜费（青年鸡） | 2664.29 | 医疗防疫费 | 116.37 | | 固定资产折旧 | 47.42 |
| 精饲料费 | 10168.24 | 死亡损失费 | 12.86 | | 保险费 | 0 |
| 青粗饲料费 | 0 | 技术服务费 | 0 | | 管理费 | 0 |
| 饲料加工费 | 8.86 | 工具材料费 | 2.19 | | 财务费 | 0 |
| 水费 | 7.27 | 修理维护费 | 0 | | 销售费 | 4.38 |
| 燃料动力费 | 电费 | 24.92 | 其他直接费用 | 0 | —— | —— |
| | 煤费 | 27.64 | | | | |
| | 其他燃料动力费 | 0 | | | | |
| 合计 | | 13032.64 | | | 合计 | 51.80 |
| 总合计 | | | | 13084.44 | | |

人工成本包括家庭用工折价及雇工费用两部分，家庭用工折价＝家庭用工天数×劳动日工价＝4.40×39＝171.60（元）；雇工费用＝雇工天数×雇工工价＝1.2×60＝72（元）。

人工成本＝家庭用工折价＋雇工费用＝171.60＋72＝243.6（元）

生产成本＝物质服务费用＋人工成本＝13084.44＋243.60＝13328.04（元）

2. 土地成本。每百只蛋鸡折合土地成本为0.28元。

2010年××区中规模蛋鸡每百只蛋鸡全年饲养期总成本＝生产成本＋土地成本＝13328.04＋0.28＝13328.32（元）

中规模蛋鸡饲养场每百只饲养蛋鸡在2010年度的平均收益＝2010年××区中规模蛋鸡每百只蛋鸡全年饲养期产值－2010年××区中规模蛋鸡每百只蛋鸡全年饲养期总成本＝16754.11－13328.32＝3425.79元≈3426（元）

## 八、价格鉴定结论

××区中规模蛋鸡饲养场每百只饲养蛋鸡在2010年度的平均收益为人民币叁仟

肆佰贰拾陆元整 （￥3426.00）。

## 九、价格鉴定限定条件

（一）委托方提供的资料客观真实。

（二）因价格鉴定工作日距鉴定基准日期较远，鉴定人员无法通过实物勘验确定标的在鉴定基准日期状况，鉴定基准日期标的情况以委托方认定为准。当上述条件发生变化时，鉴定结论会失效或部分失效，鉴定机构不承担由于这些条件的变化而导致鉴定结果失效的相关法律责任。

（三）鉴定过程中所引数据均出自××市物价局工农业产品成本调查队编印的《2010 年××市农产品成本调查资料汇编》中全市规模蛋鸡成本收益表（中规模蛋鸡）记载的历史资料，该资料为××市物价局工农业产品成本调查队历史性资料，为鉴定基准日同一时期、同一地区、同等规模的平均成本数据。

## 十、声明

（一）价格鉴定结论受结论书中已说明的限定条件限制。

（二）委托方提供资料的真实性由委托方负责。

（三）价格鉴定结论仅对本次委托有效，不做他用。未经我中心同意，不得向委托方和有关当事人之外的任何单位和个人提供。结论书的全部和部分内容，不得发表任何公开媒体上。

（四）鉴定机构和鉴定人员与价格鉴定标的没有利害关系，也与有关当事人没有利害关系。

（五）如对本结论有异议，可向本鉴定机构提出重新鉴定，或委托省级政府价格主管部门设立的价格鉴定机构复核裁定。

## 十一、价格鉴定作业日期

（略）。

## 十二、价格鉴定人员

（略）。

## 十三、附件

1. 价格鉴定委托书复印件（略）
2. 价格鉴定机构资质证复印件（略）

3. 价格鉴定人员资格证复印件（略）

（公章）

2011 年 10 月 31 日

## 测算说明

### 一、标的基本特征表述

该养鸡场规模为万只以上的中规模蛋鸡养殖场，其喂食、温度、排风等均为电脑自动控制，防疫接种齐全，已经营养殖多年，有多年的养殖经验，收益良好，账目齐全，财物管理规范，未发生过上述蛋鸡死亡率短期内偏高、产蛋量急剧下降造成亏损的现象。

### 二、测算过程

具体见价格鉴定结论书，略。

## ◤ 案例评析

一、该案例是对中规模养鸡场每百只饲养蛋鸡在某年度的平均收益进行的价格鉴定，程序合法，依据较充分，方法恰当，结论较为合理。

二、在运用成本法进行测算的过程中，考虑到了价格鉴定工作日距鉴定基准日期较远，价格鉴定人员搜集鉴定标的的价格在同一时期、同一地域、同等规模的权威性历史平均成本数据的方法进行计算。

三、该案例的要点是成本法推算过程中的资料搜集。在搜集资料时选择了××市物价局工农业产品成本调查队的权威性历史统计资料，以鉴定基准日同一时期、同一地区、同等规模的平均成本数据为依据，选择了权威的数据信息来源，并结合权威性数据按科学的计算方法进行计算，以保证所得结论的客观准确性。

## 案例一百一十

# 经济纠纷案件中石场及采矿许可证
# 使用权的价格鉴定

 **案例背景情况**

×××石场因共同合伙人发生经济纠纷，拆除机器设备，致使企业停产。停产以后，合伙人起诉至法院，判决后，申请执行人要求对×××石场（含附属建筑物）及采矿许可证使用权进行拍卖。×××人民法院于2012年7月25日委托×××价格认证中心对该标的进行价格鉴定。

 **价格鉴定结论书**

## 关于对×××石场及采矿许可证使用权的价格鉴定结论书

×××人民法院：

根据你院价格鉴定委托书的委托，我中心遵循合法、公正、科学的原则，按照规定的标准、程序和方法，依法对×××石场及采矿许可证使用权进行了价格鉴定。现将价格鉴定情况综述如下：

### 一、价格鉴定标的

×××石场、采矿许可证（证号：×××××7821）使用权，有效期3年，年开采量5万吨。

### 二、价格鉴定目的

为法院执行案件提供价格依据。

### 三、价格鉴定基准日

2012 年 7 月 25 日。

### 四、价格定义

价格鉴定结论所指价格是：价格鉴定标的在价格鉴定基准日，采用的公开市场价值标准确定的客观合理的价格。

### 五、价格鉴定依据

（一）法律法规及规范性文件

1.《中华人民共和国价格法》；

2.《××省涉案物品价格鉴证管理条例》；

3.《扣押、追缴、没收物品的估价管理办法》；

4.《关于扣押追缴没收及收缴财物价格鉴定管理的补充通知》。

（二）委托方提供的有关资料

1. ×××人民法院（2012）×××号对外评估委托书；

2. ×××国土资源局关于×××石场的采矿许可证有效期延续三年的证明；

3. ×××市××矿产资源储量评审中心关于×××省×××石场开发利用方案审查意见书；

4. ×××石场的相关资料、合同及协议书。

（三）鉴定方收集的有关资料

### 六、价格鉴定方法

根据价格鉴定标的特点，确定对×××石场及附属建筑物等的价格采用成本法进行鉴定，对证号为××××7821 采矿许可证使用权价格采用收益法进行鉴定。

### 七、价格鉴定过程

我中心接受委托后，组织价格鉴定人员在委托方有关人员及当事人的陪同下，到×××石场进行实地勘察、测量；并到当地村委会调查了解石场有关情况，以及石场过去的经营效益、产品销售、价格及未来能否正常的开采等相关情况。根据鉴定标的特点和掌握的资料，决定采用成本法和收益法对价格鉴定标的分别进行价格鉴定。

（一）价格鉴定标的概况

×××石场坐落于×××小组，目前因经济纠纷，机器设备已被搬走，企业处于停工状态。该石场属小型矿山，埋藏浅，开采条件好。

2009 年 5 月至 2010 年期间，企业主雇挖掘机作业 1200 小时，将矿石表皮泥土铲除。开采出一个宽 53 米、长 57.4 米的采石口。矿石大部分裸露出地面，平均高度约 27 米。矿界内 MI 矿体资源储量为 17.15 万吨，采空区动用资源量为 1.26 万吨，石质优良，完全可以满足每年 5 万吨开采量的采矿证使用权延期 3 年的开采。

×××石场现有砖木结构厂房一栋，建筑面积为 135.45 平方米（30.10 米 × 4.50 米）檐高 2.45 米，脊高 3 米；平整好的储料场两个，一个在大楼下村小组林场处，面积 2 亩，另一个在 ×× 村 ×× 山上，面积约 7 亩，通往石场的道路平整较宽阔，交通便利。该石场恢复生产需要投资金额应较小，见效较快，经济效益较好。

本采矿许可证在价格鉴定基准日可延期使用 3 年，每年的开采量为 5 万吨，采矿许可证证号：×××××7821，本证有效期延续 3 年。开采矿种：建筑石料用灰岩；开采方式：露天。年生产规模：5 万吨。矿区面积：0.004 平方千米。

（二）价格鉴定技术路线

1. 根据鉴定标的特点，我中心价格鉴定人员确定先采用成本法鉴定 ×××石场的砖木结构厂房的价格和石场开采口铲除矿石表皮泥土的价格。

2. 由于该石场没有完整的财务账目，石场机械设备已全部拆除，处于停产状态，固定资产投资额无法确定，因此，本次鉴定参照本地其他正常生产石场的相关数据，采用销售一方碎石所得金额减去直接成本扣间接成本和税费及有形资产投资的纯收益，测算出生产销售一方碎石采矿许可证使用权的纯收益，采用收益法鉴定采矿许可证使用权延期 3 年的使用权价格。

3. 将采用石场的有形投资价格与 3 年采矿许可证使用权价格相加，最后得出价格鉴定结论。

（三）具体测算过程

1. 采用成本法测算厂房和铲除矿石表皮泥土的成本价格。

（1）砖木结构厂房面积 135.45 平方米（30.10 米 × 4.50 米），2009 年建成，已使用 4 年，根据相关文件规定，砖木结构（非腐蚀性）厂房使用年限为 40 年，综合成新率为 90%，该厂房无土地使用权证和产权证，根据市场调查，价格鉴定基准日每平方米造价为 260 元，砖木结构厂房鉴定价格为 3.17 万元。

（2）石场开采口费用为 24 万元。

2. 采用收益法测算 ×××石场采矿许可证使用权价格。

生产销售一方碎石采矿许可证使用权纯收益 = 一方碎石销售单价 - 一方碎石的直接生产成本生产 - 一方碎石的间接生产成本 - 销售一方碎石税金 - 销售一方碎石企业有形资产投资的纯收益

（1）确定一方碎石的销售单价为 40 元（含税费，不含装车费、运输费）。

（2）确定生产一方碎石直接生产成本费为 28 元。

（3）确定生产一方碎石的间接成本为 5.40 元（包括固定资产折旧费、企业管理费和管理人员工资、各项规费）。

（4）确定一方税费为 1.20 元（按销售一方碎石的金额计算）。

（5）确定有形资产投资的纯收益为 2 元。

（6）生产销售一方碎石采矿许可证使用权纯收益为 3.40 元。

（7）收益法计算公式为：

$$P = a/r \left[1 - 1/(1+r)^n\right]$$

其中：P：采矿许可证使用权价格；

a：采矿许可证使用权年纯收益；

r：折现率；

n：采矿许可证使用权可使用年限。

经调查测算，折现率为 8.25%，×××石场生产销售一方碎石，采矿许可证使用权的年纯收益为 11.3332 万元，使用年限即为折现期数 3，则：

$$P = a/r \times \left[1 - 1/(1+r)^n\right]$$

$$= 11.33332 \text{ 万元}/8.25\% \times \left[1 - 1/(1+8.25\%)^3\right]$$

$$\approx 29.08 \text{（万元）}$$

3. ×××石场的厂房价格、石场开采口费用、采矿许可证使用权价格合计为：3.17 万元 + 24 万元 + 29.08 万元 = 56.25 万元。

## 八、价格鉴定结论

价格鉴定标的在价格鉴定基准日的价格为人民币大写：伍拾陆万贰仟伍佰元整（￥562500.00）。

## 九、价格鉴定限定条件

（一）委托方提供资料的客观真实；

（二）本鉴定结论前提条件是×××石场在已经开采现状下能正常生产并持续 3 年。

## 十、声明

（一）价格鉴定结论受结论书中已说明的限定条件限制。

（二）委托方提供资料的真实性由委托方负责。

（三）价格鉴定结论仅对本次委托有效，不做他用。未经我中心同意，不得向委托方和有关当事人之外的任何单位和个人提供。结论书的全部或部分内容，不得发表于任何公开媒体上。

（四）价格鉴定机构和鉴定人员与价格鉴定标的没有任何利害关系，也与有关当事人没有利害关系。

（五）如对价格鉴定结论书有异议，可向价格鉴证机构提出补充价格鉴定、重新价格鉴定或向省级以上（含省级）政府价格主管部门设立的价格鉴定机构复核裁定。

## 十一、价格鉴定作业日期

（略）。

## 十二、价格鉴定人员

（略）。

## 十三、附件

1. 价格鉴定机构资质证复印件（略）
2. 价格鉴定人员资格证复印件（略）

（公章）

2012 年 9 月 24 日

## 测算说明

### 一、鉴定思路

本案例是对产生经济纠纷的石场及采矿使用权进行价格鉴定。案例主要特点：一是鉴定基准日该石场属于停产状态，采用成本法测算厂房和铲除矿石表皮泥土地的成本价格；二是采用收益法测算该石场采矿许可证使用权价格。

### 二、价格鉴定标的概况

2009 年 5 月至 2010 年期间，企业主雇挖掘机作业 1200 小时，将矿石表皮泥土铲除。开采出一个宽 53 米、长 57.40 米的采石口。矿石大部分裸露出地面，平均高度约 27 米。石质优良。矿界内 MI 矿体资源储量为 17.15 万吨，采空区动用资源量为 1.26 万吨。完全可以满足每年 5 万吨开采量的采矿证使用权延期 3 年的开采。

××石场现有砖木结构厂房一栋，建筑面积为 135.45 平方米（长 30.10 米 × 4.50 米）檐高 2.45 米，脊高 3 米；平整好的储料场两个，一个在大楼下村小组林场处，面积 2 亩，另一个在×××山上，面积约 7 亩，通往石场的道路平整较宽阔，交通便利。该石场恢复生产需要投资金额应较小，见效较快，经济效益较好。

### 三、价格鉴定过程

根据鉴定标的特点，我中心价格鉴定人员确定先采用成本法鉴定××石场的砖木结构厂房的价格和石场开采口铲除矿石表皮泥土的价格。再根据相关资料和参数测算出生产销售一方碎石，采矿许可证使用权的纯收益，采用收益法鉴定采矿许可证使用权延期3年的使用权价格，将成本法鉴定得出的价格与收益法鉴定得出的价格相加，最后得出价格鉴定结论。具体测算过程如下：

（一）采用成本法测算厂房和铲除矿石表皮泥土的成本价格

1. 砖木结构厂房面积 135.45 平方米（长 30.1 米×宽 4.5 米），2009 年建成，已使用 4 年，根据相关文件规定，砖木结构（非腐蚀性）厂房使用年限为 40 年，故鉴定标的综合成新率为 90%，该厂房无土地使用权证和产权证，根据市场调查，价格鉴定基准日每平方米造价为 260 元。

厂房鉴定价格 = 鉴定面积×重置造价×重置成新率

砖木结构厂房鉴定价格 = 135.45 平方米×260 元×90%

$$≈3.17 \text{ 万元}$$

2. 石场开采口费用。

雇用挖机作业 1200 小时，根据市场调查挖机作业工时费一般在 200 元以上，即：

200 元×1200 小时 = 24 万元

（二）采用收益法测算×××石场采矿许可证使用权价格

收益法计算公式为：

$$P = a/r \left[ 1 - 1/(1+r)^n \right]$$

其中：P：采矿许可证使用权价格；

　　　a：采矿许可证使用权年纯收益；

　　　r：折现率；

　　　n：采矿许可证使用权可使用年限。

1. 测算×××石场生产销售一方碎石，采矿许可证使用权的纯收益。

生产销售一方碎石采矿许可证使用权纯收益 = 一方碎石销售单价 - 一方碎石的直接生产成本生产 - 一方碎石的间接生产成本 - 销售一方碎石税金 - 销售一方碎石企业有形资产投资的纯收益。

（1）确定一方碎石的销售单价为 40 元（含税费，不含装车费、运输费）。

根据市场调查及委托方提供的资料，2010 年 12 月 25—27 日×××石场与中铁二局和中铁二十四局先后签订的两个买卖合同每方碎石价格为 68 元（含场内装车费、道砟配送及技术服务费），扣除税费，装车费、运输费后为 40 元。

（2）确定生产一方碎石直接生产成本费为 28 元。

根据×××石场 2009 年 2 月 26 日与冯××、占××签订的协议书，生产一方碎石直接生产成本费 28 元（含炸药费、加工费、材料费、人工工资、柴油费、电费等）。

（3）确定生产一方碎石的间接成本为 5.40 元。

①固定资产折旧费。折旧率为5%，即2元（按销售一方碎石的金额计算）。

②企业管理费和管理人员工资8%，即3.2元（按销售一方碎石的金额计算）。

③各项规费0.5%，即0.20元（按销售一方碎石的金额计算，主要为水土资源保护费、环境资源监测费等）。

（4）税率为3%，确定税费为1.20元（按销售一方碎石的金额计算）。

（5）确定有形资产投资的纯收益为2元（按销售一方碎石的金额计算）。

（6）生产销售一方碎石采矿许可证使用权纯收益

$$=40元-28元-5.40元-1.20元-2元$$
$$=3.40元$$

（7）折现率$=3.25\%+5\%=8.25\%$。

根据×××国土资源局2012年9月6日的证明材料，×××石场的采矿许可证（证号：××××7821）正在办理延期使用手续，有效期延续3年，每年允许开采量为5万吨，折合3.3333万方（方量与吨位的换算比为1∶1∶5）。

采矿许可证使用权年纯收益$=3.4元\times3.3333万方$
$$=11.3332万元$$

2. 折现率的确定。

折现率＝无风险报酬率＋风险报酬率

其中，无风险报酬率为一年期银行存款利率，即3.25%；风险报酬率根据本县现行采石行业的生产经营状况，确定为5%，因此：

3. 使用年限为3年。

4. ×××石场采矿许可证使用权价格为：

$$P=a/r\times[1-1/(1+r)^n]$$
$$=11.33332万元/8.25\%\times[1-1/(1+8.25\%)^3]$$
$$\approx29.08万元$$

（三）综合计算×××石场的厂房、价格，石场开采口费用、采矿许可证使用权价格

即：厂房价格＋石场开采口费用＋采矿许可证使用权价格

$$=3.17万元+24万元+29.08万元$$
$$=56.25万元$$

### 案例评析

一、该案例技术路线清晰，较好解决了运用收益率法确定采矿使用权证价格难点，从总净收益中扣减了有形投资部分形成的净收益额。

二、该案例在计算时参考当地同类企业的行业客观数据是恰当的，不宜仅用个

别成本作为计算依据。

三、该案例在计算有形投资时，还需对平整两块料场等的投资进行测算。

四、该案例中确定折现率的过程太简单。

使用收益法首先应明确收益折现法和收益资本化法的区别：

未来收益折现法是通过估算被评估企业将来在一起经济收益，并以一定的折现率复利折现得出其价值。这种方法在企业价值评估中被广泛运用，通常需要对预测期间企业发展计划、盈利能力、财务状况等进行详细分析。

收益资本化法是将企业未来的预期的具有代表性的相对稳定的收益，以资本化率转化成为企业价值的一种计算方法。通常直接以单一年度的收益预测为基础进行价值估算，即通过收益预测与一个合适的比率相除或者将收益预测与一个合适的乘数相乘方法。

折现率在投资决策中所代表的经济意义是：折现率在净现值计算中所代表的是投资项目可以被接受的最小收益率，也就是项目投资所必须达到的最低报酬水平。它是投资者期望的最低投资收益率。

影响最低投资收益率的基本因素有资金成本、投资项目的性质、经营风险、通货膨胀、经济周期、投资者的风险态度等，在确定折现率时必须加以考虑。

## 案例一百一十一

# 民事赔偿案件中鱼塘养殖损失的价格鉴定

 **案例背景情况**

2008 年 12 月 25 日，法院委托××市价格认证中心鉴定王某与某某公司财产损失赔偿纠纷一案中因鱼塘被淹没导致养殖的损失。原告诉称：其承包村内××河东岸的水面进行水产养殖，于 2008 年春季在承包的鱼塘内投放了鲤鱼苗、南美虾苗。2008 年 7 月，被告某某公司兴建高尔夫球场时堵塞了原告鱼塘的排水水道，降雨后鱼塘内积水无法排除，水位上涨，淹没了鱼塘围堰，使原告养殖的鱼、虾游出鱼塘，原告要求被告赔偿一季的养殖损失。

## 价格鉴定结论书

# 关于鱼塘养殖损失的价格鉴定结论书

××市××区人民法院：

根据你院委托，本中心遵循合法、公正、科学的原则，按照规定的标准、程序和方法，依法对委托书所列指的鱼塘养殖损失进行了价格鉴定。现将价格鉴定情况综述如下：

### 一、价格鉴定标的

价格鉴定标的为王某承包鱼塘的养殖损失。委托方确认以原告实际养殖面积 35 亩、损失率 50% 为损失数量。

### 二、价格鉴定目的

为法院审理民事赔偿案件提供价格依据。

### 三、价格鉴定基准日

2008 年 7 月 15 日。

### 四、价格定义

价格鉴定结论所指价格是：王某承包的鱼塘在价格鉴定基准日，采用公开市场价值标准确定的客观合理的养殖损失。

### 五、价格鉴定依据

（一）法律法规及规范性文件

1. 《中华人民共和国价格法》；
2. 《××省涉案物品价格鉴证条例》；
3. 《××省价格鉴证操作规范》（2006 年修订版）；
4. 其他相关法律、法规等。

（二）委托方提供的有关材料

1. 委托书；
2. 原告民事诉状；
3. 原告承包合同；

4. 原告购买鱼苗、虾苗、饵料等的收据；

5. 原告公证处公证书。

（三）当事人提供的有关资料

原告提供××承包虾池勘测定界图。

（四）鉴定方收集的有关材料

1. 实地勘验笔录；

2. ××农业大学出具的××地区有关淡水养殖的技术指标等事项；

3. 对双方当事人的调查笔录；

4. 市场调查资料；

5. 其他相关资料等。

## 六、价格鉴定方法

成本法。

## 七、价格鉴定过程

原告与××村签订承包合同，承包村内××河东岸的 20 亩水面进行水产养殖，实际占用水面面积 34.9452 亩。原告在 2008 年 3 - 4 月陆续投入鲤鱼苗 381 千克，南美虾苗 100 万尾，采用适当投喂饵料方式喂养，2008 年是原告承包鱼塘后第一次养殖，事件发生后未进行过捕捞。

我中心接受委托后，成立了价格鉴定小组，制定了价格鉴定作业方案，并指派 2 名价格鉴定人员于 2009 年 1 月 9 日与委托方及双方当事人共同对标的进行了实地勘验。勘验时，鱼塘排水道仍被堵塞，水面结冰，鱼塘围堰覆盖在冰面以下，因冰层较厚，无法清楚观测。实地勘验后，价格鉴定人员根据国家有关规定和标准，按照价格鉴定的程序和原则，要求委托方确认了损失数量、鉴定范围，并补充提供亩产量等方面的技术资料。通过认真分析案情和广泛的市场调查，确定采用当年市场价对鲤鱼、南美对虾生长至商品规格时的销售收入进行鉴定；采用成本法对鉴定基准日至鱼、虾出售时还需投入的成本费用进行鉴定。计算过程如下：

计算公式：

养殖损失 = 损失鲤鱼和南美对虾一季的销售收入 - 鉴定基准日至出售时损失鱼虾尚需投入的成本费用

1. 确定损失鲤鱼和南美对虾一季的销售收入。

损失鲤鱼和南美对虾的销售收入 = 南美对虾销售单价 × 南美对虾损失数量
+ 鲤鱼销售单价 × 鲤鱼损失数量

根据××农业大学提供的技术资料，结合鉴定方的调查情况，采用市场法鉴定的损失鲤鱼和南美对虾一季的销售收入共计341250元。

2. 采用成本法鉴定的鉴定基准日至出售时损失鱼虾尚需投入的成本费用为20685元。

3. 鉴定养殖损失＝341250元－20685元＝320565元。

## 八、价格鉴定结论

王某承包鱼塘在价格鉴定基准日的养殖损失为人民币叁拾贰万零伍佰陆拾伍元整（￥320565.00）。

## 九、价格鉴定限定条件

（一）委托方提供的资料客观真实；

（二）原告实际养殖面积与承包合同载明面积不一致，依据委托方意见，本结论按实际养殖面积35亩计算损失；

（三）损失数量不属于××认证中心鉴定范围，委托方及当事人均未提供鲤鱼、南美对虾实际损失数量的相关证据，且原、被告对该问题无法达成一致意见，按照委托方意见，本次鉴定以正常产量的50%计算损失率；

（四）根据××大学提供资料，南美对虾可年产两季，鲤鱼年产一季，本次鉴定依据原告方申请，鉴定了南美对虾和鲤鱼一季的损失；

（五）为简化计算，鉴定过程中假设损失的南美对虾和鲤鱼在生长至成品规格时即全部捕捞、出售；

（六）鉴定结论中未扣除养殖户需交纳的税金；

（七）当上述条件发生变化时，鉴定结论一般会失效或部分失效，价格鉴定机构不承担由于这些条件发生变化而导致鉴定结论失效的相关法律责任。

## 十、声明

（一）价格鉴定结论受结论书中已说明的限定条件的限制。

（二）委托方提供资料的真实性由委托方负责。

（三）价格鉴定结论仅对本次委托有效，不做他用。未经我中心同意，不得向委托方和有关当事人之外的任何单位和个人提供。结论书的全部或部分内容，不得发表于任何公开媒体上。

（四）鉴定机构和鉴定人员与价格鉴定标的没有利害关系，与有关当事人也没有利害关系。

（五）如对本鉴定结论有异议，委托机关可向鉴定机构提出重新鉴定，或委托省级政府价格主管部门设立的价格认证机构复核裁定。

### 十一、价格鉴定作业日期

（略）。

### 十二、价格鉴定人员

（略）。

### 十三、附件

1. 价格鉴定委托书复印件（略）
2. 实地勘验图片（略）
3. ××农业大学××地区有关淡水养殖的技术指标等事项复印件（略）
4. ××承包虾池勘测定界图复印件（略）
5. 价格鉴定机构资质证明复印件（略）
6. 价格鉴定人员资格证复印件（略）

（公章）

2009 年 5 月 15 日

## 测算说明

### 一、鉴定思路

本案例是对鱼塘养殖损失进行鉴定。案例主要特点：

（1）本案原告 2008 年春季投苗，至 2009 年 1 月实地勘验时损害行为仍未消除，原告要求鉴定鱼、虾一季的损失。可以有两种计算方法：①原告已投入的变动成本＋预计净利润；②预计销售收入－尚需投入的变动成本。因本案市场调查到的净利润数据差异较大，故采用后一种公式进行鉴定。

（2）本案合同承包面积 20 亩与实际养殖面积 35 亩不一致，需法院明确采用哪个面积进行损失鉴定。

（3）鱼、虾损失数量不属于××认证中心鉴定范围，委托方及当事人均未提供实际损失数量的相关证据，且原、被告对该问题无法达成一致意见，需由委托方明确鱼、虾损失数量。

（4）按照原告的投苗量及养护方式，鲤鱼与南美对虾长至商品规格需要的时间、长至商品规格的单条（尾）重量、亩产量等相关技术指标需先委托专业机构作出报告。

（5）鉴定过程中鱼、虾的收入、成本均为损失部分的数据。

## 二、价格鉴定标的概况

价格鉴定标的为王某承包鱼塘的养殖损失。

原告诉称：2008 年 7 月，被告某某公司兴建高尔夫球场时堵塞了原告鱼塘的排水水道，降雨后鱼塘内积水无法排除，水位上涨，淹没了鱼塘围堰，使原告养殖的鱼、虾游出鱼塘，要求被告赔偿鱼、虾一季的损失。

2009 年 1 月，鉴定人与委托方及双方当事人共同进行了实地勘验，勘验时，鱼塘排水道仍被堵塞，水面结冰，鱼塘围堰覆盖在冰面以下。经调查，原告承包××河东岸水面进行水产养殖，合同承包面积 20 亩，实际占用水面面积 35 亩，2008 年 3—4 月间原告陆续投入鲤鱼苗 381 千克、南美虾苗 100 万尾，采用适当投喂饵料的粗养方式喂养。2008 年是原告承包鱼塘后第一次养殖，事件发生后未进行过捕捞，原被告对损失数量有争议，但均无法提供损失数量的相关证据。

## 三、价格鉴定过程

我中心接受委托后，成立了价格鉴定小组，根据委托方提供的资料和原告申请，鉴定南美对虾、鲤鱼一季的养殖损失。其中采用市场价对鲤鱼、南美对虾生长至商品规格时的销售收入进行鉴定；采用成本法对鉴定基准日至鱼、虾出售时还需投入的成本费用进行鉴定。

计算过程如下：

1. 计算公式。

养殖损失 = 损失鲤鱼和南美对虾 1 季的销售收入 − 鉴定基准日至出售时损失鱼虾尚需投入的成本费用

2. 损失南美对虾 1 季的销售收入。

根据××农业大学来函，本市南美对虾可年产两季，若春季投苗，中秋、国庆节前后可收获。生长期半年时，南美对虾的单尾重量约 20 克，粗养方式下，南美对虾一季亩产量约 50 千克。

经鉴定人调查，本市类似粗养模式的养殖户均采取鲜活上市销售，主要销售给附近酒店，销售单价较高，但销售周期较长，为简化计算，鉴定过程中假设损失的南美虾在生长至成品规格时全部捕捞、出售，按 2008 年秋季单尾重量约 20 克的南美对虾鲜活销售价与批发价的平均销售价格每千克 30 元/公斤计算销售单价。本案双方当事人对损失数量不能达成一致意见，损失数量非我中心鉴定范围，经委托方确认，按原告实际养殖面积 35 亩、损失率 50% 确定损失数量。

则：损失南美对虾的销售收入 = 50 公斤 × 30 元 × 35 亩 × 50% = 26250 元

3. 损失鲤鱼的预计销售收入。

根据××农业大学来函，本市鲤鱼可年产一季，若春季投苗，来年春季可收获。按本案原告的投苗量及饲养方式，其鲤鱼 1 年亩产量约 1000 千克，生长期 1 年的鲤鱼单尾重量约 750 克。

销售单价鉴定方法同南美对虾，为每千克 18 元，损失量计算方法同上。则：

预计损失鲤鱼的销售收入 =1000 公斤 ×18 元 ×35 亩 ×50% =315000 元

4. 鉴定基准日至出售时损失鱼虾尚需投入的成本费用。

因当事人为第一年养殖，无历史成本资料，鉴定时也未找到与原告养殖方式完全相同的鲤鱼、南美对虾混养养殖户，故参考当事人提供的已发生成本资料和市场搜集到的相关成本数据确定其后期养殖成本，并参考了单独养殖鲤鱼和单独养殖南美对虾的养殖户提供的捕捞费等费用情况。

尚需投入损失部分南美对虾、鲤鱼的后期饵料费及人工费、电费、捕捞费等其他费用共 20685 元。

5. 养殖损失鉴定金额为：

损失鲤鱼和南美对虾的销售收入 – 鉴定基准日至出售时损失鱼虾尚需投入的成本费用 = 26250 + 315000 – 20685 = 320565（元）

## 案例评析

一、该案例是对民事赔偿案件中鱼塘养殖损失的价格鉴定，程序合法，依据较充分，方法恰当，结论较为合理。

二、该案例要点是可采用"原告已投入的变动成本 + 预计净利润或预计销售收入 – 尚需投入的变动成本"两种方法计算。当无法取得净利润数据时，可考虑采用第二种方法计算。

三、与委托方充分沟通，明确相关事项。如：合同承包面积与实际承包面积不一致时，采用哪个面积进行损失鉴定？鱼虾损失数量不在认证中心鉴定范围，当事人又有较大争议，该如何处理？对以上事项，鉴定人员逐一征求了委托方意见，并在价格鉴定结论中进行了说明。

四、鲤鱼与南美对虾亩产量、生长期、单尾（只）重量等相关技术指标委托××农业大学针对原告具体养殖情况出具了证明，依据该证明进行价格鉴定，有效规避了认证中心风险。

五、价格鉴定过程中应采用客观数据，不仅要考虑个别成本和历史数据，还要看养殖户的技术水平以及当地同类或者类似养殖场的客观成本水平。

案例一百一十二

# 民事赔偿案件中种猪损失的价格鉴定

 **案例背景情况**

2008 年 9 月 15 日，××生态牧业有限公司从××饲料公司购买饲料喂养种猪，次日有 1 头母猪死亡，6 头母猪流产。××生态牧业公司当即保留现场，聘请畜牧局专业技术人员诊断事故原因。经技术分析判定，该批母猪死亡、流产的直接原因系食用发霉饲料造成。随后××生态牧业公司多次与××饲料公司协商赔偿损失未果。无奈之下，××生态牧业公司一纸诉状将××饲料公司告上法庭。××县人民法院受理此案，并委托××县价格认证中心对母猪损失进行价格鉴定。

 **价格鉴定结论书**

## 关于××生态牧业公司种猪死亡、流产损失的价格鉴定结论书

××县人民法院：

根据你院委托，我中心遵循合法、公正、科学的原则，按照规定的标准、程序和方法，依法对××生态牧业公司种猪损失进行了价格鉴定。现将价格鉴定情况综述如下：

### 一、价格鉴定标的

价格鉴定标的为××生态牧业公司 1 头母猪死亡、6 头母猪流产所造成的经济损失。

### 二、价格鉴定目的

为人民法院审理民事赔偿案件提供价格依据。

### 三、价格鉴定基准日

2008 年 9 月 15 日。

### 四、价格定义

价格鉴定结论所指价格是：在鉴定基准日，采用公开市场价值标准确定××生态牧业有限公司因发霉饲料造成的直接经济损失。

### 五、价格鉴定依据

（一）法律法规及规范性文件

1. 《中华人民共和国价格法》；

2. 《价格鉴定行为规范》（2010 年版）；

3. 《××省涉案财物价格鉴定管理办法》；

4. 其他法律法规及规范性文件。

（二）委托方提供的有关资料

价格鉴定委托书及相关证明材料。

（三）鉴定方收集的有关资料

1. 实物勘验资料；

2. 市场调查资料。

### 六、价格鉴定方法

成本法。

### 七、价格鉴定过程

我中心接受委托后，成立了价格鉴定小组，制定了作业方案，同时，价格鉴定人员在委托方有关人员的陪同下一起到××生态牧业公司进行了调查，根据标的状况及鉴定目的确定采用成本法、收益法进行价格鉴定。

（一）价格鉴定标的概况

根据委托方提供的资料分析，××生态牧业公司在母猪受损前有种猪 71 头，其中 68 头母猪是 2008 年初从外地××集团购买，每头购进价 1800 元，运杂费共 7250 元。经××生态牧业公司饲养 9 个月，母猪已陆续怀孕生产。因 2008 年 9 月 15 日喂养霉变饲料后其中 1 头母猪死亡、6 头母猪流产。本次价格鉴定标的为××生态牧业公司 1 头母猪死亡、6 头母猪流产所造成的经济损失。

（二）测算过程

价格鉴定标的为怀孕母猪，当地市场无交易实例，不宜采用市场法进行价格鉴定。经综合分析，决定死亡母猪采用成本法进行价格鉴定，流产母猪损失采用收益法鉴定。计算公式如下：

死亡母猪损失 = 购进成本 + 饲养成本 + 应得收益 - 残值

流产母猪损失 = 正常生产仔猪应得收入 - 仔猪出栏前成本支出

1. 测算死亡母猪损失。

经当地市场调查，价格鉴定基准日同品种类型母猪每头的生产成本、收益情况如下：

①外地购进价：1800 元；

②运杂费：7250 元 ÷ 68 头 = 106.62 元；

③人工费：3000 元 ÷ 71 头 = 42.25 元/月，9 个月为 380.25 元；

④水电费：10 元/月，9 个月为 90 元；

⑤防疫费：50 元；

⑥饲料费：平均按每天 2.5 千克计算，每千克 2.80 元，9 个月为 1890 元；

⑦管理费（含固定资产折旧和不可预见费）：按以上①项至⑥项总和 10% 计，为 431.65 元；

以上①项至⑦项合计为 4748.52 元；

⑧合理收益：经调查，当地母猪生产的成本收益率为 8%，按①项至⑦项总和的 8% 计，为 380 元。

以上①项至⑧项合计 5129 元。

因非正常死亡母猪无利用价值，故残值取零。则：

1 头死亡母猪的损失 = 购进成本 + 饲养成本 + 应得收益 - 残值 = 5129（元）

2. 测算 6 头流产母猪的损失。

（1）测算正常生产仔猪应得收入。

经调查，仔猪从出生到满月经过 60 天的饲养即可出栏，出栏时平均重量为 22.5 千克左右，当地每千克的销售价格为 36 元。平均每头母猪产仔 8 头，仔猪的出栏率（存活率）为 90%。

正常生产仔猪应得收入 = 6 头 × 8 头 × 90% × 22.5 千克 × 36 元 = 34992 元

（2）每头仔猪出栏前成本支出。

①饲料费：因前 15 天吃奶，故按 45 天吃饲料，每天平均 1 千克计算，每千克饲料价格为 5.20 元，饲料费用为 5.20 × 1 × 45 = 234 元；

②人工费：根据母猪怀孕和即将产出仔猪量分摊人工费，每头按 40 元计；

③防疫费：10 元；

④水电费：10元；

⑤管理费（含固定资产折旧和不可预见费）：按以上①项至④项总和10%计为30元。

以上①项至⑤项合计324元。

全部仔猪出栏前成本支出 = $6 \times 8 \times 90\% \times 324 = 13997$（元）

流产母猪损失 = 正常生产仔猪应得收入 - 仔猪出栏前成本支出 = $34992 - 13997 = 20995$（元）

3. 确定1头母猪死亡、6头母猪流产所造成的经济损失。

鉴定价格 = $5129 + 20995 = 26124$（元）

## 八、价格鉴定结论

××生态牧业有限公司因发霉饲料导致1头母猪死亡、6头母猪流产，在价格鉴定基准日的损失为贰万陆仟壹佰贰拾肆元整（￥26124.00）。

## 九、价格限定条件

（一）委托方提供的资料客观真实；

（二）鉴定标的损失仅为直接损失，不包括其他间接损失。

## 十、声明

（一）价格鉴定结论受结论书中已说明的限定条件限制。

（二）委托方提供资料的真实性由委托方负责。

（三）价格鉴定结论仅对本次委托有效，不做他用。未经我中心同意，不得向委托方和有关当事人之外的任何单位和个人提供。结论书的全部或部分内容，不得发表于任何公开媒体之上。

（四）鉴定机构和鉴定人员与价格鉴定标的没有利害关系，也与有关当事人没有利害关系。

（五）如对本结论有异议，可向本鉴定机构提出重新鉴定，或委托省级政府价格主管部门设立的价格鉴定机构复核裁定。

## 十一、价格鉴定作业日期

（略）。

## 十二、价格鉴定人员

（略）。

## 十三、附件

1. 价格鉴定委托书复印件（略）
2. 价格鉴定机构资质证复印件（略）
3. 价格鉴定人员资格证复印件（略）

（公章）

2008 年 9 月 27 日

## 测算说明

### 一、价格鉴定标的与价格定义

本次价格鉴定标的是母猪死亡、流产造成的直接损失。至于母猪死亡、流产原因是否与食用的饲料存在因果关系，属于法院审理查明事项，不是价格鉴定业务范围。母猪死亡和母猪流产所造成的损失价格的内涵不同，母猪死亡是母猪本身价值扣除其死亡后的残值（事实上死亡母猪没有残值），而怀孕流产母猪的损失是假设该母猪没有流产，在正常生产仔猪情况下可能获得的收益。

### 二、价格鉴定方法

死亡母猪的损失采用成本法，因为市场上没有类似已经怀孕即将临盆的母猪作为交易参照物，而该类母猪的成本可以调查并计量，所以选用成本法进行价格鉴定；怀孕流产母猪的损失采用收益法，可以设定该母猪如果没有流产，在正常生产情况下的正常可得收益作为损失价格，因为预期收益时间较短（2 个月左右），所以在测算时不作预期收益折现还原处理。

### 三、参数确定

本案例中母猪和仔猪的生长周期，饲料、防疫、管理物质费用和饲养人工费用等重要参数要根据当地市场情况调查确定，即采用市场客观水平或社会平均水平确定，不能采用个别成本。

### 四、测算过程

同价格鉴定结论书，略。

◆ 案例评析

一、该案例是对民事案件涉案财物中的损失价格进行鉴定。价格鉴定人员能根据价格鉴定目的，比较准确地进行价格定义，把握价格内涵，合理地选用价格鉴定方法，工作细致扎实。

二、该案中有的参数不是采用市场客观水平确定的，而是通过个别成本确定的。例如，在测算死亡母猪损失价格时，外地购进价每头 1800 元、每头运杂费 = $7250 \div 68$ 头 $= 106.62$ 元，显然是根据 ×× 生态牧业公司的实际成本计算的。价格鉴定人员应当在当地市场进行调查，并对该公司的实际成本进行分析。

## 案例一百一十三

# 法院执行案件中机器设备的价格鉴定

### 案例背景情况

2013 年 5 月 3 日，由于双方经济往来纠纷，原告 ×× 贸易（上海）有限公司将被告 ×× 生物科技股份有限公司诉至 ×× 市人民法院，要求债务偿还。××市中级人民法院判决后，在执行过程中于 2013 年 6 月 1 日委托 ×× 市价格认证中心对 ×× 牌系列灌装机、杀菌机、清洗机及包装机的市场价格进行鉴定。

### 价格鉴定结论书

## 关于机器设备的价格鉴定结论书

××市中级人民法院：

根据你院委托，我中心遵循合法、公正、科学的原则，按照规定的标准、程序和方法，依法对 ×× 生物科技股份有限公司机器设备 ×× 牌系列灌装机、杀菌机、清洗机及包装机的市场价格进行了鉴定。现将价格鉴定情况综述如下：

### 一、价格鉴定标的

本次价格鉴定标的为：×× 牌 TFA－500 型无菌灌装机等机器设备。

## 二、价格鉴定目的

为你院办理执行案件提供鉴定标的市场价格的依据。

## 三、价格鉴定基准日

2013 年 6 月 2 日。

## 四、价格定义

价格鉴定结论所指价格是：鉴定标的在鉴定基准日，采用公开市场价值标准确定的市场价格。

## 五、价格鉴定依据

（一）法律法规及规范性文件

1. 《中华人民共和国价格法》；

2. 《扣押、追缴、没收物品估价管理办法》；

3. 《关于扣押追缴没收及收缴财物价格鉴定管理的补充通知》；

4. 《××省涉案财产价格鉴定条例》；

5. 《××省涉案财产价格鉴定操作规程》；

6. 其他有关价格鉴定的法律、法规、政策。

（二）委托方提供的有关资料

1. 价格鉴定委托书；

2. 市中级人民法院查封清单复印件。

（三）鉴定方收集的有关资料

1. 实物勘验资料；

2. 市场调查资料；

3. 其他相关资料。

## 六、价格鉴定方法

成本法。

## 七、价格鉴定过程

我中心接受委托后，成立了价格鉴定工作小组，制定了价格鉴定作业方案，并指派 2 名价格鉴定人员和相关技术人员于 2013 年 6 月 2 日对鉴定标的进行了实物勘验。实物勘验后，价格鉴定人员根据国家有关规程和标准，严格按照价格鉴定的程序和原则，通过认真分析研究和广泛的市场调查，确定采用成本法进行价格鉴定计算。

（一）价格鉴定标的概述

××牌 TFA－500 型无菌灌装机一台，2012 年 3 月初始使用；××牌 TFA－450B 型超高温杀菌机一台，2012 年 7 月初始使用；××牌 TFA－550B 型清洗机一台，2012 年 7 月初始使用；××牌 TFA－750B 包装机一台，2012 年 3 月初始使用。以上设备距基准日使用一年左右，保养较好，无维修痕迹，均能正常使用。

（二）测算过程

经实物勘验，标的为同品牌的机器设备。购置时间较短，距基准日使用一年左右，保养较好，无维修痕迹，均能正常使用。经广泛的市场调查和向生产厂家咨询了解，标的属当前最新型号，没有更新产品出厂，故不考虑其经济性贬值和功能性贬值，标的鉴定价格＝重置成本×成新率。

1. 重置成本的取得。

经广泛市场调查并向厂家咨询了解，确定以基准日基准地市场平均含税零售价格做为重置成本（详见价格鉴定明细表）。由于本次鉴定目的为确定执行案件中机器设备的市场价格，故重置成本中不含运杂费、安装费等直接费用。

2. 成新率的确定。

根据财政部《企业财务制度》规定的行业固定资产使用年限，该标的使用年限为 10～14 年，取中间值 12 年（12×12＝144 个月）。

成新率＝尚可使用年限÷（尚可使用年限＋已使用年限）×100%

（三）鉴定价格

**价格鉴定明细表**

单位：元

| 序号 | 机器名称 | 规格型号 | 数量 | 重置成本 | 成新率（%） | 鉴定价格 |
|------|----------|----------|------|----------|------------|----------|
| 1 | 无菌灌装机 | ××牌 TFA－500 型 | 1 | 350000 | 89.58 | 313530 |
| 2 | 超高温杀菌机 | ××牌 TFA－450B 型 | 1 | 700000 | 92.36 | 646520 |
| 3 | 清洗机 | ××牌 TFA－550B 型 | 1 | 150000 | 89.58 | 134370 |
| 4 | 包装机 | ××牌 TFA－750B 型 | 1 | 360000 | 92.36 | 332496 |
| 5 | 合　计 | | | 1426916 | | |

## 八、价格鉴定结论

鉴定标的在价格鉴定基准日的市场价格总额为人民币壹佰肆拾贰万陆仟玖佰壹拾陆元整（￥1426916.00）。

## 九、价格鉴定限定条件

（一）委托方提供的资料客观真实。

（二）本结论只对本次鉴定委托有效。

（三）本结论自价格鉴定基准日期有效期为一年。

## 十、声明

（一）价格鉴定结论受结论书中已说明的限定条件限制。

（二）委托方提供资料的真实性由委托方负责。

（三）价格鉴定结论仅对本次委托有效，不做他用。未经我中心同意，不得向委托方和有关当事人之外的任何单位和个人提供。结论书的全部或部分内容，不得发表于任何公开媒体上。

（四）鉴定机构和鉴定人员与价格鉴定标的没有利害关系，与有关当事人也没有利害关系。

（五）如对本结论有异议，可向本鉴定机构提出重新鉴定，或委托省级政府价格主管部门设立的价格鉴定机构复核裁定。

## 十一、价格鉴定作业日期

（略）。

## 十二、价格鉴定人员

（略）。

## 十三、附件

1. 价格鉴定机构资质证复印件（略）
2. 价格鉴定人员资格证复印件（略）

（公章）

2013 年 6 月 5 日

## 测算说明

同价格鉴定结论书，略。

**案例评析**

一、该案例是对执行案件中机器设备的市场价格进行的价格鉴定，程序合法，鉴定方法恰当，结论较为合理。

二、在确定重置成本时能充分考虑到机器设备的经济性贬值和功能性贬值因素及运费、安装费等因素。

三、在价格鉴定过程中计算比较完整。

四、在国家对鉴定标的使用年限有强制规定时，以技术鉴定成新率和年限成新率较低者确定鉴定标的的成新率，一般不采用加权平均法确定。

五、在尚可使用年限的确定中，应对主体设备和辅助设备进行必要的阐述。对某些设备而言，整体设备的使用年限以主体设备的使用年限为限。

## 案例一百一十四

# 关于民事赔偿案件中房屋漏水损失的价格鉴定

 **案例背景情况**

2012 年 7 月 19 日，××市××小区×××单元房业主在装修房屋时不慎漏水，造成楼下单元房住宅新装修的屋顶、墙面乳胶漆脱落，复合地板等浸泡损毁，双方就损失赔偿申请司法调解。2013 年 1 月 9 日，××市××区人民法院委托××价格认证中心对因房屋漏水造成的损失进行价格鉴定。

**价格鉴定结论书**

## 关于单元房漏水损失的价格鉴定结论书

××市××区人民法院：

根据你院委托，本中心遵循合法、公正、科学的原则，按照规定的标准、程序和方法，依法对委托书所列指的单元房漏水损失进行了价格鉴定。现将价格鉴定情况综述如下：

## 一、价格鉴定标的

××市××小区×××单元房漏水造成的损失。

## 二、价格鉴定目的

为你院办理民事赔偿案件提供鉴定标的的价格依据。

## 三、价格鉴定基准日

2012 年 7 月 19 日。

## 四、价格定义

价格鉴定结论所指价格是：××市××小区×××单元房在价格鉴定基准日，采用公开市场价值标准确定的房屋漏水损失。

## 五、价格鉴定依据

（一）法律法规及规范性文件

1. 《中华人民共和国价格法》；

2. 《扣押、追缴、没收物品估价管理办法》；

3. 《关于扣押追缴没收及收缴财物价格鉴定管理的补充通知》；

4. 《价格鉴定行为规范》（2010 年版）；

5. 《××自治区涉案物品价格鉴证管理办法》；

6. 《××自治区涉案资产价格鉴证操作办法》。

（二）委托方提供的有关资料

1. 价格鉴定委托书；

2. 房屋损毁照片 19 张；

3. 房屋拆迁补偿安置协议书复印件；

4. 宏像地板售货单复印件。

（三）鉴定方收集的有关资料

1. 实物勘验资料；

2. 市场调查资料；

3. 其他相关资料。

## 六、价格鉴定方法

成本法。

## 七、价格鉴定过程

我中心接受委托后，聘请了房屋装修工程专业人员，组成了价格鉴定小组，制定了价格鉴定作业方案，并指派 2 名价格鉴定人员与聘请的专业人员于 2013 年 1 月 11 日对受损房屋装修进行了实物勘验，核实了相关资料。勘验后，价格鉴定人员根据国家有关规程和标准，严格按照价格鉴定的程序和原则，通过认真分析研究和广泛的市场调查，确定采用成本法进行损失价格鉴定。

（一）价格鉴定标的概述

2012 年 7 月 19 日，××市××小区×××单元房业主在装修房屋时不慎漏水，将楼下单元房住宅新装修的屋顶、墙面、复合地板等浸泡损毁，造成部分屋顶及墙体乳胶漆脱落，橱柜门变形，部分木质复合地板空鼓变形，其中：

（1）屋顶、墙面乳胶漆部分起泡脱落，损毁面积 213 平方米；

（2）厨房柜门 4 扇变形；

（3）铺设宏像 411 地板的 72 平方米地面部分空鼓变形。

（二）测算过程

计算公式：鉴定价格 = 各受损部位的修复费用

1. 计算屋顶、墙面乳胶漆罩面损失。

墙面乳胶漆罩面修复费用 = 受损面积 × 单位造价

经市场调查，价格鉴定基准日，墙面乳胶漆罩面包工料重新粉刷每平方米 20 元，则：

墙面乳胶漆罩面修复费用 = 213 × 20 = 4260（元）

2. 计算橱柜门损失。

根据委托材料和实际损坏状况，按市场价格计算，修复橱柜门需要重新更换 4 扇橱柜门门板 4 扇、封边条 14 根、飞机合页 14 付，合计费用为 508 元，此外需另加安装费 150 元。

橱柜门修复费用 = 各项修复费用之和

$$= 508 + 150$$

$$= 658（元）$$

3. 计算宏像复合地板损失。

根据调查，拆除重新安装部分地板会出现色调差异，无法恢复原状，全部拆除重新安装会扩大损失程度，因此我中心考虑实际情况，确定其损失率为 50%，在鉴定基准日鉴定标的宏像411复合地板每平方米的市场价格为118元，计算如下：

地板损失 = 实际造价 × 损失率

= 118 元 × 72 平方米 × 50%

= 4248 元

4. 确定漏水房屋鉴定价格。

鉴定价格 = 屋顶、墙面损失 + 橱柜门损失 + 复合地板损失

= 4260 + 658 + 4248

= 9166（元）

## 八、鉴定结论

鉴定标的房屋装修漏水损失在价格鉴定基准日鉴定为人民币玖仟壹佰陆拾陆元整（￥9166.00）。

## 九、价格鉴定限定条件

（一）委托方提供的资料客观真实；

（二）因价格鉴定工作日距鉴定基准日较远，鉴定人员无法通过实物勘验确定标的在鉴定基准日的状况，鉴定基准日标的实物状况等以委托方认定为准。

当上述条件发生变化时，鉴定结论会失效或部分失效，鉴定机构不承担由于这些条件的变化而导致鉴定结果失效的相关法律责任。

## 十、声明

（一）价格鉴定结论受结论书中已说明的限定条件限制。

（二）委托方提供资料的真实性由委托方负责。

（三）价格鉴定结论仅对本次委托有效，不做他用。未经我中心同意，不得向委托方和有关当事人之外的任何单位和个人提供。结论书的全部或部分内容，不得发表于任何公开媒体上。

（四）鉴定机构和鉴定人员与价格鉴定标的没有利害关系，与有关当事人也没有利害关系。

（五）如对本结论有异议，可向本鉴定机构提出重新鉴证，或委托省级政府价格主管部门设立的价格鉴定机构复核裁定。

## 十一、价格鉴定作业日期

（略）。

## 十二、价格鉴定人员

（略）。

## 十三、附件

1. 价格鉴定委托书复印件（略）
2. 价格鉴定机构资质证复印件（略）
3. 价格鉴定人员资格证复印件（略）

（公章）

2013 年 1 月 29 日

### 测算说明

#### 一、鉴定思路

本案例是对房屋漏水造成的单元房装修损失进行的价格鉴定。案例的主要特点：

（1）损失品种比较单一，且委托方认定了价格鉴定基准日时房屋的损坏状况。

（2）应采用成本法进行损失价格鉴定，技术路线是房屋漏水损失为被损坏部位的修复费用。

（3）重点和关键点在于合理确定修复费用。

#### 二、价格鉴定过程

同价格鉴定结论书，略。

### 案例评析

一、该案例是对民事赔偿案件中的损失进行价格鉴定，程序合法，方法恰当。

二、该案例的要点在于方法选择和技术路线的确定。选择成本法，将房屋漏水损坏部位的修复费用作为损失鉴定价格的基本思路正确。

三、该案例存在两个不足之处：一是损失公式应当为：鉴定价格＝各受损部位的修复费用－残值；在计算厨房柜门和地板损失时，未说明被更换的材料是否具有残值，如果存在残值，应在确定损失价格时对残值价格予以扣除。二是在确定地板修复面积时，没有说明地板修复比例是否经由委托方确认。

案例一百一十五

# 民事赔偿案件中因停电造成
# 电石减产损失的价格鉴定

 **案例背景情况**

　　2012 年 2 月 19 日，××公司职工因对奖金福利不满，将该公司正在沸腾生产的 4 台电石炉（一车间一号电石炉、二号电石炉，二车间三号电石炉、四号电石炉）强行拉闸断电，造成电石生产中断，该公司向××区人民法院提出诉讼，请求向滋事职工追偿因停电造成的电石减产损失。××区人民法院于 2012年 5 月 27 日委托××价格认证中心，对××公司因停电造成的电石减产损失进行价格鉴定。

 **价格鉴定结论书**

## 关于因停电造成电石减产损失的价格鉴定结论书

××区人民法院：

　　根据你院委托，本中心遵循合法、公正、科学的原则，按照规定的标准、程序和方法，依法对委托书所列指的电石减产损失进行了价格鉴定。现将价格鉴定情况综述如下：

### 一、价格鉴定标的

××公司因停电造成的电石减产损失。

### 二、价格鉴定目的

为你院办理民事赔偿案件提供鉴定标的的价格依据。

### 三、价格鉴定基准日

2012 年 2 月 19 日。

### 四、价格定义

价格鉴定结论所指价格是：××公司因停电在价格鉴定基准日，采用公开市场价值标准确定的减产损失。

### 五、价格鉴定依据

（一）法律法规及规范性文件

1.《中华人民共和国价格法》；

1.《扣押、追缴、没收物品估价管理办法》；

3.《关于扣押追缴没收及收缴财物价格鉴定管理的补充通知》；

4.《价格鉴定行为规范》（2010 年版）；

5.《××自治区涉案物品价格鉴证管理办法》；

6.《××自治区涉案资产价格鉴证操作办法》。

（二）委托方提供的有关资料

1. 价格鉴定委托书；

2. 停电造成电石停产时间及电石减产量证明材料。

（三）鉴定方收集的有关资料

1. 实物勘验资料；

2. 市场调查资料；

3. 其他相关资料。

### 六、价格鉴定方法

成本法。

### 七、价格鉴定过程

我中心接受委托后，组成了价格鉴定小组，制定了价格鉴定作业方案，并指派 3 名价格鉴定人员于 2012 年 5 月 29 日进行了实地和实物勘验，核实了相关资料，同时对企业的生产经营状况、产品质量等进行了认真细致的了解。勘验后，价格鉴定人员根据国家有关规程和标准，严格按照价格鉴定的程序和原则，通过认真分析研究和广泛的市场调查，确定采用成本法进行损失鉴定。

（一）价格鉴定标的概述

2012 年 2 月 19 日，××公司职工因对奖金福利不满，将该公司正在沸腾生产的 4 台电石炉（一车间 1 号电石炉、2 号电石炉，二车间 3 号电石炉、4 号电石炉）强行拉闸断电，造成该公司正在沸腾生产的一车间 1 号、2 号电石炉和二车间 3 号、4 号电石炉生产中断，其中一车间 1 号、2 号电石炉停电 17 分钟，二车间 3 号、4 号电石炉停电 37 分钟，造成 4 台电石炉电石产量共计减产 11.151 吨。

（二）测算过程

1. 成本法鉴定公式：

减产损失 = 减产电石量所对应的可得收益损失

　　　　　 = 减产电石量理论产值 − 减产电石量理论生产成本、财务费用、管理费用、应纳税金减

产电石量理论产值 = 减产电石量 × 电石出厂价格

2. 确定减产电石量理论产值。

（1）减产电石量销售价格的确定。当地电石生产企业较多，据调查，价格鉴定基准日每吨电石出厂价格一般为 2600 元。委托方提供资料显示，××公司常年按合同价格销售，合同价格每吨 2564 元。根据本案具体情况，选择××公司销售合同价格作为计算减产电石量理论产值的价格比较合理，则：减产电石量每吨的销售价格为 2564 元。

（2）减产电石量理论产值计算。

减产电石量理论产值 = 11.151 吨 × 2564 元

　　　　　　　　　　= 28591 元（取整）

3. 确定减产电石量理论生产成本、管理费用、财务费用和应纳税金。

根据委托方提供的××公司近期的电石生产的成本会计资料，经分析核算，价格鉴定基准日该公司每吨电石的理论生产成本、管理费用、财务费用和应纳税金分别为 2110.67 元、22.66 元、31.73 元、104.82 元。

4. 确定减产损失

减产损失 = 28591 元 − 11.151 吨 × (2110.67 元 + 22.66 元 + 31.73 元 + 104.82 元)

　　　　　 = 3280 元（取整）

## 八、价格鉴定结论

××公司因停电造成的减产损失在价格鉴定基准日的价格为人民币叁仟贰佰捌元整（￥3280.00）。

## 九、价格鉴定限定条件

（一）委托方提供的资料客观真实；

（二）因价格鉴定工作日距鉴定基准日较远，鉴定人员无法通过实物勘验确定标的在鉴定基准日的状况，鉴定基准日标的减产量、质量和实物状况等以委托方认定为准。

当上述条件发生变化时，鉴定结论会失效或部分失效，鉴定机构不承担由于这些条件的变化而导致鉴定结果失效的相关法律责任。

## 十、声明

（一）价格鉴定结论受结论书中已说明的限定条件限制。

（二）委托方提供资料的真实性由委托方负责。

（三）价格鉴定结论仅对本次委托有效，不做他用。未经我中心同意，不得向委托方和有关当事人之外的任何单位和个人提供。结论书的全部或部分内容，不得发表于任何公开媒体上。

（四）鉴定机构和鉴定人员与价格鉴定标的没有利害关系，与有关当事人也没有利害关系。

（五）如对本结论有异议，可向本鉴定机构提出重新鉴定，或委托省级政府价格主管部门设立的价格鉴定机构复核裁定。

## 十一、价格鉴定作业日期

（略）。

## 十二、价格鉴定人员

（略）。

## 十三、附件

1. 价格鉴定委托书复印件（略）
2. 价格鉴定机构资质证复印件（略）
3. 价格鉴定人员资格证复印件（略）

（公章）

2012 年 6 月 10 日

## 测算说明

### 一、鉴定思路

本案例是对停电造成的电石减产损失进行价格鉴定。案例的主要特点：

（1）损失品种比较单一，且委托方认定了停电造成的电石减产数量和实物状况等，提供了受损公司的成本核算资料、销售合同等，资料比较齐全。

（2）应采用成本法进行损失价格鉴定，技术路线是停电造成的损失为与减产电石量所对应的可得收益损失。

（3）重点和关键点在于在计算减产电石量理论产值、费用时，是采用社会价格、社会成本费用水平等还是采用受损公司销售合同价格以及反映其经营管理状况的实际成本费用水平。

### 二、价格鉴定过程

同价格鉴定结论书，略。

### 案例评析

一、该案例是对民事赔偿案件中的进行的生产损失进行鉴定，程序合法，依据较充分，方法恰当，结论较为合理。

二、该案例的要点在于方法选择和技术路线的确定。选择成本法，将减产电石量所对应的可得收益损失作为停电造成的损失较为合理。

三、在计算减产电石量理论产值、费用时，采用受损公司销售合同价格以及反映其经营管理状况的实际成本费用水平的做法符合侵权赔偿的基本原则，合情合理，也保障了客观公正，易被当事双方所接受。